ザ・ソーシャル・アニマル［第11版］

人と世界を読み解く社会心理学への招待

E・アロンソン＝著／岡　隆＝訳

サイエンス社

もちろん，ヴェラへ

The Social Animal

Eleventh Edition

by

Elliot Aronson

First published in the United States

by

WORTH PUBLISHERS, New York

目次

私はなぜこの本を書いたか　vii
謝辞　xiv

第1章　社会心理学とは何か……1
一つの定義　5
異常なことをする人々が必ずしも異常というわけではない　9

第2章　同調……13
同調とは何か　19
同調を増大させたり減少させたりする変数　24
所属 対 情報収集　27
社会的影響に対する反応　34
屈従の一形態としての服従　41
同調者としての不関与の傍観者　46
実験の倫理に関する覚え書　54

第3章　マスコミ、宣伝、説得……57
説得の試み　59

メディア感染 62
メディア・アピールの効果 65
教育か、それとも宣伝か 69
説得への二つの主要ルート 71
コミュニケーションの源泉 74
コミュニケーションの性質 82
聴衆の特徴 98
意見 対 態度 104
テレビ視聴の影響 105

第4章 社会的認知 109

われわれは世界をどのように理解しているのか 112
文脈が社会的判断に及ぼす効果 117
判断のヒューリスティクス 128
カテゴリー化と社会的ステレオタイプ 135
構成的予測と再構成的記憶 140
自伝的記憶 143
人間の認知はどのくらい保守的か 148
態度や信念はどのようにわれわれの行動を導くか 151
社会的説明における三つのバイアスの可能性 157

第5章　自己正当化……171
不協和の低減と合理的な行動　182
意思決定の結果としての不協和　184
決定の結果──いくつかの歴史的事例──　187
変更不能性の重要さ　192
不十分な正当化の心理学　197
努力の正当化　212
残忍さの正当化　215
不可避性の心理　221
自尊心の重要さ　225
不快か、それとも自己知覚か　228
不協和の生理的、動機的効果　231
不協和理論の実際的応用　232
不協和低減と文化　237
「人間」は協和のみによって生きるにあらず　238

第6章　人間の攻撃……241
攻撃の定義　243
攻撃は本能的か　244
攻撃は有益か　248
攻撃の原因　255
暴力の低減に向けて　276

第7章　偏　見……287
偏見とは何か　289
偏見の原因　312
偏見を低減する　325
相互依存──一つの解決の可能性──　332

第8章　好意、愛、対人感受性……343
賞賛と親切の効果　347
個人的属性　352
類似性と魅力　364
好くこと、好かれること、そして自尊心　364
拒絶と社会的排除の効果　367
尊敬の獲得と損失　369
愛と親密さ　375
親密さ、信頼、コミュニケーション　382
効果的なコミュニケーションの特徴　387

第9章　科学としての社会心理学……391
科学的方法とは何か　393
思索から実験へ　395
無作為割り当ての重要性　399
社会心理学における実験的方法の挑戦　403

倫理的問題　407
もしわれわれの発見が悪用されたらどうなるか　413
訳者あとがき　415
用語集　428
注　476
事項索引　494
人名索引　501

私はなぜこの本を書いたか

一九七〇年から七一年にかけて、私はカリフォルニア州スタンフォードの行動科学高等研究所に招かれて、その年度をそこで過ごした。その年度中に、私は自分のやりたいことは何でもやるように、あらゆる支援と激励と自由とを与えられた。しかも、どんなことについても誰に対しても何の責任も負わなくてよいとの保証も与えられた。そこで、私は、サンフランシスコ（私のお気に入りの都市）から三十マイルほど離れた美しい丘の上で、自分の好きなことなら何をしてもよいこの一年間を過ごすのに、この本を書くことを選んだのだった。田舎の美しい景色に囲まれていながら、そして、刺激的なサンフランシスコの近くにいながら、どうして私は小さな部屋に閉じこもって一冊の本を書くことにしたのだろうか。それは、私が異常だったからでもなければ、お金が必要だったからでもない。私がこの本を書いた唯一の理由がもしあるとすれば、それは、かつて私自身が、大学二年生の大教室で、社会心理学は若い学問だと語っていたからである――そして、そう語りながら自分が何か臆病者であるかのように感じたからである。

そのわけを説明してみよう。われわれ社会心理学者は好んで社会心理学は若い学問だと言う――そしてそれはまさに若い学問である。確かに、少なくともアリストテレスの時代から、明敏な観察者が社会現象について興味深い意見を表明したり、刺激的な仮説を提唱したりしている。しかし、二〇世紀になって初めて、これらの意見や仮説が真剣に検証されたのである。社会心理学の最初の体系的な実験は（私の知る限り）一八九七年にトリプレットによって行われているのだが（彼は競争が遂行に及ぼす効果を測定した）、実験社会心理学が、主にクルト・レヴィンと彼の有能な弟子たちの力を得て離陸したのは、一九三〇年代後半になってからだった。さらに興味深いことに、アリストテレスが社会的影響と説得に関する基本的原理のいくつかを初めて主張したのは紀元前三五〇年頃のことなのに、こうした原理がカール・ホヴランドとその共同研究者によって実験的に検証されたのは二〇世紀も中葉になってからだった。

しかしながら、社会心理学が若い学問だと主張することは、見方を変えると、ひどい責任逃れの罪を犯すことである。つまり、そう主張することは、われわれにあまり多くを期待しないでほしいと人々に嘆願しているようなものだからである。もっとはっきり言えば、それは、われわれが生きている世界の諸問題にわれわれの発見を応用することに対する責任を巧妙に逃れ、その応用がはらんでいる危険性を回避するための手段にもなり得るのである。この意味では、社会心理学は若い学問だと言明することは、われわれには未だ、何か重要なこと、何か役に立つこと、あるいは（もし濫用されている言葉を使うことを読者が許してくれるなら）何か現実の問題に関連したことを言うだけの用意はできていないと主張するのと同じことなのである。

この本の目的は、社会心理学的研究が現代社会につきまとう諸問題のいくつかに対して持ち得るかもしれない関連性を、恥じることなく（だがいくばくかの恐れをもって）わかりやすく説明していくことにある。この本の中で論じられているデータの大半は実験にもとづいている。けれども、例証や実例の大半は、現代の社会問題——偏見、宣伝、戦争、疎外、攻撃、社会不安、政治的動乱など——から得ている。こうした二重性は、私自身のバイアス——私が大事にしているバイアス——の二つを反映している。その第一は、複雑な現象を理解する最善の方法は実験的方法だということである。世界を真に認識するための唯一の方法はそれを再構成してみることだというのが科学の公理である。すなわち、何が何の原因であるかを真に理解するためには、ただ単に観察するだけではいけない——はっきり言えば、われわれは自ら第一の「何」を生じさせなければならないのである。そうすれば、第一の「何」が第二の「何」の本当の原因だったのかを確かめることができるだろう。私の第二のバイアスは、実験で明らかにされた因果関係が妥当なものであることを確実にするための唯一の方法は、そうした因果関係を実験室から取り出して、現実世界へと持ち込むことだということである。したがって、私は科学者としては、実験室で研究をしたいけれども、市民としては、世界を見渡すことのできる窓を持ちたい。もちろん、窓というものは両方向に開かれている。つまり、われわれは仮説を日常生活から引き出してくることも多いのである。これらの仮説は実験室のいわば無菌の条件下でもっともよく検証できるのである。そして、われわれのアイディアを不毛に終わらせないために、われわれはこの窓を通して実験室での発見を外界に戻して、この発見が現実世界でも持ちこたえられるものかどうかを明らかにしようとするのである。

こうしたすべてのことの言外には、社会心理学はきわめて重要だ——社会心理学者は世界をより良い生活の場にしていく上で必要不可欠な役割を果たすことになる——という私の信念がある。それどころか、私がもっと壮大に構えているときには、私はある秘密の信念を抱いている。それは、社会心理学者は、同調、説得、偏見、愛、攻撃などの重要な現象の理解を推し進めていくことによって、われわれの生活に深遠で有益な影響を及ぼすことのできる特別な立場にあるのだという信念である。今、私の秘密の信念が秘密でなくなったからには、これから述べていく中で、読者にこの信念を無理矢理飲み込ませようとはしないと約束しておこう。むしろ、社会心理学者は何か役に立つことを——いわんや比類なく重要なことを何か——発見してきたか、あるいはいつかは発見することができるかどうか、この判断を、この本を読み終えた後で、読者に委ねたいと思う。

社会心理学の他の本に比べて、これは小さな本である——わざわざそうしたのである。それは、社会心理学の世界への簡潔な導入にしようとしたからであって、研究と理論の百科事典的な目録を作ろうとしたものではないからである。この本を簡潔なものにしようとしたために、私は選択を余儀なくされた。つまり、伝統的に取り扱われてきた話題の中にはこの本で触れなかったものもあり、この本で扱うことにした話題についてもそれほど徹底的に細部にまでは立ち入らないようにした。コンパクトで理解しやすいものにしたいと願っていたので、書きにくい本だった。「リポーター」というよりはむしろ「ニュース解説者」にならざるを得なかった。

たとえば、十分には述べなかった論議も多い。むしろ、私は自分自身の判断を働かせて、社会心理学の分野で現在何がもっとも正確な叙述であるかを、知識と経験にもとづいて（そして、正直に、と願っているのだが）評価し、その評価をできるだけ明確に述べたのである。

こういう決定をしたのは、学生を念頭に置いてのことだった――この本は、学生諸君のために書いたのであり、私の同僚のために書いたものではない。半世紀にわたって大学で教鞭をとってきて、たとえ他に何も学んだものがなかったとしても、私が学んだものがあるとすれば、それは、あらゆる立場を詳細に紹介していくことは、われわれの同僚にとっては役立つ（そして時には魅力的ですらある）けれども、そのようなことをすれば学生に興味を持たせることはできないということである。学生が本当は今の時刻を尋ねているときに、われわれは、実に、世界標準時間帯地図を見せて、日時計から最新式のコンピューター化されたものに至るまで、時間を知るための歴史を語り、グランドファーザー・クロックの構造を詳しく述べていくのである。われわれの話が終わる頃には、学生は自分が質問していたことへの興味を失ってしまう。あらゆる問題のあらゆる側面を述べることほど安全なことはない。しかし、これほど退屈なこともないだろう。私は、論議の的になっている問題を論じてきたけれども、ためらうことなく結論を出してきた。要するに、私は不公平に陥ることなく簡潔であろうとしたのである。私は複雑な素材を簡明に――といっても単純化し過ぎることなく――紹介しようとしたのである。これらの目標のどれがどのくらいうまく達成できているかの判断は、読者にしかできないことである。

この本を一九七二年に書き終えたときには、うまくできたと思っていた。何と無邪気なことだったのだろう。一九七五年の初め頃、私はそれほど気が進まなかったけれども、この本を初めて改訂する決心をした。この三年の間にさまざまな出来事があった。社会心理学の分野で新しい刺激的な知見が得られただけでなく、もっと重要なことには、私が黄色の下書き用紙に初版の原稿の最終的な走り書きをしていた一九七二年の冬以来、世界ではいくつかの主要な節目となるような変化が起こった。主要な出来事のうちほんのいくつかを挙げると——野蛮で不毛な軋轢だらけの戦争が終わった。合衆国の副大統領と大統領が恥辱のうちに辞職に追いやられた。ウーマン・リブ運動が国民の意識に著しい影響を与えるようになり始めた。こうした出来事は社会心理学的意味合いがとくに大きいものである。私の内部に巣食う怠惰な虫も（長いため息をついて）、どのような本でも、われわれの生活——あなたの、そして私の生活——についてのものであろうとすれば、時代とともに進もうとしなければならないと認めざるを得なくなったのである。

言うまでもなく、それは一回の改訂では終わらなかった。出来事は次から次へと絶え間なく起こり、結局、三、四年ごとにこの本を改訂せざるを得ないことになった。繰り返して言うと、社会の出来事が急速に変化するだけでなく、社会心理学も、活発な科学として、興味深い新しい概念や発見を生み出し続けているからである。こういった研究に触れないでいては、真剣な学生にとっては不親切なものになるだろう。しかし、ここで著者として気をつけなければならないことがある。教科書の著者には、すべてに現代的でありたいという情熱のあまり、いかに重要な研究であろうと、それが十年以上も前の研究だというただそれだけの理由で、無視する傾向があるのである。

こういったわけで、われわれ著者は、古典的な研究はそのままに留めておきたいと思うし、前の改訂版以降に発表された研究も書き加えていきたいと思う。しかし、この本をあまり分厚いものにしたくないので、何かを省かなければならない。そのために、ほとんどの教科書でそうであるように、多くの素晴らしい研究が割愛されたが、それは、より良い何かと差し替えられたわけではなく、より新しい何かと差し替えられただけである。その結果、社会心理学の分野は連続性を欠いている——すなわち、古典的な研究と現代的な研究はあるが、その間には研究がほとんどない――という錯覚が生まれるだろう。しかし、これはまったくの誤解である。

ここ四十年間にわたって私は、素敵な「中年の」研究をより新しい研究に差し替えることを断固として拒絶して、この問題に対処してきた。ただし、その新しい研究が、そこで議論されている現象についてわれわれの理解に何か重要なものを付け加えてくれる場合は別である。この第一一版で、私は、いくつかの新しい研究――ここ五年間に実施された研究について論じた。しかし急いで付け加えよう。それは、多くの場合、これらの研究が――単に最近のものだからではなく――これまでにない新しいものだからである。『ザ・ソーシャル・アニマル』の改訂版が、初版のコンパクトな美しさを失うことなく、少し前の素敵な研究を割愛したり過小評価したりすることなく、なおかつ時代に即応したものであることを願っている。

謝辞

表紙には私がこの本の唯一の著者として記されている。そして事実、私はすべての言葉を書き下ろしたし、そうした言葉を生み出すための思考のほとんどを自分で行った。したがって、この本に何か愚かなことがあるとすれば、それは私自身の愚かさである。また、この本を読んで何かあなたを怒らせるようなことがあれば、あなたが怒鳴りつけるべき相手は私である。同時に、打ち明けておきたいのだが、どのようなことでもすべて私一人でするなどということはない。多くの人々が、その知識やアイディアを私の言葉の工場に提供してくれた。この場を借りて、その寛大な援助に対し感謝の意を表したい。

この本の初版では、ヴェラ・アロンソン（私の妻）とエレン・バーシャイド（もっとも優秀なかつての学生の一人）はとくに助けてくれた。彼らは、一頁一頁、一行一行、労を厭わず最初の原稿を読み返して、数々の示唆や批判をしてくれたが、そうした示唆や批判はこの本の最終稿に重要な影響を与えた。さらに、このプロジェクトに対する彼らの熱心さが伝わってきて、しばしば私を見舞った「作家の絶望」の発作から私が立ち直るのを助けてくれた。

他の何人もの人々が貴重なアイディアや示唆を出し合ってくれた。私はおそらくそのすべての人々を挙げることはできないが、もっとも重要な貢献をしてくれた人々には、ナンシー・アストン、レオナード・バーコウィッツ、デイヴィット・ブラッドフォード、ジョン・ダーリー、リチャード・イースターリン、ジョナサン・フリードマン、ジェームズ・フリール、ロバート・ヘルムライヒ、ジュディ・ヒルトン、マイケル・カーン、ジョン・カプラン、ジャドソン・ミルズ、ジェフ・サイクスなどがいる。

この本の大半はカリフォルニア州スタンフォードの行動科学高等研究所のフェローをしてい

たときに書いたものである。私に必要な時間と便宜を与えてくれたこの素晴らしい研究所のスタッフに深く感謝する。

最後に私は述べたい。私の友人にして恩師のレオン・フェスティンガーは、この草稿には——直接には——何も関係しなかった。彼はこれをまったく読まなかったし、私の知る限り、私がこの本を書いていることすら気付いていなかった。しかしながら、この本が存在するのも彼のおかげである。レオンは素晴らしい教師であり、職業上のお手本であった。彼が社会心理学に関するすべての知識を私に与えてくれたと言ってもよいだろう。だが、そう言ったのでは事実をあまりにも控え目に言うことになるだろう。彼はそれよりもはるかに価値あることを私に教えてくれたのである。彼は、私も、そして他の誰も知らないことを、どのようにしたら発見できるかを教えてくれたのである。

一九七二年三月

この本も今や第一一版である。この本を改訂しながら私は年をとったと言ってもよい。この本の裏表紙にある顔（私の顔！）のしわや白いひげが増えていくのを眺めながら、歳月の流れを辿っていくと、ほろ苦い思いがする。この本を最初に書いたときには、私は恩師レオン・フェスティンガーの恩恵に感謝したい気持ちであった。言うまでもなく今もなお、この善良にして偉大な人物に私は感謝と愛情を抱き続けている。どちらかといえば、この感情は歳月を経るにつれて強まってきている。私は、有難いことに、彼の学生であった——そして、私が彼の学生でなくなるようなことはけっしてないと思う。一九八九年、レオンは亡くなり、社会心理学の重要な一時代が終わりを告げた。彼はひどく惜しまれている——彼を知り彼を愛したわれわれからだけではなく、彼の研究と理論の影響を受けた誰からでも。そして、社会心理学の学徒であり、学徒であったほとんど誰からでもそうだろう。

さらに、この本と私が年をとるにつれて、徐々に、私は、私自身の学生の恩恵にも気付くようになった。四年ごとに私がこの本の改訂に取り掛かるときに、私はこれらが私自身のアイディアだけではないことに気付き感動を覚えた——むしろ、それらは私が私の学生たちと協力して発展させたアイディアである。ここ五十年にわたって、私はとても多くの優秀な学生に恵まれてきた。一九六〇年の最初の研究助手（メリル・カールスミス、トニー・グリーンワルド、ジョン・M・ダーリー）から、カリフォルニア大学サンタクルズ校の最近の学生に至るまでである。彼らは皆私にとても多くのことを教えてくれた。そして、彼らすべての恩恵に感謝できることは大きな喜びである。私は、類い稀な才能を持った同僚との会話を楽しみ、彼らからアイディアをもらうこともできた。その中でもとくにアンソニー・プラトカニスとキャロル・タヴリスの二人は、この本を改善し最新のものにしていくのに大きな貢献をしてくれた。彼らの寛大さに感謝できることは喜びである。

この本は家族の仕事という感がある。この思いがとくにそうなのは、ここ二十年で、私の成長した子どもたちから——彼や彼女のそれぞれのやり方で——深い影響を受けたことで、私が大きな満足を経験したからである。この同輩たちのうち、最初の者は、末の息子ジョシュア・アロンソン（彼自身が聡明な実験社会心理学者）であり、彼は自ら喜んで、私が最新の方法や理論の進歩についていけるようにしてくれた。より具体的には、彼は、この本の第九版、第一〇版、第一一版で加えられた変更について貴重な洞察と示唆を与えてくれたし、新しい内容の多くを書いたりまとめたりしてくれた。私の年長の息子ハル・アロンソン（環境社会学者）は、私の視野を研究室の制約を超えて広げてくれるのに役立った。まんなかの子どもニール・アロンソン（サンタクルズ市の消防士）とジュリー・アロンソン（教育の研究者・評価者）は、人間の福祉の最前線で日々精を出しながら、最後には社会心理学が日常生活を営む人々の役に立つものになるよう努力しなければならないことを、自らが例となって私に思い出させてくれた。

さらに、ジョシュアの第一研究助手パトリシア・ヴォーダは、多くの有益な示唆を与えてくれ、文献整理と研究を補助してくれた。

最後に、お気付きの通り、この本の献辞には「もちろん、ヴェラへ」と書かれている。問題のヴェラとは、ヴェラ・アロンソンのことであり、五十五年の長きにわたって私の最良の友人、お決まりの相談役であり、（とても幸運なことに）たまたま私の妻でもある。われわれ二人をよく知っている人にとっては、献辞の「もちろん」は冗長だろう。冗長さは教育職における職業病のようなものなので（恥ずかしながら）あなたがたがこれから耐えなければならない冗長さもこれが最後というわけにはいかないだろう。

二〇一〇年一二月

エリオット・アロンソン

ザ・ソーシャル・アニマル

人間は本来社会的動物《ソーシャル・アニマル》である。自然に、そして、偶然にではなく非社会的な個人は、われわれの注目に値しないか、人間以上かのいずれかである。社会は実際個人の上位にあるものである。普通の生活を送ることができないか、その必要がないほど完備しており、それゆえに社会に参加しない人がいれば、そのような人は獣か神かのいずれかである。

アリストテレス
『政治学』紀元前三二八年

第1章

社会心理学とは何か

われわれの知る限り、アリストテレスは社会的影響と説得の基本原理のいくつかを明確に述べた最初の真剣な思想家であった。しかし、確かに彼は、人間は社会的動物《ソーシャル・アニマル》であると述べたけれども、そのことに最初に注目した人は彼ではなかっただろう。さらにまた、そのような意見が真実であることに驚嘆しながらも、同時にそれが陳腐で実体を伴わないことに頭を悩ませた最初の人も彼というわけではなかっただろう。人間が「社会的動物《ソーシャル・アニマル》」であるのは確かに真実であるが、アリやミツバチからサルや類人猿に至るまでの多くの生物もまたそうである。人間が「社会的動物《ソーシャル・アニマル》」であるというのは何を意味しているのだろうか。いくつかの具体例を見てみよう。

サムという名前の大学生と四人の知人が、ある大統領候補のテレビ演説を見ている。サムは好意的な印象を持つ。彼は、この候補の誠実さのゆえに、対立候補よりも好感を抱く。演説の後で、他の四人の学生のうちの一人の女性が、この候補には嫌気がさす、まったくの偽善者だと思う、対立候補のほうが良いと思うと主張する。他の三人は全員即座に彼女に同意する。サムは困惑し、少し悩んでいる様子である。ついに彼はその知人たちに呟く。「僕が思っていたほどには彼は誠実ではなかったようだ。」

二年生のクラスで、先生が皆の前に立って、「六、九、四、十一を足すといくつになりますか」と質問する。三列目の女の子がちょっと考えてから、ためらって、おずおずと手を挙げる。そして、指されると、自信なさげに「三十かな?」と答える。先生は頷いて微笑みかけ、「キャロル、よくできました」と言って、彼女の額に金星を付ける。それから先生はクラスの全員に質問する。「七、四、八、三、十の合計はいくつですか。」一瞬も置かずに、キャロルは跳び上がって叫ぶ。「三十二!」

四歳の男の子が誕生日に玩具の太鼓をもらう。しばらくその太鼓を叩いているが、すぐにそれを放り出して、それから数週間はわざと無視している。ある日のこと、友だちが訪ねてきて、その太鼓を手に取って遊ぼうとする。すると突然、この幼い「持ち主」は、友だちの手から太鼓をもぎ取って、まるでそれがいつも自分のお気に入りの玩具だったかのように、その太鼓で遊び始める。

十歳の女の子がウィーティーズを毎日二杯ずつ熱心に食べている。それは、体操のオリンピック・チャンピオンがその製品を保証し、自分に優れた運動能力があるのはとくにそのブランドのシリアルを食べたおかげだと言わんばかりだからである。

モンタナ州の小さな町で全生涯を過ごしたある店主は、本当の黒人には実際に会ったこともないのに、黒人というものは頭が悪く怠惰で淫乱なことを「知っている」。

高校三年生のチャーリーは、最近、初めての都市に引っ越してきたばかりである。彼は以前はかなりの人気者だったが、今はそうではなかった。学校の生徒たちは彼に親切ではあるけれども、とくに友好的というわけではない。彼は、孤独で、不安で、自分には魅力がないと感じている。ある日、昼食のとき、彼は二人の同級の女の子とたまたま一緒のテーブルになった。一人の女の子は、暖か味があり魅力的で聡明で快活な子で、彼は彼女にあこがれ、彼女のことを夢見ていた。ここ数週間というもの、彼は、彼女と話す機会をずっと待ち望んでいた。もう一人の女の子は、それほど魅力的ではない。チャーリーは、夢にまで見ていた快活な女の子のことは無視して、彼女の連れのもう一人の女の子と熱心に話し始める。

デビーという名前の大学生が、長年のボーイフレンドから「ディア・ジェイン」レター〔訳者注：心変わりした恋人からの別れの手紙〕を受け取る。デビーは、健康を保ち適度な食事をすることをいつも自慢していたけれども、その拒絶のせいで、過食に陥り、週末の間に数箱のオレオ、マロマーズ、フィグ・ニュートンズ〔訳者注：スナック菓子〕を平らげる。さらに、工学部のクラスではほぼトップのオールAの学生だけれども、いつもなら最高成績をとる微積分学の試験で単位を落としてしまう。

ベトナムでの戦争の間に、ケント州立大学の二、三百の学生がその戦争に反対してデモを行っていた――われわれの歴史上、その物騒な時期には大学のキャンパスで普通に起っていたことである。その理由ははっきりしていないが、オハイオ州兵がそのキャンパスの平穏を保つ任を受け、発砲し、四人の学生を殺してしまった。その悲劇の後で、その地方のある高校教師が、あの殺された学生たちの死は当然のことだったと主張した。この女性教師は、被害者のうちの少なくとも二人はデモには加わっておらず、撃たれたときにはキャンパスを平穏に歩いていただけだったという事実をよく知っていたのにもかかわらず、そのようなことを言ったのである。それどころか、彼女はさらに、「長髪や汚らしい服や裸足でケントの町並に姿を現すような人は誰だって撃たれて当然だ」(1)とさえ言ったのである。

ジム・ジョーンズ牧師が警報を鳴らしたときには、ガイアナの人民寺院の入植地の九百人以上の人々が彼の前に集まっていた。国会議員調査団員の中には殺害された者もおり、ジョーンズタウンの不可侵性と孤立もほどなく踏みにじられるだろうと彼にはわかっていた。ジョーンズは、死すべき時がきたと宣言した。毒の入った大樽が用意された。わずかにところどころで抗議の叫びや抵抗の動きがあったが、そのただ中で母親や父親たちは自分の赤ん坊や子どもに毒薬を飲ませ、自らもそれを飲み、腕を組み合って横たわり、死を待った。

一九九九年四月二〇日、コロラド州リトルトンのコロンバイン高校の廊下と教室に銃声が響き渡った。二人の生徒が、銃器と爆発物で武装して暴れ回り、一人の教師と数人の生徒を殺した。彼らはそれから自分の銃を自分自身に向けた。硝煙が晴れてみると、（銃撃犯を含む）十五人が死亡し、二十三人が入院し、多くの人が重傷を負っていた。

メアリーはちょうど九歳になったばかりである。彼女は誕生日に「彼女だけの小さなオーブン」を完備したスージーのパン焼きと調理のままごとセットをもらった。彼女の両親がこのプレゼントを選んだのは、彼女が台所のことにとても興味を持っているようで、母親が食卓を整え、食事の準備をし、家の掃除をするのをいつも手伝っているからだった。「素敵なことじゃないか」と、メアリーの父親は言う。「まだ九歳なのに、もう主婦になることに興味を抱いているよ。女の子の遺伝子には、主婦らしさが埋め込まれているに違いない。フェミニストたちは、自分たちが言っていることがわかっていないのだ。」

私の少年時代の友人、ジョージ・ウッズはアフリカ系アメリカ人である。彼と私は一九四〇年代にマサチューセッツ州で一緒に大きくなったが、彼は自分のことを「黒人の少年」だと考え、白人の友人たちに劣等感を抱いていた。(2) 彼がこのような感情を抱くだけの理由はたくさんあった。ジョージは白人のコミュニティから劣等者のような扱いを受けたが、もちろん、このことが彼に直接に影響を及ぼしていた。しかし、それ以外にも数多くの力が、それほど直接的ではないまでも彼に影響していた。当時、ジョージは、ラジオをつけて『エイモスとアンディ』を聴いて楽しむことがあった。それは、黒人の大人がナイーブな少年のように描かれ、愚かで怠惰で教養がないようにではあったが、むしろ可愛らしく――飼いならされた友好的な動物に似ていないわけでもないが――描かれている大人気のラジオ番組であった。黒人の登場人物は、もちろん、白人の俳優が演じていた。映画では、ジョージはステレオタイプにはまった「黒人」を見ることができた。それは普通、お抱え運転手か、何か他の召使いだった。標準的な筋書きはこうだった。「黒人」が白人のヒーローのお伴をして幽霊屋敷に入ると、奇妙で不吉な物音が聞こえる。ここでカメラは移動して「黒人」の顔を映し出す。彼の眼は恐怖で大きく見開いたままである。彼は、「ひゃー！　俺にかまわないでくれ！」と大声で叫んで、扉を開けようともせず、それを突き破る。白人の友だちと一緒にこうした映画を見ながらジョージが経験したことを、われわれはわずかに推測し得るのみである。

事態は移り変わっている。たとえば、依然として差別や不公正はわれわれの社会の根深い一部ではあるが、ジョージ・ウッズの孫たちは二一世紀に育ち、かつてジョージ自身が直面していたのと同じような景色を目の当たりにしているわけではない。今やマスメディアは黒人を描写するときに、もっぱら召使いの役柄を与えることはない。二〇世紀の後半には、アフリカ系アメリカ人の歴史と文化への関心や情熱と一緒に、黒人であることへの誇りが芽生え始めた。そしてこの進歩は、二〇〇八年、最初のアフリカ系アメリカ人大統領バラク・オバマの選出によって頂点に達した。社会は、ジョージに影響したのとはかなり違ったふうに、ジョージの孫たちに影響を及ぼしている。

事態は確かに移り変わっているものの、われわれは、あらゆる変化が真直に人道主義的な方向に向かっていると信じて自己満足しているわけにはいかない。スペイン動乱中の一九三六年八月三〇日のこと、一機の飛行機がマドリードを爆撃した。負傷者は数人出たが、死者は出なかった。人口が密集した都市が空襲を受けている様子を想像して、世界はひどいショックを受けた。世界中の新聞の論説は、市民の全面的な恐怖と憤りを書き立てた。それからわずか九年後には、合衆国の爆撃機がヒロシマとナガサキに原子爆弾を投下した。二十万人以上の人々が殺害され、数えきれない多くの人々が重傷を負った。その後すぐに実施された世論調査によれば、このような兵器を使用すべきでなかったと思っていた合衆国国民はわずか四・五％にすぎず、驚くべきことに二十二・七％もの人が、日本が降伏する機会を得る前にもっとたくさん使っておくべきだったと思っていたのである。(3) 明らかにこの九年の間に、人々の意見に影響する何かが起こっていたのである。

一つの定義

社会心理学とは何か？　たくさんの定義があり得る。こうした定義のいくつかを列挙するのではなく、社会心理学が扱う内容でこの分野を定義するほうが有益だろう。この数頁で挙げてきた例は、いずれも社会心理学的状況の実例である。これらの状況は多様であるが、そこに共通して含まれている一つの要因がある。社会的影響がそれである。あの大統領候補の真価についての友人の意見はサムの判断に（あるいは、少なくともその判断について彼が人前で言うことに）影響を与えた。教師が与えた褒美はキャロルの教室での応答の速さと活発さに影響を与えた。四歳の男の子が自分の玩具の太鼓に前よりも魅力を感じているように見えたのは、彼の友だちがその太鼓に関心を示したという偶然の影響のためだった。これとは逆に、ウィーティーズを食べている女の子にオリンピックの体操選手が与えた影響は偶然などというものではなかった。むしろ、両親を説得してウィーティーズを買ってほしいという動機を彼女に与えるように意図して計画された影響だった。モンタナの店主は、黒人についての不愉快なステレオタイプを生まれつき頭の中に持っていたわけではないだろう。誰かがどうにかしてそれをそこに植え付けたのである。デビーの過食と悪い成績は、彼女が拒絶されたことに何か関係があるだろう——でも、どうしてまさにそうなったのだろうか？　チャーリーが夢にまで見た女性を無視したことは、おそらく、拒絶されるのではないかという恐れと、彼が自分自身についてどう思っているのかということと、そして、二人の女性のどちらに拒絶されそうかについての彼の暗黙の思い込みとに関係しているだろう。デビーの行動に見られるように、拒絶されることは広範な影響を及ぼすのである。コロンバイン高校での凶暴な殺人にも、そのような拒絶と屈辱が役割を果たしていたのかもしれない。オハイオ州ケントの高校教師は、いったいどのようにして罪もない人々が死に値するなどと信じるようになったのだろうか。これは興味をそそられるけれども空恐ろしい問題である。ここでは、おそらく彼女自身があのキャンパスでの悲劇的な事件の間接的な共犯者だったために、この信念が影響を受けたのだろうとだけ言っておこう。さらに憂慮すべき問題は、ジョーンズタウンとコロンバインでの事件である。いったいどういう力が働いて、両親は自分の子どもに毒を飲ませ、それから自分の命をも奪ったのだろうか。十代の少年に級友を殺すよう仕向けたのは、何だったのだろうか。これらもまた複雑な問題であるので、この本をひもといていくうちに、何らかの洞察が提供できればよいと願う。

さて、可愛いメアリーと彼女のスージーのままごとセットに目を転じよう。彼女の父親が言うように、「主婦らしさ」は遺伝的なものとも考えられる。しかし、はるかにもっともらしいのは、赤ん坊の頃からこのかたメアリーが料理や裁縫や人形などの「女性的な」ものに興味を示すたびにいつも——彼女がフットボールやボクシングや化学などに興味を示した場合よりもはるかに——褒められ励まされてきたということだろう。たとえメアリーの弟が「主婦らしさ」に興味を示していたとしても、誕生日にままごとセットをもらうようなことはなかった、とも考えられるだろう。また、若きジョージ・ウッズは遊び仲間に対して劣等感を抱くようになったが、彼の場合と同じように、メアリーの自己イメージもマスメディアによって形づくられてきたのかもしれない。マスメディアが女性を描きだすときには、伝統的に「女性らしい」役割――主婦、秘書、看護師、学校の教師など――を演じさせる傾向がある。若い頃のジョージ・ウッズと彼の孫たちを比べてみれば、マイノリティ集団のメンバーの自己イメージが変化し得ること、そして、こうした変化がマスメディアの変化や一般大衆の態度の変化と影響し合っていることがわかるだろう。このことは、もちろん、一九四五年の核兵器の使用に関するアメリカ人の意見に如実に例証されている。

　これまでの段落のコンセプトは**社会的影響**である。これは、人々が他者の信念や感情や行動に及ぼす影響であるが、これが社会心理学に関するわれわれの暫定的な定義となる。これをわれわれの定義として用いて、これまでの実例で述べてきた現象の多くを理解してみようと思う。どのようにして人々は影響されるのだろうか。なぜ人々は影響を受け入れるのか、すなわち言い換えると、人々にとって、それはどのようなものなのだろうか。社会的影響の有効性を増したり減じたりする変数［訳者注：研究計画法の用語。第9章を参照。ここでは「要因」と読み替えてもよい］は何だろうか。このような影響は持続的な効果を持つのか、それとも単に一時的なものだろうか。社会的影響の効果の持続性を増したり減じたりする変数は何だろうか。オハイオ州ケントの高校教師の態度と、幼い子どもの玩具に対する好みの両方に、同一の原理が等しく適用できるだろうか。どのようにして人は他者を好きになるのだろうか。われわれが新しいスポーツカーやウィーティーズを好きになるのと同じような過程でそうなるのだろうか。どのようにして人は、ある民族・人種集団に対して偏見を持つようになるのだろうか。それは、好きになるのと同じような――逆方向にではあるが――ものなのか、それとも、それとはまったく異なる一連のメカニズムがかかわっているのだろうか。

　ほとんどの人はこういった問題に関心を抱いている。われわれは人間として、他者とやりとりをしながら――彼らに影響を与えたり、彼らから影響を受けたり、彼らによって喜んだり、楽しんだり、悲しんだり、怒ったりしながら――多くの時間を費やしているので、われわれが社会的行動について仮説を持つようになるのも当然のことである。その意味では、われわれは皆、素人社会心理学者である。ほとんどの素人社会心理学者はこうした仮説を自分で検証して自己満足するけれども、こうした「検証」には注意深い科学的研究が備えている厳密さや公平性が欠けている。往々にして、科学的研究の結果は、ほとんどの人が真実だと「わかっている」ことと同じである。このことは別に驚くにはあたらない。社会通念というものは、たいてい、時の検証を経てきた鋭い観察にもとづいたものだからである。

実際、あなたは、この本の中で実験の結果を読みながら、「そんなことは明らかだ、そんなことを『発見する』ために、なぜ彼らは時間と金を使うのだろう」と考えてしまうこともあるだろう。たとえ、その結果がしばしば驚くべきことではなさそうでも、われわれが実験を行うにはいくつかの理由がある。一つは、われわれが皆、**後知恵バイアス**の影響を受けやすいからである。これは、われわれが、いったんある事象の結果を知ると、その結果を予測する自分の力を過大視する傾向である。たとえば、ある研究によれば、ある選挙の翌日に、どの候補に勝たせたいと思っていたかを人々が尋ねられると、彼らはほとんどいつも、実際に当選した人をそうさせたいと思っていたと信じていた――たとえ、その選挙の前の日の彼らの予想がそれほど的中していなかったとしてもそうである。(4) 同じように、ほとんどいつものことだが、ある実験の結果は、その結果をわれわれがいったん知ってしまうと、後知恵の恩恵なしにわれわれの予測を尋ねられたときよりも、その結果が簡単に予測できたもののように思えるのである。

さらに、たとえ結果が明らかに思えようとも研究を行うことが重要なのは、われわれが真実だと「わかっている」事象の多くでも、注意深く研究すると、実は誤りだと判明することがあるからである。たとえば、人々がある行動をすれば厳しい罰を与えられると脅されれば、いつかはその行動を嫌いになると仮定してもおかしくはないだろう。しかし、この仮説を実証的に検証すると、これが誤りだとわかるのである。穏やかな罰で脅された人は、その禁じられた行動を嫌いになるけれども、厳しい罰で脅された人は、その禁じられた行動をわずかながらにせよ好きになるのである。同様に、われわれのほとんどは、もし誰かが（自分の陰で）自分について良いことを言ってくれているのをふと耳にするならば――そして、他のすべての条件が等しければ――その人のことを好きになると自分自身の経験にもとづいて推測するだろう。このことは真実だとわかっている。しかし、同じくらい真実なことは、われわれがふと耳にした言葉の中に、けっして良いとは言えない言葉が入っている場合に、その人をさらに一層好きになる傾向があるということである。これらの現象については、後の章でもっと詳しく述べることにしよう。

人間の社会的行動を理解しようとする際に、専門の社会心理学者はほとんどの素人の社会心理学者よりもはるかに有利な立場にある。素人と同じようにわれわれ専門の社会心理学者も普通は注意深い観察から始めるけれども、それ以上のことができるのである。われわれは、人々がどのように反応するかを観察するために物事が起きるのを待っている必要はない。それどころか、われわれは物事を起こすことができるのである。つまり、社会心理学者は、多くの人々に特定の事象を経験させるような実験を行うことができる（たとえば、厳しい脅しと穏やかな脅しだとか、良いことを洩れ聞くのと良いことと嫌なことの両方を洩れ聞くのだとかである）。さらに、われわれは、研究の対象となっている特定の事象の他をすべて一定にすることができる状況でこうした実験を行うことができるのである。こういったわけで専門の社会心理学者は、素人の社会心理学者が利用できるデータ——多くの物事がいちどきに生じる複雑な状況の中で偶然に生じる事象の観察に頼らなければならない——よりもはるかに正確で豊富なデータにもとづいて結論を導き出せるのである。

この本で示したデータは、そのほとんどすべてが実験的な証拠にもとづいている。こういったわけで、読者は、（一）社会心理学における実験とは何かを理解し、（二）こうした企てに関連した長所や短所、倫理的問題、興奮や頭痛や心痛を理解することが大切である。実験法を理解することは重要ではあるが、それはここで提示した実質的な内容を理解するのに必要不可欠というわけではない。それで「科学としての社会心理学」の章はこの本では最後に置かれている。読者の皆さんは、（もし、あなたが実質的な内容を深く掘り下げて考える前に専門的方法を理解したいなら）この本を読み進める前に最後の章を通読してもらってもよいし、あるいは、この本を読み進める旅路のどの時点でも——あなたの興味が向いたらいつでも——最後の章を読んでもらってもよい。

異常なことをする人々が必ずしも異常というわけではない

社会心理学者は、人々の行動に影響を及ぼす社会的状況を研究する。時として、こうした自然の状況が集まって非常に大きな圧力を生み出し、明らかに異常と分類できる行動を人々にとらせることがある。人々について私が語るとき、それはきわめて多くの人々のことを言っているのである。こういった人々を精神病患者に分類しても、人間の行動に関するわれわれの理解は進みはしないだろう。むしろ、そのような行動を生じさせるように働いている状況や過程を理解しようと努めることのほうがはるかに有益だろう。このことからアロンソンの第一法則が導き出される。

異常なことをする人々が必ずしも異常というわけではない。

ここで一つの例証として、あの四人のケント州立大学生の死が当然だと主張したオハイオ州の高校教師を取り上げてみよう。私は、このように信じていたのは彼女だけだったとは思わない——そして、こういう信念を持った人々は、確かに精神異常者かもしれないが、私はけっしてそうだとは思わない。さらに言えば、彼らをそのように分類したとしても、その現象に関するわれわれの理解が進むとは思えない。同じように、このケント州での殺害の直後には、殺された女子学生たちはどうせ妊娠していたのだ——だから、彼女たちが死んだのは幸いだったのだ——というデマや、あの四人の学生たちは皆不潔でシラミだらけだったので、遺体安置所の係員は死体を調べているうちに吐き気を催したそうだというデマが広がった。もちろん、これらのデマは根も葉もないものだった。しかし、ジェームズ・ミッチェナー(5)によれば、それらは野火のように広がった。こういったデマを信じて広げた人は皆異常だったのだろうか。この本の後のほうで、こういった行動を生じさせる過程——それなりの社会心理学的条件がそろえば、われわれのほとんどが影響を受ける過程——を検討することにしよう。

人々には、不快な行動をしでかした人に(「狂気だ」、「サディスティックだ」といった、その他何でも)レッテルを貼って不快な行動を説明し、そうして残りの「われわれ良い人々」からそういう人を排除する傾向があると、私のかつての学生エレン・バーシャイド(6)は述べている。そうすれば、われわれはその不快な行動について思い悩む必要がないのである。なぜなら、そういった行動はわれわれ良い人々には何の関係もないことだからである。バーシャイドによれば、こういった考え方は危険である。そのように考えることによって、われわれは、不快な行動を生み出す状況的圧力の影響をわれわれ自身が受けやすいということを忘れて独善に陥ってしまい、社会問題を解決するために無邪気とさえ言えるアプローチを採るようになるからである。もっと詳しく言うと、そのような無邪気な解決法の一つには、誰が嘘つきで、誰がサディストで、誰が堕落していて、誰が狂っているかを見つけ出すための診断テストのセットを開発することが含まれるだろう。そして、こういった人々を見つけ出して、彼らを適切な施設に隔離するという社会的措置が講じられるだろう。もちろん、精神病は存在しないとか、精神病患者を施設に収容すべきではないとか言っているわけではない。また、人々は皆同じで、同じ強力な社会的圧力を受ければ同じように異常に反応すると言っているわけでもない。繰り返しになるが、私が言っているのは、ある種の状況的な変数のもとでは、われわれ「正常な」大人のほとんどがきわめてまずい行動をすることがあるということである。不快で有害な行動を生じさせるこれらの変数や過程を理解しようと試みることがもっとも重要なのである。

一つの例が役に立つだろう。ある刑務所を思い描いてほしい。看守たちのことを想像してほしい。彼らはどのような人間だろうか。おそらく、ほとんど人は、刑務所の看守はタフで冷淡で無情な人間だと想像するだろう。残忍で専制的でサディスティックだと想像する人もいるだろう。世界をこういった**気質的観点**［訳者注：性質、傾性、性格などに注目する見方］からとらえる人々は、人々が看守になるのは、あまり罰を受けることなく残忍さを発揮できるからだと言い出すだろう。さて、囚人のことを思い描いてほしい。彼らはどのような人間だろうか。反抗的だろうか、従順だろうか。たとえ、どのような特定のイメージを思い浮かべようとも、イメージが存在するということが問題なのである――そして、われわれのほとんどは、囚人や看守は性格や人格がわれわれとはまったく違っていると信じているのである。

これは本当のことかもしれないが、もう少し複雑かもしれない。劇的な実証実験で、フィリップ・ジンバルドーとその共同研究者は、スタンフォード大学の心理学科の地下に模擬刑務所を作り出した。彼は、この「刑務所」に正常で成熟し情緒の安定した知的な青年たちを連れ込んだ。ジンバルドーは、コインの裏表で、半数の青年には囚人の役を、半数の青年には看守の役を割り当て、数日間その状態で過ごさせた。いったいどのようなことが起こったのだろうか。ジンバルドー自身の言葉で語ってもらおう。

> わずか六日目の終わりには、われわれの模擬刑務所は閉じてしまわねばならなかった。なぜなら、われわれが目にしたものが恐るべきものだったからである。どこまでが本当の彼らで、どこからが彼らの役割だったのかは、もはやわれわれにも被験者のほとんどにも定かではなかった。ほとんどの被験者は、実際に「囚人」か「看守」になりきってしまい、もはや役割演技と自己との区別が明確にできなくなっていた。彼らの行動、思考、感情のほとんどすべての側面に劇的な変化が起こった。監禁を体験することによって、一週間もしないうちに、彼らが生まれてからこのかた学習してきたことが（一時的にせよ）拭い去られてしまったのである。人間の価値は役目を果たさなくなり、自己概念は脅威にさらされ、人間性のもっとも醜くもっとも卑しい病理学的側面が顕わになった。われわれがぞっとしたのは、ある男子たち（「看守」）が、他の男子たちを、まるで浅ましい動物であるかのように取り扱い、残忍さを楽しむのをこの目で見、これとは反対に、他の男子たち（「囚人」）が、逃亡することや、自分だけが生き延びることや、看守に対して憎悪を募らせることしか考えない隷属的な非人間的ロボットになるのをこの目で見たからである。[7]

第2章

同調

われわれが社会的動物《ソーシャル・アニマル》であるという事実から当然考えられることは、われわれは個性に関する価値と同調に関する価値との間の緊張状態の中で生きているということである。ジェームズ・サーバーは、同調の特質を次の叙述の中でとらえている。

突然誰かが走り出した。妻と会う約束だったのに、その時間がもうとっくに過ぎていることを、はっと思い出しただけのことかもしれない。いずれにしても、彼はブロードウェイを（おそらく、男性が妻と会うのに人気の場所のマラモール・レストランへ向かって）東へと走って行った。別の誰かが走り出した。おそらく、元気のよい新聞配達の少年なのだろう。もう一人の男、でっぷりと太った実業家が急ぎ足で駆け出した。十分とたたないうちに、ユニオンのバス停留所から裁判所庁舎まで、本通りのすべての人が走っていた。大きなざわめきが次第にはっきりしてきて、「ダム」という恐ろしい言葉になった。「ダムが破れた！」電車に乗っていた小柄な老婦人か、交通巡査か、少年か、誰かがその恐怖を言葉にして言った。誰がそう言ったのかは誰も知らないし、もはやそんなことはどうでもよい。二千もの人々が突然全力で逃げ出したのである。「東へ行け！」という叫び声が起こった。川から離れて東のほうへ、安全な東へ。「東へ行け！　東へ行け！」背の高い痩せた婦人が、こわい目と決意を秘めたあごをして、通りの真ん中で私のそばを走り過ぎて行った。おびただしい叫び声があがっているのにもかかわらず、私には、何のことだかいまだにわかっていなかった。私は、随分頑張って、その婦人の横に追いついた。というのは、彼女は五十代後半だけれども、きれいなゆったりした走り方で、調子もとてもよさそうだったから。「いったい何ですか」と私は息を切らせて尋ねた。彼女はちらっと私を見て、また前を向いて、ペースを少しあげた。「私に聞かないで！　神様に聞いて！」と彼女は言った。(1)

サーバーから引用したこの節は、滑稽ではあるが、人々が同調するさまを適切に例証している。一人か二人の人が、それぞれの理由があって走り出した。ところが、まもなくすると皆が走っていた。なぜか。他の人々が走っていたからである。サーバーの筋書きでは、走っていた人々が結局ダムが決壊していなかったことを知って、ひどく愚かしく感じたということになっている。しかし、もし彼らが同調しなかったとして、実際にダムが決壊していたとしたら、彼らはどんなにか愚かしく感じたことだろう。同調は良いことなのか、それとも悪いことなのだろうか。そのもっとも単純な意味において、このような質問は滑稽である。しかし、言葉には評価的な意味がつきまとう。たとえば、個人主義者だとか非同調者だとかと呼ばれることは、言外に「良い」人だと呼ばれることである。このレッテルは、背景に太陽が沈んでいくとき、ライフル銃を肩にかけ、そよ風を髪に受けて、山頂に立つダニエル・ブーンのイメージを引き起こすのである。同調者と呼ばれることは、われわれの文化では、何かしら「不十分な」人だと呼ばれることである。それは、まるで、クッキー型で切り出されたかのように見える、グレーのフランネルのスーツを着て同じブリーフケースを持った官僚たちが並んでいるイメージを呼び起こすのである。

しかし、われわれはまったく違ったイメージを伝える同義語を使うこともできる。個人主義者や非同調者の代わりには逸脱者、同調者の代わりにはチーム・プレイヤーという言葉を使うことができる。どういうわけか、逸脱者という言葉では山頂に立つダニエル・ブーンのイメージはわかないし、チーム・プレイヤーという言葉ではクッキー型で切り出された官僚たちのイメージはわかない。もう少し詳しく見ると、同調（チーム・プレイ）と非同調（逸脱）に関するわれわれの社会の感じ方が矛盾していることがわかる。たとえば、一九五〇年代のベストセラーの一つは、ジョン・F・ケネディの『勇気ある人々』という書物だったが、この中で著者は、大きな圧力に抵抗して同調することを拒んだ数人の政治家を、その勇気の点で称賛している。このことを言い換えれば、ケネディは、良いチーム・プレイヤーであることを拒否した人々、すなわち、自分の政党や選挙人の期待に沿うように投票したり行動したりすることを拒んだ人々を称賛していたことになる。これらの政治家の行為がケネディの称賛を勝ち得たのは、その行為が行われたずっと後になってからのことだが、その行為が行われた直後の彼らの同僚の反応は一般的にはけっして良いものとはいえなかった。非同調者は、その非同調の事実のずっと後になって、歴史家から称賛されたり、映画や文学作品の中で偶像視されたりすることはあるが、彼らがその要求に同調するのを拒んだ相手からはその時点ではたいてい尊敬されないものである。こうした意見は、社会心理学の多くの実験で強く支持されている。たとえば、スタンレー・シャクター[2]による古典的な実験では、ジョニー・ロコという名前の非行少年の事例について討議するために、いくつかの学生の集団が会合をもった。それぞれの集団は、その事例を読み終わると、それについて討論し、ジョニーへの処遇を、一方の端が「非常に寛大な処遇」でもう一方の端が「非常に厳格な処遇」になっている尺度上に示すよう求められた。典型的な集団はだいたい九人の参加者で構成されていたが、そのうちの六人は実際の参加者で、後の三人は実験者にアルバイトで雇われたサクラであった。サクラは、前もって入念に稽古した三つの役割のうちの一つを交代で演じた。すなわち、本当の参加者の平均的な意見に同調する立場を演じる最頻的な人、その集団の全般的志向とは正反対の立場をとる逸脱者、最初は逸脱者と同じ立場であるが、討論の過程で次第に最頻的で同調的な立場へと「滑り込む」移行者の三つの役割であった。この実験の結果は、もっとも好まれるのが集団規範に同調する最頻的な人であり、逸脱者がもっとも好まれないということを明らかにした。もっと最近の実験では、アリー・クルグランスキーとドンナ・ウェブスター[3]は、非同調者が、締め切り間際（集団がそろそろ終わらせようともがいているとき）に反対意見を表明すると、討論の早い時期に反対意見を表明するときよりも、はるかに拒絶されることを発見した。

このように、データは、「体制」すなわち最多意見の集団が、非同調者よりも同調者を好む傾向を持っていることを示している。同調するほうがきわめて望ましく、同調しないために取り返しのつかない惨事が起こるような状況が明らかにある。たとえば、私は、自分が同調者であることに突然嫌気がさしたとしてみよう。そこで私は車に飛び乗って道路の左側を運転し始める［訳者注：アメリカなので車は右側通行］――これは私が断固たる個人主義を示す方法としてはあまり適切ではなく、それに、もしあなたがたまたま同じ道路を私に向かって（同調者のやり方で）車を運転していたとすれば、あなたに対してもあまりフェアでないことだが。同じように、両親が承認してくれないに決まっているというただそれだけの理由で、煙草を吸ったり、夜遅くまで出歩いたり、タトゥーをいれたり、あるいは、ある特定の男の子とデートしたりするような十代の反抗的な娘のことを考えてみよう。彼女は自立心を示しているというよりはむしろ反同調を示しているのである。というのは、彼女は自分で考えてそうしているわけではなく、ただ他の人の希望や期待に反するように自動的に振る舞っているだけだからである。

だからといって、私は、同調は常に適応的で、非同調は常に非適応的であるというつもりはない。同調が悲惨で悲劇的な結末をもたらしてしまうような抗い難い状況がある。さらにはまた、見識が豊かで洗練された意思決定者でさえ、集団意思決定に固有の特殊な同調圧力の犠牲になることもある。次の例を考えてほしい。アドルフ・ヒトラーの最高助言者の一人であったアルベルト・シュペールは、その回顧録の中で、ヒトラーを囲んでいたサークルを全面的な同調のサークルと記述している――そこでは、逸脱は許されなかったのである。そのような雰囲気のもとでは、もっとも野蛮な行為でさえ理にかなっているように思えたのである。というのは、反対意見がないところでは、満場一致の幻想が伝わり、誰も他の選択が存在する可能性について考えてみることができなかったからである。

> 正常な状況であれば、現実に背を向ける人々は、周囲の人々から嘲笑や批判を受けて、すぐに正される。「第三帝国」ではこのような矯正はなかった。それどころか、あらゆる自己欺瞞は歪んだ鏡の部屋の中にあるかのように増殖して

いった。それは、もはや厳しい外部の世界とは何の関係も持たない狂信的な夢の世界が何度も繰り返してしっかりと描かれたものになっていた。このような鏡の中には、何度も繰り返して映し出された私自身の顔しか見ることができなかったのである。(4)

もっとよく知られてはいるが、おそらくそれほど劇的ではない例として、ウォーターゲート事件の隠蔽で元大統領のリチャード・ニクソンや彼の「宮廷護衛官」とかかわりを持った何人かの人々のことが挙げられる。ここでは、政府高官——その多くは法律家だった——が、考え直せば明らかなことなのに、そうしようともせずに、偽証をし、証拠を隠滅し、贈賄を行ったのであった。少なくともある程度は、一九七〇年代初期に大統領を取り巻いていた一心不乱な閉鎖的なサークルが、少なくともこの原因の一端を担っている。この一心不乱さによって、逸脱することなど思いもよらないことになっていたのである——そのサークルが破綻をきたすまでは。ひとたびこのサークルが破綻をきたすや、数人の人々(たとえば、ジェブ・スチュアート・マグルーダー、リチャード・クラインディーンスト、パトリック・グレイら)は、自らの不法行為に驚きの目を見張っていたようだった。それはあたかもそういう自分の行為が、何か悪夢を見ている間に行われたかのようだった。ジョン・ディーンは次のように述べている。

いずれにしても、朝、新聞を手に取って、昨日の一面の記事に取って代わった新しい一面の記事を読むと、今日のニュースが本当なのだと信じ始めていくのである。このような過程によって、ホワイトハウスの中の非現実性という雰囲気が作り出されて、最後の最後まで広がっていた。もし何度も何度も繰返し言えば、その言ったことは真実になるのである。たとえば、新聞記者とホワイトハウスの報道部員に対する盗聴が記者団の知るところとなり、それを完全に否定できなくなると、これは国家安全問題だという主張がなされた。多くの人々が盗聴は国家安全のためだったと信じていたのは確かであるが、実はそうではなかった。それは、その事実があった後に、辻褄合わせにでっち上げられたものだった。しかし彼らがそう言ったときには、彼らは本当にそう信じていたのだということは、あなたにもわかるだろう。(5)

一九八六年一月二八日、スペース・シャトル、チャレンジャー号が打ち上げ直後に爆発した。民間の教師も含む七人の宇宙飛行士は、煙と炎の火の玉に包まれて爆死した。前のチャレンジャー号の飛行が危うく大惨事になるところだったのにもかかわらず、そして、最近では学識のある技術者らがブースター・ロケットのジョイント部分にある欠陥O《オー》リングについて強い反対や警告を発していたにもかかわらず、打ち上げ実施の決定がなされたのである。この鍵を握っていたアメリカ航空宇宙局（ＮＡＳＡ）の執行部の人々は、飛行士の生命の危険やその尊さを無視したのだろうか。いや、私はそうは思わない。

より適切に説明するためには、ＮＡＳＡの意思決定過程に欠陥をもたらした多くの要因が絡んでくる。第一に、ＮＡＳＡはこれまでに基本的には同じ設備を使って二ダースもの打ち上げに成功していた。これまでの幾度もの成功によって増長した自信をもって、ＮＡＳＡの執行部は「決行」の決定をするように志向していたのである。第二に、ＮＡＳＡの職員は、一般大衆と同じように、最初の民間人（クリスタ・マコーリフ教師）を宇宙に打ち上げることに熱狂していたのである。

さらに、アリー・クルグランスキー(6)の鋭い分析によれば、ＮＡＳＡの執行部が自分たちの希望的な考えの犠牲になるだけの特別な実際的理由があったのである。すなわち、ＮＡＳＡの有効性や生産性を示すことによって連邦議会からの基金を確保する必要性があったとすれば、「先生を宇宙へ」計画に対する大衆の強烈な関心があったとすれば、そして、ＮＡＳＡの技術能力を証明したいという希望があったとすれば、「打ち上げは、延期よりも望ましい決定なのは明らかであった。システムに欠陥があるかもしれないと言うことは、それがどのようなことでも、もっとお金を使う必要があると言ったことになっただろうし、ＮＡＳＡが費用効率性と経済性を重視する観点から見ると好ましくない結論を示すことになっただろう。」

最後に、このような熱狂と外的圧力の雰囲気の中にあっては、ＮＡＳＡの誰しもが何か事故が起こるかもしれないなどとは思いたくなかったのであり、そして誰もそう思わなかったのである。ＮＡＳＡの執行部の人々とは違って、モートン・チオコール社（固形燃料ロケット・ブースターの製造会社）の技術者たちは、打ち上げるか否かの決定がもたらす政治的、経済的、渉外的な影響には関心がなかった。彼らが心配したのは、何かが起こりはしないかということだけだった――そして、発射台が氷点下の気温だったので、彼らは打ち上げに激しく反対したのである。

しかし、モートン・チオコール社の重役たちはそれほど幸運ではなかった。彼らには、打ち上げの成功以上に差し迫った問題があった。彼らは、大きな葛藤の中にいた。一方では、彼らは技術者として、仲間の技術者の意見に敏感だった。しかし他方、重役としては、年間およそ四百万ドル相当の契約をＮＡＳＡに頼っていた。こうして、彼らは、ＮＡＳＡの執行部が抱いていた関心と同じ関心を抱くことになったのである。チオコール社の技術部門の副社長のロバート・ランドが大統領調査委員会で行った証言によれば、彼は、最初は打ち上げに反対していたが、「技術者用の帽子を脱ぎ、経営者を象徴する帽子をかぶる」よう助言を受けてからはこの考え方を変えた。ランドのようなモートン・チオコール社の重役たちは、どのようにしてこの葛藤を処理したのだろうか。彼らは、NASAの執行部との最後の会議の前に、チオコール社の従業員の投票を行った。ただし、技術者の投票は行わなかった――経営に携わる職員にだけ行ったのであり、彼らは、打ち上げ「決行」に投票した。こうして、運命の打ち上げの日の前夜に行われたNASAの役人とチオコール社の重役との会議では、その参加者が推進の方向への傾倒をお互いに強め合ったのである。

振り返ってみよう。ヒトラーの内部サークルとニクソンの「宮廷護衛官」とNASAの執行部とは、悲劇的な決定をしたという事実の他には、どういう共通点があるだろうか。それらは、反対意見の立場から孤立した比較的凝集性の高い集団であった。そのような集団が決定を求められると、社会心理学者アーヴィング・ジャニスが**集団思考**と呼ぶものの餌食になることが多い。(7) ジャニスによれば、集団思考とは、「凝集性の高い内集団で同意を求める傾向があまりにも支配的になるがために、他の行為をとったらどうなるかを現実的に評価できなくなりやすいときに人々が行う思考の様式である。」この非適応的な意思決定方略に従っている集団は、典型的には、自分たちが不敗であると知覚する――楽観主義によって盲目になるのである。そして、この楽観主義は、反対意見が抑制されると永続する。同調の圧力を前にして、個々の集団メンバーは、自ら遠慮するよう気遣い、反対意見を表明するのを控えるようになる。一致を求めることがあまりにも重要であるので、その集団のあるメンバーは時としてマインドガード〔訳者注：集団に入ってくる情報や意見を監視し統制する人〕になる――モートン・チオコール社の役員が行ったように、厄介な情報が入ってくるのを検閲するのである。

こういった例を挙げたからといって、愚かで悲惨な決定を行った個々人の責任が問われるべきだと言うつもりはない。私が本当に言いたいのは、取り調べを行い責任をとらせるほうが、ずさんな意思決定を行わせたメカニズムを理解するよりもはるかに安易だということである。しかし、こういったメカニズムを深く掘り下げ理解しようとすることによってのみ、人々が意思決定を行う方法を改善でき、そうして、将来悲惨な決定が行われる頻度を減らすことができるという希望が持てるのである。

同調とは何か

同調とは、個人あるいは集団から現実の圧力ないしは想像上の圧力を受けた結果、人の行動や意見が変化することと定義できる。ほとんどの状況は上に引用した例ほど極端なものではない。それほど極端ではない（そして、おそらくもっと単純な）例から始めて同調現象に注目してみよう。われわれの友人サム、第1章で最初に出会った仮説上の大学生に戻ろう。思い出してほしい。サムはテレビである大統領候補を見て、その誠実さに好印象を抱いた。ところが、その候補は不誠実だという友人たちの一致した意見に直面して、サムは彼らの意見に——少なくとも言葉の上では——同調した。

こういった状況については、いくつかの質問ができるだろう。（一）人々を集団圧力に同調させる原因は何だろう。上の例では、サムにとって集団圧力とはどのようなものだったのか。（二）集団圧力の性質とは何だろう。すなわち、サムの知人は同調させるために何をしていたのか。（三）仲間の学生皆が自分と違う意見だということを知ってぎょっとした短い時間の間に、サムはその候補に関する自分の信念を変えてしまったのか。それとも、意見はもとのままにしておいて、その候補について言うことだけを変えたというのが実情だろうか。もし意見が変わっていたとしたら、その変化は持続的なものか、それとも単に一時的なものだったのか。

不幸にして、その状況にはわれわれには窺い知ることのできない多くの要因があるので、サムの心の中でそのときに何が起こっていたかを明確に知ることはできない。たとえば、サムが自分の最初の意見にどれくらい自信を持っていたかがわからない。サムが一緒に大統領候補の演説を見ていた人々をどれくらい好きだったかがわからない。自分は人の誠実さがよくわかる人間だとサムは思っていたのか、それとも友人たちのほうが人の誠実さがよくわかる人だとサムは思っていたのか、それもわからない。一般的に言って、サムは強い人間なのか、それとも優柔不断な人間なのか、等々、われわれにはわからないのである。われわれにできることは、サムが経験した状況に十分似通った実験状況を作り出すことである。そうすれば、われわれが重要だと考えている要因を統制したり変化させたりすることができるのである。このような基本的な状況は、ソロモン・アッシュ(8)が一連の古典的実験で考案している。次の状況に身を置いて考えてほしい。あなたは知覚判断の実験に自発的に参加することにしたとしよう。あなたは他の四人の参加者と一緒に部屋に入る。実験者があなたたち全員に直線（線分X）を見せる。同時に、実験者はあなたたちに他の三本の比較線分（線分A・B・C）を見せる。あなたがすべきことは、三本の線分のいずれが線分Xに一番近い長さかを判断することである。その判断があまりにも簡単なことにあなたは驚くだろう。

線分Bが正答であることは、あなたにはまったく明らかなことである。そして、あなたの順番が回ってくると、あなたはBだとはっきり言うだろう。しかし、あなたが答える順番ではない。順番の若者は線分をじっくり眺めて「線分A」と言う。あなたは口をぽかんと開けて怪訝そうに彼を見るだろう。「どんな馬鹿でもBだってわかるのに、何であいつはAだなんて思うんだろう」と、あなたは自問する。「あいつは目が見えないか、頭がおかしいに決まっている。」さて、次の人が答える順番である。その人もAを選ぶ。あなたは不思議の国のアリスのように感じ始める。「どうしてそんなことがあるんだ」と、あなたは自問する。「二人とも目が見えないか、頭がおかしいのだろうか。」しかし、その次の人が答えて、また「線分A」と言う。あなたは線分にもう一度目をやり、「たぶん自分だけが頭がおかしいのだろう」と呟く。さて、四番目の人の順番である。その人も正答はAだと判断する。そしてついにあなたの順番である。あなたはきっぱりと言う。「そりゃあ、もちろん、Aだ。そんなことは最初からわかっていたよ。」

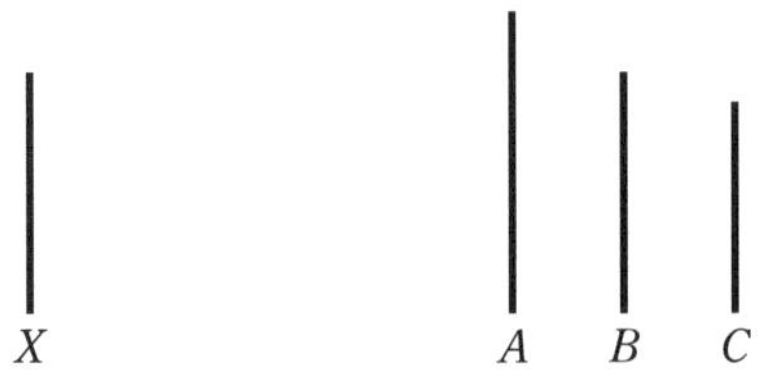

アッシュの実験に参加した大学生が経験した葛藤はこういった類のものであった。あなたの想像通り、最初に答えた四人は実験者に雇われており、皆で同じ間違った答をするように指示されていたのである。知覚判断それ自体は信じられないほど容易なものであった。とても簡単だったので、個人個人が集団圧力にさらされないで一人でさまざまな長さの線分を判断させられたときには、まったくと言ってよいほど誤りはなかった。それどころか、その課題は非常に容易であり、物理的現実はあまりにもはっきりしていたので、集団圧力に屈するようなことは仮にあったとしても少ないだろうとアッシュ自身が固く信じていたのである。しかし、彼の予測は誤っていた。一人の参加者が十二回の判断を行う中で、仲間の学生のほとんどが同じ間違った反応をするという事態に直面して、参加者のおよそ四分の三は最低でも一回は間違った反応をして同調したのである。すべての判断を押し並べて見ると、全反応のうち、平均して三十五%はアッシュのサクラの示した誤った判断に同調したのである。

　ソロモン・アッシュは、彼の古典的な実験を六十年ほど前に実施した。その結果は強力なものではあるが、アメリカの大学生は今やまったく違ってきているという理由で、彼の発見を否定したい気持ちになる。つまり、コンピューターの出現とインターネットによって、われわれはより洗練されてきて、この類の集団圧力にははるかに影響されにくくなっているとあなたは考えるかもしれない。しかし、そうではない。数十年にわたり、アッシュの実験は何度も何度も追試され、成功を収めている。ほんの数年前、全国ネット・テレビのとくに印象的な実演で、アンソニー・プラトカニス(9)は、アッシュが五十年前に実施した実験の手続きを正確に再現した。プラトカニスの実験の参加者は、とくに洗練された大学生であり、そのほとんどが自分のことを非同調者だと考えていた。注目すべき結果は、アッシュの結果とほとんど同じであったということである。

集団圧力に抵抗することはとても困難であり、このことは、参加者の表情に現れるだけでなく、彼らの神経学的活動にも現れる。最近の研究で、グレゴリー・バーンズとその共同研究者(10)は、機能的磁気共鳴画像法（fMRI）で参加者の神経活動をモニターしながらアッシュの実験手続きを追試した。これらの走査画像は、集団圧力に屈した参加者とそれに抗した参加者とで大きな違いあることを示していた。抵抗した参加者は扁桃体、つまり苦痛や情動的不快に関連する脳部位に大きな活動を示していた。集団に抗うことは苦痛なのである。

これらの実験で作り出された実験状況がとくに興味深いのは、われわれが同調しがちな多くの状況と異なり、あからさまに個人性を束縛するものがなかったという点である。多くの状況では、非同調に対する制裁が確かで明白である。たとえば、私はネクタイをするのが嫌いで、ほとんどの場合、私はこの些細な独自性を押し通すことができる。しかし、時にはそうでないこともある。レストランの入口でよく呼び止められて、支配人から渡されるネクタイを拒めばこのレストランでは食事ができないと丁寧に（しかし、きっぱりと）言われる。私はネクタイをつけてそのレストランで食事をするか、それとも、ネクタイなしで快適だけれども空腹のままそこを立ち去らなければならない。同調しないためにもたらされる悪い結果はきわめて明らかなのである。

しかし、アッシュの実験では（そして、テレビで大統領候補を見ているサムの仮説的な例では）、状況ははるかに微妙だった。これらの状況では、同調しても直接に報酬が与えられるわけではないし、逸脱しても直接に罰を受けるということもなかった。それなのに、なぜアッシュの参加者やサムは同調したのだろうか。二つの主な可能性が考えられる。すなわち、彼らは、全員一致の多数者の判断に直面して、自分の意見が誤っていると確信したか、それとも、多数意見の人々に受け入れられたり、反対意見のために嫌われるのを避けたりするために、（内心では自分の最初の判断が正しいと思っていても）「付和雷同した」かのいずれかである。

要するに私が言いたいことは、こういった人々は二つの重要な目標を持っていたということである。それは、正しくありたいという目標と、他者の期待に沿うよう行動して気に入られたいという目標である。多くの状況では、これらの目標はいずれも一つの行為で達成できる。道路の右側を運転することは、正しい行いであり、他者の期待にも応えている。母の日に母親に電話をかけたり、町で訪問者に適切な道を教えたり、試験で良い成績がとれるように一生懸命勉強したりすることなどもそうである。同じように、もし、他の人々が線分の長さについてのあなたの判断と同じ意見だったら、あなた自身の目測と違わないので、あなたは二つの目標をともに達成できるだろう。しかし、アッシュの実験では、これら二つの目標が対立させられていた。もしあなたがこの実験の参加者で、正答が線分Bだと最初は思っていたとして、あなたがもし線分Bだと言えば、正しくありたいという欲求は満たされるだろう――しかし、もしそう言えば、あなたは仲間の期待を裏切ることになり、その仲間はあなたのことを少し変だと思うかもしれない。これとは逆に、もし線分Aを選べば、あなたは他の人々に受け入れられるかもしれないが、あなたが彼らは正しいと確信していない限り、正しくありたいという欲求に背くことになるだろう。

　ほとんどの人々は、自分の場合には、正しくありたいという欲求によって主に動機付けられているが、他の人々の場合には、人に気に入られたいという欲求によって主に動機付けられていると思っている。たとえば、アッシュ型の同調実験を人目につかないようにして観察した人々は、典型的には、その実験の参加者が実際以上に同調すると予測する。[11] さらに興味深いことに、この同じ密かな観察者は、自分と同じような人々が実際に同調するほどには自分は同調しないと予測しているのである。すなわち、われわれは、他の人々が同調することはわかっていても、われわれ自身が集団に追従する傾向についてはその程度を過小評価しているのである。

　アッシュの実験で同調した人々は、自分の最初の判断は誤りで、他の人々の全員一致の判断が正しいと確信したのだろうか。おそらくそうではないだろう。なぜなら、線分の長さの判断は客観的で明白である。参加者に対するアッシュの実験後の面接からは、彼らの同調が単に表向きのこと、つまりうまくやっていくために賛成しただけであることが強く示唆されている。しかし、サムの場合はどうだろう。サムは、仲間の大学生のせいで、お気に入りの大統領候補が偽善者だと確信するようになったのか、それとも、その候補の誠実さを信じ続けながらも、ただ単に仲間に受け入れられるためにその仲間の判断に追随したまでなのか。このような質問に答えるためには、われわれはまず、同調に影響する要因のいくつかについて考えなければならない。

同調を増大させたり減少させたりする変数

全員一致　アッシュが研究した類の状況では、参加者の意見の多数意見への同調のしやすさを規定する決定的要因の一つは、その多数意見が全員一致か否かということである。もし、正答を言って参加者に協力する者が一人でも参加していれば、参加者が大多数の誤判断に同調する傾向は著しく減少する。(12) それどころか、全員一致が一人の非協力者によって破られるときでさえ、その集団の力は著しく低減する。(13) すなわち、参加者以外の集団メンバーのうち一人が多数者の誤答とは異なる誤答をする（他のメンバー皆が正答は線分Aと答えているのに、その人だけ線分Cと答える）と、異議を唱えるこの仲間の存在が同調圧力を激減させ、参加者は正答の線分Bを答えやすくなる。一緒に異議を唱える仲間は、多数者の影響を解き放つ強力な効果をもたらすのである。しかし、もし全員一致となれば、多数者の実数はそれほど多くなくても、人から最大の同調を引き出すことができる。事実、人が集団圧力に同調する傾向は、全員一致の多数者が三人しかいない場合でも、それが十六人もいる場合でもほぼ同じなのである。

関与（コミットメント）　集団圧力への同調を低減させることになる一つの方法は、自分の最初の判断に何らかの責任ある関与をその個人にさせることである。あなたが大リーグ野球の試合の審判だとしてみよう。一塁でクロス・プレイがあり、あなたはランナーにアウトを告げる――五万人のファンが見守る中で。試合終了後、他の三人の審判がやってきて、それぞれが皆セーフだと思ったと言う。あなたは自分の判断を変えるだろうか。このような状況を、（アッシュの状況のように）三人の審判それぞれがランナーをセーフだと宣言した後で、あなたが判断する順番が回ってくるという状況と比較してみよう。このような比較が、モートン・ドイッチとハロルド・ジェラード(14) による実験で行われている。彼らはアッシュのパラダイムを利用して、（アッシュの実験と同じように）前もって積極的な関与をさせない場合には、約二十五％の反応が多数者の誤判断への同調であることを見出した。しかし、他の「審判」の判断を聞く前に、個人が人前で積極的な関与をした場合には、彼らの新たな反応のうちわずか六％弱が同調者のそれであった。

説明責任　あなたが決定をしようとしているときに、あなた自身が集団圧力にさらされているのに気付いているとしよう。さらに、そのセッションの終わりには、その集団の他のメンバーに対して、あなた自身の決定の正当性を説明する必要があると、あなたにはわかっているとしよう。あなたの意思決定にどのような影響があるだろうか。ほとんどの条件で、集団に対するこういった説明責任は同調を増大させることが、研究によって示されている。[15] しかし、さらに、できるだけあなたが正しくあることが大切だという教示も与えられていたらどうだろう。この質問に答えるために、アンドリュー・クインとバリー・シュレンカー[16]は、誤った決定に同調させるよう目論んだ実験手続きを人々に受けさせた。この実験の同調局面に入る前に、実験者は次の二つを行った。（一）彼らは、半数の参加者には、できるだけ正しくあることの重要性について考えさせ、残りの半数には、協力の重要性について考えさせた。（二）これら二つの条件のそれぞれで、半数の参加者には、決定後に、自分の決定についてパートナーたちに話をし、その決定を行ったことを正当化しなければならないことをはっきりさせておいた。結果は明確であった。最大の独立心を示し最良の決定を行ったのは、正しくあるように方向付けられていて、かつ、その影響に自分が抵抗した、まさにその相手に対して自分の非同調を説明しなければならなかった人々であった。この条件の人々が、正しくあるように方向付けられながら説明責任を持たされなかった人々よりも大きな独立心で行動したことは興味深い。これが示唆していることは、ほとんどの人は、不満だらけの愚かな決定について自分に説明責任があると思っていないときには、うまくやっていくために賛成するだろうということである。

人物と文化

同調に影響するもう一つの重要な要因は、対象となる人物の特徴のいくつかにかかわっている。たとえば、全般的に**自尊心**の低い個人は、それが高い個人よりも、集団圧力にはるかに屈しやすい。さらに、ある特定の課題についての自尊心は、その進行中に重要な役割を果たす。目の前の課題に対して適性がほとんどない、あるいはまったくないと、個人に思い込ませると、同調傾向が増大する。同じように、線分の長さの判断のような課題をうまくこなすことのできる機会を前もって与えられる個人は、その状況にいきなり入ってくる個人よりも、はるかに同調することが少ない。[17]

もう一つの重要な要因は、ある特定の集団の中でその個人がどのくらい安心していられるかである。たとえば、前の例に戻ると、もしサムが知人たちから好かれ受け入れられていると確信していたならば、彼らとの関係に不安感を抱いている場合よりも、不同意を表明しやすいだろう。このような主張は、ジェームズ・ディッテスとハロルド・ケリー[18]の実験によって強く支持されている。この実験では、大学生が魅力的で威信のある集団に招かれて参加し、その後で、その集団の中で自分の立場がどのくらい安定しているのかについての情報を与えられた。具体的には、その集団のメンバーは、その集団が存続している間のいかなる時点であれ、能率を上げるためにどのメンバーを排除してもよいと全員が告げられた。それから、その集団は少年非行に関する討論に取り掛かった。定期的にその討論は中断され、各メンバーはその集団にとっての重要度を他の全メンバーについて評価するよう求められた。討論終了後に、各メンバーは他のメンバーからの評価を知らされたが、実は、そのメンバーたちは前もって準備されていた偽のフィードバックを与えられたのだった。自分が十分受け入れられていると信じさせられたメンバーと、自分がひどく人気があるわけではないと思い込まされたメンバーがいた。各メンバーの同調は、少年非行に関する追加の討論でそのメンバーが表明した意見と、単純な知覚課題遂行中の集団圧力の受けやすさとで測定された。その結果は、自分がその集団のメンバーであることに価値を置いている個人の場合、全面的に受け入れられていると感じさせられた個人よりも、ほどほどにしか受け入れられていないと感じさせられた個人のほうが、その集団が設定した規範や基準に同調しやすいことを示した。つまり、ある集団の中に安心して身を置いている個人は、その集団から逸脱しやすいのである。

集団に従わない傾向には、いくつかの重要な文化的差異もある。これらの文化的差異の一つは、次の庶民の知恵にうまく表れている。つまり、アメリカでは「ぎしむ車輪は油を差される」［訳者注：自己主張すれば叶えられる］と言い、日本では「出る杭は打たれる」と言う。この全般的な印象は、ロッド・ボンドとピーター・スミスによって確証されている。十七の異なる国々でアッシュの手続きを使った百三十三の実験を分析して、彼らは、個人主義的な社会（合衆国、フランスなど）よりも集団主義的な社会（日本、ノルウェー、中国など）で同調が多いことを見出した。(19) 小さいけれども一貫した性差もありそうで、男性よりも女性がより同調する。(20) ただし、この性差は、研究者が男性のときや、集団課題が男性向きのものであるときに、とくに大きい。(21)

圧力をかける集団

もちろん、この問題のもう一つの側面は、圧力をかける集団の構成についてである。ある集団がより効果的に同調を起こさせるのは、（一）集団が専門的な人々で構成されている場合、（二）そのメンバーの社会的地位が高い場合（たとえば、高校で人気の子どもたち）、（三）そのメンバーとその個人が何らかの点で比較できる場合である。たとえば、われわれの仮説的な大学生サムに戻ってみると、サムが、知人たちのことを政治や、人間の誠実さの判断で専門的だと思っていたとしたら、サムは知人たちが与える圧力により同調しやすいと予想できる。同じように、これらの人々の地位が高かったり、自分の大切な友人になりそうだったりする場合には、彼らが自分にとってどうでもよい場合よりも、サムは彼らに同調しやすいだろう。最後に、その知人たちが同じ学生であるということのために、彼らの判断は、たとえば、十歳児の集団とか、建設作業員の集団とか、ポルトガルの生化学者の集団とかいった人々の判断よりもサムに大きな影響を与えるだろう。

影響の源が集団ではなくて個人であるときにも、同調はほとんど同じように作用する。つまり、われわれが、ある個人の行動や意見に同調しやすいのは、その個人が、われわれに似ていたり、大切であったりするときであり、また、その個人がその状況では専門家に思えたり権威に思えたりするときである。たとえば、研究が見出していることは、人々が、平服の人よりも制服を着ている人の要請――それがかなり些細なことであってでも――に進んで応じることである。ある研究(22)では、歩行者が、時間切れのパーキングメーターのところに駐車している運転手（実際には実験者の一人）から両替を求められた。その「運転手」が駐車監視員の制服を着ているときには、彼女がだらしない服装をしているときや専門職ビジネススーツを着ているときよりも、参加者は彼女の求めにはるかに応じた。つまり、権威的な外見――制服によって強く象徴されるように――によって、要求に正当性が付与され、その結果、高い応諾率を生じさせるのである。

より広い領域では、人気作家のマルコム・グラッドウェル(23)が示唆しているように、ある種の評判の人々が適時適所に居合わせたがために、同調のメカニズムを通して大きな社会的トレンドが突然、それも劇的に変化するということがしばしば起こる。彼は、これらの突然の変化を、ある大きな変化が臨界量に達するときとして、「ティッピング・ポイント」〔訳者注：転換点、転機〕と呼んでいる。そして彼は、これらの変化を誘発した人々を「コネクター」〔訳者注：接続者、媒介者〕と呼んでいる。これらのコネクターは、ただ口《くち》コミだけで、売れないレストランを人気の、人であふれかえる場所に数週間のうちに変えたり、小さなトレンド（たとえば、マンモグラムの定期検査を受ける女性の数）をもってきて、それを流行にしたりできるのである。グラッドウェルによれば、コネクターは専門家である必要はなく、「事情通」と思われていて、適切な場所で適切な話題を話す人々であればよい。医療の専門家でない人々が、どうしたら多くの女性にマンモグラムの定期検査を受けさせることができるのだろうか。場所が重要である。この例では、ティッピング・ポイントは、女性が（そして、女性だけが）気楽に集まり、ゆっくりとお互いにおしゃべりをする場所で生じた。その場所は美容室で、そしてコネクターは美容師だった。

所属 対 情報収集

人々には、所属したいという強い欲求がある。受容と拒否は、社会的動物《ソーシャル・アニマル》にとってもっとも強力な賞と罰の一つである。なぜなら、われわれの進化の歴史の中で、社会的排除は、悲惨な結末——つまり、危険な世界で集団の援助と保護から切り離されること——をもたらしたであろうから。このように、自分の遺伝子を受け渡してきた人間は、集団にうまく溶け込む強い傾向を持った人間であった。この歴史が後に残したものは、われわれのほとんどが、社会的排除を避けるためには労をいとわないという習性である。(24) 前に示唆したように、われわれのような人々が同調するのには、二つの理由が考えられるだろう。一つは、われわれが他者の行動を見て自分の最初の判断が間違っていたと確信するからである。いま一つは、同調はしばしば、集団の中でのわれわれの場所を確保させてくれるからである。アッシュの実験やその他の同様の実験における個人の行動は、おおよそ排除を避けようとしたためであったようだ。このことは、参加者が個人で反応できたときにはほとんど同調が見られなかったという事実から推測することができる。

同時に、他者の行動がわれわれの適切な行為への唯一の指針であるがために同調するといった状況も多い。要するに、われわれは現実を見極める手段として、しばしば他者に依存するのである。この章の冒頭のサーバーが描いた場面は、このタイプの同調の一例である。レオン・フェスティンガー(25) によれば、物理的現実が次第に不確定度を増していくにつれて、人々はますます「社会的現実」に依存するようになる——すなわち、集団からの罰を恐れるからではなく、自分たちに何が期待されているかについての価値ある**情報**を集団の行動が提供してくれるために、人々は他の人々がしていることに一層同調しやすいのである。この区別を明確にするのに一つの例が助けとなるだろう。あなたがまだ不案内な校舎でトイレを使いたいとしよう。「化粧室」の標識の下には二つの扉があるが、不幸にも、心なき破壊者がその扉から具体的な表示を剥がしてしまってあった——つまり、あなたにはどちらが男性用でどちらが女性用かわからないのである。まったくのジレンマである——自分が恥ずかしい思いをしたり、他の人に恥ずかしい思いをさせたりしてはいけないので、どちらかの扉を開けるのも気が引ける。一歩あっちへ踏み出してはこっちへと、困り果てて、嫌な思いをしながらそこに立っていると、左側の扉が開いて、気品のありそうな紳士がゆっくりと出てくる。安堵の溜息をして、あなたは今や躊躇することなくまっすぐに突き進む。左側が男性用で右側が女性用だということを知って、かなり安心して。あなたはなぜそんなに自信を持てるのだろうか。すでにわれわれが見てきたように、個人は他の人の専門性や信頼性を信じれば信じるほど、その人の範に倣い、その人の行動に同調するということを研究が明らかにしてきている。こういうわけで、気品のありそうな紳士の行為が、たとえば、とてもそわそわした目つきの体臭を放つ怪しげな男の行為よりも同調されやすいのはほぼ確実である。

実際、信号無視に関する研究は、人々が、あまり尊敬できそうにない人や裕福そうにない人の行動よりも、身分の高そうな人の行動に同調しやすいことを示している。いくつかの研究を通して、研究者たちは、信号無視を控えるモデルがいるときのほうが、そのようなモデルに触れないときよりも、他の歩行者たちは信号無視をしたいという衝動を抑えるということを見出している。しかしながら、この同調効果は、その行動の模範となる人が品よく立派な服装をしているときのほうが、だらしなくみすぼらしい服を着ているときよりも、はるかに強力なものになるのである。(26)

水の出しっぱなし、ポイ捨て、盗みについて

このことを一歩踏み込んで考えてみよう。多くの場合、制度や慣習は、明確な要求をすることなく、われわれにある行動をとるよう求める。たとえば、私の大学の体育更衣室の男子用シャワー室には、石けんを使っている間はシャワーを止めて水を節約するよう求める看板がある。この行動は少し面倒なことなので、六%の学生しかこの要請に同調していないことをわれわれの組織的な観察が明らかにしたときにも私はあまり驚かなかった。その後、マイケル・オリアリと私は、もっと多くの人に水とそれを暖めるためのエネルギーを節約させることを目的とした簡単な実験を行った。もし人々が、他の学生はその要請を真剣に受け止めていると思っていれば、石けんで洗っている間にはシャワーを止めるだろうと、われわれは考えた。(27)そこで、われわれは二、三人の男子学生の協力を得て、望ましい行動の模範として振る舞ってもらった。ただし、人々が非難や罰を恐れて同調するのでは困るので、われわれは次のような実験状況を作り出した。模範を示すわれわれのモデルは、シャワー室（等間隔に八つの蛇口が付いた仕切りのない空間）に誰もいないときにそこに入り、一番奥に行き、入口に背を向けてシャワーを使った。そのモデルは、誰かが入ってくるのを耳にするや、すぐにシャワーを止めて、石けんを使い、再びシャワーを出して、すばやく石けんを洗い落として、入ってきた学生には一瞥もくれずにシャワー室を出ていった。そのモデルが出ていくと、もう一人の学生（われわれの観察者）が入っていき、その「参加者」が石けんを使う間シャワーを止めるかどうかにこっそりと注目した。ここでわれわれが見出したのは、四十九%の学生が先例に倣うということであった。さらに、二人の学生が同時に適切な行動の模範を示すと、看板に従う割合は六十七%にまで上がった。このように、曖昧な状況では、他の人々は、その状況で人々が普通どう行動するのかを示すような情報を提供するだけで、われわれを同調させることができるのである。

ポイ捨てに対する文化的規範を見てみよう。ポイ捨ては、ほとんどの人々にとってたいしたことには思えないようだ——そして、これがこの問題の重要な部分である。つまり、ほとんどの人々は、平気で小さなごみを散らかしておくが、小さなごみが積もり積も

って、われわれの環境を汚染し、納税者に多額の負担を強いるのである。カリフォルニアだけで、道端のごみの清掃費は、今や一年に一億二〇〇〇万ドルを超えている。地元の図書館の駐車場で、あなたが自分の車に近づくと、誰かがフロントガラスのワイパーに、あの迷惑なチラシを一枚挟んでいたのに気付いたとしよう。それで、あなたはそれを外して、とくに考えることなく丸めてしまうだろう。ここで決定的に重要な質問――あなたは、それを地面に投げ捨てるだろうか、それとも、ポケットに捻じ込んで、後でごみ箱に捨てるだろうか。その答――大方の場合、それは他の人々がどうしているかによる。巧妙な実験で、ロバート・チャルディーニとその共同研究者(28)は、多くの車のフロントガラスのワイパーにチラシを挟んで、それぞれの運転手がそれを見つけたときにどうするかを待機して観察した。人々が先に図書館を出たところで、実験者のサクラが彼らを歩いて追い越し、立ち止まり、通りに捨てられて落ちているファーストフードの袋を拾って、ごみ箱に入れた。統制条件では、地面には袋は落ちておらず、そのサクラは、車に向かっている人々を歩いて追い越しただけだった。統制条件では、人々が車に着いてチラシに気付いたとき、その三十七%がそれを地面に捨てた。「モデル」条件では、七%しかチラシを地面に捨てなかったのである。

同様の実験(29)で、研究者は、情報的影響について、もっと微妙な技術を利用した。彼らは、人間のモデルを取り除いて、その代わりとして、駐車場の様子を操作した。具体的には、実験者が前もって駐車場をチラシで散らかしていたときには、ほとんどの運転手がその先例に倣った――おそらく、「結局、誰も駐車場の清潔なんて気にかけていないのに、どうして私が?」と考えて。とても興味深いことに、駐車場にまったくごみがない場合よりも、近くの地面にごみが一つだけある場合のほうが、ポイ捨てをする傾向がはるかに低かった。その理由は、一つのごみを見ることで、われわれはごみを意識し――そして、ほとんどの人々がポイ捨てをしないという規範を守っていることがわかるからである。もし駐車場にまったくごみがなければ、ほとんどの人々は、その規範について考えもしないだろうし、それゆえに、より無頓着にポイ捨てをしてしまうのである。

最近の現場実験で、キーズ・カイザーとその共同研究者(30)は、この考えをもう一歩先に進めて、その環境から規則の無視がそれとなくわかると、これが他の行動領域にもあふれ出していくことを示した。カイザーのチームは、オランダのある都市の市街地で公共の郵便ポストに大きな封筒を半分はみ出して――まるで、誰かが急いでその手紙を投函しようとして、入れ損ねたかのように――入れた。その封筒の住所用の窓からは五ユーロ紙幣が透けて見えた。それを見つけた通行人は、その封筒を郵便ポストに押し込むだろうか、それとも、お金とともにその封筒を盗むだろうか。その答は、実験者によって操作された重要な細部によって大きく異なった。郵便ポストに落書きがしてあり、その周りにごみが散らかっている場合があった。また、郵便ポストとその周辺がきれいな場合もあった。きれいな郵便ポスト条件では、ほんの十三％の通行人がその封筒を盗んだ。落書きとごみがあると、二十七％の通行人がその手紙を盗んだ。あなたは、これを「割れ窓理論」の検証と見なしてもよい。これは、人々が関心を払っていないというメッセージをその環境が送り出すと、無秩序が人間の行動に蔓延するという理論である。まるで、「なんてことだ。他の人が無責任に振る舞うつもりなら、私もそうしたほうがよい」と人々が独り言を言っているかのように。

これらの実験では、同調は、恐れよりもむしろ情報によって生じている。しかし、この二つのタイプの同調を見分けることは、いつも簡単とは限らない。多くの場合、その行動は同一であるが、この二つの過程を分ける鍵となる要素は、罰を与える力があるか、ないかである。フリードニアという架空の国では、食事が楽しかったことを客が主人に示すためには、食後にげっぷをするのが礼儀正しいと考えられていると想像してほしい。あなたはこのことを知らずに、合衆国国務省の外交官たちと一緒にフリードニアの高官の家庭を訪問していたとしよう。もし、食事が終わって、この紳士たちがげっぷをし始めたら、おそらくあなたもげっぷをするだろう。彼らはあなたに価値ある情報を提供しているのである。しかし、もしあなたが、フリードニアのオリンピックの重量級レスリング・チームのメンバーとして紹介された、かなり乱暴な褐色の若者たちと一緒にこの同じ家庭にいたとしよう。この巨獣たちが食後にげっぷをしていたとしても、おそらくあなたはこの行動を一緒にすることはないだろう。すなわち、あなたは、たぶんこのげっぷを行儀の悪い行為と見なし、げっぷをするのを避けるだろう。しかし、もしこの連中が、あなたが後に続かないことで、あなたを睨みつけたとしたら、あなたも実際にはげっぷをするかもしれない——それは彼らが提供してくれた情報のためではなくて、彼らの無作法な行動におつきあいする気のよい奴になろうとしなければ、拒絶されたり報復されたりするかもしれないと恐れるからである。

適切な行動について情報を手に入れるために他者を観察することから生じる同調は、受け入れられたり罰を避けたりするために生じる同調よりも、強い派生的な結果をもたらしがちであることを示唆しておこう。つまり議論はこうである。仮に、われわれが自分自身の行動の鋳型として他者の行動を使わなければならないような曖昧な状況に身を置いたとすれば、その後の同様の場面では、われわれは新たに学習したその行動を、その手掛かりがなくとも、繰り返す傾向があるだろう。われわれの行為が不適切だとか間違っているとかいったことを示す明確な証拠を後から受け取る場合はもちろん例外であるが、こういったことが実情だろう。さて、われわれの例に戻って、あなたがフリードニアの高官の家庭の晩餐会にもう一度招かれたとしよう。しかし今度は客はあなた一人である。そこで質問は、食後にげっぷをするか、それともしないかということである。ちょっと考えれば、答はまったく明らかなことである。すなわち、もしあなたが、その高官の家庭での初めての食事の後に、げっぷをするのが適切な行動だと実感してそうしていたのなら（外交官たちと一緒に食事をした場合がそうだったように）、その高官と一人で食事をしているときでも、おそらくげっぷをするだろう。しかし、もしあなたが、最初のときに拒絶や罰を恐れてげっぷをしていたならば（レスラーたちと一緒に食事をした場合がそうだったように）、あなただけが客のときには、おそらくげっぷをしないだろう。サムと、テレビの大統領候補の例に戻ってみると、サムが選挙のときに実際にどう投票するかを予測するのを非常に難しくしていた多くの理由のうちの一つが今のあなたには容易に理解できるだろう。もしサムが罰を避けたり受け入れられたりするためにその集団に歩調を合わせていただけならば、プライバシーが守れる投票所では、知人たちが表明していた見解とは反対に、その候補に賛成する投票をおそらくするだろう。しかし逆に、もしサムがその集団を情報源として利用していたのならば、最初に好意を抱いていた候補に反対する投票をおそらくするだろう。

社会的影響と情動

ここで繰り返して言うが、現実が不明確なときには他の人々が主要な情報源になる。この現象の一般性は、スタンレー・シャクターとジェローム・シンガーが実施した研究が適切に例証している。彼らは、人々が自分の情動の性質のような個人的で特異的なものを評価するときでさえ他者に同調することを示した。[31] この研究について述べる前に、情動が何を意味しているかを明確にしたほうがよいだろう。ウィリアム・ジェームズ[32] によれば、情動は「感情的」成分と認知的内容を持つ。情動に二つの要素があるという彼の考え方は、ジュークボックスで歌を演奏させる過程になぞらえられるだろう。まず、あなたはコインを入れて機械を作動させなければならない。ついで、あなたは適当なボタンを押して自分が聴きたい歌を選ぶ。情動もまた、生理的喚起とラベルの両方を必要とする。具体的に言うと、もしわれわれが森の中を歩いていて飢えた凶暴なクマにばったり出くわしたならば、われわれは生理的な変化を経験するだろう。この変化は興奮を生じさせる。これは、生理学的には、われわれが怒りを感じている相手にたまたま出会ったら生じる反応に類似した交感神経系の反応である。恐怖を引き起こす刺激（凶暴なクマ）があるところに自分がいることを認知的に意識して初めて、われわれはこの反応を（たとえば、怒りとか、あるいは幸福感とかではなく）恐怖感だと解釈するのである。しかし、適当な刺激がないのに生理的喚起を経験したとしたらどうだろうか。たとえば、誰かがわれわれの飲み物の中に同じ生理的喚起を起こす薬物をこっそり入れたらどうだろうか。われわれは恐怖を経験するだろうか。たぶん、ウィリアム・ジェームズなら、適当な刺激が周りになければ、恐怖を経験しないと言うだろう。

　ここで、シャクターとシンガーが登場するのである。その一つの実験では、彼らは、自発的な参加者に、エピネフリン――アドレナリンの合成物質で生理的興奮を生じさせる――か、無害な偽薬《プラセボ》のいずれかを注射した。すべての参加者は、この薬品が「サプロキシン」というビタミン剤だと告げられた。その薬を投与された参加者の中には、動悸や手の震えなどの副作用があるだろうと知らされた人がいた。これらの作用は、実際に、エピネフリンが引き起こす作用のいくつかであった。したがって、この参加者たちは、エピネフリンの症候を経験したときに、適切な説明ができたのである。要するに、彼らは、その症候が現れたときには、「心臓がどきどきして手が震えているのは、私が受けた注射のためであって、それ以外の理由ではない」と自分に言い聞かせるだろう。しかし、その他の参加者はこうした症候についてあらかじめ知らされていなかった。そのため、彼らは心臓がどきどきし手が震えだしたときに、それについてどう思ったのだろうか。その答は、彼らの周囲の人々がそれについて思っていたことを彼らも思ったということである。具体的に説明しよう。一人のサクラがその状況に招き入れられ、そして参加者は、この人もサプロキシンの注射を受けたと知らされた。一つの状況では、そのサクラは多幸症のように行動するよう計画されていた。もう一つの状況では、そのサクラは大きな怒りを表すように予定されていた。この状況に身を置いて想像してほしい。あなたは、あなたが受けたのと同じ注射を受けたばかりだというある人と二人だけでこの部屋にいる。彼はエネルギッシュに跳び回り、幸福そうに紙を丸めてごみ箱に投げ入れ始める。明らかに、彼は多幸感を経験しているのである。次第に、あなたが与えられた薬品が効き始め、自分の心臓がどきどきしたり、手が震えたりするのが感じられる。あなたはどのような情動を感じるだろうか。こういった状況に置かれた参加者のほとんどは多幸感を報告し、そして、幸福そうに行動したのである。さて、多幸状態のサクラと一緒に部屋にいる代わりに、怒ったように行動する予定のサクラと一緒に部屋にいる場合を想像してほしい。彼は二人が記入していた質問紙のことについて文句を言い、ついには激しい癇癪を起こして、質問紙をひきちぎり、怒りながらごみ箱に投げ入れる。そうこうするうちに、エピネフリンの症候が現れだして、あなたは自分の心臓がどきどきしてくるし、手も震え始める。あなたはどう感じるだろうか。この状況では、ほとんどの参加者が怒りを感じ、腹立たしげに行動したのである。

　注目すべきことは、参加者が偽薬（すなわち、症候を起こさない良性の液剤の注射）を受けていた場合、あるいは、実際に与えられた薬物の症候について参加者があらかじめ知らされていた場合には、彼らはサクラの異様な行動の影響をあまり受けなかったということである。この実験を要約すると次のようになる。物理的現実が明瞭で説明可能であれば、参加者の情動は他者の行動の影響をあまり受けなかった。しかし、強い生理的喚起を経験していて、その原因がはっきりわからないときには、参加者は自分の感情を怒りとか多幸感とか解釈したのであるが、それは同じ薬を飲んだことになっていた人々の行動によっていたのである。

社会的影響——生と死——　これまで見てきたように、他者の影響は、意図的であろうとなかろうと、人の行動に重大な効果をもたらすことになる。この過程がどのように作用しているかをわれわれが理解していなければ、こういった効果は社会に対しても望ましくない重大な結果をもたらすことがある。クレイグ・ヘイニーの死刑資格手続きに関する最近の研究は興味深く教訓的な例を示している。(33) 基本的には、死刑資格手続きとは、殺人事件の裁判で陪審を選出するときに、死刑に反対している陪審員予定者を陪審員席から組織的に締め出す過程を指す。この手続きは、陪審を務めるために最終的に選ばれた人々がいるところで行われる。ヘイニーは、弁護士でもあり社会心理学者でもあるのだが、次のように考えた。すなわち、極刑の価値を認めている陪審員たちが、他の人が死刑に反対しているために陪審員の役を降ろされているのを目撃すると、このことが、法律は死刑に反対する人々を認めていないということを、彼らにそれとなく示唆している可能性がある。その結果、彼らが死刑を科す傾向が高まるかもしれない。この考えを検証するためにヘイニーは実験を行った。その実験では、無作為に選ばれた成人が、法学部の模擬法廷——あらゆる法廷の装備を施した、とても現実的な舞台——で撮影された現実にありそうな陪審員選出手続きのビデオテープを見せられた。このビデオテープでは、経験豊かな法廷弁護士が、検察官と被告弁護人と裁判官を務めていた。一つの条件では、死刑資格に関する場面がその手続きに含まれており、もう一つの条件（統制条件）では、その場面がなかった。統制条件の人々と比べて、死刑資格の場面を見た人々は、被告の有罪をより強く確信し、彼が死刑を受けそうだと思い、裁判官が被告を有罪だと思っているとも信じていた。そして、彼ら自身も、被告が有罪の場合には死刑を科す傾向が高かった。このように、われわれの意見や行動に影響する要因は微妙なものである——しかし、それは生死にかかわる問題なのかもしれないのである。

社会的影響に対する反応

ここまでは、多少常識的な言葉で二種類の同調について述べてきた。この区別は、(一)個人が賞罰に動機付けられているのか、それとも知識への欲求に動機付けられているのかということと、(二)その同調行動の相対的な持続性とにもとづいていた。このような単純な区別を越えて、同調だけでなく社会的影響の全範囲に適用されるもっと複雑で有用な分類に移ろう。同調という簡単な用語を使う代わりに、社会的影響に対する次の三種類の反応を区別してみたい。屈従、同一視、内面化がそれである。(34)

屈　従　**屈従**という用語は、賞を得たり罰を避けたりしたいという願望に動機付けられた人の行動をもっともよく表している。典型的には、そのような人の行動は、賞の保証や罰の脅威が存在する間しか長続きしない。たとえば、ネズミを飢えさせておいて、迷路の端に餌を置けば、ネズミに迷路を効率的に走らせることができる。残忍な独裁者は、ある割合の市民に忠誠を誓わせるために、それに従わなければ拷問すると脅したり、それに従えば食糧と裕福を与える約束したりできるだろう。屈従の水準では、ほとんどの研究者は、人間と他の動物との違いをほとんど認めていない。というのは、あらゆる生体は賞と罰に反応するからである。たとえば、目標の箱から餌を取り除けば、ネズミは最後には迷路を走るのを止めるし、食糧や罰の脅威を取り去れば、市民は独裁者に忠誠を誓うのを止めるだろう。

同一視　**同一視**という用語は、社会的影響に対して、影響を与える人のようになりたいという個人の願望から生じる反応を表している。屈従と同じように、同一視では、われわれは、ある特定の行動そのものが満足をもたらすからそのように行動するわけではない。むしろ、われわれがある特定の行動をとるのは、その行動によって自分が同一視している人や人々との満足のいく関係に身を置くことができるからである。同一視が屈従と異なる点は、われわれが自分のものとして採用した意見や価値を、それほど強くではないにしても、信じるようになるということである。つまり、われわれがある個人や集団を魅力的だと思い心惹かれれば、われわれはその人や集団の影響を受け入れ、それと類似した価値や態度を持ちたい気持ちになるだろう――それは、(屈従の場合のように)賞を得たり罰を避けたりするためではなく、単にその人やその集団のようになりたいからである。私はこのことを「古き良きチャーリーおじさん現象」と呼んでいる。あなたにチャーリーという名前のおじさんがいて、その人が暖かく活動的で面白い人だとしよう。そして、あなたが幼い子どもの頃からずっと彼のことをとても愛しており、彼のような大人になりたいと思っていたとしよう。チャーリーおじさんは、ある会社の重役で、たくさんの強固な意見を持っていたが、その中には社会福祉立法に対する深い反発もあった――つまり、本当に努力した人はかなりの賃金を稼ぐことができるのだから、政府が人々にお金を与えれば、人々の勤労意欲をそいでしまうだけだと彼は確信しているのである。幼い子どもの頃、あなたはチャーリーおじさんがこのような見解を公にするのを何度か聞いたことがあり、それはあなたの信念体系の一部となってしまっている——それは、あなたがそのことについて十分に考えて、それがあなたにとって正しいと思えたからでもなければ、チャーリーおじさんがあなたがその見解を採用するのに賞を与えた（あるいは、採用しないことに対してあなたを罰すると脅した）からでもなかったのである。むしろ、それがあなたの信念体系の一部となったのは、あなたがチャーリーおじさんを好きだからであり、このことによって、彼の生き方をあなたの生き方に取り込むという傾向が生み出されたのである。

この現象は、われわれが好意や賞賛を寄せている人々——あまり知らない人々であっても——の意見に接するときにしばしば生じる。ジェフリー・コーエンとマイケル・プリンスタイン(35)は、オンライン・チャットルームの相互討論会に参加するよう高校生に求めた。討論の話題の一つは、パーティーでマリファナが出されたら学生はどうするかであった。一つの条件では、その参加者は、自分の学校で人気がある立派な二人の学生（チャーリーおじさんの高校版）と「チャット」していると信じさせられた。他の条件では、これらのクラスメイトが、普通の人気しかない学生だと思わされていた。参加者が、人気のクラスメイトとチャットしていると信じていたときには、彼らの意見を取り入れる傾向がはるかに高かった。その立派なクラスメイトが、マリファナを吸うだろうと言うと、参加者も、自分もマリファナを吸うだろうと同意する傾向があった。逆に、その立派なクラスメイトがマリファナを拒むだろうと言うと、参加者もそう言った。単なる屈従でしかなかったアッシュの実験の同調とは異なり、ここでの影響は持続性があった。後に参加者がマリファナに関する意見を内証で聞かれたときにも、これは明らかであった。

内面化　価値や信念の**内面化**は、社会的影響に対する反応の中でもっとも永続的でもっとも深く根差したものである。ある特定の信念を内面化しようとする動機付けは、正しくありたいという願望である。したがって、その信念に対する報賞は内発的なものである。もし影響を与える人が信頼するに足り、良い判断をすると思われれば、われわれは、その人が主張する信念を受け入れ、それを自分の価値体系に統合するだろう。それがひとたびわれわれ自身の体系の一部になると、それはその影響源から独立し、きわめて変化しにくいものになるだろう。

社会的影響に対するこれら三つの反応を区別する重要な特徴のいくつかを論じよう。屈従は、人々が賞を得たり罰を避けたりするためにだけ従うのであるから、もっとも持続せず、個人に対する効果ももっとも小さい。屈従した人は、状況の力を理解しており、その状況が支配的でなくなれば簡単に自分の行動を変えることができる。銃口を突きつけられれば、私はほとんどどんなことでもしゃべらされるだろう。しかし、その死の恐怖がなくなれば、私はすぐに自分の言ったことやその言外の意味を取り消すだろう。ある子どもが、母親からクッキーをもらうために、弟に親切で寛大にしていたとしても、彼が寛大な人物になるとは限らないだろう。彼は、寛大であることそれ自体が本質的に良いことだとは学習していないからである。彼が学習しているのは、寛大であることはクッキーをもらうための良い手段だということである。クッキーがもらえなくなると、彼の寛大な行動は、もし他の賞（あるいは罰）で強化されなければ、いつかはなくなるだろう。つまり、賞や罰は、個々の活動を人々に学習させ遂行させるためには重要な手段であるが、その賞罰が常に存在して有効でなければならないので、社会的影響の技法としては非常に限定されたものである――ただし、その行動を続けるための何らかの理由をその個人がさらに発見するような場合は別であり、この最後の点については、すぐに論じよう。

社会的影響に対する反応のうち、私が同一視と呼んでいる反応の場合には、賞罰を与え続ける必要はない。個人が同一視する対象の人はその場にいる必要はまったくない。必要なのは、その人のようになりたいという個人の願望だけである。たとえば、たとえチャーリーおじさんが他の都市に引っ越してしまって、何カ月も（あるいは何年も）会わないにしても、（一）彼があなたにとって大切な人であり続け、（二）彼がなおも同じ信念を持ち続け、（三）もっと説得力のある反対意見によってこの信念がぐらつくことがない限りは、あなたは彼の信念に類似した信念を持ち続けるだろう。しかし、もしチャーリーおじさんが心変わりしたり、あなたのチャーリーおじさんに対する愛情が弱まりだしたりすれば、この信念は変化することもあるだろう。さらに、もしチャーリーおじさんよりももっと大切な人や集団が異なる内容の信念を主張したら、この信念は変化するだろう。たとえば、あなたは家を離れて大学に行き、刺激的な新しい友人たちの集団と一緒になるが、彼らがチャーリーおじさんとは違って、社会福祉に強く賛成しているという状況を想定してほしい。あなたが、彼らをおじさんと同じくらい（あるいはおじさん以上に）立派だと思えば、彼らのようになるために自分の信念を変えるかもしれない。つまり、より重要な同一視が、それ以前の同一視に取って代わるかもしれない。

正しくありたいという人の願望によっても、同一視による社会的影響の効果は消えることがある。もしあなたが同一視によってある信念を抱くようになり、その後で、信頼の置ける専門的な人に反対の議論をされれば、おそらくあなたは自分の信念を変えてしまうだろう。内面化は、社会的影響に対する反応の中でもっとも永続的なものである。なぜなら、正しくありたいというあなたの動機付けは強力で持続的な力であり、屈従の場合のように、賞罰の力で絶えず監視していることによるのでもなければ、同一視の場合のように、他の人や集団をあなたが尊敬し続けることによるのでもないからである。

いかなる具体的な行為も、屈従、同一視、内面化のいずれにもよっている可能性があることを理解しておくのは重要である。たとえば、自動車の高速運転に関する法規の遵守という単純な行動を見てみよう。社会は、この法規を守らせるためにハイウェイ・パトロールの巡査を使っている。そして、皆がご存じのように、人々は、この巡査が目を光らせて監視している場所があると警告されていれば、制限速度内で運転しがちである。これが屈従である。それは、人々が罰金を払わないですむように法律に従っているという明らかな事例である。ハイウェイ・パトロールをなくしたとしよう。人々はそのことを知るとすぐに、その多くが速度を上げるだろう。しかしその中には制限速度を守り続ける人もいるだろう。父親（あるいはチャーリーおじさん）がいつも速度制限を守っていたり、交通法規を守ることの大切さを常々強調していたりしていたために、制限速度を守り続ける人もいるかもしれない。これはもちろん同一視である。最後に、人々は、速度法規は良いものであり、その法規に従えば事故が防げるし、適度な速度で運転するのは良識や分別のある行動様式だと確信して、速度制限に従い続けることもあるだろう。これは内面化である。そして、内面化の場合には、あなたの行動は柔軟性に富むだろう。たとえば、状況——日曜日の朝六時、視界はきわめて良く何マイルにもわたって車は見当たらないような状況——によっては、そのような人は制限速度を超えてとばすかもしれない。しかしながら、屈従している人は、非常に厳格なモデルに同一視しているかもしれないし、同一視している人は、レーダーの罠を恐れるかもしれないし、同一視しているかもしれない。つまり、どちらも環境の重要な変化に対してそれほど敏感には反応しないだろう。

社会的影響に対する各反応の主要な構成要素を見てみよう。屈従の場合には、重要な要素は力——屈従すれば賞を施し、屈従しなければ罰を与える影響者の力——である。親は、褒めたり、愛情をそそいだり、クッキーを与えたり、金切り声をあげたり、尻をたたいたり、小遣いを見合わせたり等々の力を持っている。教師は、われわれの額に金星を貼ったり、退学させたりする力を持っている。雇用主は、われわれを誉めたり、昇進させたり、恥をかかせたり、解雇したりする力を持っている。合衆国政府は、従属国家に対する経済的援助を増やしたり、それを控えたりする力を持っている。たとえば、政府は、この技法を使って、ラテンアメリカや中東のある国家を説得して民主的な選挙を行わせることができる。賞や罰はこういった屈従を生じさせるのには効果的な手段であるが、われわれは単なる屈従が望ましいものかどうかを問うてみてもよいだろう。ある国家に民主的な選挙を行わせることは、その国家の統治者たちを民主的に考えさせ民主的に統治させるようにすることよりは安易なことだからである。

同一視の場合には、その決定的な要素は魅力――われわれが同一視する人の魅力――である。われわれはそのモデルに同一視するので、そのモデルが持っているのと同じ意見を持ちたがるのである。あなたが立派だと思っている人が、ある問題について、ある特定の立場をとっているとしよう。もしあなたがそれに反対する強い感情や確固とした情報を持っていなければ、あなたはこの立場を採用しやすいだろう。ところで、この逆もまた真実であることを特筆しておくのは興味深いことである。すなわち、あなたが嫌っている人や集団がある立場を主張すれば、あなたにはその立場を拒絶するか、あるいはその反対の立場を採用する傾向があるだろう。たとえば、あなたがある特定の集団（たとえば、合衆国のナチ党）を嫌っているとしよう。そして、その集団が最低賃金の引き上げに反対だということを表明したとしよう。たとえその問題についてはまったく何も知らなくても――他のすべての条件が等しければ――あなたは最低賃金の引き上げに賛成しやすいだろう。

内面化の場合には、重要な要素は信憑性――情報を提供する人の信憑性――である。たとえば、もしあなたが信憑性の非常に高い人――すなわち、専門的であり、かつ信頼できる人――の発言を読めば、あなたは、正しくありたいという願いから、その影響を受けるだろう。フリードニアの晩餐会に招かれた外交官についての先ほどの例を思い出してほしい。あなたは彼らの専門性を受け入れたために、彼らの行動（食後のげっぷ）が正しい所作に思えたのである。したがって、この行動（フリードニアの高官の家庭で食後にげっぷをする傾向）は、おそらく内面化されるだろう――そしてそれ以降、あなたはそれが正しいことだと信じてそうするだろう。

ソロモン・アッシュが行った同調に関する実験を思い出してほしい。その実験では、社会的圧力のために、多くの参加者が集団の誤った意見に同調した。こういった状況で参加者が内証で反応することを許されると、同調はほとんどなくなった。つまり、明らかに、内面化や同一視は関与していない。これらの実験の参加者が、嘲笑や拒否という罰を避けるために全員一致の意見に屈従していたのは明らかである。同一視や内面化が関与しているときには、同調行動は内証の反応の場合にも持続するだろう。

屈従、同一視、内面化の三分法は有用なものである。それにもかかわらず、世界を分類するほとんどの方法と同じように、それは完全ではない。つまり、その分類が重複するような場合があるのである。具体的には、屈従と同一視は内面化よりも全般的に一時的であることは確かであるが、それらの持続性を増大させることになる状況がある。たとえば、もしある個人が、最初に自分に屈従行動をさせた人や集団と付き合い続けるよう強く関与すれば、その持続性は増大することになる。たとえば、チャールズ・キースラーとその共同研究者(36)の実験では、参加者が、つまらない討論集団と付き合い続けることになるだろうと思っているときには、人前で屈従するだけでなく、その同調を内面化しているようであった――すなわち、参加者は人前での行動と同様、私的な意見も変えたのであった。こういった状況については、第5章で詳しく論じることにしよう。

屈従している間に、われわれが自分の行為やその結果について何かを発見するならば、そして屈従の最初の理由（賞や罰）が見当たらなくなってからも、その何かがその行動を続けることを価値あるものにしてくれるならば、その結果として持続性は生じることになる。これは**二次的利得**と呼ばれている。たとえば、行動変容療法では、望ましくない行動や不適応行動を消去するために、その行動に系統的に罰を与えたり、他にとるべき行動に系統的に賞を与えたり、その両者を併用したりすることを試みる。たとえば、喫煙習慣を止めさせるためにさまざまな試みが、この技法を使って行われている。(37)個人はいつもの喫煙儀式――火をつけ、口に運び、吸い込み等々――の間に連続した痛みの伴う電気ショックを与えられる。何度かこの試行を繰り返すと、その人は喫煙を拒むようになるだろう。しかし不幸なことに、人々は、実験状況と実験室の外の世界との違いにはいとも簡単に気付く。つまり、人々は、実験状況の外では喫煙しても電気ショックは与えられないということを知っている。したがって、その人は、煙草に火をつけるときに、多少残っている不安を後で経験するかもしれないが、電気ショックは明らかに与えられそうにないので、その不安も結局はなくなってしまうだろう。このように行動変容という方法で一時的に禁煙した人々の多くが、電気ショックで脅されなくなると、結局は再び喫煙するようになるだろう。行動変容の後に煙草を止めたままでいる人々はどうだろうか。肝心な点はここにある。すなわち、われわれは、ひとたび屈従させられて、それゆえに数日間喫煙していないと、ある発見をすることができるのである。何年にもわたって、われわれは毎朝目覚めると空咳をし、口がひりひりし、喉がからからするのは止むを得ないことだと思うようになっているのだが、数日間煙草を絶った後では、喉がすっきりして、息が新鮮で、口が潤っていると感じられるのがどんなに素晴らしいことかを発見するだろう。こうした発見によって、われわれは再び喫煙を始めないですむかもしれない。このように、屈従は、本来的には、たいてい持続的な行動を生じさせはしないが、より永続的な効果をもたらすような出来事が生じるためのお膳立をするかもしれない。

屈従の一形態としての服従

屈従という行為がほとんどいつも短命に終わることを私は示してきた。だからといって、屈従という行為が取るに足りないものだと言うつもりはない。一時的な行動がきわめて重大な場合もある。この事実は、スタンレー・ミルグラムの服従に関する研究で劇的に実証されている。(38) 彼の最初の実験の情景を描いてみよう。四十人の男性が、学習と記憶に関する研究として広告された実験に自発的に申し込む。しかし、これは単なるカバーストーリー［訳者注：実験の本当の目的を悟られないようにするための説明］であり、本当は、人々がどのくらい権威に服従するかを研究している。参加者が約束通り実験室に現れると、もう一人の男性と組にされる。専門家の服を着たどことなく厳めしい実験者が、罰が学習に及ぼす効果を検証しようとしていると説明する。その課題は、一人が教師役となってテストする単語の組合せのリストを、もう一人が学習者の役となって記憶しなければならないというものである。その二人の男性はくじを引いて彼らの役割を決めるが、実際の参加者が教師の役を引き当てる。彼は「ショック発生装置」のところに連れていかれる。これには、三十のトグルスイッチが一列に並んだ操作盤が付いており、そのスイッチには、（「軽度のショック」というラベルが貼られた）十五ボルトの低い点から中程度のショック水準、重度のショック水準を経て、（「×××」というラベルが貼ってある）四五〇ボルトの高い点まで目盛が付いている。次々にスイッチを押していけば、教師は学習者が誤答するたびに、ショックの強度を徐々に上げていくことができる。それから、参加者（教師）は、実験者ともう一人の男性（学習者）の後について隣の部屋に行く。そこでは、学習者が電気椅子装置に縛られ、ショック発生装置に電極で結び付けられる。学習者が、心臓が少し悪いことを訴えると、実験者は「ショックはひどく痛いかもしれないが、永続的な皮膚の損傷を起こすことはない」と言って彼を安心させる。

実際には、学習者は何の心配もないことがわかっている。彼は本当の参加者ではなく、実験者のサクラなのである。役割を決めるくじは、彼が学習者の役割を演じ、本当の参加者が教師になるように細工されていたのである。学習者は実際には電気に繋がれていないのである。しかし、教師は、隣室の男性が自分の操作するショック発生装置に繋がれていることを疑うことなど思いもよらない。彼は試しに自分でショック（装置の中にある四十五ボルトのバッテリーで）を経験してもいるし、学習者がまるで本当に痛がっているかのように反応するのを耳にして、そのショックが極端に痛いものだと確信しているのである。

課題が始まると、学習者は数回は正答するが、数試行は失敗する。誤答するごとに、教師は次のスイッチを入れて、徐々に強いショックを与えることになっている。五回目のショックで七十五ボルトになると、学習者は唸り呻き始める。百五十ボルトで彼は実験を止めさせてほしいと頼む。百八十ボルトで彼は苦痛に耐えられないと叫ぶ。ショックの水準が「危険、極端なショック」というラベルの貼られた点に達すると、教師は学習者が壁をドンドン叩き部屋を出してくれと懇願するのを聞く。しかし、これはもちろん正答ではないので、実験者は教師に電圧をあげて次のスイッチを入れて次のショックを与えるように指示する。

この実験の参加者は、コネチカット州の実業家、専門職の人、ホワイトカラーの労働者、ブルーカラーの労働者などからの無作為な標本だった。これらの人々のうちの何％が実験のまさに最後までショックを与え続けたのだろうか。あなたならどれくらい続けただろうか。私の社会心理学のクラスでは、毎年、こうした質問をしてみる。すると、毎年、クラスの二四〇人の学生のうちの約九十九％が、学習者が壁を叩き始めると自分ならショックを与えないだろうと表明する。私の学生たちが行った予想は、ある代表的医学部の四十人の精神科医についてのミルグラムの調査と一致している。この精神科医たちは、犠牲者が初めて助けを求める百五十ボルトでほとんどの参加者が止めると予想していた。彼らはまた、犠牲者が反応するのを拒んだ（三百ボルト）後でもショックを与え続ける参加者は四％にすぎず、その発生装置の最高のショックを与えるのは一％以下とも予想していた。

人々は実際にこの状況に置かれると、どのように反応するだろうか。ミルグラムは、前述の典型的研究において、参加者のほとんど――ほぼ六十七％――がまさに最大のショック水準までショックを与え続けることを見出した。ただし、その中には、実験者がかなり急き立てなければならなかった人もいたのであるが。これらの従順な人々は、とくに残虐な人々だったから、あるいはとくにサディスティックな人々だったから、ショックを与え続けたわけではない。実際、ミルグラムとアラン・エルムズは、一連の標準化された性格テストで参加者の得点を比較して、完全に従順であった個人と服従の圧力にうまく抵抗できた個人との間になんら違いがないことを発見している。(39) この従順な人々は、学習者の明らかな苦痛に対して感受性がなかったわけでもない。抗議した人もいた。多くの人は、汗をかいたり、震えたり、どもったり、その他の緊張の徴候を見せたりした。発作的に神経症的な笑いを浮かべる人もいた。それでも彼らは、まさに最後まで服従したのである。

こういった行動は、コネチカット州に住んでいるアメリカ人に限られたことではない。ミルグラムの実験手続きが試されたところではどこでも、著しい服従が生じている。たとえば、この実験の追試のいくつか(40) は、オーストラリア、ヨルダン、スペイン、ドイツ、オランダの人々がミルグラムの最初の実験の人々とほとんど同じように反応することを実証している。また、女性は男性とちょうど同じくらい服従する。(41) そして、ジェリー・バーガーは二〇〇七年に、基本的なミルグラムの実験手続きを追試したが、それによって、ミルグラムの実験の高い服従が過去の時代の作り事でないことが判明している。つまり、今日の現代アメリカ人も、一九五〇年代の同様の人々とまったく同じように、無実の犠牲者にショックを与えやすいのである。(42)

意　義　驚くほど多くの場合、人々は権威に服従して他の人々に苦痛を与える。この研究によく似た重大なことが、実験室の外の世界にもあるだろう。たとえば、これらの研究を読めば、ミルグラムの実験の教師たちの行動とアドルフ・アイヒマンが表明した盲従との間の類似性に難なく気付くだろう。アイヒマンは、何百万という無実の市民を殺害したことの責任を、自分がナチ体制下で上官の命令に服従しただけの有能な官僚だったという事実に帰したのである。

ベトナム戦争中、ウィリアム・カリー中尉は、ミライでのベトナムの婦女子に対する理不尽な計画的殺害を断罪されて、この行為を大まかに認めたものの、これは上官の命令に対する正当化できる服従だと思うと言った。もっと最近では、アブグレイブ刑務所でのイラク戦争捕虜に加えられた拷問と陵虐が、たった一つの出来事でないことが明らかになってきた。(43) 軍の指導者たちはすぐに、この行動を少数の「腐ったりんご」のせいにし――そして、彼らを軍法会議にかけたけれども、その事件の事実は、アルグレイブが実際には権威に対する服従のもう一つの例であったことを示している。これらの実例のどれでも、他者を虐待した個人は、単に命令に従っていただけだと主張した。興味深いことに、ミルグラムの従順な参加者の一人は、そのセッション終了後に質問されたときに、「私は止めたが、彼（実験者）が続けさせたのだ」と報告したのである。

こういった比較は刺激的ではあるが、われわれはミルグラムの結果を拡大解釈しないように注意すべきである。ミルグラムの実験で参加者の六十七％が実験者の命令に屈従したことを受けて、批評家の中には、ほとんどの人々が同様の状況に身を置いたらアドルフ・アイヒマンのように行動しただろうと言いたがる人もいる。これは本当にそうかもしれない。しかし、実際には、ミルグラムの研究のそれぞれの人が直面した状況には、服従を極限まで高めるいくつかの重要な要因が存在することを強調しておくべきだろう。彼は、同意して参加しているので、彼が、学習者もまた自発的に参加した人だと思っても無理はない。したがって、彼は、二人ともこの実験を邪魔してはならないと思っていたのだろう。さらに、彼は、実験者の要求にだけ直面している。この研究を少し変えた研究は、実験者に反抗する二人の教師と一緒のときには、完全に服従した人々の比率はちょうど十％にまで下がることを明らかにしている。(44)さらに、ミルグラムの研究のほとんどでは、命令を発する権威者はイェール大学の威信ある研究室の科学者だったし、彼のカバーストーリーは、その実験が重要な科学的問題の研究だと信用させるものであった。われわれの社会では、われわれは、科学者の多くが非常に誠実で責任感のある善意の人々だと信じるように慣らされている。その科学者がイェールのように有名で大いに尊敬されている機関に所属している場合には、このことはとくにあてはまる。そういうわけで、実験の一環として人間を死なせたり傷害を与えたりするような命令を発する科学者はいないだろうと参加者が思うのも、当然のことである。こういうことは、ナチス・ドイツ、ミライ、アブグレイブでは明らかにあてはまらなかったことである。

こうした推測を支持する証拠がミルグラムのさらなる研究で得られている。彼は別の研究(45)を行って、イェール大学の科学者の命令に対する人々の服従と、コネチカット州のブリッジポートという産業都市のダウンタウンの商店街にある随分みすぼらしい商業用ビルの事務所で働いている科学者の命令に対する人々の服従とを比較した。この研究では、イェール大学の科学者は六十五％の服従率を達成したが、ブリッジポートでは四十八％の服従率でしかなかった。このように、イェール大学の威信がなくなると、いくらか服従の程度が低下するようだった。

もちろん四十八％はなおも高い数値である。実験者が科学者などの正統な権威者でなければ、服従する人はさらに減るだろうか。ミルグラムはもう一つの別の研究でこれを問題にしている。この研究では、科学者である実験者がいざというときになって権威のない「代役」に代えられた。以下のように切り回されたのである。学習課題のいつもの準備を終えはしたが、どのショック水準を使うべきかをまだ指示していないときに、実験者はあらかじめ計画されていた電話で実験室から呼び出されて行ってしまった。もう一人の参加者（実は、サクラ）が実験者の役割を受け持った。その代役は、学習者が間違いを犯すたびに教師にショック水準を上げさせるという考えを偶然に思い付いた振りをした。彼は、これまで別の実験で科学者の実験者がやっていたのとまったく同じように、ショックを与えるよう教師を急き立てもした。こういった条件のもとでは、最後まで服従した参加者の数は二十％まで急減した。つまり、ほとんど人に対しては、正統な権威だけが高い服従を自由にできるのであり、権威の役割を騙るどんな人もそうできないことを証明したのである。

服従の程度を低減させるもう一つの要因は、権威者がその場に物理的に存在していないということである。実験者が室外にいて電話で命令を発する場合には、最後まで服従する参加者の数が二十五％以下に落ちることをミルグラムは見出している。その上、実験を続けていた参加者の中にはごまかした人もいた。すなわち、彼らは、与えるべきだとされていたよりも強度の低いショックを与えていたのである——そして、適切な手続きから逸脱したことを実験者にわざわざ伝える人もいなかった。私が思うに、この最後のデータは、正統な権威の要求に応えながら同時に、他者に与える苦痛を最小限にすまそうとする人々のいじらしい試みを反映している。それは、ジョーゼフ・ヘラーの小説『キャッチ＝22』の登場人物ダンバーの行動を思い起こさせる。第二次世界大戦中、ダンバーはイタリアのいくつかの村を爆撃するよう命じられた。あからさまに反抗するのも、無実の市民を傷つけるのも気が進まず、彼は、目標として指定されたイタリアの村の近くの原野に爆弾を落としたのだった。

自分の爆撃の犠牲になりかねない人々に対する感受性は、村の上空の高い位置にいることによって与えられる距離と匿名性のことを考えれば、とくに感動的なことである。実は、ミルグラムはその後の実験で、教師が学習者から遠く離れていれば離れているほど、権威の命令に彼らが進んで服従することを見出しているのである。学習者の苦痛の叫び声が聞こえるだけのときには、六十二％の教師が苦痛なショックを与え続けたのに対して、学習者を目の当たりにできるときには、四十％しかショックを与え続けなかった。さらに、ショックを与えるのに遠隔のショック発生装置を使わないで、ショックを伝える電極盤に学習者の腕を自分の手で押しつけるよう指示されたときには、服従率は三十％に下がった。このように、他者の苦しみをありありと目にすれば、苦痛を与え続けにくくなる。逆に、現代の戦争で使用される兵器は、その犠牲になる人々との密接な距離を奪ってしまうので、殺人装置を使う人々は無実の攻撃目標の悲惨さに、いとも簡単に無関心でいられるのである。

オランダで実施された一連の実験で、ヴィン・ミュイスとクインテン・ラーイメイカーズ(46)は、服従と距離の問題を少し異なった方法で研究した。ミルグラムの最初の実験手続きの追試に成功したのに加えて、彼らは、違う方法でそれを試した。新しい手続きでは、実験者は、ある求職応募者の仕事への採否を左右するようなテストの成績について人々に所見を求めたが、その所見をどんどん悪くしていくように服従させた。つまり、参加者には、自分がその人に悪いことをしている——が、しかし、その被害は、ちょっと先になるまで出てこないし、そのときには、参加者はそこにいないので、自分の服従の結果を見なくてすむ——ことがはっきりとわかっていた。予想通り、こういった状況での服従は、ミルグラム実験の直接の追試での服従よりもはるかに高かった。このやり方では、参加者の九十％以上がまさにその最後まで服従し続けたのである。

ミルグラムの実験での不服従　ご存じのように、ミルグラムの実験では、数人の人々が、実験者に反抗する決心をし、実験を続けることを拒否した——実験者に急き立てられたのにもかかわらず、である。同じように、人間の歴史にも、頼もしい、こういった勇気の事例がたくさんある。たとえば、ノルウェーやデンマークなどのヨーロッパ諸国には、ナチスの占領に抵抗したり、ホロコーストの惨害からユダヤ人が逃れるのを助けたりした英雄的な少数者たちの努力をたたえる「自由博物館」がある。しかし、こういった人間愛と勇気がどんなに励ましとなるものであっても、われわれが権威に服従する傾向がはびこっていることに目をつぶってはならない。われわれの多くは、そのような博物館を訪れ、その陳列品に賛嘆し、そして、われわれだって、きっとそのような勇気を示すだろうと考える。われわれは、自分ならばけっして服従への圧力の影響を受けないという神話を心に抱いているのである。ミルグラムの研究で、参加者に自分自身の行動を予測させると、彼らの百%が、自分の価値観や自己概念にもとづいて、自分ならば中程度ないしそれ以下の水準でショックを中止すると予測したのである。(47) しかし、われわれは、こうした価値観や自己概念が現実の状況の力によっていかに踏みにじられるかを見てきた。ある年のこと、いつものように私は社会心理学の学生たちに、自分ならば段階の最後までショックを与え続けると思うか尋ねたところ、わずかに一つの手がゆっくりと挙がった。そのクラスの他の全員は、自分ならば実験者の指示に反抗するだろうと確信していたけれども。しかし、手を挙げた学生は、それを体験できたベトナム帰還兵だったのである。彼は、同じような圧力の影響を経験しており、ある状況下での自分自身の弱さを苦々しくいたたまれない思いをしながら認識するに至ったのである。われわれは人々を傷つけようとする圧力に抵抗するのに困難を感じるばかりか、さらに、われわれは、他者を援助する機会があっても、そうした行為をしようとしないことがよくあるのである。

同調者としての不関与の傍観者

一九六四年に、キティー・ジェノヴィーズという名前の若い女性がニューヨーク市で刺殺された。これは悲劇的な事件だったが、そのこと自体はとくに珍しい出来事というわけではなかった。結局のところ、大人口の中心地では残忍な殺人は稀なことではないのである。この事件について興味深いのは、報道によると、三十八人もの彼女の隣人たちが、彼女の恐怖の悲鳴を聞いて、午前三時に自分の家の窓辺までやってきながら、彼女を襲った男がその恐ろしい行為を終えるのにかかった三十分もの間その窓辺で身をすくませて見守りながらじっとしていたことである。この間、その加害者は三度にわたって彼女を襲いに戻っているのである。『ニューヨーク・タイムズ』によれば、誰一人として彼女を助けに来なかった。誰一人として受話器を取って警察に通報することすらしなかった。そして通報したときにはもうすでに遅過ぎたのである。(48) この記事によって、都市生活者の無関心について多くの意見や書き物が産み出された。どうして人々は、苦境にある隣人を助けないのだろうか。

さて、おそらく、この傍観者たちは寝ぼけていたのか、ぼーっとしていたのだろう。やはり朝の三時には、人々は自分の精神機能を十分にコントロールできるとは限らないのである。おそらくはそうだろう。しかし、エレノア・ブラッドレーがニューヨーク市の五番街で買い物中につまずいて転び骨折したのは真昼のことだった。彼女は四十分もの間ショックのあまりその場に倒れていたのだが、その間まさしく何百という通行人がちょっと立ち止まってぽかんとして、それからそのまま歩いて行ってしまったのである。

こうした傍観者たちはどうして援助できなかったのだろうか。人々は他者の苦しみには鈍感なのだろうか。不幸に慣れてしまっていて、苦痛や暴力を目の前にしても無関心でいられるのだろうか。こうした状況の傍観者は、あなたや私とどこか違った点があったのだろうか。これらの質問に対する答は、すべて否《ノー》だろう。ジェノヴィーズ嬢殺害の傍観者たちに行った面接が明らかにしたことによれば、彼らは無関心どころではなかったのである――彼らは恐怖に身震いしていたのである。では、なぜ彼らは介入しなかったのだろうか。これは答えにくい難しい問題である。

大きな都市には小さな町とは違った援助規範が存在しているという説明も可能だろう。市街地に比べて非市街地では援助を受ける可能性が高いことを見出した実験(49)もいくつかある。しかし、これらの研究では、些細な援助の要請――両替をしてもらったり、時間を聞いたり等々――が検討されている。キティー・ジェノヴィーズやエレノア・ブラッドレーが直面したような深刻な緊急事態においても、この都市と地方の違いが起こるかどうかは明らかではない。

もっと説得力のある説明が、ジョン・ダーリーとビブ・ラタネおよびその共同研究者によって行われた一連の巧妙な実験から示唆されている。(50) この研究者たちの仮説は次のようなものだった。その悲劇を目撃している人々の、まさに数が、その中の誰かが援助するのを妨げたのだろう――すなわち、もし犠牲者の苦しみを目撃している人々が多ければ、その犠牲者は援助されにくくなるのである。したがって、非介入は同調行動の一種と見なすことができる。この場合、一人ひとりの個人にとっては、援助するかどうかの適切さとふさわしさを他の人々が明確にしてくれているのである。すでに見てきたように、自分の手掛かりを他者から手に入れることは、しばしば理にかなったことである。しかし、時には、それは人を誤らせることがある。それは、危機的状況ではとくに人を誤らせがちである。われわれの社会では、人前で強い情動を露わにするのは、「冷静でない」ことだと思われている。われわれのほとんどは他者と一緒にいるときには、実際にはそうであっても、あまり怖がったり、心配したり、不安に思ったり、性的に興奮したりしているようには見せないようにする。たとえば、トップレスのナイトクラブの常連の顔の快楽に飽きたような表情からは、彼らが性的に興奮しているとか、下心を持っているとかなどとは誰も思わないだろう。同様に、あの有名な火星からの訪問者であれば、歯医者の待合室にいる患者の無表情な顔を見たら、彼らの不安にはけっして気付かないだろう。

これらのことを心に留めて、五番街で転んで足を骨折した婦人の事例を考えてみよう。彼女が転んだ十分後にあなたが現場に到着したとしよう。あなたは女性が明らかに苦しそうに地面に倒れているのを見る。他にあなたの目に入るものは何だろう。あなたは何十という人々がその婦人の傍らを通り過ぎ、彼女をちらっと見て、そのまま歩き続けていくのを目にする。あなたはその状況をどのように解釈するだろうか。あなたは自分が介入するのは不適当だと結論付けるだろう。たぶんそれは深刻なことではないのだろう。たぶん彼女は酔っぱらっているのだろう。たぶん彼女は芝居をしているのだろう。たぶん全体が『どっきりカメラ』の舞台になっているのであって、もし介入すれば全国ネットのテレビで笑い者になるだろう。「結局のところ」とあなたは自問するだろう。「もしそれがそんなに重大なことなら、なぜ周りの他の人々は誰も何もしないのだろうか。」このように、他の人々が周りにたくさんいるという事実のために、誰かが援助の手を差し伸べる確率が高くなるどころか、実際には、そのうちの誰か一人が援助する確率は低くなるのである。(51)

これは興味深い推測であるが、はたして本当だろうか。このことを明らかにすべく、ビブ・ラタネとジュディス・ロダン(52)は、「苦境にある婦人」を作り出す実験を行っている。この実験では、コロンビア大学の百二十人の男子学生に、女性の実験者が質問紙への回答を依頼した。それから実験者は、質問紙が終わった頃に戻ってくると言い残して、鍵のかかっていない折畳み式カーテンを通って隣室へ引っ込んだ。その数分後に、彼女は「事故」を演出した。学生が実際に耳にしたのは、その若い女性が椅子に上がる（隠された録音テープからの）音であり、それから、まるで椅子が壊れて彼女が床に落ちたような大きな叫び声とすさまじい衝突音だった。それから、学生は、呻き声と泣き叫ぶ声と苦悶の声を聞いた。「ああ、なんてことなの、足が……動かせないわ。あ あ……足首が……こんなものがのけられないなんて。」この叫び声は約一分間続いて、それから次第におさまっていった。

実験者が関心を抱いたのは、参加者がその若い女性の救出に向かうかどうかを調べることだった。この実験の重要な変数は、人々が部屋に一人でいたかどうかだった。一人でいた場合には、七十％がその若い女性に援助の手を差し伸べた。見知らぬ人と一緒に二人で参加していた場合には、二十％しか援助を申し出なかった。このように、他の傍観者の存在は行為を抑制する傾向があることは明らかである。この現象は**傍観者効果**と呼ばれている。後で面接をしたところ、別の人と一緒に部屋にいて援助しなかった参加者は、一緒にいた人が何もしなかったこともあり、結局その事故が深刻なものとはあまり思わなかったと言っていた。

ジェノヴィーズ嬢殺害の場合には、傍観者たちが援助しなかったのには、おそらくさらに他の理由もあったのだろう。そのような状況では、もし人々が、他の人々が事件を目撃していることに気付いていれば、一人の個人が感じる責任感は分散してしまうだろう。他のいくつかの窓に明かりがつき、そこで見守っている顔に気付いていたジェノヴィーズ嬢殺害の目撃者のそれぞれは、自分が何か行動しなければならないという個人的責任を感じていなかったかもしれない。他の人も見ているのだから、誰か他の人が警察に通報しているだろうとか、そうするのは誰か他の人の義務だとかと、それぞれの傍観者が結論付けることもできただろう。このような考えを検証するために、ダーリーとラタネ(53)は、人々がそれぞれ別の個室に入れられるが、マイクロホンとイヤホンでお互いにコミュニケーションできるという実験状況を準備した。つまり、参加者はお互いに聞くことはできたが見ることはできなかった。それから研究者は偽のてんかん発作を演出した。彼らは、参加者の一人がてんかん発作を起こしているように思える録音テープを流したのである。一つの実験条件では、それぞれの人は、その発作の間にインターホンが通じているのは自分だけだと信じさせられていた。もう一つの条件では、それぞれの人は自分以外にもそれが通じている人が一人以上はいると信じさせられていた。自分一人に聞こえると思っていた人々は、他の人にも聞こえていると思っていた人々よりも、自分の部屋を出て援助しようとした人がはるかに多かった。聞こえている人の数が増えるにつれて、援助を申し出る確率は減ったのであった。

ジェノヴィーズ嬢殺害の傍観者やダーリーとラタネの実験の参加者の行動は、かなりぞっとする人間の様子を映し出している。本当に人々は、もしそうできればお互いに援助しないようにするのだろうか。つまり、もし誰かが介入しない悪い見本を示していたり、もし行動の責任が少しでも拡散していたりすれば、本当に人々は援助しないのだろうか。おそらくそうではないだろう。おそらく、人々に仲間を助けに向かう気を起こさせる状況はあるだろう。私自身が経験したある出来事が、この問題に光を投げかけてくれる。数年前、私はヨセミテ国立公園でキャンプをしていた。夜も遅く、私が眠りに落ちようとしていたちょうどそのとき、男の叫び声が聞こえた。それが苦痛の叫びか、驚きの叫びか、喜びの叫びか私にははっきりしなかった。誰かがただ馬鹿騒ぎをしているだけなのか、それとも仲間のキャンパーの誰かがクマに襲われているのか、私にはわからなかった。私は寝袋から這い出て、辺りを見回した。眠気を醒まして、どちらの方角から叫び声が聞こえるのかを確認しようとしていたちょうどそのとき、私は奇妙な現象に気付いたのである。たくさんのチラチラする光が、あらゆる場所から一点に集まっていったのである。これらは、叫び声をあげた人を助けに駆けつけてきた何十人ものキャンパーが携えていたランタンや懐中電燈だった。その男の叫び声は、それほど問題のないガソリン・ストーブの炎火に驚いたものだったのである。キャンパーたちは、助けが必要ないことがわかって、ちょっと当てがはずれたという風情だった。彼らは自分のテントへとぼとぼと戻っていき、おそらく、すぐに寝入ったことだろう。しかし、私はそうはいかなかった。私は何度も寝返りを打ち、眠りにつけない。科学的データを大いに信頼している社会心理学者として、私は、ダーリーとラタネの実験の参加者とはまったく異なる行動をキャンパーたちがとったという事実に頭を悩ませながら一夜を過ごしたのである。

なぜキャンパーたちはそんなにも違った行動をとったのだろうか。状況はどこが異なっていたのだろうか。前に論じた状況にはまったく存在していなかったか、あるいはほんのわずかにしか存在していなかった要因が少なくとも二つはキャンプ場では作用していたのだろう。これらの要因の一つは、前の段落の「私のキャンパー仲間」という言葉の使い方に反映されている。すなわち、キャンプ場のような閉ざされた環境がもたらす同じ興味や関心、同じ喜び、同じ苦難、同じ環境条件を共有している人々の間では、「共通運命」ないしは相互性の感情が芽生えるだろうし、その相互性の感情は、同じ国や郡や都市に単に住んでいるだけの人々の間でよりも強いものだろう。これといくらか関連している第二の要因は、その状況に面と向かった状態から逃れられなかったということである。ジェノヴィーズ事件の傍観者たちならば、窓辺から遠ざかり、比較的安全な自分の家に閉じこもれただろう。五番街の人々ならば、歩道に倒れている女性のわきを通り過ぎ、まさに、彼女の環境から抜け出せただろう。ダーリーとラタネの実験の参加者たちは、犠牲者とは対面した関係にいなかったし、すぐにその環境から逃れられることもわかっていたのである。これらと比較して、キャンプ場では、限られた環境の中で諸々の出来事が起こっていた。つまり、キャンパーたちは、その夜に何が起ころうとそれを放っておけば、翌朝は自分たちがそれにまともに直面しなければならなかったのである。このような事情のもとでは、個々人はお互いに対する責任を自ら進んでとるようになるのだろう。

もちろん、これは単なる推測である。ヨセミテのキャンパーたちの行動は、刺激的なものではあるけれども、決定的なものではない。なぜなら、それは統制された実験の一部ではなかったからである。こういった観察データに伴う大きな問題の一つは、どのような人々がその状況にいるかを観察者が統制できないという点である。したがって、人々の違いが、彼らの行動の違いを説明する可能性として常に問題になるのである。たとえば、ニューヨーク市民と比べて、キャンプに行くような人々は――生来、あるいは経験を積んで――親切で優しく情け深く人間味にあふれているのだと議論することもできるだろう。たぶん彼らは子どもの頃にはボーイスカウトやガールスカウトだったのだろう――だから、キャンプに興味があるのだ――そして、スカウト活動中には、他者を助けるように教えられていたのである。実験を行う理由の一つは、こういった不明確さを統制することである。実際、キャンプ場での体験に関する私の推測を支持してくれる実験が後に行われている。これは、アーヴィング・ピリアヴィンとその共同研究者(54)が、ニューヨーク市の地下鉄の車両を利用して行った実験である。この実験では、実験者のサクラが、数人の乗客のいる前で躓いて転んだ。その「犠牲者」は、電車の床に倒れたまま天井を見つめていた。このような光景が、さまざまに条件を変えて、百三回繰り返された。もっとも印象的な結果は、ほとんどの場合、人々が「伏せっている」人を自発的に助けに駆け寄ったことである。犠牲者が一見して病気に見えるようにしていたときには、とくにそうであった。九十五%以上の試行で、すぐに誰かが助けようとした。その「犠牲者」に酒瓶を持たせ、アルコールの臭いをぷんぷんさせていたときですら、五十%の試行で、すぐに誰かの助けを受けた。ダーリーとラタネが扱った参加者の行動とは違って、地下鉄の人々の援助行動は傍観者の数に影響されなかった。ほとんど空っぽに近い電車の場合と同じように、(責任の分散が起こってもよさそうな)混雑した電車でも、人々はちょうど同じくらいの割合で、ちょうど同じくらいの速さで援助したのである。援助した人々は、(ジェノヴィーズの事例や五番街の事例やダーリーとラタネの実験と同じ)ニューヨーク市民だったけれども、そしてヨセミテ国立公園とは随分違った環境ではあったけれども、次の二つの点でそのキャンプ場と共通する環境にいたのである。すなわち、(一)同じ地下鉄車両の乗客は、共通運命を共有しているという感情を持っており、(二)彼らは、すぐには逃れられない状態で犠牲者に直面するという状況にいたのである。

どうしたら援助傾向を高めることができるだろうか。仮に緊急事態にあなたが直面したとしたら、どのような質問があなたの心を駆け巡るか考えてほしい。本当に深刻な事態なのだろうか。私個人が介入する必要があるのだろうか。私には援助は難しいだろうか、コストがかかるだろうか。私の援助で犠牲者は助かるのだろうか。すぐにその場から離れられるだろうか。これらの質問の一つひとつにどう答えるかによって、あなたの反応は決まるのである。

援助のために必要な第一の条件は、その状況を緊急事態だとはっきり定めることである。すでに見てきたように、無反応な傍観者の存在が与える手掛かりのために、他の傍観者が、緊急事態が存在しているという判断を下しにくくなることがある。しかし、これとは逆の方向に傍観者による演出がその状況の見方に影響することも可能である。レオナード・ビックマン(55)が行った実験では、小さな個室でインターホンを聞いていた女子学生が、ドスンという音がして犠牲者が叫び声を上げるのを聞いた。それから、ある目撃者がその事故らしきものに反応するのを耳にした。その目撃者がその出来事をある種の緊急事態だと解釈しているように聞こえた参加者の場合には、その解釈が曖昧だったり、その出来事が緊急事態でないと見なされたりした場合よりも、より頻繁に、そしてより迅速に援助した。緊急事態の曖昧さが低いほど、援助の可能性が高いのである。

状況を緊急事態だと定義することが第一段階である。そして、介入することに個人的責任を感じることが次の段階である。傍観者は、他の人がすると思って自分の責任感を薄めることができない場合には、より一層援助するだろう。私はダーリーとラタネの実験（注(53)参照）について述べたが、これは、自分だけが緊急事態に気付いていると人々が思っているときには、援助しやすいということを実証したものであった。ビックマンの実験では、参加者は他の人もその状況に気付いていると思っていたけれども、他の参加者は反応できないと信じさせられていた人もいた。具体的にいうと、インターホンで話を聞いている他の参加者が近くの個室にいると知らされていた女子学生もいたが、（犠牲者のものだとわかる）一人の声は近くの個室から発信されているものの、他の参加者は別の建物から話をしていると告げられていた女子学生もいた。後者の条件で、すなわち、他の傍観者が援助できないとわかっていたときに、人々は有意に速く緊急事態に反応したのである。それどころか、自分の責任を分散できなかった人々は、他の誰もその事故について聞いていないと思っていた人々よりも、すばやく介入したのである。

明らかに事件が援助を要する緊急事態であっても、援助のためのコストが高くつけば人々はあまり援助しない。ピリアヴィン夫妻は地下鉄の実験を少し変えて、(56)「犠牲者」が倒れたときに赤い染料のカプセルを噛んで、口から出血したように見せたことがあった。偽の出血が緊急事態をより深刻なものに見せていたにもかかわらず、出血した犠牲者は、出血せずに倒れた犠牲者ほどには援助されなかった。援助したかもしれない人も、血に怯えたか、あるいはそれを嫌悪したかして、援助したがらなかったのは明らかである。その他の種類のコストも考慮できる。たとえば、ジョン・ダーリーとダニエル・バットソン(57)が巧みに例証したように、一見して些細なコストでもそうである。彼らは、表向きにはスピーチを録音するという目的で、プリンストン神学校の神学生の協力を得た。それぞれの学生は個室で講演の練習をした。それから、彼は、別の建物に行けば、そこで彼の発表が録音されると指示された。この時点で、約束の時間に遅れているので急いで行くようにと言われた学生がいた。また、時間通りだと言われた学生もおり、まだ時間に余裕があると言われた学生もいた。別の建物で行われる録音セッションに行く途中、学生は、戸口で転んでうつむいて目を閉じて、痛ましいほどに咳き込んでいる犠牲者らしき人に出くわした。時間が早かったり時間通りだったりした未来の聖職者の半分以上が、立ち止まってその犠牲者を手助けした。しかし、約束時間に遅れていると思っていた未来の聖職者はそのわずか十％しか援助の手を差し伸べなかったのである。たとえ、彼らが話すはずのスピーチが、良きサマリア人のたとえを含むものであってもそうだったのだ！

援助にかかるコストを見積もるだけでなく、人々は、援助がもたらす利益も考慮に入れる。人々は、自分が本当に役立つ何かができると確信していれば、お互いに助け合うということを示す証拠は多い。(58) たとえば、一つの実験でロバート・バロン(59)が明らかにしたのは、ある個人が明らかに苦しんでいるときに——そして、その傍観者が、自分が反応すればその苦しみを和らげられるとわかっているときには——見えている苦痛が大きければ大きいほど、その傍観者はすばやく反応するということである。しかし、傍観者が犠牲者の苦痛を和らげられないと思っているときには、苦痛と反応速度の関係が逆になることも示されている——すなわち、見えている苦痛が大きければ大きいほど、傍観者の反応が遅くなったのである。これらの結果を理解するためには、共感という概念を使う必要がある。ただし、この場合、共感とは、他の人が苦しんでいるのを見ると不快な生理的反応を経験するわれわれの傾向のことである。犠牲者の苦痛が大きければ大きいほど、われわれの不快感は大きくなる。われわれは、犠牲者を助けることによってか、さもなければ、その状況から心理的に抜け出すことによって、この不快感を低減できる。明らかに何かそのことについてできることがあれば、われわれはすぐに行動する——とくに、犠牲者の苦痛が大きいときにはそうである。もしそのことについて何もできないと思えば、（われわれ自身の不快感を低減するために）そのことから逃れようとする傾向が大きくなるだろう——とくに、犠牲者の苦痛が大きいときにはそうなのである。

ここまで、われわれは、犠牲者を援助するための意思決定を巡る考察に焦点を絞ってきた。共感に関するこの議論が例証しているように、傍観者は、援助しないことの個人的利益とコストをも考慮する。犠牲者の苦境を目の当たりにすることによって生じる不快感は、その目撃者が、その出来事を緊急事態ではないと定義し直すか、介入すべきだという責任を投げ出せば、和らげられる。その状況から簡単に抜け出せるときには、援助は減るのである。しかしながら、いくつかの要因のために、傍観者は犠牲者との結び付きを強め、そのためにその場から去りにくくなる。われわれは、家族の生命を救うために、あらゆる努力を惜しまない——燃えている建物に入っていくとか、走ってくる車の前に立ちはだかるとかいうような――人々の逸話を誰しも聞いたことがある。犠牲者がわれわれと親密な人の場合には、われわれは一層共感し、一層責任感を覚える傾向がある。その結び付きが家族の絆よりももっと表面的なこともあり得る。たとえば、援助しそうな人は、自分の態度と類似した態度を示す人々に、より多くの援助を行う。一九七一年、ニクソン大統領のベトナム政策に反対するデモを抗議者たちがワシントンで行ったときに、ピーター・スードフェルドとその共同研究者(60)は、態度の類似性と援助の自発性との関係を検討するための実験を企図した。彼らは、一人の若い女性に訓練を施し、デモ中の一人に近づいて、男性の友人の体調が悪いので助けてくれるよう頼めるようにした。その調子の悪い男性は、「ニクソンをやっつけろ」か「ニクソンを助けろ」と書かれたプラカードのいずれかを持っていた。デモの人々は、ニクソン支持を装った人に対してよりも、ニクソン反対のプラカードを携えた抗議者仲間に対して多くの援助を提供したのである。さて最後に、ヨセミテのキャンプ場の出来事や地下鉄の実験について論じたときに述べたことだが、人々が共通運命感を共有しているときには、援助が起こりやすい。われわれの社会では、この相互依存の感覚はいとも簡単に無視される。ジェノヴィーズ嬢殺害の三十八人の傍観者たちが行った釈明で目立ったものは、「私はかかわり合いになりたくなかった」というものだったのである。

実験の倫理に関する覚え書

知識を求めるために、実験社会心理学者は、人々にかなり強烈な経験をさせることがある。この章だけでも、私はこのような実験について論じてきた。すなわち、人々が、自分が目で見た事実と他者の全員一致の判断との対立を経験させられる実験や、明らかに苦しんでいる犠牲者に強度の電気ショックを与えるよう命じられる実験や、何十という罪もない地下鉄の乗客が苦境にある人の明らかな苦痛を目撃せざるを得ない実験などである。

これらの実験手続きは深刻な倫理的問題を提議する。倫理の取り扱いについては第9章でもっと完全に紹介するので、ここでは、次の二つの一般的な指摘をするにとどめよう。第一に、この分野のすべての実験者に課された責任は、実験の参加者をどのような危害からも保護することである。実験者は方策を講じて、参加者が実験状況に入ってきたときと少なくとも同じくらい健全な気分でその実験状況を去れるよう保証しなければならない。このためには、実験の主要本体以上に時間と労力のかかる実験後の**デブリーフィング**［訳者注：実験後に実施する、実験に関する誠実で完全な説明］手続きが必要なことが多い。

薄氷を踏む思いをしなければならない倫理の問題があるのに、いったいどうして実験者はこういった実験に心を煩わせるのだろうか。この質問に、この時点で私が強調したい倫理の第二の指摘がある。社会心理学者にとっては、倫理的問題は一方向的な事柄ではない。本当の意味で、彼らには、人間の向上という究極的目的に向かって、人間行動に関するわれわれの知識と理解を推し進めるために研究技能を使う義務があるのである。要するに、社会心理学者は、全体としての社会に対して倫理的責任を負っているのである。彼らは、自分の能力の最善を尽くして研究を行うことができなければ、この責任を果たすのを怠っていることになるだろう。社会心理学者は、社会に対する彼らの一般的な倫理的責任が、彼らの実験の個々の参加者に対する特定的な倫理的責任と対立するときにジレンマに直面する。そして、この状況をさらに難しくしているのは、同調や服従や援助などといった重大な問題を研究するときに、この対立がいや増しに増すということである。なぜなら、一般に、問題が重要になればなるほど、（一）社会に利益をもたらす可能性が大きくなるが、同時に、（二）個々の参加者が不快や不安や動揺を経験する確率も高くなるからである。繰り返すことになるが、この話題のより完全な論述については、読者は第9章を参照してほしい。

第3章

マスコミ、宣伝、説得

われわれがマスコミの時代に生きているというのは自明の理である。今日ほど、その自明の理が的確なことはないだろう。二一世紀にインターネットが世界を地球村に変えた。この変化はあまりにも急激だったので、政治家たちは、普通の市民が豊富な情報を自由に利用できるという事実にまだ適応できていない。たとえば、二〇〇六年の記者会見で、ドナルド・ラムズフェルド国防長官は、イラクの戦争が容易なものだと明言した人はいないと述べた。数時間のうちに何千もの市民がインターネットに接続し、ラムズフェルドが四年前、イラク侵攻の前日に、戦争は二、三カ月のうちに終わるだろうという趣旨の声明を発したことを探し出した。ジョン・マケインは、二〇〇八年の大統領選挙運動で、政治的無党派としての自分の美点を繰返し誇示していたが、二〇一〇年の記者会見では、奇妙なことに「私は自分が無党派だと思ったことはけっしてない」と主張した。その同じ日に、大量のユーチューブ映像がインターネットに現れ、マケインが自分のことを無党派と呼んでいる場面が次から次へと映し出された。

地球村はインターネットで始まったわけではない。合衆国では、ほとんどの家庭にも少なくとも一台のテレビがあり、ある情報が手に入るや否や、全人口が、その同じ情報に触れることができる。この現象とその結末のいくつかについて、二、三の鮮明な例を挙げよう。一九七七年に、アメリカのテレビは、最初の「超大型」テレビ連続番組を登場させた。一億三〇〇〇万を上回る視聴者が、『ルーツ』の少なくとも一部を見るためにチャンネルを合わせた。これは、合衆国のあるアフリカ系アメリカ人家庭の数世代にわたる歴史についてのアレックス・ヘイリーの著作を描いたABCテレビ・ネットワークの作品である。この番組は、黒人の歴史への意識を高め、その文化遺産への黒人の誇りを奮い立たせたとして幅広い称賛を浴びた。その六年後、ABCは、合衆国に核攻撃が加えられた直後の時期を映像化した『ザ・デイ・アフター』というテレビ映画を放映した。一九八三年一一月には、合衆国で一億に近い家庭がチャンネを合わせた。この視聴者の数は誰のどんな無謀な予測をも上回る大きなものだった。『ザ・デイ・アフター』が放映される数週間前から、それは全国のニュース雑誌のトップ記事で大いに話題になっていた。映画スター、物理学者、政治的指導者（大統領を含む）が、その番組とその影響の可能性について彼らの見解を公表していた。(1)

明らかに、『ザ・デイ・アフター』は、その番組を実際には見ていなくて、その大宣伝を少し聞いただけの人々にさえも影響を与えていた。その映画の放映後には、見た人々も見なかった人々も同じように、核戦争について多くを考え、核戦争が起こりそうだと考え、その戦争を乗り切れそうにないと感じ、生き残れる望みはないと思うようになっていた。さらに、その両方の人々が、核兵器の凍結を支持したり、その他の反核運動に参加したりして、核戦争を防ぐために働きかけたいと表明した。これらの効果は、全般的に『ザ・デイ・アフター』を見なかった人々よりも見た人々で強かった。驚くべきことに、たった二時間のプライム・タイムのテレビが、ほとんどのアメリカ人に大きな影響を与え、核戦争の脅威について建設的な何かをしようという態度と意図とに影響を与えたのである。(2)

たった二時間のテレビはまた、とてつもなく悪い効果をもたらし、視聴者に訴訟を起こさせないようにした。数年前、ＣＢＳは『クライ・レイプ』という映画を放映した。要約すると、この物語は、レイプした男を告発しようと決心した被害者が、レイプそれ自体と同じくらい痛ましい試練をくぐり抜けるというリスクを冒すことを明らかにしている。この事例では、そのレイプ犯は、子どもじみた無邪気さを滲み出して、その女性が誘惑したのだという趣旨の説得力のある論議を展開したのである。それから数週間は、被害者が警察に通報するレイプの数が急減した――明らかに、被害者たちが、そのテレビ映画と同じはめになり、警察が自分たちを信じてくれないと恐れたからだった。(3)

一九九五年、何千万もの視聴者が、数カ月にわたり、テレビの前に釘付けになって、Ｏ・Ｊ・シンプソンの殺人事件の裁判を見ていた。その間、ビデオカメラの前であらゆるタイプの弁護士が、その訴訟手続きのあらゆる微妙な違いについて専門家の意見を開陳していた。何千万の視聴者は飽くことを知らなかった――彼らは、その裁判に夢中であったようだ。最後に判決が下され、シンプソン氏が無罪とされたときに、われわれは、この国の根深い人種の対立の鮮明な例を目にすることになった。ほとんどの黒人は公正な判決だと思ったが、ほとんどの白人は誤審だと思った。白人と黒人が、まるで二つの異なる裁判を見ていたかのようであった。

そしてさらに、九月一一日である。テレビ視聴者は、世界貿易センターのツインタワーが崩壊するさまを何度目にしたことだろうか。倒壊する建物、呆然と立ちすくむ人々、勇敢な救助隊員、悲嘆にくれる身内の人々、これらのイメージは、ほとんどのアメリカ人の心に深く刻まれ、テロリストに対するわれわれの恐怖と憤怒、われわれの愛国心、戦争に突き進むわれわれの意欲、そして悲しいことに、一部の人々の中のイスラム教徒に対する不当な偏見、これらに甚大な影響をもたらしてきたのである。

説得の試み

われわれはマスコミの時代に生きている。それどころか、われわれは大衆説得の試みという特徴を持った時代に生きているとさえ言ってもよいだろう。ラジオやテレビをつけるたびに、本や雑誌や新聞を開くたびに、インターネットに接続するたびに、誰かがわれわれを教育しようとし、ある製品を買うよう納得させようとし、ある候補に投票するよう説得しようとし、あるいは、何が正しいか、何が真実か、あるいは何が美しいかについてのある見解に同意させようとしている。こういった目的は、広告の場合にとくに明白である。ほとんど同じ製品（たとえば、アスピリン、歯みがき、合成洗剤など）の製造業者らは、莫大なお金をつぎ込んで、自分たちのパッケージの製品を買うように説得する。しかし、マスメディアによる影響はそんなにも露骨である必要はない――たとえば『ルーツ』や『ザ・デイ・アフター』やO・J・シンプソン裁判の影響は、ドキュメンタリー・ドラマや現実の法廷ドラマの本来の明らかな効果をはるかに越えて広がっていた。この影響は、実際非常に微妙なものであり、意図していないものですらある。レイプを扱った映画の例が適切に証明しているように、伝え手は、何かを売り込もうという露骨な試みをしていないときでさえ、われわれの世界の見方や生活上の重要な出来事への対応の仕方にうまく影響することができるのである。

おそらく客観的だと思われているもの――ニュースのような――を見てみよう。ニュースキャスターは、われわれに何かを売り込もうと努めているのだろうか。普通はそうではないだろう。しかし、テレビのニュースを制作している人々は、どの出来事をどのくらい報道するかを決めるだけでも、われわれの意見に強力な影響を及ぼすことができる。

一九九一年、ロドニー・キングという名の運転手が、無謀運転で呼び止められた。逮捕の際に、彼はロサンゼルス警察官の集団に手ひどく殴打された。たまたま運よく、近所の住人がその出来事をビデオテープで撮っていた。それからの数週間、そのテープは何度も何度も繰り返して全国のテレビ画面に映し出された。その後、一九九二年の春に、陪審員が警察官の不正を無罪としたとき、ロサンゼルスの中心部でアメリカ史上最悪の暴動が発生した。平穏が戻ったときには、五十三人が殺害され、二千人ほどが重傷を負い、ロサンゼルス中南部の全市街区が炎に包まれていた――十億ドル以上の物的損害に終わった。言うまでもなく、その暴動には多くの原因があった。しかし、きっとそのきっかけの一つは、人々があの殴打を何度も目にし、それゆえにその評決に激怒する用意ができていたという事実だろう。

テレビのニュース放送の力のことを考えれば、どのような要因によって、どのニュース項目がテレビのニュース放送用に選ばれるかが決まるのかと問うてもよいだろう。その答は簡単なものではないだろうが、一つの大きな要因は、視聴者を惹き付けたいという欲求である。イギリス放送協会のディレクターほどの専門家が、テレビ・ニュースは一種の娯楽だと言っている。最近の研究の示唆によれば、[4] ニュース番組の編成担当者がどのニュース事件を流し、毎日何マイルに及ぶビデオテープのどの部分を大衆に見せるかを決めるときには、少なくとも部分的には、その素材の娯楽的価値にもとづいて決定している。洪水に襲われた都市を映したフィルムの場面は、そのような洪水を防ぐために人々が堤防を建設する場面よりも娯楽的な価値がはるかに高い。というのは、建設プロジェクトを見ても、刺激的なことはないからである。そうは言っても、堤防のほうがより重要なニュースであるかもしれないのであるが。

フットボールの試合のような活動的な競技のほうが、チェスの勝負のような静かな競技よりも、テレビでは面白いのとまったく同じように、暴動、爆撃、地震、大虐殺などの激しい行為のほうが、人々が暴力を防ぐために働いている記事よりも、放映される時間が長いだろう。このように、ニュース番組が個々人の暴力行動――テロリスト、殺人者、抗議する人々、ストライキ中の人々、あるいは警察官など――に焦点を合わせがちになるのは、平穏に秩序正しく行動している人々を描くよりも、こうした動きのある行動のほうがより効果的に刺激的な画面を作り出せるからである。さらに、人々は悪いほうに引き込まれやすい。最近、ロジャー・ジョンソン(5)は、テレビのニュース番組の内容を分析した。その中には、主要ネットワークおよび地方ネットワークの六カ月間の放送が含まれていた。ニュース記事の数やその記事に割かれた時間の点で、暴力、紛争、人間の苦悩がニュースを占めていた。それらは、五十三％を超える放送であった。さらに、ジョンソンが見出したことは、もっとも暴力的な記事が番組の最初に報道されるということであり、この選択は、その暴力的な記事がその日のもっとも重要なニュースであったというメッセージを暗に送っていることになる。このように、ジョンソンの分析は、古いジャーナリストの格言「血が流れれば人が流れる」が真実であることを見出したのである。彼は、このバイアスが地方ニュースでとくに強いことを見出した。標準的なニュース放送では八十％近くが暴力番組に割かれていた。このような報道が歪んだ世界像を見せているのは、ニュース・メディアを動かしている人々に悪意があってわれわれを操ろうとしているためではなく、ただ単に彼らがわれわれを楽しませ、チャンネルを合わせるよう仕向けているためである。そして、われわれを楽しませようとして、彼らは知らず知らずのうちにわれわれに影響を与え、今の人々はかつてないほどに暴力的な行動をしていると思い込ませているのかもしれない。このために、われわれは時代の風潮や国家の現況について不幸に思ったり憂鬱にさえなったりしているのかもしれない。最終的には、このために、われわれの投票や、大きな都心を訪れたいというわれわれの欲求、他の国々についてのわれわれの態度などが影響を受けているのかもしれない。そして第6章で見るように、このために、現実に人々がより暴力的に行動するようになっているのかもしれない。

もちろん、暴力的な事件の中には、重要で大いに報道されるべきものもある。前に述べたように、九月一一日のテロリストの攻撃に引き続いて、ほとんどのアメリカ人はテレビに釘付けになったが、それは、彼らが、何が起こっているかを知りたかったからであり、事態がうまく収拾されているという安心が欲しかったからである。そんなときに、ケーブルテレビのニュース・チャンネルが二十四時間体制でその事件を報道したので、われわれの多くがツインタワーの崩壊を何十回も目にすることになった。本当にそれが、われわれ市民がそのときに知りたかったことだろうか。その攻撃に続く二週間でCNNにチャンネルを合わせた人々の数は六六七%に跳ね上がり、『ニューヨーク・タイムズ』は九月一二日には九月一〇日よりも二十五万部も売り上げを伸ばしたのである。(6)

情報を持っていることはいつも良いことである——そして、メディアはわれわれに情報を絶えず提供することで重要な役割を果たしている。しかし、こういった接触にはマイナス面もあり得る。意図しようとしまいと、こういった鮮明なイメージが繰り返されると、態度や意見が形成されるのである。崩壊するツインタワーの絶え間ないイメージは、ケーブルテレビのニュース・チャンネルの好戦的なスローガン(「テロとの戦い」「アメリカはやり返す!」)の繰り返しも同じように、視聴者に強烈な情動を喚起させ、そして確実に、イラク侵攻の見識について真剣な議論が行われる可能性を小さくするのに一役買ったのである。さらに、二〇〇一年九月一一日の一年後、ジョージ・W・ブッシュ大統領が、サダム・フセインをアルカーイダのテロリストに何とかうまく結び付けて、イラク侵攻の権限を要求したとき、その要求は、反対の呟きもほとんどないうちに議会を通過したのである。これは社会心理学の本であり、政治学の論文ではない。私は、これらの政策の見識について意見を述べているのではない。私が言いたいことは、民主主義では、戦争を始めるかどうかといった重要な決定にとっては理性的な国民的議論が有効であるということである。強い情動、たとえばニュース・メディアによって焚き付けられるような強い情動は、しばしば理性的な意思決定の邪魔をする。アドルフ・ヒトラーの上層部側近の一人、ヘルマン・ゲーリングは、ニュルンベルクで死刑が宣告される前に次のように言った。「人民をいつでも指導者の命令通りにさせることができる……。彼らが攻撃されていると言いさえすればよい。そして、平和を求める人は愛国心に欠け、国家を危機にさらしていると責めさえすればよい。」(7)

メディア感染

メディアの力は、**情動感染**として知られる現象によってもっともよく説明できるだろう。たとえば、一九八二年一〇月、シカゴノール薬のカプセルを飲んで七人が死亡したとき、その悲劇は全国的なニュース・メディアで公表された。それどころか、それから数日間というものは、テレビやラジオをつけ、新聞を手に取れば、必ずと言ってよいほど毒入りタイレノール事件について知ることができたのである。もちろん、これは悲劇的で、類を見ないものであった――だから、とっても良いニュースの種《ネタ》だったのである。この大々的な報道がもたらした影響はすぐに現れた。同じような毒物混入が、国中の都市で報告されたのである。その中には、うがい薬、目薬、鼻腔用スプレー、ソーダ水、さらにはホットドッグまで含まれていた。今度は、こういった毒物混入が、「模倣毒物混入」のビラを大々的に貼られて、メディアの広範な注目を浴びたのである。大衆の反応は、螺旋状の悪循環の様相を帯びてきた。多くの人々は、パニックに陥り、いつもと変わらない発疹や喉の痛みや腹痛なのに、医師にやけどや中毒の手当てを求めたのである。このような人騒がせな過剰警戒は、異物混入製品にやられた本物の患者の七倍を数えた。(8) こうした出来事は、ハロウィンの直前に起こったので、心配になった多くのコミュニティの役員たちは、子どもたちがトリック・オア・トリーティングとお菓子をねだるのを禁止した。というのは、子どもたちのキャンディに毒を入れて殺人の真似事をする人が多いのではないかと心配したからである。

最初にシカゴで起こった中毒が一人の人間の仕業であることは、ほぼ確実だった。それに続く出来事は、シカゴの毒入り事件が公表されたために起こったことだった。この中毒の波及は、ある通信社の言葉を借りれば、(9)「治療法のない流行病」だと広く信じられたが、こう信じられたこと自体が「病んだ」社会の症状、国が「発狂した」ことの症状であった。多くの新聞は、最初は中毒事件を煽り立てておきながら、次にはその報道がもたらした悲惨な結果を論じるマスコミ専門家の批判を煽り立てているという皮肉な立場にいたのである。

その数年後に、ニュージャージーで四人の十代の青少年が自殺を約束し、その計画を実行した。この同時多発自殺があった一週間のうちに、中西部で二人の青少年が同じような状況で死んでいるのが発見された。メディア報道が十代の自殺を取り巻く混乱と悲しみにスポットライトを当てたのは、紛れもない事実だった。しかし、これらの悲劇をメディアが報道したことが、実際に、模倣自殺をそそのかした可能性はないのだろうか。社会学者デイヴィッド・フィリップスによれば、その答は、限定つきの「はい《イエス》」である。

フィリップスとその共同研究者(10)は、自殺に関するテレビ・ネットワークのニュースや特集記事の後の十代の青少年の自殺率を研究した。彼らの研究は、記事の前後の自殺率を比較して、十代の自殺の増減を追っていった。放送後の一週間で、十代の自殺の増加は、偶然の確率だけでは説明できないほど、はるかに多いものだった。さらに、主要テレビ・ネットワークの報道が自殺に割かれれば割かれるほど、それに続く十代の青少年の間での自殺が増加した。この増加は、研究者らが他の原因の可能性を考慮に入れても、変わらなかった。このように、メディアの公表に続く十代の青少年の自殺の増加のもっとも有力な説明は、そのような公表が実際にその後の模倣自殺を引き起こすというものである。

模倣自殺は、十代に限られたことではない。自殺が広く公表されることの効果に関するもう一つの研究で、フィリップスは、自動車の衝突死亡事故を検討することにした。(11)自殺のトラウマから家族を守るために、事故に見せかけた自動車衝突で自殺することを選ぶ人もいるだろう。これらの自殺は、単身の単独自動車の死亡事故として公式の記録に表れているはずである。フィリップスは、自殺の公表の後ではこういった事故が急増し、その犠牲者は、公表された自殺の犠牲者と何らかの点で類似していると考えた。このことはまさに、彼が、自殺の公表の前後のハイウェイ・パトロールの記録を検討して見出したことであった。多重自動車事故や乗客がいた単独自動車事故には変化がなく、これらの事故の犠牲者は、公表された自殺の犠牲者とは似ていなかった。しかしながら、自殺型の事故は増加し、その犠牲者の年齢は、公表された自殺の犠牲者の年齢と高く相関していた。繰り返して言うと、これらの知見のもっとも可能性の高い説明は、一つの自殺の公表が他の人々に自分自身の生命を奪わせる刺激となったというものである。

毒入りタイレノール事件と模倣自殺は報道価値があった。私は、メディアがこうした事件を生み出したのだとか、こうした事件を報道すべきではないとか言っているのではない。むしろ、私が強調しているのは、メディアは選択的に強調することによって、それに続いて起こる出来事を決定することもできる――単にそれを報道できるだけでなく――立場にあるという明白な事実である。

重ねて言うが、このような形態の影響は、おそらくは意図的なものではない。報道メディアは、暴力を助長しようと努めているのでもなければ、ほとんどの人々が残虐だという幻想を作り出そうと努めているわけでもない。しかし、電子メディアの力の浸透は、誇張しても誇張し過ぎることはないだろう。それどころか、時には、メディアが事件を報道する役割のほうが、その事件自体よりも、ニュース価値があるのである。たとえば、一九八五年のベイルート人質危機を見てみよう。この事件では、ＴＷＡ機の百五十三人の乗客、乗務員がシーア派のテロリストの人質になった。テレビカメラは、その危機のあらゆる側面を――重要なことも些末なことも――二十四時間体制で国内の視聴者に提供した。テロリストが行った記者会見、人質が行った記者会見、苦悩に満ちた家族に間近に迫った画面、要求、それに対する反対要求、振られるピストル、常軌を逸した声明、昼食のメニュー、等々があった。

テレビカメラ班は、人質を化粧室に追っていくこと以外は何でもしたのである。

ある時点になると、電子メディアがシーア派の言い分をあまりにも自由に公表させているために、この苦難が長引いているのではないかと示唆された。それでテレビ・ネットワークがどうしたかというと、それらは、そういう状況におけるメディアの役割について評論家たちのパネル討論を連続放映したのである。メッセージがメディア自体になったのである。その果てしなさの中で、これら一連の出来事に、私は子どもの頃人気のあったあるブランドの食卓塩を思い出した。その箱には、その食卓塩の箱を持った少女の絵があり、その少女の持っている箱には、また、その食卓塩の箱を持った少女の絵があり、その少女の持っている箱には、また、その少女の絵が……。

二十四時間のケーブルテレビの出現によって、こういった皮肉な繰り返しはあたりまえのものになった。二〇一〇年に、MSNBCのニュース番組で、エド・シュルツは、九月一一日の攻撃の記念に公然とコーランを燃やそうとしていたジョージアの無名の（そして、おそらく不安定な）牧師の奇異な行動に、メディアが焦点を当て過ぎていることを、かなりの時間を割いて非難した。シュルツは、その牧師の反イスラム的な行動に注意を向けさせることによって、イラクとアフガニスタンに駐留のアメリカ軍に対するイスラムのテロ行為を刺激するのに、メディアがどんなに加担しているかについて、長々とまくし立てたのである。

メディア・アピールの効果

意図的な説得はどうだろう。マスメディアを通して製品（歯磨き粉、アスピリン、大統領候補など）を宣伝して売ろうとする見え透いた試みはどのくらい信憑性があり、効果があるのだろうか。一応の証拠は、そういった試みがきわめて効果的であることを示している。さもなければ、なぜ、企業や政党は一年に何億ドルというお金を、自分たちの製品を吹聴するのに費やすだろうか。さらに、われわれのほとんどは親として、自分の子どもたちが、実につまらない玩具を抗いがたく巧みに描写したコマーシャルで誘惑されているのを見たことがある。同じように、ディズニー・チャンネルやニコロデオンやカートーン・ネットワークを見ている子どもたちには、シリアルやジャンクフードやキャンディなどの広告が慌ただしく押し寄せてくる。この目的は、子どもたちがコマーシャルで見た製品を親にねだるようにさせることであり、それはうまくいっているようである。母親に調査したところ、就学前の子どもの九十％以上がテレビ広告で見た玩具や食べ物をねだっていた。(12)　それどころか、ほぼ三分の二の母親は、子どもが、三歳になる頃までには、テレビで覚えたコマーシャル・ソングを歌うのを聞いたことがあると報告している。

ほとんどの子どもは、しばらくして気付くものである。私自身の子どもたちも、何度か失望した後で、コマーシャルの真実性について健全な疑念を（何と、多少の皮肉さえも）抱くようになった。実際、ある調査(13)によれば、六年生で、テレビ・コマーシャルがいつも、あるいは、たいてい真実を語っていると思っている者は十二％にすぎず、十年生までには、たいてい真実だと思っているものさえわずか四％だった。こういった懐疑は成人でも一般的である。世論調査によると、圧倒的大多数の成人回答者が、テレビ・コマーシャルに偽りの主張があると思っていた。さらに、その結果によると、教育程度が高ければ高いほど人は懐疑的であり、そしてさらに、懐疑的な人々は自分が懐疑的だから説得に対して免疫力があると信じていた。これらのことから結論できることは、われわれは、伝え手が偏っていることを知っているだけで、そのメッセージの影響を受けないですむということだろう。しかし、そうではない。われわれが説得に対して免疫力を持っていると思っているからといって、免疫力を実際に持っているとは限らない。多くの消費者製品の場合、大衆は、大々的に宣伝されているというその事実だけで、ある特定のブランドを購入する傾向があるのである。

頭痛薬産業を見てみよう。ダリル・ベム(14)は、われわれがテレビ・コマーシャルにバイアスがあることを知っていながら、その影響を受けやすいことについて興味深い分析を行っている。有名なブランドのアスピリン（「ブランドA」と呼ぼう）は百％純粋なアスピリンとして宣伝されている。そのコマーシャルは、ブランドAほど強力で効果的な鎮痛剤はないと政府の検査が示しているとさえ言っている。そのメーカーがわざわざ言わなかったのは、政府の検査が示していたのは実際には、どのブランドも他のどのブランドと比べても効き目が弱く効果が少ないということはないということである。言い換えると、検査したすべてのブランドが同じだったということである――価格の点を除いて、ということではあるが。ブランドAを飲むという特典のためには、消費者は、同じ効果がありながら広告をしていないブランドの価格のほぼ三倍のお金を払わなければならないのである。

「医師が推薦する」特別な（名前の明かされない）成分を使用していると公表している製品もある。そのラベルを読むと、その謎の成分が古き良き安価なアスピリンだとわかる。製薬会社の中には、「関節炎」用に調剤した「特別な効き目」を持ったさまざまなものも売っているものもある。あなたはこういった製品に割増価格を支払うことになるが、その価値はあるのだろうか。実際には、その特別な効き目は、多量のカフェインに加えて、追加のアスピリン（あるいは、アスピリンの代わりのアセトアミノフェン）に由来している。アスピリンを追加して飲めば、そのほうが安くつくだろう。しかし、広告ではそれはたいそうなものに聞こえるのである。「一つの成分ではない。特別な効き目を処方、医学的に証明された成分の複合剤。」

このような見え透いた大衆説得の試みは、あさましいくらい明白だろう。しかし、おびただしい数の消費者は、そのメッセージが製品を売るためのあからさまな試みであることを知っていながら、その懐疑心をあっさりと棄ててしまうのである。もちろん、アスピリンのコマーシャルの影響の受けやすさと、大統領候補のコマーシャルの影響の受けやすさとの間には基本的な違いがあるだろう。われわれが同一の製品や非常に類似した製品を扱っているときには、単にそれを知っているかどうかで大きな違いが生じるだろう。ロバート・ザイアンス(15)は、他の条件がすべて同じなら、よく知られているものほど魅力的に見えることを明らかにしている。こういったわけで、人々は、十回見た顔を、同じくらい魅力的な顔でも五回しか見なかった顔よりも好むのである。(16)また、人々は、自分の名前の中にあるのと同じ文字を含む単語を好むのであり、(17)われわれは、裏から見た自分自身の写真（つまり、毎日鏡で見ている見慣れた自分の顔と一致）を好むけれども、われわれの友人は鏡に映ったものではない（彼らが見慣れている）像を好むのである。(18)ある刺激に本質的に不快なものがない限り、われわれはその刺激に接触すればするほど、それをより好きになるのである。

私が洗剤を求めて、ある雑貨店に入るとしよう。洗剤売り場に行って、ずらりと並んだ商品名に驚く。どれを買おうがたいした問題ではないので、私は単に一番よく知っている商品に手を伸ばすだろう――そして、それをよく知っているのは、おそらく、その名前をテレビ・コマーシャルで何度も見たり聞いたりしているからだろう。もしこれが本当なら、テレビでの接触が急に増えると、馴染み深さが劇的に変化し、そしておそらくは、売り上げも劇的に変化するだろう。そして、これが実情のようである。たとえば、数年前、ノースウェスト生命保険相互会社は、その名前がどれくらい大衆に知られているかを知ろうとして、全国的な世論調査を実施した。その結果、保険会社の中で三十四位であることがわかった。二週間後に、その会社は世論調査を繰り返した。今回は、その知名度が三位であると判明した。無名から有名への驚くべき飛躍はどうしてだろう。二週間と百万ドル分のテレビ広告だった。馴染み深さは必ずしも売り上げを意味するものではないが、この両者はしばしば関連している――A&Wルートビアーが六カ月のテレビ広告で、市場シェアを十五%から五十%へ押し上げた事実がその証拠となっているように。

しかし、大統領候補への投票は、歯磨き粉やルートビアーを選ぶときの意思決定と同じ種類のものだろうか。その答は、またも限定つきの「はい《イエス》」である。数年前、ジョセフ・グラッシュとその共同研究者(19)は、全般的に見て、お金をもっとも使った議会選挙の候補が通常はもっとも得票することを見出した。もっと最近になって、マイケル・ファウとその共同研究者(20)は、スポットのテレビ・コマーシャルが、人々がどう投票するかを決めるのに圧倒的な効果を持つことを示している。さらに、テレビのスポット・コマーシャルがとくに効果的なのは、有権者に強い情動を喚起させる緊迫した争点を中心に選挙運動が戦われているときである。納得のいく説明をするために、ジョージ・H・W・ブッシュと、マサチューセッツ前州知事マイケル・デュカキスの間で戦われた一九八八年大統領選挙運動に戻ってみよう。一九八八年の夏には、ブッシュは、大統領レースでデュカキスに大きな遅れをとっていた。多くの観測筋は、デュカキスのリードは覆すことができないと確信していた。しかしながら、二、三カ月の短い間にそのリードはほとんど消えてなくなってしまい、大統領選挙日にはブッシュが楽勝した。多くの政治分析家は、ウィリー・ホートンがこのまきかえしに重要な役割を果したこと認めている。それどころか、『タイム』誌はウィリー・ホートンのことを「ジョージ・ブッシュのもっとも価値ある選手」(21)とさえ言った。

しかし、ウィリー・ホートンとは誰であろうか。彼は、ブッシュの顧問の一人でもなければ、ブッシュの選挙運動に対する大きな資金提供者でもなかった。実に、この二人は会ったこともなかった。ウィリー・ホートンは、一時出所計画の一環として刑期の半ばでマサチューセッツ刑務所を出所した既決重罪犯であった。ホートンは一時出所中にメリーランド州に逃亡した。そこで、一人の男性にけがを負わせて椅子に縛り付けておいて、その目の前で、その連れの女性をレイプしたのであった。マイケル・デュカキスは、ホートンの一時出所が許可されたときのマサチューセッツ州知事であった。ブッシュは、デュカキスが犯罪に対して甘いことを主張し、一連のテレビ広告で怖い顔のウィリー・ホートンの顔写真を出し、受刑者たちが回転扉を通って刑務所を出入りしているところを描き出した。これらの広告は、街頭犯罪を本当に恐れている多くのアメリカ人や、司法制度が犠牲者よりも犯罪者に好意的だと強く感じている多くのアメリカ人の感情に訴えかけた。さらに、ウィリー・ホートンが黒人であったという事実が、そして、その被害者が白人であったという事実が、ほとんどの視聴者に影響した。(22)

デュカキスは、どのように反撃したのだろうか。彼は、事実と数字を示して、マサチューセッツ州が、一時出所計画を実施している多くの州の一つにすぎないこと、さらには、(ブッシュがメンバーの)連邦政府でさえもが囚人を刑務所から一時出所させていることを指摘した。さらに加えて、彼は、一時出所計画が全般的には非常に効果的であることを指摘した。たとえば、一九八七年には、五万三〇〇〇人の囚人が二十万回もの一時出所を許されたが、問題を起こしたのは小さなパーセンテージにすぎなかった。(23)デュカキスはまた、一時出所が、通常は刑期終了間近の受刑者に与えられ、その一時出所は受刑者を外の世界に順応させるために行われていることを指摘した。彼は、何もかもがずるい策略であると主張した――つまり、たとえジョージ・ブッシュが当選したとしても、一時出所制度を変えるつもりはないと主張した。

あなたはまだうんざりしないだろうか。有権者はうんざりしたのである。もし、マイケル・デュカキスのスタッフの中に社会心理学者がいたとしたら、彼はもっとましな助言を受けただろう。アンソニー・プラトカニスと私が指摘してきたように、(24) 人々が恐怖や憤怒を抱いているときには、事実や数字だけではあまり説得力はないのである。事実や数字は、有権者が深い関心を抱いている問題について、その解決に結び付けられるときに効果を持つ。一九九二年と一九九六年の大統領選挙では、ビル・クリントン候補は（明らかに、デュカキスの選挙運動を教訓として学んで）、一つの最重要の問題――経済状態――にアメリカ国民の注意を集め続け、候補の間では実際には違いがない情動的な問題にあえて逸れていかないようにしたのである。(25)

二〇一〇年の議会選挙では、もっとも成功した候補は、ウォール・ストリートの投資銀行への政府の救済策に対する大衆の怒りをうまく利用した人々であった。これらの救済の複雑な経済的理論的根拠を説明するような、もっと理路整然としたやり方を試みようとしたとき、候補は大変な難儀をしたのである。

教育か、それとも宣伝か

アスピリンのコマーシャルは、聴衆を意図的に欺いて、高い価格でものを売ろうとするあからさまな試みである。そういうコマーシャルは宣伝と見なせる。しかし、大統領候補を「売り込む」場合ははるかに複雑である。たとえば、候補を好ましく見せるために政治コンサルタントやスピーチライターが弄する策略は、おそらく教育――候補が自分の見解をできるだけ明確に効率的に明晰に表現できるようにして、彼の政策や美徳について大衆を教育する試み――と見なすこともできるだろう。宣伝と教育の違いは何だろうか。『アメリカン・ヘリテッジ英語辞典』は、宣伝を「ある説を系統的に広めること」と定義し、教育を「知識や技術を伝える行為」と定義している。あらためて、われわれは、アスピリンの広告が、あるブランドの売り上げを促進するために企図された宣伝であることに同意できるだろう。しかし、女性や老人やマイノリティ集団をステレオタイプ化された役割でしばしば描きだすテレビはどうだろうか。あるいは、もっと微妙なものとしては、黒人やその他のマイノリティ集団による貢献を最近まで完全に無視してきた――そして、今になってその貢献に対して単なるリップ・サービスをしようとしている――高校用の歴史教科書の大多数はどうだろうか。これは知識を伝えているだけなのだろうか。

教育と宣伝を区別するという問題が、なおもはるかに微妙なことがある。公立学校で教えられている数学を見てみよう。もっと教育的なことが他にあるだろうか。ここで私が言いたいことは、もっと純粋で、客観的で、事実にもとづき、教義によって汚されないものが何かあるだろうか、ということである。気をつけてみてみよう。あなたの小学校の算数の教科書で使われていた例を覚えているだろうか。ほとんどの例は、売ったり、買ったり、借りたり、働いて賃金をもらったり、利子を計算したりということを扱っていただろう。ジンバルドーとエベッセンとマスラック(26)が指摘しているように、これらの例は、その教育が行われている資本主義体制を単に反映しているだけではない。それらは、系統的に、その体制を支持し、それを正当化し、そして、その含みとして、それが自然で正常なやり方だということを示唆しているのである。掛け算と百分率を説明するために、その教科書は、新車を購入するために九%の利率で一万五〇〇〇ドルをジョーンズ氏に借りさせているかもしれない。この例は、原始キリスト教徒の社会が信じていたように、利子を課すことは罪深いことだと思っている社会で使えるだろうか。この例は、人は自ら購うことのできないものは求めるべきではないと信じている人々の社会で使えるだろうか。私は、算数の本にこの類の例を使うのが間違っているとか、不道徳であるとか言っているのではない。私は、そうした例が一種の宣伝であり、それらをそのようなものとして認識することが大切かもしれないと指摘しているだけである。

実際問題として、人が、ある特定のやり方の説示を教育と見なすか、それとも宣伝と見なすかは、その人の価値観によるところが大きい。私の子どもたちが高校で必ず見せられている麻薬乱用の映画について、ちょっと考えてほしい。その映画の中では、多くの慢性的な麻薬中毒者が、マリファナをちょっと試してみることで始まったということが述べられるところがあった。私が思うに、おそらく、ほとんど高校当局者ならば、この事実にもとづく情報公開を「知識を伝えること」の一例だと見なすだろうが、おそらく、ほとんどのマリファナ常用者ならば、それを「ある教えを系統的に広めること」――すなわち、マリファナから中毒性のより高い薬物使用が始まることをほのめかしている――と見なすだろう。同じように、学校の性教育の話題を、一方ではキリスト教右派のメンバーが見る場合と、他方では『プレイボーイ』誌の編集者が見る場合とについて考えてほしい。こう言ったからといって、あらゆるコミュニケーションがひどく曲げて伝えられているとか、一面的だとか言っているのではない。むしろ、人々の意見が対立する情動的色彩を帯びた問題をわれわれが扱うときには、その問題の両方の人々が公正で公平だと同意するようなコミュニケーションを作り出すことはたぶん不可能なのである。私は「見る人の目」を通して見たコミュニケーションについて次の章でもっと詳しく紹介するつもりである。さしあたって重要なことは、われわれが宣伝と呼ぼうと教育と呼ぼうと、説得は現実のものであるということである。たとえわれわれがそれを無視しても、それはなくならないだろう。それゆえに、われわれは、説得に関する実験にもとづく文献を分析して、それを理解しようと試みるべきだろう。

説得への二つの主要ルート

説得的議論に直面したとき、われわれはそれについて深く考えるだろうか、それほど考えることなくそれを受け入れるだろうか。この質問は、説得についてわれわれが多くを理解するための根底にある。リチャード・ペティとジョン・カシオッポ(27)によれば、われわれは問題がわれわれに関連があり重要なものであれば、それについて深く考えようとする傾向がある。こういった状況では、われわれはその議論を注意深く吟味しがちである。しかし、その問題が重要であっても、われわれは議論を注意深く処理しないこともあるだろう。というのは、われわれは気が散っていたり、疲れていたりするからである――あるいは、コミュニケーションが、われわれに安心してそれを受け入れさせるような方法で提示されるからである。

ペティとカシオッポは、人々が説得される方法は基本的に二つある――中心的にと周辺的に――と論じている。**説得への中心ルート**では、議論を較量し、関連する事実や数字を検討し、体系的に問題を考え、そして、結論に至る。対照的に、**説得への周辺ルート**はあまり思慮深くない。つまり、議論の長所を較量したり検討したりする過程を経る代わりに、人々は、ある議論についてあまり考えることなく、その正しさや誤りや感じの良さをそれとなく示している、簡単で、しばしば関連のない手掛かりに反応する。たとえば、長引く不況の改善方法に関する議論を考えることは、中心ルートに関係しているが、ウィリー・ホートンのイメージに恐れ怒ることは、周辺ルートに関係している。同じように、ある人がある特定のコンピューターを買う決心をした理由が、その広告の中に、自分がほしい操作性の良さ、処理速度、メモリ、データ保存容量が書いてあるというときには、彼は、その議論の論理に動かされていることになる。これは中心ルートである。しかし、彼のお気に入りの映画スターが同じモデルを持っているから、彼がそのコンピューターを買おうと決心したのであれば、彼は、その製品とは関連のない問題に動かされていることになる。これは周辺ルートである。

注意すべきは、純粋に中心的であったり、純粋に周辺的であったりする説得的アピールはほとんどないということである。たいていは、説得への両方のルートに狙い定めた要素を持っている。ある有名な広告キャンペーンでは、たとえば、二人の人物が登場し、一人がマッキントッシュ・コンピューター役をし、もう一人がPC役をする。そのＭａｃは、ジャスティン・ロングというクールでハンサムな人物によって演じられ、それとはきわめて対照的に、ジョン・ホッジマンという、ロングよりも老けて太って退屈な人がPCを代表している。その広告の中心的な内容――Ｍａｃの技術的卓越性――は、これらの周辺的な手掛かりによって強調されているのである。

法律家や政治家はたいてい、議論と周辺的手掛かりをうまく組み合わせて利用する。一九九五年、Ｏ・Ｊ・シンプソンの殺人の裁判が国民を釘付けにした。何百万の視聴者がチャンネルを合わせて、この殿堂入りのランニングバックと彼の「ドリーム・チーム」の弁護士たちが、シンプソンが元妻とその友人を惨殺したという容疑と戦うのを見た。その裁判のもっとも劇的な瞬間の一つで、検察官が、殺人犯がはめていた血に染まった手袋をシンプソンにはめてみるよう求めた。その手袋はシンプソンにはとてもきつかった。シンプソンの主席弁護士ジョニー・コクランは、最終弁論で、その瞬間に言及し、それを主題として、そうしながらも、説得的な周辺的手掛かりを付け加えた。コクランは、何度も繰り返して「フィットしなければ、アクィットしなさい」〔訳者注：直訳は「もしそれが合わなければ、あなたは無罪判決を言い渡さなければならない」〕と唱えた。その発言は説得的であった。しかし、それは議論の論理のためではない――結局のところ、きつい手袋をはめていても殺人はきっと可能なのである。むしろ、その発言が強力であったのは、人々が議論の本質を評価しているときに、その言い回し方の影響を受けるからである。コクランの場合には、彼の押韻によってその発言が真実味を帯びたのである。マシュー・マクグローン(28)の研究は、われわれがそのような戦術の影響を受けやすいことを明らかにしている。彼は、大学生が、韻を踏んだ聞きなれない格言に（「ウォウズはフォウズを結び付ける」〔訳者注：意味は「苦難は敵同士を結び付ける」〕）、韻を踏まないで示されるその同じ考えよりも（「ウォウズはエネミーズを結び付ける」）、より説得されることを見出した。説得への周辺ルートは驚くほど微妙である――しかし驚くほど効果がある。

近年、（韻を踏んでいなくても）適切な言葉を選ぶ科学が、政治的キャンペーンの不可欠な道具となっている。たとえば、ほとんどのアメリカ人は、親から相続する財産に課税することに賛成している。言い換えれば、われわれのほとんどは、「財産税《エステート・タックス》」〔訳者注：定訳は「遺産税」〕と言い慣わされてきたものを支持している。しかし、フランク・ランツという利口な政治コンサルタントによってその名前が変えられると、財産税に対する世論は劇的に変化した。ランツの研究(29)は、政治家がそれを「死亡税《デス・タックス》」〔訳者注：定訳は「相続税」〕と言うようになると、死ぬことが不当に罰されているというイメージを与えてしまうので、人々がその税法の反対に転じてしまうことを示唆した。同じように、人々が「落ちこぼれゼロ」と名付けられた教育政策について考えるときには、それには心温まる響きがあるので、その政策の問題点は注意深い吟味から逃れてしまうのである。政治家や政治活動グループはいつも決まって、提案する政策に、その法律の実際の内容を偽って伝えるラベルを付ける。最近、二〇〇九年医療保険制度改革法案は議会で危うく失敗するところであった。それに対するもっとも効果的な攻撃の一つがあったのは、ある政治家が、その法案の条文によって医師と保険会社が深刻な病気の患者の運命を決めることができると非難したときである。この法案を攻撃する際に、これらの意思決定会議は、「死の判定団《デス・パネル》」という、ぞっとする名前を与えられた。その法案の反対者の一人が言ったように、この名前は、他人が「おばあちゃんの生命維持装置をはずす」決定をすることができるという意味である。実際には、その条文は、末期患者の選択肢を検討するときに、患者と医師の間の協議に対して保険会社に支払いを求めるだけのものであった――「死の判定団」というあだ名から憶測されるイメージとはまったく似ても似つかないものである。

同様に、ブドウ糖果糖液糖は、砂糖の安価な代替品としてソフトドリンクや何千もの加工食品に添加されているが、その製造業者は、この甘味料が肥満と糖尿病の流行に一役買っているという疑いで攻撃されている。トウモロコシ精製協会は、この製品が禁句となってしまい、食品製造業者が代わりの甘味料に切り替えるのを恐れて、二〇一〇年に、自分たちの追い詰められた製品を守るための大胆な行動を決定した。彼らはどうしたのだろう。彼らはその名前を変えたのである。今後は、ブドウ糖果糖液糖は「コーン・シュガー」と呼ばれるだろう。この本で何度も繰り返して見ることになるが、われわれの頭にひょいと浮かぶイメージは、その真偽にかかわらず、われわれの信念や感情や行動にとてつもない影響を及ぼすことになるのであり、このイメージは、われわれがそれを名付ける際に使う特定の言葉によって大きく左右されるのである。

コミュニケーションや説得の試みの有効性を高めるための鍵となる要因は何だろうか。基本的には、三種類の変数が重要である。それらは、(一) コミュニケーションの源泉（誰が言うか）、(二) コミュニケーションの性質（どのように言うか）、(三) 聴衆の特徴（誰に言うか）、である。もっとも簡単に言うと、誰が何を誰に言うかということである。これらのそれぞれを別々に見ていこう。

コミュニケーションの源泉

信憑性

次のような光景を思い描いてほしい。扉のベルが鳴り、あなたが応えると、随分派手なチェックのスポーツジャケットを着た中年の男がいる。ネクタイは締まりがなく、襟は擦り切れ、ズボンにはアイロンが必要で、ひげも剃ったほうがよい。あなたと話しているときには、彼の視線はわきにそれたり、頭上を越えたりしている。彼は、硬貨用の口のある小さな缶を手に携えて、あなたが聞いたこともないある慈善団体に二、三ドルの寄付を説得しようとしている。実際の頼み口上はかなりまともに聞こえるが、彼があなたにいくらかのお金を出させる可能性はどれくらいあるだろうか。

さて、時計を数分前に戻そう。扉のベルが鳴って、あなたが応えて扉を開けると、そこに、仕立てもよく折り目もきちんとついた地味なビジネススーツを着た中年の男が立っている。彼はあなたの目を真っ直ぐに見て、シティ・ナショナル・バンクの副社長だと自己紹介して、（あなたが聞いたこともない）ある慈善団体に二、三ドルの寄付を頼む。その言葉遣いは、派手なチェックのジャケットを着た男とまったく同じである。あなたがお金を寄付する可能性は高まるだろうか。

私は、何年も前、深夜のトークショーで詩人アレン・ギンズバーグを見たときに、このような現象に目を見張った。ギンズバーグは、いわゆるビート世代の詩人の中でもっとも人気のある一人であり、彼の詩『吠える』は一九五〇年代の文壇に衝撃と刺激を与えた。そのトークショーで、ギンズバーグはそれを再び行ったのである。彼は自分の同性愛を自慢し終えたばかりで、次に、世代の断絶について語っていた。カメラが移動した。彼は太って、ひげをのばしていて、（酔っぱらっているのか）目は少しすわった感じであった。長髪が頭の両わきからだらしなく伸びている他は禿げ上がっていた。穴の開いた絞り染のTシャツを着て、ビーズの織り糸を何本か付けていた。若者の問題について彼は熱心に語っていたけれども――そして、私の意見では、とても分別のあることを話していたけれども――スタジオの聴衆は笑っていた。彼らは、彼を道化師のように扱っていたようだった。おそらく、自宅にいた人々もそのほとんどは、ベッドにころがり自分の脚越しにその詩人を見ながら、彼の言うことを真剣には受け取っていなかっただろうと私には思えてきた――彼のメッセージがどんなにまともなものであっても、そして、彼がどんなに熱心に語っていたとしても、おそらく彼の風貌が聴衆の反応をすべて決めてしまっていたのだろう。私の内にある科学者精神は、すわった目をした詩人をこざっぱりとアイロンのきいたビジネススーツを着た地味な銀行家に代えて、ギンズバーグがカメラなしで話している声に合わせて、その銀行家に唇を動かしてもらいたかった。おそらく、このような場合には、ギンズバーグのメッセージは十分に受け止められただろう。

その必要はない。同じような実験がすでに行われているのである。それどころか、威信というものが説得に及ぼす効果に関する考察は古代からある。紀元前三百年以上も前に、アリストテレスは、世界で初めて著書を発表した社会心理学者であるが、次のように書いている。

　われわれは、良い人々を、そうでない人々よりも完全に、そして簡単に信じる。このことは、その問題がたとえ何であっても、一般的に言って真実である。そして、一寸も違わない確実なことがあり得ず、意見が分かれている場合には、絶対に真実である。……修辞法の論文の中で何人かの著者が思い込んでいることは、話し手が見せる個人的善良さはその説得力にはまったく寄与しないということであるが、これは真実ではない。これとは逆に、彼の人柄は、彼が持っている説得手段の中でもっとも効果的なものだと言ってもよいだろう。(30)

アリストテレスの主張が厳格な科学的検証にかけられるには、約二千三〇〇年を要した。これはカール・ホヴランドとウォルター・ワイス(31)によって成し遂げられた。この研究者たちが行ったことはきわめて単純であった。彼らは、ある特定の見解を主張するコミュニケーションを多くの人々に提示した――たとえば、原子力潜水艦の建造は実現可能な計画だという見解を（この実験は一九五一年に行われたものであり、当時、そのような目的のための原子力エネルギーの利用は夢でしかなかった）、この議論が**信憑性**の非常に高い人によってなされたものだと伝えられた人々と、この同じ議論が信憑性の低い人のものだと知らされた人々がいた。具体的にいうと、原子力潜水艦が近い将来に建造できるという議論は、全国的に有名で非常に尊敬されている原子力物理学者のJ・ロバート・オッペンハイマーか、ソビエト連邦の共産党機関誌『プラウダ』――その客観性と真実性が欠けている点で悪名高い刊行物――のいずれかのものとされたのである。そのコミュニケーションがJ・ロバート・オッペンハイマーからのものだと伝えられた人々の多くは、自分の意見を変え、それから、彼らは原子力潜水艦建造の実現可能性をより強く信じるようになった。『プラウダ』のものとされたそのまったく同一のコミュニケーションを読んだ人々は、そのほとんどが自分の意見をそのコミュニケーションの方向へは変えなかったのである。

これと同じ現象は、何人もの研究者が、さまざまな話題を利用して、さまざまな伝え手のものだとして、繰返し確証している。

注意深い実験の結果によると、ほとんどの人々と比べて、少年裁判所の判事は、少年非行についての意見をうまく左右するし、有名な詩人や批評家は、詩の美点についての意見を左右できるし、そして、医学雑誌は、抗ヒスタミン剤を処方箋なしに投薬すべきかどうかについての意見を左右できる。『プラウダ』が持っていない何を、この物理学者や判事や詩人や医学雑誌は持っているのだろうか。すなわち、どのような要因がその効果の違いを生み出すのだろうか。アリストテレスは、われわれが「良い人々」を信じると言ったが、そこで彼が言おうとしたのは、高い道徳性を持った人物ということであった。ホヴランドとワイスは、信憑性があるという言葉を用いているが、それはアリストテレスの定義に含まれた道徳的な意味を取り除いたものである。オッペンハイマー、少年裁判所判事、そして詩人は、いずれも信憑性がある――すなわち、彼らは「良い」とは限らないが、専門的であり、かつ信頼できるのである。信頼するに足り、自分の話していることがわかっている伝え手からの影響にあなたが身を任せるのは、道理にかなったことである。J・ロバート・オッペンハイマーが原子力についての意見を表明しているときに、その影響を人々が受けることも、道理にかなっている。また、T・S・エリオットが詩歌について語っているときに、その影響を人々が受けることも、道理にかなったことである。こういう人々は専門的な信頼できる人々なのである。

しかし、すべての人が、同じ伝え手から等しく影響を受けるわけではない。それどころか、同じ伝え手のことを、信憑性が高いと見なす人々もいるだろうし、信憑性が低いと見なす人々もいるだろう。さらに、その伝え手のある周辺的属性を重要視する人々も聴衆の中にはいるだろう。このような属性の働きによって、ある伝え手はきわめて効果的な場合もあるし、まるで効果的でない場合もあるのである。

このような現象は、私がバートン・ゴールデンと協力して行った実験(32)で強力に実証されている。この実験で、われわれは、数学の有用性と重要性を賞揚するスピーチを六年生に提示した。伝え手は、ある名門大学の受賞経験のある技師か、生活のために皿洗いをしている人かのいずれかとして紹介された。予想通り、技師は皿洗いよりも、子どもたちの意見に影響をはるかに効果的に与えた。この結果は前の研究と一貫するものであり、それ自体は明白なことであり、たいして興味深いことではない。しかし、それに加えて、われわれは伝え手の人種を変えてみた。伝え手が白人の試行と、黒人の試行があった。子どもたち(全員、白人であった)は、実験の数週間前に、黒人に対する偏見の程度を測定するための質問紙に記入していた。その結果は印象的なものであった。両方とも同じスピーチだったのに、黒人に対してもっとも偏見のある子どもたちの間では、黒人技師は白人技師ほどには影響力がなかった。さらに、黒人に対して偏見がもっともない子どもたちの間では、黒人技師のほうが白人技師よりも影響力があったのである。肌の色のような周辺的な属性が人の信憑性に影響しようなどとは、理にかなわないだろう。純粋に合理的な世界では、威信のある技師ならば、肌の色のいかんによらず、数学の重要性について六年生に影響を及ぼすことができるはずだと議論できるだろう。しかし、明らかに、これは純粋に合理的な世界ではないのである。黒人に対する聞き手の態度によって、黒人の伝え手は、肌の色以外はまったく同じ白人の伝え手よりも、影響力が大きかったり小さかったりするのである。

こういった行動はあまり適応的ではない。もしあなたの生活の質が、数学についてのコミュニケーションがあなたの意見に影響を与えられるようにしておくかどうかで決まるとすれば、注目すべきもっとも合理的な要因は伝え手の専門性だろう。（肌の色のような）他の要因によって、その要因とは関係ない問題に対するあなたの説得のされやすさが増減するようであれば、あなたの行動様式は不適応的ということになる。しかし、広告者たちは、こういった不適応的行動をあてにして、話し手の信憑性を高めるために無関連な要因にしばしば頼っている。たとえば、テレビは、始まったばかりの頃からずっと、テレビドラマで医者の役割を演じたことのある俳優がコマーシャルにレギュラー出演して、アスピリンや風邪薬などの製品を売り歩いているのである。

コマーシャルでは、このような伝え手の周辺的な側面が強調されることが多い。それらが視聴者にわかる唯一の側面であることも多い。一九五〇年代と六〇年代を通して、朝食用食品をもっとも長く売り歩いていた一人はオリンピック十種競技の前チャンピオンのボブ・リチャーズだった。おそらく彼は、学識のあるどこかの栄養学の教授がどんなにその分野の専門家であったとしても、その人よりもウィーティーズをはるかに効果的に売ったことだろう。一九七〇年代には、もう一人の十種競技の金メダル・チャンピオンのブルース・ジェンナーがリチャーズに代わった。こういった人々は実際にどれくらい効果的だろうか。確かなことはわからない――しかし、一九八〇年代にブルース・ジェンナーがついに代えられるときになっても、ウィーティーズの人々は、またも栄養学者を使わないで、オリンピック体操競技の金メダリストのメアリー・ルー・レットンを雇ったのである。それに続いて、ウィーティーズ社が、アレックス・ロドリゲス、マイケル・フェルプス、レブロン・ジェームズといった素晴らしいスポーツ選手を雇ったとき、まったく驚く声はなかった。明らかに、誰がウィーティーズの大衆販売責任者になろうと、その人はスポーツ選手が効果的な伝え手だと確信しているのである。

この確信には正当な根拠があるのだろうか。人々は、著名なスポーツ選手が関係しているというだけで、その広告の影響を受けるのだろうか。われわれは、そのようなスポーツ選手が競技場で披露する技能を称賛するにしても、彼らが宣伝している製品について真実を語っていると本当に信頼できるのだろうか。結局のところ、われわれは皆、特定のブランドや朝食用シリアルや運動靴を売り歩いているスター選手がその宣伝のためにたっぷりとお金を受け取っているということを知っている。おそらく、ほとんどの人はすぐにこう言うだろう。「ありえない。A-Rod［訳者注：アレックス・ロドリゲス］がウィーティーズ食べてナイキが好きだと言っているからといって、私はウィーティーズを食べたりナイキを買ったりしない。たぶん、他の人なら説得されて、スポーツ界の有名人がそう言うからといって、その製品を急いで買いに出かけるかもしれない。でも、私ならば、絶対に、たとえ私のお気に入りの選手が、私が一生懸命働いて稼いだお金をどうこう使うべきだと助言してくれようとも、そんなものは信用しないだろう。」しかし、人々は自分自身の行動を本当に予測できるのだろうか。これに答える前に、信頼という要因についてもっと詳しく見てみよう。

信頼性を高める

明らかに信頼は、伝え手が効果的かどうかを決める重要な要因である。たとえば、アロンソンとゴールデンの実験で、比較的偏見の強い六年生が白人技師ほどには黒人技師の影響を受けなかった決定的な理由は、彼らが単に黒人を信頼できなかったためかもしれない。もしこれが本当なら、ある人が信頼できるということの疑いのない、独自の証拠を聴衆に示せば、その人は非常に効果的な伝え手になるはずである。

どのようにして伝え手は、自分自身が疑いもなく信頼できるとわれわれに思わせるのだろうか。一つの方法は、自分自身の利害に反する主張を行うことである。人々が、われわれを説得しても何も得るものがない（そしておそらく、何か失うものがある）場合には、われわれは彼らを信頼するだろうし、彼らは効果を上げられるだろう。一つの例証が役に立つだろう。ヘロインの密輸と密売で最近有罪判決を受けた常習犯が、合衆国の司法制度の悪弊についてのコミュニケーションを伝えたとしてみよう。彼はあなたに影響を与えるだろうか。おそらく与えないだろう。おそらくほとんどの人が彼のことを魅力がなく信頼できないと思うだろう。明らかに彼は、アリストテレスの良い人の定義から外れているように見える。しかし、彼が、刑事裁判は寛大過ぎる——やり手の弁護士がつけば犯罪者はほとんどいつも罰を免れているとか、たとえ有罪でも通常科される刑期は軽過ぎるとか——と主張していたとしたらどうだろう。彼はあなたに影響を及ぼすだろうか。

きっと影響を及ぼすと私は思う。実際に、数年前、私はエレイン・ウォルスターとダーシー・エイブラハムズと協力して、まさにこの実験を行い、(33)われわれの仮説を確証したのである。実際の実験では、われわれは、ある報道記者と「ザ・ショルダー」と呼ばれたジョー・ナポリターノとの間で行われた対談の新聞記事の切り抜きを参加者に提示した。「ザ・ショルダー」ことジョーとは、前述した常習犯と同じ類の人間である。一つの実験条件では、「ザ・ショルダー」ことジョーは、もっと厳格な法廷ともっと厳しい判決を主張した。もう一つの条件では、彼は、法廷はもっと寛大で、判決はもっと軽くすべきだと主張した。さらに、われわれは、これらの条件と並行して、同じ主張を立派な役人のものとした一組の条件を設けた。「ザ・ショルダー」ことジョーが寛大な法廷を主張したときには、彼はまったく効果を上げられなかった。それどころか、彼は、実際には、参加者の意見をわずかながらも反対方向に変化させた。しかし、彼が厳格で強硬な法廷を主張したときには、彼はきわめて効果的だった――立派な役人が同じ主張をしたときと同じくらい効果的だったのである。この研究は、アリストテレスがすべて正しいとは限らないことを証明している――つまり、われわれを説得しても伝え手に何も得るものがない（そして、何か失うものがある）ことが明らかな限りは、魅力のない不道徳的な人物でも効果的であり得るのである。

なぜ、われわれの実験では、「ザ・ショルダー」ことジョーがそんなにも効果的だったのだろうか。もっと詳しく見ていこう。有罪がはっきりした人がより寛大な刑事裁判制度に賛成の主張しているのを聞いても、ほとんど人は驚かないだろう。彼らは、その犯罪者の経歴や利害を知っているので、当然、そのようなメッセージを期待するだろう。しかし、それとは反対のコミュニケーションを彼らが受け取ると、この期待が裏切られる。この矛盾を理解するために、聴衆は、この犯罪者が矯正されたのだと結論付けるかもしれないし、その犯罪者が犯罪撲滅の主張をするよう圧力をかけられているのだという考えを抱くこともできるだろう。しかし、これらの仮定を実証するだけの証拠がないところでは、もう一つの説明のほうが妥当だろう。それは、たぶんその問題の真実がやむにやまれぬものなので、その話し手は、たとえそれが明らかに自分の経歴や利害に反していても、心からそう信じてその立場を主張しているという説明である。

さらに、この現象の証拠は、より最近の実験でも得られている。アリス・イーグリーとその共同研究者(34)は、学生たちに、河川を汚染している会社についての大事業家たちと環境グループとの論争の記述を提示した。その後で、学生たちは、その問題に関するある意見を読んだ。その意見を述べた人が、実業界の経歴を持っており、実業家の集まりで話している内容だと解説された条件があった。さらに、彼の経歴や聴衆がさまざまに変えられた条件もあり、このようにして、彼のメッセージに対する参加者の期待を操作した。この結果は、前述の推論を支持するものだった。すなわち、メッセージが聞き手の期待と矛盾するときには、聞き手は、その伝え手をより誠実だと見なし、彼の意見に一層説得されたのである。たとえば、喫煙反対キャンペーンの代弁者として、何百万という合衆国の喫煙者の習慣のおかげで財産を築いた人よりもより説得力のある人を思い浮かべるのは難しいだろう。実際に、パトリック・レイノルズは、祖父の設立したR・J・レイノルズ・タバコ会社から何百万ドルもの遺産を受け継いでいながら、喫煙に反対する強硬な公の立場をとっており、さらに最近は、喫煙に関連した病気の犠牲者たちにタバコ会社を相手に訴訟を起こすように勧めているのである！(35)

ある人の信頼性は、聴衆が、その人は影響を与えようと努めているのではないと確信するときにも、高くなり得る。たとえば、ある株式仲買人があなたに電話をかけてきて、特定の株式について信頼できる情報を漏らしたとしよう。あなたは買うだろうか。確かなことはわからない。一方では、たぶんその仲買人は専門家であり、その影響を受けて、あなたは買うかもしれない。他方、その仲買人はあなたにこの情報を漏らすことによって何か得るところがある（手数料）。このために彼女の有効性が下がることもあり得るだろう。ところで、特定の株式が値上がりしそうだと彼女が彼女の親しい友だちに話しているのを、たまたまあなたが小耳にはさんだとしよう。彼女があなたに影響を与えようとしていないことは明らかなので、あなたは、一層影響を受けやすくなるかもしれない。

何年も前に、E・F・ハットンというある実在の仲買会社は、まさにこの筋書きを、一連のテレビ・コマーシャルに取り入れて、とてもうまくやった。その典型的なコマーシャルは、騒がしく混んだ食堂で私的な会話をしている二人の場面から始まる。一人がE・F・ハットン社から仕入れた株式情報を話し出すと、突然静けさがその部屋中にたちこめ、すべての人が――給仕、客、皿洗いまでが――その情報がもっとよく聞こえるように、話している人のほうへ身を乗り出す。そこで、アナウンサーがいう。「E・F・ハットンが話をすれば、人々が聞く」と。その含意は明らかである。食堂のすべての人が、自分に向けられたのではない助言に耳を傾けているのである。そして、その情報はそれゆえになおさら価値があるのである。話し手がわれわれに影響を与えようと努めていないとき、彼らがそうできる可能性は高まるのである。

このことは、まさしく、エレイン・ウォルスターとレオン・フェスティンガー(36)が、ハットンのテレビ・コマーシャルが現れる二、三年前に発見したことである。この実験で、彼らは、二人の大学院生の間の会話で、一人がある問題について自分の専門的な意見を述べているという演出を行った。大学生がこの会話を立ち聞きすることができた。一つの実験条件では、その参加者には、隣の部屋の自分の存在に大学院生が気付いていることがはっきりわかっていた。それゆえに、参加者には、何が話されていようが、それが自分の意見に影響を与える意図をもって自分に対してなされているかもしれないとわかっていた。もう一つの条件では、その参加者が、隣の部屋の自分の存在に大学院生が気付いていないと信じるよう状況が整えられていた。この条件で、参加者の意見は、大学院生が表明した意見の方向に大きく変化したのである。

魅　力　これらの発見からすると、アレックス・ロドリゲスやレブロン・ジェームズがわれわれにウィーティーズを食べさせナイキを履かせようとしているのはどうなるだろうか。明らかに彼らはわれわれに影響を与えようと努めている。さらに、彼らは、自分自身の利害で動いているようである。その状況をつぶさに見れば、ウィーティーズやナイキが、これらのスポーツ選手が彼らの製品を売り歩くことに大金を支払っていることは明らかである。われわれは、彼らがこれらのブランドを推薦することを期待しているし、われわれがコマーシャルを見ることを彼らが望んでいることも、われわれにはわかっている。これらの要因は、彼らの信頼性を低めるはずである。しかし、そうだからといって彼らの効果は下がるのだろうか。

　必ずしもそうではない。われわれのほとんどは、広告に出ている人々の誠実さを信頼しているわけではないだろうが、しかしそうだからといって、彼らが宣伝する製品をわれわれは買わないわけでもない。伝え手の効果を左右するもう一つの決定的要因は――彼らの全体的な専門性や信頼性にかかわらず――彼らがどのくらい魅力的か、ないしは、どのくらい好ましいかということである。数年前、ジャドソン・ミルズと私は簡単な実験室実験を行って、美しい女性は――単に美しいというそれだけで――彼女の美しさにはまったく関連のない話題についても聴衆の意見に大きな影響を及ぼし得ることと、さらに、聴衆に影響を与えたいという願望を彼女が公然と表明した場合に彼女の影響力が最大になることを示した。[37] その後、アリス・イーグリーとシェリー・シェイケンとその共同研究者は実験を行って、好ましい伝え手ほど説得力があるという結果を追試するだけでなく、魅力的な情報源ほど望ましい立場を支持するものと期待されているということまで示した。[38]

　われわれは伝え手の魅力をメッセージの望ましさに結び付けるようである。われわれは自分の好きな人々の影響を受ける。（伝え手の専門性よりもむしろ）伝え手に対するわれわれの好意がかかわってくるところでは、われわれはあたかもその情報源を喜ばせようとしているかのように行動する。したがって、伝え手がわれわれの意見を変えたいと望めば望むほど、われわれはその意見を変えるのである――ただし、些末な問題についてだけであるが。言い換えれば、スポーツ選手は、われわれの朝食用シリアルの選択に影響を与えることができるし、美しい女性は、われわれが進んでそのことを認めようが認めまいが、抽象的な話題についてはわれわれを同意させることができる。しかし、彼らは、彼らが支持する大統領候補に投票するよう、あるいは、妊娠中絶の道徳性について彼らの立場を採用するようわれわれに影響を与えることはできそうにない。この節を要約すれば、次のような諸現象を並べることができる。

■われわれの意見は、専門性と信頼性を兼ね備えた人々の影響を受ける。

■伝え手の信頼性（および効果）は、伝え手が自分の利害に明らかに反する立場を主張する場合には、高くなり得る。

■伝え手の信頼性（および効果）は、伝え手がわれわれの意見に影響を与えようとしてないと思われる場合には、高くなり得る。

■少なくとも些末な意見や行動については、もしわれわれがある人を好み、その人と同一視できるならば、その人の意見や行動は、その内容が普通妥当とされる以上に、われわれに影響を与えるだろう。

■さらに、些末な意見や行動については、もしわれわれがある人に好意を抱いているならば、その人が影響を及ぼそうとしていることや、その人がそうすることによって利益を得ることがたとえ明らかであっても、われわれは影響を受けやすい。

コミュニケーションの性質

コミュニケーションの表現方法は、その効果を左右する重要な役割を果たしている。コミュニケーションはさまざまな方法で区別できる。私はその中でもっとも大切だと考える五つを選んでみた。(一) コミュニケーションが聴衆の推論能力に訴えかけるように計画された場合に、それは説得力が高いのだろうか、それとも、聴衆の情動を喚起するように計画された場合に、説得力が高いのだろうか。(二) コミュニケーションが鮮明な個人的経験に関連する場合に、人々はそれに動かされるのだろうか、それとも、それが多くの明確で申し分のない統計に支持された場合に、動かされるのだろうか。(三) コミュニケーションは議論の一方の側面だけを提示すべきだろうか、それとも、それは反対の観点を論駁する試みも含むべきだろうか。(四) 討論の場合のように、両方の側面を提示する場合には、その提示順序はどちらかの側面に相対的に大きな影響を及ぼすだろうか。(五) 聴衆の元の意見とコミュニケーションが唱導する意見との間に存在するずれと、そのコミュニケーションの効果との間の関係はどのようなものだろうか。

論理的アピール 対 情動的アピール　何年も前に、私の住んでいた地域で、虫歯予防の手段として水道にフッ素を加えるかどうか投票をしようということになった。きわめて論理的で合理的と思われる情報キャンペーンが、フッ素添加支持者たちによって始められた。それは、主として、フッ素の利点を述べ、フッ素添加地域での虫歯減少の証拠を論じた有名な歯科医の意見から成り、さらに、フッ素添加が無害だという趣旨の内科医や他の健康の権威の意見から成っていた。反対者たちは、はるかに情動的な色彩を帯びたアピールを利用した。たとえば、ある冊子は、かなり汚らしいネズミの大きな絵に「あなたの飲料水にネズミ駆除の毒を入れさせるな」という意見を記したものから成っていた。水道へのフッ素添加の住民投票は完全な敗北に終わった。もちろん、この事例は、情動的アピールが優れていることを決定的に証明するものではない。それは主に、その事例が科学的に統制された研究ではなかったからである。もし宣伝がまったく配布されていなかったらフッ素添加に人々がどう投票したかわからないし、フッ素添加反対のチラシのほうが多くの人々に回っていたのか、支持者側の論文よりもそのほうが読みやすかったのか、等々もわからない。この地域での実際の研究は結論を導き出すのには程遠いものだが、主に情動に訴えるアピールに好意的な証拠がいくらかある。たとえば、一つの初期の研究で、ジョージ・ハートマン(39)は、自分がどの種類のアピールを使うかによって、どのくらい人々をある特定の政党の候補に投票させられるかを測定しようとした。彼は、主に論理的なメッセージを受け取った人々よりも、主に情動的なメッセージを受け取った人々のほうが、そのメッセージが支持する候補に投票することが多いことを実証している。

主にという言葉を強調したのにはわけがある。それは、この分野の研究が抱える大きな問題の特徴である――つまり、情動的と合理的について絶対確実で、相互背反的な定義は存在しないのである。たとえば、フッ素添加の例では、フッ素添加反対の冊子が恐怖を喚起するよう計画されていたことには、おそらくほとんどの人が同意するだろう。しかし、それは必ずしも非論理的だとは限らないのである。なぜなら、虫歯予防に希薄な濃度で使われるフッ化物は、濃度を濃くしてネズミの毒としても使われているからである。これとは逆に、専門家の見解を掲載することが、情動的アピールとはまったく別のものだというわけではない。内科医と歯科医がフッ化物の使用を保証しているのを知れば、（情動的な水準では）気分が休まるだろう。

実際問題上、論理的と情動的との操作的な区別はつけがたいので、同じくらい興味深く、はるかに研究もしやすい問題に目を向けた研究者たちもいる。すなわち、個々の情動のさまざまな水準が意見変化に及ぼす効果の問題を扱ったのである。あなたが、意見変化を引き起こす一手段として、聴衆の心に恐怖を喚起しようとしているとしよう。ほんの少し恐怖を喚起するほうが効果的だろうか、あるいは、聴衆が度肝を抜くほど怖がらせようとすべきだろうか。たとえば、もしあなたの目標が、もっと注意深く運転するように人々を説得することであれば、ハイウェイ事故の犠牲者のぐちゃぐちゃの血まみれの死体を映した凄惨なカラー映画を見せたほうが効果的だろうか、あるいは、あなたのコミュニケーションを控えめにしたほうが――潰れたフェンダーを見せ、不注意運転のせいで保険の掛け金が上がると論じ、不注意運転の人は運転免許を一時停止させられるだろうと指摘したほうが――効果的だろうか。この両方の側を支持する常識的な議論がある。一方の側では、人々は適度に怯えると、動機付けられて行為を起こすだろうと常識は示唆している。もう一方の側では、恐怖が強過ぎると人を無力にしてしまうことがある――すなわち、恐怖が強過ぎると、そのメッセージに注目し、それを理解し、それに従って行動することができなくなるかもしれない――と常識は主張しているのである。われわれは皆、その時々に、「それは他の人にだけ起こることだ――私には起こるはずがない」と信じている。だから、もっと分別を持つべきなのに、速度超過で運転したり、少々飲んだ後でも運転すると言い張ったりする人が絶えないのである。おそらく、これは、このような行為のために起こるかもしれない悪い結果があまりにも大きいために、その結果について考えまいとするからである。つまり、もしコミュニケーションが非常に大きな恐怖を喚起すれば、われわれはそれに注意を払わなくなる傾向があるという議論があるのである。

証拠はわれわれに何を語ってくれるだろうか。莫大な量の実験データが示唆しているのは、他のすべての条件が等しければ、あるコミュニケーションによって怖がれば怖がるほど、人は積極的な予防行為をとるということである。この領域でもっとも多くの研究成果を上げている研究者は、ハワード・レーヴェンサールとその共同研究者である。(40) 彼らは、一つの実験で、人々に煙草を止めさせ、胸部レントゲン撮影を受けさせようとした。何人かの参加者は、低い恐怖の条件に置かれた。彼らは、禁煙と胸部レントゲン撮影を勧められただけである。他の何人かは、中程度の恐怖にさらされた。彼らは、胸部レントゲン撮影の結果肺がんが判明したある若者を描いた映画を見せられた。高い恐怖の条件に置かれた参加者は、「中程度の恐怖」の参加者と同じ映画を見たが、さらに、肺がん手術のかなり血なまぐさい映画も見せられた。この実験の結果によれば、もっとも恐怖を感じた人々が、禁煙をしたいともっとも強く望み、胸部レントゲン撮影をもっとも受けやすかったのである。

このことは万人にあてはまるのだろうか。そうではない。非常に大きな恐怖があると行動が生じないと常識的に信じている人々がいるのにも理由がある。つまり、人と条件によっては、恐怖のために行動が起きないことがあるのである。レーヴェンサールとその共同研究者が見出したことは、適度に自分自身のことを良く思っている（自尊心の高い）人々が、高い恐怖の喚起によってもっとも動かされやすかったということである。自分自身のことを低く評価している人々が、大きな恐怖を喚起するコミュニケーションに直面した場合、すぐに行動を起こす傾向はもっとも小さかった――しかし、（ここが興味深いところなのだが）しばらくすると、彼らは自尊心の高い参加者とまったく同じように行動したのである。すなわち、即座に行動を起こす必要がなく、後になって行動を起こしてよい場合なら、自尊心の低い被験者は強い恐怖を喚起するコミュニケーションにさらされるほうが行動を起こしやすかったのである。否定的な自己イメージを持っている人々は、脅威に対処するのが非常に難しいだろう。強い恐怖のコミュニケーションは彼らを圧倒してしまい、ベッドにもぐり込み布団を頭からかぶりたい気持ちにさせるのである。彼らにとって、弱い恐怖や中程度の恐怖のほうは、まさにその恐怖を経験している瞬間には、処理しやすいものなのである。しかし、時間がある場合――すなわち、すぐに行動する必要がない場合には――メッセージが彼らを本当に怖がらせて度肝を抜かせてしまうほうが、彼らが行動を起こす確率は高くなるのである。

この分析は、レーヴェンサールとその共同研究者が次に行った研究によって支持されている。その研究では、参加者が凄惨な自動車事故の映画を見せられた。その映画を大きなスクリーンで近くから見た参加者と、ずっと小さいスクリーンで遠くから見た参加者がいた。自尊心が高いか中くらいの参加者の場合、大きなスクリーンでその映画を見た参加者のほうが、小さなスクリーンで見た参加者よりも、その後で事故を防ぐ行動をはるかにとりやすかった。自尊心の低い参加者は、小さなスクリーンで映画を見たほうが行動を起こしやすかった。自尊心の低い参加者で、大きなスクリーンで映画を見た人は、とても疲れてしまったと報告しているし、自分が自動車事故の犠牲者だったらと考えることにさえ非常な困難を覚えたとも言っていた。このように、自尊心の低い人々は、明らかに恐怖のせいでどうしてよいかわからなくなり、すぐに反応しなければならないときに行動できないのである。

自尊心の高い人々を、自尊心の低い人々と同じように行動させることは、比較的容易なはずである。恐ろしい状況を防いだり良くしたりするためにできることは何もないと思わせることによって、われわれは自尊心の高い人々を圧倒することができる。こうすれば、ほとんどの人は――たとえ自己評価の高い人々でも――現実を直視しなくなるだろう。これとは反対に、あなたが自動車事故率を減らしたり、人々が煙草を止めるのを手助けしたりしたいと思っていて、自尊心の低い人々に向き合っているとしよう。あなたはどうやって進めるだろうか。もしあなたが、明確な特定の楽観的指示を加えてメッセージを構成したら、そのメッセージは、恐怖と対決しその危険に対処できるという感情を、あなたの聴衆の間に広めることができるだろう。以上の考えは実証されている。ハワード・レーヴェンサールとその共同研究者の実験は、いつ、どこで、どのようにして行動すべきかについての明確な指示を加えた恐怖喚起メッセージが、そのような教示を含まない勧奨よりもはるかに効果的であることを明らかにしている。たとえば、大学のキャンパスで学生に破傷風の予防注射を受けるよう促すために行われたキャンペーンでは、いつ、どこでそれが受けられるかを明確に指示していた。そのキャンペーンの資料には、学生健康センターの位置を示した地図と、それぞれの学生が立ち寄るのに便利な時間を確保しておくとの示唆が含まれていた。その結果によれば、高い恐怖アピールのほうが低い恐怖アピールよりも、学生の間に破傷風の注射に対する好意的な態度を生み出すのに効果的であり、その場合に学生は注射を受けようという意図も一層強く表明した。注射の受け方についての非常に明確な指示は、これらの意見や意図にはまったく効果を持っていなかったが、その指示は実際の行動には大きな影響を及ぼしていた。どうすればよいかを指示された参加者の場合、その二十八％が実際に破傷風の注射を受けたが、明確な指示を受けなかった人の場合は、わずか三％しか注射を受けなかったのである。受け方の指示だけを受けて、恐怖喚起メッセージがなかった統制群では、誰も注射を受けなかった。このように、明確な指示だけでは行為を生み出すのには十分でない。このような状況では恐怖が、行為のための不可欠な要素なのである。

レーヴェンサールの煙草の実験でも、まったく同じような結果が明らかにされている。レーヴェンサールは、高い恐怖のコミュニケーションのほうがはるかに禁煙する意図を生み出すことを見出した。しかし、明確な行動を勧奨していない場合には、それはほとんど効果を上げられなかった。同じように、明確な指示（「煙草の代わりに雑誌を買いなさい。煙草を吸いたくなったら水をたくさん飲みなさい」等々）は、恐怖喚起コミュニケーションがなければ、あまり効果を上げられなかった。恐怖喚起と明確な指示とを組み合わせた場合に、もっとも良い結果が得られた。つまり、この条件の学生は、実験の手続きを受けてから四カ月後にも喫煙量が少なかったのである。

このように、状況によっては、適切な行動についての明確な指示を伴った恐怖喚起アピールは、勧められた行動を生み出すことができるし、実際にそれを生み出しているのである。しかし、レーヴェンサールとその共同研究者が指摘しているように、恐怖誘発アピールの効果は状況によって異なるものである。恐怖喚起アピールが――たとえ明確な指示と組み合わされたとしても――望ましい効果を上げられない状況があるのである。

恐怖アピールが十分に怖くないために失敗することがある。たとえば、地球温暖化は、ほとんどの科学者がカチカチ動く時限爆弾と信じている深刻な脅威である。気温が上がると、氷河が融けだし海面が上昇し、今後数年のうちに、多くの居住地が海面下に沈むだろう。マラリアなどの病気が、それを媒介する昆虫が以前の冷涼地に移動してきて流行するだろう。干ばつや熱波もそうだが、ハリケーンも増え、より強烈になっていき、人々を殺し、食糧生産を脅かすだろう。その他諸々である。しかし、アカデミー賞を受けた映画『不都合な真実』で鮮明に描かれたような、こういった恐ろしい予想にもかかわらず、ほとんどのアメリカ人は、何か行動を求めるほど怖がっていないのである。最近の世論調査(41)は、人々が、テロリズム、ヘビ、クモ、死、個人的失敗、人前で話すことをより怖がっていることを明らかにしている。地球温暖化を恐れていることを口にする人は、インタビューを受けた何千もの人々の中にまったくと言ってよいほどいなかったのである。どうしてだろう。

ダニエル・ギルバート(42)によれば、その答は、部分的には、われわれの脳の働きにあるらしい。具体的に言うと、われわれの脳は、テロリズムやヘビなど、ある種の脅威に恐怖を感じる――そして、行動しようと苛立つ――が、インフルエンザや処方薬の副作用など、他の種類の脅威にはそうしないように進化してきた。この後者の脅威は、毎年、テロリズムの何倍もの死者を出しているし、地球温暖化は、人口のかなりの部分に死や苦痛をもたらしそうなので、それを無視したり否定したりするのは、不適応的である。問題の一端は、われわれが、石器時代の脅威――目の前にあるはっきりとした危険（トラ、ヘビ、こん棒を手にした穴居人など）に反応して、徐々にやってくる危険（干ばつや、より頻繁なハリケーンなど）には反応しないように進化してきたことにある。われわれは、人間による意図的な脅威（テロリズムなど）に反応して、その結果、倫理的義憤を心の中に喚起する。ギルバートによれば、人々が地球温暖化を、自動車の運転や森林破壊の不幸な副産物としてではなく、まるでテロリストの陰謀の結果であるかのように見ることができれば、人々は、地球温暖化に対する行動が必要だとはるかに強く思うようになるだろう。地球温暖化が、ステレオタイプ化されたテロリストのように口ひげを蓄えておけば、おそらくより多くの人々が行動を起こす気になるだろう。

マシュー・マクグローンとその共同研究者(43)による最近の実験はこの考えを検証するために、地球温暖化に口ひげを蓄えさせるのでなく、もう一つの人間以外の脅威として、二〇〇九年に世界的に流行した豚インフルエンザに口ひげを蓄えさせた。その年の四月、急速に広がるインフルエンザに対して、疾病対策予防センターは、頻繁に手洗いすることや、感染した人との接触を避けることや、とりわけ、ワクチン接種を受けることなど、一連の勧奨を行った。その実験では、これらの勧奨が行われた後ではあるが、まだワクチンが手に入らないときに、マクグローンのチームは、豚インフルエンザに関する事実の表現の仕方を変えた情報パンフレットを制作した。要するに、実験に参加した半数の人々には、そのインフルエンザが、何か人々が罹るものと表現された（「今年何千もの人が豚インフルエンザで死ぬかもしれない」）。残りの半数には、その言葉が変えられて、そのインフルエンザが捕食動物であるかのように表現された（「今年何千もの人を豚インフルエンザが殺すかもしれない」）。そのインフルエンザを加害者のように叙述したパンフレットを受け取った人々には、豚インフルエンザを怖いと思い、自分が罹るかもしれないと思い、予防接種を予約しようと思う傾向が有意に強かった。このように、恐怖誘発アピールは、神経回路に組み込まれてきた襲われる恐怖と共鳴することによって、とくに効果的なものになるのである。

恐怖とテロリズムの脅威

マクグローンとレーヴェンサールの研究は、具体的な行動の指示に結び付けられた恐怖喚起アピールの効果を説明するものである。しかし、われわれが、恐怖でいらつきまくっているのに、どうしてよいかわからないとき、何が起きるのだろうか。九月一一日のテロリストの攻撃の直後、ほとんどのアメリカ人が衝撃を受け、怒り、脅えたのも当然である。とりわけ、われわれは、次の攻撃がいつくるのかを知りたかったし、その危険を最小に抑えるために何をしたらよいかを知りたかった。国土安全保障省と合衆国司法長官が仕事を引き継いだ。テロリストの目的についてデータを集め、警鐘を鳴らし、われわれが何をすべきかを伝えるのが、彼らの仕事である。われわれのほとんどは、彼らの勧告に自ら進んで従うだけだろう。

これまで見てきたように、効果的であるためには、警告と指示は、信頼できる証拠にもとづくべきであり、信憑性のある話し手によって伝えられるべきである。伝え手は、その脅威が何であり、大惨事を避けるために人々がどのような具体的行動をとるべきかをはっきりと述べなければならない。ハリケーンが来ているときには、われわれは、窓を板で塞ぎ、もしその嵐の進路にあるならば、家を捨てるようにさえ言われる。川が氾濫する危険があるときには、われわれは、高台に向かうよう警告される。仮に私が、この週末にテロリストが私の行くショッピング・モールを襲いそうだと言われれば、私は買い物に行くのを控えるだろう。仮に私が、テロリストが飛行機や電車やバスを襲おうとしていると言われれば、私は旅行を延期する気持ちになるだろう。

どんな警告でも、その危険が何で、どこから来ていて、それを避けるために人々に何ができるかが曖昧であれば、効果のないものになる。二〇〇一年九月一一日に続く数年、政府高官が、差し迫ったテロリストの攻撃の可能性について何度か警告を発した。これらの警告のどれをとっても、効果的であるために必要な基準のどの一つも満たすことができなかった。すなわち、その警告は、その攻撃の性質について曖昧であり、時間と場所について曖昧であり、犠牲者になるのを避けるために人々が何をすべきかについて曖昧であった。国土安全保障省長官は、われわれに用心するよう警告したが、同時に、それがわれわれの日々の生活の妨げにならないようにするよう警告した。このような発言は、正確には何を意味しているのだろうか。おそらく言いたいことは、私はニューヨークへの旅行をキャンセルすべきではないが、いったん飛行機に乗り込むや、隣の席の男が下着に隠した爆薬に火をつけないか様子を窺うべきだということだろう。

仮にその状況がそれほど危険でなければ、そのような警告にユーモアを見てとれるかもしれない。実際に、そのような警告は、ジョン・スチュアートとデイヴィット・レターマンの類にネタを提供してきた。たとえば、二〇〇三年に、政府役人が脅威レベルを上げて、毒ガスや炭疽菌の攻撃の可能性に備えて窓やドアを塞ぐことができるようビニールシートと粘着テープを買いだめするよう勧告した。しかし、専門家の中には、そんなことをすれば人々が窒息死するかもしれないと警告を発した人もいた。その警告に対して、政府役人は、実際のところ、「ええと、われわれはそういった物を買いだめしておくよう言ったのです。それを使うよう言ったわけではありません」と応えたのである。

しかし、もちろん、その状況は危険なものである。深刻なテロリストの攻撃の可能性は現実のものである。おまけに、われわれの政府役人の行動は、単に無能というだけではない。私はむしろ、百害あって一利なしと言いたい。ふさわしい行動を示されることなく怖がらされれば、不安が高まるだけで建設的な行動は生み出されない。さらに悪いことに、人々は、不安が続く中で生活することに耐えられない。それゆえに、曖昧な警告が繰り返され、誤報だとわかると、われわれのほとんどは、いつのまにか認めようとしなくなり、うんざりして無関心になり、最終的には聞く耳を持たなくなるだろう。(44)

合意にもとづく統計的証拠 対 鮮明な個人的実例

あなたが新車を買いたいと思っていて、あなたが求めている二つのもっとも大切なものが信頼性と耐久性であるとしよう。つまり、あなたは外見やスタイルや燃費にはこだわらず、本当にこだわっているのは修理が頻繁に必要かどうかである。あなたは合理的で賢明な人なので、『コンシューマー・レポート』を参考にして、修理回数についてもっとも良い記録を持っている自動車が明らかにボルボであることを知る。当然、あなたはボルボを買おうと決心する。さて、実際に購入する前の晩に、あなたはある夕食会に出席して、友人の一人にあなたの意思をはっきり言ったとしよう。彼は、信じられないという様子で言う。「本気とは思えない。いとこが去年ボルボを買ったが、それからトラブルばっかりさ。初めに燃料噴射システムがいかれて、それから変速機がだめになった。その次にはエンジンから変な音がするようになった。最後には燃料がどこからか漏れるようになった。かわいそうにいとこは、次に何が起こるかわからないので、その車を運転するのを本当に怖がっていたよ。」

『コンシューマー・レポート』が作成した順位が、千人のボルボ所有者の標本にもとづいているとしよう。あなたの友人のいとこの不幸な体験は標本の大きさを千一にまで広げることになる。あなたの統計バンクに、一つの悪い事例が加わることになるのである。論理的に考えれば、このためにあなたの決心が揺らぐべきではない。しかし、リチャード・ニスベットとその共同研究者(45)が行った数多くの研究が(以上の例は彼らの研究から拝借したのだが)示しているのは、そのような出来事は、その鮮明さのゆえに、その論理的で統計的な資格が持つその意味以上にはるかに重要なものになるということである。それどころか、そのような出来事が決め手になることがよくある。このように、あなたの友人のいとこの不運な実例が心の中にしっかり留まっているので、あなたはボルボを急いで買いに行きづらくなるだろう。

さらに、実例は鮮明であれば鮮明であるほど、その説得力は大きい。このことの現実生活における実例は、エネルギー保護の領域に見ることができる。数年前、私は学生たちと、エネルギー効率の良い住宅にするための修繕工事をするよう住宅所有者たちを説得しに出かけた。(46) われわれは地域公益事業会社の家屋検査士と連携して、修繕工事を勧めるにあたって鮮明な例を使うように教えた。たとえば、ほとんどの検査士は、好きなようにやらせておくと、扉の周りのひび割れを指摘しながら、隙間充填工事を所有者に勧めるにすぎない。そうはやらせないで、われわれは、数名の検査士を訓練して、所有者に対して、全部の扉の周りのひび割れを全部合わせると、居間の壁にバスケットボール大の穴が空いているのに等しくなると言わせるようにした。「そして、もしその大きさの穴が空いていれば、塞ぎたくはありませんか? 隙間充填工事でできます。」その結果は驚くべきものであった。こういった鮮明な言葉を使うよう訓練された検査士は四倍も効果を上げたのである。つまり、以前は十五%の所有者しか勧められた工事をしなかったのに対して、検査士たちが鮮明なコミュニケーションを使うようになってからは、これが六十一%になったのである。ほとんどの人々は、豊富な統計データの影響よりも、一つの明確で鮮明な個人的実例の影響を深く受けるのである。このようなわけで、あなたの友人のボルボの話や居間のバスケットボール大の穴についての想像は、きわめて強力なものになるのだろう。疑いもなく、これが、証言広告(「私はジェニー・クレイグで四十パウンド減量!」)に、統計的な免責情報(「標準的な結果ではありません」)が伴っていても、とても効果がある一つの理由だろう。

一面的議論 対 両面的議論　極刑が必要だということを聴衆に説得するために、あなたが演説するところだとしよう。あなたの見解だけを述べて死刑反対の議論を無視した場合により多くの人々を説得できるだろうか。それとも、反対の議論を説明して、その議論を論駁しようとした場合により説得力があるのだろうか。この質問に答えようとする前に、何が問題となっているかをつぶさに見よう。もし伝え手が反対の議論に言及すれば、伝え手が客観的で公平な人だということを示すことになるだろう。これによって、話し手の信頼性が高まり、その結果、より効果的になる可能性がある。これとは反対に、もし伝え手が問題の反対側の議論にまで言及すれば、その問題には論争の余地があることを聞き手に示すことになるだろう。このために、聞き手が混乱して決断できず、その結果、その話し手の説得力が低まる可能性がある。これらの可能性を考えれば、一面的議論とコミュニケーションの有効性との間に単純な関係が存在しなくても、読者はさして驚かないだろう。それは、一つには聴衆がどの程度知識が豊富かにかかっている。聴衆の知識が豊かであればあるほど、一面的議論には説得されにくく、重要な反対議論を持ちだしてそれを論破するように進める議論に説得されやすくなる。このことは理解できるだろう。すなわち、知識の豊かな人は反対議論のいくつかを知っている可能性が高い――伝え手がこれらの反対議論に言及するのを避ければ、知識の豊かな聞き手は、その伝え手は不公平だとか、それともそのような議論を論駁できないのだとかと結論付けやすいのである。反対に、知識の乏しい人は、反対議論が存在することを知らない可能性が高い。知識の乏しい聞き手は、反対議論が無視されると説得される。しかし、もし反対議論が提示されると、彼らは混乱してしまうかもしれない。

もう一つの重要な要因は、聴衆の最初の立場である。われわれが予想しているように、もし、ある聞き手が伝え手の議論を信じる方向に最初から傾いているなら、両面的提示よりも一面的提示のほうがその人の意見に大きな影響を与える。しかし、もしある聞き手が反対の方向に傾いているなら、両面的な論駁議論のほうに説得力がある。(47) ほとんどの政治家がこの現象をよく知っているようである。彼らは、誰が聴衆になっているかによって、まったく異なる種類の演説を行う傾向がある。党の忠実な支持者に話をしているときには、たいてい彼らは、自分の党の綱領と候補に好意的な騒々しい議論ばかりをする。たまに反対のことを言うとすれば、それは嘲笑を込めて馬鹿にした調子である。これとは逆に、テレビ・ネットワークに出るときや、さまざまな忠誠心を持った聴衆に話をするときには、彼らは、外交的手腕を発揮して、反対の意見をかなり正確に周知させた後で、それを粉砕し始めるのである。

提示の順序

あなたが市議会議員に立候補しているとしよう。あなたとあなたの対立候補が市民会館で大聴衆を前に演説するよう招かれているとしよう。接戦であり、聴衆の多くはまだ意思を決めていない――それで、選挙の結果はあなたの演説にかかっているかもしれない。あなたは一生懸命に演説の原稿を書き、練習を重ねてきた。あなたが壇上の席につくと、司会者があなたに、先に話したいか、それとも後から話したいかを尋ねる。あなたはこのことについてちょっと思案する。あなたはこう考える。「最初に話せば有利かもしれない、というのは、第一印象が決め手だからだ。もし先に聴衆を自分の側につけることができれば、相手は自分を売り込まなければならないし、それだけでなく、私を信じないように聴衆を説得しなければならないだろう――彼は必死で大勢に抵抗することになるだろう。反対に、後から話すと有利かもしれない、というのは、人々がこの会館を出るときには、最後に聴いたことを記憶しているかもしれないから。相手が先に言った意見がどんなに強力なものであっても、私の説明で葬り去られるだろう。それは単に私の演説のほうが記憶に残りやすいからだが。」あなたは呟く。「最初に話したい……いや、最後に……いや、最初に……いや、ちょっと待てよ。」混乱して、あなたは演壇を駆け降り、携帯電話を出して、友人の社会心理学者に電話をする。きっと、彼女はどちらの順番が有利か知っているに違いない。

もしあなたが一言《ひとこと》の答を期待しているなら、あなたは失望すると思う。しかも、もしあなたがその社会心理学者の綿密な説明と適用条件に関する意見を聞くまで待っていたら、演説する機会を失ってしまうだろう。それどころか、あなたは選挙にも負けてしまうかもしれない！

言うまでもなく、その問題は、学習と保持の両方を含む複雑な問題である。それをできるだけ簡単に述べてみよう。その問題は、われわれの仮想上の政治家であるあなたが一人で思案していた常識的な問題に似ている。確かに、他のすべての条件が等しければ、最後に行われた演説のほうが聴衆の記憶に残りやすい。それは単に、その演説のほうが選挙に時間的に近いからである。しかし、これに反して、第二の材料の実際の学習は、第一の材料の学習ほどには完全ではない。それは単に、最初の材料が存在するというそのことが学習過程を妨害し抑制するからである。このように、学習の現象についてわれわれが知っていることからは、他のすべての条件が等しければ、最初の議論のほうが効果的ということになるだろう。これは**初頭性効果**と呼ばれる。しかし、保持の現象についてわれわれが知っていることからは、最後の議論のほうが効果的だということになるだろう。これは**新近性効果**と呼ばれる。

これら二つのアプローチが一見して相反する予測をしているという事実があるからといって、どちらの議論が先になっても同じだというわけではない。はっきりした予測をしようとしても無駄だというわけでもない。その事実が本当に意味しているのは、抑制と保持がどのように作用するかについて何かを知ることによって、われわれは初頭性効果と新近性効果のそれぞれが有効な条件を予測できるということである。決定的な変数は、時間である――すなわち、その状況における事象と事象との間の時間の量である。つまり、（一）第一のコミュニケーションと第二のコミュニケーションとの間の時間の量と、（二）第二のコミュニケーションの終わった時点と聴衆が最終的に決心しなければならない時点との間の時間の量である。ここが重要な点である。つまり、（一）二つのコミュニケーションの間に時間がほとんど経っていないときに、抑制（干渉）が最大となる。この場合、第一のコミュニケーションは、第二のコミュニケーションの学習に最大の干渉をもたらし、初頭性効果が生じることになる――最初の話し手のほうが有利になるだろう。(二) 聴衆が第二のコミュニケーションを聞いた直後に決心しなければならないときには、保持が最大となり、それゆえに新近性効果が優勢になるだろう。

これでよいだろう。あなたはまだ電話口にいるだろうか。さて、その計画だが、こうである。もしあなたと対立候補がすぐに続けて議論を提示し、もし選挙が数日先なら、あなたは最初に話すべきである。あなたの演説の初頭性は、聴衆が対立候補の議論を学習する能力に干渉するだろう。そして、選挙は数日先だから、記憶による別の効果は無視できるだろう。しかし、もし選挙が第二の演説の直後に実施される予定で、もし二つの演説の間に長いコーヒーブレイクがある予定なら、あなたは最後に話したほうがよいだろう。演説の合間のコーヒーブレイクのために、第一の演説が第二の演説に与える干渉は最小となるだろう。そして、聴衆は第二の演説の直後に決心しなければならないから、あなたが第二の話し手であれば、保持が作用してあなたは有利になるだろう。それゆえに新近性効果のほうが優勢になり、他のすべての条件が等しければ、最後の演説のほうに説得力があるだろう。

以上のような考え方は、ノーマン・ミラーとドナルド・キャンベル(48)の実験によって確証されている。この実験では、模擬陪審裁判がしつらえられた。欠陥の疑いのある噴霧器の製造者に対する損害賠償の訴訟についての実際にあった陪審裁判の転記録の縮約版が参加者たちに提示された。賛成側の議論は、原告の証言と、原告側弁護士による冒頭演説と最終演説とから成っていた。反対側の議論は、被告の証言と、被告側弁護士の反対尋問と、その冒頭演説と最終演説とから成っていた。この転記録の縮約版は、賛成議論のすべてがひとまとまりになり、反対議論のすべてがひとまとまりになるよう配されていた。この研究者たちは二つの議論を読む間の時間間隔と、最後の議論を読んで評決を言い渡すまでの時間間隔とを変化させた。第一の議論と第二の議論との時間間隔が長く、第二の議論と評決との時間間隔が短いときには、新近性効果が得られた。第一の議論と第二の議論との時間間隔が短く、第二の議論と評決との時間間隔が長いときには、初頭性効果が得られた。この実験の話題（陪審裁判）は、これら二つの現象が持つ重大な実際的な意義を強調するのに役立っている。ほとんどの司法管轄区では、検察側や起訴側が口火をきり（冒頭陳述と証拠の開示)、その後で最後を締めくくる（最終弁論）ことができる。このために、この状態は初頭性効果と新近性効果の両方の利点を併せ持っていることになる。提示の順序が陪審員の無罪か有罪かの評決に影響する可能性があるのだから、初頭性効果や新近性効果のために誤審が生じることのないようにわれわれの裁判手続きは修正されるべきだと、私はいつも勧告しているのである。

ずれの大きさ

あなたの見解と非常に異なった意見を持っている聴衆に話しかけているとしよう。もっとも極端なかたちであなたの立場を提示するほうが効果的だろうか、それとも、あなたの立場を調整して、それが聴衆の立場とそれほど異ならないもののように思わせるようにして提示するほうが効果的だろうか。たとえば、健康を保つためには毎日元気に運動すべきだと、あなたが信じているとしよう。どのような肉体的な活動も役に立つだろうが、少なくとも一時間はすることが望ましいと、あなたが信じているとしよう。あなたの聴衆は、本の頁をめくることが普通の人にとって十分な運動になると信じているらしい大学教授たちである。あなたは彼らの意見を変えさせるために、人々はランニングや水泳や柔軟体操などの厳しい毎日の計画から始めるべきだと議論するほうがよいだろうか、それとも、もっと短くて負担の少ない養生法を示唆するほうがよいだろうか。要するに、聞き手の意見と伝え手の忠告との間のずれがどの程度のときにもっとも効果が上がるのだろうか。このことは、どのような宣伝者にとっても、あるいはどのような教育者にとっても必要不可欠な問題である。

この状況を聞き手の観点から見てみよう。第2章で述べたように、われわれのほとんどは正しくありたい——「正しい」意見を持ちたい、理にかなった行動をしたい——という強い願望を持っている。誰かがやって来て、われわれと意見が異なっていれば、われわれは不快になるが、それは、それがわれわれの意見や行為が間違っていたり、誤った情報にもとづいていたりしているかもしれないことを示しているからである。その意見の違いが大きくなればなるほど、われわれの不快感は大きくなる。われわれはどのようにしてこの不快感を低減できるのだろうか。自分の意見や行為を変えるだけである。意見の違いが大きければ大きいほど、われわれの意見変化も大きくなるだろう。そこで、こういった筋道の考え方からは、その伝え手は毎日の厳しい運動プログラムを勧める議論をすべきだということになるだろう。というのは、ずれが大きければ大きいほど、意見変化が大きいからである。実際に、このような直線的関係があてはまることを見出した研究がいくつかある。この関係の良い例がフィリップ・ジンバルドー(49)の実験によって提供されている。その実験の参加者として募集された女子大学生は、それぞれ親友を一人実験室に連れてくるよう依頼された。それぞれの二人組は、ある少年非行の事例研究を提示され、それから、それぞれの参加者は、別々にお互いに内証に、その問題に関する自分の提案を示すよう依頼された。それぞれの参加者は、自分の親友が自分と意見が——少し、あるいは、非常に大きく——違うと思い込まされた。ジンバルドーが見出したのは、参加者は、ずれが大きく見えれば見えるほど、自分の親友の意見とされていた方向に自分の意見を大きく変えたということである。

しかし、研究文献を注意深く見ると、上述した筋道の考え方を否定する研究もあることがわかる。たとえば、ジェームズ・ウィットカー(50)は、ずれと意見変化との間に曲線的な関係を見出している。曲線的という言葉で私が意味しているのは、小さなずれが少し大きくなると、意見変化の程度も少し増えた。しかし、そのずれがさらに大きくなると、意見変化はゆるやかになり始めた。最後に、そのずれが大きくなってしまうと、意見変化の量は非常に小さいものになった。そして、そのずれが非常に大きくなると、ほとんど意見変化は観察されなかったということである。

ウィットカーの発見にもとづいて、カール・ホヴランドとO・J・ハーヴェイとムザファー・シェリフ(51)は、もしある特定のコミュニケーションがある人の個人的な立場とかなりかけ離れていれば、実際には、その人の受容の範囲から外れてしまい、その人はあまりその影響を受けないだろうと論じている。ホヴランドとその共同研究者の実験では、コミュニケーションは、ある白熱した議論にもとづいていた。それは参加者たちが痛切に実感した問題だった――自分の州が「禁酒」のままでいるべきか、それとも「解禁」すべきか――すなわち、アルコール飲料の頒布や販売を禁止する法律を変えるべきか否かという問題であった。その州の有権者は、ほとんど等しく分かれており、参加者たちは、この代表的な標本であった。つまり、この州は禁酒を続けるべきだと強く思っていた人々、解禁すべきだと強く思っていた人々、その中間の立場の人々がいた。参加者は、全部でこの三つの立場を反映する集団に分けられた。それぞれの集団のメンバーはこの三つの意見のうちのいずれか一つを支持するコミュニケーションを提示された。その結果、それぞれの集団には、そのコミュニケーションが自分の立場に近いと思った参加者と、それが自分の個人的な立場からある程度離れていると思った参加者と、それが自分の個人的な立場から極端にかけ離れていると思った参加者がいることになった。つまり、それぞれの集団に、無制限・無制約の酒類販売を主張する「解禁」のメッセージを提示された人々と、完全な禁酒法を主張する「禁酒」のメッセージを提示された人々と、少しは飲酒を許すが、それはある統制と制約のもとにおいてだと主張する、ある程度の「解禁」のメッセージを提示された人々とがいたのである。最大の意見変化が生じたのは、実際のメッセージと個々の集団メンバーの意見とのずれが中程度のときであった。

一人の科学者にとって、これは何とわくわくする事態だろう！　かなりの数の研究結果がある方向を指し示し、同じくらいかなりの数の研究結果が別のある方向を指し示しているときには、必ずしも誰かが間違っていなければならないということにはならない。むしろ、まだ説明されていない重要な要因が存在していることを示唆しているのである――そして、このことが実に刺激的なのである。というのは、これが科学者に探偵を演じる機会を与えてくれるからである。私はここで読者の寛容を乞うものである。というのは、私はこの問題を詳細に説明したいからである――それは実質的な価値を持っているばかりでなく、科学としての社会心理学の冒険的な側面の一つを分析する機会をわれわれに与えてくれるからである。基本的には、この探偵ゲームを進めるのには二つの方法がある。われわれは、まず、ある一つの結果を示す実験を全部集め、別の結果を示す実験も全部集めて、（想像上の拡大鏡を手にして）骨身を惜しまずそれらを入念に吟味して、グループAの実験には共通しているが、グループBの実験には欠けている一つの要因を探し出すことができる。その後で、われわれはなぜこの要因が違いをもたらすのかを、概念的に見極めることができる。あるいは、これとは逆に、われわれは、まず、どのような要因や要因群が違いをもたらしているのかを概念的に思索して、その後で、この概念という燈火を手にして、現存の文献を見渡し、グループAの実験とグループBの実験が、この側面について異なっているかどうかを確かめることができる。

一人の科学者としての私の個人的な好みは、後者の方法である。そこで、私は、二人の学生――J・メリル・カールスミスとジュディス・ターナー――と一緒に、どのような要因や要因群がこうした差異を生み出すのかについて思索をし始めた。われわれは、まず、先に論じた考え方を受け入れた。すなわち、ずれが大きければ大きいほど聞き手の不快感は大きいだろう。しかし、われわれは、こうだからといって、聞き手が意見を変えるとは限らないと考えた。聞き手が不快感を低減するには四つの方法がある。（一）聞き手は自分の意見を変えることができる。（二）聞き手は伝え手の意見を変えさせることができる。（三）伝え手が何と言おうとも、聞き手は、自分と同じ観点を共有している人々を見つけて、自分の元の意見に支持を求めることができる。（四）聞き手は伝え手を貶して――伝え手は愚か者か不道徳だと自分に言い聞かせて――そうして、その人の意見を無効にしてしまうことができる。

これらの実験の状況も含めて、多くのコミュニケーションの状況では、メッセージは、紙に書かれた記述としてか（たとえば、新聞や雑誌の記事として）、あるいは、聞き手が近づけない伝え手によって（テレビや講義の演壇などから）伝達されている。また、多くの場合、参加者は一人だけであるか、あるいは、お互いにやりとりする機会のない聴衆の一部である。したがって、このような状況では、コミュニケーションの受け手は、伝え手の意見に直接影響を与えたり、直接的な社会的支持を求めたりすることはほとんど不可能である。この結果、受け手には、不快感を低減するための二つの主要な方法が残されることになる――受け手が自分の意見を変えるか、それとも、伝え手を貶すかである。

ある個人が、伝え手を貶すことを簡単だと思ったり難しいと思ったりするのは、どのような状況のもとでだろうか。好きで尊敬している個人的な友人を貶すことは非常に難しいだろう。討論中の問題についてきわめて信頼できる専門家を貶すことも難しいだろう。しかし、もし伝え手の信憑性に問題があるとしたら、その人を貶さないほうが難しいだろう。こういった筋道で考えて、われわれが示唆したのは、伝え手の信憑性が高い場合には、伝え手の意見と聞き手の意見との間のずれが大きければ大きいほど、聞き手の意見に大きな影響がもたらされるだろうということである。しかし、伝え手の信憑性がそれほど高くない場合には、もともとその人は貶されやすいということになるだろう。こう言ったからといって、その伝え手が聞き手の意見に影響を与えられないということにはならない。その伝え手の意見が人々の意見とそれほど大きく異なっていなければ、おそらくその伝え手は人々に意見を変えるよう影響を与えることができるだろう。しかし、このような伝え手の立場が聞き手の立場とかけ離れていればいるほど、その聞き手はその人の知恵や知能や思慮分別に疑問を感じ始めるだろう。聞き手は、その人の知恵や知能や思慮分別に疑問を抱けば抱くほど、影響を受けにくくなるだろう。

運動についてのわれわれの例に戻ろう。七十三歳の男性を想像してほしい。彼は、自分の歳の半分ぐらいの若者の身体を持ち、かつてボストン・マラソンを制したこともある。もし彼が私に、体調を保ち健康な生活を長く送るための良い方法は毎日少なくとも二時間は激しい運動をすることだと語ったとしたら、私は彼の言うことを信じるだろう。何とまあ、私は彼の言うことを信じてしまうだろう！　一日十分間だけ運動すべきだと彼が言った場合よりも、彼は私に運動させることになるだろう。しかし、もし高校の陸上競技のコーチのように、いくらかそれよりは信憑性の低い人がそのコミュニケーションを行うとしよう。もし彼が、私は一日十分間運動すべきだと示唆したとすれば、彼の示唆は私自身の受容の範囲内でもあり、彼は私の意見と行動に影響を与えるだろう。しかし、もし彼が、毎日二時間もかかる厳しい運動プログラムに取り掛かるように私に忠告したとしたら、私は彼のことをほら吹き、健康おたく、偏執狂と考えて、見限りたい気持ちになるだろう――そして、私はこれまで通り気持ちよく怠惰なままでいられるのである。したがって、私はホヴランドとハーヴェイとシェリフに同意するだろう。人々は極端にずれたコミュニケーションを自分の受容の範囲外だと見なすだろう――しかし、それは、その伝え手の信憑性がそれほど高くない場合だけである。

このような思索で準備を整えて、私と学生たちは、この問題に関する既存の実験を、伝え手がどのように描かれているかにとくに注意しながら、丹念に調べた。そしてなんと、ずれと意見変化との間に正の直線的関係を示した実験はどれも、曲線的関係を結果として示した実験に比べると、コミュニケーションの源泉の信憑性を高く描いていたのである。このことは、信憑性の役割についてのわれわれの思索を確証するものだった。しかし、われわれはそこで終わりはしなかった。われわれは、一つの研究計画の中でずれの大きさと伝え手の信憑性を組織的に調べる実験を組み立てたのである。(52) この実験では、女子大学生が、難解な近代詩を数連読んで、どのくらい上手いか、順位を付けるよう求められた。それから、各人は、あるエッセイを与えられて読まされたが、それは彼女が下手だと評定した詩に具体的に言及した近代詩批評になっていた。一部の参加者に対しては、エッセイストはとくにその詩を褒め称える言葉で述べていた――こうして、この実験条件で、伝え手の意見と学生が表明した意見との間に大きなずれを作り出したのである。別の一部の参加者に対しては、エッセイストはその詩を少しだけ好意的に述べていた――こうして、この条件で、エッセイストと学生との間に中程度のずれを作り出したのである。第三の条件では、エッセイストはやや軽蔑的にその詩を扱っていた――こうして、このコミュニケーションの受け手を穏やかなずれの状況に置いたのである。最後に、この実験の半数の女性には、そのエッセイの著者は、きわめて信憑性の高い詩批評家のT・S・エリオットだとされた。残りの半数の参加者には、そのエッセイの著者は、大学生だとされた。その後で、参加者は、もう一度それらの詩に順位を付けるよう求められた。T・S・エリオットが伝え手と思われていた場合には、その詩に関するエッセイの評価が学生の評価ともっともかけ離れていたときに、それは学生にもっとも大きな影響を与えた。そして、ほどほどの信憑性しか持たない同じ大学生がそのエッセイストであった場合には、そのエッセイが学生の意見とわずかにずれているときには、少ししか意見変化が生じず、中程度にずれているときには、非常に大きな変化が生じ、極端にずれているときには、ほんのわずかにしか意見変化が生じなかったのである。

この節を要約すると、対立する研究結果は次のように説明される。すなわち、伝え手の信憑性が高い場合には、伝え手が主張する見解と聞き手の見解のずれが大きければ大きいほど、その聞き手は説得されるだろう。しかし、伝え手の信憑性が高くない場合には、その伝え手は中程度のずれのときに最大の意見変化を生み出すだろう。

聴衆の特徴

聞き手、読者、あるいは視聴者は皆が同じとは限らない。説得しにくい人もいる。加えて、すでに見てきたように、訴求力のあるコミュニケーションの種類は人によって違うだろう。たとえば、聴衆が持っている知識の程度や彼らが初めに持っていた意見が、両面的コミュニケーションのほうが一面的コミュニケーションよりも効果的かどうかを決めるのに重要な役割を果たしていることを思い出してほしい。

自尊心　ある人の性格は、その人の説得可能性にどのような効果を持っているのだろうか。説得可能性にもっとも一貫して関連している一つの性格変数は、自尊心である。不全感を抱いている人は、自分のことを高く評価している人よりも、容易に説得的コミュニケーションの影響を受ける。(53) このことは十分納得のいくことだろう。つまり、結局のところ、もし自分自身が好きでなければ、その人は自分の考えにはあまり高い評価を置かず、その考えに自信がないということになるだろう。その結果、もし自分の考えに異議を申し立てられると、そのような人はすぐに自分の考えを捨ててしまうだろう。人々は正しくありたいと願っているということを思い出してほしい。もしサムが、自尊心が高い人であって、自分の意見と食い違うコミュニケーションを聞いたならば、彼は、自分の意見を変えたほうが、あるいは変えないほうが、正しくある見込みが高いのか、自分で決めなければならない。自尊心の高い人は、信憑性の高い伝え手と意見が違っているのを知ると、かなりの葛藤を経験するだろう。彼は、自分の意見を変えるか、それとも断固として動じないか、このいずれかによってこの葛藤を解消するだろう。しかし、もしサムの自尊心が低ければ、葛藤はほとんどないかまったくないだろう——なぜなら、彼は自分のことをあまり高く評価していないからであり、おそらく、彼は、その伝え手と同じ意見を持ったほうが正しい見込みが高いと思っているからである。

政治的志向　ケーブルテレビのニュース番組を視聴する人なら誰でも、共和党員と民主党員がほとんどの問題で意見が一致しそうにないことをわかっている。合衆国とヨーロッパの人々についての膨大な研究にもとづいて、ジョン・ヨーストとその共同研究者(54) は、これらの不一致は考え方の違いを反映しており、保守派と自由派は同じ議論では説得されないと主張している。四十四年間にわたる二万二〇〇〇人以上の研究データを分析して、ヨーストは、自由派と比べて保守派は、不確実性と脅威をどうにかしたいという心理的欲求をより強く持っていると結論している。それゆえに、彼らは、恐怖を誘発し、単純な白黒の言葉で問題を投げかける議論によってはるかに動かされやすい。それに対して、自由派は、強い情動よりもむしろ理性に訴えかける、より微妙で、事実にもとづく議論に反応しやすい。これらは全般的な傾向であると強調しておくことが重要である。われわれは皆、恐怖によってある程度は動かされるのであり、われわれのほとんどは、少なくとも時には、理性に反応するのである。それでもなお、こういった基本的な志向の違いは、自由派と保守派が、本当に稀にしかお互いの考えを変えることができないという苛立たしい事実を説明するのに役立つのである。

聴衆の先行経験　聴衆に関連したもう一つのかなり重要な要因は、聴衆がコミュニケーションに接する少し前の心の枠組みである。聴衆は、もし栄養が十分で、リラックスし、幸福であれば、コミュニケーションを受け入れやすい。実際、アーヴィング・ジャニスとその共同研究者(55)が発見したように、説得的コミュニケーションを読んでいる間に好きな物を食べることができる人々は、統制群の人々よりも、自分が読んだものの影響を強く受ける。同様に、リチャード・ペティとその共同研究者(56)は、気分が良いと人々は説得の影響を受けやすくなると示唆している。ジェフリー・コーエンとその共同研究者(57)は、自尊心を肯定する（好感を持たれていることがわかるような）フィードバックを受けたばかりの人々も、説得的な議論を受け入れやすいことを見出している。

これとは逆に、聴衆があまり受け入れず、あまり説得されないようにする方法がある。すでに述べたように、人々は、テレビ・コマーシャルのような説得的コミュニケーションに自分は抵抗できると思っているものである。したがって、人々の説得可能性を下げるための一つの方法は、説得の試みがなされようとしていることを彼らに事前警告しておくことである。(58) このことは、メッセージの内容が彼らの信念と異なっているときにとくにそうである。「さて、スポンサーからのメッセージです」という言い回しは、伝え手が前置きもなしに単にメッセージに入っていった場合と比べて、そのメッセージを説得力のないものにしてしまうと私は主張してきた。その予告は、「気をつけなさい。私はこれからあなたを説得しようとします」と言っているようなものであり、それで、人々はそのメッセージに対して必死に防衛線を張るような反応をしがちになる。この現象は、ジョナサン・フリードマンとデイヴィッド・シアーズの実験で実証されている。(59) 十代の青少年が、「なぜ十代には自動車の運転が許可されるべきでないのか」と題した話を聞かされるだろうと伝えられた。十分後に、話し手は彼らにそのコミュニケーションを提示した。統制条件では、それと同じ話が十分前の予告なしに伝えられた。統制条件の参加者は、あらかじめ警告を受けていた参加者よりも、そのコミュニケーションに完全に納得したのである。

人々は、自分の自由の感覚を守ろうとする傾向を持っている。ジャック・ブレームのリアクタンス〔訳者注：反発〕の理論によれば、(60) われわれは自由の感覚が脅かされると、それを回復しようとする。たとえば、私は誕生日プレゼントをもらうのが好きである。しかし、もし（私の単位を落とす危険のある）ボーダーラインの学生が、私がちょうど学期末レポートを読もうとしているときに高価な誕生日プレゼントを贈ってよこしたら、私は不快感を覚えるだろう。私の自由ないしは自律の感覚が攻撃されるのである。同じように、説得的コミュニケーションも、もし図々しいものだったり、有無を言わせぬものだったりすれば、自分の選択の自由を犯すものと知覚されることになるので、そのメッセージに抵抗する防衛を活発に行わせるのである。たとえば、もし積極的なセールスマンが、何か買いなさいと私に言えば、私の最初の反応は、その店を出て私の自立を回復することである。

リリアン・ベンズレーとルイ・ウー(61)の実験で、大学生が、アルコール飲料を飲むことに反対する二つのメッセージのどちらか一つを視聴した。一つは、安全なアルコールの量などなく、すべての人々がいつもすべて控えるべきという、高圧的で独断的なメッセージであった。二つめのメッセージはより穏やかなもので、自分の飲酒を抑制することが重要であることを強調していた。二つめのメッセージは、人々がアルコールの消費を減らすのにはるかに効果的であった。これは、大量飲酒者にとくにあてはまった――というのは、彼らが高圧的なメッセージに直面すると最大のリアクタンスを経験することはほぼ確実だからである。

リアクタンスは、多くの興味深い方法で影響している。私が街を歩いていたら、請願書に署名を穏やかに求められたとしよう。私はその問題についてはあまり知らないし、それで説明を受けていると、誰かが話しかけてきて、私に署名しないよう圧力をかけ始める。リアクタンス理論によれば、私は、この圧力に抵抗し選択の自由を回復しようとして、より署名しようとすると予測される。この筋書きは、マドライン・ハイルマン(62)によって実際に演出され、その結果は、ほとんどの状況で、参加者に署名させないよう強く試みれば試みるほど、参加者はその請願書に署名するという彼女の予測を確証している。もちろん、この章や前の章でわれわれが見てきたように、人々は、アッシュの実験のように、暗黙の社会的圧力の影響を受けてそれに従う可能性がある（し、実際にそうする）。しかし、このような圧力が、あまりにも図々しくて人々の自由の感覚を脅かすときには、人々はそれに抵抗するばかりでなく、それとは反対の方向に反応しやすいのである。

この自由と自律への要求については、もう一つ述べておかなければならない側面がある。他のすべての条件が等しければ、人々は、重要な信念に反するような情報に直面すると、可能なときにはいつでも、即座に反論を考え出す傾向を持っている。(63)このようにして、人々は、自分の意見が不当な影響を受けるのを防ぎ、自律の感覚を守ることができるのである。しかし、こういった抵抗をいくらか打ち負かすことが可能である。レオン・フェスティンガーとネイサン・マコービー(64)は、聴衆が、彼らに提示されたメッセージを論駁するための議論を考え出せないようにする実験を行った。これを達成するためには、コミュニケーションが提示されている最中に、聞き手の気を少しそらすだけでよかった。大学の男子社交クラブに所属していた二つの集団の学生が、社交クラブの害悪に関する議論の録音テープを聴くよう求められた。その議論は、学殖豊かで、力強いものであり、そして、あなたの想像通り、彼らの信念からはかけ離れたものだった。一方の集団は、コミュニケーションの提示中に、気を散らされた。具体的に言うと、彼らは大変愉快な無声映画を見せられたのである。フェスティンガーとマコービーの推論は次の通りだった。この集団は二つの課題――社交クラブに反対する議論の録音を聴くことと娯楽映画を見ること――を同時に行っているので、彼らの心はそれらで一杯になるので、録音されたメッセージを論駁するような議論を考え出す機会はほとんどないか、あるいはまったくないだろう。これに対して、統制群のメンバーは、映画で気をそらされなかった。それゆえに、彼らのほうは、自分の思考をいくらか傾けて、反対の議論を考え出し、そのコミュニケーションに抵抗できるだろう。この実験の結果は、以上の推論を確証した。映画を見て気を散らされた学生たちは、気を散らされなかった学生たちよりも、社交クラブに反対する意見変化が有意に大きかったのである。

この問題の反対の側面をもっと詳しく見ていこう。どうすれば、われわれは、人々が説得の試みに抵抗するのを手助けできるだろうか。このような抵抗を生じさせる巧妙な方法を、ウィリアム・マグワイヤーとその共同研究者が開発している。この方法は、**接種効果**という適切な言葉で呼ばれている。両面的（反駁的）提示のほうが一面的提示よりも、ほとんどの聴衆を説得するのに効果的であることは、われわれがすでに見てきた通りである。マグワイヤーは、この現象を敷延して、次のように示唆している。もし人々が、そのときに論駁できるような短いコミュニケーションに前もって接触しておけば、次にその同じ議論が本格的に提示されるのに備えて「免疫ができる」傾向がある。それは、少量の減弱されたウイルスによって、そのウイルスの本格的な攻撃に備えて人々に免疫ができるのと同じである。ウィリアム・マグワイヤーとディミトリ・パパジョージス(65)の実験では、人々が自分の意見を述べ、それから、これらの意見が、穏やかな攻撃にさらされた――そして、その攻撃は反駁された。これらの人々は、続いて、自分の最初の意見に反対する強力な議論を受けた。この群の人々は、穏やかな攻撃に前もってさらされていなかった統制群の人々よりも、自分の意見を変える傾向がはるかに小さかった。要するに、彼らのほうは、意見変化に備えて接種されており、比較的免疫があったのである。このように、論駁的な両面的提示を使ったほうが、宣伝の技法として効果的であるばかりでなく、そのような提示は、巧みに使われれば、後で行われる反対の宣伝に対する聴衆の抵抗を増大させる傾向があるのである。

一つの刺激的な現場実験で、アルフレッド・マカリスター(66)は、煙草を吸わせようとする周りの仲間の圧力に対して、七年生の生徒に接種を施した。たとえば、生徒たちは、本当に解放された女性は煙草を吸うものだと言わんばかりの（当時、人気のあった）広告を見せられた――「長い道のりだったね、ベイビー。」それから、彼らは、たとえ女性がニコチンで釣られようとも、それで女性が解放されたことにはとうていならないだろうと教えられ、接種されたのである。また、多くの十代の青少年が煙草を始める理由の一つは、それが（マールボロの男のように）「クール に」「強靭に」見えそうだからということであるので、仲間の圧力は、もし煙草を吸わなければ「弱虫」と呼ばれるというかたちをとった。そこで、マカリスターは、そのような過程に反論できるような状況をしつらえた。つまり、七年生の生徒たちは、たとえば、「単に君に良い印象を与えるために煙草を吸えば、それこそ本当の弱虫になってしまう」ということを言って、その議論に反論する練習を行う状況を演じたのである。仲間の圧力に抗するこの接種は非常に効果的だった。その生徒たちは、九年生になるまでに、同様の中学校の統制群の生徒たちの半分ほどしか喫煙しなかったのである。

抵抗を生み出すために接種がもっとも効果的であるのは、攻撃されている信念が、文化的に自明な理であるときであると、研究(67)が示している。文化的に自明な理とは、ある社会のほとんどのメンバーが、疑うべくもない真実として受け入れている信念である。たとえば、「合衆国は世界でもっとも素晴らしい国だ」とか、「一生懸命自ら進んで働けば成功できるものだ」とかである。文化的に自明な理はめったに疑われることがない。そのため、なぜわれわれがこれらの信念を持っているのか、その理由はいとも簡単にわからなくなる。したがって、もし厳しい攻撃にさらされれば、これらの信念はもろくも崩れ去るだろう。われわれが自分たちの信念を持ちこたえるよう動機付けるためには、われわれはその信念が攻撃に弱いということに気付いておかなければならない。そして、このことに気付くための最善の方法は、その信念への軽い攻撃に接触しておくことである。事前の接触は、われわれの信念への希薄化した攻撃のかたちで行われれば、後からの説得に対する抵抗を生み出す。これは、（一）われわれが自分たちの信念を守るよう動機付けられるようになるからであり、そして、（二）われわれがこれらの信念を持っている理由を検討するよう強いられることによって、それらを守る練習を積むことになるからである。そうして、われわれは、もっと深刻な攻撃に抵抗するためのより良い備えができるのである。

以上のことは、冷戦の真っただ中で政策立案者によってしばしば無視されたり誤解されたりした重要な点である。たとえば、朝鮮戦争の直後、アメリカ人捕虜の中に中国共産党によって組織的に「洗脳された」人がいる可能性がひどく恐れられていた時期に、上院委員会は、共産主義者による洗脳やその他の宣伝に対する抵抗をわれわれの若者の間に打ち建てようとして、『愛国心とアメリカ主義』に関する科目が公立学校制度の中に設けられるべきだと勧告した。しかし、私は、接種に関する研究を読んで、まったく異なる結論に辿り着いた。私の主張は、具体的にいうと、人々が反民主主義の宣伝に抵抗するのを手助けする最善の方法は、民主主義に対する彼らの信念を攻撃することだろうし、一面的な共産主義の宣伝に対する抵抗を打ち建てるための最善の方法は、高校で共産主義に関する公平で公正な科目を教えることだろうということである。(68) 冷戦の真っただ中では、このような示唆は、われわれの若者が共産主義について何か良いことを学びはしないかと恐れていた政治家たちからは、疑いもなく国家転覆活動と見なされていた。恐ろしいのは、このことによって、彼らが宣伝の影響をより受けやすくなるだろうということであった。しかし、歴史上の出来事は、社会心理学的研究の次の発見を支持してきた。つまり、あまりにも単純な宣伝の影響を小さくしたいなら、あらゆる種類の意見について自由に尋ね調べることに代わるものはない。もっとも簡単に洗脳される人は、その信念が、今までに一度も真剣に攻撃されたことのないスローガンにもとづいている人なのである。

意見 対 態度

人を説得するのはどのくらい簡単だろうか。その答は、われわれが意見を扱っているのか、それとも態度を扱っているのかによっていくぶん異なる。**意見**という言葉は、この章でずっと使われてきたが、ある人が事実だと信じていることである。たとえば、野菜を食べると身体に良い、シートベルトの着用で交通事故死が減る、ニューヨーク市の夏は暑い、といったことなどは、私の意見である。このような意見は主に認知的なものである。すなわち、それは、内臓というよりも頭脳の中で生じるものである。意見はそれは、一時的なものでもある――すなわち、それは、それに反対する明らかな、良い証拠があれば変化し得る。したがって、長年の消費者の代弁者であるラルフ・ネーダー（自動車の安全性についてかなり信憑性の高い情報源）が、シートベルトは現在の構造のままでは死者を有意に減らしていないことを示すデータを紹介すれば、私はこの問題に関する意見を変えるだろう。

これに対して、ユダヤ人は「抜け目のない」商売のやり方をする、アジア人はこそこそしている、年寄りは社会のお荷物だ、合衆国は世界の歴史上もっとも偉大な（あるいは、もっとも恐ろしい）国家だ、ニューヨーク市はジャングルだ、といった意見を、ある人が持っているとしよう。このような意見は、前の段落で述べた意見とどう違うのだろうか。これらの意見は、情動的でもあり、評価的でもある――つまり、それらは好きとか嫌いとかを意味している。アジア人がこそこそしていると信じることは、その人がアジア人を好きでないことを意味している。ニューヨーク市がジャングルだという意見は、ニューヨーク市は夏暑いという意見とは異なっている。ニューヨーク市がジャングルだという意見は、単に認知的なだけではない。それには、否定的な評価とある程度の恐怖と不安が伴っている。評価的で情動的な成分を含む意見は**態度**と呼ばれる。意見と比べると、態度はきわめて変化しにくいものである。

サムが、健康問題に深い関心を抱いている熱心で注意深い消費者だとしよう。何年にもわたって、彼は、さまざまな問題、たとえば、安全性の低い自動車、ホットドッグのコレステロール、有害な電気器具の電磁波、大気汚染等々の問題に関するラルフ・ネーダーの調査を信用するようになっている。しかし、さらに、サムが、白人は他のすべての人種よりも知的に優れているという信念を持った白人至上主義者だとしよう。もしネーダーが、文化の影響を受けない知能テストを使って、人種的マイノリティ集団が白人と同じ得点を取ることを示す徹底的な研究を行ったら、どうだろうか。この情報はサムの態度を変化させるだろうか。おそらく変えないだろう。どうしてだろうか。サムは、ネーダーのことを注意深い研究者と見なしていないのだろうか。私の推測であるが、この問題は情動に深く根差しているので、ネーダーの知能テストについての発見は、自動車やコレステロールや汚染についてのネーダーの発見ほどには簡単には、あるいはそれほど完全には、サムに影響を与えないだろう。態度は、単なる意見よりも変化しにくいのである。

テレビ視聴の影響

われわれアメリカ人のテレビの正味の視聴量は驚くべきものである。(69)典型的な家庭のテレビは一日につき七時間以上もつけられており、(70)平均的なアメリカ人は週に三十時間――年に千五〇〇時間を少し上回る時間――テレビを見ている。平均的な高校卒業者は、両親や教師と触れ合うよりも、テレビを見る時間のほうがはるかに長い。(71)

メディアには影響力がある。そして、それが伝える現実についての見方は、めったに価値判断から離れたものではない。ジョージ・ガーブナーとその共同研究者(72)は、テレビに関するもっとも広範な分析を行った。一九六〇年代後半から、この研究者たちは、プライム・タイムの何千というテレビ番組と出演者を録画して綿密に分析している。彼らが発見したことは、全体的に見て、現実についてのテレビの表現の仕方は、昔からアメリカ人視聴者を誤った方向に導いている。たとえば、一九六〇年代と一九七〇年代のプライム・タイムの番組では、男性のほうが女性よりもほぼ三倍も多く出演しており、女性は男性よりも若く、経験が浅いものとして描かれていた。非白人（とくにラテン系アメリカ人とアジア系アメリカ人）と高齢者はあまりにも出てこなかった。マイノリティ集団のメンバーは端役を与えられており、それは現実の割合に合っていなかった。さらに、ほとんどのプライム・タイムの出演者は、専門職や経営職として描かれていた。合衆国の労働人口の六十七％がブルーカラーやサービス業に雇用されているのに、テレビ出演者のたったの二十五％がそれらの仕事を持っているにすぎなかった。最後に、犯罪は――今と同じように当時も――テレビの中では少なくとも現実生活の十倍も多くはびこっていた。テレビ出演者の半数以上が、毎週暴力沙汰に巻き込まれている。しかし、現実には、暴力犯罪の犠牲者になっているアメリカ人は毎年一％に満たない。ＦＢＩの統計によれば、この国ではここ数年、暴力犯罪の発生率は徐々に低下している――しかし、テレビでは、暴力犯罪は増加している。テレビ作家でアメリカ著作者協会の前会長のデイヴィット・リンテルズ(73)は、このことをもっともうまく要約して、「毎晩八時から十一時まで、テレビは一つの長い嘘であるのだ」と言っている。

そして人々は、その嘘を信じている。この時代に実施された研究は、長時間視聴者（一日四時間以上）と短時間視聴者（一日二時間以下）の態度や信念も比較した。それらは、長時間視聴者のほうが、（一）人種偏見の強い態度を表明し、（二）医師や弁護士や運動選手の職業を持つ人々の数を多く見積もり、（三）女性が男性よりも能力や関心が限られていると見なし、（四）暴力が社会に浸透していることについて誇張した見方をしていることを見出した。おそらくもっとも厄介なことに、研究が継続的に示してきたことは、あなたがテレビを視聴すればするほど、この世界は人々が自分のことばかり気にかけていて、機会さえあればあなたにつけこもうとする邪悪な場所だと見なすようになるということである。言い換えれば、長時間視聴者にとっての現実は、典型的なリアリティ・テレビ番組［訳者注：一般人の生活やプライバシーを撮った番組］に似ているのである。これらの態度や信念は、テレビがわれわれに提供するアメリカの生活の誤った描き方を反映している。テレビで描かれる人間性の暗黒面について考えれば、長時間視聴者が短時間視聴者よりも、あまり幸せでないと報告してもそれほど驚くことではないのである。(74)

われわれのほとんどにとって、テレビは、社会のいくつかの側面についての鮮明な、ほとんど唯一の情報源である。たとえば、犯罪を取り上げてみよう。テレビ番組編成の大きな部分は、犯罪番組でできている――平均的な十五歳の子どもは一万三〇〇〇以上の殺人をテレビで見てきている。さらに、いくつかの研究は、犯罪ドラマが、警察と犯罪者についてのきわめて一貫したイメージを作り出していることを明らかにしている。たとえば、テレビに登場する警察官は、驚くほど効果的で、ほとんどすべての犯罪を解決するし、一つの点についてはけっして過ちを犯さない。それは、番組の最後には、真犯人でない人は刑務所にはけっしていないという点である。テレビは、犯罪との戦いは確実であるという幻想を助長している。テレビの犯罪者は、たいてい精神病理や飽くことを知らない（そして不必要な）貪欲さのゆえに犯罪に走っている。テレビは、犯罪者の行為の個人的責任を強調して、概して、貧困や失業などの犯罪に関連した状況的圧力を無視している。このような描き方は重大な社会的影響を持っている。テレビをたくさん視聴する人々は、このような信念体系を自分のそれに取り込み、これが彼らの期待に影響し、陪審員の務めを果たすときに彼らは強硬な立場をとることがあるのである。長時間視聴者には、無罪の推定を覆す傾向があるが、それは、被告は何か罪を犯しているに違いない、さもなければ、裁判にかけられるはずはないと信じているからである。(75)

テレビの歴史は、この国のある特定の地域の人々にテレビが手に入ると、そのことと、その地域の窃盗の急増とが一致することを示している。(76) どうしてだろうか。もっとも妥当な説明は、テレビが広告を通して物品の消費を促進し、上流や中流の生活様式を標準的なものとして描くからというものである。富と消費が行き渡っているというこの幻想のために、自分の生活様式を、テレビで描かれた生活様式と比べて貧しいと思った視聴者は、フラストレーションと怒りを感じて、そのために、どのような手段を使ってでも「アメリカン・ドリームを分かち合いたい」と動機付けられるのである。

テレビの効果に関する研究を解釈する際に、ちょっとした注意を急いでしなければならない。これまで説明してきた実験とは異なり、テレビに関する研究は相関的である。つまり、テレビの視聴量は、他の何らかの変数――幸せ、犯罪への態度、犯罪に関する信念、等々――と一緒に測定されている。その関係の方向性を特定するのはほぼ不可能である。たとえば、テレビをたくさん視聴する人が、その結果、あまり幸せでなくなると想定するのも理にかなっているようである。しかし、人々は幸せでないので、その結果、テレビを大量に視聴することを選んでいるということもあり得るのである。

人間の思考は必ずしも論理的とは限らない。われわれ人間は正確で鋭い思考をする能力を持ってはいるけれども、われわれは、われわれの思考過程を歪めたりいい加減にしたりする能力も同じように持っている。態度を変化させる方法を理解するために第一に重要なことは、人々がこの変化に抵抗しようとする動機を理解するだけでなく、人々の思考の複雑さを理解することである。これらは、次の二つの章で検討していく興味深く重要な問題である。第4章では、人々がどのように社会的事象を解釈したり誤解したりしているのかを理解しようとし、第5章では、その解釈と誤解の底に潜む主な動機について説明する。

第4章

社会的認知

＊この章の初版の草稿を助けてくれたアンソニー・R・プラトカニスに感謝する。

著名な政治分析家であるウォルター・リップマン(1)は、その名著『世論』で、ある少女の話をしている。その少女は、小さな炭鉱町で育ったのだが、ある日、その快活さから一転して、深い悲しみに襲われたのであった。どうも一陣の風が台所の窓ガラスにひびをいれたようだった。その少女は、慰めがたい悲しみの中で、しばらくの間、わけのわからないことを呟いていた。彼女はやっと気を取り直して話し出したが、その説明は、窓ガラスが割れるのは誰か身近な人が死んだときだというものであった。それで、彼女は、自分の父親がたった今亡くなったと思い込んで、嘆き悲しんでいたのであった。その少女は、父親が今もまったくの健在であることを確認する電報が数日後に届くまで、ずっと慰めがたい悲しみに沈んでいた。その少女は、単純な外的事実（割れた窓ガラス）と、迷信（割れた窓ガラスは死を意味する）と、恐怖と、父親に対する愛情から、まったくのフィクションを作り上げてしまっていたのである。

中世の間、寝室用便器――尿と便を一日分蓄えておく容器――を、窓から下の通りに中身を放り棄てて空にすることが、ヨーロッパの人々の普通の習慣だった。その排泄物は、通りに散らばったまま、疫病や病気を育んでいたのである。現代の考えでは、その習慣は、原始的で、野蛮で、まったく愚かなことに思える。それも、古代ローマ人が屋内排水設備を開発していたことを考えると、なおさらのことである。それでは、どのようにして寝室用便器が誕生したのだろうか。中世の間、裸体は不道徳であるばかりでなく、裸身は悪魔の攻撃にさらされやすいと、人々は信じるようになった。その信念のせいで、毎日の入浴というローマの習慣はヨーロッパ中で捨てられ、一年に一回の入浴がそれに取って代わった。ついにローマ人たちの屋内浴場は修繕されなくなり、社会は、屋内トイレを維持するための排水設備技術を失ってしまった。寝室用便器は必然的に誕生したのである。病気の「霊」説が、現代のウイルスやバクテリアにもとづく説に取って代わられるまでに数世紀を要した。(2)

ここでの要点は、異常な精神の内部の仕組みを探求することでもなければ、健康と衛生の現代の進歩を説明することでもない。そうではなくて、私がこれらの話をしたのは、次の基本的な質問をしたいからである。すなわち、われわれ現代人は、炭鉱町の少女や中世の寝室用便器の使用者と同じような行動をどれくらいしているのだろうか。われわれの作り話によって、われわれの行動や行為はどのように決まるのだろうか。二一世紀の社会心理学のテキストの著者が、「社会的認知」に関する章を、寝室用便器の話ではなく、農薬流出やエイズ（ＡＩＤＳ）ウイルスによる死の話で書き始めたとしても、驚くにはあたらないだろう。その話は、以下のようなものになるかもしれない。

二〇世紀と二一世紀の間に何百万人もの人々が餓死した

――それは、食糧不足からではなく、彼らの食糧が、何年にもわたる化学物質の流出が食物連鎖の中に次第に蓄積していくことによって汚染されてしまったからである。非常に多くの聡明な人々が、このようなことが起こることを懸念していたが、しかし、どういうわけか、それを防ぐ手立ては何もとられなかった。

さらに、百五十万人以上の人が、コンドームで自分を守ろうとしなかったために、エイズウイルスによって死亡した。現代の読者は、人間を月に立たせ、あまたの危険な病気を克服することのできた文化が、どうしてこのような愚かな振舞いをすることができたのかといぶかしがるだろう。なんと、当時、多くの人々は、自分の性器の働きについてあからさまに語ることは罪深いことであり、害を及ぼすことになると、明らかに信じていたようである。たとえば、二一世紀を迎える頃、十代の青少年を持つほとんどの親たちは、高校でコンドームを配布すると乱交が増えるという旧い信念に固執していた――慎重な研究（3）によって、これが実情でないことが証明されていたという事実にもかかわらず、そうであったのである。

しかしながら、私がこのような話をしたのは、二〇世紀と二一世紀のほとんど人々がいかに愚かであったかを指摘するためではなく、次のようなもっと基本的な質問をするためである。それは、「われわれは、これらの無頓着なエイズ犠牲者や、不用意に農薬を使っていた農民に、どのくらい似ているだろうか？」

どの世代も、前の世代の不正確で不合理で、時には退歩的な考え方を振り返って、あっけにとられる。社会心理学者は、いかなる世代にせよ人々がなぜその世界をそのように考えているのか、そしてなぜ毎日の思考――説明し、予測し、決定すること――がしばしば不合理であるか、その基底にある理由を検討するのに多くの時間を割いている。われわれは、社会心理学のこの下位領域を**社会的認知**と呼ぶが、これから見ていくように、われわれ人間はこの地球上でもっとも知的で成功した種であるという事実にもかかわらず、われわれはきわめてエラーを犯しやすい。しかしながら、われわれのエラーは、単に愚かで、偶然に生じる過ちではない。多くの場合、われわれのエラーは、コンピューター・プログラムのバグのような系統的なバイアスやエラーを反映している。時として、そのプログラムは、あることを達成しようとするときにはうまく動くけれども、別のことを達成しようとすると失敗する。エラーについて研究することそれ自体によって、われわれの心がどのようにプログラムされているのかを、よく理解することができるのである。

多くの場合、われわれの心は、世界を理解しようと働く。われわれがどう理解するかが重要である。新しい人に出会えば、われわれは、いつも第一印象を形成する。スーパーマーケットに入るたびに、何百もの製品が並んだ通路を歩きながら、どれが自分が必要とするものにもっとも合ったものかを見極めようとしなければならない。時には、誰かがわれわれに、われわれ自身に関する質問を投げかけて、自分が正確だと信じる答を出すために自分の人生のこまごまとしたこと振り返らなければならない。毎日、われわれは決定を下す――何を着るか、誰とランチをするか、何を食べるか、どの映画を見るか、電話に出るかどうか。時には、われわれの決定はとても重要である。誰を信頼するか、どの科目を専攻するか、どういう専門職に就くか、どの社会政策を支持するか、誰と結婚するか、子どもをつくるかどうか、等々。些細なものにせよ重要なものにせよ、われわれがどう決定するかは、われわれがこの社会的世界をどう理解しているかによって左右されるのである。

われわれは世界をどのように理解しているのか

われわれ人間は、強力で効率の良い頭脳を持っている。しかし、それがどんなに素晴らしいものでも完全というには程遠い。この不完全さのゆえに、われわれのほとんどが、本当に真実でない多くのことを「知っている」ということになるのである。よくある例を見てみよう。多くの人々は、不妊傾向の夫婦で、赤ちゃんを養子にもらった夫婦は、もらわなかった夫婦よりも、その後で自分たち自身の子どもを妊娠しやすいという信念を抱いている。その考えの筋道は以下のようなものである。つまり、養子をもらうとプレッシャーがなくなり、夫婦がリラックスできるので、どういうわけか妊娠しやすくなる。しかし、トーマス・ギロヴィッチ(4)によれば、この信念は広く信じられているけれども、ただただ真実ではない。つまり、赤ちゃんを養子にする不妊傾向の夫婦は、そうしない不妊傾向の夫婦よりも妊娠しやすいということはない。ほとんどの人々はなぜそうだと信じるのだろうか。二つの理由がある。(一)それが魅力的で励みになる考えなので、われわれはそれが真実であってほしいのである。(二)われわれは、養子をもらった親が後から自分たち自身の赤ちゃんを妊娠したという少数の事例に注目するが、妊娠できなかった事例や、養子をもらわなかった親が赤ちゃんを妊娠した事例には注目しない傾向がある。このように、選択的な注意や選択的な記憶のせいで、それは確かに真実に思えるのである。

　われわれは合理的な動物だろうか。明らかに、われわれは、たいていそうあろうと努めている。人間の認知についてずっと昔から広く普及している一つの見方は、それが完全に合理的なものであるというものである――それぞれ個人は、正しくあるために、そして、正確な意見や信念を持つために最善を尽くそうとしている。人間の思考についてのこのような見方の主唱者の一人は、一八世紀、一九世紀の功利主義哲学者ジェレミー・ベンサムであった。彼は、人々がどうやって善、つまり自分の行動と決定の道徳状態を決めるかについて著した。ベンサムによれば、われわれは、何が善く何が悪いかを決定するために、快楽計算、すなわち幸福計算を行う。(5) 日常の例を見よう。私が新車を買いたいとしよう。購入するスタイルやモデルを決めるために、私は、それぞれのブランドがもたらす快楽（スポーティなデザイン、快適な内装、強力なエンジン）を足し合わせていき、苦痛（私の家計を圧迫する月々の支払い、ガソリンスタンドでの頻繁な給油による高い経費、等々）をそこから引くだろう。それから、私は、最小の苦痛で最大の快楽をもたらす車を選ぶだろう。ベンサムにとっては、「最大多数の最大幸福」を保証することが政府や経済体制の役割だった。他の人々も同じ考えだった。というのも、ベンサムの快楽計算の概念は、彼の弟子のジョン・スチュアート・ミルによる若干の改訂と発展を経て、現代資本主義の基本的考えの一つとなったからである。

ずっと最近になって、一九六〇年代と一九七〇年代に、社会心理学者ハロルド・ケリーは、人間の思考についてのもっと複雑ではあるが、同じように合理的な説明を展開している。つまり、人々は素人の科学者のように考える、と彼は論じたのである。(6) プロの科学者は、ある事象や現象をもっともよく説明しようとして、自分たちのデータの中に、ある関係を探し求める――すなわち、彼らは、「XがYの原因であると結論付けるために、XがYに先行し、必ずYとともに変化し、さらに、Yとだけともに変化する」ケースを見つけようとする。それで、たとえば、もしある科学者が喫煙が肺がんの原因であるかどうか究明したければ、彼女は、喫煙をする肺がんの人々すべて、喫煙をするが肺がんでない人々すべて、喫煙しないが肺がんの人々すべて、喫煙をせず肺がんでない人々すべてについて考慮するだろう。このようにして、その科学者は、喫煙が肺がんを引き起こす役割について検討できるのである。ケリーは、普通の人（素人の科学者）が、他の誰かの行動を説明しようとするときにも同じような過程――**帰属過程**――があることを示唆した。具体的に言うと、人は三つの情報を探し求める。それらは、行為者の行動の一貫性（その人は、他の状況や他のときにもいつもこのように行動するのか）、一致性（他の人々は、それと同じ状況で、同じように行動するのか）、そして弁別性（その人だけがこのように行動するのか）である。

たとえば、あなたはベスがスコットにキスをするのを目にし、誰かがあなたになぜかを尋ねるとしよう。ケリーによれば、あなたがこの質問に妥当な答を出すためには、もう少しその状況について知りたいと思うだろう。ベスは、ほとんど誰にでも、ためらうことなくキスをして回るのか。もしそうなら、ベスの一貫性によって、おそらく、ベスがスコットにキスをした理由は、ベスがとても情愛の深い人であるからだとあなたは結論付けるだろう。しかし、ほとんど皆がスコットにキスをしているのに、あなたが気付いたとしよう。一致性によって、ベスがスコットにキスをした理由は、スコットが誰からも好かれる、とてもキスをしたくなるような人だからだとわかるだろう。最後に、もしベスがスコットだけにキスをし、他の誰もスコットにキスをしないのならば、このキスの弁別性は、ベスとスコットとの特別な関係のせいだろう。彼らは愛し合っているか、あるいは、キスに値する特別な何かをスコットがしたかである。

われわれが帰属をするためにどのように情報を利用するかは、ある人が別の人にキスをする理由を見極めることよりもはるかに重要な決定でも、その基礎となっている。教師は学生が落第するのはなぜかを決めなければならない。陪審員は無罪か有罪か評決しなければならない。国家は他の国家の挑発にどう対応するか決めなければならない。このようなケースのすべてで、一致性と一貫性と弁別性の情報を組織的に較量することは、とても価値がありきわめて重要なことである。

しかし、現実に、人々はこのように考えているのだろうか。われわれは、ベンサムやケリーが言うほどに合理的だろうか。(7) われわれがこのように行動できることは、ほとんど疑いないだろう。たとえば、ベンジャミン・フランクリンは、重要な決定をするときは、その賛否両論を書き留めて快楽計算をすることを日課にしていたと報告している。われわれの多くがそれと同じように行動することもある――新車を買ったり、どの大学に行くかを決めたりするときのように。ベスとスコットについて、適切な共変情報をあなたが与えられれば、結論を容易に下せるということは、あなたが科学者のように考えることが少なくとも可能ではあるということである。しかしながら、合理的な思考のためには、少なくとも二つの条件が必要である。(一)その思考をする人が、正確で有用な情報を入手できることと、(二)実物データを処理するための精神的なリソース［訳者注：資源、能力］を持っていることである。実際には、これらの条件が満たされることは、日常生活ではほとんどないのである。

われわれは「神の目」――全知であり、バイアスのない視点――で世界を見ることはできない。私の車の購入ということくらい簡単なことでも想像してみよう。おそらく私は、すべての事実を知っているとは限らないだろう。それが新しいモデルなら、長期間の修理データはまったく存在していないだろう。さらに、その車に対する私の考えは、私自身の乏しい視点に縛られてしまい、主に広告者からその車について聞くことになるが、彼らはその良い特徴を誇張しようとするだろう。私がその車を試す機会は限られているだろう――あらゆる種類の危険な道路や天候の条件で長期間運転することはできず、ディーラー立会いのもとでの試乗しかできないだろう。もし、新車の購入のような普通のことでさえ、こんなにも情報が不足していたり、情報が誤っていたりするのであれば、いつ戦争を始めるか、誰と結婚するか、どう税金を使うかなどのもっと非日常的な決定をするときの難しさは想像に難くないだろう。

さらに、仮にデータが手に入ったとしても、私は、自分が出くわすあらゆる問題の徹底的分析に専心するほど暇でもなければ、やる気もない。私がどの車を購入するかについての快楽計算を始めたとして、調査と選択肢の較量に約五時間かかるとしよう。そうこうしているうちに、何十もの決定が必要になるだろう。ランチをどうしようか。講義ノートをどのように改訂すべきだろうか。どの人を採用するのがベストだろうか。私の娘にはこんなに高価な歯列矯正器が本当に必要なのだろうか（結局、出っ歯のどこが悪いのだろうか）。

何十という逼迫した決定が繰延べされている中で、私は、これらの一つひとつの決定について、その賛否両論を列挙していくのに貴重な数時間を割かなければならないのだろうか。われわれは、濃密なメッセージの中で豊富な決定しなければならない環境の中で生活している。平均的なアメリカ人は、一生のうちに七百万以上の広告を見ることになり、毎日数えきれないくらいの決定――その中には、重要なもの、些細なもの、些細には見えるけれども重大な結果をもたらすものもある――が必要になるだろう。入ってくるあらゆる情報の一つひとつについて、そして、なされなければならないあらゆる決定の一つひとつについて深く考えることは不可能である。

われわれはどうするのだろう。あなたの想像通り、われわれは、近道できるときにはいつもそうしようとする。スーザン・フィスケとシェリー・テイラー(8)によれば、われわれ人間は**認知の節約家**としてプログラムされている。われわれは認知的エネルギーを節約する方法をいつも探しているのである。われわれの情報処理能力は限られているので、それでわれわれは複雑な問題を単純化する方略を採用しようとする。これを達成するために、われわれは、いくつかの情報を無視して認知的負担を減らしたり、ある情報を「過剰使用」して他の多くの情報を探さなくてもすむようにしたり、あるいは、あらゆる角度から十分に考えるよりもむしろ、ほとんど十分であるという理由で、完全とはいえない選択肢を直感に頼って受け入れたりするかもしれない。認知の節約家の方略は効率的であるかもしれない――ほとんど無限に近い情報世界を処理するために、われわれの限られた認知的能力をかなりうまく利用しているので――が、しかし、これらの方略は、深刻なエラーやバイアスをもたらすことにもなるのである。それは、とくにわれわれが不適切な近道を選択したり、あるいは、われわれが急

いで進めようとするあまり、肝心要の情報を無視したりする場合には、そうである。(9)

読者の中には、自分たちが思ったほどには合理的に考えるわけでもなく、また完全に考えるわけでもないことを知ってがっかりする人もいるかもしれない。人間の精神に無限の力があると信じたり、われわれには絶対的、客観的真実への個人的な道筋が用意されていると信じたりすることは胸躍ることである。しかし、がっかりしようがしまいが、われわれの近道が、真実を曇らせるバイアスや偏見を生み出すことになることを自覚することが決定的に重要である。エミリー・プローニンとその共同研究者(10)は、もっとも蔓延しているバイアスの一つが、われわれが平均的な人よりも自分はバイアスがないと考えていることであるということを示してきた。われわれは世界をありのままに見ているが、他の人々は、世界を自分が見たいように見ていると、われわれは思っているのである。プローニンの議論によれば、われわれにこの「バイアスの盲点」があるのは、われわれが自分の動機や思考過程を内省して、自分が誤った判断をしていないか自問するとき、このバイアスが働いていることに気付くことができないからである。なぜなら、われわれの認知的バイアスの性質は、それらが無意識的で無意図的であるというものだからである。これとは反対に、われわれが他者を判断するときには、われわれは彼らの行動を観察し、たいていの場合、バイアスのように見えるものを見つけることができるのである。そうではあっても、もしわれわれが自分たちの認知的限界を認識しなければ、それらの奴隷になってしまうだろう。たとえば、もしわれわれがしばしばステレオタイプのバイアスにもとづいて他者を判断することに気付くことができなければ、あるいは、情報が提示される特定の方法によってわれわれの判断がバイアスを受けることに気付くことができなければ、そのようなエラーを防いだり正したりするための方策を講じることができないだろう。さらに悪いことに、われわれは、認知の節約家であるために生じる結果を理解できなければ、われわれ自身の物事の解釈を絶対的な真実と混同して、われわれと見方を共有しない人々を見当違いの、愚かな、気が狂った——あるいは、邪悪だと決めつけやすくなるだろう。

歴史が証明しているように、人々は、自分が絶対に正しく、他の人々が間違っていると確信すると、憎悪に満ちた残忍な行為をいともたやすく犯しやすくなる。(11) バイアスやエラーを犯しやすいわれわれの性向は、ひいては、個人間、集団間の理解にとって重大な障害となり得るものである。そうは言っても、われわれが認知の節約家であり、われわれ自身の無意識のバイアスに盲点があるという事実は、われわれが歪みから逃れられない運命にあるということを意味しているのではない。われわれは、いったん人間の精神の限界や日常的なバイアスのいくつかを知れば、少しはよりよく思考し始め、より賢明な決定を下すことができるだろう。この章の目的は、われわれの思考のこれらの限界のいくつかを列挙することと以上のことである。むしろ、これらの限界を探究することによって、われわれが少しでもより明晰に思考できるようになるよう、私は望んでいる。

文脈が社会的判断に及ぼす効果

社会的文脈——物事が提示され記述される方法——が、われわれ自身を含む人々についてのわれわれの判断にどのように影響するかを見ていくことから始めよう。われわれは、社会的文脈の四つの異なる様相を順番に見ていく。それらは、選択肢の比較、状況によってプライミングされた思考、決定のフレーミングないしはポージングの方法、情報が提示される方法である。そうしていくと、社会的思考の基本原理が見えてくるはずである。すなわち、すべての判断は相対的である、つまり、人物や物事についてのわれわれの思考は、それを取り巻く文脈によって規定されているということである。

準拠点と対比効果

ある対象は、われわれがそれを何と比較するかによって、実際よりもより良くも見え、より悪くも見える。ほとんどの販売員は、この現象をそれとなく理解している。それをうまく利用する人もいる。ある不動産業者と一緒にあなたを物件探しに連れていき、説明してみよう。その業者は、あなたの要望を見極めると、「あなたが関心を持ちそうな」いくつかの家に車で連れていく。最初に車を止めたのは、小さな区画に建てられた小さな二寝室の家である。その家にはペンキの塗り直しが必要であり、インテリアには調和がなく、台所の床に張ったリノリュームは縮んでねじれており、居間のカーペットにはほころびがあり嫌な臭いがし、主寝室は小さ過ぎて通常サイズの寝室セットは納まりそうにない。その不動産業者が希望価格を提示したときには、あなたは唖然とするだろう。「えぇっ。こんなところがそんなにするんだ。こんな掘っ建て小屋のようなところに、誰がそんなに払うんだ？」と。おそらくあなたは払わないし、他の誰も払わないだろう。しかし、そのぼろ家を見ることによって、あなたが次に案内される普通に見える家の評価にどのような影響があると思うだろうか。

ある意味では、そのぼろ家は、おとりである——そして、おとりは、その他の選択肢の見え方に影響して、われわれの決定に強力な影響を及ぼすことになるのである。ほとんどのレストランのワインリストでは、それぞれの種類のワインについて、大きな値段の幅があることに、あなたはいつも気付くだろう。たとえば、四つのメルローがある——十四ドルのボトル、三十五ドルのボトル、七十ドルのボトル、百七十ドルのボトル。そのレストランでは、百七十ドルのワインはあまり売れないが、それでもそれを在庫しておく価値がある。なぜだろう。それがあることによって、他のワインが比較的安く見えるからである。そして、ほとんどの人々は、そのリストでもっとも安いボトルを注文して決まりの悪い思いをしたくないので、そのレストランは、べらぼうに高いおとりを戦略的に配置しておくことで、二番目と三番目に安いボトルの値段を吊り上げておき、あなたに本来の価値以上の大きな請求をするのである。

このようなおとりの使用の背後にある原理は、**対比効果**と呼ばれている。法外な値段の掘っ立て小屋と比べて、普通の値段の普通に見える家は、素晴らしい掘り出し物である。百七十ドルのボトルに比べて、普通なら高価な七十ドルのボトルはちょうどよく思える。ある対象が、似ているけれどもそれほど良くない（ないしは、それほどかわいくない、背が高くはない、安くない、等々の）何かと対比されると、まさにその対象は、普通の場合よりもより良く、よりかわいく、より背が高く、より安く判断される。もし普通の身長（五フィート十一インチとしよう）の人が小人たちと一緒にいると、彼はとても背が高く見える。もし彼が、プロのバスケットボール・チームの選手であれば、彼の背はとても低く見える。一九七〇年代に、「タイニー《ちっちゃな》」という愛称の若いバスケットボール選手ネイト・アーチボルドはボストン・セルティクスの要であった。タイニーが六フィート一インチ［訳者注：約一八五センチ］であったことを知ってあなたは驚かないだろうか。ジョナサン・スウィフトの古典的小説『ガリバー旅行記』の中では、主人公は、普通の身長だったが、リリパットの居住地を旅しているときには巨人と見なされ、ブロッディンニャッグの居住地を旅しているときには小人と見なされた。これが対比効果である。

対比効果のもっとも顕著な例の一つが、ダグラス・ケンリックとサラ・グティアレス(12)の実験で作り出されている。彼らは、男子大学生に、『チャーリーズ・エンジェル』というテレビ番組の一回分を視聴する前か後で、これからブラインドデート［訳者注：人の紹介で、知らない人とデートすること］をする相手の魅力を評定するように求めた。この番組は、一九七〇年代に人気があった（ご存じのように、「エンジェル」はモデルのようなゴージャスな若い女性で、私立探偵として働いていた）。男性たちは、その番組を見る前よりは、それを見た後のほうが、ブラインドデートの相手の魅力をはるかに低く評定した。おそらく、「エンジェル」が、魅力の評定にとって厳しい文脈になり、ほとんど誰でもこの対比では嫌な思いをするだろう。その追跡研究では、魅力的な女性モデルの写真を既婚男性が見せられると、代わりに現代美術の絵を見せられた統制条件の男性よりも、その後に行われた質問紙で、妻をあまり愛していないと表明したのである。(13)

対比効果は、戦略的に利用されて、大きな効果をもたらすことができる。中古車ディーラーは、展示場に古びたぼろ車を置いておき、すぐ近くの他の車の「見た目を良くしよう」とするかもしれない。大統領候補は、副大統領候補に自分よりは評判の低い人を選び、自分自身の大統領の素質をより良く見せようとするかもしれない。インフォマーシャル［訳者注：情報提供型の長時間コマーシャル］はいつも、売ろうとしている新しい装置を、明らかに劣った装置と比較する。不動産業者があなたに見せた、あのぼろ家はどうだろう。あなたはそれをけっして買わないだろう――しかし、あなたが次に見る他の家がすべて掘り出し物に見えること請け合いである。対比効果の研究から学ぶべき教訓は、比較をどう選択するかが重要だということである。文脈によって対象や選択肢はより良くも見えたりより悪くも見えたりし得るものである。しばしばわれわれは、文脈の影響にあまり注意を払わないし、提示される選択肢の妥当性を疑問視することはなおさらない。このために、政治家や広告者やジャーナリストや販売営業者などの「文脈メーカー」の力が非常に強くなるのである。彼らが作り出す文脈は、われわれの知覚や判断に影響を及ぼし、われわれがそうでなければしないような決定を、われわれにさせてしまうのである。

われわれ自身についてわれわれが行う重要な判断も、対比効果によって強力な影響を受けることがある。たとえば、多くの高校卒業生総代は、エリート大学に入って、他の元卒業生総代たちに自分が囲まれているのがわかると、自尊心の落ち込みを経験するものである。もっとも聡明な子どもはもはや辺りにはおらず、彼らは、たかが平均的でしかないことによって、自分の頭が悪いと思うのである。(14) 同じように、人々は、美しい人々のイメージに触れると、十人並みの人々のイメージを見せられた人々よりも、自分自身のことをあまり魅力的でないと評定することを、研究が見出している。(15)

プライミングと概念のアクセス可能性

テレビの連続ホームコメディで笑わせるための標準的な趣向は二重の意味である。典型的な二重の意味は、以下のようになる。番組の最初に若い十代の娘が、彼女の父親以外の皆に、自分が学校の男女混成のソフトボール・チームの先発キャッチャーになったことを話す。同時に、彼女の父親は、娘のクラスメイトの何人かが主催する大きなパーティーについて知り、そのパーティーでは「何か乱痴気騒ぎ」がありそうで、それがたまたまソフトボールの試合が行われるのと同じ夜に予定されていることを知る。クライマックスのシーンでは、父親は、彼の「無邪気な」娘が友だちにピッチャーについて話しているのを立ち聞きする。「ああ、夜まで待てないわ――とっても興奮しているの。トミーとするのは初めてだわ。私、彼のテクニックが好きなの。彼がやろうとすれば、いくところまでいけると思うの。トミーは素晴らしいものを持っているわ。」父親は、怒り狂い、家を飛び出して、自分の若い娘を止めに行く。視聴者は楽しい。というのは、彼らには、何が起こっているかわかっているからである。すなわち、娘は実際にはソフトボールのことについて説明しているのに、父親は自分の娘がセックスについて話していると思っているのである。

連続ホームコメディの二重の意味は、社会的認知の重要な原理を説明している。つまり、われわれが社会的事象をどのように解釈するかは、われわれが物事を理解するためにどのような信念やカテゴリーを普段利用しているかによって決まるだけでなく、そのときわれわれが何を考えているかによっても決まるのが通常であるということである。世界を理解するためにわれわれが利用するカテゴリーは個人によって異なる。バラ色の眼鏡で世界を見ている人もいれば、敵意の目や鬱屈した目で世界を見ている人もいる。われわれの解釈は、その状況でたまたま何が目立つものになっているかによっても決まる。そして、何が目立つものになるかは、**プライミング**によって誘発され得る。プライミングとは、直近に接触させられたり頻繁に活性化されたりする概念は、容易に心に浮かびやすく、その結果、社会的事象を解釈する際に利用されやすいという考えにもとづく実験手続きである。

トリー・ヒギンズとウィリアム・ロールズとカール・ジョーンズの研究は、他者の印象を形成する際のプライミングの役割を例証している。[16] この実験では、被験者は、二つの「別々の」研究プロジェクト――一つは知覚に関する研究で、もう一つは読解力に関する研究――に参加するよう求められた。最初の実験は、異なる特性カテゴリーをプライミングするために行われ、肯定的な特性語（冒険好きな、自信をもった、自立した、不屈の）を記憶するよう求められた被験者と、逆に、否定的な特性語（向こう見ずな、自惚れた、人にうちとけない、頑固な）を記憶するよう求められた被験者とがいた。被験者は、五分後に、「読解力」研究の中で、ドナルドという名前の架空の人物について曖昧な文章を読んだ。

その文章にはドナルドが行ったたくさんの行動が記述されており、それらの行動は、冒険好きなようにも向う見ずなようにも解釈でき（たとえば、スカイダイビング）、自信をもっているようにも自惚れているようにも解釈でき（たとえば、自分の能力を信じている）、自立しているようにも人にうちとけにくいようにも解釈でき（たとえば、誰にも頼らない）、また、不屈なようにも頑固なようにも解釈できる（たとえば、自分の考えをあまり変えない）ものだった。その後で、被験者は、ドナルドを自分自身の言葉で記述し、どのくらい望ましい人物と思うか評定した。その実験結果は、彼らがどのようにプライミングをされるかによって、ドナルドに対する彼らの印象が影響を受けることを示していた。否定的な特性カテゴリーがプライミングされていた場合には、彼らは、ドナルドを否定的な言葉で特徴付け、肯定的なカテゴリーがプライミングされていた場合よりも、ドナルドを望ましくない人物と見なしたのである。

このように、あまりにも微妙でわれわれが意識して気付くことのできない手掛かりが、他者の行動に関するわれわれの判断に色を付けることができる。しかし、そのような手掛かりは、われわれ自身の行動に影響を与えることができるだろうか。明らかにそうである。ジョン・バージとその共同研究者(17)は、研究を実施して、単語への接触が行動に驚くほど強い効果を持つことを示している。一つの研究では、参加者は、ごちゃごちゃの単語（アナグラム）を元に戻し、それが終わったら実験者を次の部屋に呼びに行くよう言われた。参加者に気付かれないよう、そのアナグラム課題によって、参加者を異なる種類の単語に接触させた。つまり、行儀の悪さに関連する単語（邪魔をする、妨げる）を目にすることになった参加者と、もっと中立的な単語を目にすることになった参加者がいた。後で実験者を捕まえにいくときになって、参加者は、彼が廊下で他の人と話し込んでいるのを見つけた。中立的な単語でプライミングされた参加者と比べて、行儀の悪さを連想させる単語を目にすることになった参加者は、はるかにその会話に割って入りやすかった。

同様の研究(18)で、高齢者のステレオタイプに一致する単語（フロリダ、引退、もうろくした）か、無関連な単語でプライミングをされた後で、参加者がその実験から離れて、廊下を歩くのが観察された。高齢者のステレオタイプでプライミングをされた参加者は、歩くのが有意にゆっくりしていた――まさに、彼らが、考えるようプライミングをされた高齢者のように。少なくとも、短い間であるが、それが誰であれ、また何であれ、われわれは、われわれの頭に浮かぶ人やものに「なる」ことができるのである。

プライミングは、多くの人々の態度や行動に――現実世界で生死にかかわる状況にいる熟練の専門家の態度や行動にさえも――大きな影響を与えることができるし、実際与えている。たとえば、エイズ患者を診療している経験豊富な医師について考えてみよう。自分自身が感染するリスクについて、彼らが明確な、しっかりとした考えを持っていると想像するかもしれない。リンダ・ヒースとその共同研究者(19)は、これが必ずしもそうでないことを見出した。彼らは、数百人の医師に、仕事でＨＩＶに感染するリスクをどう見ているのか尋ねた。ヒースは、一部の医師については、仕事の最中にそのウイルスに曝露するところを想像させることによって、その危険についての考えのプライミングを行った。これらの医師によるリスクの評価は、そのプライミングの深い影響を受けた。具体的には、仕事でＨＩＶに曝露している自分自身を想像するよう指示された医師は、そのようなプライミングを施されなかった医師よりも、自分が感染するリスクが有意に高いと思っていたのである。これは、ＨＩＶ感染患者に対する医師の実際の経験の程度によらずそうであった。

マスメディアにおけるプライミングについて見ていこう。いくつかの研究が示してきたのは、メディアが選択して報道するニュース記事と、視聴者が一日の中でもっとも重大な問題と考えるものとの間には、関連があるということである。[20] つまり、マスメディアは、ある問題や概念のアクセス可能性［訳者注：記憶の中での近づきやすさ、利用可能性］を高くすることによって、大衆の政治的・社会的アジェンダ［訳者注：争点とすべき課題］を設定している。一つの例を挙げると、マクスウェル・マクームズとドナルド・ショー[21]は、ノースカロライナの選挙に関する先駆的研究で、選挙運動中に有権者がもっとも重要と考えるようになった問題が、これらの問題についてその地方メディアが報道した量とぴったり一致することを見出している。同じように、膨大な数の異性愛者がエイズの危険について最初に本気で心配しだしたのは、バスケットボールのスーパースターのマジック・ジョンソンがHIV陽性であることを明かしたのをメディアが大規模に報道した直後であった。[22]

政治心理学者シャントー・イエンガーとマーク・ピーターズとドナルド・キンダーは、興味深い一連の実験を行って、メディアへの反復接触と問題の重要性との間の関係にプライミングが重要になることを実証している。[23] 一つの実験で、この研究者らは、イブニング・ニュースを編集して、参加者が、合衆国が直面しているある特定の問題に関するニュース・レポートをしっかりと見られるようにした。たとえば、合衆国の防衛力の弱点に関するレポートを視聴した参加者もいれば、汚染の心配を強調した番組を視聴した参加者もいれば、インフレと経済問題の記事を視聴した参加者もいた。

その実験結果は明確だった。参加者たちは、編集された番組を一週間視聴するという実験の後では、その番組を視聴する前よりも、ターゲット問題——彼らが視聴した番組で大量に報道された問題——を国家が解決しなければならないより重要な問題であると確信するようになった。さらに、この研究への参加者たちは、自分たちが新たに見出した見方にもとづいて行動して、大統領の業績を、彼がターゲット問題をどのように扱ったかにもとづいて評価したし、それらの問題で強い立場を表明している候補に対して好感を抱いていた。政治学者バーナード・コーエン[24]が主張しているように、

> マスメディアは、人々にどのように考えるべきかを教え込むことには、たいてい成功していないが、しかし、何について考えるべきかをその読者に教え込むことには見事に成功している。……世界は、違った人々にとっては、違ったふうに見えるだろうが、それは、……彼らが読んでいる新聞の記者や編集者や発行者が、彼らのために描いた地図のせいである。

決定のフレーミング

われわれが社会的世界をどのように考え

るかに影響するもう一つの要因は、決定の**フレーミング**——ある問題や決定について、その損の可能性か、その得の可能性がどのように見えるように提示されるか——である。決定のフレーミングの力を説明するために、あなたが合衆国の大統領で、六百人の死者が見込まれる異常な伝染病の突発に国家が備えようとしているところを想像してみよう。あなたの主席顧問たちは、その病気を撲滅するための二つの計画を用意し、全力を尽くして、それぞれの計画で起こり得る結果を推定している。

■もし計画Aが採用されたら、二百人が助かる。
■もし計画Bが採用されたら、六百人が助かる確率が三分の一で、誰も助からない確率が三分の二である。

大統領閣下、どちらの計画に賛成ですか？　読み進める前に、よく考えて答えてみてほしい。

もしあなたが、ダニエル・カーネマンとエイモス・ツヴァースキー(25)が行った実験の被験者の多くと同じであれば、あなたは計画Aを選ぶだろう（彼らの被験者の七十二％がこの選択肢を選んだのである）。あなたは自問自答するかもしれない。「計画Aでは、二百人の人々が救われる保証があるが、計画Bでは、これらの人々の命を、もっと多くの命が救われるかもしれない一対三の確率に賭けることになる。」

しかし、あなたの顧問たちが、違ったやり方で、あなたの判断を仰いだとしよう。顧問たちは、以下のようにその問題を提示するとしよう。

■もし計画Aが採用されたら、四百人が死ぬ。
■もし計画Bが採用されたら、誰も死なない確率が三分の一で、六百人が死ぬ確率が三分の二である。

あなたは、どちらの計画に賛成ですか？　先を読む前に、よく考えて質問に答えてみてほしい。

二つの選択問題は機能的には同じである。どちらの聞き方も、計画Aでは、二百人が生き残り、四百人が死ぬことになる。計画Bでは、誰も死なず六百人が生き残る確率が三分の一で、誰も助からず六百人が死ぬ確率が三分の二ということになる。しかし、多くの人々にとって、その伝染病についての意思決定過程は、今度はまったく異なっている。彼らは考える。「もし私が計画Aを選べば、四百人は確実に死ぬだろう。Bに賭けたほうがよいかもしれない。」カーネマンとツヴァースキーの被験者がこの後の方法で質問されたときには、七十八％が何と計画Bのほうに賛成したのである。

なぜ、このような単純な選択肢の言い換えが、こんなにも劇的な変化を回答にもたらしたのだろうか。カーネマンとツヴァースキーは、人々が損失を嫌い、それを避けようとしていることに注目した。二十ドルを手に入れる喜びよりも、二十ドルを失う痛みのほうが大きいのである。あなたの顧問たちは、計画Bのほうで損失が大きく見えるように最初の政策決定のフレーミング〔訳者注：枠組みを与えること〕を行ったのであり、後の決定問題では、あなたの顧問たちは、計画Aのほうで損失が確実に見えるようにフレーミングを行ったのである。どのように質問のフレーミングが行われるかは、非常に重要なことなのである。

しかし、以上のことは想像上の出来事である。それは仮説的状況である。きっと、そのような単純な設問の言い回しは、現実の行動には影響するはずがない、きっとそうだ。当てにしないほうがよい。私が私の二人の学生マーティ・ゴンザレスとマーク・コスタンゾと一緒に行った最近の実験は、人々がエネルギーを節約するための家屋の断熱工事に数百ドルを進んで出すかどうかを決めるのに、このフレーミングが重要な役割を果たすことを示した。[26] 一つの条件では、エネルギーの専門家が、それぞれの家屋を調べた後で、その所有者に対して、それぞれの家屋で毎年どれくらい光熱費を節約できるかを詳しく一つひとつ説明した。もう一つの条件では、その検査士は、損失の観点から説明するよう訓練されていた。すなわち、彼らは、その家屋の所有者に対して同じ情報を提供したのであるが、毎日お金がかかっていることになる——それは窓からお金を投げ捨てているようなものである——と伝えた。「損失」条件の所有者は、「節約」条件の所有者よりも、二倍も、家屋の断熱工事に投資する傾向があった。

乳がんの予防を考えてみよう。乳がんは、非常に多くの女性にとって深刻な健康上の脅威である。幸運なことに、早期の乳がん検査と診断で、女性がその病気を克服できる可能性は飛躍的に向上する。しかしながら、乳がん検査の最善の方法の一つである毎月の胸部自己診断は、ほとんどの女性が定期的に行っているとは言えない。ベス・メイロウィッツとシェリー・シェイケンは、[27] 女性による胸部自己診断を奨励するよう計画された三つの小冊子を作成し配布した。一つの小冊子には、自己診断を行うことの必要性と、その方法のみが書かれてあった。二つめの小冊子には、この情報に加えて、自己診断がもたらす良い結果（たとえば、このような診断を行っている女性の場合、腫瘍を早期の治療可能な段階で発見できる可能性が高くなる）を強調する議論が載せられていた。三つめの小冊子では、自己診断を行わないことによる悪い結果（たとえば、このような診断を行っていない女性の場合、腫瘍を早期の治療可能な段階で発見できる可能性が低くなる）が強調されていた。メイロウィッツとシェイケンは、悪い結果を強調した小冊子を受け取った女性だけが、それを読んだ四カ月後に胸部自己診断を行っている傾向が有意に高くなることを見出した。あなたがある決定をどのようにフレーミングするかによって、生死にかかわる状況で大きな違いが生じることになるのである。

情報の順序　われわれが社会的世界をどのように体系化し解釈するかに影響を及ぼすもう一つの要因は、どのように情報が配列され提示されるかである。情報提示方法の二つの特徴と、それらが社会的判断に及ぼす効果を見てみよう。それらは、（一）何が最初に来るか、（二）与えられる情報の量である。

初頭性効果と印象形成　前の章で、われわれは説得的議論の提示順序について論じた。すなわち、討論では、最初に自分の議論を述べるとより効果的な条件（初頭性効果）と、最後にそうするとより効果的な条件（新近性効果）とがある。しかし、他者の印象を形成することとなると、それほど議論があるわけではない。ほとんど例外なく、「最初に良い印象を与えるよう最善を尽くしなさい」という古い格言が正しいことになる。つまり、ある人についてわれわれが最初に知ったことが、その人についての判断に決定的な影響を持つのである。ソロモン・アッシュ[28]は、その先駆的実験で、印象形成における初頭性効果の力を実証した。アッシュの実験では、被験者は、次のような記述文を受け取り、それから、それぞれの文で記述されている人物を評定するよう求められた。

a. スティーヴは、頭が良く、勤勉で、衝動的で、批判的で、頑固で、嫉妬深い。

b. スティーヴは、嫉妬深く、頑固で、批判的で、衝動的で、勤勉で、頭が良い。

二つの文が、スティーヴについてのまったく同じ情報を含んでいること、そして、文aでは好意的な特性が最初に来て、文bではそれらが最後に来ていることに注目してほしい。アッシュは、スティーヴが文bよりも文aで記述されたときに、より好意的に評定されることを見出した――初頭性効果である。

アッシュの最初の発見は、何度もさまざまな方法で繰返し確認されてきた。たとえば、エドワード・ジョーンズとその共同研究者[29]による実験では、研究の参加者は、ある人物が三十項目の知能テストを受けているのを観察した。どの場合にも、その人物は、三十のうちの十五の質問に正解した。しかしながら、その人物は、あるときには、「出だし良く」始めた、すなわち、最初のうちは多くの質問で正解し、徐々にその成績が下がっていった。また、あるときには、その人物は、最初は正答がほとんどなく不振だったが、最後のほうのほとんどの項目に正答し有終の美を飾った。どちらの人物の頭が良いと思われただろうか。初頭性効果についてのわれわれの知識にもとづいて予測できるように、「出だしよく」始めた人は「遅咲き」よりも、両方とも正答した質問数が同じなのにもかかわらず、頭が良いと思われたのである。

多くの状況では、われわれは、われわれが判断しようとしている人々を単に観察しているだけではない。われわれはやりとりをして、彼らに積極的に影響を与えるし、われわれは、特定の目標を持って、やりとりをする人々に対するわれわれの解釈の方向を決める。たとえば、しばしば教師は生徒の頭の良さを判断するが、教師は、その判断の基礎となる生徒の成績に、自ら教育に一枚絡むことによって影響を与えることになる。こういったわけで、初頭性効果の興味深い例外が、ジョシュア・アロンソンとエドワード・ジョーンズによる実験で発見された。[30] この研究では、被験者が、一組のアナグラムを解く努力をしている人の個人指導をした。半数の被験者は、自分の生徒の得点を上げることができれば報酬をもらえることになっていた。残りの被験者は、生徒がアナグラムを解く持続的な能力を高め、今後彼らがアナグラム課題で高得点が取れれば、報酬をもらえることになっていた。個人指導の間、生徒の成績――実験者が前もって決めていた――は、先に引用したジョーンズの実験と同じパターンであった。つまり、生徒の半分は、出だしはきわめて良かったが、成績が落ちていった。残りの生徒は、出遅れたが、良くなっていった。合計点は同じであった――順序だけが違っていたのである。

自分の生徒の成績を上げるよう動機付けられていた被験者は、最初の成績が良かった場合に、その生徒をより頭が良いと評定した。これは初頭性効果である。彼らは、自分の生徒が得点を取れるよう手助けをしたいと思っていて、最初の数試行の後には、自分の生徒の頭が良いと結論してしまったのである――最後のほうの成績は無視して。しかし、自分の生徒のアナグラム課題を解く能力を伸ばすよう動機付けられていた被験者は、最初は成績が悪かったが最後に高得点した生徒のほうをより頭が良いと評定した。言い換えると、彼らは、出だしが良いことよりも成績が上昇することに、より強い印象を受けたのである。これが示唆していることは、もし教師が（生徒が次回の試験でどのくらい高得点を取るかということよりはむしろ）生徒の長期的な成長に労力を注ぐなら、教師は、第一印象にもとづいて拙速な判断をするのを我慢するだろうということである。

アロンソンとジョーンズの実験の結果は、この現象の複雑さを例証しているけれども、それは一般的な法則に対する興味深い例外でしかない。ほとんど例外なく、人々の印象を形成する際には、母親がわれわれに語ったことが正しいのである。第一印象が肝心だと。

印象形成において初頭性効果が生じるのはなぜだろうか。研究者たちは二つの説明の証拠をつかんでおり、そのいずれもが状況によっては真実であり得る。注意低減の説明によれば、リストの後のほうの項目は、観察者が疲れ、気が散っていくにつれて注目を受けなくなり、そのため、これらの項目は、判断にあまり影響を持たないのである。解釈の構えの説明によれば、最初の項目が最初の印象を作り出す働きをし、それから、その最初の印象が後続の情報を解釈するのに使われて、適合しない事実を割り引いたり（たとえば、もしスティーヴの頭が良いならば、どうして人を嫉妬するなんてことをするだろうか）、リストの後からくる言葉の意味を微妙に変えたり（たとえば、批判的であるということは、もしスティーヴの頭が良ければ、良い属性であり、もしスティーヴが頑固ならば、悪い属性である）するのである。説明のいかんにかかわらず、初頭性効果は社会的判断に重要な影響を及ぼす。さらに、通常われわれは、受け取る情報――テレビのニュース番組から得られる情報であれ、友だちや隣人を毎日観察することから得られる情報であれ――の順序をほとんど統制できない。それゆえに、これらの効果の存在を自覚することが重要である。そうすれば、われわれはそれらを補正しようとすることができるだろう。

情報の量

何か難しい決定に迷っているときには、いつもの嘆きがよく聞かれる。「もっと情報さえあればよいのだが。」より多くの情報を持つことは時には役に立つけれども、それはまた、ある対象がどのように知覚され評価されるかを、いわゆる**希釈効果**を通して、変えてしまい得る。希釈効果は、中立的で無関連な情報が判断や印象を弱めてしまう傾向である。ヘンリー・ズカイアー[31]の実験から取ってきた、以下の例について考えてみよう。どちらの学生の成績平均点が高いだろうか？

■ティムは、平均して週に授業以外に約三十一時間勉強する。

■トムは、平均して週に授業以外に約三十一時間勉強する。トムには、兄弟が一人、姉妹が二人いる。彼は、三カ月に一度くらいは祖父を訪ねる。彼は、一度ブラインドデートに行ったことがあり、二カ月に一度はビリヤードをする。

もしあなたがズカイアーの研究の学生と同じであれば、あなたはトムよりもティムのほうが頭が良いと思うだろう。ズカイアーは、当面の問題と関係ない無関連で診断性のない情報（兄弟姉妹や、家族の訪問や、デートの習慣についての情報など）を含めることが、関連する情報（ティムもトムも多くの時間勉強するという情報）の影響力を希釈する――すなわち、効かなくする――ことを見出したのである。

希釈効果は、販売や政治に携わる人々のように、印象を操作することに関心を持っている人々には、はっきりとした実用的価値を持っている。広告者は、弱い主張や無関連な主張を加えると、強いセールス・アピールの影響力が減ることを知っている。嫌われている政治家は、選挙運動の広告の中に無関連な情報――自分の子ども時代の話や自分の家庭の描写――を入れることによって自分の否定的なイメージの影響力を減らすことができる。しかし、なぜ希釈効果は生じるのだろうか。結局のところ、判断を下す際に診断性のない情報に注目してもほとんど意味がないはずである。なぜ、デートの習慣の情報によって頭が悪く見え、ある政治家の生家の話によってその人の否定的なイメージの影響力が弱まるのだろうか。一つの答は、ある人物についての無関連な情報は、その人が他の人々に似ている、つまり、より平均的で皆に似ているように思わせるというものである。平均的な人は、きわめて高い成績平均点を取ったり、ひどく悪い人だったりする可能性はあまりないのである。

判断のヒューリスティクス

がやがやわいわいとわれわれの前に押し寄せてくる情報の波を理解するための一つの方法は、**判断のヒューリスティクス**を利用することである。判断のヒューリスティクスは、精神上の簡便法であり、問題を解決するための、単純ではあるが、多くの場合おおよそでしかない規則ないしは方略である。(32) いくつか例を挙げよう。「もし男性と女性が二人で通りを歩くとすれば、男性は外側を歩く。」「もしある食品が健康食料品店にあるとすれば、それは健康に良いに違いない。」「もしある人がアーカンソーの田舎町の出身であれば、その人は知的に劣っているに違いない。」ヒューリスティクスには、ほとんどまったくと言ってよいほど思考は必要ない――ただ規則を選び、(それが使用すべき正しいものでないかもしれないが)それを当面の問題に直接にあてはめることが必要なだけである。それは、ある問題を多くの角度から眺め、できるだけ多くの関連情報を収集し評価し、さまざまな解決法の予想される結果を詳細に考え抜くという、より組織的な思考と対比できるだろう。もっとも一般的な判断のヒューリスティクスのうちの三つ――代表性のヒューリスティクス、利用可能性のヒューリスティクス、態度のヒューリスティクス――を検討してみよう。

代表性のヒューリスティクス　ダニエル・カーネマンとエイモス・ツヴァースキー(33)によれば、われわれが**代表性のヒューリスティクス**を利用するとき、われわれは、ある対象の別の対象への類似性に注目して、最初の対象が二番目の対象と同じような振る舞いをすると推論することである。たとえば、われわれは高品質の製品が高価なことを知っている。それゆえに、もし何かが高価であれば、われわれはそれが本当に良質のものだと推論するかもしれない。たとえば、私の目の前の棚に二本のワインがあり、一方の値段が高いと、私は、高いほうが良いワインだと即断する。

私は、その一つの特徴（価格）を、他に注目してもよかったであろう多くの特徴――ブドウの種類、醸造業者、醸造時期、醸造地域など――の中から選び、それを利用して決定する。ほとんどの明敏な消費者が知っているように、値段が高いからといって必ずしも質が高いとは限らないのである。ある地方のスーパーマーケットの通路での母親と子どもの会話を立ち聞きして、代表性のヒューリスティクスの利用が持つ意味を詳しく見ていくことにしよう。

場面を思い描いてほしい。七歳のレイチェルが、お気に入りのシリアルのラッキー・チャームズを見つけて、箱を一つ棚から取り、すばやくショッピング・カートに入れる。彼女の母親は、その箱を見てうんざりする。それは鮮やかな赤である。小さな妖精がピンクとパープルのマシュマロの一粒一粒に、きらきらする星（砂糖に違いない）を散りばめている。母親がその箱の裏を見ると、そこには、箱の中の特製眼鏡で、隠れた妖精を見つけ出そうと書いてある。

母親は毅然として言う。「レイチェル、そんなジャンクフード、棚に返しておきなさい。砂糖がたっぷりついているだけで、他の栄養は何もないのよ。」

レイチェルは答える。「でも、ママ、とってもおいしいのよ。」

彼女は賢い母親なので、もう一つの選択肢を与えて、ほんのちょっと誘導する。「これを試してみない。一〇〇％ナチュラル・グラノーラ、っていうのよ。健康にいいわ。これを食べれば大きくなれるわよ。」

レイチェルはその箱を見る。それは小さいけれども重い。その表の絵には、木目を背景にしてボウルに盛られた小麦色のシリアルと、数本の自然のままの麦穂が描かれている。その箱の裏には、小さくたくさん読みにくいことが書かれている。

レイチェルは叫ぶ。「ウェー！ 大きくなりたくないわ。」

あなたなら、この朝食用シリアルの大衝突をどのように解決するだろうか。レイチェルが食べないかもしれないけれども、母親の側に立って栄養を選ぶだろうか。それとも、レイチェルは、このいたいけない年齢にもかかわらず、その結果はどうなろうと自分自身で決定すべきだと思うだろうか。私のお勧めは、あなたにとっては驚きかもしれない。その戦いは無駄骨である。レイチェルと母親にラッキー・チャームズを買うように言いなさい。なぜなら、実際には、そちらのほうが「自然《ナチュラル》」のシリアルよりも栄養価が高いからである。もしレイチェルの母親が、わざわざ細かい印刷を読んでラッキー・チャームズと一〇〇％ナチュラル・グラノーラをきちんと比較していれば、ラッキー・チャームズのほうが一〇〇％ナチュラル・グラノーラよりもカロリーと飽和脂肪が低いことを発見していただろう。[34] ラッキー・チャームズは、糖類がわずかに高くはあったが、この差は無視できるものであり、日常の食事ではほとんど問題にならないものである。それどころか、消費者の情報源として高い評価を受けている雑誌『コンシューマー・レポート』は、一九八一年に、朝食用シリアルのテストを実施した。[35] 研究者たちは、栄養の必要条件が人間にきわめて似ている若いラットに、十四週から十八週の間、まったくの水だけか、三十二ある朝食用シリアルのブランドのいずれかを与えた。彼らは、ラッキー・チャームズを餌にしたラットが健康に成長することを見出した。一方、クエーカーの一〇〇％ナチュラル・グラノーラの餌は、なんとラットの生長を止めてしまったのである！

レイチェルと母親の間の不一致の原因は何だろうか。彼らが、（シリアル自体でなく）シリアルのパッケージを代表性のヒューリスティクスとして利用していたのは明らかである。この事例では、母親にとっての問題は、栄養のあるシリアルを選ぶことであり、レイチェルにとっての問題は、楽しくておいしいシリアルを手に入れることだった。ラッキー・チャームズの箱は子どものおもちゃ——鮮やかな色、漫画のキャラクター、きらきら輝く砂糖——に似ている。われわれは、このシリアルが「子どもっぽい」ものであり、子どもというものは見張っていないとジャンクフードを食べるものだから、このシリアルはジャンクフードに違いないと推論する。一方、一〇〇％ナチュラル・グラノーラの箱は土色を基調として自然のままの穀物が描かれ、自然そのものに似ている。そして、もちろん、そのブランド名も一致している。それは「自然《ナチュラル》」であり、われわれの頭の中では、自然のものは、良いもの、健全なものと等しいのである。そのシリアルは栄養に富んでいるに違いない。

代表性のヒューリスティクスは、スーパーマーケット以外の場所でも利用されている。[36] 民間療法や初期の西洋医学に関する分析は、治療はその病気の原因に似ているべきだという一般的な思い込みがあったことを示している。たとえば、ある文化では、てんかんは、てんかん発作に似た動きをする猿から作った薬で治療される。同様に、西洋文化では、新聞は最初の頃、黄熱病は蚊によって感染するというウォルター・リードの示唆を嘲笑っていた。というのは、原因（蚊）と結果（マラリア）との間にはほとんど類似性がないからである。代表性のヒューリスティクスは、心理的原因を特定するのにも利用されている。たとえば、一九六〇年代と一九七〇年代、多くの保守的な成人は、その時代の大学生が示した政治的過激主義の原因は、自由放任の養育習慣にあると思い込んでいた。初期の精神分析学の理論化においては、強迫性性格は肛門固着として知られており、初期の厳しいトイレット・トレーニングの直接の結果であると信じられていた。圧倒的大多数のアメリカ大統領選挙では、二人の主要候補のうちで背の高いほうが勝者となっている——身長が指導能力に関係しているかもしれないと、なんとなく信じているアメリカ人がかなりいる可能性があるかもしれない。

代表性のヒューリスティクスは、他の人々について印象を形成したり判断を下したりするのにもよく利用される。ある人物についてわれわれが拾い上げる最初の情報——性別、人種、身体的魅力、社会的地位などの情報——というものは、たいてい単純な規則と関連していて、われわれの思考や行動を導くことになる。ジェンダーや民族のステレオタイプは、われわれに「男と女がまさにどう異なるのか」ということ、「ある民族集団の中のある特定のメンバーがどのような人であるのか」ということを教えてくれる。多くの研究が実証してきたことは、ほとんどの人々が、美しい人はそれほど魅力のない人よりも成功しやすく、感性豊かで、暖かく、性格が良いと即断するということである。社会的地位の高い人は、しばしば服装や礼儀からそうわかるのだが、尊敬され尊重される。「出世する」ための自己啓発本が、その読者に「成功への装いをする」よう、すなわち、成功した人物のイメージを作り出すような服を着るよう勧めて、これらのヒューリスティクスのうまい利用方法を説明していてもなんら不思議ではない。これが代表性のヒューリスティクスの実践である。

利用可能性のヒューリスティクス　あなたが友人たちとレストランに行くとしよう。友人のニールはオニオンリングを添えたステーキを注文するが、ウェイターがフライドオニオンを添えたステーキを運んでくる。「まぁ、いいか」と彼は言う。「たいしたことないさ——フライドオニオンも好きさ。オニオンリングと同じくらい。」これが、注文し直すべきかどうかの議論の口火を切る。マーリーンは、自己主張がないといってニールを非難する。彼はあなたのほうを向いて、「僕が自己主張のない人間だと思う?」と尋ねる。あなたはこの質問にどう答えるだろうか。

もしあなたがニールをよく知っていて、彼がどれくらい自己主張をするか、そのイメージをすでに持っていれば、あなたは容易に即座にその答を口にできるだろう。しかしながら、ニールがどのくらい自己主張があるかについて、あなたが本気で考えたことがないとしよう。こういった状況では、われわれのほとんどは、ある事例がどのくらい即座で容易に頭に浮かぶかに頼るだろう。もし、ニールが自己主張のある行為をした一つの鮮明な出来事を容易に思い付けば(たとえば、「映画の列で誰かが彼の前に割り込もうとするのを止めたそのとき」)、あなたはニールがかなり自己主張の強い男だと結論付けるだろう。もし、ニールが自己主張のない行為をした出来事のほうをより容易に思い付けば(たとえば、「テレホンショップの勧誘者の口車に乗って、スラップ・チョップ〔訳者注:調理器具の商品名〕を二十九・九九ドルで買わされたそのとき」)、あなたは彼がかなり自己主張のない人だと結論付けるだろう。

この大雑把なやり方は、**利用可能性のヒューリスティクス**と呼ばれている。具体的な例がわれわれの頭にどのくらい容易に浮かぶかにもとづく判断のことである。利用可能性のヒューリスティクスが、正確で有用だとわかる多くの状況がある。具体的に言うと、あなたが、ニールが自分の権利を守っているいくつかの例を容易に思い浮かべることができれば、おそらく彼は自己主張のある人間だろう。あなたが、ニールが人々に振り回されるままになっているいくつかの例を容易に思い浮かべることができれば、おそらく彼はそうではないだろう。利用可能性のヒューリスティクスを採用することに伴う主な問題は、もっとも容易に頭に浮かぶものが、その全体像を表す代表的なものでないことが時としてあるということである。このために過った結論に至るだろう。

別のことを試してみよう。合衆国では、サメに襲われて死ぬ人と飛行機の部品の落下で死ぬ人のどちらが多いとあなたは思うだろうか。火事で死ぬ人と溺れて死ぬ人のどちらが多いとあなたは思うだろうか。ちょっと考えてみてほしい。

これらの質問を尋ねられると、圧倒的大多数の人々は、サメの襲撃による死のほうが、飛行機の落下部品による死よりもよくあり、火事による死のほうが水による死よりもよくあると報告する。実際には、この両方の答が誤りである。なぜほとんどの人々がこれらのことを信じているのだろうか。研究が示唆していることによれば、おそらく、サメや火事による死亡事件はイブニング・ニュースでありありと鮮明に報道されるので、これらの例が容易に頭に浮かびやすくなっている、つまり、それらが人々の記憶の中で利用可能になっているのである。(37)

同じように、もしあなたが、合衆国で一年間に犯される暴力犯罪の数を推測するよう人々に求めると、第3章で学んだように、人々がプライム・タイムのテレビをどのくらい多く視聴しているかによって、あなたは異なる答を得るだろう。テレビを多く視聴する——そして、それゆえに、脚色化された暴力を多く目にすることになる——人々は、われわれの国で発生している実際の犯罪の総数をはるかに過大に推測するのである。(38)

態度のヒューリスティクス　**態度**とは、情動的で評価的な要素を含む特殊な信念の一つである。ある意味では、態度とは、ある対象について記憶に貯蔵された評価——良いか悪いか——である。アンソニー・プラトカニスとアンソニー・グリーンワルド(39)によれば、人々には、意思決定や問題解決をするための手段として**態度のヒューリスティクス**を利用する傾向がある。態度は、対象を、好意的な部類（そこでは、賛成し、接近し、賞賛し、大切にし、保護するという方略が適切である）に割り当てるか、それとも、非好意的なカテゴリー（そこでは、反対し、回避し、非難し、無視し、傷つけるという方略が使われる）に割り当てるのに利用される。たとえば、もしサムがオバマ大統領を嫌いだとすると、彼は、景気後退や高い失業率や巨額の財政赤字について、彼の政策を非難するだろう。しかし、彼がオバマを好きだとすると、彼はこれらの問題をオバマの前任者の責任にするだろう。

多くの研究は、態度が、われわれの社会的世界を理解するために利用されていることを示している。たとえば、アンソニー・プラトカニス[40]の研究は、ある人の態度は、その人が何を真実だと「知っている」かを決めるのに主要な役割を果たすことを見出した。この研究では、大学生たちが、もう一人の前大統領についてありそうな――以下のような――二つの叙述のどちらが真実であるかを示すよう求められた。

a. ロナルド・レーガンは、ユーレイカ大学で成績平均Aを維持した。

b. ロナルド・レーガンは、ユーレイカ大学で成績平均C以上をとったことはない。

プラトカニスは何を見出したのだろうか。レーガンの実際の大学の成績を知っている人はほとんどいなかった。そのため、彼らの答は、彼に対する態度に左右された。レーガンを好きな学生たちは、叙述aのほうを信じる傾向――ああ、元大統領は学校でもよくやっていたよ――があった。逆に、彼を嫌いな学生たちは、叙述bのほうを信じる傾向があった。さらに、レーガンに対する態度が極端であればあるほど、学生たちは自分の判断に自信を持っていた。言い換えると、この研究に参加した学生は、現実を推測するために自分の態度を利用し、そして、自分が正しいと推測したものを信じていたのである。あなたがたの中で好奇心旺盛な人のために言っておくと、正解は叙述bである。レーガンは、大学で成績平均C以上をとったことはない。（急いで付け加えるが、これは事実であり、私のレーガン氏に対する個人的な態度とはまったく関係はない！）

態度のヒューリスティクスの利用は、われわれの推論のための論理や能力に影響を及ぼすことになる。たとえば、一九四〇年代の後半、ドナルド・ティスルウェイト[41]は、以下の三段論法が妥当かどうかを判断するよう回答者に求めた。

前提1：もし、生産が重要なら、平和な労使関係が望ましい。

前提2：もし、生産が重要なら、白人を監督し指導する役に黒人をすえるのは過ちである。

結　論：もし、平和な労使関係が望ましいなら、白人を監督し指導する役に黒人をすえるのは過ちである。

ちょっと考えれば、この三段論法は誤っていることがわかる。この結論は、この前提からは論理的には導き出せない。しかし、ティスルウェイトは、偏見の強い（この結論に賛成する）個人は、偏見の弱い個人よりも、この論理が妥当だと（誤って）表明する傾向がはるかに強いことを見出したのである。

態度のヒューリスティクスのもう一つの側面は、**ハロー効果**である。ハロー効果は、ある人物の好意的ないしは非好意的な全般的な印象が、その人物についてのわれわれの推測や今後の期待に影響するという一般的なバイアスである。たとえば、もしあなたがオバマ大統領を本当に好きなら、悪いとみなされるかもしれない彼の側のどんな行動も無視したり、言い逃れたりし、彼の良い行為の美点を強調したりしやすいだろう。あなたの心の中では、彼はまるで天使の光輪《ハロー》をまとっているのである。同じように、嫌われている人は、否定的な特性を持っていると思い込まれ、その人の業績はその後価値を失っていく。リチャード・スタインとキャロル・ネメロフ[42]は、大学生たちが、女性が何を食べるかによって、その女性に光輪《ハロー》（肯定的なものも、否定的なものも両方とも）をまとわせることを実証した。つまり、他のすべての条件が等しければ、彼らは、ある女性が健康食品を食べていることを知ると、ジャンクフードを食べている女性よりも、より女性らしく、より身体的な魅力があり、より好感が持てると評定したのである。

態度のヒューリスティクスのさらにもう一つの側面は、**フォールス・コンセンサス効果**である。われわれのほとんどには、どんな問題についても自分と同じ意見の人々の割合を過大に推測する傾向がある。もし私が何かを信じるとすれば、私は、他のほとんどの人々も同じように思っていると見なしがちである。たとえば、一つの実験で、リー・ロスとその共同研究者[43]は、「ジョーの店で食べよう」と書いてある看板を提げてキャンパスを歩き回ってくれるかどうかを大学生たちに尋ねた。看板を提げるのに同意した大学生たちは、他のほとんどの大学生もそうするだろうと思っていたが、看板を提げない決心をした大学生たちは、看板を提げる他の大学生はほとんどいないだろうと推測した。言い換えると、われわれは、自分の好きなものを他の人々も好きで、自分のしたいことを他の人々もしたがっているという（必ずしも真実とはいえない）思い込みをすることが多いのである。

われわれはいつヒューリスティクスを利用するのか

もちろん決定は、ヒューリスティクスにもとづいている必要はない。レイチェルの母親は、シリアルの箱に書かれてある成分を丹念に読んだり、消費者の雑誌を予約購読したり、栄養に関する本を調べたりしたかもしれない。同じように、われわれは、ある問題について丹念に論理的に考えたり、ある政治家の履歴や業績を丹念に調べたりすることもできる。こうすれば、われわれは、世界を理解するための簡便な方法としてわれわれの態度を利用することはあまりなくなるだろう。そして、時には、われわれのほとんどは、合理的な意思決定過程を実際に行っているのである。

ここから重要な質問が生じる。どのような条件で、合理的な意思決定ではなく、ヒューリスティクスの採用へともっとも至りやすいのだろうか。研究は、少なくとも五つの条件を特定している。(44) 人間が認知の節約家であるという最初のほうの議論から予想できるように、ヒューリスティクスがもっとも利用されやすいのは、ある問題について丹念に考える時間がないとき、あるいは、情報が過剰なためにその情報を完全に処理できないとき、あるいは、当面の問題がそれほど重要ではないのであまり考える気がしないときである。さらに、ヒューリスティクスが利用されるのは、ある決定を行うために利用できる確かな知識や情報がほとんどないとき、あるいは、ある問題に直面したときに、ある特定のヒューリスティクスがすぐに頭に浮かぶときである。［訳者注：「五つの条件」とありながら、この五つめの条件は、この版では削除されている。しかし、この条件にかかわることが、次の段落の具体例の中で触れられているので、訳者が第六版にもとづいて追加した。］

ちょっと考えてみるだけで、レイチェルと母親が直面した説得風景には、ヒューリスティクスを利用した意思決定を生じさせる多くの特徴があるのがわかるだろう。もしレイチェルの母親がほとんどのアメリカ人と同じなら、彼女は、ここ十年の間、自分の自由な時間を随分むしばまれてきており、ますます時間に追われているように感じているだろう。一人の消費者としては、彼女は、現在市場に出回っている四百に近いさまざまなブランドのシリアルの選択を迫る濃密なメッセージ環境に直面している。彼女はおそらく、消費者としての教育と訓練をほとんど受けたことがないだろう。同時に彼女は、何百万もの広告、そのいずれもが何度も何度も繰り返すブランドのイメージを受け取っており、そのために、地方のスーパーマーケットの通路でこのイメージがすぐに頭に浮かぶようになっているだろう。このような事情を考えれば、すべての決定がヒューリスティクスを使わずになされているわけではないということのほうが驚きである。

カテゴリー化と社会的ステレオタイプ

一九九一年のペルシャ湾岸戦争の前に、合衆国議会では、戦争を始めることの良い結果と悪い結果を巡って一連の論争が行われた。戦争支持派の人々は、サダム・フセインのことを「新しいヒトラー」と呼び習わした。彼らは、サダムによるクルド人への毒ガス攻撃とヒトラーによるユダヤ人の毒ガス室送り、イラクのクウェートへの侵略とドイツのポーランドやバルト諸国への侵略、サダムとヒトラーの軍備増強の類似点を強調した。戦争反対派の人々は、イラクの状況をベトナムの状況になぞらえて見た。彼らは、どちらの事件も内戦――南北ベトナム間の戦いとさまざまなアラブの党派間での戦い――と見なし、湿地や砂漠という外国の地勢における合衆国軍隊の戦闘能力を懸念し、その戦争遂行の努力を「大企業」や「大石油資本」を支える戦争と見なした。

ある意味では、イラクと戦争を始めるかどうかを巡っての論争は、実際には、曖昧な事件についてどちらのカテゴリー化が正しいかを巡っての論争であった。そして、これはもっともなことである。というのも、ある出来事や人物がどのようにカテゴリー化されるかがいったん決まれば、どのような行動がとられるべきかが明らかになるからである。もしサダムが本当に「新しいヒトラー」ならば、経済制裁政策（一つの宥和政策と考える人もいるが）は、平和に対するさらなる脅威をもたらし、最後にはもっと悲惨な戦争をもたらすだけだろう。もしイラクがもう一つのベトナムであれば、介入すれば、賛否両論のある長期の戦争になり、それは、はっきりとした勝者も敗者もいない泥沼と化すだろう。[45]

われわれは、人物や出来事をどのようにカテゴリー化すべきかを巡って「論争」を週に何百回となく行っており、その結果を巡って戦争になることはあまりないけれども、われわれが出来事をどのように解釈し定義するかは重大な結果をもたらすことになる。たとえば、私がその世代のもっとも優秀な研究者の一人と見なしている社会心理学者がいる。彼は思慮深く思いやりのある人間でもあり、X理論の主要な提唱者でもある。しかしながら、彼は「人々を大切にするその分野の指導者」とか「X理論への主要な貢献者」とかと描写されることはめったにない。かわりに彼は「とても才能のある黒人社会心理学者」と最初に描写される。この人が、同じようにあてはめられる他の多くの属性のどれかではなく、いつも黒人という属性で呼ばれることは、この人にどのような結果をもたらすだろうか。この本の後のほうで、われわれは、偏見の性質と結果について詳しく見ていくだろう。今のところは、われわれがどのように出来事や人物をカテゴリー化するか、そして、それがどのような効果を伴うかを見ていこう。

ステレオタイプ的知識と期待

カテゴリー化のもっとも重大な結果の一つは、そうすることによって、特定のデータ、すなわちステレオタイプが呼び起こされ、それによって、われわれの期待が決まるということである。たとえば、次の言葉はそれぞれ、ある非常に特殊な意味を呼び起こすだろう。ヒップスター、大学教授、パーティー・ガール、人種差別論者、自由民主党員。われわれは、いったんある人物や出来事をこれらの言葉（他の言葉ではなく）でカテゴリー化すると、それに伴うステレオタイプにもとづいて将来のやりとりについての期待を抱く。私が、友人が「洗練された飲食施設」ではなく「バー」とカテゴリー化しているカフェに入ったとしよう。おそらく私は、その場所を違ったふうに考え、違った行動をするだろう——そして、もしそのカテゴリー化が間違っていれば、私の行動は滑稽かもしれず、トラブルにさえなるかもしれない。

ジョン・ダーリーとパジェット・グロス(46)による興味深い研究は、期待が、人々についてのわれわれの考え方や判断の仕方に影響を及ぼす力を持っていることを実証している。彼らの実験で、彼らは「ハンナ」という四年生女子児童について四つの異なる話を語った。大学生たちが、その四つの話のいずれかを聞いた後で、ハンナの学力を推測するよう求められた。最初の二つの話では、被験者は、ハンナが上流地区か、貧しく荒れた地区のどちらかで遊んでいるビデオを見ただけである。これは、ハンナの経歴についてステレオタイプにもとづく期待を生み出すよう計画されていた。残りの二つの話では、被験者は、ハンナが遊んでいるこれらのビデオのいずれかを見、さらに、ハンナが二十五問の学力テスト問題に取り組んでいるビデオを見た。これらのテストでのハンナの成績は曖昧であった。彼女は難しい問題に正解するときもあれば、簡単な問題に間違えるときもあったのである。

ダーリーとグロスは、被験者が、ハンナが公園で遊んでいる二つのビデオのいずれかを見ただけのときには、彼女の能力を平均的だと評定することを見出した。ハンナは、彼女のクラスの他の皆と同じだったのである。言い換えると、ダーリーとグロスは、これらのビデオを見た被験者が、彼女の能力の判断の際に、金持ちの子どもと貧しい子どもについての自分のステレオタイプをあてはめないことを見出したのである。しかしながら、被験者が、ハンナが学力テスト問題を解いているビデオも見たときには、ステレオタイプの効果が明らかになった。すなわち、被験者は、ハンナが社会経済的地位の高い育ちのときよりも、それが低いときに、彼女の能力は低いと評定したのである。その被験者はまた、彼女の曖昧な成績を自分の判断と一致するように解釈していた。つまり、ハンナが貧しい育ちのときには、そのテストがより簡単であると評価し、彼女が解いた問題の数を少なく見積もったのである。この実験から、ステレオタイプについて二つの教訓が得られるだろう。第一に、ほとんどの人々は、ステレオタイプについて少しは理解している。彼らは、確かなデータがないときには、それらをあてはめたがらないようである。第二に、このような理解にもかかわらず、われわれのステレオタイプは、その判断に合理性があるように誤って感じさせるような追加の曖昧な情報があるときには、なおもわれわれの知覚や判断に影響を及ぼすということである。

現実の対面でのやりとりでは、ダーリーとグロスの実験で観察された過程は、多くの場合、単なる判断では終わらない。古典的な実験で、ロバート・ローゼンサールとレノア・ジェイコブソン(47)は、学校教師の頭に偽のステレオタイプを植え付けたが、それは、彼らの生徒の成績に劇的な影響をもたらした。この研究では、最初に実験者が、ある小学校のすべての子どもにＩＱテストを実施した。テストを採点した後に、それぞれの学級から二十％の子どもが無作為に選ばれた。教師は、そのテストによって、これらの生徒は「才能開花型」で、これからの一年で重要な知的進歩を遂げようとしていることがわかったと伝えられ、このようにして、教師に、彼らの生徒の何人かについて良い（しかし、まったく偽の）期待を抱かせたのである。それから、研究者たちは戻って眺めていた。一年の終わりに、彼らはもう一つのＩＱテストを実施した。

何が起こったのだろうか。教師が才能開花型だと誤って信じていた生徒は、実際に頭が良くなり、才能開花型の名前を与えられなかった子どもたちよりも、ＩＱテストで有意に大きな進歩を遂げていた。このような期待やステレオタイプによって、人々が自分の期待を確証するように他者を扱うようになる過程は、**自己成就的予言**と呼ばれている。われわれは、後の章でもこの現象に何度か出会うだろう。自己成就的予言は、われわれが他者に関する最初の印象にもとづいて、これらの印象に彼らの行動を一致させるよう働きかけるときに生じる。それでは、どのようにして教師の期待は、才能開花型の名前を与えられた生徒の知能を向上させることになったのだろうか。教師が自分の生徒に将来性があると見ると、彼らは彼らにより暖かい「気候」を（言葉によっても、言葉以外によっても）作り出す。彼らはこれらの生徒に、より注目し、より批判的なフィードバックを行い、より多く答える機会を与える。これらは、ほとんど誰であっても、知的能力が進歩する条件である。要約すると、生徒の成長の将来性に対する彼らの信念が――その真偽にかかわらず――、生徒が成長する最適の条件を彼らに作り出させるのである。

関係がないところに関係を見る――誤った関連付け――

カテゴリー化のさらにもう一つの効果は、われわれが関連があるはずと思っている二つのものの間に――実際には関係がないのに――ある関係をしばしば知覚することである。社会心理学者は、これを**誤った関連付け**と呼んでいる。デイヴィット・ハミルトンとその共同研究者(48)による実験を紹介して、私が言いたいことを説明しよう。一つの実験で、被験者は、さまざまな人物を名前と職業と二つの目立つ性格特性で記述した二十四の文を読んだ。たとえば、被験者は、「トムは、セールスマンで、お喋りで退屈です」、「ビルは、会計士で、内気で礼儀正しい」などの文を読んだ。たまたま偶然に、その特性語は、ほとんどの人々がその職業について抱いている一般的なステレオタイプと一致するときがあった。すなわち、セールスマンは情熱的でお喋りと記述され、会計士は完全主義で内気と記述されるときがあったのである。そのデータは、被験者が、それぞれの職業を記述するために使われたステレオタイプ的な言葉の出現頻度を過大に推測することを明確に示していた。言い換えれば、彼らは、特性と職業との間に誤った関連付けを作り出すことに成功したのである。

誤った関連付けは、社会的判断の中できわめてよく見られる。

以下の二つの例を考えてほしい。非公式の調査では、人々は、レズビアンがエイズウイルスに感染している可能性を一貫して高く見積もっている。(49)実際には、レズビアンのＨＩＶ感染は、男性の同性愛者や男女の異性愛者と比べて、もっとも低い率である。しかしながら、男性の同性愛者のＨＩＶ感染の率が高いという知識が、女性を同性愛者としてカテゴリー化することとあいまって、レズビアンはエイズに罹っている可能性が高いという誤った判断を導いているのである。臨床の判断では、個人を（統合失調症や躁鬱病などの）ある特定の診断カテゴリーにカテゴリー化することによって、その個人と、その診断に一致した行動の間に関係がある（実際には存在していないときでさえ）という知覚がもたらされることになる。(50)どのような場面であれ、誤った関連付けによって、われわれが最初から持っているステレオタイプや信念は確証されることが多い。つまり、われわれのステレオタイプは、ある関係をわれわれに知覚させ、今度は、その関係が、そのもとからあったステレオタイプが真実であるという証拠を提供しているようである。

内集団―外集団効果　人々をカテゴリー化するためのもっとも一般的な方法の一つは、世界を二つの集団――「私の」集団の人々と外集団の人々に分けることである。たとえば、われわれはしばしば、世界を、われわれと彼ら、私の学校とあなたの学校、私のスポーツチームと敵、アメリカ人と外国人、私の民族集団とあなたの民族集団、昼食のときに同じテーブルに座る人たちと残りのあなたたちなどに分ける。われわれが世界をそのような二つの現実に分けるときには、二つの重要な結果が生じる。それらは、**同質性効果と内集団びいき**である。

同質性効果は、われわれは、われわれ自身の集団――**内集団**――のメンバーよりも、**外集団**のメンバーがお互いに似ている人同士だと見なしやすいという事実のことを言う。われわれは、外集団のメンバーが皆同じように見え、同じように考え同じように行動すると想像しがちである。たとえば、バーナデット・パークとマイロン・ロスバート(51)は、女子学生社交クラブについて研究を実施した。彼らは、女性が、自分自身の社交クラブに比べて、他の社交クラブに属するメンバー間により高い類似性を知覚していることを見出した。この効果の一つの説明は、女性は、自分自身の集団のメンバーについて考えるときには、それぞれに独自の性格とライフスタイルがある個々人としての知識を持っていたというものである。一方、彼らが、外集団メンバーについて考えるときには、このように個別化する情報がなかったので、彼らは、彼らのことをその集団のラベルで考えて、彼らのことを皆この集団のアイデンティティに似たものと見なしたのである。

内集団びいきとは、自分自身の集団をどのような側面でもより良いものと見なし、自分自身の集団に利益を配分する傾向のことである。内集団びいきは、**最小集団パラダイム**として知られるようになった方法を利用して幅広く研究されてきた。この研究手続きは、イギリスの社会心理学者ヘンリー・タイフェル(52)が創始したものであるが、そこでは、まったく見ず知らずの人々が、考えられるだけのもっとも些細で取るに足りない基準で、集団に分けられる。たとえば、ある研究では、被験者は、タイフェルが、「集団X」か「集団W」のどちらかに無作為に割り当てるコインをはじくのを見守った。

タイフェルの研究を興味深くしているのは、ほとんどまったく意味のない集団同一化にもとづいてでも有意な研究結果がしばしば得られていることである。すなわち、被験者は、研究に入る前はまったくの見知らぬ人であり、お互いにやりとりもせず、そして、自分の行為は完全に匿名にされている。それでも、彼らは、彼らの無意味なラベル（たとえば、XとかWとか）を共有する人同士が、まるで自分の親友ないしは近親者のように振る舞うのである。被験者は、自分と同じラベルを共有している人たちを好きだと表明する。彼らは、彼らのことを、異なるラベルに割り当てられた人々よりも、より楽しい性格を持っていそうだとか、より良い成果を産み出しそうだとかと評定する。もっとも驚くべきことに、被験者は、自分とラベルを共有する人たちにお金や褒美をたくさん配分するのである。どうして、ほとんど何もないものにもとづいて、そんなにも簡単に差別をするのだろうか。進化心理学者は、われわれが小さめの部族で生活していたときに、われわれが種として発達する間、内集団―外集団を分けて考える、この傾向が適応的であったと主張している。われわれ自身の部族のメンバーと外部者との違いに目を光らせておくことが有益だったのである。というのは、外部者は、結局のところ、競争相手か攻撃者かもしれないからである。さらに、われわれは資源を分かち合い、自分の集団からの保護を受けるので、われわれ自身の部族の中での団結が適応的であったのである。このように、われわれと彼らを区別する、こういった部族的な思考は、人間の神経回路に埋め込まれた傾向であり、きわめて容易に作動し得ると考えられている。第7章で見るように、これらの傾向は、人種的・民族的偏見の基盤をなすものとなり得るものである。

構成的予測と再構成的記憶

二つの思考過程――将来の出来事に対するわれわれの反応を予測することと、過去の出来事を想起すること――が、社会的認知に重要な役割を果たしており、この両方ともがかなりエラーを起こしやすい。われわれは、ある特定の結果によって自分がどう感じるかを予測することによって、自分の目標を決めたり、リスクを進んで冒すかどうかを決めたりする。それどころか，われわれが何か（サンドイッチ，仕事，離婚など）を得ようとするときにはいつも，それを手に入れると自分が幸せになると基本的に予測しているのである。それにもかかわらず，われわれはしばしば，自分自身について完全に間違った予測をするのである。(53) 五十万ドルをくじで当てたら，あなたはどのくらい気分が良いだろうか，そして，その良い気分はどのくらい続くだろうか。期末試験でDを取ったら，あなたはどのくらい気分が悪いだろうか，そして，その悪い気分はどのくらい続くだろうか。私は賭けてもかまわない。くじで当たることは，あなたが予測するほどあなたを良い気分には（あるいは，あなたが予測するほど長くは）しないだろうし，そして，Dを取ることは，あなたが予測するほどあなたを悪い気分に，あなたが考えるほど長くはしないだろう。かなりの研究が実証していることは，良い出来事でも悪い出来事でも，われわれは出来事の情動的な影響と，これらの出来事に対するわれわれの反応の持続性とを過大に見積もるということである。たとえば，一つの研究では，(54) 助教［訳者注：有期雇用が一般的］が，もし終身地位保障をもらえれば，どのくらい――そして，どのくらい長く――幸せかを予測するよう，あるいは，それをもらえなければ，どのくらい悲しく，どのくらい長く悲しいかを予測するよう求められた。これらの予測は，すでにその過程を経た人々――終身地位保障を巡る勝者と敗者の両方――による幸せの評定と比較された。研究結果は，助教が，終身身分保障の決定後に自分がどのくらい幸せか，あるいは悲しいかを過大に見積もることを示した。終身身分保障をすでに授与された人々は，終身身分保障の決定を待っている人々が予測するよりも，幸せではなかった。同様に，終身身分保障をすでに拒否された人々は，予測するよりも，悲しくなかったのである。それどころか，終身身分保障の決定が人生を変えてしまう性質を持っているのにもかかわらず，五年後には，終身身分保障の勝者も敗者も同じくらい幸せだったのである。

どうしてわれわれは予測を誤るのだろうか。一つの理由は，われわれは，自分の人生の中で幸せな出来事にも悲しい出来事にも順応するけれども，自分の将来がどのように見え，感じられるかを心の中で構成する際に，われわれはしばしば，自分のこの順応力を自覚できないというものである。もう一つの理由は，われわれが将来を想像する際には，問題の出来事（たとえば，終身身分保障を得ること，あるいは得ないこと）にだけ注目する傾向があり，疑いもなく同時に起こり，失敗の痛手を和らげたり幸せを薄めたりしそうなその他のすべてのことを度外視するということである。こういったわけで，われわれは，結婚したり，くじに当たったり，有名になったりして，いつまでも幸せで舞い上がり続けているのを想像するし，仕事や愛する人を失って，いつまでも途方に暮れているのを想像するのである。しかし，現実には，これらの出来事がもたらす喜びや痛みは色褪せていくのである。

将来を想像するのと同じように、過去を思い出すことも、われわれの社会的なやりとりに重要な影響を果たしており、これもまたバイアスに陥りやすい。想起は、心理学者が繰返し見出しているように、**再構成の過程**である。これによって私は、過去の出来事の逐語的な翻訳をわれわれは利用できないのだと言いたい。それは巻き戻しボタンを押して直接録音を再生するようなものではない。その代わり、われわれは、どうであったか、どうであるべきだったか、どうであってほしかったかという自分の考えによってろ過され、変容された、実際の出来事のばらばらの断片を寄せ集めて記憶を再現するのである。われわれの記憶は、特定の出来事について——ずっと後になって——人々がわれわれにどう語ったかによっても深い影響を受ける。アンソニー・グリーンワルド(55)は、もし歴史家が、われわれが自分の人生の出来事を思い出そうとするときと同じくらい、歴史を修正し歪曲すれば、仕事を失うだろうと言っている。もちろん、われわれのほとんどは、自分の記憶が過去の真実のみを含んでいると信じたいだろう。ほとんどの人々にとって、自分の記憶が当てにならないと考えると、落ち着かないのである。

著名な認知心理学者エリザベス・ロフタスは、**再構成的記憶**(56)に関する魅力的な研究プログラムを実施して、「暗示的」尋問がどのようにして記憶とその後の目撃証言に影響を及ぼすことになるのかを調べている。ロフタスは実験の一つ(57)で、被験者に自動車同士の衝突事故を描いた映画を見せた。映画の後、「自動車が、お互いに突っ込ん《スマッシュ》だときに、どのくらいのスピードで走っていたか」を質問された被験者と、同じ内容の質問で、突っ込む《スマッシュ》という単語をぶつかる《ヒット》という単語に置き換えた質問をされた被験者とがいた。ぶつかった《ヒット》自動車ではなくて、突っ込んだ《スマッシュ》自動車について尋ねられた被験者は、自動車が有意に速く走っていたと推測した。さらに、映画を見て一週間後には、彼らはその事故現場に割れたガラスが散乱していたと（間違って）明言する傾向があった。

誘導尋問は、（前述のケースでのように）事実についての判断に影響を及ぼすだけでなく、何が起こったかについての記憶にも影響を及ぼすことになる。ロフタスは研究の一つ(58)で、自動車と歩行者を巻き込む事故を描いた一連のスライドを被験者に見せた。決定的なスライドでは、一台の緑の車が事故現場を通り過ぎていた。そのスライドを見た直後に、半数の被験者は、「事故現場を通り過ぎた青の車は屋根にスキーラックを積んでいましたか」と尋ねられた。残りの被験者には、この同じ内容が質問されたが、青のという単語は省略されていた。「青い」車について質問された被験者のほうが、青い車を見たと間違って主張しがちであった。単純な質問によって、彼らの記憶は変容してしまったのである。

自伝的記憶

　自動車事故の細部を思い出そうとするときのように、瞬間的な、スナップ写真のような出来事で、記憶が再構成的であり得ることは明らかである。しかし、われわれ自身の個人的な歴史を思い出すような、もっと持続的なものではどうだろうか。ここでもまた、われわれが、そう信じたいと思っているほどには正確に自分の過去を想起しないということを自覚することが重要である。われわれの人生のすべての細部を想起することは不可能である。時間とともに、深刻な修正や重要な歪曲が生じる。あなたが想像するように、自伝的記憶の修正は、無作為ではない。むしろわれわれは、自分の個人的な歴史を、ヘーゼル・マーカス(59)が**自己スキーマ**と呼ぶもの――まとまった統一的な全体を成す、自分自身についての整合的な記憶、感情、信念――を利用して体系化しようとする強い傾向を持っている。このように、われわれの記憶は、われわれが自分自身に対して抱いている全般的なイメージに合致するよう歪曲されるのである。たとえば、われわれが、自分の子ども時代が不幸で、親が冷たくよそよそしかったという全般的なイメージを持っていれば、この全般的なイメージに反する子ども時代の出来事は、それを支える出来事よりも思い出しにくいだろう。このように、年月を経ることによって、われわれの記憶は徐々に整合的に、そして不正確になっていくのである。このようにして、われわれは自分の個人的な歴史を書き換える。われわれは、自分の過去について嘘をついているわけではない。われわれは、自分のスキーマに合うように間違って想起しているのである。

　マイケル・ロスとキャシー・マクファーランドとガース・フレッチャーによる簡単な実験が、どのようにしてこれが生じるかにかなりの光を当ててくれる。(60) 彼らの実験では、大学生たちが、毎日の歯磨きは良いと主張する説得的メッセージを受け取った。メッセージを受け取った後、彼らは歯磨きに対する態度を変化させた。言うまでもなく、これは驚くにあたらない。しかし、驚くべきことがある。その同じ日に別の状況で、その学生たちは「ここ二週間、何度歯を磨きましたか」と尋ねられた。メッセージを受け取っていた学生は、受け取っていない統制条件の学生よりも、はるかに頻繁に歯磨きをしたことを思い出したのである。その学生たちは、研究者を騙そうとしたわけではなかった。彼らに嘘をつく理由はなかったのである。彼らは、自分の新しい態度を、想起を助けるヒューリスティクスとして利用しただけである。ある意味では、彼らは、自分がいつも分別のある妥当な行動をしていたと信じたかったのである。しかし、その分別のある行動が何であるかは、今発見したばかりなのである。

エリザベス・ロフタスは、この線で研究をもう少し先に進めている。子ども時代の経験について偽の記憶を若い成人の頭に植え付けることが、近親者にこれらの出来事が事実だと語ってもらうだけで、どんなに簡単にできるかを示している。(61) たとえば、仮にある若い男性の年長の姉が彼に言ったとしよう。「あなたが五歳のときのこと憶えている？　学園都市のショッピング・モールで何時間か迷子になったわ。あなたはパニックになって、ちょっとお年寄り男性があなたを助けようとしてくれていたの。私たちが見つけたとき、あなたはそのお年寄りの手をしっかりと握って泣きじゃくっていたわ。」この話を聞いて二、三日もしないうちに、ほとんどの人々は、その植え付けられた記憶を彼ら自身の歴史に組み込んでしまい、細部を潤色してしまい（「あぁ、そうだったね。私を助けてくれたお年寄りはフランネルのシャツを着ていたね。」）、それが——実際には、なかったのだが——本当にあったことだと完全に確信するだろう。これは、**虚偽記憶症候群**と呼ばれている。

回復記憶現象　子ども時代の偽の記憶の植え付けに関するロフタスの研究によって、彼女や多くの他の認知科学者(62)は、憂慮すべき社会的現象に緻密で懐疑的なまなざしを向けるようになった。**回復記憶現象**である。一九八〇年代と一九九〇年代の間に、何千という成人が、以前は思い出したこともなかった、子ども時代のおぞましい出来事を思い出したかに見えた。これらの記憶の多くは、父親やその他の家族からの何カ月、何年にもわたる性的虐待についてのものであった。その中には、幼い子どもを殺して食べるような異様で陰惨な内容を含む精緻な悪魔崇拝儀礼への強制的参加についての鮮明な報告さえ（虐待の一部として）含む記憶もあった。(63) これらの記憶が表面化したのは、主に、集中的な心理療法——しばしば催眠下——の間か、それとも、鮮明で非常に示唆的な自己啓発本を読んだ後だった。

言うまでもなく、家族の中で性的虐待が起きていることは確かである——そして、そのような虐待の結果は悲劇的なものである。したがって、そのような発覚はすべて真剣に受け止められるべきだろう。同時に、人間の記憶を組織的に研究してきたほとんどの認知科学者は、これら報告された記憶のほとんどが現実を反映していないと確信している。彼らの主張は、警察や弁護士が、まったく起きなかった事件を目撃者に「想起」させることができるのとちょうど同じように、多くの人々は、まったくなかった子ども時代の性的虐待のような恐ろしいことを「想起」させられることになるというものである。

記憶の性質に関する組織的な研究を実施してきた科学者によれば、心的外傷となる出来事が長い期間にわたって何度も繰り返して起きると、これらの事実は通常忘れられない。(64) 科学者は、こういったことは稀には生じるかもしれないが、それが記憶の作用の仕方というわけではないと主張する。むしろ彼らは、虐待の記憶が、ロフタスの実験と類似した方法で、心理療法家自身によって意図せずして――もちろんどんな邪悪な動機もなく、来談者を手助けしたいという一途な試みの中で――植え付けられた可能性を示唆している。さて、それがどうやって生じるかである。ある心理療法家が、ある恐怖や性格特徴（たとえば、低い自尊心、暗闇で独りになる恐怖、自制心を失う恐怖など）[65]は、性的虐待を受けたことの症状だという理論を持っているとしよう。その診療室に、これらの特徴のいくつかを持った人がやって来る。心理療法が経過する中で、その心理療法家は、まったくの善意から、これらの出来事があったかもしれないとそれとなくほのめかすかもしれない。それからその心理療法家は来談者に、そういった事例を想起しようとするように勧め、来談者がこれらの可能性を探し始めると、心理療法家は、知らず知らずのうちに関心の高まりを――興奮さえも――示すかもしれない。こういった条件のもとで、その来談者は、まったくの偽物かもしれないのに、整然とした記憶を構成し始めるかもしれない。

　したがって、記憶の研究者は、一部の自己啓発本――人々に、子ども時代の早い時期の暗い秘密を暴き出させようとする本――を批判してきたが、それは、その著者がしばしば、暗示の力をひどく過小評価し、知らず知らずのうちに、人々が偽の記憶を回復するよう仕向けているからである。たとえば、一冊のベストセラーの自己啓発本[66]は、人々が時間をかけて、彼らの子ども時代の話を再構成する努力をするように実際に奨励し、それに続いて、虐待に関連があるとされているさまざまな有力な考えをリストしている。以下に、そのリストの一部がある。次のように紹介されている。

　虐待が起きる家族に存在する共通の特徴があります。あなたは、それらすべてを経験していないかもしれませんが、おそらくいくつかは経験したでしょう。

■「私は家族のことを恥じている。」
■「私には、それについて話すことができないことがあった。」
■「私の家族にはいつも秘密があった。」
■「私の家族には、悪いことに加えて、良いこともたくさんあった。」
■「私の両親のうちの少なくとも一人は、ドラッグをやったか、たくさん飲んだかした。」
■「私はしばしば恥をかかされたり、悪口を言われたりした。」
■「多くの私の基本的な要求は応えてもらえなかった。」
■「私の家庭では、物事は混沌とし、予測不能であった。」
■「たくさん約束を破られた。」
■「虐待をされたかどうか確信は持てないが、性的虐待とその影響について耳にすると、それが全部、気味悪く、ありふれて聞こえる。」

明らかに、このリストの項目のいくつかは、われわれのほとんどに——われわれが性的虐待のようなことを経験しようがしまいが——あてはまるだろう。さらに、ジョン・キールストロム(67)は、子どもの性的虐待とこういったチェックリストのどの項目との間でも固有の結び付きがあるとする科学的証拠はないと指摘している。何千もの成人が、子どものときに性的虐待を受けて、虐待の記憶を抑圧したが、今、この本を読んで、その虐待を想起したみたいだと主張する状況をわれわれはどう考えたらよいのだろうか。一方では、われわれは、これらの事件の一つひとつを深刻に受け止めたいと願う。そのようなことが本当に起こったのであれば、それは実に悲劇的なことであり、われわれは、そのような心的外傷経験をした人々に同情を禁じえない。しかし、もしその記憶が偽物だったらどうだろう。裏付けとなる証拠がない中で、その人は、容疑の家族の一人と対決し告訴すべきだろうか。何千もの人々がまさにそうしてきた——そして、この告訴によって、多くの家族が引き裂かれたのである。(68) あなたが想像するように、人々が、容疑事実の三十年も後になってその行為で告訴されても、彼らが無実を証明するのは、たいてい不可能である。

偽の記憶は、現代心理学の大きな論争の的である。専門の心理学者の中には、これらの報告を進んで真に受けてきた人もいる。しかし、ほとんどの認知科学者は、記憶に関する彼らの研究にもとづいて、虐待を裏付ける証拠がない中では、この深刻な犯罪の疑いをかけられた家族の一人を告訴するのは間違っていると信じている。これまで述べてきた科学的な研究に加えて、研究者は、日常生活の証拠によって、これらの回復された虐待の「記憶」の多くが、注意深く検討されると、まったくの間違いであったり、きわめて可能性が低いことであったりすると判明すると指摘している。たとえば、事件の中には、その出来事が起こったとされている同じ部屋で寝ていた数人のきょうだいが、絶対になかったと誓ったものがあった。また、一連の出来事が起こったとされているときに、告訴された加害者が（たとえば、軍役について）数百マイルも離れたところにいたということもあった。多くの事件では、心理療法でそのような記憶を獲得した人々が、数年後になって、その出来事が実際には起きていなかったことに自分自身で気付くようになった——そして、彼らは告訴を撤回している。(69) 時には、明確な証拠があるべきところに、それがないのでかえって目立っている。たとえば、前述したように、赤ちゃんを殺して食べて、その遺体を埋める一連の悪魔崇拝儀礼に無理やり参加させられた鮮明な「記憶」を回復した人々がいた。これらの記憶の中には、死体が埋められた場所が正確なものもある。しかし、法執行官が徹底的に、組織的に捜索したが、骨の一つすら見つけることができていない——そして、これらの報告の真相を裏付けた

かもしれないが、それと軌を一にする誘拐は報告されていなかったのである。(70)

多くの質問に答が出ていないままである。私にとってもっとも興味深い質問は、犠牲者に何の得があるのかというものである。子どもの頃ショッピング・モールで迷子になったことのように、比較的些細なことを誤って想起するのならまだしも、性的虐待を受けた記憶を回復することは大きな苦痛を伴うだろう。これらの出来事が実際に起きていなかったら、誰であれそれが起きたと信じたがるのはなぜだろうか。私には、この質問に対する決定的な答はない。私は、代表的かどうはわからないが、一つの事例記録を共有することができる。これは、親しい友人で、とても聡明でとても洗練された中年の女性についてのものである。マドラインと呼ぼう。彼女は以下のように書いている。

私は人生のどん底であった。私は恐ろしく不幸で不安であった。私の結婚は、最近、破局を迎えたばかりであった。私は、男関係でたくさんトラブルを抱えていた。私の職業人生は、何度かひどい打撃を受けた。私の自尊心はいつも低かった。私は、私の人生はどうにもならない——あるべき人生ではない——と強く感じていた。私は一冊の自己啓発本を手に取り、機能不全の家族について——そして、もっと具体的に言うと、性的虐待を受けた人の特徴や性的虐待が起きた家族の特徴について——読み始めたとき、それはまるでフラッシュが光ったようだった。ちょっと不思議だが、私は実際には安堵を感じた——それは、「あぁ、私が惨めなのはそういうことなのか」という感じであった。その本が私に教えてくれたのは、もし私が明確に想起しなかったとすれば、それは、私がおぞましい記憶を抑圧していたことを意味しているということであった。私は探偵のように感じた。私の子ども時代についてたくさん考えていけばいくほど、どんどんつじつまが合ってきた。数週間、私は、あらゆる感情に揺れ動いた。父親に対する怒り、屈辱、苦痛を感じていた——そして、安堵感も。私には今やその安堵がどこから来ているのかわかる。もし私が、私の不幸を、小さい頃に受けた恐ろしいことのせいにできれば、私は、大人になってからの私自身の失敗に責任を取らなくてもよいという事実から来ているのである。

幸運なことに、私は、両親と対決すらしなかった。なぜなら、記憶はおそらく信頼できないだろうと気付くようになったからである。私は、出来事の細部が異なる別の新しい「記憶」を持ち始めたのである。両方の記憶が正しいことなどあり得なかったのである。さらに、私は、私が「想起した」出来事が、多くのどんな理由でも起こり得ることなどないと気付くようになったのである。私の日々の悲しみや苦しみに明確に特定できる理由があるという考えを捨てるのは、信じられないほど難しかった。私はその本を読んだとき、とても弱っていて、がっくり落ち込んでいたのである。もし私が、私の「記憶」を公表でもしていようものなら、私は、私の家族に——そして、私自身に——筆舌に尽くしがたい損害を与えていただろう。私はなおも大きな怒りを感じている——しかしそれは両親に対してではなく、あのいまいましい本に対してである。

人間の認知はどのくらい保守的か

あなたが暗室にいて、とてもぼやけていて何が描かれているかがはっきりわからない写真を見ているところを想像してほしい。その写真の焦点が次第に合ってきて、ほんの少しぼやけて見えるようになる。このときに、あなたは、それが何かを推測するよう求められる。もしあなたが、この研究(71)に参加したほとんど被験者と同じであれば、あなたは約二十五%正解するだろう。しかし、あなたが、最初の段階的な焦点合わせなしに、最初から少しぼやけた写真を見ているところを想像してほしい。あなたの的中率は良くなるだろうか、悪くなるだろうか。その写真を見る時間が少なくなるのだから正確さは下がると、最初は思えるかもしれない。そうではない。あなたは、段階的な焦点合わせがなく、短い時間しか触れていないにもかかわらず、ほぼ七十五%正解するだろう——三倍も正確さが増すのである。どうしてだろうか。この実験の結果は、**確証バイアス**として知られていること——最初の印象や信念を確証しようとする傾向——を例証している。その写真がひどくぼやけているときには、ほとんどの人々はそれが何であるかについての仮説を生み出すだろう——アイスクリーム・コーンみたいだ、いや、立ち上がった馬かな、いや、エッフェル塔かな。これらの推測が、その後で干渉してきて、ほんの少しぼやけた写真を解釈できなくさせるである。確証バイアスが人間の思考の一般的な傾向であることを示す多くの研究がある。たとえば、マーク・スナイダーとウィリアム・スワン(72)の実験では、女子大学生が、これから会ってもらう人が外向的である(社交的で暖かくて友好的な)と知らされるか、それとも、内向的である(無口で冷淡でよそよそしい)と知らされた。それから、彼女たちは、この人物をよく知るために尋ねたいと思う一連の質問を用意した。彼女たちは、どのような種類の質問を尋ねたいと思ったのだろうか。一般的に、被験者は、自分の最初の仮説を確証しようとした。外向的な人に会うだろうと思っていた被験者は、彼らの仮説を確証するような質問をしがちだった。たとえば、「パーティーを盛り上げるためにどうしますか」とか、「どんなときに、とくにおしゃべりになりますか」とかだった。内向的な人に会うと予想していた被験者は、「どんなときにもっと社交的であったらなぁと思いますか」とか、「騒がしいパーティーのどんなところが嫌いですか」とかと質問しがちだった。もしこの質問にまともに答えようとしたら、その人物についての被験者の仮説が確証されることに注目してほしい。すなわち、外向的でも内向的でもない人が、前者の質問群に答えれば外向的に見えるだろうし、後者の質問群に答えれば内向的に見えるだろう。

　われわれは、自分の仮説を確証しようとする傾向を持っているだけでなく、われわれはしばしば、その仮説が真実であることに強い自信をも持っている。これは、バリューチ・フィッシュホフが**後知恵バイアス**ないしは「私には最初からわかっていた」効果(73)と名付けたものによって、説明できるだろう。第1章での議論を思い出すかもしれないが、われわれは、ある出来事の結果をいったん知るや、前もってそれを予測できていたと信じる強い傾向を持っている。フィッシュホフの実験では、被験者は、歴史上の出来事に関する知識を評価するためのテストを受けた。被験者の課題は、その出来事の結果について四つの可能性が実際に生じていたと思われる確率を示すことだった。被験者の中には、それら四つの可能性のうちの一つが実際に生じたと教えられ、もし最初にその「正しい」答を教えられていなかったとしたら、どのような推測をしていたかを尋ねられた人がいた。結果は、被験者がこの情報を無視できないことを示していた。つまり、彼らは、正しい答を自分が前もって知っていたことを実質的に過大推測したのである。言い換えると、被験者は、このテストの正解を実際には知らなかったにもかかわらず、いったんある答を知らされると、彼らは、自分がそれを始めから知っていたと信じており、自分の記憶が変わったとは思っていなかったのである。

　確証バイアスと後知恵バイアスは、人間の認知は保守的な傾向を持つという意見を支持している。すなわち、われわれは、すでに確立されたものを保護しようとする——すでに存在している知識、信念、態度、ステレオタイプを維持しようとする。この本の至る所で、われわれは、認知的保守主義の数多くの例を見てきた。つまり、最初に受け取った情報は、ほとんどいつももっとも影響力がある。簡単にアクセス可能なカテゴリーは、判断を下す際に過度に使われる。代表性と利用可能性と態度のヒューリスティクスは時として誤用される。ステレオタイプは情報処理を歪めて、そのステレオタイプが役に立つことを確証する。記憶は現在の視点に合致するように再構成される。

　アンソニー・グリーンワルド(74)は、ある刺激的な論文で、認知的保守主義が少なくとも一つは利点を持っていると主張している。つまり、そのおかげで、われわれは社会的世界が整合的で安定した場所であると知覚できるのである。たとえば、図書館がこれまでの図書登録システムに合致しない新しい本を何冊か受け入れるたびに、司書がその図書館のすべての蔵書の番号をふり直し再登録したところを想像してみよう。「HM251」（社会心理学関連図書）は突然「AP57」に変えられ、「BF」（心理学関連図書）は新たに「EA」と「DB」に分割された。司書が本を再登録するためにはおそらく何年もかかるだろう。あなたは社会的認知に関する期末レポートの調べをするために図書館に現れると、自分が必要としている本や論文がどこにあるのかほとんどわからないだろう。その図書館は完全な混乱状態である。図書館を機能させ、整然とさせるためには、現在の図書登録システムをほんの少しだけ修正して、その新しい本を古いシステムに合致させるほうが道理にかなっている。同じように、われわれが自分の心を機能させ、整然とさせるためには、認知的保守主義を実践して、われわれの認知カテゴリーをほんの少しだけ変容させるのも道理にかなっているのである。

しかしながら、われわれがこの章の至る所で見てきたように、認知的保守主義には犠牲が伴う。不適切なカテゴリーを誤用すれば、その人は出来事を歪めてしまったり、重要な情報を見落としてしまったりするかもしれない。ヒューリスティクスを間違って適用してしまえば、ひどい意思決定をしかねない。新しい矛盾した情報に直面して、われわれが世界に関する自分の考えを更新できなければ、間違った現実像を抱きかねない。こういったことの結果は、単に心の問題にとどまるだけでなく、いわゆる人種差別や性差別や偏見、そしてまったくの馬鹿げた考えなどの社会問題にまで顔を出してきかねないのである。

認知的保守主義の悪い結果を避けるために何ができるだろうか。四つの指針が役に立つかもしれない。第一に、その状況に関するあなたのカテゴリーや定義を作り出そうとしている人々に用心しなさい。ある人物や出来事を定義しラベルを貼る方法はたくさんある。「なぜ、とくにこのラベルだと示唆されているのか」と自分に問いなさい。第二に、ある人物や出来事をカテゴリー化し記述するのに、二つ以上の方法を使うようにしなさい。ある人物や出来事を多くのさまざまな観点から眺めることによって、われわれは、その後になって誤用になりかねない――データを既存の概念に合致するように捻じ曲げるような――一つのカテゴリーだけに頼らないですむ。第三に、人物や重要な出来事を独特なものであると見なしなさい。それらは、ある特定のはっきりしたカテゴリー（たとえば、ある特定の人種や性）のメンバーであるけれど、それらは、多くの他のカテゴリーのメンバーでもあり、それ自身の独特な属性を持っているのである。個別化は、ある特定のステレオタイプやヒューリスティクスが過度に利用されるのを防ぐのに役立つ。最後に、印象を形成するときには、あなたが間違っている可能性を考慮しなさい――あなたが、この章で述べられた認知的バイアスの一つないしはいくつかの犠牲になってしまっている可能性を考慮しなさい。次の章は、自己正当化についてのものであるが、そこで、われわれは認知的保守主義についてさらに調べ続け、われわれ自身を歪んだ思考の悪い結果から守る、さらなる方法を見ていくことになるだろう。

態度や信念はどのように　われわれの行動を導くか

最後の数節で、われわれの信念と態度が、われわれが社会的世界をどのように考えるかにどのように影響を及ぼしているかを見てきた。問われるべき妥当な質問はこうである。われわれの態度とわれわれの行動との関係はどうだろうか。われわれがどのように行動するかを予測するために、われわれの態度を利用することはできるのだろうか。たとえば、私はバニラ・アイスクリームを好きで、あなたは嫌いとしよう。あなたと私はバニラ・アイスクリームに対して異なる行動をとるだろうか。われわれの直観は「はい《イエス》」と言う。ほとんどの人々は、私がバニラ・アイスクリームを──他の味の中から選んで──たくさん買うだろうが、反対に、あなたはめったにバニラ・アイスクリームを買わないと期待するだろう。このことは、バニラ・アイスクリームのような単純な好みについてはたいていあてはまるだろう。しかし、もしわれわれがいつもこれが事実だと仮定していると、われわれは深刻な過ちを犯していることになるだろう。これまでの長い研究の歴史は、多くの状況でわれわれの直観が間違いであることを示唆しているのである。

もっと詳しく検討してみよう。態度と行動の関係に関する古典的な研究の一つは、一九三〇年代初めにリチャード・ラピエール[75]によって実施された。合衆国には、その当時、有色人種の人々に向けての公然と剥き出しの偏見が今よりもあった。アジアやラテンアメリカやアフリカの流れをくむアメリカ人は、公衆トイレに気軽に入ることを拒否され、水のみ場や食堂や宿泊施設の使用を拒絶されていた。一九三三年にラピエールは、百二十八のホテルやレストランの経営者に連絡をとり、「あなたの施設では、中国人をお客として受け入れますか」と尋ねることによって、彼らの中国人に対する態度を測定した。連絡のついた経営者たちの九十％以上が、「いいえ《ノー》！」と言った。しかしながら、一組の若い中国人夫婦が実際に現れたときに、ラピエールが見出したのは、これら百二十八の施設のうち一つだけがこの中国人夫婦への宿泊やサービスを断ったということである。中国人についての経営者たちの態度は、彼らの実際の行動を予測しなかったのである。

ラピエールの発見は、単なる偶然の出来事ではない。一九六九年に、アラン・ウィッカー[76]は、態度と行動の関係を検討した四十以上もの研究の学術的総覧を行った。これらの研究は、仕事の満足感、民族的偏見、消費者の選好、政治的信念などの話題についての広範にわたる態度や意見を検討していた。ウィッカーは、態度が行動を予測するという仮説に対するほんの弱い支持しか見出せなかった。「全体的に見て、これらの研究が示唆しているのは、態度が行為に密接に関連しているということではなく、むしろ、態度は外顕的行動に無関連、ないしは、ほんのわずかにだけ関連しているということのほうがかなりあり得るということである」と彼は書いている。

われわれの頭の中での態度と行動の関係

これら一連の研究と、人の態度はその人の行動と強く関連しているとするわれわれの直観との対立を、われわれはどのようにして調停できるだろうか。一つの方法は、態度と行動の間に一貫した関係はないと結論付けることである。それはわれわれの頭の中にあるのである。つまり、われわれは、人々は信念や態度と一貫した行為をすると想像しているだけである。このような意見に対する支持はいくつかある。前の二つの章で、われわれは、同調を引き起こす社会的状況の力を見てきた。ラピエールの研究の支配人たちは、中国人の受け入れについての問い合わせに対して「いいえ」と言わせる強い社会的圧力に疑いもなく直面していた。しかし、同時に、彼らは、若い中国人夫婦がいったんホテルに現れると、その人たちを宿泊させる（かどうかでもめごとを起こさない）逆方向への圧力にも直面したのである。おそらく彼らは、もっとも目前にせまった圧力に屈しただけなのである。おそらくわれわれは、自分の目前の社会的環境にたまたま存在するものであれば何にでも屈服する生き物に他ならないのである。

態度と行動の一貫性の知覚が「すべてわれわれの頭の中のこと」であるという仮説は、人々はある個人の行動の原因を、状況そのものの力よりもむしろ、性格特性や態度などその個人の特徴に帰属するという一般的な傾向によって支持されている。たとえば、「なぜちっちゃなジョニーは宿題ができなかったのか」という問いかけに対するよくある答は――過密な学校や貧困な学習環境などの状況的要因を無視した――「頭が悪いか、怠け者だからだ」というものである。言い換えれば、われわれが第1章で学んだように、われわれが、ある人に何かが起こっているのを見るときには、われわれのほとんどは、その出来事はその人物の性質と一貫したものであると仮定するのである。われわれは、人は自分にふさわしいものを手に入れ、手に入れたものはその人にふさわしいものだと信じたいのである。エドワード・ジョーンズとその共同研究者は、ある行動の原因を人物のそれに対応する特徴に帰属するこの傾向を、**対応推測**と呼んでいる。つまり、その人物の行動は、その行動にちょうど似た属性や特性で説明されるのである。(77) いくつかの例を挙げると、「サムがカーペットにワインをこぼしたのは、彼が（ちょっと気をそらしたからではなく）不器用だからである。」「エイミーがテッドにかみついたのは、彼女が（ちょっと機嫌を損ねていたからではなくて）とげとげしい人間だからである。」

エドワード・ジョーンズとビクター・ハリスによる実験は、このような推論が蔓延していることを実証している。(78)この実験では、被験者は、政治学専攻の学生が書いたものとされた、キューバのフィデル・カストロ政権に対して好意的かあるいは非好意的なエッセイを読んだ。半数の被験者は、そのエッセイの著者が、自分のエッセイで述べる立場を自由に選んだと知らされ、残りの被験者は、その著者はその立場をとるよう強制された上で、できるだけしっかり書くように言われていたと知らされた。被験者はその後で、そのエッセイの著者のカストロに対する本当の態度を推測させられた。エッセイの著者が自由に立場を選ぶことができたときには、被験者は、そのエッセイの内容が彼らの態度を反映していると考えた。すなわち、カストロ支持を書いた著者はカストロ支持であると信じられ、カストロ反対を書いた著者はカストロ反対であると見なされていた。このことは驚くことではなかった。驚くべきことは、それと同じ結果が、エッセイの著者が、割り当てられた立場を主張するよう強制されていたことが明らかになっていたときにも生じたことである。すなわち、カストロ支持を主張するように強制されたエッセイの著者はカストロ支持であると見なされ、カストロ反対を主張するように強制された著者はカストロ反対であると見なされていたのである。被験者は、推測をするときに、ある立場をとらせる状況的圧力を無視して、エッセイの著者の行動は確固とした信念の結果であると見なしたのである。このケースでは、態度と行動の関係は、その観察者の頭の中にあったのである。

いつ態度は行動を予測するか　態度が行動をいつも予測するとは限らないとはいっても、そのことは、態度がまったく行動を予測しないということではない。科学者の役割は、ある事象が起こりやすかったり、起こりにくかったりする条件を究明することである。ラッセル・ファツィオ(79)は、われわれが自分の態度にもとづいて行動する確率を高める一つの主要な要因を特定している。それは**態度のアクセス可能性**である。態度のアクセス可能性は、ある対象と、それに対するあなたの評価との連合の強さのことである。たとえば、もし私が「ヘビ」と言うと、ほとんどの人は即座に「嫌で、危ない」と考えるだろう。もし私が「ルノワールの絵」と言うと、ほとんどの人はすぐに「美しい」と答えるだろう。われわれには皆、すぐに「ああ、いやだ、あんな馬鹿、二度とご免だ」とか、逆に、「まあ、なんて素敵な人」とかと考えてしまう相手がいる。これらは、アクセス可能性の高い態度である。

すべての態度と信念のアクセス可能性が高いとは限らない。たとえば、われわれは、プエルトリコ自治領や広告の価値について の意見を持っているが、しかし、これらの意見は簡単には頭に浮かんでこない。時には、われわれは本物の態度を持っていないこともある。つまり、その対象についての評価が記憶に貯蔵されていないことがある。それにもかかわらず、われわれは尋ねられれば、平気である意見を言うかもしれない。たとえば、調査研究を実施する人々は、回答者が、偽物の法律や存在しない国家に対する海外援助などの架空の問題についても自分の意見を表明できることを見出している。これら後者の二つのケースでは、つまり、アクセス可能性の低い態度や無態度は、行動を導くことはないだろう。

態度のアクセス可能性はどのように行動に影響するのだろうか。ファツィオによれば、態度は、ある対象を選択的に解釈し知覚し、複雑な状況を理解するために利用される。われわれは、態度が認知処理に影響を及ぼし得ることをすでに見てきた。態度は、ヒューリスティクスとして働き、ある状況の解釈、説明、推論、判断に影響を及ぼすのである。しかし、どのような態度でも、一つの態度というものは、ある状況を理解するために利用され得る多くの要因の一つにすぎない。たとえば、われわれは、ある複雑な状況を理解するために、その状況の客観的な特徴、他の人々がそれについて言うこと、同様の状況についてのわれわれの一般的な態度などを利用するかもしれない。ある態度のアクセス可能性が高いときには、それは、ある状況を定義するためにわれわれが利用する主要なものになりやすいだろう。こういった状況では、われわれは、その態度にもとづいて行為するだろう。

アクセス可能性の高い態度が行動を導くという意見を支持するかなりの証拠がある。態度のアクセス可能性を測る尺度の一つは、ある個人が、ある対象や問題に対して評価的な反応をすることができる速さである。この簡単な尺度を用いて、ラッセル・ファツィオとキャロル・ウィリアムズ(80)は、一九八四年の大統領選挙で、誰がロナルド・レーガンとウォルター・モンデールのどちらに投票するかを、きわめて正確に予測することができた。ファツィオとウィリアムズは、その選挙の五カ月ほど前に、小さなマイクロコンピューターをある地方のショッピング・モールに持ち込んで、そこの通行人に対して、二人の大統領候補のそれぞれの評価も含む、さまざまな問題について意見を求めた。そのコンピューターは、通行人が大統領候補を評価する速さを記録し、これが態度のアクセス可能性の尺度となった。その後、ファツィオとウィリアムズは、その被験者に連絡をとり、二回の大統領候補の討論会をどのように見たかを尋ねた。彼らは、選挙が終わると、被験者に、誰に投票したかを尋ねた。その結果は、選挙の五カ月前に態度のアクセス可能性の高かった（反応の速かった）人々のほうが、自分の支持候補に投票し、自分の態度に一致する見方で大統領候補の討論会を見ていたことを示していた。

少し違った文脈で、ファツィオとその共同研究者(81)は、被験者に自分の意見を何度も繰り返して表明させたり、態度対象を直接経験する機会を与えたりすることによって、被験者の態度のアクセス可能性を実際に操作している。彼らは、このような方法でアクセス可能にされた態度は、アクセス可能にされていない態度よりも、それに続く行動をはるかに良く予測するようになることを一貫して見出している。態度のアクセス可能性というファツィオの概念は、支配人についてのラピエールの研究で、態度と行動に関係がなかったことについて、いくつかの理解の仕方をわれわれに教えてくれる。問題は、われわれには、それぞれの支配人の中国人に対する態度がどのくらいアクセス可能であったかわからないことである。さらに、問い合わせの質問と、中国人夫婦の実際の訪問とで、異なった態度が活性化されていたかもしれない。たとえば、単に中国人とだけ述べている調査項目は、支配人に自分の全般的な偏見を思い出させたのかもしれないが、若い、身なりの良い中国人夫婦の存在は、さまざまな競合する思考や感情を呼び覚ましたのかもしれない。さらに、たとえ偏見に満ちた態度のアクセス可能性が高く、その結果、その状況の知覚に影響を及ぼしたとしても、支配人が、この知覚にもとづいて行動したり行動できたりしたという保証はない。たぶん、支配人は、他の客がいて、もめごとになるのを恐れたのだろう。たぶん、その経験はその経営者にとっては初めてのもので、彼らは、どう行動してよいかわからなかっただけだろう。こういった要因が、ある人が自分の信念や態度にもとづいて行為する程度を抑えるのである。

知覚にもとづいて行為すること

態度や信念が行動に影響を及ぼすことになる一つの方法がある。すなわち、信念は、われわれが生活している社会的世界を創出し得る。ポール・ヘール[82]による実験は、このことがどのように起こり得るかを実証している。ヘールは、単語パズルゲームを使い、この章の初めのほうで論じたプライミングという手法を利用して、敵意という概念のアクセス可能性を一部の被験者について、意図的に高めた。詳しく言うと、ヘールの被験者は、文字の行列の中に隠れた人名を探し出すよう求められた。半数の被験者にとっては、隠れた人名は、敵意に関連した人物――チャールズ・マンソン、アドルフ・ヒトラー、アヤトラ・ホメイニ、ドラキュラ――のものだった。残りの被験者は、どちらかといえば優しい人物――ピーター・パン、ローマ法王ヨハネ・パウロ、シャーリー・テンプル、サンタ・クロース――の名前を探し出した。それから被験者は、ドナルドという名前の人物の、敵意的とも、優しいともとれる曖昧な行動の記述を読み、ドナルドの敵意の程度を評定した。われわれは、対比効果に関する始めの頃の議論と同じように、異なるパズルがドナルドについての判断に影響を及ぼすと予測するだろう。ヒトラーやマンソンと比べると、ほとんどすべての人が、ドナルドも含めて、優しく見えるし、ローマ法王やサンタ・クロースと比べれば、ほとんどすべての人が、ドナルドも含めて、敵意的に見える。このことが、まさにヘールが見出したことだった。極端に敵意的な人物でプライミングされた被験者は、優しい人物のプライミングを受けた被験者よりも、ドナルドのことを敵意的ではないと評定した。(＊)

しかし、ヘールの実験はここで終わったわけではない。次に、被験者は、ある人物と交渉ゲームを行ったが、その相手はドナルドであると思わされていた。このゲームでは、参加者は、二つの戦略のうちの一つ――競争か協力か――を選ぶよう求められた。ヘールは、被験者が敵意的なドナルドと対戦すると期待していたときには、とても競争的なプレイを行い、優しいドナルドと対戦すると期待していたときには、はるかに協力的にプレイを行うことを見出した。興味深いことに、自分では知らないうちにドナルド役を演じさせられていた被験者も、この競争性を知覚していた。つまり、彼らは、自分の対戦相手の敵意の強さを、その人のゲームのやり方と一致したやり方で評定したのである。要するに、微妙な文脈が態度や期待に影響を及ぼし、それが今度は行動に影響し、続いて、次の知覚に影響したのである。

キャロル・ドゥエックとその共同研究者は、人々のより持続的な信念がもたらす行動的結果を実証している。ドゥエックによれば、子どもは、人々の重要な特性――知性や善良さのような――の永続性について暗黙の理論［訳者注：明確には意識されていない考

(＊) 読者は、この実験と、この章の初めのほうで論じたヒギンズらによる実験との決定的な違いに注目すべきである。ヒギンズらの実験では、研究者たちは、あるカテゴリー――否定――をプライミングしていた。これは、観察者が、(ドナルドのような)後続の曖昧な刺激をより否定的に見るように影響する。というのは、それこそ、観察者が探し出すようにプライミングされたものであるからである。ヘールの実験では、研究者たちは(ヒトラーのような)敵意性の典型例をプライミングしていた。ここでは対比効果が生じる。つまり、極端に敵意的な人物に比べれば、(ドナルドのような)曖昧な人物は、テディー・ベアのように見えるようになる。それでは、態度と行動に関するかなりの研究から、われわれはどういう結論を導き出せるだろうか。第一に重要なことは、態度と行動に関する多くの研究が、われわれがこの本の中でとくに頻繁に目にする一つの原理を強調していることである。それは、微妙な状況的変数がしばしばわれわれの社会的行動を強く決定しているという原理である。第二に、ほとんどの人々は、行動を説明する際に状況の重要性を見落としがちであり、その代わりに、性格や態度についての思い込みを使って他者の行動を説明したがる。言い換えれば、われわれのほとんどは、人々の態度がそれらの人々の行動をまさに予測するものであると思い込んでおり、そのために、この信念を他者の行動を解釈するときにあてはめ過ぎるのである。われわれは、態度と行動の関係を、それが実際に存在しないときでさえ、見てしまうのである。

え」を発達させる。これらの暗黙の理論は、子どもの判断や行動にかなりの影響を及ぼす。知性で考えてみよう。ドゥエックは、知性が固定的なものと考えている人々がいることを見出している。つまり、そういう人々は、人々は新しいことを学ぶことはできるが、だからといって本当に頭が良くなるわけではないと信じているのである。違った見方、つまり、知性はもっと柔軟であり、一生懸命勉強すれば伸びるという見方をしている人々もいる。ドゥエックは、この違いが、学問の領域でどんなに強力であるかを示している。(83)

基本的な発見は、知性を固定的と見ている人々は、失敗を恐れているということである。したがって、彼らは、自分の限界を露わにするかもしれない現実の挑戦を避けようとする。ある意味では、これは理解できる。もしあなたが知性を向上できないのであれば、安全策をとり、自分の頭が良いというイメージを大事に持ち続けたいだろう。こういったわけで、同じくらい頭は良いけれども、知性が柔軟であると見ている人々と比べて、固定的な見方をする人々は、より簡単な課題を選びやすく、ある課題があまりにも挑戦的なものになってくるとすぐにあきらめやすいのである。彼らはしばしば、難しいテストで喉を詰まらせるし、実際の点数よりも高く言って、知らない人に自分の成績について嘘すらつくだろう。知性を柔軟と考えている人々は、違った行動をする。彼らは、挑戦を求め、自分の能力を向上させようとする傾向がある。彼らは、できないときにあきらめるのではなく、より一生懸命になったり、異なるやり方を試したりする——彼らは、より回復力に富んでいるのである。

良い知らせは、われわれが次の章で見るように、こういった行動を変化させる強力な方法があるということである。たとえば、最近の研究は、もしあなたが、知性に対する人々の態度を変えれば——彼らにその柔軟性を信じさせれば——、彼らはより良い点をとり、より学業を楽しみ、より熱心に挑戦に立ち向かい、標準テストで良い成績を収めるということを示している。(84)

社会的説明における三つのバイアスの可能性

われわれは、毎日の生活で、さまざまな事象や出来事を説明しようとしている。なぜ、北朝鮮は常軌を逸した行動をするのだろうか。なぜ、部屋の向こう側のあの魅力的な人は私を無視したのか。この前の作文課題で、私の成績が悪く、あなたの成績が良かったのはどういうわけか。クリスマスに私が帰省したとき、母はなぜ私の好きな料理を作ってくれなかったのか。われわれの説明はしばしば合理的で正確である。しかし、それらは、バイアスを受けやすく、間違いを犯しやすいものでもある。われわれがわれわれの社会的世界をどのように解釈しているかを研究していく中で、社会心理学者は、われわれの帰属や説明にしばしば影響を及ぼす三つの一般的なバイアスを特定している。それらは、基本的な帰属のエラー、行為者―観察者バイアス、自己バイアスである。

基本的な帰属のエラー

基本的な帰属のエラーという用語は、社会的行動の原因を記述し説明する際に、状況や環境の影響に比べて、性格や気質の要因の重要性を過大に推測する人間の一般的な傾向を指している。(85) われわれはすでに、この傾向の一つ――対応推測――を見てきた。すなわち、なぜ同僚がある特定の政治的立場をとったのか、ある特定の行動をしたのかを説明するときに、われわれは、状況による説明よりも、性格による説明を好む傾向がある。このようにして、われわれは、この世界には実際以上に動機と行動との一貫性が存在していると信じるようになるのだろう。

基本的な帰属のエラーのもう一つの例が、ギュンター・ビアブラアー(86) によって実施された実験で示されている。この実験では、被験者は、権威への服従に関するスタンレー・ミルグラムの有名な実験（第2章で記述）での、ある人物の行動の再現映像を見た。この実験では、ミルグラムが、高い率で服従――このケースでは、「学習者」に対して激しい電気ショックを与える行動――が生じるように状況を作り上げていたことを思い出してほしい。ミルグラムの元の実験のほとんどの被験者と同じように、ビアブラアーの再現映像の中の人物は、高水準の服従を示し、最大の電気ショックを与えた。ビアブラアーは、被験者に、再現映像を見せた後で、ミルグラムの被験者のうちの何人がこの状況で全般的に服従的であるかを推測させた。その結果は、被験者が一貫して実際の服従の程度を過小に見積もることを示した。詳しく言うと、ビアブラアーの被験者は、四五〇ボルトの最大の電気ショックをこの場面で与えるのは十から二十％と推測したのである。実際には、あなたも思い出すように、ミルグラムは、六十五％の被験者がこの水準のショックを与えることを見出したのである。言い換えると、ビアブラアーの被験者は、この人物は異常者である――彼の行動は特徴的な個人的気質を反映している（たとえば、その人はとくに攻撃的であるとか服従的であるとか）――と見なしたのである。つまり、彼らは、彼の行動を、ほとんどの人々にこの行動を起こさせる状況の力に帰属することができなかったのである。

われわれはしばしば、観察者として、それぞれの個人が多くの社会的役割を果たしているという事実、そして、われわれが、それらの一つだけを観察しているのかもしれないという事実を忘れている。そのため、社会的役割の重要性は、ある個人の行動を説明する際に簡単に見落とされてしまうことがある。たとえば、私は、ある心理学の教授を知っているが、彼をメンシュ博士と呼ぼう。学生はメンシュ博士を敬慕している。彼らは、教師評価票でも非公式にも彼のことを記述するときに、暖かい、世話好き、学生思い、親しみやすい、カリスマ的、聡明、友好的などの語句を使う。しかしながら、メンシュ博士の仕事の同僚は、彼について異なったイメージを描いている。とくに、彼が聴衆の中にいるときに自分が専門の発表をしたことのある同僚はそうである。学生のように、彼らはメンシュ博士のことを聡明であると見なしているが、しかし、彼らは彼のことを、強烈、批判的、厳しい、理屈っぽい、執拗とも記述する。

正しい印象を持っているのはどちらだろうか。学生だろうか、仕事の同僚だろうか。彼は、学生の前では暖かく世話好きに見えるよう見せ掛けているが、本当は厳しい批判的な人物なのだろうか。それとも、他の心理学者に立ち向かうときには厳しい振りをしているが、本当は暖かい世話好きな人物なのだろうか。これらは間違った質問である。事実は、私の友人は、幅広い行動ができるということである。彼は、こうしたすべてのものなのであるのなのである。ある社会的役割が、この行動の幅の一部分から行動を引き出し、別の社会的役割が、この幅の別の一部分から行動を引き出してきているのである。学生は、メンシュ博士を一つの役割――教師の役割――でしか見ていない。彼は非常に素晴らしい教師であり、素晴らしい教師のすべきことは学生から最良のものを引き出すことであり、このためには暖かく世話好きな行動がたいてい必要である。学生は、この役割の中で私の友人の行動を正確に記述していたのである。

――そして、われわれが窺い知ることのできない、それ以上のも

一方、役に立つ仕事の同僚の役割には、時として敵対的な行動が必要である。有能な専門家はしばしば、真実を発見するために、ある議論を強く押し進めて、それがどこまでもちこたえるか見極めるだろう。このためには、鋭く強烈で執拗な批判が伴うことが多い。つまり、メンシュ博士の仕事の同僚も、自分が見た行動を正確に記述しているのである。しかしながら、学生も仕事の同僚も、自分が観察した行動がすべてある性格特徴を原因としていると考えるとすれば、それは基本的な帰属のエラーを犯していることになる。というのは、むしろその行動は、メンシュ博士が、自分の社会的役割の要請をどのように知覚しているかにおおよそもとづいているからである。とはいっても、性格は無関連であるというわけではない。すべての人に、メンシュ博士が示したような幅広い行動ができるとは限らない。しかし、彼が厳しいか、あるいは暖かいかのどちらかだと見なすことは、社会的役割の力を無視することである。

リー・ロスとテレサ・アマビルとジュリア・スタインメッツによる巧妙な実験は、どのようにして社会的役割の影響力が、行動を説明する際に過小に見積もられるかを実証している。(87) 彼らは、「クイズ番組」の進行を演出し、被験者たちを二つの役割の

一つに無作為に割り当てた。（一）難しい問題を準備する役目を果たす出題者と（二）それらに答える役目を果たす解答者である。観察者は、この模擬クイズ番組を見て、出題者と解答者の一般的知識を推測した。あなた自身を観察者の役割に置いてみてほしい。あなたは何を見ることになるだろうか。まあ、あなたが特別注意深くない限り、あなたは、一人のとても頭の良い博識の人物と、一人のかなり頭の悪い人物を見ることになるだろう。

しかし、もっと詳しく見てほしい。これら二つの役割が、その参加者たちの行動をどのように制約しているのかに注目してほしい。出題者は、自分の秘密の知識にもとづいてきわめて難解な問題をいくつか考え出しそうである。「ベーブ・ルースが最後から二番目のホームランを打ったのはどこの球場だったでしょうか?」「リトアニアの首都はどこでしょうか?」「トーマス・ジェファーソンが亡くなった日はいつでしょうか?」(88)

これらの出題をするだけで、その出題者は頭がよく見える。一方、解答者は、これらの難解な問題に答えなければならず、そのいくつかは答えられそうにない。このために、その人は少し頭が悪く見える。そして、このことがまさにロスとその共同研究者が見出したことである。観察者は、解答者よりも出題者のほうがはるかに知識があると感じていた。しかし、すべての人々が無作為にその役割に割り当てられたのであるから、出題者の全員が解答者の全員よりも実際に知識があるなどということは到底ありそうにない。もっとも興味深いことに、観察者は、参加者がこれらの役割に無作為に割り当てられたことを知っていたのである。それでも、彼らは、クイズ番組の参加者について判断するときに、これらの社会的役割の影響力を考慮に入れることができず、彼らが見たものを個人的気質に帰属してしまう罠にはまったのである。

もし、基本的な帰属のエラーが、大学教授やクイズ番組の参加者の判断に限られたことならば、それはおそらくたいした心配の種ではないだろう。しかし、その意義は広範囲に及ぶものである。スーパーマーケットで食糧切符［訳者注：生活保護者や失業保険受給者に支給され、食糧と交換できる］を使っている人に対するほとんどのアメリカ人の一般的な反応について考えてほしい。「彼女は怠け者だ。ほんの少し努力さえすれば、仕事が手に入るのに。」あるいは、有罪の強盗犯についての次のような性格描写について考えてほしい。「彼は恐ろしい人間だ。どんな悪党でもこんなことはできない。」どちらの記述も正確であり得る。しかし、もっとありそうなことは、それらが基本的な帰属のエラーを表しているということである。ここは、貧困と犯罪の状況的決定因を詳しく議論する場ではないけれども、なぜ、ある人物が貧困だったり、犯罪に手を染めたりするかを説明できる要因は、個人的特徴以外にもたくさんあり得る。これらの要因の中には、仕事の機会がないこと、文字の読み書きができないこと、景気の後退、近所に良い役割モデルがいなかったこと、機能不全の家族の中で育ったことなどが含まれるだろう。

私は、犯罪者に自分の行為の責任を取らせるべきではないと言いたいわけではない。犯罪者は、自分の行ったことに責任があり、その責任を取らされるべきである。しかし、状況的要因よりも個人的要因に注目することによって、われわれは、貧困や犯罪などの社会問題に取り組むための異なる政策を支持するだろう。たとえば、「この犯罪者は悪魔だ」という帰属の結果として、刑務所をより巨大で強力にするためにお金を使い、刑期をより長くするという政策が生まれるだろう。犯罪の原因が主に失業や悪い役割モデルや無学文盲によると思えば、その結果として、良い学校や良い教師、貧困地域に投資する会社への課税猶予などに多くのお金を使うといった政策が生まれるだろう。私の言うことを誤解しないでほしい。私は、怠惰とか不器用とか不道徳などの気質要因が存在しないと主張しているのではない。それらは存在する。しかし、われわれのほとんどは、ほとんどのときに、行動の原因が状況的であってもよいときに、気質への帰属をいとも簡単にしがちであるのである。最低限でも、われわれが基本的な帰属のエラーについて知っておくことによって、われわれが行う気質への帰属がいつも正しいとは限らないという可能性に注意すべきであり、われわれは、イギリスのプロテスタント改革派のジョン・ブラッドフォードのモットーである「神の恩寵がなければ、私も同じ道を歩んでいた」を真剣に受け止めるべきである。

行為者―観察者バイアス　社会的判断におけるもう一つの一般的なバイアスは、**行為者―観察者バイアス**――行為者は自分自身の行為を状況的要因に帰属する傾向があるのに対して、観察者はその同じ行為を行為者の安定した性格気質に帰属する傾向――として知られている。[89] たとえば、私が浜辺によく行くのは、私の判断では、天気が素晴らしいからだが、あなたが浜辺によく行くのは、私の判断では、おそらくあなたが浜辺族だからである。政治的指導者は、賢明な措置も大失敗も、その状況下ではほとんどそうするしかなかったように説明するが、一般市民は、そのどちらもその指導者の個人的な特徴の結果であると見なしがちである。第2章で論じたキティー・ジェノヴィーズ嬢殺害事件を思い出してほしい。ニューヨーク市でジェノヴィーズ嬢が三十八人の目撃者が見ている中で殺されたときには、その目撃者たちは、その状況がはっきりせず、何をしてよいかわからなかったと主張した。しかし、新聞報道はそれを冷淡な傍観者と呼んだ。言い換えれば、私は自分自身に対しては疑わしきは罰しない、すなわち、私は状況的原因を使って自分自身を説明する。しかし、私はあなたに対しては疑わしきは罰する、すなわち、私はあなたの行動を説明しようとするときには、基本的な帰属のエラーを犯してしまうのである。

行為者―観察者バイアスが広範囲に及ぶことを示す証拠はかなりある。たとえば、これまでに研究は以下のことを示してきている。（一）大学生は、知能テストでの成功と失敗を説明する際に、他の人の悪い成績はその人の能力という観点から説明するが、自分自身の悪い成績はテスト項目の難しさという観点から説明しがちである。（二）心理学的研究に自発的に参加した大学生は、自分が参加した原因をその研究の重要さに帰属したが、観察者は、その参加を、どのような研究でもすべて参加したがるという個人的な傾向の現れと見なした。（三）大学生は、ある仲間の行動を観察するときには、その人は将来も同じように行動し続けるだろうと即座に結論を下す（つまり、ある特定の行動をとらせる気質が根底にあることを暗に言っている）が、その「行為者」は、個人的にはおそらく将来は違ったふうに行動するだろうと言っていた。（四）大学生は、自分の親友のガールフレンドや大学の専攻についての選択を、その親友が持つ性質という観点から記述したが、自分自身の選択については、自分のガールフレンドや専攻が持つ性質という観点から説明した。（五）人々は、自分自身よりも他の人々により多くの性格特性があると見なす。(90)

行為者—観察者バイアスの原因は何だろうか。マイケル・ストームズによる実験は、人の注意がどこに集中しているかによって決まることを示している。(91) 行為者の注意は、たいていは環境や過去の経歴に集中している。つまり、行為者は、その行動を生じさせるに至った要因や自分がその行動についてどう感じたかについて特別の知識を持っているかもしれない。一方、観察者の注意は、ほとんどいつも行為者に集中している。それゆえに、観察者は、その行為者がなぜそうしたかについての経歴的ないしは環境的理由に気付かないかもしれない。

ストームズの実験では、二人の被験者が、二人の観察者がいるところで、会話を行った。それぞれの観察者は、会話者のいずれか一人を見ておくように教示された。会話の後、行為者と観察者は、好意、多弁、緊張、支配などの行動がどのくらい個人的特徴かその状況によるものかを表明した。あなたの予測通り、行為者は、自分の行動を、その状況の観点から説明しがちであり、観察者は、その行動を、行為者の性格気質の観点から説明しがちだった。このことは驚くにあたらない。というのは、このことは行為者—観察者バイアスについてわれわれが知っていることと一貫しているからである。しかしながら、この研究には興味深い工夫が凝らされていた。被験者の中には、その会話のビデオテープを見せられた人がいたが、そのビデオテープは、被験者がその会話を最初に見たのと同じ角度で再生された（すなわち、行為者は相手の行為者を見、観察者は観察するように求められた行為者を見た）ものか、それとも、反対の角度で再生された（すなわち、行為者は自分自身を見、観察者は相手の行為者を見た）ものであった。カメラの角度が同じ場合には、行為者—観察者バイアスが生じたが、カメラの角度が反対になった場合には、行為者—観察者バイアスも反対になった。観察者の視点から自分自身を見た行為者は、気質要因の観点から自分自身の行動を説明しがちであり、行為者の視点からその世界を眺めた観察者は、状況の観点から行動を説明しがちだったのである。多くの場合、行為者—観察者バイアスは、誤解と対立を生み出す。たとえば、もしサムがスーザンとのデートの時間に遅れると、サム（行為者）は、自分の遅刻を「信号がたまたま全部赤だったんだよ」と言って説明するが、スーザン（観察者）は、サムは「私に興味がなくなっているんだわ」と結論付けるもしれない。こういった異なる知覚や帰属は、その後に続く行為のための基盤となり、今度は、それによって、敵意感情や対立がエスカレートしていくかもしれないのである。

　ストームズの実験は、この対立の可能性を未然に蕾のうちに摘み取るための方法を指摘している。すなわち、行為者や観察者の視点を変えればよい。こうするための一つの方策は、他者の視点を役割演技することによって、共感性を促進することである。(92) もう一つの方策は、国際的な前線で利用されているが、ある国の国民が他の国で生活するという文化交流計画である。どちらの方策も、その視点を変えさせ、帰属を行うために利用できる情報を変えさせるのである。

自己バイアス　さて、われわれのもっとも重要な知識構造——自己——がかかわるときに、われわれの社会的認知に何が起こるかに注目してよい頃である。自己スキーマに関する最初のほうの議論で思い出すように、心理学的には、われわれの主要な目標の一つは、われわれの自己観を維持し高揚することである。ウィリアム・ジェームズの考え方では、このことは、われわれの社会的自己と「精神的」自己にとくにあてはまる。ジェームズは述べた。

　社会的自己は、……、物質的自己の上に位置する……。われわれは、われわれの名誉、われわれの友人、われわれ人間の結び付きを、健康な肌や富よりも大切にする。そして、精神的自己は、あまりにも大切であるので、人間は、それを失うよりも、友人や名声や富や生命すら進んで投げ打つのである。(93)

　われわれが自己をどのように考えているかは、動機付けの主要な源として、われわれの社会的認知のすべてに大きな影響を及ぼす。(94) われわれは、次の章で、自己過程についてもっと詳しく議論するだろう。今のところは、自己が社会的認知に影響を及ぼす二つの一般的な方法——自己中心的思考と自己奉仕的バイアス——に注目しよう。

自己中心的思考　ほとんどの人々は、実際以上に、自分自身を事象のより中心に位置すると知覚する傾向がある。(95) われわれはこれを**自己中心的思考**と呼ぶ。自己中心的思考を行う人々は、あたかも自分が中心選手となって、事象の成り行きや他者の行動に影響をしていたかのように、過去の事象を思い出す。自己中心的思考の例は多い。おそらく、もっとも興味深いものの一つは、政治学者ロバート・ジャーヴィスの研究に示されている。彼の主張によれば、重要な世界の指導者は、外国の行為を、自分の以前の決定に対する反応としてなされるものであるか、それとも、自分からある反応を引き出すことを意図してなされるものであると、わけもなく強く信じる傾向がある。(96) 言い換えれば、これら世界の指導者は、世界の諸外国の情勢が自分自身を中心に回っていると知覚しているのである。たとえば、第二次世界大戦の間、ヒトラーは、イギリスが自分たちの都市を爆撃しないことを、イギリスに飛行機が不足していたという事実——これが実情だった——ではなくて、ドイツが爆撃を思いとどまっていることに対してイギリスがお返しをしたがっていることのせいにしていた。

しばしば世界の指導者は、実際には邪悪な行為は計画されていなかったり、他の理由で取り止めになったりしたときですら、自分の行為が敵対者の邪悪な企てを阻止していると信じている。このことは、リチャード・ニクソン大統領の訪中の間に北ベトナムによる大攻撃があると予測し、その後で、その攻撃を大爆撃による急襲によって防いだと主張したニクソン政権の役人たちの実情だった。その戦争が終って明らかになったことは、そのような攻撃はまったく企てられていなかったということである。同じように、一九八〇年代に、ロナルド・レーガンは、以前はソビエト連邦として知られていたものの突然の衰退は、何年にもわたり腐敗してきたソビエト連邦内の経済的問題や構造的問題というよりも、むしろ自分の軍事支出計画の主だった結果だと解釈していた。さらに最近では、ジョージ・W・ブッシュは、核兵器開発に向けての北朝鮮の動きに、まるでそれが自分への個人的な侮辱であるかのように対応したことで批判を受けている。(97) ジャーヴィスは、自己中心的思考が国家首脳部に与える影響について、ぞっとするような結論を下している。すなわち、自分が他国の行動の原因であるという（おおよそ誤った）信念は、抑止力に対する信頼——自分が罰や罰の脅威を使って将来の事件を防ぐことができるという信念——を高めるのである。

自分が事象を統制できると信じているのが、世界の指導者だけでないことは言うまでもない。それは、われわれ普通の人々でも普通の現象である。エレン・ランガー(98) は、簡単な実験で「統制の幻想」の力を実証した。この研究では、被験者は宝くじ券を買った。半数は、自分自身で番号を選ぶことができたが、半数は、無作為に番号を割り当てられた。

その後で、被験者には、その宝くじ券を実験者に買い戻してもらえる機会が与えられた。ランガーは、自分で番号を選んだ被験者が、番号を割り当てられた被験者の四倍もの値段を要求することを見出した。この実験の被験者は、自分自身で番号を選ぶと当たる確率が上がるという幻想のもとにいたのである。もちろん、皆がご存じのように、当たり券は偶然だけで決められる。つまり、いかなる番号も他の番号よりも当たる確率が高いということなない――誰が選ぼうがそうである。しかし、自己中心的思考によって支えられた統制の幻想は強力なものである。ほとんどの州発行宝くじで、われわれが自分自身の番号を選べることは、ちょっとした驚きである。

自己中心的な思考のもう一つの興味深い表れは、実際以上に、社会的な状況で他の人々がわれわれに注目していると思い込むことである。たとえば、十代の若者は、額ににきびができるとか、髪型が決まらない日には、学校に行くのを恐れる。なぜなら、「皆が見る」から。しかしながら、トーマス・ギロヴィッチ(99)とその共同研究者は、このような心配がしばしば本当に大げさなものであることを見出している。巧妙な実験では、彼は、大学生に、人目を引くTシャツ――バリー・マニロウの大きな写真をプリントしたもの――を着てもらい、その後、他の学生でいっぱいの部屋に入ってもらった。しばらく学生たちとやりとりした後で、その参加者は、その明らかにダサいTシャツに気付いた学生の数を推測するよう求められた。ギロヴィッチは、同時に、その部屋の全員に、そのシャツに気付いたかどうか尋ねた。参加者は、その部屋の人々の約五十%が自分のシャツに気付いたと思っていた。しかしながら、実際には、たったの二十%ほどしか気付いていなかった。われわれはいつも自分自身の目を通して世界を見るので、われわれは他者の目を通して自分自身を見ることはとても難しいのである――われわれは、われわれが自分自身を見ているように彼らはわれわれを見ていると思っているのである。

自分が宇宙の中心であるという信念は、合衆国の新聞で毎日起こっている逆説を説明するのに役立つ。多くのアメリカ人は自分の国の技術や科学の成功を誇りにしているが、科学についての連載コラムを持っているのは、日刊新聞の十%に達しない。これとは対照的に、これらの新聞の九十%以上が占星術――星の位置によって将来を予測しようとする手段――についての連載記事を持っている。どうして人々は占星術を信じるのだろうか。新聞の星占いの常套手段はバーナム表現――しばしば「いつでもカモはいるものだ」と言ったとされている興行師P・T・バーナムの名にちなんでいる――である。バーナム表現は、ほとんど誰にでもあてはまるのに十分なくらい曖昧な性格記述である。たとえば、私があなたの星座を調べて言ったとしよう。「あなたは不慣れな社会的状況ではけっこう控えめです。あなたは、人生を楽観と悲観が入り交じったものと考えています。あなたは広い心を持っているけれども、状況によって必要とあらば、断固とした態度で臨むこともできます。」あなたは私のことを有能な星占い師だと思うだろうか。ちょっと考えれば、これらの記述はほとんどすべての人にあてはまることがわかるだろう。しかし、われわれには自己中心的に考える傾向があるために、われわれのほとんどは、そのバーナム表現がわれわれについての的を射た記述だと感じるのだろう。われわれのほとんどは、ほとんどすべての他の人々も同じように感じていると考えてみようとしないのである。このようにして、新聞の星占いは、非常に多くの人々にとって魅力的な記事になるのである。さらに、研究(100)が実証しているように、占星術に懐疑的な人々でさえ、もしバーナム表現がもっともらしく、そして良いことであれば、影響を受けてしまう。懐疑主義者が自分に関する偽の占星術の記述を与えられ、それが、ほとんどの人々に普通にあてはまるもの（バーナム表現）で、彼らを喜ばせるような言葉遣いがなされているものであれば、彼らは、占星術に対する疑念を弱め、信頼を強めたのである。

バーナム表現の信じられやすさを検証するために計画されたもう一つの実験で、リチャード・ペティとティモシー・ブロック(101)は、被験者に、偽りの性格テストを実施して、その後で、偽りの結果をフィードバックした。半数の被験者は「心が広い」ことを説明した肯定的なバーナム表現（たとえば、あなたは問題のさまざまな側面を見ることができます）を受け取り、残りの半数は「心が狭い」ことを説明する否定的なバーナム表現（あなたはいったん決意すると、頑なにその立場にこだわります）を受け取った。性格のフィードバックは偽りだったにもかかわらず、ほとんどすべての被験者がその説明が自分の性格をとてもよく説明していると信じた。さらに、ペティとブロックは、被験者の「新しく見つけた性格」が彼らのその後の行動に影響を及ぼすことを見出した。すなわち、「心の広い」被験者と「心の狭い」被験者は、二つの論争のある問題について自分の考えをあげるように求められた。自分のことを心が広いと説明するバーナム表現を無作為に受け取った被験者は、その問題の両側面についての考えをあげたが、心が狭いという性格記述を受け取った被験者は、その問題の一つの側面についての議論しかあげない傾向があった。これは、われわれの信念や期待がどのようにして社会的現実を作り出すことになるかについてのもう一つの例でもある。

自己中心的思考への傾向は、過去の事象や情報に対するわれわれの記憶をしばしば巻き込んで微妙なかたちで生じている。一つのとても一般的な知見は、人々が自己を記述する情報に対して優れた記憶を持っていることである。(102)さらに、集団で作業をするときには、個人は、他者の業績についての情報は憶えておかないで、自分自身の業績に焦点を合わせ、それを思い出しがちである。さらに加えて、人が自分で能動的な役割を果して生み出した情報は、受動的に受け取った情報よりもよりよく思い出せる。最後に、研究は、自己に関連した情報に対する記憶が優れていることを繰返し示している。すなわち、人々が、ある言葉や対象がどのように自分にあてはまるかについて考えるときには、その同じ言葉や対象が他者にあてはめられるときよりも、それをよりよく想起する。記憶の中での自己中心的思考の役割は、学生にとって実用的な意義を持っている。つまり、この本の題材を思い出すためのもっとも良い方法の一つは、それをあなたの個人的な経験に関連付ける――それがあなたにどのようにあてはまるかを考える――ことである。こうすれば、次のテストで高得点を取るのに役立つだろう。

自己奉仕的バイアス

自己奉仕的バイアスは、人々が自分の成功を気質に帰属し、自分の失敗を状況に帰属する傾向を指す。たとえば、バスケットボールの試合で、もしリンダが難しいシュートを沈めたら、おそらく彼女は、それを自分の視力のよさと跳躍力のせいにするだろう。反対に、もし彼女が失敗すれば、彼女は、ファウルをされたとか、床に柔らかいところがあって跳躍のタイミングがくるったとかと主張するかもしれない。車の運転には、運転手が自己奉仕的バイアスに陥る機会がたくさんある。たとえば、以下のものは、自動車事故に巻き込まれた運転手の実際の報告書である。(103) ここからわかるように、自己奉仕的バイアスは一目瞭然である。

■ 電柱が急に近づいてきた。私は避けようとしたのだが、そのとき、それが私の車にぶつかってきたのだ。
■ どこからともなく、見えない車が出てきて、私の車にぶつかって、そして消えてしまった。
■ 私の車は他の車に後ろでぶつかったけど、私は合法的に駐車していたのだ。
■ 私が交差点にさしかかったとき、生け垣がひょっこり出てきて、私の視界をさえぎったのだ。私には他の車なんて見えなかった。
■ 歩行者が私にぶつかって、私の車の下に入ったのだ。

研究者たちは、われわれが、良いことは自分の功績にして悪いことは拒否するという普段の観察を支持する証拠をたくさん集めてきた。たとえば、(一) 試験で良い成績を取った学生は、その成績を能力や努力のせいにするが、悪い成績を取った学生はそれを不公平な試験や運の悪さのせいにする。(二) ギャンブラーは、自分の成功は自分の技能にもとづいていると思い、自分の失敗は不運と見なす。(三) 夫婦が、それぞれ日常の家事を自分がどのくらいこなしているかを推測するとき、彼らがこなした家事の合計は百%をはるかに超える――すなわち、それぞれが、相手が思っている以上に自分は多くの割合の家事をこなしていると思っているのである。(四) 一般的に、人々は、他の人が評価するよりも、自分自身のことを肯定的に評価し、自分は平均より良いと信じている。(五) 二人組で熟練技能を要する課題を遂行するとき、彼らは、良い得点は自分の手柄にするが、悪い得点はほとんど相手のせいにする。（六）大学生に、どうして誰か他の人が彼らのことを嫌っているのかを説明するように求めると、彼らはほとんど自分のせいにしない（すなわち、彼らはその他の人がどうかしているに違いないと信じている）が、誰か他の人が彼らを好いていると言われると、彼らは自分自身の性格のせいにする。(104)アンソニー・グリーンワルドとスティーヴン・ブレックラーが書き記しているように、「表現された自己は（たいていは）あまりにも良いものであるので、現実にはあてはまらない。しかし、その（あまりにも）良い自己は、しばしば心から信じられているものである。」(105)興味深い質問は、「なぜ人々は自己奉仕的バイアスに陥るのか」である。データのいくつかを解釈できる一つの説明は、純粋に認知的なものである。すなわち、人々は、観察者のときよりも、行為者のときには違った情報に気付いている。(106)家事への貢献度についての夫婦の推測が合計百％を超えるという知見を考えてほしい。この現象は、異なった注意と記憶によるものとして容易に説明できるだろう。たとえば、私が床洗い、トイレ掃除、皿洗いをするときはいつも、私は、あなたがそうするときよりもはるかに、自分の貢献を憶えていて思い出せるだろう。私は、先週四回皿洗いをし、ごみを出し、車庫を掃除し、イヌの毛づくろいをし、庭の手入れをしたことを思い出すことはできそうである。私は、あなたがオーブンの掃除をしたことは思い出すが、あなたが三日間夕食の準備と皿洗いをし、買い物をし、敷物に掃除機をかけ、生け垣の手入れをし、家計の支払いをしたことを思い出せない（あるいは、忘れる）だろう。私が、われわれそれぞれの家事の量を推測する段になると、もちろん、私はたくさんやっていると思うのである。

しかし、純粋に認知的で情報的な説明は、自己奉仕的バイアスのすべての例を説明できるとは限らない。たとえば、受験者とギャンブラーは、うまくいった人もうまくいかなかった人も、利用できる情報にたいした違いはないだろう。自己奉仕的バイアスのために提案されているもう一つの説明は、われわれは、われわれの**自己概念**や自尊心を防衛し維持するような帰属をするように動機付けられているというものである。この見方によれば、もし私が肯定的な自己観を持っていれば、自分自身が良いことを成し遂げているのを私は素直に見て受け入れる。しかし他方、私は、この肯定的な自己観に対する脅威からは身を守らねばならない――おそらく、否認とか良い言いわけを通して。これは**自我防衛的行動**と呼ばれている。

この行動の中に、高い自尊心を維持したいという欲求に動機付けられているものがあることは、どうやったらわかるのだろうか。われわれが自我防衛的帰属をもっとも行いそうな条件を見てみよう。ギフォード・ウェアリーとその共同研究者(107)が一連の実験で見出したことは、自己奉仕的説明をする可能性が高くなるのは、（一）その人がその行動に深くかかわっているとき、（二）その人が自分の行為の結果に責任を感じているとき、(三) その人の行動が他者によって公然と見られているときであるということである。さらに、人々がもっとも自己奉仕的帰属を行いそうにないのは、彼らが逃げ切れないと感じているとき、すなわち、周りで見ている人にとって、言いわけがおかしいことがはっきりしていたり、言いわけをすることによって将来の業績について法外な期待をかけられそうなことがはっきりしていたりするときである。言い換えると、自己奉仕的説明は、自己が「かかっている」ときに――その人の自己が脅かされていることがはっきりしていたり、その人が肯定的イメージを達成できる好機だと思っていたりするときに――もっともなされやすい。

自己バイアスにはどのような価値があるか

われわれが心的過程を対象に研究し、圧倒的大多数の人々が自己中心的思考や自己奉仕的バイアスなどの行動をしているのを発見するとき、結論は簡単だろう。すなわち、(一) 人間は、物事をありのままに見ることに自ら目を閉ざす、感情的で非合理的で愚かな生物であり、(二) 自己バイアスはどんなことをしてもなくさなければならない、という結論である。このような結論ははなはだしい単純化だろう。第一に、以前にも述べたように、われわれ人間は、しばしばバイアスのある思考を行うけれども、明晰で合理的な思考を行うこともできる。さらに、自己バイアスは重要な目的の役に立つことができる。自分は良いことを起こせると信じている個人は、難しい目標の達成に向けてより一生懸命、より粘り強く努力するだろう。このような努力は、何百万もの人々に恩恵をもたらすことになる新しい科学的発見や偉大な芸術作品や政治的合意に結実し得るのである。

このような過程の興味深い例を、ロバート・グローヴとその共同研究者によるバスケットボール選手に関する研究の結果の中に見ることができる。(108) グローヴは、勝ったチームが勝利を安定した原因のせいにするのに対して、負けたチームは敗北を偶然や不運などの不安定な原因のせいにすることを見出した。このバイアスは（少なくとも短期的には）恩恵をもたらすことになる。なぜなら、それによって、負けたチームは、敗北による心理的打撃を避け、打ち続く敗北に直面しながらもくじけることなくプレイし続けることができるからである。

自己バイアスには、もっと重要で一時的な恩恵もあるかもしれない。それは、シェリー・テイラーが見出したことである。(109) 彼女は、悲劇やそれに近い出来事に直面した何百もの人々に面接を行った。彼女の面接を受けた人々の中には、レイプの被害者、がん患者、生命にかかわる病気の人々がいた。彼女が見出したことは、悲劇的な出来事が、これらの人々を打ち砕くどころか、逆に、彼らのほとんどに新しく生き直す機会を与えていたということである。このことは、彼らが、病気から回復する可能性について楽観的過ぎるほどの考えを抱いていたり、将来犠牲者になる可能性を抑えることができると信じていたりする場合にとくにあてはまることであった。自分は悲劇的な障壁を乗り越えることができるという信念は――たとえ、この信念が幻想であろうとも――これらの人々がより良い健康習慣を身につけ、ストレスを解消し健康に良い影響を与える対処方法を生み出すのに役立つのである。

同様に、マーティン・セリグマン[110]は、さまざまな研究を概観して、楽観的な考え方――失敗は運が悪かったせいであり、努力と能力で乗り切ることができると信じること――が、より良い業績、より良い健康、より良い精神状態をもたらすということを見出している。要するに、自己中心的思考や自己奉仕的帰属を行うことにはたくさんの利益があるのである。しかし同時に、これらの良い結果には必ず代償が伴うことも心に留めておくべきである――そして、すでにご存じのように、その主な代償とは、われわれの自己や世界一般についてのいくらか歪んだイメージなのである。

われわれが見てきたように、皮肉なことに、この歪んだ世界像は、われわれ自身やわれわれの行動を正当化しようとする――道徳的に善良で分別のある人間の行為と整合すると自分が見なすものに、自分の行為が一致するように、自分の行為の意味を解釈したり歪めたりしようとする――動機によってしばしばもたらされている。私にとっては、社会的動物《ソーシャル・アニマル》のもっとも興味をそそる側面の一つは、われわれがいじらしいまでに、われわれ自身を善良で分別のある人間と見なしたがる欲求である――そして、この欲求のせいで、どのようにしてしばしばわれわれが善良でもなければ分別もない行為に至るかである。自己正当化への人間の傾向は、それだけで一つの章に値するほど重要だろう。今から、この章に頁をめくろう。

第5章

自己正当化

次のような場面を思い描いてほしい。サムという名前の若者が催眠をかけられている。催眠術師は、催眠後に効果を現す暗示をかけ、次のように言う。時計が四つ鳴ったら、(一) クローゼットに行って、レインコートと雨靴を取り出して、身に着け、(二) 傘をつかんで、(三) 八ブロック先のスーパーマーケットへ行き、バーボンを六本買い求め、(四) 帰宅するだろうと。そして、自分のアパートに戻るとすぐに、「ハッと」我に返るだろうと言われる。

時計が四つ鳴ると、サムは直ちにクローゼットに行き、レインコートと雨靴を身に着け、傘をつかみ、バーボンを求めて、扉から出て行く。このお使いには二、三のおかしな点がある。(一) 天気の良い、太陽の輝く日である――空には雲一つない。(二) 八ブロック先のスーパーマーケットと同じ値段でバーボンを売っている酒屋が半ブロック先にある。(三) サムは酒を飲まない。

サムは帰宅して、扉を開け、アパートに入り、「催眠状態」からハッと覚め、レインコートと雨靴を身に着けて、片手に傘を持ち、片手に酒瓶の入った大きな袋を持って立っている自分に気付く。彼は一瞬戸惑っているようである。彼の友人の催眠術師は言う。

「やあ、サム。どこ行ってたの。」

「あぁ、ちょっと店へね。」

「何を買ったの。」

「えぇーと、えぇーと、このバーボンを買ったみたいだ。」

「でも、君は酒を飲まないんじゃないの。」

「うん、でも、えぇーと、えぇーと、来週から何度も宴会があるんだよ。それで、友だちの中には酒を飲むのもいるしね。」

「こんなに天気がいいのに、なんで雨具なんか着けているの。」

「うぅーん、実はね、この時期は天気が一番変わりやすいんだ。だから、運まかせにはしたくなかったのさ。」

「でも、空には雲一つないじゃないか。」

「うぅん、どうなるかわかったもんじゃないよ。」

「で、どこでその酒を買ったの。」

「あぁ、えぇーと、えぇーとね。あのー、うぅん、あそこのスーパーマーケットだよ。」

「どうしてそんなに遠くまで行ったの。」

「うぅん、えぇーと、えぇーと、こんなにいい天気だから、少し歩いたら楽しいんじゃないかと思ってね。」

人々は、自分自身の行為や信念や感情を正当化するよう動機付けられている。人々は何かするると、それができるだけ論理的でもっともなことだと自分に(そして他者に)納得させようとするだろう。サムのこの馬鹿げた行為には十分な理由があった——彼は催眠をかけられていたのだ。しかし、サムは、自分が催眠にかけられていたということを知らないので、そして、彼は、自分が非常識な行動をしてしまいかねないという事実を受け入れるのが難しかったので、自分の狂気のさたには筋道があったのだ、自分の行為は本当はきわめて分別のあるものだったのだと自分を（そして自分の友人を）納得させるためにどんなことでもしたのである。

　第2章で論じたスタンレー・シャクターとジェローム・シンガーの実験も、このような観点から理解することができるだろう。この研究者たちが、人々にエピネフリンを注射したのを思い出してほしい。この薬によって生じる症状（心臓がどきどきし、掌に汗をかき、手が震えるというような）についてあらかじめ警告されていた人は、その症状が現れたとき、納得のいく説明をすることができた。「あぁ、そうだ、あの薬が効いてきたんだ。」しかしながら、薬の作用について誤った情報を与えられていた人は、自分の症状をそれほど簡単に論理的に説明できなかった。しかし、彼らは、その症状を正当化しないではいられなかったのである。つまり、彼らは、その環境の中にある社会的刺激にもとづいて、自分は本当に幸福であるとか、自分は本当に怒っているとかと、自分に言い聞かせることによって、その症状を説明しようとしたのである。

自己正当化という概念は、もっと幅広く適用できるものである。あなたが、地震のような自然の大災害のただ中にいるとしよう。あなたの周りでは至る所で、建物は倒壊し、人々は死傷している。言うまでもなく、あなたは恐怖を感じている。この恐怖は正当化する必要があるだろうか。その必要はまったくない。あなたの周りのすべてが証拠なのである。負傷した人々や壊滅した建物は、あなたの恐怖を十分正当化してくれるのである。しかし、このような状況とは違って、その地震が隣の町で起こったとしよう。あなたはその振動を感じられるし、その町で生じた災害の話を聞く。あなたはひどく怖がる。しかし、あなたはその壊滅した地域の真っただ中にいるわけではないし、あなたの周りの人々が負傷しているわけでもないし、あなたの町の建物が損害を被ったわけでもない。あなたにはこの恐怖を正当化する必要があるだろうか。その必要はある。エピネフリンによる強烈な生理的反応を経験しながらその理由を知らないシャクターとシンガーの実験の被験者とまったく同じように、レインコートと雨靴を身に着けたわれわれの仮想上の友人とまったく同じように、あなたは自分の行為や感情を正当化したい気持ちになるだろう。この状況では、間近には何も怖がるべきものは見えないので、あなたは、自分が正気を失って怖がっているという事実を正当化したい気持ちになるだろう。

　この災害の状況は、仮想上の例ではない。インドで実際に起こったことである。地震の直後に、研究者は、広まっているうわさを収集して分析した。彼らが発見したことは、かなり驚くべきことである。インドの心理学者、ジャムナ・プラサド(1)が明らかにしたのは、隣の村でその災害が起こったとき、問題の村の住民には振動は感じられたが直接の危険はなかったのに、たくさんのうわさが悪い運命の到来を予想していたということである。具体的には、この村の住民は次のような趣旨のうわさを信じ、広めていたのである。それらは、洪水が押し寄せてくる、二月二六日が大洪水と破滅の日になるだろう、月食の日には、もう一度ひどい地震があるだろう、二、三日のうちにサイクロンがあるだろう、予想もつかないような大災難が差し迫っている、というものだった。

いったいどうして、人々はこのような話をでっち上げ、信じ、伝達するのだろうか。こういった人々はマゾヒストなのだろうか。偏執病者なのだろうか。きっと、このようなうわさには、人々を、平静にしたり安心させたりしないだろう。一つのかなり説得力のある説明は、人々はひどく恐怖心を抱いたのだが、この恐怖を十分正当化するものがないので、自分たち自身で何とか正当化したというものである。このようにして、人々は、自分のことを愚かだと感じないですんだのである。つまり、もしサイクロンがやってきているのなら、私が恐怖に目を血走らせているのも、十分もっともなことではないだろうか。この説明は、ダーガナンド・シンハのうわさに関する研究によって支持されている。(2)シンハは、同規模の災害の後にインドのある村落で広まったうわさを研究した。プラサドが研究した状況とシンハが研究した状況との主な違いは、シンハが研究対象とした人々が実際に破壊を被り、その損害を目撃していたという点である。彼らは恐れたが、怖がるだけの十分な理由があった。つまり、彼らは、自分たちの恐怖をさらに正当化する必要はなかったのである。したがって、彼らのうわさには、差し迫った災害の予測やひどい誇張は含まれていなかった。それどころか、仮にうわさがあっても、それは、慰めを与えるものだった。たとえば、一つのうわさは、すぐに水の供給が回復するだろうと(実は誤りなのだが)予測していた。

レオン・フェスティンガーは、これらの多くの発見を体系化し、彼が認知的不協和理論と呼んだ人間の動機付けに関する強力な理論の基礎として利用した。(3)これは、きわめて単純な理論であるが、これから見ていくように、その応用範囲はきわめて広いものである。基本的には、**認知的不協和**とは、個人が心理的に相容れない二つの認知(考え、態度、信念、意見)を同時に持っているときにいつも生じる緊張状態である。別の言い方をすれば、これら二つの認知は、これだけに限って考えると、一方の逆がもう一方から帰結するならば、不協和である。認知的不協和の生起は不快なものなので、人々はそれを低減するよう動機付けられる。これは、大まかに言えば、飢えや乾きのような動因の誘発と低減に含まれている過程と類似している――ただし、ここでは、行動に駆り立てる力が生理的要求からではなく、むしろ認知的不快から生じているのだが。お互いに矛盾する二つの考えを持つことは、不条理とうまくつきあうことであり、そして――実存主義哲学者のアルベール・カミュが述べたように――人間は、自分の存在が不条理でないことを納得しようと試みることにその全生涯を費やす生き物なのである。

われわれは、どのようにして自分の人生が不条理でないことを自ら納得するのだろうか。すなわち、われわれはいかにして認知的不協和を低減するのだろうか。一方または両方の認知を変化させて、お互いに両立（協和）するようにするか、それとも、さらに認知を加えて、もとの認知の間のギャップに橋渡しをさせるかである。(＊)

例を挙げてみよう。何と、それは、多くの人にはあまりにも身近な例である。煙草を吸う人が、喫煙と肺がんなどの病気とを関連付ける医学的証拠を示した研究報告を読むとしよう。その喫煙者は不協和を経験する。「私は煙草を吸う」という認知は、「喫煙は肺がんを発生させる」という認知と不協和である。このような状況でこの人が不協和を低減するのにもっとも有効な方法は、明らかに、喫煙を止めることである。「喫煙はがんを発生させる」という認知は、「私は喫煙しない」という認知と協和的である。

しかし、ほとんどの人にとって禁煙は簡単なことではない。禁煙しようとしてできなかったサリーという若い女性を思い描いてほしい。彼女は、どうやって不協和を低減するだろうか。たぶん、彼女は、「喫煙はがんを発生させる」というもう一方の認知をどうにかするだろう。サリーは、喫煙とがんを関連付ける証拠を軽視するかもしれない。たとえば、その実験的証拠は決定的なものではないのだと自分に言い聞かせようとするかもしれない。さらに、彼女は、煙草を吸う知的な人を捜し出し、そうして、デイビーやニコルやラリーが煙草を吸うのだから、そんなに危険なわけはないと自分に言い聞かせようとするかもしれない。サリーは、フィルターつきのブランドに変えて、このフィルターが発がん物質を取り除いてくれるのだと間違って思い込むかもしれない。最後に、サリーは、喫煙行動はその危険性にもかかわらずそれほど愚かなものではないと思えるように、喫煙と協和する認知を付け加えるかもしれない。たとえば、サリーは喫煙をより高く評価するかもしれない。すなわち、喫煙は、リラックスするためには必要不可欠な大切な楽しい活動なのだと信じるようになるかもしれ

（＊）　前の章で、われわれは、信念や態度が、ある人の行動を十分には予測しないことを学んできた――すなわち、行動は、それに関連する信念や態度といつも一貫するとは限らない。ここでわれわれが強調しているのは、ほとんどの人々が、自分の信念や態度は自分の行動と一貫す・べ・きだと感じているということであり、それゆえに、自分の行動が既存の態度と一貫しないときには、それを正当化するよう動機付けられるということである。

ない。「寿命は縮むかもしれない。でも、人生はもっと楽しくなるわ」というように。また、彼女は本当に、非現実的で無鉄砲な自己像を作り上げ、喫煙を威張り、喫煙の危険を嘲るかもしれない。このような行動のすべてが、わざわざがんにかかることをしているという考えの愚かさを弱めることによって、不協和を低減させるのである。サリーは、その危険を認知的に最小にするか、それとも、その行為の重要性を誇張するかして、彼女の行動を正当化しているのである。要するに、彼女は、うまく新しい態度を確立したり、既存の態度を変化させたりしているのである。

実際に、一九六四年に、公衆衛生局長官の原報告の公表のすぐ後に、喫煙ががんの発生を促進するという新しい事実に対する人々の反応を評価するための調査が行われた。(4)非喫煙者は、この健康白書を圧倒的に信じており、質問された人々のほんの十%が喫煙とがんとの関連はまだ証明されていないと言った。この回答者には、その報告書を疑うような動機付けはなかったのである。喫煙者のほうは、困難な苦境に直面した。喫煙は止めにくい習慣である。喫煙者のうち、これまでに止められたのはわずか九%だった。喫煙者には、その行動を続けるのを正当化するために、その報告書の嘘を暴こうとする傾向があった。彼らはその証拠を否認しがちだった。強度の喫煙者の四十%が、その関連の存在は未だに証明されていないと言ったのである。彼らはまた、合理化をしがちだった。非喫煙者の二倍以上の喫煙者が、人生にはたくさんの危険があると思っており、喫煙者でも非喫煙者でも両方ともがんに罹るとも思っていた。

喫煙に関連した健康への危険性を強く意識している喫煙者は、もっと他の方法――すなわち、自分の喫煙習慣の強さを最小にするという方法――で不協和を低減させるかもしれない。一つの研究(5)が発見したことによれば、一日に一箱か二箱の煙草を吸う百五十五人の喫煙者のうち、六十%が自分のことを適度の喫煙者だと思い、四十%が自分のことを強度の喫煙者だと思っていた。このような自己知覚の違いは、どのように説明できるだろうか。驚くこともないが、自分のことを適度と分類した人たちは、自分のことを重度の喫煙者と分類した人たちよりも、喫煙がもたらす長期の病理学的な作用を知っていた。すなわち、とくにこの喫煙者たちは、一日に一箱か二箱の喫煙はたいしたことではないと確信して、不協和を低減させたのは明らかである。適度や強度という言葉は、結局のところ、主観的なものなのである。

まだ喫煙を始めていない十代の少女を思い描いてほしい。彼女は、公衆衛生局長官の報告を読んで、それを信じるだろうか。調査対象になった非喫煙者のほとんどと同様に、彼女はそれを信じるだろう。証拠は客観的に見て堅実であり、その情報源は専門的で信頼でき、そして、その報告を疑う理由などないのである。そして、これがこの問題の核心である。私は、この本の前のほうで、人々は正しくありたいと努力するということと、価値や信念は正しく見えるときには内面化されるということを指摘した。この正しくありたいという努力によって、人々は他者がどうしているかに注目し、専門的で信頼できる話し手の助言に留意するよう動機付けられるのである。これはきわめて合理的な行動である。しかしながら、この合理的な行動に反するように作用し得る力がある。認知的不協和理論は、人間を合理的な存在としては描いていない。むしろそれは、人間を合理化する存在として描いているのである。この理論の基底にある仮定によれば、われわれ人間は、正しくありたいと動機付けられているというよりはむしろ、自分が正しいと（そして、自分が賢明で上品で善良であると）信じたいと動機付けられているのである。

時には、正しくありたいという動機付けと、自分は正しいと信じたいという動機付けは同一方向に作用することがある。これは、喫煙せず、それゆえに、喫煙は肺がんの原因になるという考えを容易に受け入れられると思っている、あの若い女性の場合に起こることである。このことは、喫煙と肺がんの関連を示す証拠に出会って実際に煙草を止めることのできた喫煙者にもあてはまるだろう。しかし、時には、不協和を低減したいという欲求（自分は正しく善良だと確信したいという欲求）が、非適応的で、それゆえに非合理的な行動を起こさせることもある。たとえば、多くの人々が、喫煙を止めようとして失敗している。こういった人々はどうなっているのだろうか。彼らが固唾を呑んで死を覚悟していると考えるのは間違っているだろう。彼らはそうしていない。そうしないで、彼らは、違う方法で彼らの不協和を解消しようとしているのである。つまり、自分が思っていたほどには喫煙は悪いものではないと自分に言い聞かせるという方法である。たとえば、フレデリック・ギボンズとその共同研究者(6)が最近見出したことは、重度の喫煙者が、禁煙クリニックに通い、しばらくの間は禁煙したが、その後で重度の喫煙に逆戻りすると、それに続いて、彼らは、喫煙の危険を低く見なすようになっているということである。

どうしてこのような心変わりが生じるのだろうか。煙草を止めるというような、ある行為に人が真剣に関与して、その関与が守れないと、強くて自己統制のできる個人であるというその人の自己概念は脅かされる。もちろん、このことが不協和を生じさせる。この不協和を低減して、健全な自己感を——たとえば健全な肺臓ではなくても——回復する一つの方法は、喫煙をそれほど危険ではないと見なして、その関与を矮小化してしまうことである。このような考えは、新年の決意を行った百三十五人の学生の経過を追跡した、より一般的な研究によって支持されている。(7)自分の決意——禁煙するとか、減量するとか、もっと運動するとかという——を破った人は、最初はその失敗のために自己嫌悪に陥るが、しばらくすると、その決意の重要性を軽く見るようになったのである。皮肉なことに、自分が守れなかった関与を軽視することは、彼らが自尊心を回復するのに役立つのだが、近い将来にはそのために必ず自滅するのである。すなわち、短い目でみれば、彼らは良い気分でいられるのだが、しかし、長い目でみると、彼らが、彼らの目標をうまく達成する確率は極端に低くなってしまうのである。

これが、目標を達成できないことに関連した不協和を低減するための唯一の方法なのだろうか。そうではない。他の反応は——そして、おそらく、それほど非適応的でない反応は——自分の成功への期待を低くすることだろう。たとえば、完全には禁煙できなかったが、毎日吸う煙草の数を減らしてきた人は、このような成果を、完全な失敗というよりはむしろ、部分的な成功と見なすことができるだろう。このようなやり方は、失敗したことによる自尊心への打撃を和らげるだろうし、完全に禁煙するための将来の努力で成功を収める可能性を残しているのである。

もうしばらく喫煙の話題に留まって、極端な例を考えてみよう。あなたが、ある大手の煙草会社の副社長の一人だとしよう——あなたは、喫煙という考えに最大限に関与している状況にいることになる。あなたの仕事は、何百万という人々に煙草を製造して、宣伝して、販売することである。もし本当に煙草ががんの原因になるなら、ある意味では、あなたは、非常に多くの人々の病気と死に対して責任の一端を担っていることになる。このために、痛ましいほどの不協和が生じるだろう。すなわち、「私は上品で親切な人間だ」というあなたの認知は、「私は何千もの人々の早死に貢献しているのだ」というあなたの認知と不協和になるだろう。この不協和を低減するために、あなたは、喫煙には害はないと自らに言い聞かせようとしなければならない。これには、あなたが、煙草とがんとの因果関係を示唆する山のような証拠に反論することも含まれるだろう。さらに、あなたは、自分が善良で道徳的な人間だということを自ら納得するために、あなた自身が大量に喫煙して、自分がどんなにその証拠を信じていないかを証明しようとすらするかもしれない。もしあなたのその欲求が十分強ければ、あなたは、煙草は人々の健康に良いとさえ確信できるかもしれない。このように、あなたは、自分が賢明で善良で正しいと思いたいがために、あなたの健康にとって愚かで有害な行為をとることになるのである。

このような分析は、あまりにも現実離れしているために、ほとんど信じられないことだろう——が、それは、ほとんど、である。一九九四年に、議会は、喫煙の危険について公聴会を開いた。これらの公聴会で、ほとんどの主要な煙草会社の経営者は、自分が喫煙者であることを認め、喫煙はビデオゲームをしたりトゥインキーを食べたりするのよりも害がなく中毒にもならないとまで実際に主張した。これに続く一九九七年の公聴会では、合衆国一の煙草製造会社の会長兼最高経営責任者のジェームズ・J・モーガンは、煙草は薬理学的には中毒性がないと言った。「ごらん、私はグミベア〔訳者注：クマの形のグミ〕が好きでグミベアを食べるよ。そして、私は、グミベアを食べないのは嫌だよ」と、モーガンは言った。「でも、私がそれの中毒ではないことは確かだよ。」(8)こういった公での否認は、もちろん別に新しいことでもない。四十年前、次のようなニュースが、『ワシントン・ポスト』通信社から発表された。

ジャック・ランドリーは、自分の机の上の二箱のマールボロの一方から、きっとその日の三十本目になる煙草を取り出して、マッチで火をつけて、喫煙とがんや肺気腫の関連についてのあらゆる報告を自分がいかに信じていないかを語る。彼は、米国フィリップ・モリス社のためにもう一つの煙草を市場に出し始めたばかりであり、その見通しについてはちきれんばかりに満足である。しかし、人々にその新ブランドを吸わせるために翌年中に合衆国で一千万ドルも使うことと、自分の良心とをどのように彼は調和させるのだろうか。「そんな問題ではない」と、フィリップ・モリス社の販売担当副社長のランドリーは言う。「われわれの国のほぼ半数の成人が煙草を吸っている。彼らの基本的な必需品なのだ。私はその必要に奉仕しているのだ……。かなり著名な医学や科学の権威者たちの研究の一つにストレス理論に関するものがあるが、それは、ストレスを静める喫煙を止めたら、本当にどんなに多くの人々が、どんなに今よりもひどくなってしまうかを扱っている。そして、喫煙とこういったすべての病気とが無関係だということを示す妥当な研究がたくさんあるのだ。」ランドリーが言うには、彼の満足感は、非常に競争の激しい企業の中で自分の仕事を非常にうまくやれることに由来している。そして、彼が指摘するには、フィリップ・モリス社とその主力商品のマールボロは、アメリカ第二位の煙草販売会社のアメリカン・タバコ社を抜き去ったばかりである（R・J・レイノルズ社が依然として第一位なのだが）。なぜ、今になって新しい煙草なのか。売れるからだと、ランドリーは言う。そしてそれが、アメリカ煙草の新製品を市場に出させたのである。そしてそれは、十二カ月以内にアメリカの市場の一％のシェアを持つに至るだろうと、ランドリーは確信をもって予測する。その一％というのは、およそ五十億本の煙草に相当し、米国フィリップ・モリス社に潤沢な利益をもたらしてくれるだろう。(9)

ジェームズ・モーガンやジャック・ランドリーが、単に嘘をついているという可能性がある。（なんとまぁ、会社の経営責任者が嘘をついているぞ！）しかし、ことはもう少し複雑かもしれない。おそらく、彼らは、何年にもわたって、自分自身をうまく騙してきたのだろう。(10)もし私が、ある態度や考えに深く関与していれば、私は、どんな対立する見方に対してでもその真実性を疑おうとする強い傾向を持っているだろう。この過程について、ぞっとする一つの例として、ヘール・ボップ自殺について考えてみよう。一九九七年に、あまり目立たない宗教カルト、ヘヴンズ・ゲートの三十九人のメンバーが、カリフォルニア州のランチョ・サンタフェの豪華な住宅で遺体になって発見された――集団自殺の参加者である。その数週間前、二、三のカルト・メンバーは、専門店に行き、高価な高性能望遠鏡を購入していた。それで、ヘール・ボップ彗星と、その後を追っていると彼らが心底信じていた宇宙船をはっきり見ようとしたのだろう。彼らの信念は、その彗星が近づくときが、その宇宙船に自分の魂を拾ってもらえよう、自らを殺して「地球上の入れ物」（肉体）から抜け出すときだというものであった。望遠鏡を買った数日後、彼らはその専門店にそれを戻して、丁寧に払い戻しを頼んだ。その経営者が理由を尋ねたとき、彼らは、その望遠鏡が欠陥品だと苦情を言った。「彗星はよく見えましたが、その後を追っている宇宙船が見つからないのです。」言うまでもなく、宇宙船は存在しなかった。しかし、あなたが、死んでまで乗りたいと思っている宇宙船の存在を確信していて、それなのに、あなたの望遠鏡ではそれが見えないとすれば、明らかに、あなたの望遠鏡は壊れているに違いないのである。

好奇心をそそる逸話は示唆に富む。しかし、それは、科学的な証拠にはなり得ないし、それゆえに、それだけでは説得力がない。もう一度、煙草の例に戻ると、モーガン氏とランドリー氏は、煙草に害があることは知っていながら、単にひねくれているだけという可能性がなおもある。同じように、ランドリーは、煙草の商いを始める前から、煙草は人々の健康に良いものだといつも信じていた可能性もある。もしこれらの可能性のいずれかが事実なら、喫煙がもたらす恩恵に彼が興奮しているのは、不協和のせいでないことは明らかである。ある特別な出来事で態度の歪みを明確に示した事例を説明すれば、もっと説得力があるだろう。このような実例は、一九五〇年代に遡って、（こともあろうに）アイビーリーグのフットボールの試合が示している。プリンストン大学とダートマス大学の間で大切な試合が行われた。その戦いは遺恨試合と銘打たれていたのだが、このことはすぐに競技場で明らかになった。この試合は、両校の歴史上、もっとも乱暴で、もっとも汚い試合として記憶されている。プリンストンのスター選手は、ディック・カズメイヤーという名前の全米代表のランニングバックだった。試合が進行していくにつれて、ダートマスの選手たちが彼を仕留めようとしていることが徐々に明らかになってきた。彼がボールを持つと必ず、群れなしてタックルをかけられ、のしかかられ、つぶされたのである。最後には、彼は鼻の骨を折って、試合から下りなければならなかった。その間、プリンストン・チームは何もしていなかったわけではない。カズメイヤーの負傷後すぐに、ダートマスの選手が一人、脚の骨を折って競技場から運び出された。試合の最中、競技場ではいくつもの殴り合いが起こり、そして双方から多くの負傷者が出たのである。

その試合の少し後で、一組の心理学者たち——ダートマス大学のアルバート・ヘイストーフとプリンストン大学のハドリー・キャントリル(11)——は、両方のキャンパスを訪れて、それぞれのキャンパスで多数の学生にその試合の映画を見せた。学生たちは、完全に客観的にして、映画を見て、個々の反則がどのようにして始まり、誰にその責任があるかをメモに取るよう指示された。あなたが想像する通り、それぞれの大学の学生の試合の見方には大きな違いがあった。学生たちには、自分の仲間の学生を攻撃的で違法な反則行為の加害者というよりはむしろ、そのような反則行為の被害者と見なす強い傾向があった。その上、このことはけっして小さな歪曲ではすまなかった。プリンストンの学生は、ダートマスの学生よりも二倍も多くダートマス側に違反を見たのである。繰返し言うが、人々は、情報が溜まるのをそのまま受け入れる容器ではない。人々の情報の見方やその解釈の仕方は、ある特定の信念や一連の行為に彼らがどのくらい深く関与しているかにかかっている。人は、自分の不協和を低減するために、客観的な世界を歪めるだろう。その歪め方や歪みの大きさは、かなり予測できるのである。

二、三年後、レニー・ブルースは、洞察の鋭いコメディアンであり社会問題の解説者でもあるのだが、（そして、きっと認知的不協和理論については何も読んだことはないだろうが）リチャード・ニクソンとジョン・ケネディの一九六〇年の大統領選挙運動について次のような洞察を行っている。

私はケネディのファンの集まりと一緒にその討論を見ていた。すると、彼らのコメントは「彼はニクソンを完全にやっつけている」というものだろう。それから、われわれは皆で別のアパートに行く。すると、ニクソンのファンは「彼がケネディをぶちのめしたみたいだ」と言うだろう。そして、それから、私は気付いた。それぞれのグループがその候補をとても愛しているので、その男はこんなにも露骨なのに違いない——彼はカメラを覗き込んで、「私は泥棒で、詐欺師です。聞こえていますか。私は、大統領選挙であなたがなし得る最低の選択です！」と言うに違いない。そんな後にさえ、彼の信奉者は言うだろう。「さて、あなたに対して正直な男がいます。そんなことまで認めるとは、たいしたやつだ。われわれが大統領として必要なのは、こういうやつなのだ。」(12)

人々は、自分たちの深く根差した信念や願望と相容れない物事を見たり聞いたりするのを好まない。このような悪い知らせに対する大昔の人の反応は、文字通り、伝令者を殺すことであった。

伝令者を殺すことの現代版の比喩は、不協和の苦痛を生じさせる材料を提示したかどでメディアを非難することである。たとえば、ロナルド・レーガンが一九八〇年に大統領選挙に出ていたときに、『タイム』誌は、彼の選挙運動の分析を公表した。その後、怒りの投書があったが、それらは、一方ではレーガン支持者の、他方ではレーガン反対者の非常に食い違った反応を鮮明に例証するものだった。次の二つの手紙について考えてほしい。(13)

ロナルド・レーガン候補に関するローレンス・バレットの選挙前の記事(一〇月二〇日)は、巧妙な悪意に満ちた中傷で、それはあなたにもわかっていることだ。あなたは自らを恥じるべきだ。いかにもその男を客観的に見たように装って、そんな記事を印刷したのだから。

「本当のロナルド・レーガン」というあなたの記事はうまくやった。社説で彼を支持するだけでよかったのに。バレットがレーガンの致命的欠陥をあまりにも上手に言いつくろっているので、「本当の」ロナルド・レーガンが、われわれのあらゆる問題に対する唯一の答であるかのような印象を受けた。

これらの手紙に示されている食い違った見方は、一九八〇年の大統領選挙に限ったことではない。それは、クリントンの支持者と反対者でも起きた。ジョージ・W・ブッシュの支持者と反対者でも起きた。そして、オバマの支持者と反対者でも起きた。実に、それは四年ごとに起きるのである。次の大統領選挙では、有力候補の一人についての記事があなたのお気に入りのニュース雑誌に出たら、投書欄をよく調べてほしい。同じようなたくさんの食い違った見方を見出すだろう。

不協和の低減と合理的な行動

私は不協和低減行動を「不合理的」だと言ってきた。そのことで私が言おうとしたことは、そのために人々が重要な事実を知ることができなかったり、自分の問題の本当の解決法を発見できなかったりするという点で、しばしば不適応的であるということである。反対に、それは役に立つこともある。すなわち、不協和低減行動は自我防衛的行動である。不協和を低減することによって、われわれは肯定的な自己像——自分のことを善良で賢明で価値あると描く像——を維持するのである。この自我防衛的行動は有用だと考えられるが、それでもやはり、それは悲惨な結果をもたらすことがある。不協和低減行動の不合理性は、エドワード・ジョーンズとリカ・コーラーによって実験室で十分に実証されている。(14) この研究者たちは、人種差別問題である立場に深く関与している人を選び出した――参加者の中には、差別に賛成する人と、反対する人がいた。この人々は、その問題の両方の側面に関する一連の議論を読まされた。この議論の中には、きわめて分別のあるもっともな議論と、とても信じられないくらいほとんど馬鹿げた議論とがあった。ジョーンズとコーラーが関心を抱いたのは、人々がどの議論をもっともよく想起するかを明らかにすることだった。もし人々が純粋に合理的ならば、われわれは、もっともな議論がもっともよく想起され、もっともでない議論がもっとも想起されないと期待できるだろう。いったいどうして、人々が信じがたい議論を頭の中に留めておきたがるだろうか。したがって、合理的な人は、意味のある議論はすべて反芻して想起するだろうし、馬鹿げた議論はすべて捨ててしまうだろう。認知的不協和理論の予測はどうだろうか。賢明な人々をすべて自分の側につけ、愚かな人々をすべて反対側につかせるのは気持ちの良いことである。つまり、自分自身の立場に賛成する愚かな議論は不協和を引き起こす。というのは、それは、その立場の賢明さや、それに同意する人々の知性に疑問を投げかけるからである。同様に、その問題の反対の立場についてのもっともな議論も不協和を引き起こす。というのは、それは、反対側の立場が正しいという可能性を高めるからである。このような議論は不協和を起こすので、人はそれについては考えようとしない。すなわち、人はそれをあまり憶えないか、それとも、単純にそれを忘れてしまうかのどちらかだろう。以上のことが、まさしくジョーンズとコーラーが見出したことである。彼らの参加者は、合理性を働かせて想起したわけではなかった。彼らには、自分自身の立場と一致するもっともな議論と、反対の立場に一致する信じがたい議論とを想起する傾向があったのである。

　チャールズ・ロードとリー・ロスとマーク・レッパー(15) は、同じような考えの実験で、われわれが偏りのない情報処理を行っていないことを示している。むしろ、われわれは、自分の先入見に合致するように情報を歪曲させているのである。この研究者たちは、スタンフォード大学で極刑反対の学生数名と、それに賛成の学生数名を選び出した。彼らは、死刑が暴力犯罪の抑制をもたらすかどうかを論じた二つの研究論文を学生に見せた。その研究の一方は、学生の既存の信念を確証するものであり、もう一方は、それを否定するものだった。もしこの学生たちが完全に合理的であれば、彼らはその問題が複雑なものだと結論付けるだろうし、その結果、その二つの集団の学生の極刑についての信念は初めよりも似通ってくるだろう。これに反して、不協和理論の予測はこうだろう。彼らは、その二つの論文を捻じ曲げて、自分の信念を確証する論文のほうは心にしっかり留めて、自分の信念を確実に支持するものと見なすだろう――一方、自分の信念を否定するほうの論文には方法論上の欠陥や概念的な問題を発見して、その影響を受けるのを拒むだろう。このことが、まさしく実際に起こったことだった。実際、彼らの信念は似通うどころか、この両面的提示の後では、その二つの集団の学生は以前よりも意見の対立がより鋭くなったのである。このような過程は、政治や宗教の問題で深く関与している人々は、われわれの議論がどんなに強力で均衡のとれたものであっても、われわれと同じ物事の見方をするようにはほとんどならないという事実を説明してくれるだろう。

われわれの中で認知的不協和理論について幅広く研究してきた人たちは、人間が合理的に行動できるということを否定はしない。その理論は単に、われわれの行動のかなり多くが合理的ではない——内側から見れば、それはきわめて分別のある行動のように思えるかもしれないが——ということを示唆しているのである。もしあなたが、あの催眠にかかった若者に、なぜ天気が良い日なのにレインコートを着ているのか尋ねたら、彼は、自分が良識ある回答だと思えるものを見つけ出すだろう。もしあなたが、フィリップ・モリス社の副社長に、なぜ煙草を吸うのか尋ねたら、彼は自分で道理にかなうと思える理由をあなたに返すだろう——彼は、どんなにそれが皆の健康に良いかをあなたに語るだろう。もしあなたが、ジョーンズとコーラーの参加者に、なぜある種の議論は想起して、それ以外の議論は想起しないのか尋ねたら、彼らは、自分が想起した議論は自分が読んだものの公平で均衡のとれた標本だと主張するだろう。同様に、極刑に関する実験の大学生は、自分の立場に反する証拠には欠陥があると主張するだろう。注意しておくべき重要な点は、世界は、一方には合理的な人々、もう一方には不協和を低減する人々というように分かれているのではないということである。人々は皆まったく同じとは限らないし、より不協和に耐えることができる人々もいるけれども、われわれは皆合理的に行動できるのであり、また、われわれは皆不協和を低減するように行動できるのであり、それは状況のいかんによるのである。時には、同じ人が、その両方の行動をすばやく続けて現すことがあるのである。

人間の行動の合理性と不合理性は、われわれの自己正当化への欲求の幅広い影響のいくつかを論じていくに従って、以下の数頁で何度も何度も繰り返して説明されるだろう。これらの影響は、ほとんど人間行動の全範囲に及ぶものであるが、時間と紙数の節約のために、ほんの二、三の例を挙げるのにとどめる。意思決定過程から始めよう。それは、もっとも合理的な状態の人間ともっとも不合理的な状態の人間を矢継ぎ早に示す過程なのである。

意思決定の結果としての不協和

あなたがある意思決定——たとえば、新車の購入——をしようとしているところだとしよう。これには相当のお金がかかわるので、それゆえ、明らかに、重要な決定である。あなたはさまざまに調べて回って、スポーツ用多目的車（SUV）を買おうか、小型乗用車を買おうか悩む。どちらにもさまざまな長所と短所がある。そのSUVは、荷物を積み込み、長距離旅行のときには寝ることができ、十分な馬力があるけれども、ひどく燃費がかかり、駐車が簡単ではない。その小型車は、それほど車内は広くなく、その安全性も心配だが、買うのにも動かすのにもそれほどお金はかからないし、運転が楽しいし、修理についてもかなり良い成績を持っていると聞いている。おそらく、あなたは意思決定をする前には、できるだけ多くの情報を求めるだろう。たぶん、あなたはインターネットに入り、さまざまな批評を試し読みするだろう。あなたは、さらに、『コンシューマー・レポート』まで読んで、この専門的で偏りのない情報源が何と言っているか見つけ出すだろう。おそらく、あなたはSUVか小型車を所有している友人に相談するだろう。たぶん、あなたはディーラーを訪ね、それぞれがどのような感じか知るために試乗してみるだろう。この決定前の行動はすべて完全に合理的である。あなたが意思決定をしたとしよう——あなたは小型車を買ったとしよう。次に何が起こるだろうか。あなたの行動は変わり始めるだろう。もはやあなたは、すべての車種について客観的な情報を求めはしないだろう。たぶん、あなたは小型車の所有者と話をする時間が増え始めるだろう。あなたは、まるでそれが世の中で一番大切なことであるかのように、一ガロンあたりのマイル数について話し出すだろう。おそらく、あなたは、あなたの小型車の中では寝られないという事実について考えるためにあまり時間をかけなくなるだろう。同じように、あなたの心は、あなたの新車を運転すれば、衝突したときにとくに危険だという事実や、ブレーキの反応があまり良くないという事実をいい加減に軽く考えるだろう。これらの欠点にあなたが注意できないために、あなたの生命が犠牲になるかもしれないのに。

このようなことはどうして生じるのだろうか。決定の後では——とくに、難しい決定や、時間や努力やお金がかなりかかる決定の後では——人々は、ほとんど必ず不協和を経験する。これは、決定したほうの選択肢がすべて良いことなどめったにないし、拒否したほうの選択肢がすべて悪いことなどめったにないからである。この例では、あなたが小型車を購入したという認知は、その車が持っているかもしれない欠点についてのあなたの認知と不協和である。同様に、あなたが買おうと考慮したが実際には購入しなかった他の車の良い側面はすべて、あなたがそれらの車のどれも購入しなかったという認知と不協和である。このような不協和を低減するための良い方法は、あなたが選んだ車に関する良い情報だけを探し求め、それに関する悪い情報は避けることである。一つの安全な情報源は、広告である。それが安全策だというのは、広告はそれが宣伝する製品を貶しはしないからである。したがって、最近新車を購入したばかりの人は広告を選んで読み始める、すなわち、その人は購入後には、その同じ車を購入しなかった人と比べて、自分の車の広告をより多く読むと予測できるだろう。さらに、新車の所有者には、他の車種の広告を避ける傾向がある。このことは、ダヌータ・エーリックとその共同研究者(16)が、広告読者についての有名な調査で見出したことと同じである。要するに、エーリックのデータが示唆しているのは、人々は、決定後には、確実に安心できる情報を求めて、自分の決定が賢明だったということを再確認しようとするということである。

人々は、安心を得るために、必ずしもマディソン街〔訳者注：広告産業の代名詞〕の助けを借りる必要はない。彼らは、かなり上手に自らを安心させることができるのである。ジャック・ブレーム(17)の実験は、このことがどのようにして行われるかを例証している。ブレームは、市場調査研究者を装って、数人の婦人のそれぞれにさまざまな電気製品（トースター、コーヒーメーカー、サンドイッチ・グリル等々）を八つ見せて、それぞれの製品が彼女にとってどのくらい魅力的か評定するよう求めた。それぞれの婦人は、そのお礼として、その製品の一つをもらえると言われた──そして、彼女が同じくらい魅力的だと評定した二つの製品の中から一つを選ぶように言われた。彼女が一つを選ぶと、それは包装されて彼女に渡された。数分後、彼女は、もう一度製品を評定するよう求められた。この実験が明らかにしたのは、彼女は、自分が選んだ製品を受け取った後には、その製品の魅力をいくらか高く評価し、所有できたかもしれないのに拒んだほうの製品の評価を下げたということである。繰り返すことになるが、決定をすると不協和が生じる。選んだ対象の悪い側面に関する認知は、それを選んだということと不協和であり、選ばなかった対象の良い側面に関する認知は、それを選ばなかったということと不協和である。人々は、不協和を低減するために、その選択肢の差を認知上で広げる。すなわち、ブレームの研究の女性は、決定後には、自分がもらうことに決めた製品の良いところを重視し、その悪いところを重視しなくなったのである。そして、自分がもらわないことに決めた製品については、その悪いところを重視し、その良いところを重視しなくなったのである。

自分の選択を正当化しようとする傾向は、消費者による決定に限ったことではない。それどころか、研究は、同様の過程が、われわれの恋愛関係や、別の相手と関係を持ちたいと思うかどうかにさえ影響することを示してきている。デニス・ジョンソンとカーライル・ラスバルト(18)によって実施された研究では、大学生が、キャンパスの新しいコンピューター・デート・サービスが成功する可能性を評価するよう求められた。参加者たちは、さまざまな異性の写真を見せられ、この人たちがこのデート・サービスの応募者であると信じさせられた。それから、彼らは、この応募者たちの魅力を評定し、この人――実際に紹介された人――とどのくらい楽しいデートができそうか評定するよう求められた。この研究の結果は、電気製品についてのブレームの発見にきわめて似ていた。すなわち、その学生たちが、現在の自分の恋愛相手に深く関与していればいるほど、この研究で紹介された別の相手の魅力を悪く評定したのである。これに続く実験で、ジェフリー・シンプソンとその共同研究者(19)も、深く関与した信頼関係にある人々は、そうでない人々よりも、異性の相手を身体的にも性的にも魅力がないと見ていることを見出している。さらに、シンプソンとその共同研究者は、この効果が「可能性のある他者」に関してだけあてはまることを示した。つまり、深く関与した関係にある人々が、少し年長の人か、同性の人を紹介されると、その人の魅力を貶めることはなかったのである。要約すると、脅威がなければ、不協和はない、そして、不協和がなければ、悪口もないのである。

要するに、電気製品の話であろうと、恋愛相手の話であろうと、いったん堅い関与が行われると、人々は、自分の選択の良い側面に注目し、自分の選択しなかった選択肢の魅力的な特質を軽視するのである。

決定の結果――いくつかの歴史的事例――

これまで論じてきた題材のいくつかは十分に無害なものだが、これらの傾向への陥りやすさが引き起こしそうな危険についてはいくら言っても言い過ぎではない。不協和を低減するために引き起こしそうな危険を無視することが、人を死に至らしめるかもしれないと私は述べたが、それは文字通りそう言いたかったのである。ある狂人があなたの国を占領して、あなたの宗教団体の全メンバーを根絶やしにすると決定したとしよう。しかし、あなたはこのことが確かかどうかわからない。あなたにわかっていることは、あなたの国が占領されているということと、占領軍の指導者があなたの宗教団体をあまり好きではないということと、時たま、あなたと同じ信仰のメンバーが自宅から強制的に立ち退かされ、収容所に拘禁されているということである。あなたはどうするだろうか。あなたは自分の国から逃げ出そうとすることもできるだろう。あなたは他の宗教団体のメンバーで通そうとすることもできるだろう。あるいは、あなたは腰を据えて、最善の結果を期待することもできるだろう。どの選択肢もきわめて危険である。見つからないで逃げたり、偽装したりするのは難しいだろう。もし、逃げようとしたり、正体を偽ったりしているのを捕まえられれば、罪は即座の死刑である。反対に、腰を据えておくという決定は、もし本当にあなたの宗教団体が組織的に絶滅させられているということになったら、悲惨な決定ということになるだろう。あなたが行動しないことに決めたとしよう。すなわち、あなたは腰を据えることにするのである――逃げたり、偽装したりする機会に背を向けて。このような重大な決定は、当然、大きな不協和を引き起こす。不協和を低減するために、あなたは自分が賢明な決定をしたのだと自分に言い聞かせる――すなわち、あなたは、あなたの宗派の人々は移動させられ、不公平な扱いは受けているが、法律を犯さなければ殺されてはいないのだと自らに言い聞かせるのである。反対のことを示すはっきりした証拠もないので、この見方は信じ続けにくいことでもない。

数カ月後、あなたの町出身のある立派な男性が、自分が森に隠れていたところ、最近この町から強制移送された男や女や子どもが皆、兵士に虐殺されているのを目撃したと、あなたに語ったとしよう。私の予測は、あなたはこの情報を紛い物として捨てようとするだろう――あなたは、その報告者が嘘をついたのか、幻覚を見たのだと自分に言い聞かせようとするだろう――というものである。あなたに警告しようとしたその男性の言うことを聞いていれば、あなたは逃げられたかもしれない。しかしそうしないで、あなたもあなたの家族も虐殺されるのである。

非現実的だろうか。あり得ないことだろうか。その立派な男性の言うことを真剣に受け止めないなんて誰ができようか。ここで述べた出来事は、一九四四年にハンガリーのシゲットのユダヤ人の身の上に起きたことの正確な話である。[20]

情報に対する認知的歪曲や選択的接触の過程は、ベトナム戦争の無意味な規模拡大の重要な要因であった。『ペンタゴン報告書』の示唆に富む分析の中で、ラルフ・ホワイトは、不協和のために、われわれの指導者は、すでに行った決定と相容れない情報に対して盲目だったことを示している。ホワイトが言うには、「行為が考えに合わないときには、意思決定者は自分の考えを自分の行動に合わせる傾向があった。」多くの例の中から一つだけ挙げると、北ベトナム爆撃を拡大し続ける決定は、CIAやその他の情報源からの決定的な証拠を無視するという犠牲を払ってなされたのである。その証拠は、爆撃は北ベトナムの人々の意思をくじくどころか、逆に、彼らの決意を強めるだけだということを明らかにしていたのに。

たとえば、（国防長官ロバート・）マクナマラの一九六六年の爆撃反対の事例に関するきわめて真実性の高い証拠にもとづいた報告（『ペンタゴン報告書』の五五五―五六三頁）を、彼の結論に異議を唱え、爆撃を二つの切り札の一つだと呼んだ統合参謀本部の覚書と比較すると教訓的である。その

覚書は、その反対を示す史実のすべてを明らかに無視したものだった。だが、優勢だったのは統合参謀本部のほうだった。(21)

もっと最近のことだが、ジョージ・W・ブッシュ大統領は、イラクの指導者サダム・フセインが、アメリカ人に脅威をもたらす大量破壊兵器（WMD）を保持していると信じたがっていた。このために、大統領とその顧問は、CIAの報告書の情報を、イラクのWMDの決定的証拠と解釈したのである。その報告書は曖昧なものであり、他の証拠によって反論されていたのにもかかわらず、そうしたのである。ブッシュ大統領の解釈は、先制攻撃を仕掛けることを正当化した。彼は、われわれの軍隊がイラクに入れば、この兵器を見つけられると確信していたのである。

イラク侵攻の後に、「WMDはどこにあるのか」と尋ねられると、政府当局者は、イラクは大きな国でWMDはうまく隠されていると言い、その兵器は見つけられると断言した。数カ月が過ぎ、WMDが発見されないのに、その当局者は、それが発見されると断言し続けた。なぜだろう。なぜなら、政府当局者は、とても大きな不協和を経験していたのである。彼らは、WMDを見つけられると信じなければならなかったのである。結局は、そのような兵器がなかったと公式に結論されたが、それは、われわれが侵攻したとき、イラクは合衆国にとって直接の脅威ではなかったことを意味しているのである。

さて、どうだろう。アメリカ兵とイラク民間人が毎週死んでいた。そして、何千億ドルもが合衆国の国庫から流れ出ていった。ブッシュ大統領とそのスタッフはどうやって不協和を低減したのだろうか。その戦争を正当化する新しい認知を付け加えることによってそうしたのである。突然、われわれは、合衆国の使命が、残虐な一独裁者からイラク国民を解放し、民主主義体制の恩恵を彼らに授けることだったと知ったのである。中立的な観察者にとっては、その正当化は不十分なものであった（結局のところ、世界には非常に多くの残忍な独裁者がいるのである）。しかし、ブッシュ大統領とその顧問にとっては、不協和を経験していたので、その正当化は理にかなったものに思えたのである。

解説者の中には、ブッシュ政権が偽ったという人もあった。つまり、その政権が、意図的にアメリカ国民を騙そうとしたと言うのである。われわれは、大統領の心の中で何が起こっていたか確信できない。認知的不協和に関する五十年以上もの研究にもとづいて、われわれにわかることは、大統領とその顧問は、アメリカ国民を意図的に騙していたのではないけれども、自分自身をうまく騙していたのだろうということである。すなわち、彼らは、イラクはWMDがなくても侵攻する価値があると、自らにうまく言い聞かせることができたのかもしれない。(22)

どうすれば、指導者が、自己正当化の罠に陥るのを避けられるのだろうか。歴史上の事例がわれわれに示すように、この過程から抜け出すためには、指導者は、自分の側近以外から腕の立つ顧問を就けるべきである。なぜなら、その顧問は、その指導者の初期の決定によって生じる不協和を低減する必要に囚われていないからである。歴史家ドリス・カーンズ・グッドウィン(23)が指摘しているように、エイブラハム・リンカーンが、自分の政策に異議を唱える何人かを加えて組閣したのは、まさにこの理由であった。

しばらくの間、ベトナム戦争に戻ろう。どうして統合参謀本部は、爆撃を拡大するという――勝ち目のない戦争の規模を拡大するという――浅はかな決定を行ったのだろうか。彼らは、最後まで遣り遂げようとしていた。初期の行為を、それと同じかそれ以上に極端な行為で正当化しながらそうしていたのである。こういった段階的拡大は止むことを知らない。ひとたび小さな関与を行うと、そのために、その関与が際限もなく大きくなるような状況がお膳立てされる。その行動は正当化されなければならず、そのために、態度が変化する。そして、この態度の変化は、将来の決定と行動に影響を及ぼす。こういった認知上の段階的拡大の特色は、『タイム』誌の編集者による『ペンタゴン報告書』の分析で見事にとらえられている。

『ペンタゴン報告書』が示すところによれば、依然として官僚は常に新しい選択肢を求めていた。そして、その選択肢のいずれもが、一層力を行使することだった。ねじを締め上げるたびに、防衛しなければならない陣地が生まれた。いったん関与してしまうと、軍事的圧力は維持しなければならないのである。(24)

段階的拡大の根底にある過程は、統制された実験条件下で、もっと個人的な水準で究明されている。あなたが、ある大きな事業で誰かの助けをほしいとしよう。しかし、その人にやってもらおうと思っている仕事は困難で、時間と努力が要るので、その人がきっと辞退するだろうと、あなたにはわかっている。あなたはどうすべきだろうか。一つの可能性は、その人に、その仕事のずっと小さな側面、つまり、非常に容易なので、その人も断わろうなどとは夢にも思わないような側面にかかわってもらうことである。この行為は、その人を「その目標」に関与させるのに役立つ。いったん人々がこのように関与すると、もっと大きな要請に応諾する確率が高くなる。この現象は、ジョナサン・フリードマンとスコット・フレイザー(25)によって実証されている。彼らは、何人かの住宅所有者に、「注意して運転せよ」と書いた大きな標識を前庭に立てさせてもらおうと試みた。この標識の見苦しさと押しつけがましさのために、ほとんどの住民は、それを立てるのを拒んだ。すなわち、わずか十七%が応諾したにすぎなかった。しかし、別の住民たちは、実験者が彼らに安全運転賛成の請願書に署名してもらうことによって、最初に「懐柔された」。請願書に署名するのは簡単なことなので、頼まれた人のほとんどが署名に応じた。数週間後、別の実験者が、それぞれの住民のところへ、「注意して運転せよ」と記した押しつけがましく見苦しい標識を持ってやってきた。こちらの住民の五十五%以上が、自分の所有地にその標識を立てるのを許したのである。このように、人々は、少し関与をすると、その方向にさらに関与する確率が高くなるのである。人々がもっと大きな要請に応じやすくなるように、小さな親切を利用するこの過程は、**片足を扉に踏み入れる技法**《フット・イン・ザ・ドア・テクニック》と呼ばれている。これが効を奏するのは、小さな親切を施したということが、もっと大きな親切をすることに同意させる圧力を生むからである。要するに、それは、大きな要請に応諾するのを前もって正当化してくれるのである。

　同様の結果が、パトリシア・プライナーとその共同研究者[26]によって得られている。この研究者たちは、標本になった人々の四十六%が、直接に接触された場合に、アメリカがん協会のために小さな寄付を進んでしてくれるということを見出した。同様の人々が、その前日に、基金調達運動を宣伝するための襟章を着けるよう頼まれた。この場合、およそ二倍の人々が、翌日接触されたときに、進んで寄付を行ったのである。

　第2章で論じたスタンレー・ミルグラムの服従に関する古典的な研究に戻って考えてみよう。ミルグラムが、実験のまさに最初から四五〇ボルトのショックを流すよう、彼の参加者に指示していたらどうだっただろう。あなたは、多くの人々が服従すると思うだろうか。おそらくそうは思わないだろう。私の推測は、ある意味では、実験の最初の頃の軽度のショックが、ミルグラムの参加者にとって片足を扉に踏み入れる《フット・イン・ザ・ドア》誘導の役割を果たしたというものである。ショックの水準の上昇が段階的なので、参加者は、一連の自己正当化を行うのである。もしあなたがその参加者だとすると、あなたは、いったん第一段階を正当化すると、その正当化のおかげで第二段階に進むのが容易になり、いったん第二段階を正当化すると、そのおかげで第三段階に進むのが容易になり……と進むのである。あなたが四五〇ボルトに到達するまでには、あぁ、どうだっていいよ、四三五ボルトとたいして違わないじゃないか、となる。つまり、人は、自己正当化の滑りやすい坂道をいったん落ち始めると、譲ることのできない一線を引くのが徐々に難しくなるのである――なぜなら、実際のところ、彼らは最後には自分に問いかけるだろう、「前に十五ボルトで線を引かなかったのだから、どうしてここで線を引くのか」と。

変更不能性の重要さ

これまでに紹介してきた例の重要な特徴の一つは、その決定が比較的変更できないということである。これには少し説明が必要だろう。時には、われわれは、仮の決定をすることがある。たとえば、あなたがサンフランシスコ近郊の高価な家を買うかもしれないと言いながら、その決定が最終的なものではないとしよう。この場合、おそらく、自分の選択の賢明さを自らに言い聞かせる努力はしないだろう。しかし、あなたはいったん頭金を支払ってしまうと、そしてそれが簡単には取り戻せないことを知っていると、おそらく、あなたは、地下室の湿気や、土台のひび割れや、それがたまたまサンアンドレアス断層の上に建っているという事実の重要さを最小限に評価しようとし始めるだろう。同じように、ヨーロッパのあるユダヤ人が、いったん正体を偽らないことに決めて、自分がユダヤ人であるとわかるようにしておくと、その決定は変更できないことである。その人に、そう簡単にキリスト教徒の振りはできなかっただろう。また同じように、ペンタゴンの当局者は、ひとたび北ベトナム爆撃を強化してしまったので、それを止めるわけにはいかなかったのである。そして、住宅所有者は、いったん請願書に署名してしまったので、安全運転に対してしっかり関与してしまったのである。

変更できないことの重要さについての直接の証拠は、競馬場のギャンブラーの認知上の揺れについての巧妙な研究で得られている。競馬場は、変更不能性を検討するのに理想的な場所である。なぜなら、あなたは、いったん賭金を払ってしまうと、窓口の向こうの親切な人に、気が変わったと言いに戻ることはできないからである。ロバート・ノックスとジェームズ・インクスター(27)は、二ドルの賭金を払いに行く途中の人々を呼び止めただけである。彼らがすでに自分の馬を決めており、賭金を払いに行こうとしたちょうどそのとき、研究者たちが彼らに、自分の馬が勝つ自信はどれくらいあるかを尋ねた。彼らは二ドルを払う窓口に行く途中だったので、彼らの決定は変更できないわけではなかった。その研究者たちは、賭金を払った後でその窓口を離れようとしていた他のギャンブラーもつかまえて、自分の馬が勝つとどれくらい確信しているかを尋ねた。典型的には、すでに賭金を払った人々は、これから払おうとしている人々に比べて、自分の馬が勝つ確率をはるかに高く見積もったのである。ところが、もちろん、その決定が最終的なものであるかどうか以外は何も違っていなかったのである。

競馬場からハーバード大学のキャンパスに移動して、ダニエル・ギルバート(28)は、写真の授業の状況で、この変更不能性仮説を検証した。この研究では、参加者は、心理学の実験に参加しながら写真を学ぶことに興味を持つ学生を求める広告で集められた。学生たちは、フィルム一本分を撮影し、そのうち二枚の写真を印刷し、その二枚の写真を評定し、その後で、どちらの一枚を自分で持っておくか選ぶことになると伝えられた。もう一枚は、管理上の理由で保管されるとも伝えられた。その学生たちは、二つの条件のいずれかに無作為に割り当てられた。彼らが五日以内ならば写真を交換できる権利が与えられた条件と、彼らの最初の選択が最終的なもので変更できない条件である。ギルバートは、二枚の写真から選択をする前には、学生たちがその二枚ともを同じくらい気に入っていることを見出した。学生たちは、選択をした二日後、四日後、九日後に連絡を取られ、写真に対する気持ちが変わったかどうか尋ねられた。

実験結果が示したことは、写真を交換する権利を持っていた学生は、最初の日に最終選択を行った学生たちより、最後に自分が選ぶことになった一枚をあまり気に入っていなかったということである。言い換えると、いったん決定が最終的なものになると、人々は、自分の行った選択に自ら満足しようと忙しくするのである。こうして、人々は自分が行った決定について何もできなくなるとしばしば、それが賢明なものであると実際に確信するようになるのである。

決定が変更できないと、常に不協和と、それを低減しようとする動機付けが増大するが、その変更不能性が必要ない状況がある。一つの例を挙げて説明しよう。あなたが新車を買うつもりで、ある自動車展示場に入ったとしよう。あなたは、すでにいくつかのディーラーに自分のほしい車を見積もってもらっている。一万九三〇〇ドル前後で購入できることがわかっている。何と、そこの販売員は一万八九四二ドルで売るという。あなたは、その大幅な値引きに浮かれて、その取引に同意し、頭金の小切手を振り出す。その販売員は、その取引を完了するために、販売主任のところへあなたの小切手を持って行く。その間、あなたは、輝く新車を運転して帰宅しているところを想像しながら、上機嫌でもみ手する。しかし、何と、十分後にその販売員が悲愴な顔をして戻ってくる。彼が計算間違いをして、販売主任がそれを見つけたようだ。その車の値段は本当は一万九三八四ドルである。あなたは他で買えばもっと安く手に入れることができる。おまけに、その購入決定は変更できる。それでもなお、このような状況でも、はるかに多くの人々が、最初から言い値が一万九三八四ドルだった場合よりも、その取引を進めるだろう――このディーラーからその車を買う理由（大幅な値引き）がすでになくなっているのに。それどころか、社会心理学者ロバート・チャルディーニ(29)は、あるディーラーの販売戦力に一時的に加わって、上述した販売戦略が、**誘い球**《ローボール》とか客に誘い球を投げると呼ばれている、よくあるうまい策略であることを見出している。

このような状況はどうなっているのだろうか。注目すべき重要な点が少なくとも三つある。第一に、客の購入決定は取消し可能であるが、頭金のために小切手に署名するという行為によって、関与が強まっている。第二に、この関与のために、新車で出かけるという楽しく面白い経験が予感できる。（取引を進めないで）この楽しみにしていた経験が反故になるのは、不協和や失望を生じさせるだろう。第三に、最終的な値段は販売員が言っていたのより実質的に高いが、他よりもほんのわずかに高いだけである。このような状況では、客は結局、「何てことだ。ここに来てしまっているのだし、もう書類も整えてしまった。どうして待てよう」と言うだろう。明らかに、このような策略は、生死にかかわる問題のように結果が高くつくときには効を奏さないだろう。

不道徳な行動をする決定

どうすれば正直な人が堕落するのだろうか。逆に言えば、どうすれば、われわれは人をもっと正直にさせられるのだろうか。一つの方法は、困難な決定のために生じる不協和を利用することである。あなたが生物学コースの大学生だとしよう。あなたの単位は、あなたが今受けている期末試験にかかっている。その試験の鍵となる問題は、あなたがかなりよく知っている題材に関係している——しかし、不安のために、あなたは思い出せない。あなたは、冷や汗をかきながら、そこに座っている。あなたが顔を上げると、何と、あなたはクラスで一番良くできる女子学生の後ろに座っているではないか（そして、この女子学生は、幸運にも、クラスでもっとも読みやすい文字を書く人でもある）。あなたがちらっと見下ろすと、彼女はまさにその決定的な問題に対する答を書き終えたばかりである。そうしようと思えば、いとも簡単に彼女の答を読むことができると、あなたにはわかっている。あなたはどうするだろうか。あなたの良心は、カンニングは悪いことだと語りかける——しかし、もしカンニングをしなければ、あなたはきっと悪い成績を取るだろう。あなたは、あなたの良心と格闘する。カンニングをすることに意を決しようが、しないことに意を決しようが、とにかくあなたは不協和を経験する運命にある。もしカンニングをすれば、「私は上品な道徳的な人間だ」というあなたの認知が、「不道徳的な行為を犯してしまった」という認知と不協和である。もしその誘惑に抵抗しようと決めれば、「私は良い成績がほしい」というあなたの認知は、「確実に良い成績が取れるよう行動することができたのに、私はそうしなかった」という認知と不協和である。

大変な格闘のすえ、あなたはカンニングをすることに意を決したとしよう。あなたはその不協和をどのようにして低減するだろうか。読み進める前に、しばらくそのことについて考えてほしい。不協和を低減するための一つの方法は、あなたが選んだ行為の悪い側面を最小にすること（そして、その良い側面を最大にすること）である——ちょうど、ジャック・ブレームの実験で、電気製品を選んだ後で女性がしたように。この例では、不協和低減のための有効な手段は、カンニングに対するあなたの態度を変えることだろう。要するに、あなたは寛大な態度をとるようになるだろう。あなたは次のように考えるだろう。「カンニングは、状況によっては、それほど悪いことではない。誰も傷つかないのだから、実際にはそれほど不道徳なことではない。誰でもそうするだろう。だから、それは人間性の一部なのだ——だから、そんなに悪いなんてことがあり得ようか。神ならぬ生身の人間なのだから、カンニングをして捕まっても、そんなに厳しく処罰されるべきではなく、理解をもって扱われるべきだ。」

大変な格闘のすえ、あなたはカンニングをしないことに意を決したとしよう。あなたはどうやって不協和を低減するだろうか。ここでもまた、あなたはその行為の道徳性についての態度を変えることができるだろう——反対の方向へ、ではあるが。すなわち、良い成績を取るのをあきらめたということを正当化するために、あなたは、カンニングは憎むべき罪だとか、人間にできることの中で最低のことだとか、カンニングをするやつは見つかって厳罰に処せられるべきだとかと自らに言い聞かせなければならない。

ここで忘れてはならない興味深く重要な点は、上述した二人の二つの異なる振る舞いは、ほとんど同じ態度から出発してもそうなっていただろうということである。彼らの決定は、ほんの毛幅ほどの際どい違いだったのかもしれない。一方は、わずかのところでカンニングをしないで抵抗したのかもしれないし、もう一方は、わずかのところで抵抗しないでカンニングをしたのかもしれない。しかし、ひとたび決定してしまうと、カンニングに対する彼らの態度は、その決定の結果としてはっきりと別れていくのである。

このような考えは、ジャドソン・ミルズ(30)によって六年生を対象にした実験で検証されている。ミルズは、最初に、カンニングに対する彼らの態度を測定した。彼は、それから、優勝者には賞が与えられる試験の競争に彼らを参加させた。カンニングをしないではほとんど勝つことができない状況で、子どもたちは簡単にカンニングができて、それが見つからないと思えるような状況がしつらえられた。予想通り、生徒の中にはカンニングをした子としなかった子がいた。その翌日、六年生は、カンニングについてどう思うかを示すよう再び求められた。一般的に、カンニングをした子どもは、カンニングに対してより寛大になり、カンニングの誘惑に抵抗した子どもは、カンニングに対してより厳しい態度をとるようになっていた。

ミルズの実験のデータは本当に刺激的なものである。そのデータが示唆していることは、一つには、ある立場にもっとも強く反対している人たちは、その立場からいつも遠くにいた人たちではないということである。思い切った推測をすると、たとえば、現代の若者世代に関連したあからさまな性の自由にもっとも憤りを発している人々は、自分自身が気楽な性行為を行いたいという誘惑に駆られたことが一度もない人々ではないだろう。それどころか、ミルズのデータが示唆している可能性は、こういった行動を厳しく取り締まりたいという欲求をもっとも強く持っている人々こそ、激しい誘惑に駆られたことがあり、この誘惑に危うく負けそうになりながら、かろうじてそれに抵抗した人々だということである。ガラスの家に住む決意を危うく固めそうだった人たちこそ、しばしば、それに石を投げ付けやすいのである。

同じように考えると、自分と同性の人に性的魅力を感じているかもしれないと恐れている人々が、同性愛に反対の態度をもっとも発達させやすい人々の中にいるということになる。興味深い実験で、ヘンリー・アダムズとその共同研究者(31)は、男性たちに、異性愛、男性同性愛、女性同性愛からなる一連の露骨なアダルトビデオを見せ、その間、彼らの性的興奮（男性器の外周の実際の変化）を測定した。異性愛と女性同性愛のビデオを見ているときには、ほとんどすべての男性で性的興奮が高まったが、男性同性愛のセックスを描いたビデオによってもっとも興奮したのは、男性同性愛に対してもっとも否定的な態度を持っていた男性たちであった。

この章の初めのほうで私が論じたように、自己正当化への欲求は、ある問題に関してある態度に深く関与している人々が、その態度を変えようとする直接的な試みに抵抗する傾向をなぜ持っているのかを説明する重要な理由となる。実際に、そのような人々は、問題となっている宣伝や教育の影響を受けにくいのである。人がある態度に固執するのと同じメカニズムで、その人の態度が変化することになるのだということが、今のわれわれにはわかる。それは、どちらの行為の仕方がその状況下での不協和低減にもっとも役立つかによっている。この理論を理解した人は、ある種の信念の影響を他の人々が受けやすい状態にして、彼らの態度変化を引き起こすための適切な条件を設定できる。たとえば、もし現代のマキャヴェリが現在の支配者に助言するとすれば、決定の結果に関するこの理論やデータにもとづいて次のような戦略を示唆するだろう。

（一）もしあなたが、ある対象に対してもっと肯定的な態度を人々に持たせたいなら、人々がその対象を自分のものにするよう関与させなさい。

（二）もしあなたが、ある悪行に対する人々の道徳的態度を穏やかなものにしたいなら、彼らを誘惑してその行為を行わせなさい。逆に、もしあなたが、ある悪行に対する人々の道徳的態度を厳しいものにしたいなら、彼らを誘惑しなさい

——ただし、彼らがその行為をしない程度に。

不十分な正当化の心理学

不協和低減のための態度変化は、もちろん、決定後という状況に限らない。それは数限りない他の文脈の中でも生じる。たとえば、人が自分の信じていないことを言ったり、何か愚かなことや不道徳なことをしたりしたときにはいつもそうである。その効果はきわめて強力なことがある。そのいくつかを見てみよう。

複雑な社会の中で、われわれは、自分が完全には信じていないことを言ったり行ったりしている自分に気付くことがある。これによって、いつも態度変化が生じるのだろうか。そうではない。説明のために、単純な例を選ぼう。弁護士のジョーが事務所に入ると、彼の法律仲間のジョイスが共同事務所の壁に身の毛もよだつ不快な絵を掛けていた。それがどんなにおぞましいものかを彼が彼女に言おうとしたところ、彼女は誇らしげに、「この絵、どう思う。私が描いたの――知っているでしょう、私、夜間の美術講座をとっていて、そこで」と言う。

「とても素敵だね」とジョーは答える。理論的に考えれば、「私は正直な人間だ」というジョーの認知は、「その絵は本当は悲惨なものなのに、私はそれを素敵だと言った」という認知と不協和である。どのような不協和がこの不整合のために生じるにしても、人を傷つけないことが大切だというジョーの認知によって、それは容易にすばやく低減されるだろう。「私は、ジョイスを傷つけないように嘘をついたのだ。醜い絵だなんて、彼女にどうして言えるだろうか。言ったところで、何の役にも立たない。」これは、不協和低減のための有効な方法である。なぜなら、それによって、ジョーの行為は完全に正当化されるからである。実際に、その正当化は、その状況に中に見出せるのである。私は、これを**外的正当化**と呼ぼう。

しかし、その状況自体に十分な正当化がなければ、どうだろうか。たとえば、ジョーは、政治的には保守的なのだが、その彼があるカクテル・パーティーであまりよく知らない人々と一緒にいるところを想像してほしい。会話は政治の話に向かう。人々は、合衆国がキューバのカストロ政権に対する友好的提案を増やしているらしいという事実について恐怖を交えて語っている。ジョーの信念は複雑なものである。彼は、その話題について入り交じった感情を持っている。しかし、全般的に言えば、彼は、われわれがキューバの独裁体制と同盟を結ぶことに反対している。なぜなら、彼は、それが悪の体制であり、われわれは悪に妥協すべきではないと思っているからである。一つには、ジョーの周りにいた人々があまりにも生真面目に聞こえるし、そして一つには、冗談のつもりで、彼は、自分が本来持っている立場よりもはるかに自由で急進的な立場をとっているのに徐々に気付く。実際に、彼は、カストロは並外れた才能を持つ指導者だとか、キューバの人民は共産主義によって過去何百年にもなかったほど暮らし向きが良くなっているのだとかと主張するほどである。誰かがジョーの主張に反対して、統一政府を達成するためにカストロが殺戮したり投獄したりしたと証言されている何千という人々のことについて話をする。その議論は熱くなって、ジョーは、その数字は誇張されているのだと反論する。カストロが権力を手中に収めていく中で何千人もの無実の人々を殺したのだと実際に信じている人にしては、たいした振る舞いである。

ジョーは、翌朝目を覚まして、昨日の晩の出来事を振り返って、ぞっとして息が止まりそうになる。「ああ、何てことだ。何てことをしてしまったんだ」と彼は言う。彼はひどく不快である。言い換えると、彼は非常に大きな不協和を経験しているのである。「私は多くの人を欺いた。キューバについて自分が本当には信じていないことをたくさん話してしまった」という彼の認知は、「私は合理的で上品で正直な人間だ」という認知と不協和である。彼は、不協和を低減するためにどうするだろうか。彼は、外的正当化を探し回る。最初にジョーの頭に浮かぶのは、自分は酔っぱらっていたかもしれない、だから自分の言ったことに責任はないということである。しかし、彼は自分がビールを一、二杯しか飲まなかったことを思い出す——そこには外的正当化はまったくないのである。ジョーは、自分の行動に対する十分な外的正当化を見つけられないので、自分が言ったことの方向へ自分の態度を変えて、**内的正当化**によって自分の行動を説明しようとしなければならない。すなわち、ジョーは、自分の言ったことがそれほど真実からかけ離れているわけではないと自分に言い聞かせることができれば、不協和を低減してしまうだろう。すなわち、前の晩の彼の行動は、彼の観点からするともはや愚かなことではないのである。私は何も、突然ジョーが公然の共産主義革命家になるだろうと言うつもりはない。私が言いたいことは、彼は、そういうことを言う前に思っていたほどには、キューバの体制についてあまり厳しくは思わなくなり始めるだろうということである。われわれの世界のほとんどの出来事や問題は完全に黒というわけでもなければ、完全に白というわけでもない。多くの灰色の領域があるのである。こういうわけで、ジョーは、過去五十年間にキューバで起こった出来事のいくつかを違った目で見始めるかもしれない。彼は、カストロの政策と決定を調べ始めて、以前には見えていなかった英知をそこに見ようとするかもしれない。彼は、前の政府の腐敗や蛮行や愚行の詳細を示す情報にもより理解を示すようになり始めるかもしれない。繰り返すことになるが、もし人が、外的に正当化しがたい信念を述べると、その人は、その発言に整合するように自分の態度を変えて、それを内的に正当化しようとするのである。

私は、これまでに二つの外的正当化について言及してきた。一つは、人の感情を傷つけないように無害な嘘をついても問題ないという考え方である――弁護士のジョーと彼の同僚のケースのように。もう一つは、行為の弁明としての酔っぱらいである。さらにもう一つ別の外的正当化は、報賞である。もうしばらく、ジョーの身になって考えてほしい。そして、あなたと私がそのカクテル・パーティーに出ていて、私がちょっと風変わりな大金持ちだとしよう。会話がキューバの話に向かったとき、私はあなたを脇へ連れ出して、「なあ、君がカストロとキューバ共産主義を支持して、強く出てほしいのだが」と言う。おまけに、私は、そうしてもらう代償に五千ドルをあなたに手渡すとしよう。お金を数え終わると、あなたは息づかいも荒く、その五千ドルをポケットに突っ込んで、その議論に戻って、フィデル・カストロを防衛するのに徹する。翌朝、あなたは目を覚ますと、不協和を経験するだろうか。私はそうは思わない。「私はカストロとキューバ共産主義について自分が信じていないことを言った」というあなたの認知は、「私は正直で上品な人間だ」という認知と不協和である。しかし、同時に、そう言ったことに対する十分な外的正当化があるのである。すなわち、「私がキューバ共産主義に好意的なことを言ったのは、五千ドルを稼ぐためだ――そして、それだけの価値はあった」というように。あなたは、自分の発言を正当化するために、カストロに対する態度を和らげる必要はない。なぜなら、あなたには自分がなぜそう言ったのかがわかっているからである。あなたがそう言ったのは、それを真実だと信じているからではなく、五千ドルを手に入れるためである。あなたは、五千ドルで自分の魂を売ったのだということが頭に残る――でも、そうする価値があったのである。

こういった状況は、「言うことは信じること」パラダイムと呼ばれてきた。すなわち、不協和理論の予測によれば、われわれは自分の嘘を信じ始めるのである――ただし、自分の本当の態度に反するようなことを言ったことを十分外的に正当化できないときだけである。さて、同調についてのわれわれの前の議論をもっと詳しく見ていこう。われわれは、第2章で、屈従に対して与えられる賞が大きければ大きいほど、人が屈従する確率は高くなるということを見出した。それを思い出してほしい。さて、われわれは、ここからもう一歩進めることができる。長続きする態度変化を生み出すことについて言えば、賞が大きければ大きいほど、どんな態度変化も起こりにくくなるだろう。もし私があなたに望むことが、キューバやマルクス兄弟や医療保険制度やその他何でもとにかくそれに賛成する演説を復唱してもらうことだけであれば、私にできるもっとも有効な方法は、あなたにできるだけ大きな賞を与えることだろう。これによって、あなたが屈従してその演説を行う可能性は高まるだろう。しかし、私がもっと野心的な目標を持っているとしよう。すなわち、私は、あなたの態度や信念に長続きする変化を生じさせたいとしよう。こういう場合には、ちょうどその逆のことがあてはまるのである。あなたにその演説を復唱してもらうために私が与える外的賞が小さければ小さいほど、あなたはその演説をすることの正当化をさらに求めなければならなくなるだろう。そして、それは、あなたが言ったことは本当に真実なのだと自らに言い聞かせることによってなされるだろう。こうすることによって、単なる屈従ではなくて、本当の態度変化が生じるだろう。この技法の重要さは、いくら言っても言い過ぎではないだろう。外的正当化が最小なのに人前で発言してしまったために、われわれの態度が変化するときには、その態度変化は比較的永続的なものになるだろう。われわれは賞のために態度を変えた（屈従した）わけではないし、魅力的な人の影響のために態度を変えた（同一視した）わけでもないのである。われわれは、自分の以前の態度が間違っていたと納得して態度を変えるのである。これは、非常に強力な態度変化の一つである。

ここまでは、きわめて思弁的な題材を扱ってきた。このような推論は、いくつかの実験で科学的に研究されている。これらの中には、レオン・フェスティンガーとJ・メリル・カールスミスの古典的な研究がある。(32) この研究者たちは、大学生に非常に退屈な反復課題を遂行するよう求めた――その課題は、整理箱に糸巻を詰め、それを出すということを何度も何度も繰り返すか、いくつもいくつも並んだねじを四分の一締めては、四分の一戻すという課題だった。学生たちは、まる一時間もこの作業を続けた。その次に、実験者は、彼らにその課題について嘘をついてもらった。具体的に言うと、彼らを実験助手として雇って、（この実験に参加するために待っている）ある若い女性に対して、彼女がやる課題は面白くて楽しいと言ってもらうのである。学生の中には、その嘘をつくのに二十ドル与えられた人と、その嘘をつくのに一ドルしか与えられなかった人がいた。実験が終わると、面接者が、その嘘つきに、実験の最初にやった課題がどのくらい楽しかったかを尋ねた。結果は明瞭だった。嘘をつくこと――すなわち、糸巻詰めやねじ回しを楽しいと言ったこと――に対して二十ドル支払われた学生は、その作業は退屈だったと評定した。これは別段驚くべきことではない――それは実際に退屈だったのである。しかし、嘘をつくことに対して一ドルしか支払われなかった学生の場合はどうだろうか。彼らは、何と、その課題が楽しかったと評定したのである。言い換えると、嘘をつくのに十分な外的正当化をもらった人たちは、嘘をついたけれどもそれを信じなかったのである。一方、十分な外的正当化のないところで嘘をついた人たちは、自分の言ったことが真実だと信じる方向に向かったのである。

「言うことは信じること」現象を支持する研究は、単調な課題の退屈さのような比較的些細な態度以外にも拡大されている。さまざまな重要問題についても態度変化が示されている。たとえば、アーサー・コーエン(33)は、一つの実験で、イェール大学の学生に、自分の態度に反する非常に難しい行動をとらせた。コーエンがこの実験を行ったのは、ある学生暴動でニューヘイブン警察が学生に対して過剰反応し野蛮な振る舞いをした直後だった。学生たちは（警察がひどい振る舞いをしたと強く信じていたのだが）、その警察のとった行為を擁護するできるだけ力強いエッセイを書くように頼まれた。エッセイを書く前に、十ドル支払われた学生、五ドルの学生、一ドルの学生、そして、五十セントの学生がいた。それぞれの学生は、エッセイを書き終わってから、警察の行為に対する自分自身の私的な態度を示すよう求められた。結果は、完全に直線的なものだった。賞が少なければ少ないほど、態度変化は大きかったのである。すなわち、わずか五十セントのためにニューヘイブン警察を擁護するエッセイを書いた学生は、一ドルのためにそれを書いた学生よりも、好意的な態度を抱くようになり、一ドルのためにエッセイを書いた学生は、五ドルのためにそれを書いた学生よりも、警察の行為に対して好意的な態度を抱くようになり、そして、十ドルのためにエッセイを書いた学生はもっとも非好意的なままであった。

人種関係や人種的偏見――間違いなく、われわれの国でもっとも長く続く問題の一つ――について考えてみよう。どうしたら、マイノリティ集団に好意的な政策を人々に支持させることができるだろうか。重要な一連の実験で、マイク・リーペとドンナ・アイゼンスタット(34)は、白人大学生に、**反態度的主張**を明確に示すエッセイを書かせた。それは、彼らの大学で論争になっている提案――アフリカ系アメリカ人学生に対する奨学金に使用する資金を二倍にするという――を公然と擁護するエッセイであった。奨学金の資金の全体量は限られているので、この提案は、白人学生に対する奨学金に使用する資金を半分に削減することを意味していた。あなたが想像するように、これは非常に不協和な状況であった。どうやって学生たちは不協和を低減するのだろうか。もっとも良い方法は、その政策の正しさを本当に深く信じている――大局的に考えれば、アフリカ系アメリカ人をもっと財政支援するのが公平と言うものだ――と自ら納得することだろう。さらに、不協和の低減が、その特定の政策を超えて一般化していくと言ってもよいだろう――すなわち、この理論は、アフリカ系アメリカ人に対する彼らの全般的な態度がより好意的ではるかに支持的なものになると予測するだろう。そして、リーペとアイゼンスタットが見出したのは、まさにこのことであった。

外的正当化はどのような性質か　少し前に言及したように、外的正当化はさまざまなかたちをとり得るし、現実にさまざまなかたちをとっている。人々は、もし罰で脅されたり、金銭的な利益以外の賞――褒め言葉や人を喜ばせたいという欲求など――でその気にさせられたりすれば、自分の信念や選好に反する言動をするようまく説得される。さらに、われわれのほとんどは、親友に頼み込まれれば、それ以外の理由ではけっしてしないようなことでもしようと思うだろう。ちょっと強引な例を挙げてみると、ある友人が最近「異国風料理」の料理教室で作り方を習ってきたばかりの変わった料理を食べてほしいとあなたに頼むとしよう。話を面白くするために、その問題の料理がバッタのフライだとしよう。さて、その反対の状況を思い描いてみよう——つまり、あなたがあまり好きでない誰かが、あなたにバッタのフライを口に入れるよう頼んだとしよう。

さて、準備はよいだろうか。あなたは、意を決してそのバッタを食べると仮定しよう。どちらの状況で——親友から頼まれた場合と、あまり好きではない人から頼まれた場合のどちらで——あなたはそれを美味しく食べられるだろうか。常識的に考えれば、友人に勧められたほうが、そのバッタは美味しいだろう。つまるところ、友人というものは、あなたが信頼している人であり、それゆえに、あなたが好きではない誰かよりもはるかに信憑性の高い情報源だろう。しかし、ちょっと考えてほしい。外的正当化が少ないのはどちらの条件だろうか。常識に反して、認知的不協和理論は、あなたが好きではない誰かの要請に応えて食べたほうが、あなたはバッタを好きになると予測するのである。

さて、どうなっているのだろうか。バッタを食べるのは嫌だというあなたの認知は、それを一匹食べてしまったという事実と相容れないだろう。しかし、もしそう頼んだのがあなたの友人ならば、あなたは食べてしまったことを十分に外的正当化できるだろう——あなたは親友のためにそうしたのだ。これに対して、もし、あなたが好きではない誰かの頼みでバッタをかじったとしたら、それを十分には外的正当化できないだろう。この場合に、あなたは、どうやったら、あなた自身に対してあなたの矛盾した行動を正当化できるだろうか。簡単である。不協和低減の方法は、バッタに対するあなたの態度を好意的な方向に変えることだろう——「へーぇ、バッタって、何だかんだいっても、けっこういけるものなんだ。」

これは、かなり変わった不協和低減行動の例に見えるかもしれないが、あなたが思っているほどこじつけた例ではない。フィリップ・ジンバルドーとその共同研究者(35)は類似した実験を行っている。その実験では、在郷軍人たちが、「サバイバル」食糧の研究の一部だと言われて、バッタのフライを試してみるよう頼まれた。半数の参加者には、温かい友好的な将校がその要請を行い、残りの半数には、冷たい非友好的な将校がその要請を行った。バッタを食べることに対する在郷軍人の態度は、それを食べる前と後で測定された。結果は、上述の予想通りだった。不愉快な将校の要請でバッタを食べた在郷軍人は、愛すべき将校の要請でそうした在郷軍人よりも、はるかにバッタを好きになったのである。このように、十分な外的正当化が存在するときには——在郷軍人が友好的な将校の要請に従ったときには――彼らにはバッタに対する態度を変える必要がほとんどなかったのである。彼らには、自分がそれを食べる納得のいく説明がすでにあったのである――彼らは「いいやつ」を助けるためにそうしたのだ。しかし、非友好的な将校の要請に従った在郷軍人には、その行為の外的正当化がほとんどなかったのである。その結果、彼らは、自分のかけ離れた行動を合理化するために、バッタを食べることに対して好意的な態度を持つようになったのである。

不十分な正当化とは何か

この節を通して、私は、不十分な外的正当化しかない状況と豊富な外的正当化がある状況に言及してきた。これらの用語はさらに明確にしていく必要があるだろう。フェスティンガーとカールスミスの実験では、実際には、すべての参加者が嘘をつくことに同意している――一ドルしか支払われなかった人もすべて含めて。ということは、ある意味では、一ドルは十分だったということになる――すなわち、被験者に嘘をつかせるには十分だったのである。しかし、それは、その結果からわかるように、参加者が自分のことを愚かだと感じないですむほどには十分ではなかったのである。彼らは、自分は愚かだという感情を低減するためには、こんなわずかの金額のために嘘をついたということから生じる不協和を低減しなければならなかった。このためには、さらに自分にてこ入れしなければならなかったのだが、それは、真っ赤な嘘を言ったわけではないとか、その課題は最初に思っていたほどには退屈なものではないのだとかと自らを納得させるというかたちであった。実際、ある見方をすれば、それは本当にかなり興味深いことだったのである。

このような結果を、六年生のカンニングの効果を検討したジャドソン・ミルズのデータと比較してみると有益だろう。ミルズの実験では、カンニングをするかどうかの決定はほとんどの子どもにとっては、ほぼ間違いなく難しいものだったことを思い出してほしい。このために、彼らは、カンニングをしても、その誘惑に抵抗しても、いずれにしても不協和を経験したのである。カンニングをすることによって得られるものが非常に大きいものだったら、どうなっていたか推測できるだろう。一つには、カンニングの誘惑に一層かられることになり、それゆえに、もっと多くの子どもが実際にカンニングをしただろう。しかし、さらに重要なことは、カンニングによって得られる利益が天文学的なものだったら、カンニングをした子どもはほとんど態度変化をしないだろうということである。フェスティンガーとカールスミスの二十ドル条件の大学生と同じように、大きな報酬のためにカンニングをした子どもには不協和を低減する必要があまりないだろう。なぜなら、彼らの行動のために豊富な外的正当化が用意されているからである。実際、ミルズは、このような改善を彼の実験に加えて、以上の推理と一致する結果を得ている。すなわち、小さい報酬を得るためにカンニングをした人は、大きな報酬を得るためにカンニングをした人よりも、カンニングについての態度を和らげる傾向があった。さらに、大きな報酬の誘惑にもかかわらずカンニングを思いとどまった人は――それは非常に大きな不協和を生じさせる選択だろうから――小さな報酬に面して思いとどまった人よりも、カンニングに対する態度をはるかに厳しいものにしたのである――まさしく予想通りのことだったのである。

不協和と自己概念

この節で紹介した不協和現象に関する分析のためには、フェスティンガーの元来の理論から離れなければならない。たとえば、フェスティンガーとカールスミスの実験では、不協和についての元来の叙述は次のようになっていた。すなわち、「私はその課題は退屈だと思う」という認知は、「私はその課題が面白いと言った」という認知と不協和であるというものであった。数年前、私はこの理論を再公式化して、人々が自分のことをどう思っているかに焦点を合わせた。(36) この再公式化が示唆しているのは、基本的には、自己概念が脅かされる状況で不協和がもっとも強力になるという点である。すなわち、私にとっては、上述した状況における不協和の重要な側面は、「私は『X』と言った」という認知が「私は『非X』を信じている」という認知と不協和だということではない。むしろ、決定的な事実は、私が人々を欺いてしまったということである。つまり、「私は自分が信じていないことを言ってしまった」という認知が、私の自己概念と不協和なのである。すなわち、それは、「私は誠実な人間である」という私の認知と不協和なのである。

この公式化は、次の仮定にもとづいている。すなわち、ほとんどの人は、自分のことを、普通なら誰かを欺いたりしない、品性のある人間だと思いたがっている。たとえば、キャシーという女性について考えてほしい。彼女は、マリファナは危険だし、けっして合法化されるべきではないと信じている。彼女が、マリファナの使用を擁護する演説をさせられたとしよう。そして、その演説の聴衆が、マリファナの使用に断固として反対している人々(たとえば、警察の風俗犯罪取締班のメンバーか、アメリカ革命の娘たち〔訳者注：愛国婦人団体〕か、酒類禁止主義者たちなど)だということを彼女が知っていると仮定しよう。この場合には、この聴衆の信念は確固としているので、彼女が影響を与える可能性はほとんどないだろう。私の不協和理論の観点からすると、キャシーは、誰の行動にも悪影響を与えないのだから、自分の態度を変えることはないだろう。同じように、もしキャシーが、マリファナの使用に決定的に深く関与しているとわかっている人々にその同じ演説をするよう頼まれても、その聴衆に影響を与える可能性はほとんどないだろう。一方、もしキャシーが、マリファナについてまったく知識のない人々にその同一の演説をさせられたとしたら、他の状況と比べて彼女ははるかに大きな不協和を経験することになると、われわれは予想するだろう。自分は善良で上品な人間だという彼女の認知は、自分が信じていないことを言ってしまい、それがその聴衆の信念や行動に深刻な影響を与えてしまいそうだという認知と不協和である。不協和を低減するためには、彼女は、自分が擁護した立場は正しいのだと自らを納得させる必要がある。こうすれば、彼女は、自分が誠実な人間だと信じていられるだろう。さらに、この場合には、その立場を擁護したことに対して彼女が受け取る誘因が小さければ小さいほど、その態度変化は大きくなるのである。私は、エリザベス・ネルとロバート・ヘルムライヒと協力して、(37)以上の仮説を検証して確認した。われわれが見出したのは、参加者が、マリファナの使用に賛成する演説を録画させてもらうことに対して小さな報酬を提供されると、マリファナに対する態度が大きく変化した——しかし、それは、その参加者がその録画がその問題について特定の関与のない聴衆に見せられるのだと信じさせられていた場合だけであったということである。一方、参加者が、その録画がマリファナ問題について（どちらの方向にせよ）揺るぎなく関与している人々に見せられるだろうと言われた場合には、その話し手の側には比較的わずかにしか態度変化が起こらなかったのである。このように、嘘をつくことは、その嘘をついた人がその嘘の埋め合わせをあまりできないときに、大きな態度変化を生み出すのである。そして、その嘘が聴衆の信念や行動に変化を引き起こしそうなときにはとくにそうなのである。(＊)

その後の非常に多くの研究(38)は、このような考え方を支持しているし、そのおかげで、われわれは不協和と自己概念についての一般的な原理を述べることができる。すなわち、不協和の効果は、（一）人々が自分の行為に個人的な責任を感じていて、（二）自分の行為が深刻な結果をもたらすときに最大となる。すなわち、その結果か大きいほど、そして、それに対するわれわれの責任が大きいほど、不協和が大きくなる。そして、その不協和が大きいほど、われわれの態度変化は大きくなるのである。

自己概念が脅かされると必ず不協和が生じるという私の考えから、興味深い多くの問題が派生する。その一つを少し詳しくみてみよう。あなたが家にいて、誰かが扉をたたき、価値ある慈善事業に寄付を求めるとしよう。もしあなたが、寄付したくなければ、おそらく、断わる理由——お金があまりないとか、いずれにして

（＊）　ここで論じたこの実験や他の実験では、どの参加者も、実験が終わり次第、完全なデブリーフィングを受けたことが明記されるべきたろう。参加者の態度に永続的な変化が起こらないように、あらゆる試みがなされた。実験後に参加者にデブリーフィングをしておくことは常に重要である。その実験によって、重要な態度の変化や重要な行動上の結果がもたらされる場合にはとくに重要である。

も自分の寄付はおそらく役に立たないだろうとか、等々――を見つけるのはそれほど難しいことではないだろう。しかし、その基金調達係は、通り一遍の寄付のお願いをした後で、「一ペニーでも助かります」と付け加えるとしよう。この言葉を聞いた後で寄付を断われば、きっと、あなたの自己概念は脅かされ、何らかの不協和が生じるだろう。つまり、一ペニーすら出せないほどけちでしみったれた人なんて、いったいどんな人なのだろうか。前にあなたが使った言いわけはもはや使えないだろう。このような筋書きは、ロバート・チャルディーニとデイヴィット・シュローダー[39]の実験で検証されている。資金調達係を演じる学生が、次々と扉を回るが、あるときは、単に寄付を頼み、またあるときは、「一ペニーでも助かる」と付け加えた。推測通り、一ペニーでもと言って頼まれた住民は、普通の嘆願を受けた住民よりも、寄付を申し出ることが多く、それは、ほとんど二倍多かった。その上、平均して、一ペニーでもの寄付者は、他の人たちと同じくらいの金額を寄付する傾向があった。つまり、わずかな寄付でもよいという言い方は、寄付の多さを減らしはしなかったのである。なぜだろうか。明らかに、寄付を拒否するための外的正当化がないので、人々はお金を出す気になるだけでなく、寄付をするかどうかを決定してしまった後では、自分がけちに見えるのは嫌だという欲求が、いくら寄付をするかの決定に影響を与えるのである。いったんポケットに手を入れると、一ペニーだけもって手を出すのは、自分の品位を貶めることである。もっと多くの寄付こそが、ほどほどに親切で寛大だという自己知覚と一致するのである。

教育に応用される不十分な報賞

非常に多くの研究が、不十分な報賞の現象が――反態度的発言をすることだけでなく――あらゆる種類の行動に適用されることを示している。思い出してほしい。もし人々が、外的正当化がほとんどないのに退屈な課題を実際に遂行したならば、それを遂行するのに非常に多くの外的正当化がある場合よりも、その課題を楽しいものだと評定する。[40]

このことは、人々がある仕事をするのに、高い賃金よりはむしろ低い賃金を受け取りたがるだろうということを意味しているのではない。人々は高い賃金のほうを好む――そして、彼らは高い賃金のためには一生懸命働くことが多い。しかし、もし彼らが低い賃金しか与えられないのに、それでもその仕事をすることに同意したとしたら、その作業の退屈さと低い賃金との間に不協和が生じる。彼らは、不協和を低減するために、その仕事に良いところがあると見なし、こうして、給料が高い場合よりも低い場合に、その仕事の仕組みをより楽しむようになるのである。この現象は、将来にわたる結果をもたらすかもしれない。たとえば、小学校の教室を見てみよう。もしあなたが、ジョニーに九九の表を暗唱させたいとすれば、あなたは彼に賞を与えるだろう。金星、褒め言葉、良い成績、贈物等々は十分な外的正当化になる。ジョニーは、もはや賞がもらえなくなってからも、ただそれ自体を楽しむためにその表を暗唱するだろうか。言い換えれば、高い報賞によって、彼はその課題を楽しいと思うようになるのだろうか。私はそうだとは思わない。しかし、もし外的報賞がそれほど高くなければ、ジョニーは、その算数のドリルをするのを自分自身でさらに正当化することになるだろう。彼は、それを楽しい遊びにさえしてしまうかもしれない。要するに、学校が終わって随分経ち報賞が与えられなくなってしまっても、彼が九九の表を憶え続ける可能性が高いのである。

ある種の機械的な課題では、おそらく教育者たちは、ジョニーがそれを習得さえすれば、それを楽しんでやっているかどうかは気にしないだろう。しかし、もしジョニーがそれを楽しんでやるようになれれば、彼は教育の場を離れてもそれを遂行するだろう。その結果、練習が積み重なり、彼はその手続きをよりよく習得するようになり、それをいつまでも忘れないでいることだろう。こういったわけで、教育の道具として大量の報賞をあてがうのは間違いであるかもしれない。もし生徒が、その課題を遂行するのにかろうじて十分なだけの誘因を与えられれば、教師は、生徒がその課題を最大に楽しめるようにしてやれるだろう。これは、長期にわたる保持と遂行を良くするのに役立つだろう。私は、本来魅力を欠いている材料を人々が楽しめるように教育できる唯一の方法は、不十分な報賞だと言いたいわけではない。私が言っていることは、過度の外的正当化を山と積むと、楽しみを増やしていく準備を手助けする過程の一つが抑制されるということである。

エドワード・ディシとその共同研究者(41)は、いくつかの研究を行って、これを見事に主張している。それどころか、ディシはこの分析をさらに一歩推し進めて、人々がある楽しい活動を遂行するのに報賞を与えられると、その活動が本来持っている魅力が実際に低下することを実証しているのである。たとえば、一つの実験では、大学生たちが一人ひとり一時間の間、面白いパズルに取り組んだ。その翌日、実験条件の大学生は、一つのパズルができるたびに一ドルを支払われた。統制条件の学生は、前日と同じようにパズルに取り組んだが、支払いは受けなかった。その実験の第三セッションでは、どちらの条件も支払いを受けなかった。質問は、それぞれの集団がそのパズルをどの程度好きになるかということだった。ディシは、第三セッションでこれを測定したのだが、それは、学生が何でも好きなことをしてよい自由遊びの時間にそのパズルに取り組むかどうかを調べることによって行われた。その結果は、報賞がなかった集団のほうが報賞があった集団――報賞がもらえなくなって興味が薄れていった集団――よりも、自由時間をその課題に費やすことを示していた。マーク・レッパーとその共同研究者は、同じような関係を、就学前の子どもで見出している。(42) 研究者たちは、半数の子どもに、ジグソーパズルに取り組むよう指示し、後で褒美にもっと楽しい活動ができると約束した。彼らは、残りの半数の子どもには、褒美に何も約束しないで、そのパズルで遊ぶよう指示した。パズルで遊んだ後、すべての子どもは、その「褒美のもっと楽しい」活動をすることを許された（ただし、半数の子どもだけが、これがパズルに取り組んだ褒美だと信じさせられていたということを思い出してほしい）。数週間後、彼らは、すべての子どもたちに、そのパズルで自由に遊ばせた。褒美のもっと楽しい活動をする機会を得るためにそのパズルに取り組んでいた子どもは、自由時間にそのパズルであまり遊ばなかった。要するに、子どもが遊ぶのに褒美を与えることによって、この実験者たちは、遊びを仕事にうまく変えてしまったのである。

賞や支払いを与える代わりに、人々を褒めることによって報賞を与えると、どうなるだろうか。ほとんどの親や教師は、子どもの良い成績を褒めることは、それをやればいつも役に立つと信じている。ジェニファー・ヘンダーロングとマーク・レッパー(43)は、最近、この領域の多くの研究を概観して、それがそれほど単純ではないことを見出している。褒めることは役に立つことであるが、それは、適度に、そして、子どもが有能だと感じられるように褒められる場合だけである。しかし、もし親や教師が気前よく子どもを褒めて、その活動を行う理由は褒められるためであるという幻想を生み出してしまうと、子どもは、その活動自体を楽しむようにはならないだろう。同じように、もし、競争――すなわち、クラスの他の子どものほとんどよりも良くやること――が強調されると、子どもの注目は、やることではなく、むしろ勝つことに集まり、その結果、彼らは、やることを楽しまないのである。これらの発見は、これまでに論じてきた報賞に関する実験の結果と似ている。つまり、良い成績を収めるための外的な理由に注目させると、その課題自体の魅力が低下するのである。さらに、キャロル・ドゥエック(44)は、褒めることは、子どもの素質や能力よりもむしろ子どもの努力に焦点が合うともっとも効果的であることを示している。すなわち、子どもは、難しい課題で自分の努力を褒められると、重要な教訓を学ぶのである。それは、「状況が厳しくなったら、より一生懸命やろう、なぜなら、一生懸命やれば良い成績に終わるだろうから。」しかし、もし彼らが、頭が良いことを褒められると――そして、その後で、もし彼らがうまくできない状況が生じると、彼らはしばしば結論を下すだろう、「回りの人が思っているほど、私は頭が良くはない」と。これは大変な結末になり得るのである。

不十分な罰　日常生活の中で、われわれは、社会の要求に従わなければ、法律や秩序を維持する義務を負っている人々によって罰されかねない状況に絶えず直面している。われわれは大人だから、もし制限速度を超えて捕まってしまえば、相当の罰金を支払う結果になることをわかっている。もしそんなことが頻繁に起こるようなら、免許証を失うはめになるだろう。それで、われわれはパトカーが近くにいるときには、速度制限を守るようになるのである。就学している子どもは、もし試験でカンニングをして見つかれば、先生に恥をかかされたり罰されたりすることを知っている。それで、彼らは、先生が教室にいて見張っている間はカンニングをしなくなるのである。ところで、彼らは、厳しく罰せられると、カンニングは悪いことだと学ぶのだろうか。私はそうは思わない。私が思うに、彼らはそうされると、見つからないようにすることを学ぶのである。要するに、誰かが楽しんでいる何かを控えさせる手段として厳罰という脅しを利用すれば、絶えず嫌がらせをして監視しなければならないのである。もし人々が自分自身の健康と幸福——そして、他者の健康と幸福——に役立つことを何とかして楽しんでできれば、それは、はるかに効果的であり、それほど不快な拘束は必要ないだろう。もし子どもたちが、カンニングをしないことに喜びを見出したり、人のものを盗まないことに喜びを見出したりできれば、社会はその監視をゆるめ、その懲罰を減らすことができるだろう。人々（とくに幼い子ども）に、小さい子どもをいじめるのは楽しいことではないと説得するのはきわめて難しいことである。しかし、条件によっては、彼らは、そのような行動が楽しくないことを自らに説得することもあり得るのである。

　もっと詳しく見ていこう。次のような情景を思い描いてほしい。あなたは、三歳の妹をいじめて楽しんでいる五歳の男の子の親である。あなたは、彼に道理を説こうとしたが、無駄だった。それで、あなたは、娘の幸福を守るために、そして、息子をもっと良い子にするために、彼の攻撃的な行動を罰し始める。あなたは、親として、たくさんの罰を自由にできるが、それは、きわめて穏やかなもの（いかめしい顔をしてみせる）からきわめて厳しいもの（強く尻をたたいたり、二時間も部屋の隅に立たせておいたり、一カ月間テレビを見せなかったりする）にまでわたっている。その脅しが厳しければ厳しいほど、その子どもが行状を改める可能性は高いだろう。しかし、それは、あなたが彼を見張っている間である。当然、彼は、あなたが背を向けるとすぐに、また妹をぶつことになるだろう。

　その代わりに、あなたが非常に穏やかな罰で彼を脅すとしよう。（厳しい罰で脅しても、穏やかな罰で脅しても）どちらの場合にも、その子どもは不協和を経験する。彼は、自分が妹をいじめていないことに気付いている——そして、妹をいじめたいという自分の強い気持ちにも気付いている。その子どもは、妹をぶちたいという衝動にかられていながらそうしていないというときには、「どうしてぼくは妹をいじめていないのだろう」と自問することになるだろう。厳しい脅しがある場合には、彼は、十分な外的正当化というかたちで、まさに恰好の答を得るのである。「ぼくが妹をいじめていないのは、もしいじめたら、あそこの巨人（ぼくのお父さん）が、ぼくのお尻をたたき、部屋の隅に立たせ、一カ月間テレビを見させてくれないからだ。」厳しい脅しは、その子どもが見張られているときに彼が妹をぶたないことを十分に外的正当化してくれるのである。

穏やかな脅しの状況でも、その子どもは不協和を経験する。しかし、彼が「どうしてぼくは妹をいじめていないのか」と自問するとき、彼には良い答が見つからない。というのは、その脅しが非常に穏やかなので、豊富な正当化がないからである。その子どもは、自分がしたいことをしていない――そして、そうしていないことを少しは正当化できるものの、完全には正当化できない。このような状況では、彼は不協和を経験し続ける。彼は、自分がそうしないことを単に厳しい脅しのせいにして、不協和を低減することができないのである。その子どもは、自分が妹を攻撃していないという事実を正当化する手段を見出さなければならない。最善の方法は、本当は自分は妹をいじめるのは好きではないとか、そもそも自分はそうしたくなかったのだとか、小さな子どもをいじめても楽しくないとかと自分に言い聞かせようとすることである。その脅しが厳しくなければ厳しくないほど、外的正当化は少なくなる。外的正当化が少なくなれば少なくなるほど、内的に正当化する必要が大きくなる。人々が自分自身の内的正当化を作り上げる機会を与えることは、彼らが永続的な価値を身につける手助けをする大きな一歩となるのである。

以上の考えを検証するために、私は、J・メリル・カールスミスと協力して、ハーバード大学保育園である実験を行った。(45) 倫理的な理由から、われわれは、攻撃のような基本的価値を変えようとはしなかった――われわれが重要な価値を変化させることを両親が認めないことははっきりしていただろう。その代わりに、われわれは行動の些細な側面を選んだ――つまり、玩具に対する好みである。

最初に、われわれは、五歳の子どもにいくつかの玩具の魅力を評定するよう求めた。次に、われわれは、個々の子どもがきわめて魅力的だと見なした玩具を一つずつ選んで、それでは遊んではいけないと命令した。われわれは、半数の子どもには、違反は穏やかに罰すると脅した――「少しは怒るだろう。」そして、残りの半数の子どもには、厳しく罰すると脅した――「とても怒るだろう。玩具を全部取り上げて家に持って帰って二度と持ってこないだろう。君たちのことをまるで赤ん坊だと思うだろう。」その後で、われわれは部屋を去り、子どもが他の玩具で遊べるようにしておいた――そして、その禁じられた玩具で遊びたいという誘惑に耐えさせておいた。すべての子どもがその誘惑に負けなかった――誰もその禁じられた玩具では遊ばなかったのである。

われわれは部屋に戻るとすぐに、子どもにすべての玩具の魅力をもう一度評定するよう求めた。われわれの結果は印象的で興味深いものだった。穏やかな脅しを経験した子どもたちは、今や前ほどにはその禁じられた玩具を魅力的だとは評定しなかった。要するに、その玩具で遊ぶのを控えるための十分な外的正当化がなかったので、彼らは、自分がその玩具で遊ばなかったのはそれが本当は好きではないからだと自らにうまく言い聞かせたのである。一方、厳しく脅された子どもの場合には、その玩具がそれほど魅力的でなくなるということはなかった。この子どもは、その禁じられた玩具を前と同じくらい望ましいものだと評定し続けた――それどころか、脅される前よりもそれを望ましいと思っていた子どももいたのである。厳しい脅しの条件の子どもには、その玩具で遊ばないための十分な外的な理由があった――それゆえに、彼らはさらに理由を見つけ出さなくてよかったのである――そして、その結果、彼らはその玩具を好きなままだったのである。

ジョナサン・フリードマン(46)は、われわれの発見を発展させて、この現象の永続性を劇的に例証している。彼は、「決定的な玩具」として、きわめて魅力的な電池式のロボットを利用した。それは、子どもの敵に対してものを投げつけながら動き回るものだった。その他の玩具は比較にならないほどうんざりするものだった。当然、すべての子どもがそのロボットを好んだ。それから、彼は子どもにその玩具では遊ばないように要求したが、穏やかな罰で脅された子どももいれば、厳しい罰で脅された子どももいた。それから彼は学校を去り二度と戻ってこなかった。数週間後、ある若い女性がその学校にやってきて、筆記式のテストを子どもに実施した。子どもは、彼女がフリードマンのために働いているこ とには気付いていなかったし、彼女の存在が、以前にあった玩具と脅しに何か関係があることにも気付いていなかった。ただ、偶然に彼女は、フリードマンが実験に使用したのと同じ部屋――そのときと同じ玩具が何気なく散らかっている部屋――で彼女のテストを実施したということだった。彼女は子どもにテストを実施し終わると、それを採点している間、その辺りをぶらぶらするよう頼み――そして、誰かが置いていったその玩具で遊びたいのではないかと何気なくほのめかした。

フリードマンの結果は、われわれのものときわめて一致している。数週間前に穏やかに脅された子どもの圧倒的大多数が、そのロボットで遊ぶのを断わり、その代わりに、他の玩具で遊んだ。これとは逆に、厳しく脅された子どもの大多数は、まさにそのロボットで遊んだのである。要約すると、厳しい脅威は、その後の行動を抑制するのに効果的ではなかった――しかし、ほんの一つの穏やかな脅威の効果が、ずっと後まで行動を抑制したのである。この場合もやはり、この現象の力は、大人が望ましいことではないと言ったから子どもがこの行動（玩具で遊ぶこと）の価値を下げるようになったのではなく、子どもが望ましくないことだと自・ら・に・う・ま・く・言・い・聞・か・せ・た・からだという事実にもとづいているのである。おそらく、この過程は、単なる玩具の選好といったものを越えて、攻撃の統制などのもっと基本的で重要な領域にまで適用できるだろう。このような推測は、児童発達の領域で実施された相関的研究によって部分的には支持されている。すなわち、その研究が示しているのは、両親が子どもの攻撃を抑えるために厳しい罰を使うと、その子どもは、家庭ではあまり攻撃的ではないが、家庭を離れた学校や遊びでは非常に多くの攻撃を示す傾向があるということである。(47) このことは、まさにわれわれが第2章で論じた屈従のモデルから予想できることだろう。

努力の正当化

不協和理論から次のような予測が導かれる。もしある人がある目標を達成するために一生懸命努力すれば、その同じ目標をほとんど努力せずに、あるいはまったく努力せずに達成した人よりも、その人にとってその目標は魅力的なものになるだろう。一つの例証が役立つだろう。あなたが、男子学生社交クラブに入会する決心をした大学生だとしよう。あなたは、入会を認められるためには、入会儀式を通過しなければならない。それは、非常な努力と困惑を伴うかなり厳しいものだとしよう。あなたは、その厳しい試練を乗り越えてから、その社交クラブに入会を許されるのである。あなたが社交クラブ会館に引っ越すと、あなたの新しい同室者は変わった癖を持っている。たとえば、真夜中になってもステレオを大きな音でかけ、お金を借りても返さず、時には自分の汚れた洗濯物をあなたのベッドに置きっぱなしにする。要するに、客観的な人なら彼のことを思慮分別のない無精者だと見なすだろう。しかし、もはやあなたは客観的な人ではない。社交クラブに入会するために地獄のような困難を潜り抜けてきたというあなたの認知は、その社交クラブでのあなたの生活の嫌なことや不快なことや望ましくないことについての認知とはどんなものとでも不協和になる。あなたは、不協和を低減するために、あなたの同室者をできるだけ好意的に見ようとするだろう。また一方、そこには現実によって課せられた制約がある——あなたがどんな苦痛や努力を経験してこようが、思慮分別のない無精者をシンデレラの王子様のように見ることはけっしてできないだろう——しかし、ちょっと発明の才があれば、あなたは、彼はそれほど悪くないと自らに納得させることはできるのである。たとえば、あなたは、人々が無精だと言っているものを、気さくなだけだと見なすかもしれない。だから、彼が夜中にステレオを大きな音で鳴らしたり、汚れた洗濯物を散らかしたままにしておいたりすることは、彼が気楽なやつだということを証明するのに役立つだけである——そして、彼は物質的なものにはまったく無頓着なので、あなたに借りたお金を忘れてしまうのもきっと理解できることだろう。

彼は、王子様ではないが、きっと我慢できるだろう。このような見方を、あなたが努力をしなかった場合のあなたの態度と比較してほしい。つまり、あなたが普通の大学生寮に引っ越してきて、同じ同室者に出会ったとしよう。この部屋に入るためにあなたはまったく努力をしていないので、不協和はない。不協和がないので、あなたは、その同室者をできるだけひいき目に見る必要はない。おそらく、あなたは、すぐに彼のことを思慮分別のない無精者だとあきらめて、他の場所へ移る算段をしようとするだろう。

以上のような推測は、私が友人のジャドソン・ミルズと協力して五十年も前に実施した実験で検証されている。(48) この研究では、女子大学生が、性の心理学のさまざまな側面について討議するために定期的に集まることになっている集団に自発的に参加した。女性は、もし参加したければ、その集団のすべての参加者が性について自由に隠すことなく討論できることを確認するために適性検査を最初に受けなければならないと告げられた。この説明が、入会手続きのためのお膳立てとなった。女性の三分の一は、厳しい入会手続きに割り当てられた。それは、卑猥な言葉のリストを大きな声で朗読するよう彼女たちに求めるものだった。学生の三分の一は、穏やかな手続きを経験した。そこでは、彼女たちは、性的ではあるが卑猥ではない言葉のリストを朗読した。最後の三分の一の参加者は、入会手続きなしにその集団に入会させられた。それから、どの参加者も、彼女が参加したばかりの集団のメンバーたちが行っている討論を聞かされた。その女性は、その討論が生中継で進行中のものだと信じさせられていたけれども、実際に聞いていたものは録音テープであった。その録音された討論は、できるだけ退屈で誇大に聞こえるように作られていた。それが終わると、それぞれの参加者は、その討論について、どのくらい好きか、どのくらい面白いか、参加者がどのくらい知的かなどの観点から評価するよう求められた。

結果は予想を支持するものだった。その集団に入会するためにほとんど努力をしなかったり、まったく努力をしなかったりした参加者は、あまりその討論を楽しんでいなかった。彼女たちは、それをあるがままに受け取ったのである――つまらなくて退屈で時間の無駄だと。しかしながら、厳しい入会儀式を経た参加者は、その同じ討論を面白くて価値のあるものだと自分にうまく言い聞かせていたのである。

同じような結果が、他の研究者たちによって、種々の不快な入会儀式を利用して示されている。たとえば、ハロルド・ジェラードとグローヴァー・マシューソン(49) は、アロンソンとミルズの研究と同じ考えで実験を行っているが、厳しい入会儀式条件の参加者は、卑猥な言葉のリストを大きな声で朗読するのではなく、苦痛のある電気ショックを与えられている。その結果は、アロンソンとミルズのものと同様であった。すなわち、ある集団のメンバーになるために厳しい電気ショックを経験した参加者は、穏やかな電気ショックを経験した参加者よりも、その集団を好きになったのである。

人々は苦痛な経験を楽しむものだと私が主張しているのでないことは明らかだろう――人々は楽しんでなどいないのである。ある物事が苦痛な経験と結び付いているがゆえに、その物事を人々は楽しむものだと私は主張しているわけでもない。私が述べていることは、もし人が、ある目標や対象を獲得するために困難な経験や苦痛な経験をすると、その目標や対象がより魅力的になるということである。すなわち、**努力の正当化**と呼ばれる過程である。こういったわけで、あなたがある討論集団に赴く途中で、たとえ煉瓦で頭を打っても、あなたはその集団をさらに好きになることはないだろう。しかし、あなたがその討論集団に参加するために、もし自ら進んで煉瓦で頭を打ったら、あなたはきっとその集団を一層好きになるだろう。(50)

生物学者ロバート・サポルスキーは、(51)二〇世紀に起こった医学的出来事を説明しているが、それは、努力の正当化を見事に実証している。その当時、スイスの医者の中には、テストステロンの注射によって老化を遅らせることができると信じている人がいた。サポルスキーは書いている。

このように、高齢の金持ちの紳士たちが、完璧なスイスの療養所に入所して、イヌや雄鶏やサルからとった精巣抽出成分を毎日お尻に注射してもらうという流行が起こった。一九二〇年代までには、大企業家、国家元首、有名な宗教指導者――皆がそうして、素晴らしい結果を報告していた。それは科学が正しかったからではない。もしあなたがイヌの精巣抽出成分の毎日の痛い注射のために大金をはたいていれば、若い雄牛のように感じると何とか思い込みたくなるからである。なんとも大きな偽薬効果である。

ほとんどの不協和の状況では、不協和を低減するための方法は一つとは限らない。たとえば、入会儀式の実験では、退屈な集団に参加するために大きな努力をした人々が、その集団を面白いと自ら納得するということを、われわれは見出している。これが、彼らが不協和を低減できる唯一の方法だったのだろうか。そうではない。自分が払ってきた努力の意味を理解するもう一つの方法は、過去についてのわれわれの記憶を修正することである――すなわち、われわれが苦しんだり一生懸命努力したりする前はどうであったかを間違って想起することである。マイケル・コンウェイとマイケル・ロス(52)の実験では、一つの学生集団が、実際よりも大きな効果を約束した学習技能コースに参加した。もう一つの集団は、登録はしたが参加はしなかった。そのコースを履修するしないにかかわらず、すべての学生が、自分の学習技能を評価するよう求められた。三週間の無駄な訓練の後に、参加した学生は、自分の技能が向上したと思いたかったが、客観的なデータは、そのコース課題での彼らの成績が良くないことを示していた。彼らはどうやって不協和を低減することができたのだろうか。彼らがやったことは、そのコースを履修する前に、自分の成績がどのくらい悪いかを間違って思い出すことであった。すなわち、彼らは、そのコースを修得する前に自分が持っていた技能を過小に判断したのである。登録はしたが参加はしなかった学生は、そのような自己を正当化する行動は示さなかった。すなわち、以前の自己評価についての想起は正確なものだったのである。この結果は、体を鍛えるために時間とお金を使った人々が、たとえ完全に成功しなくても、なぜ満足感を得られるのかを説明してくれるだろう。彼らは、自分が実際に目標に到達できたと納得することはできないだろう。しかし、訓練を受ける前に自分がどのくらい調子が悪かったかについての記憶を歪めることによって、自分が成し遂げた進歩を過大に判断することができるだろう。コンウェイとロスが指摘しているように、人々が自分の望むものを手に入れる方法の一つは、自分が持っていたものを修正することである。（＊）

残忍さの正当化

私は、われわれが自分のことを上品で合理的な人間だと思い込みたいという欲求を持っていることを何度も繰り返して指摘してきた。われわれは、このために、自分にとって重要な問題につい

（＊）　明敏な読者は、この研究がこの章の前のほうで論じられた研究と関連していることに気付いているかもしれない。その研究は、新年の決意を破った人々が、その失敗のために自己嫌悪に陥り、その後で、その決意の重要性を軽視するというものだった。私は失敗に関連した不協和低減の他の方法として、成功についての自分の定義をそれほど厳しくしない――「部分的な」成功に甘んじるというような――方法もあることを示唆した。コンウェイとロスの研究は、さらにもう一つの方法があることを示唆している。すなわち、たとえば、煙草を止めようとした人が、本数を減らすことにも、完全に止めることにも成功できない場合には、その失敗によって生じた不協和は、もしその人が止める努力をする前に自分が吸っていた煙草の本数を間違って思い出せば、低減されることになるのである。

てわれわれの態度がどのように変化することになるかを見てきた。たとえば、われわれが見てきたのは、もしある人が、マリファナの使用と合法化を擁護する反態度的な演説の録画が、説得されやすい若者たちに見せられることを知って、ほとんど外的正当化がないときには、その人は——自分のことを悪い人間だとあまり感じなくてすむように——マリファナをそれほど悪くはないと自ら納得するようになる傾向である。私は、この節では、このテーマについて別の側面を論じよう。あなたが、罪もないある若者に大きな被害を及ぼす行為をしたとしよう。さらに、その被害が現実的で明白なものだとしよう。「私は上品で公平で合理的な人間だ」というあなたの認知は、「私は他人を傷つけてしまった」という認知と不協和だろう。もしその被害が明確なものであれば、あなたは、たとえばマリファナ実験の人々のように、その問題についてのあなたの意見を変えて、自分は被害を与えていないと思い込むことによっては、不協和を低減できない。このような状況では、不協和を低減するためのもっとも効果的な方法は、あなたの行為の犠牲者の過失を最重要視することだろう——その犠牲者が被害を受けるのも当然だ、なぜなら、その人がそうなるだけの何かをしたからだとか、その人は不届きな悪い人間だからだとかと、あなたは自分に言い聞かせるだろう。

このようなメカニズムは、たとえその犠牲者を襲った被害を自分が直接に及ぼしていなくても、もしあなたが、その人を（被害を受ける前に）嫌いなだけで、その人に被害がふりかかればよいと思ってさえいたら、作用するだろう。たとえば、ケント州立大学で四人の大学生がオハイオ州兵に撃ち殺された後に、いくつかのうわさが瞬く間に広まった。（一）殺された女性は二人とも妊娠していた（言外の意味としては、それゆえに、性欲が強過ぎ、淫乱だった）、（二）四人の学生の死体には皆しらみがたかってい た、（三）その犠牲者は梅毒に冒されていて、どうせ二週間もすれば死んでいただろうというわさだった。(53) 第1章で述べたように、これらのうわさはまったくの虚偽だった。惨殺された学生は皆清潔で上品で聡明な人間であった。それどころか、そのうち二人は、その悲劇をもたらしたデモにかかわっておらず、キャンパスを穏やかに歩いていたときに、撃たれたのである。どうして町の人々は、そんなにも熱心にこれらのうわさを信じて広めたのだろうか。確かなことはわからないが、おそらく、プラサドとシンハが研究したインドの人々の間でうわさが広まったのと同じような理由のためだったのだろう——すなわち、そのうわさが慰めになったからだろう。その状況を思い描いてほしい。ケントは、オハイオ州の保守的な小さな町である。町の人々の多くは、一部の学生の過激な行動に憤っていた。おそらく、学生が当然の報いを受ければよいと思っていた人もいただろう。しかし、死は、彼らが受けるにはひど過ぎる報いだった。そのような状況では、犠牲者を悪く見せる情報なら何でも、本当に彼らは死んでよかったのだということになるので、不協和の低減に役立ったのである。さらに、犠牲者が罪深くその悲運も当然だったと信じようとするこの情熱は、もっと直接的に表現された。つまり、何人かのオハイオ州兵は、犠牲者の死は当然の報いだと頑なに主張したし、あるケントの高校教師などは、ジェームズ・ミッチェナーが面接したときには、「長髪や汚らしい服や裸足でケントの町並に姿を現すような人は誰だって撃たれて当然だ」とさえ言った。彼女はさらに、このことは自分自身の子どもにでもあてはまることだとさえ言ったのである。(53)

このような人々は異常だと決めつけたい誘惑にかられる――しかし、われわれは軽々しくそのような判断をすべきではない。ほとんどの人々がその高校教師ほどには極端でないことは確かであるが、その同じほとんどの人々がこの方向に影響され得ることも確かである。この点を説明するために、ある歴史を見てみよう。一九六〇年代のソビエト連邦の首相ニキータ・フルシチョフは、回顧録の中で、自分のことを毅然として懐疑心が強かったと記述し、人の言うことをすべて信じる習慣がなかったことを誇りにしている。具体的には、彼は、有力者たちのスキャンダル話を自分が信じようとしなかった例をいくつか引用している。しかし、フルシチョフの信じやすさが彼自身の欲求に合致したときにはどうなるか見てみよう。スターリンの死後まもなく権力闘争が起きた。秘密警察の長官ラヴレンティ・ベリアが共産党の主導権を握ろうとしていたときだった。ベリアを恐れて、フルシチョフは最高幹部会の他のメンバーに、ベリアが秘密警察長官として情報を入手しているので、彼らにとって危険な人物になることを説得したのである。フルシチョフの工作の結果、ベリアは逮捕され、投獄され、最後には処刑されたのである。不協和理論によれば、フルシチョフは、ベリアの失脚と処刑の中心的役割を担っていたので、いつもの懐疑主義を捨て去り、自分の態度と行動を擁護しようとして、ベリアを中傷するうわさを――それがどんなに馬鹿げたものでも――進んで信じるようになったと予測できる。それを調べるのに、フルシチョフに自分の言葉で語ってもらおう。

（ベリアの逮捕）が終った後で、マレンコフが私を連れ出して、「私の首席護衛官が言うことを聞いてくれ」と言った。その男は私のところへやってきて、こう言ったのだ。「今しがたベリアが逮捕されたと聞きました。私は義理の娘が彼にレイプされたことをお話しておきたいのです。娘は七年生です。一年ほど前、娘の祖母が亡くなって、私の妻が病院に行かなければならず、娘を一人にしておいたときのことです。ある晩、娘は、ベリアが住む建物の近くにパンを買いに出かけました。そこで、娘は、ある年取った男が、自分をじっと見つめているのに偶然出くわしました。娘は怖がりました。誰かがやってきて、娘をベリアの家に連れていきました。べリアは、一緒に夕食をとらせようと、娘を座らせました。娘は何かを飲み、眠りに落ち、レイプされたのです……。」後になって、われわれは、ベリアがレイプした百人以上もの少女や婦人の一覧表をもらった。彼は、すべてに同じ手口を使っていたのだ。食事をとらせて、睡眠薬入りのワインを出したのだ。[54]

本当にベリアが百人以上もの女性にこの行為に及んだと誰かが信じるなどと考えるのは非現実的だろう。しかしそれでもなお、フルシチョフは明らかにそう信じていたのである——おそらく、彼にはそう信じたいという強い欲求があったのだろう。

これらの例は、不協和理論にもとづく私の分析に合致しているが、しかし、それらは決定的な証明とは似ても似つかない。たとえば、ケント州の州兵たちは、学生たちに発砲する前から、学生たちが死んでも当然だと信じていたかもしれない。もしかしたら、フルシチョフは、ベリアを死に至らしめる前ですら、ベリアにまつわるこの非現実的な話を信じていたのかもしれない。あるいは、フルシチョフは、これらのうわさをまったく信じておらず、ベリアの名誉をさらに失墜させるために、皮肉っぽく復唱していたにすぎないということのほうが真実かもしれない。

残忍さの正当化がそのような状況で生じ得ることをもっとはっきりさせるためには、社会心理学者が、混沌とした現実世界から（一時的に）一歩退き、より統制のとれた実験室の世界で予測を検証することが必要不可欠となる。理想的には、不協和な認知の結果として生じる態度変化を測定したい場合には、不協和を生じさせる出来事が起こる前に、その態度がどうであったかを知るべきである。そのような状況は、キース・デイヴィスとエドワード・ジョーンズ[55]が実施した実験で作り出されている。彼らは、学生を説得して、ある実験者の手伝いを自発的にしてもらった。それぞれの学生が参加した課題は、もう一人の学生が面接を受けているのを観察して、それから、この観察にもとづいて、その相手の学生に、自分が彼のことを浅はかで、信用できない、鈍いと思っていると話すことだった。この実験の主要な発見は、この課題に自発的に取り組んだ参加者が、自分の残忍さの犠牲者のことを好きではないと思い込んだということである。要するに、参加者は、相手の学生を傷つけるとわかっていることを言った後では、その人がそう言われるのも当然だと思い込んだのである——すなわち、彼らは、彼を傷つける前ほどには、彼のことを魅力的だとは思わなくなったのである。参加者が、相手の学生がそのような批判に値することを何もしていないことをわかっていても、そして、彼らが彼を犠牲者にしたのは、単に実験者の指示に従っただけだということをわかっていても、このような変化が生じたのである。

デイヴィッド・グラス[56]の実験も、同様の結果を得ている。

この研究では、自分のことを善良で上品な人間だと思っている人々が、他者に一連の電気ショックを与えるようしむけられ、その苦痛を与えてしまった結果、その犠牲になった他者を貶すようになった。このような結果は、自尊心の高い人々の間でもっとも顕著だった。もし私が自分のことを下劣な人間だと思っていて、それから、他者を苦しめたとしても、それほど不協和は生じないだろう。それゆえに、私は、その他者がそのような悲運を被るのも当然だと自らに言い聞かせる必要はそれほどないだろう。このような皮肉を考えてほしい。私が自分のことを立派な人間だと考えているがゆえに、もし私があなたを苦しめる何かをしたとすると、私はあなたのことを嫌なやつだと自分に言い聞かせなければならないのである。言い換えれば、私のような立派な人間が罪もない人々を傷つけ回ったりはしないのだから、私があなたに対して行ったすべてのひどい仕打ちは、あなたが受けて当然のものだったに違いないのである。

この現象の一般性を制約する事情がある。その事情の一つは前述した。すなわち、自尊心の低い人々は、自分の犠牲者を貶す必要がそれほどないのである。この貶すという現象を限定するもう一つの要因は、犠牲者の報復能力である。もしその犠牲者が、いつか将来、自ら進んで報復できるようであれば、加害者は公平になると感じられるので、その犠牲者を貶して自分の行為を正当化する必要はないだろう。エレン・バーシャイドとその共同研究者[57]の巧妙な実験では、大学生のそれぞれが、自分と同じ大学生に対して痛い電気ショックを与える実験に自発的に参加した。予想された通り、どの参加者も、電気ショックを与えた結果、その被害者を貶した。しかし、半数の学生は、仕返しがあるだろう――相手の学生が彼らに電気ショックを与える機会が与えられるだろう――と告げられていた。自分の犠牲者が報復できると思っていた人は、彼らを貶さなかったのである。要するに、犠牲者が報復できるので、不協和が生じなかったのである。この加害者は、犠牲者のことを貶して、犠牲者がそうされるのも当然だと自らに納得させる必要がなかったのである。

これらの結果は、戦争中に、兵士が、軍人の犠牲者よりも一般市民の犠牲者を（彼らは報復できないので）貶す必要があっただろうということを示唆している。ウィリアム・カリー中尉がミライで罪なき市民の殺戮の中で果たした役割についての軍法会議の間に、彼の精神科医が報告したところによると、この中尉はベトナムの人々を人間以下と見なすようになっていたとのことである。おそらく、この節で報告した研究が、この現象に何らかの光を投げかけてくれるだろう。社会心理学者は、人々が残忍な行為をして、無傷のままでいられることはないことを学んできた。どのようにしてカリー中尉が（そして、何千もの人々が）ベトナム人を人間以下と見なすようになったか私には確かなことはわからないが、われわれが戦争に携わっていて、われわれの行為によって非常に多くの罪なき人々が殺されているときには、われわれは、その結果を生み出すに至ったわれわれの共犯性を正当化するために犠牲者たちを貶そうとすると考えてみてもよいだろう。われわれは、彼らを笑いものにし、「きたないやつら」と呼び、**非人間化**するだろう。しかし、いったんそうできるようになると、用心しなければならない――なぜなら、自分と同じ人間を殺傷するのよりも、「人間以下のもの」を殺傷するほうが簡単だからである。つまり、このようにして不協和を低減すると、恐ろしい結果を将来までもたらすことになるのである。つまり、そうすることによって、われわれが自ら進んで犯す残虐行為がだんだんと大きくなる可能性が高まるのである。私は、次の章で、このテーマについて詳述するつもりである。今のところは、第1章と第2章で私が行った指摘を強調しておこう。すなわち、つまるところ、人々は自分自身の行為に対して責任があるという指摘である。すべての人が、カリー中尉のように行動したわけではない。同時に、カリー中尉の行動が彼だけのものでもないことには注意しておくべきである。彼は、かなり一般的な現象の顕著な例を代表しているのである。このように考えると、ある種の状況的要因が人間の行為に非常に強力な影響を与え得るということを認めることが重要となる。したがって、われわれは、そのような行動を、単に奇妙なものとか、単に異常なものとか、単に凶悪なものとしてかたづけてしまうこともできるが、その前に、こういった行動のメカニズムを助長する状況を検討したほうが賢明だろう。そうすれば、われわれは、ある種の条件を存在させておくためにわれわれが払っている恐るべき犠牲を理解し始めることができる。最終的には、おそらく、われわれはどうにかしてこの条件を避けることができるだろう。不協和理論は、このメカニズムを明らかにするのに役立つのである。

もちろん、こういった状況は戦争に限られるわけではない。多くの暴力行為が罪のない人々に対して犯され、そしてそれが正当化され、今度は、この正当化がさらなる暴力を生み出しているのである。黒人やラテン系アメリカ人などのマイノリティ集団にとって不公平な社会にあなたが住んでいると想像してほしい。ちょっと突飛な例だが、数十年にわたって、白人のマジョリティ集団が、黒人やラテン系アメリカ人が一流の公立学校に通うのを許さず、その代わりに、人を無能にする二流の教育を与えていたとしよう。この「慇懃な無視」の結果、平均的な黒人の子どもや平均的なラテン系アメリカ人の子どもは、同学年の平均的な白人の子どもと比べて、教養がなく、動機付けも低くなる。このことは、彼らが学力テストの出来が悪いことによって証明される。このような状況は、市民の指導者がその差別行動を正当化し、そうして、不協和を低減するための絶好の機会を与えてくれるのである。彼らは言うだろう。「ご覧なさい。ああいった人たちは馬鹿なのです（なぜなら、学力テストの出来が悪いでしょう）。彼らに質の高い教育を与えるために資源の無駄使いをする決定をしなくて、われわれは何て賢明だったかがわかるでしょう。こういった人たちは教育できないのです。」この自己成就的予言は、残忍さや無視を完全に正当化してくれるのである。そのために、黒人やラテン系アメリカ人は道徳的に劣等であると見なされるようにもなるのである。もしわれわれが人種的マイノリティ集団を過密した貧民窟に閉じ込めれば、ほとんどの白人アメリカ人になら存在している成長と成功の機会にあずかれないようにしてしまう圧力が、ほとんど皮膚の色のためにだけかけられる状況を作り出しているのである。テレビの魔術を通して、彼らは、中流の立派な人々が成功して贅沢な暮らしをしているのを見る。彼らは、自分たちの手に入れられない機会や快適や贅沢を痛いほど知る。もし彼らがフラストレーションのために暴力に走ろうものなら、あるいは、もし彼らが絶望のために麻薬に走ろうものなら、きわめて安易に彼らの白人の兄弟姉妹は満足げにくつろいで、物知りげに頭を振って、この行動をある種の道徳的劣等さのせいにするのである。エドワード・ジョーンズとリチャード・ニスベット(58)が指摘しているように、われわれに何か不幸が降りかかると、われわれはその原因を環境の中の何かのせいにしがちであるが、他の人にその同じ不幸が降りかかると、われわれはその原因をその人の性格に固有な何かの欠点のせいにしがちなのである。

不可避性の心理

ジョージ・バーナード・ショーは父親のアルコール中毒に衝撃を受けたが、それを軽くあしらおうとした。かつて彼は書いている。「家族の骸骨を取り払えないなら、それを踊らせたようがよい。」(59)ある意味では、不協和理論は、人々が自分の骸骨を踊らせる方法——不快な結果と同居する方法——を描いている。これは、避けられない悪い事態が生じたときにはとくにそうである。この場合、人々は、その状況の不快さを認知上最小限にして、何とか遣り繰りしようとするのである。一つの実験で、ジャック・ブレーム(60)は、子どもたちに、以前に大嫌いだと言っていた野菜を食べてもらうよう自発的に参加してもらった。彼らがその野菜を食べ終えると、実験者は、半数の子どもには、将来もっとたくさんその野菜を食べることになるだろうと思わせた。残りの子どもには、そのことは伝えなかった。将来どうしてもその野菜を食べることになるだろうと思い込まされていた子どもは、その野菜はそれほどひどくないと自らにうまく納得させることができたのである。要するに、「私はその野菜が嫌いだ」という認知は、「将来その野菜を食べることになるだろう」という認知と不協和である。その子どもは、不協和を低減するために、その野菜は本当は以前に思っていたほどには悪くないのだと信じるようになったのである。ジョン・ダーリーとエレン・バーシャイド(61)は、これと同じ現象が、野菜と同じように人間についても生じることを示している。彼らの実験では、女子大学生が、自分の知らない一人の女性と自分の性行動や性規範を議論することになる会合に自発的に参加した。この議論を始める前に、それぞれの参加者は、二つのフォルダーを与えられた。どのフォルダーにも、この同じ経験に自発的に参加したと思われる若い女性の性格の説明が入っていた。その説明には、愛すべき特徴と不快な特徴とが一緒に含まれていた。半数の参加者は、フォルダーAで説明された若い女性とやりとりすることになると思い込まされ、残りの半数は、フォルダーBで説明された女性とやりとりすることになると思い込まされた。参加者は、実際にこの女性と会う前に、自分が読んだ性格の説明にもとづいてそれぞれの女性を評価するよう求められた。フォルダーAで説明された若い女性と自分の個人的な秘密を共有することは避けられないだろうと思っていた参加者は彼女のほうを、フォルダーBで説明された女性よりも人間としてはるかに魅力的だと思っていた。一方、フォルダーBで説明された若い女性とやりとりしなければならないと思っていた参加者は、彼女のほうをはるかに魅力的だと思っていたのである。野菜の場合と同じように、避けられないがために、好きになるのである。どうしても他の人と時間を過ごさなければならないことがわかっているときには、その人物の良い側面を強調するようになる――あるいは、その人物の悪い側面は少なくとも強調しなくなるのである。要するに、人々は、起こるとわかっていることは最大限良くしようとする傾向があるのである。

同じような現象は、大統領選挙の間にも生じる。考えてみてほしい。あなたの国（地球でもっとも強力な国）が、あなたがまったくくだらないやつだと思っている誰かによって先導されているという考えは、耐えられないだろう。それで人々はどうするだろうか。もちろん、彼らは最大限良くしようとする。二〇〇〇年の大統領選挙の一週間前に、アーロン・ケイとその共同研究者(62)は、数百人の人々に、その選挙の結果の予想についての説得力のある分析を載せた記事を与えた。もっとも評判の良い専門家がブッシュが大勝すると予想した記事を読んだ参加者と、同じ専門家が僅差でブッシュが勝利すると予想した記事を読んだ参加者がいた。さらに、ゴアの大勝を予想する記事を読んだ参加者と、ゴアの僅差の勝利を予想した記事を読んだ参加者がいた。その後で、これらの人々は、ゴアとブッシュの両方の大統領としての望ましさを評定するよう求められた。

結果は、候補が勝利する可能性の予想とその候補の有権者にとっての望ましさとの間に強い関係を示した。すなわち、共和党員も民主党員も、ゴアの勝利の可能性が高いときには彼をより望ましく評定し、ブッシュの勝利の可能性が高いときには彼をより望ましく評定したのである。

悪い側面を重視しないことは、待ち受けていることが、嫌いな野菜や、会ったこともない人との議論や、さらには、あなたが投票しなかった大統領を受け入れるようになることであるときには、適応的な方略であり得る。しかしながら、そのような方略が悲惨な結果になり得る状況もある。ＵＣＬＡ〔訳者注：カリフォルニア大学ロサンゼルス校〕の学生たちの事例を考えてほしい。一九八〇年代半ばに実施された地質学的研究は、ここ二十年のうちにロサンゼルスに少なくとも一つの大地震が起こる確率を九十％と示していた。このように逼迫した災害に直面すれば、合理的な人々ならば間違いなく、その危険性を認めて、それについてできることをすべて学んだり、安全のための予防措置を講じたりして備える努力をするだろう。一九八七年にＵＣＬＡの二人の社会心理学者ダーリン・レーマンとシェリー・テイラー(63)は、彼らの大学の学部生百二十人に面接をし、こういったことが実情ではないことを明らかにしている。彼らの発見は、不安にさせるものである。すなわち、五％の人しか、（一番近くの火災消化器設置場所の確認などの）安全措置を講じていなかった。三分の一しか、地震の最中の最善の行為が、重い家具の下に這い込むか出入り口に立っておくことだということを知らなかった。そして、回答者の誰一人として、専門家が勧める予備対策を行っていなかった。教養のある人々の間でも、避けることのできない大災害に対する典型的な反応は、何もそれに備えないことのようである。

学生が住んでいる状況によって対処様式が異なっていることは注目に値する。地震の際に危険な寄宿舎に居住している人は、比較的安全な寄宿舎に居住している人よりも、その差し迫った災害に対処するために、地震について考えるのを拒んだり、予想される被害を最小限に見積もったりする傾向があった。すなわち、地震が起きるともっとも危険な人ほど、まさに、その切迫した大惨事について考えるのを拒んだり、その最大の激しさを過小に推測したりしたのである。要するに、もし私が地震が起こると確信しているならば、どうしたら私は危険な寄宿舎に住み続けることを正当化できるだろうか。簡単である。地震が起こることを否定し、それについて考えることを止めればよいのである。避けることのできない危険な出来事に対する自己正当化の反応は、短期的には慰めになるのである。しかし、そのために安全増進策を講じなければ、そのような反応は、長期的には致命的なものになり得るのである。

言うまでもなく、一九八〇年代半ばの地質学的予測が正しいことが証明された。一九九四年の冬、ロサンゼルス地域に大地震が実際に起こり、大規模な物的損害をもたらし、高速道路を破壊し、数カ月間交通が混乱した。幸運なことに、その地震は休日の午前四時半に発生したので、人命の損失は比較的少なかった。これは一つの大地震だったけれども、ほとんどの専門家は、「大地震の中の大地震」が未だ差し迫っていることで一致している。一九九四年の地震によって、人々が次の地震によりよく備えるようになっていると、あなたは思うだろうか。

あなたはもう気付いているかもしれないが、一方では、嫌いな野菜に立ち向かった子どもや、どうしても他の人とやりとりしなければならなかった大学生と、他方では、差し迫った地震の脅威に対するＵＣＬＡの学生の反応との間には興味深い違いがある。前者の状況では、避けられないということが受け入れられ、その避けることのできない出来事の良い側面を強調する態度が育まれる。しかしながら、後者の状況では、生命を脅かしながらも、ほとんど統制することができない出来事が起こる可能性がきわめて高いという状況に直面しているのである。大地震を望ましいものだ――あるいは、それほどたいした惨事ではないのだ――と考え直すことは、人間の想像力の範囲を越えているだろう。そして、われわれは地震を防ぐことができないのである。われわれに期待できる最善のことは、それに適応的に反応することであるが、しかし、安全対策が本当にわれわれを救ってくれる保証はない。したがって、われわれがどのような反応をするかは、われわれが、予防措置によって、その避けられないことを統制できるという感覚が本当に高まると信じるかどうかによって決まる。もしそのような措置がほとんど無駄に思えれば、それに努力しようと考えることは、われわれの不協和の感情をさらに強めるのに役立つだけだろう。そのような状況では、われわれは、災害が起こる可能性を拒否したり、その規模をきわめて小さく見積もったりして、安全対策を講じないことを正当化するだろう。同じように、私が第3章で注意したように、ほとんどの科学者は、地球温暖化がこの惑星の大きな脅威となっていることで一致しているが、それでも、多くのアメリカ人はそれを不安に思っていない。そこで私が示唆したことを思い出してほしい。人々が地球温暖化を十分に恐れていないのは、それが人々にすぐに行動を起こさせる脅威ではないからである。不協和理論によれば、もし、われわれが人々を怖がらせて、地球温暖化に対する行動をとらせたいと思うのであれば、人々に、それについて行うことが自分の統制できる範囲内であると納得させることも不可欠である。単に人々の恐怖をかき立てるだけでは、彼らは、その存在を否定したり、その科学的証拠を積極的に無視したりするだろう。

不協和低減は無意識か

前の章で述べたように、人々は、自分がどれくらいすばやく悪い出来事に順応するかをあまり上手に予測できない。言い換えれば、われわれは、どのくらいうまく不協和を低減するか、つまり、どのくらい巧みにわれわれの骸骨を踊らせるかに気付いていない。そして、これが、また、われわれが行う選択にとって重大な結果をもたらすのである。人々が過去に不協和をうまく低減できたとすると、人々が将来もそうするだろうと意識していないのは、なぜだろうか。この答は、不協和低減の過程はおおよそ無意識であるというものである。人々は、腰を落ち着けて、「たぶん私は今、不協和を低減しているようだ」とは言わない。あなたの恋人があなたを捨てるとどうなるだろう。徐々に、あなたは、その人が鼻持ちならない自己中心的で退屈な人だ（おまけに口が臭い！）、そして、自分にはもっと良い人がふさわしいと自分に言い聞かせるだろう。この過程が、意識的に自覚できないところで生じていれば、より納得のいくものになる。不協和低減の過程はたいていは無意識なので、もう一方では、その過程によっては、われわれが将来の不安から救われる見込みはないことになる。つまり、われわれは、次に捨てられるときには、われわれの苦痛は大きく長く続くものになると予想するのである。蓋を開けてみるとそれほどでもないのだが。

これに含まれる一つの意味は、われわれは、たとえ「間違った」決定をしても、自分がそうなると思っているほどには後悔しない傾向があるということである。古典的な映画『カサブランカ』で、たとえば、もしイングリッド・バーグマンが夫のもとに戻らず、ハンフリー・ボガートとモロッコに残っていたら、その最後がどうなっていたか考えてほしい。彼女は、ボガートがあの有名な胸を締め付けるような言葉で語ったように、それを後悔しただろうか――「たぶん今日ではない、たぶん明日でもない、しかしすぐに、そして、（彼女が）死ぬまで。」あるいは、彼女は、ボガートから去ったことを永遠に後悔しただろうか。この両方の質問に対する答は、そうではないというものだろう。どう決定しようとも、長い目で見れば彼女は幸せになっただろう。ボガートは雄弁だけれども間違っていた。そして、不協和理論はその理由をわれわれに教えてくれる。時間がたてば、イングリッドは、どんな選択をしようともそれに満足できる理由を見つけ出しただろう。(64)こう言ったからといって、われわれがけっして後悔しないと言っているわけではない。しかし、われわれが無数の決定をしていることを考えれば、後悔に終わったものがどんなに少ないかは驚くべきことである。

自尊心の重要さ

この章を通して、われわれは、ある特定の行為に関与すると、われわれの態度がいかに凍結したり変化したりするか、われわれの知覚がいかに歪むか、われわれが探し出す情報の種類がいかに決まるかを見てきた。さらに、われわれは、人が多くのさまざまな方法で、ある状況に関与するようになることを見てきた――意思決定をしたり、ある目標を達成するために一生懸命働いたり、何かが避けられないと思ったり、(他者を傷つけるなどの)深刻な結果をもたらす行為をしたり、等々である。私が前に述べたように、もっとも深い関与は、個人の自尊心がかかっている状況で生じる。たとえば、もし私が残忍な行為や愚かな行為を行ったら、このために私の自尊心は脅かされることになる。なぜなら、そのために、私が残忍な人間だったり、愚かな人間だったりする可能性に関心が向くからである。認知的不協和理論に刺激された何百という実験では、もっとも明確な結果は、個人の自尊心がかかわる状況で得られている。さらに、予想通り、われわれは、もっとも高い自尊心を持った人が、愚かな行為や残忍な行為をしたときに、最大の不協和を経験することも見てきた。研究は、不協和が喚起すると、自尊心の高い人々は、自尊心が平均的な水準の人々よりも、それを低減しようと一生懸命努力することを示している。(65)

個人の自尊心が本当に低い場合にはどうだろうか。理論的には、そのような人は、愚かな行為や不道徳な行為を犯しても、それほど不協和を経験しないことになる。「私は不道徳なことをした」という認知は、「私はくずだ」という認知と協和する。要するに、自分のことをくずだと思っている人々は、自分がくずなことをするだろうと予想しているのである。言い換えれば、自尊心の低い人々は、不道徳な行為を犯すことをそれほど難しいとは思わないだろう――なぜなら、不道徳な行為を犯すことは、自分の自己概念と不協和ではないからである。一方、自尊心の高い人のほうは、不道徳な行為を犯したいという誘惑に抵抗するだろう。なぜなら、不道徳に行動すれば、大きな不協和が生じそうだからである。

私はデイヴィット・メッティーと一緒に、この考えを検証した。(66)われわれの予測は、自分のことを低く評価している人は、自分のことを高く評価している人よりも、(機会があれば)カンニングをしやすいだろうというものだった。しかし、われわれの予測が、単に、自分のことを不正直だと思っている人々が、自分のことを正直だと思っている人々よりも、カンニングしやすいというものではないことをはっきりさせておかねばならない。われわれの予測はもっと大胆なものだった。すなわち、それは次の仮定にもとづいていたのである。普通の人々でも、(たとえば、恋人にふられたり、試験に落第したりして)一時的にせよ自分の自尊心に打撃を受けて、意気消沈し、自分のことを無価値だと感じれば、彼らは、トランプでカンニングしたり、自分のイヌを蹴飛ばしたり、その他、自分がつまらない人間だという思いと一致するさまざまなことをする傾向があるという仮定である。自分のことを低次の人間だと感じる、その程度に応じて、人は低次の行為を行うだろう。

われわれの実験では、われわれは、女子大学生に彼女たちの性格についての嘘の情報を与えて、一時的に彼女たちの自尊心を変容させた。ある性格検査を受けた後で、三分の一の学生は、良いフィードバックを与えられた。具体的には、彼女たちは、その検査が彼女たちのことを成熟して、面白く、深みのある、等々の人だと示していると告げられたのである。もう三分の一の学生は、悪いフィードバックを与えられた。彼女たちは、その検査が彼女たちのことを比較的未熟で、面白くなく、かなり薄っぺらな、等々の人だと示していると告げられたのである。残りの三分の一の学生は、その検査の結果については何も情報を与えられなかった。

その直後、学生たちは、この性格の調査とは関係のないことがはっきりしていた、別の心理学者が行っている実験に参加するよう指定された。この第二実験の一環として、参加者たちは、同じ何人かの学生とのトランプ・ゲームをした。これはギャンブル・ゲームで、学生はお金を賭けることができ、勝ったお金は全部自分のものにできると言われた。ゲームの途中で、彼らは、けっして見つからないような状況でカンニングができる機会を数回与えられた。その状況は、もし学生がカンニングをしない決心をしたら、きっと負け、カンニングをする決心をしたら、きっとかなりのお金が勝ち取れるようにお膳立てしてあった。

その結果は、自尊心を下げるよう計画された情報を前に受け取っていた学生は、自尊心を上げる情報を受け取っていた学生よりも、はるかにカンニングをするということを明確に示していた。統制群――情報を受け取らなかった学生――は、ちょうどその中間に落ち着いた。これらの発見が示唆しているのは、親や教師の行動が自分の子どもや生徒の自尊心に影響を与えるときに、その行動がもたらしそうな長期的な結果に警戒しておくことが十分にその努力に値するということである。具体的に言うと、もし高い自尊心が、不正直な行動を減らすのに役立つことになるなら、あらゆる手を尽くして人々が自分自身を尊敬し愛するようになるのを手助けすると良いだろう。最近の現場実験は、このような考えを支持し、自己概念を強化することが学業成績の助けになる可能性を実証している。この実験で、ジェフリー・コーエンとその共同研究者(67)は、アフリカ系アメリカ人の子どもが、学年始めに、自分の長所や価値に注目させる学級課題によって自尊心を強化されたと感じると、有意に良い成績評点を収めることを見出している。

これらの結果から一般化を行う際には注意が必要である。自尊心の強化は、それがうわべだけの表面的な方法でなされると、良い効果をもたらさないだろう。ある人の自尊心が現実に根差していなければ、(68)あるいは、自己陶酔的なものであれば――すなわち、それが他者に対する偽物の優越感にもとづいているなら――、これは多くの悪い効果をもたらすことになる。たとえば、一連の実験で、ロイ・バウマイスターとブラッド・ブッシュマンとキース・キャンベル(69)は、ある人の自己陶酔的な自尊心が批判によって脅かされると、その人は、自分を批判した人を攻撃し、お返しをして自分の脅かされた自己イメージを回復しようとすることを見出している。一つの実験で、彼らは、参加者にエッセイを書くよう求めた。これに引き続いて、このエッセイは、彼らの相手によって批判された。批判を受け取った後で、この参加者には、相手に不快な騒音を聞かせることによって敵意を表す機会が与えられた。参加者は騒音の大きさを自由に変えることができた。騒音発生装置を最大の騒音水準にまで上げた人たちは、自尊心と自己陶酔の両方の測定尺度で高い得点を取った人々であるという結果になった。要するに、平均的な人に比べて、自己陶酔的な人々は、自分のうぬぼれが脅かされると、怒り、より攻撃的に振る舞うのである。クリスティーナ・サルミヴァリとその共同研究者(70)は、高い自己陶酔的自尊心というこの症候群は、本物の高い自尊心ではなく、むしろ、それは、薄っぺらな自画自賛であり、不安感にもとづくものであると示唆している。彼らは、このような自尊心が学校でのいじめっ子によく見られることを見出している。一方、本物の高い自尊心を持つ子どもは、安定しておりいじめをしていない。それどころか、このような子どもは、いじめの犠牲者を守ろうとするより強い傾向を持っている。

不快か、それとも自己知覚か

認知的不協和理論は、動機付け理論である。この理論によれば、人々の信念や行動を変化させるよう彼らを動機付けるものは、自己概念への脅威によって引き起こされた不快である。しかし、これらの実験を経験した人々が実際に不快を経験していたことが、どうしたらわれわれにわかるのだろうか。おそらく単なる自己知覚の問題である。この可能性は、「私が何をするか私が見るまでは、私が何を考えているか私にはどうやったらわかるだろうか」というユーモアのある表現に見事にとらえられている。何年も前に、ダリル・ベム(71)は、自己知覚という概念を発展させて、不協和理論に関する研究のいくつかにそれを応用してきた。ベムは、これらの状況で態度や行動の変化を経験している人々は、不快を経験して自己正当化を動機付けられているのではないかもしれないと示唆しているのである。むしろ彼らは、落ち着いて静かに私情を挟むことなく自分自身の行動を観察して、その観察にもとづいて結論を導き出しているにすぎないのかもしれない。ベムの示唆は、大いに納得できる。ご存じの通り、われわれには皆、こういった帰属を――他者についても自分自身についても――行う強い傾向がある。たとえば、カフェテリアの陳列ケースにデザートがずらっと並んでいて、それらを全部見た後であなたがルバーブパイを一切れ選んだとしよう。もし私があなたをカフェテリアで観察していたのであれば、私は、あなたがルバーブパイを好きだと推測するだろう。ベムは、あなたは、あなた自身の行動を観察することによって、これと同じ結論を導き出すだろうと示唆しているのである。あなたは言うだろう。「うん、私はルバーブパイを自由に選んだ、だから、たぶん私はそれを好きに違いない！」

ここまでは、ベムと私の間に意見の違いはない。しかし、ここが興味深いところである。あなたがイェール大学の学生で、（前に説明したコーエンの実験でのように）ニューヘイブン警察の蛮行を釈明するエッセイを書いているとしよう。ベムによれば、あなたはあなた自身の行動を冷静に観察して、肩をすぼめて言うだろう。「うーん、このエッセイを書いたのだから（たった五十セントのために！）、たぶん私は、私が書いたことが正しいと思う……そうでなければ、書かなかっただろう。」不協和もない、不快もない、自己正当化もない、あるのは自己知覚だけである。

ベムの考えは、その単純さゆえに美しい。もしこういった状況での態度変化が、冷静な自己知覚の問題にすぎないのであれば、われわれは、不快や自己概念や自己正当化等々について、このように理論化をする必要はまったくないのである。

ベムは、部分的には正しいということになる。自己知覚は、確かに役割を果たしている。しかし、それは、人が明白で確実な信念を最初から持っていない状況でのみ作用しているように思える。一方、人がかなり明確な最初の信念（たとえば、ニューヘイブン警察がひどいことをした、糸巻き詰めは退屈な作業だ、私は上品で分別のある人間だ）を持っているときには、不快と、自己概念への脅威が、確かに作用し始めるのである。(72)

不快がこれらの不協和状況で役割を果たしていることを、どうやったら確信できるだろうか。まず、一つの理由は、これらの状況にいる人々がそう言うからである。たとえば、アンドリュー・エリオットとパトリシア・ディヴァイン(73)は、人々が不協和を喚起する状況に置かれると、統制条件の人々よりも、より動揺し、より不愉快な気持ちを実際に報告している。

参加者が自分自身の不快を報告していることは説得力がある。さらに、これとは独立した、不快の行動的な証拠がある。たとえば、われわれは、不快が気を散らせることを知っている。巧みな実験で、マイケル・パラックとシーン・ピットマン(74)は、不協和を経験している人々が、不協和を経験していない人々よりも、複雑な課題の成績が悪いことを実証した。不協和を経験している人々は、極端な飢えや渇きなどのその他の不愉快な動因状態にある人々と同じように、成績の低下を示したのである。

さらに、何人かの研究者が、不協和に動機付けの性質があることの顕著な行動的証拠を示している。その一つの実験で、マーク・ザンナとジョエル・クーパー(75)は、参加者に偽薬を与えた。その錠剤は喚起を生じさせ、緊張を感じさせるものだと告げられた参加者と、それはリラックスさせるものだと告げられた参加者がいた。統制条件の参加者は、その錠剤は何も影響しないと告げられた。錠剤投与後、それぞれの人は反態度的エッセイを書くように誘導され、このようにして不協和を引き起こしたのである。このような参加者が彼ら繰り返すことになるが、不協和理論は、このような参加者が彼らの態度を変化させ、それらをエッセイに一致させ、不愉快な喚起状態を低減すると予測する。しかしながら、参加者が、自分が経験している喚起が錠剤によるものだと思っていれば、彼らは態度を変えて良い気分になる必要はない。これとはまったく反対に、参加者が、錠剤のおかげでリラックスすべきだと思っていれば、彼らが経験する喚起は、その錠剤にもかかわらず生じているのだから、彼らにとってはとくに強力なものになるはずである。したがって、これらの人々は、大きく態度を変化させるはずである。このように、この理論の予測によれば、不協和による喚起が別の説明によって隠されるか(「あぁ、わかった――緊張させるという錠剤を飲んだ。それで、このように感じているのだ。」)、それとも、別の説明によって拡大されるか(「あぁ、わからない――リラックスさせるという薬を飲んだのに、緊張している。」)によって、態度変化は条件によって起きたり起きなかったりするだろう。

そして、これがちょうどザンナとクーパーが見出したことである。統制条件の参加者は、典型的な不協和実験の予測通り、かなりの態度変化を経験した。しかしながら、喚起条件の参加者は、態度を変えなかった――彼らは、自分の不快感を、反態度的エッセイではなく、その錠剤のせいにしたのである。最後に、リラックス条件の参加者は、統制条件の参加者よりもさらに態度を変化させたのである。彼らは、リラックスする薬を処方されたのにもかかわらず喚起を感じているのだから、反態度的エッセイを書くことが、とても自分を緊張させているのだと推論したのである。このようにして、彼らは、自分の行動が、自分が上品で分別のある人間であるという知覚と整合しないと考えて、自分の態度をエッセイの内容に一致するように変化させたのである。

最後に、神経科学者は、認知的不協和が不快で、協和を回復することが快であることを最近示している。(76)人々がｆＭＲＩを配線されて、不協和な情報や協和な情報を処理した研究で、ドリュー・ウェステンとその共同研究者(77)は、人が不協和な情報と直面すると、脳の思考を司る部位が事実上停止することを見出した(人々が、自分の大切な信念と矛盾する情報を考えたがらないということを示唆している)。しかし、被験者が、認知的不協和を低減し始めると、脳の情動中枢――アイスクリームを食べたり、試験でAを取ったりするなど、楽しい経験の間に活性化するのと同じ部位――が活動したのである。

不協和の生理的、動機的効果

不協和の効果はどこまで及ぶのだろうか。ここ数年、研究者たちは、不協和低減が態度を越えることを示してきた。すなわち、不協和は、われわれが基本的な生理的動因を経験する仕方に影響を与えることになる。十分精密な条件下では、不協和低減のために、空腹な人がそれほど空腹を経験しなくなったり、喉の渇いた人がそれほど喉の渇きを経験しなくなったり、強烈な電気ショックを受けている人がそれほど痛みを経験しなかったりする。どうしてそうなるかをここで示そう。サムが、長時間食べ物や飲み物を断たれる状況や、電気ショックを経験する状況に自ら積極的に関与するよう誘導されたところを想像してほしい。もしサムに、こうすることの外的正当化が少なければ、彼は不協和を経験するだろう。空腹のための痛みや、からからの喉や、電気ショックについての認知はどれも、彼がこれらの経験をすることを自発的に申し出、その見返りがあまりないという認知と不協和である。サムは、この不協和を低減するために、空腹はそれほど激しくないとか、喉はそれほどひどくないとか、痛みはそれほど大きくないとかと自らに納得させるのである。これは驚くにはあたらない。空腹や渇きや痛みにはすべて生理的な基礎があるが、同時に、それらには強い心理的な成分もあるのである。たとえば、暗示や瞑想や催眠や偽薬や熟練した医師の臨床手法や、あるいはこれらを組み合わせたものを通して、感じられる苦痛は軽減し得るのである。実験社会心理学者が示してきたことは、不協和の喚起が高い条件では、普通の人々でも、催眠や瞑想の特別な技術を借りなくても、自分の力でこの同じ目的を成し遂げることができるということである。

たとえば、フィリップ・ジンバルドー[78]は、多くの人々に強烈な電気ショックを受けさせた。半数の人は、高不協和の条件であった——すなわち、その経験に自発的に参加するよう彼らに積極的に関与させて、ほとんど外的正当化を与えなかった。そして、残りの半数は、低不協和の条件であった——すなわち、その件については彼らに選択の余地はなく、多くの外的正当化があった。その結果は、高不協和条件の人々は、低不協和の人々よりも、あまり苦痛を経験しなかったと報告したということである。さらに、この現象は、彼らの主観的報告にとどまらなかった。（電気皮膚反応によって測定された）苦痛に対する生理的反応が高不協和条件ではいくらか弱いことを示す明白な証拠もあるのである。その上さらに、高不協和条件の人の苦痛は、彼らが行っていた課題をそれほど妨害しなかった。このように、彼らは、苦痛が小さいと報告するだけでなく、客観的にも、苦痛によってあまり妨害されなかったのである。

同様の結果が、空腹や渇きについても示されている。ジャック・ブレーム(79)は、人々が長期間食べ物か飲み物のどちらかを断たれた一連の実験を報告している。これらの人々は、空腹か渇きを経験しただけでなく、ジンバルドーの参加者とまったく同じ理由で高不協和か低不協和も経験していた。つまり、空腹や渇きを経験するための外的正当化が少ない人々と、外的正当化が多い人々がいたのである。大きな不協和を経験している参加者にとっては、それを低減するためにできる最善の方法は、空腹や渇きの経験を最小限にすることである。空腹と渇きについて別々に行われた実験で、ブレームは、高不協和の参加者は、同じ期間食べ物(水)を断たれた低不協和の参加者よりも、あまり空腹でない(喉が渇いていない)と言ったのである。今回も、これは単なる言葉による報告ではなかった――実験終了後、すべての参加者が自由に食べても(飲んでも)良いことになると、高不協和条件の人は、低不協和条件の人よりも、実際に少ししか食べ物(水)を摂らなかったのである。

不協和理論の実際的応用

認知的不協和理論がこれほど大きな関心を引き、これほど多くの研究を刺激してきた理由の一つは、常識的な言葉では容易に説明しがたい現象を説明し予測する力をそれが持っていることである。さらに、読者がすでに見てきたように、不協和理論は、うわさの広まり方から、重要な態度や行動の変化――より安全なセックスを行うことから人種的偏見を減らすことまで――にまでわたる非常にさまざまな現象を説明するために適用されてきた。理論は、さまざまな現象をわれわれが理解し予測するのを手助けする力を持っているだけではなく、人々に益するように実際的に応用できる場合には、とくに価値の高いものである。この章の前のほうで、私は、認知的不協和理論が、学習に対する内発的動機付けを学生に教え込みたいと願っている教育者や、子どもに道徳的価値や人間的価値を学ばせるために、厳しい罰よりも効果的な手段を探し求めている親に対して意義を持っていることを指摘した。海兵隊や男子学生社交クラブのような団体は、そのメンバーの集団に対する積極的関与を高めるために厳しい入会儀式を長い間採用してきた。

不協和低減による体重低減

ダニー・アクスゾムとジョエル・クーパー(80)の実験は、不協和理論が、難しい個人的問題――肥満――を解決するのに役立つようどのように利用されることになるかを示すとくに説得的な例を提供している。ある目的に到達するために大きな努力をすると、その目標に対する積極的関与が高まるという仮説を立てて、彼らは、太り過ぎの女性に体重管理プログラムに自発的に参加してもらい、減量には関係のない知的な課題に取り組んでもらった。その課題には、大きな努力が必要なものと、小さな努力しか必要ないものとがあった。そのプログラムに取り組んで四週間を過ぎたときには、どの集団でも、わずかな体重の減少しか観察されなかった。しかし、六カ月後と十二カ月後に、実験者がその女性に再び接触したときには、大きな違いが発見された。すなわち、大きな努力をした女性は、平均して八ポンドも減量していたが、そのプログラムでほとんど努力の要らない課題を行った女性は、まったく体重が減っていなかった。自分の行動を正当化するために態度を変化させることは、強力な効果を持ち得るのみならず、長期間にわたってずっと持続する過程を始めさせることになるのである。

不協和とエイズ予防

ご存じのように、不協和は人々を不快にする。それで、われわれは、不協和を経験すればいつでもそれを低減しようとするだけでなく、それに加えて、そもそも不協和を経験しないですむように自分を守ろうとする。不協和に無関係でいるための一つの方法は、自分がしていることに注目するのを断固として拒否することである。この「心に留めない《マインドレス》」行動の良い例は、エイズの流行に直面している何百万もの若年成人の性行動に見出すことができる。第3章でこの問題を簡単に論じたのを思い出すだろう。ここで、これについて展開するのを我慢してほしい。ご存じのように、マスメディアのエイズ情報と予防キャンペーンには何億ドルものお金がつぎ込まれている。これらのキャンペーンは、情報を伝えるのにはそれなりの効果があるが、人々が危険な性行動をしないようにすることにはほとんど成功していない。たとえば、性的に活発な大学生は、エイズが深刻な問題だとわかってはいるが、コンドームをいつも使う人は、驚くほどわずかの割合しかいない。この理由は、コンドームが不便で無粋であり、病気のこと――いよいよセックスをしようというときに彼らが思い出したくない何か――を思い出させるということのようである。むしろ、研究者が一貫して発見してきたように、人々には否認に走る――このケースでは、エイズは他の人々の問題であって、自分自身には危険はないと思い込むようになる――強い傾向がある。(81)マスメディアが効果的でないなら、何かできることはないだろうか。

ここ数年間、私の学生と私は、この章の前のほうで論じた「言うことは信じること」パラダイムを応用して、人々にコンドームを使うよう説得することにかなり成功してきた。あなたも思い出すだろうが、典型的な「言うことは信じること」実験では、人々は、自分自身の意見と対立する見解を主張する演説を行うよう求められる。これによって不協和が喚起し、その不協和は、自分が主張した立場に一致するように自分の態度を変えることによって低減されるのである。このパラダイムは、どのようにしてエイズの流行に応用できるのだろう。

研究者として、われわれが直面した問題がある。安全なセックスをすることについて言えば、ほとんどすべての人がメッセージを信じている――すなわち、ほとんどすべての人が、エイズは危険だと信じており、人々が性的に活発になれば、コンドームの使用が良い考えであると信じている――のにもかかわらず、これらの信念を明言するこれらの人々で、いつもコンドームを使う人はほとんどいないのである。彼らが、コンドームの使用が良い考えだとすでに信じているときに、コンドームの使用を支持する議論をしてもらって、どうしたら不協和を経験させられるだろうか。ジレンマである。われわれの解決方法は、実際にはきわめて単純なものであった。人々は、否認のメカニズムによって不協和から自らを守っているのだから、われわれは、彼ら自身の**偽善**に直面させることによって、この否認に切り込もうとしたのである。

われわれの実験(82)では、われわれは大学生に、エイズの危険を説明し「あなたがセックスをするときは毎回」コンドームを使用すべきだと主張する演説を作文するよう求めた。すべての学生が喜んでそうした――というのは、彼らの皆が、性的に活発な人々がコンドームを使用するのは良い考えだと信じていたからである。一つの条件では、学生はその議論を作文しただけであった。もう一つの条件では、学生は、その議論を作文した後で、ビデオカメラの前でそれを朗読したが、その前に、出来上がったビデオが性教育の授業の一環として高校生の聴衆に見せられると言われていた。さらに、その演説を作文する前に、それぞれの条件の半分の学生は、自分自身がかつてコンドームを使用できなかったことを心に留め《マインドフル》させられた。つまり、彼らは、自分自身の人生で、コンドームを使うのがとくに難しかったり、気後れしたり、「できないと思ったり」した出来事をリストしたのである。

要するに、一つの条件の参加者――自分自身がコンドームを使用できなかったことを心に留めさせられた後で、高校生用のビデオに出演した参加者――は、高い不協和の状態にあった。自分自身の偽善に気付くことで、これが生じたのである。すなわち、彼らは、自分自身が実行していないことを、高校生に説教しているという事実にはっきりと気付いていたのである。その偽善を取り払い、彼らの自尊心を維持するためには、彼らは、自分が説教していることを実行し始める必要があるだろう。そして、まさにこれがわれわれが見出したことである。その実験が終わる頃には、偽善条件の学生は、他のどの条件よりも、(実験室の外のテーブルに並べられた）コンドームを購入する傾向があった。さらに、数カ月後、この条件の学生の大部分が、いつもコンドームを使っていると報告したのである。

不協和と節水

それほど前ではないが、中央カリフォルニアで最悪の渇水があったとき、サンタクルズの街――私の大学がある場所――では給水制限が行われた。私のキャンパスでは、大学当局は、学生たちに、シャワーを短くして節水させる方法を必死で探し求めていた。節約についての学生の価値観への直接の訴えは、効果があった――しかし、わずかなものであった。第2章で述べたように、その数年前には、われわれは、学生を、適切な役割モデルの行動に同調させることを通して、かなり大きな効果を得ていた。節水にさらに大きな効果を上げるために、偽善モデルを使って――前述したコンドーム実験と同じ方法で――不協和の感情を引き起こすのに取り掛かった。

シャワー実験(83)では、私の研究助手が、大学の競技場の更衣室でシャワーに行く途中の学生たちを呼び止めた。コンドーム実験と同じように、われわれは関与と留意《マインドフルネス》の両方を変化させた。関与条件では、それぞれの学生は、人々に節水を勧める広告チラシに署名したいかどうか尋ねられた。そのチラシには「シャワーを短くしよう。私にできるなら、あなたにもできます！」とあった。留意条件では、われわれは、学生たちに節水「調査」への回答も求めた。その調査項目は、節約に賛成する彼らの態度に気付かせ、彼らのシャワー行動で無駄遣いが時々あったという事実に気付かせるものであった。

学生たちはそれからシャワールームに向かったが、そこでは、二人目の研究助手が、目立たないように待っていて、（隠した防水ストップウォッチで）彼らのシャワーの時間を計った。コンドーム実験とまったく同じように、われわれは、高い不協和の条件で――すなわち、学生が短いシャワーを主張させられ、かつ、自分自身の過去の行動に心を留めさせられたとき――だけ、学生の行動に大きな影響を与えた。この条件では、学生は、自分が説教していることを自分が実行していないことに気付いたのである。平均的なシャワー時間は、三分半強で（なんと短い！）、統制条件よりもはるかに短かったのである。

カルトの指導者の力に光を当てる

不協和理論は、われわれの想像力を完全に混乱させてしまうような事象――ジム・ジョーンズ（ガイアナでのジョーンズタウンの大虐殺）やデイヴィット・コレシュ（テキサス、ウェーコでの大火災）やマーシャル・ハーフ・アップルホワイト（ヘヴンズ・ゲート・カルトの集団自殺）などのカルトの指導者が彼らの信奉者たちの心に及ぼした莫大な力のような事象――に対するわれわれの理解を高める方法として役に立つことを証明している。ジョーンズタウンの大虐殺に焦点を当てよう。言うまでもなく、その事件はきわめて悲劇的なものだった。さらに、たった一人の個人が、その命令で何百人もの人々に自分の子どもや自らの生命を断たせることになる力を持ち得たということは、われわれの理解を越えているように思われる。これは、どのようにして起こったのだろうか。ジョーンズタウンの悲劇は、あまりにも複雑なので、単純な唯一の分析では十分には理解できない。しかし、一つの手掛かりが、この章の初めのほうで論じた片足を扉に踏み入れる《フット・イン・ザ・ドア》現象から現れるのである。ジム・ジョーンズは、彼の信奉者から一歩ずつ大きな信頼をかち得ていったのである。それどころか、詳しく調べてみると、信奉者の側で関与が増加の一途をたどる連鎖が明らかにされている。最後の出来事を完全に理解することはほとんど不可能であるけれども、最後の出来事を一連の出来事の一部として見ると、わずかながらもより理解可能になる。この章の初めのほうで述べたように、ひとたび小さな関与をすると、そのために、その関与が際限もなく大きくなるような状況がお膳立てされるのである。

最初から始めよう。ジョーンズのようなカリスマ性のある指導者が、彼の教会のメンバーからどのようにしてお金を吸い上げたかは容易に理解できる。彼の平和と普遍的兄弟愛のメッセージに応えて、ひとたび彼らが少額のお金を寄付して関与すると、彼は、もっと多額の要求をして、それを受け取ることができるのである。次に、彼は、人々に家を売らせ、そのお金を教会に譲渡させる。まもなく彼の要求で、信奉者の中には、家族や友人と別れ、ガイアナの未知の困難な環境で新生活を始めるために引っ越す人も出る。そこでは、彼らは一生懸命働くだけでなく（このようにして、自らの関与を高めるだけでなく）、彼らは、真の信者に囲まれているのだから、異議を唱える意見が出る可能性からも切り離されているのである。出来事の連鎖は続いていく。ジョーンズは、信奉者の中の何人かの既婚女性の性を自由にするが、信奉者は不承不承であったにせよ、黙従する。ジョーンズは、彼らの子どもの父親だと主張する。最後には、クライマックスの出来事を迎える序曲として、ジョーンズは、信奉者の忠誠と服従を試すために、一連の模擬の自殺儀式を彼らに行わせる。このように、一歩ずつ、ジム・ジョーンズに対する関与が高まるのである。どの一歩も、それ自体では、その前の一歩から大きな、馬鹿げた飛躍をしているわけではないのである。

繰り返して言うと、これは、明らかに単純化し過ぎた分析である。私が今述べてきた関与の漸次的増大の他にも、非常に多くの出来事がジョーンズの信奉者の間で起こった。これらが、悲劇的な結末に寄与していたのである。それでも、この最後の結末を、それに先立つ出来事によってもたらされた関与の増大という文脈の中でとらえることよって、最初はまったく理解不能と思われた現象に光が投げかけられるのである。

オサマ・ビン・ラディンは不協和に乗じていたのか

二〇〇一年九月一一日の自爆者による世界貿易センターの壊滅的な崩落に続いて、さまざまな政治評論家は、人々が自らを殺してまで――それも、自分たちの行為によって直接的な政治的利益は何も生まれないとわかっていたに違いないのに――何千人もの無実の人々を殺すに至るまで大きな憎悪をどのようにして募らせていくことができたのかを理解しようとした。ほとんどの評論家は、自爆者の行動を宗教的狂信という観点で説明している。しかし、この説明では、われわれの理解は大きくは進まないだろう。ピュリッツァー賞を受賞したジャーナリストで、われわれの国の中東通のもっとも明敏な観測筋の一人、トーマス・フリードマンは、違うアプローチをしている。彼は、このもっとも困難な質問に、認知的不協和理論を利用して部分的な答を出している。フリードマン(84)は、中東とヨーロッパの至る所に、尊厳の喪失に苦しむ何千もの若い男性イスラム教徒がいることを指摘している。フリードマンによれば、これらの若者は、幼いころからモスクで、三つの一神教信仰の中で彼らのものがもっとも完全で進んだものだ――キリスト教やユダヤ教よりも優れている――と教わったのに、それにもかかわらず、イスラム世界が、キリスト教西洋やユダヤ教国家の両方に、教育や科学や民主主義や発展で遅れを取っていることに気付いている。このために、これらの若者には認知的不協和――あらゆる憤怒の最初の火花となる認知的不協和――が生じる。……彼らは、これを調和させようとして、イスラム世界が他の世界から遅れを取ってしまった理由は、ヨーロッパ人やアメリカ人やイスラエル人がイスラム教徒から何かを盗んだからか、それとも、ヨーロッパ人やアメリカ人やイスラエル人がイスラム教徒の進歩を故意に遅らせているからか、あるいは、イスラム世界を率いている人々が真の信仰から逸れてしまい、反イスラム的に行動しながら、アメリカによって権力の座を維持しているからと、結論付ける。……彼らは、アメリカを、彼らの宗教宇宙、あるいは少なくとも彼らが築き上げたいと思っている宇宙を破壊するもっとも強力な殺傷兵器と見なしている。そして、このために、彼らはアメリカを究極的な悪へと、西ヨーロッパよりもより究極的で、弱体化しなければならない、そしてもし可能なら破壊しなければならない悪へと変えていくのである。自殺によってでもか？　もちろん。もしアメリカが、彼らの人生の意味の源泉を破壊しているのなら、それを破壊し返さなければならないのである。

不協和低減と文化

認知的不協和の経験は、どのくらい普遍的だろうか。それは、主にアメリカ人によって経験されるものだろうか、それとも、それは人間の認知の本質的な部分だろうか。この質問にはっきりと答えることは不可能である——なぜなら、不協和実験はあらゆる場所で実施されてきたわけではないからである。しかしこう言うことはできる。研究のほとんどは北米で実施されているけれども、研究が実施されたことがある、世界のどの地域でも、この効果の存在が示されていると。いくつかの他の文化では、その具体的な効果が、いつも北米とまったく同じように生じるわけではないということを注意しておくべきだろう。たとえば、われわれの社会ほど個人主義的でない社会では、不協和低減行動は、より共同的なものになるかもしれない。この章の前のほうで論じたフェスティンガーとカールスミスの古典的実験を考えてほしい。一ドルか二十ドルのために嘘をつくよう求められたとき、日本の学生はアメリカの学生と同じ行動をするだろうか。一連の印象的な実験で、日本の社会心理学者ハルキ・サカイ［訳者注：酒井春樹］は、(85) フェスティンガーとカールスミスの実験を——さらにもっと加えて！——追試した。最初に、サカイは、日本で、最小の報酬のために、退屈な作業を面白いと信じるようになることを見出した。さらに、サカイは、自分の知っている好きな人が退屈な作業を面白いと言っているのを観察するだけで、その観察者も不協和を経験することを見出している。その結果、この状況では、観察者が、その作業を面白いと信じるようになるのである。要するに、日本のような共同的文化では、観察者は、自分の評価を、自・分・の・友・人・が言った嘘に合わせる傾向があるのである。

「人間」は協和のみによって生きるにあらず

この章の冒頭近くで、私は、人々が不協和低減行動もできれば、合理的で適応的な行動もできると指摘した。この問題に戻ってみよう。もし人々が、自分の自我を守ることに時間と努力を集中するならば、彼らはけっして成長しないだろう。成長するためには、われわれは自分の過ちから学ばなければならない。もしわれわれが不協和を低減することに没頭していれば、われわれは自分の過ちを認めようとしないだろう。その代わりに、われわれは、自分の過ちに覆いをかぶせて忘れてしまうだろうし、あるいは、さらに悪いことに、われわれはそれを美徳に変えてしまうだろう。過去の大統領たちの回想録は、自分に奉仕し、自己を正当化する叙述に満ちている。それは、「たとえもう一度やるようなことがあっても、私は、やることは変えないだろう」というリンドン・ジョンソン元大統領の言葉の中にもっともよく要約できるだろう。(86)

一方で、人々はしばしば成長するものである——人々はしばしば自分の過ちから学ぶものである。どのようにしてそうするのだろうか。どのような条件でそうするのだろうか。理想的には、私が過ちを犯したときに、私にとって有益なことは、その過ちを非防衛的に見て、実際に「うん、確かにしくじった。二度とこのようなことにならないように、この経験から何を学べるだろうか」と自分自身に言い聞かせることだろう。私は、以下の方法で、こういった反応をしやすくなるだろう。

■私自身の防衛傾向と不協和低減傾向を十分に理解することを通して。

■愚かな行為や不道徳な行為を行ったからといって、必ずしも、私がどうしようもないほど愚かな人間であったり不道徳な人間であったりするというわけではないことに気付くことを通して。

■私自身の誤りに耐えられるだけの自我の強さを発達させることを通して。

■私自身の成長と学習という観点から、私の誤りを認めることの利点を認識する能力を、他の人々と親密で有意義な関係を築く能力とともに高めていくことを通して。

　もちろん、これらの手続きをリストすることは、それらを達成することよりもはるかに容易である。われわれは、どのようにして自分の防衛傾向や不協和低減傾向を知るのだろうか。どうすれば、われわれは、自分のように聡明で道徳的な人間が時として愚かな行為や不道徳な行為を行うことがあるということに気付くようになれるのだろうか。それを抽象的に知っているだけでは、あるいは、それを表面的に知っているだけでは不十分である。この知識を十分に利用するためには、人は意識的にそれを実践しなければならない。われわれは第8章でこの過程を詳しく見ていくだろう。そこでは、われわれは、われわれと他の人々との関係の中での信頼と非防衛的コミュニケーションの長所について検討するだろう。

第6章

人間の攻撃

何年も前に、われわれの国が東南アジアで遂行していた悲惨な戦争がたけなわだった頃、私はテレビでニュースを見ていた。ニュースキャスター（他に追随を許さないウォルター・クロンカイト）が、ベトコンの砦と目されていた南ベトナムの村に、合衆国爆撃機がナパーム弾を落とした事件を報道した。私の息子のハルは、当時十歳ほどだったのだが、明るい声で尋ねた。「ねぇ、お父さん、ナパーム弾って何なの。」

「あぁ。」私は何気なく答えた。「お父さんの理解では、それは人間を焼く化学薬品だよ。それに、べったりとこびりついて、もし君の皮膚についたら、どうしても取れないんだよ。」そして、私はそのニュースを見続けた。

　数分後、私がたまたまハルを見ると、涙が彼の顔を流れていた。息子の苦痛の悲しみに驚いて、私は、自分がどうなっていたのかを考え始めるうちに、愕然としたのである。まるで息子が、野球はどうやるのとか、葉っぱはどんな働きをするのとか尋ねたかのように、私は息子の質問に当然な顔をして答えられるほど、私は残忍になっていたのだろうか。私は、人間の残忍さの存在に無頓着でいられるほど、それに慣れっこになっていたのだろうか。

　ある意味では、それは驚くべきことではない。私と同じ世代の人々は、言うに耐えないほどの恐怖の時代に生きてきている――二、三の例を挙げると、ヨーロッパでのホロコースト、広島と長崎への原子爆弾の投下、朝鮮戦争、東南アジアでの戦争、そして、中東での戦争である。それに続く数年間で、われわれは証人にもなっている。それらは、中米でのいくつかの残虐な内戦、カンボジアの戦場《キリング・フィールド》での百万以上の民間人の大虐殺、ボスニアでの「民族浄化」、ルワンダとスーダンとアルジェリアでの血の海、われわれ自身の国土での九月一一日の自爆攻撃、アフガニスタンとイラクへのアメリカの報復、等々等々である。これらの出来事と同じくらいおぞましい、こういった類の大量殺人は、きっと現代に特有のものではない。何年も前に、ある友人が私に非常に薄い本――十頁か十五頁しかなかった――を見せてくれたが、それは、世界歴史の要約年表だと称されていた。それは、記録に残された歴史上の重要事件を年代順にリストしたものだった。どのように書かれていたと思うだろうか。もちろん――戦争につぐ戦争、そのところどころに、イエスの誕生や印刷機の発明のような非暴力的な出来事が二、三入っていたのである。もし、短い人類史上の重大な出来事のほとんどが、人々が集団になってお互いに殺し合うような状況だとすれば、われわれとはいかなる種の生物なのだろうか。

　さらに、われわれアメリカ人は、時にはまったくの不条理で愚かに思える暴力ですら恐ろしいほど受け入れているのである。かなり辛辣な例を一つ挙げよう。一九八六年、合衆国戦闘機が、リビアを爆撃し、その国によるテロ行為の激増に対する報復を行った。その後、この軍事行為を認めるかどうかをわれわれ市民に尋ねたところ、その急襲が将来のテロリズムを抑制するのに本当に効果があると信じていた人は三十一％しかいなかったものの、何と七十一％もの人が「はい《イエス》」と回答したのである。(1) 合衆国市民のかなりの数が、復讐以外の何ものでもない行為を合衆国の外交政策の一部として受け入れているとしか、われわれには結論できないだろう。

もっと大規模に、われわれ人間が、とくに攻撃的な種であることが証明されてきている。他のいかなる脊椎動物も、こんなにも一貫して残忍に自分と同じ種のメンバーを殺害し拷問するものはない。このことは、私に次のような質問をさせる。攻撃は生得的なものだろうか――それは人類としてのわれわれの本性に不可欠なものなのだろうか。それは変容できるのだろうか。攻撃を増減させる社会的、状況的要因とはどのようなものだろうか。

攻撃の定義

社会心理学者は、**攻撃行為**を、身体的か心理的な苦痛を与えようとする意図的な行動と定義する。それは、自己主張と混同されるべきではない――ほとんどの人々は、他の人が、自分の権利のために戦ったり、現実や想像上の不公正について苦情の投書をしたり、いつも以上に一生懸命取り組んだり、大きな野心を示したり、なかなかのやり手だったりすると、その人のことを大まかに「攻撃的」とよく言うけれども。同じように、性差別のある社会では、女性が自分の考えを口にするだけで、あるいは、男性知人を積極的にディナーに招くと、その女性を攻撃的と呼ぶ人もいるだろう。私の定義は明確である。攻撃とは、危害や苦痛を与えようとする意図的な行為である。その行為は、身体的であったり、言語的であったりする。それがうまく目標を達成しようがすまいが、それはなおも攻撃である。たとえば、怒った知人があなたの頭めがけてビール瓶を投げ付けたけれども、あなたがうまくかわして、その瓶が的を外したとしても、それはなおも攻撃行為である。重要なことは意図である。同様に、あなたが通りを渡ろうとしているときに、飲酒運転の人が、うっかりあなたをはねてしまったとしても、それは攻撃行為ではない。その被害が、外れたビール瓶よりもはるかに大きいとしてもそうである。

敵意的攻撃と道具的攻撃を区別することも役立つだろう。(2) **敵意的攻撃**は、怒りの感情から発し、苦痛や負傷を与えようとする攻撃行為である。**道具的攻撃**では、相手に害を及ぼす意図はあるが、その加害は、苦痛を与えること以外の他の目標を達成するための手段である。たとえば、プロフットボールの試合では、普通、守備のラインマンは、敵（ブロッカー）を妨害しボールキャリアにタックルするために必要なことは何でもするだろう。このためには、たとえば、ブロッカーをどかしてボールキャリアに達するのに役立つようであれば、敵に意図的に苦痛を与えるということが典型的に行われる。これは道具的攻撃である。一方、もし彼が、敵が卑劣な手を使ったと思えば、怒ってしまい、ボールキャリアにタックルする機会が増えるわけでもないのに、わざと敵を傷つけるかもしれない。これは敵意的攻撃である。

攻撃は本能的か

科学者や哲学者、その他の真剣な思想家たちは、攻撃が生得的で本能的なものか、それとも、そのような行動は学習されなければならないものかについて完全な一致を見ていない。(3)この論争は新しいものではなく、何世紀にもわたる激しいものである。たとえば、トーマス・ホッブズは、古典的作品『リヴァイアサン』(一六五一年初版)で、われわれ人間は、その自然の状態では獣《けだもの》であり、法と社会秩序の強制によってのみ、ホッブズが攻撃への自然の本能と考えていたものを抑制することができるという見方をしている。ジャン-ジャック・ルソーの高潔な野人という概念(一七六二年発表の理論)は、われわれ人間は自然の状態では優しい生物であり、敵意と攻撃をわれわれに押しつけているのは抑圧的な社会だと示唆している。(4)

ホッブズの悲観的な見方は、二〇世紀にジグムント・フロイト(5)によって精緻化された。フロイトは、われわれ人間が**エロス**と呼ぶ生命への本能と、これと同じくらい強力な**タナトス**と呼ぶ死の本能、つまり死へと向かう本能的な動因で、攻撃行為につながるものを持って生まれると理論化している。死の本能についてフロイトは書いている。「それは、生きとし生けるものすべてに作用し、それに破壊をもたらそうとし、生命をもとの無生物の状態に還元しようとする。」フロイトは、この攻撃エネルギーは、高まり続けて病気を起こさないように、どうにかして外に出なければならないと信じていた。この考え方の特徴は、**水力学説**としてもっともよく述べることができる。この比喩は、容器の中で水圧が高まるというものである。攻撃は、徐々に排出できなければ、何らかの爆発を起こすだろう。フロイトによれば、(6)社会は、この本能を規制し、人々がそれを昇華するのを助ける——すなわち、この破壊エネルギーを無難な行動や有益な行動に転換する——という重要な機能を果たすのである。

下等動物における攻撃　人間の攻撃の本能性に関する研究は、刺激的ではあるが、結論は出ないものである。なぜなら、決定的な実験を実施することが不可能だからである。そこで、科学者たちは、人間以外の種の実験に取り掛かって、攻撃がどのくらい生まれつき備わったものかについて、さらなる洞察を得てきた。一つの例として、ネコとネズミについての一般的な信念について考えてみよう。ほとんどの人々は、ネコは本能的にネズミに忍び寄って殺すと思い込んでいる。半世紀ほど前に生物学者のツィン・ヤン・クオ（7）は、これが神話であることを実証しようとした。彼は、簡単で小さな実験を実施した。彼は、ネズミと同じかごに入れて子ネコを育てたのである。そのネコはそのネズミを襲わなかっただけでなく、二匹は仲良しにすらなった。さらに、そのネコは、その機会が与えられても、他のネズミも追いかけたり殺したりはしなかった。つまり、この穏やかな行動は、この特定の相棒に限ったものではなく、そのネコが会ったこともないネズミに対しても一般化されたのである。

この実験は魅力的ではあるが、攻撃行動が本能的なものではないことを証明できていない。それは、攻撃本能が初期経験によって抑制できるということを実証しているにすぎないのである。もしある個体が他の個体と接触することなく生長したらどうなるだろうか。それは攻撃傾向を示すだろうか、示さないだろうか。隔離して育てられたネズミ（すなわち、他のネズミと戦う経験をしたことのないネズミ）は、他の同種のネズミがかごの中に入れられると、それを襲うことがわかっている。それだけでなく、その隔離されたネズミは、経験を積んだネズミが使うのと同じかたちの脅しや攻撃を使うこともわかっている。（8）このように、攻撃行動は（クオの実験で示されているように）経験によって変容し得るけれども、明らかに攻撃は学習する必要はないのである。

われわれは、われわれともっとも遺伝的類似性を共有している動物の行動を観察すれば、われわれ自身の生物学的遺伝について、もっと大きな洞察を得ることができるだろう。動物王国の中でわれわれにもっとも近い親戚の一つはチンパンジーであり、われわれと九十八％のＤＮＡを共有している。チンパンジーはきわめて攻撃的である。チンパンジーは、人間のように本格的な戦争はしないけれども、オスのチンパンジーは他のチンパンジーを狩って殺す。（9）このことから、われわれは、人間、とくにオスは、攻撃行動をするよう遺伝子にプログラムされていると結論してもよいかもしれない。

しかし、もう一つの生物――遺伝的に同じくらい近い親戚で、チンパンジーと同じ祖先から進化してきたボノボ――について考えるべきだろう。ボノボは、遺伝的に類似したいとこのチンパンジーよりも知的で、同情や共感をし、平和的だと霊長類学者によって記述されてきた。チンパンジーはほとんど挑発がなくても暴力行動に走るが、ボノボはこの惑星でもっとも非攻撃的な哺乳類の一種である。実際、ボノボは、「殺し合うのではなく愛し合う」類人猿と呼ばれてきた。なぜなら、ボノボは、そうでなければ争いに通じる活動をする前に、交尾をするからである。この性的活動が、生じそうな争いを散らすのである。たとえば、その集団が餌場に着くと、まず皆で交尾をし、それから穏やかに食べ始める。これとは対照的に、チンパンジーが餌場に着くと、それらは餌を巡って争う。さらに、チンパンジーとは異なり、ボノボは、メスが優位の社会を形成しており、集団の中の他の個体に対する思いやりで知られている。(10)

ボノボは、稀な例外である。霊長類では、攻撃はほとんど普遍的なものであり、このことは、攻撃性が、その生存価値のゆえに進化し維持されてきたことを強く示唆している。しかし同時に、進化心理学者たち(11)は、ほとんどすべての生物が、攻撃の抑制が最善の利益であればそれを可能にする強い抑止メカニズムも進化させてきた点を強調する。攻撃は、選択的な戦略である。それは、その動物のそれまでの社会的経験によって、そして、その動物が置かれた特定の社会的文脈によっても、決まるのである。ボノボは、動物間の暴力が避けられないものでないことを証明している。それは、ある文化の中では、事実上なくすことができるのである。

さらに、人間について言えば、われわれの社会的やりとりの複雑さのゆえに、動物王国のわれわれの近い親戚のときよりも、その社会的状況が一層重要になってくる。レオナード・バーコウィッツ(12)が示唆しているように、われわれ人間には、特定の挑発刺激があるとその加害者に殴りかかろうとする生まれつきの傾向があるようである。その攻撃傾向が実際に行為となって外に現れるかどうかは、これらの生得的な傾向と、さまざまな学習された抑止反応と、その社会的状況の特徴との間の複雑な相互作用によって決まるのである。たとえば、昆虫からチンパンジーに至るまでの多くの生物が、縄張りに侵入する動物を攻撃するのは真実ではあるが、大衆著述家たちが示唆しているように、人間も同じように、縄張りを守り特定の刺激に対して攻撃的に行動するようプログラムされていると示唆することは、はなはだしい過度の単純化である。

人間の場合には生得的な行動パターンは無限に変容可能で柔軟性があるというバーコウィッツの主張を支持する証拠はたくさんある。人間の文化は、この点についてきわめて多様である。たとえば、シッキムのレプチャ族や中央アフリカのピグミー族やニューギニアのアラペシュ族は、部族の内部でも、他の部族との関係でも、協力的に友好的な生活を送っている。これらの人々の間では、攻撃行為はきわめて稀である。(13)その一方で、われわれ自身の社会のように、より「文明化した」社会では、われわれの選挙で選ばれた指導者が軍用品や軍人に国家財産の大部分を費やす選択をし、家庭内暴力がありふれたものになり、走り去る車からの発砲が都市生活の悲劇的な一面になり、われわれの高校で凶暴な殺人事件が起き、世界のいくつかの地域では自爆者が日常茶飯事なものとして浮かび上がっている。

人間が自らの攻撃傾向を、無限にさまざまなかたちで変容し得ることは、ある一つの文化内でも社会条件を変えることによって攻撃行動に劇的な変化をもたらすことができるという事実によって浮き彫りになる。たとえば、イロクォイ・インディアンは、何百年にもわたって狩猟民族として平和に暮らしてきた。しかし、一七世紀に、新参のヨーロッパ人との交易が増えると、イロクォイ族は、（工場製品と交換するための）毛皮を巡って、近隣のヒューロン族と直接に競争することになった。一連の戦争が展開された――そして、イロクォイ族は、獰猛で強力な戦士になったのだが、それは、どうしようもない攻撃本能のせいではなく、社会的変化が競争を増やしたからだったのである。(14)

われわれ自身の社会では、攻撃行動や、暴力のきっかけとなる出来事の種類に、著しい地域差がある。たとえば、リチャード・ニスベット(15)は、北部の白人男性よりも南部の白人男性の殺人率が実質的に高く、農村地域でとくにそうであることを示している。しかし、これは「口論に関連した」殺人にだけあてはまる。ニスベットの研究は、一般的には南部人が北部人よりも暴力を是認しているわけではないことを示している。むしろ、南部人は、財産を守るためにだけ、あるいは侮辱に対してだけ、暴力を是認する傾向がより強いことを示しているのである。このパターンは、南部の紳士の証《あかし》である「名誉の文化」が、特定の経済事情や職業事情――具体的には、初期の南西部の牧畜社会のように、運べる（それゆえに、盗める）財産からなり、全財産が盗み出される可能性があったという事情――に特有のものかもしれないことを示唆している。すなわち、もしあなたがアイオワの農場主であれば、おそらく誰もあなたの全収穫を盗もうとはしないだろう。それゆえに、あなたは、自分は財産を守るためには立ち上がって戦う人間だという評判を確立する必要はあまりないだろう。しかし、もしあなたが牛の牧場主であれば、牛泥棒があなたの財産を取りに行くのに二の足を踏むように「俺に手を出すな」という評判を確立することが大切だろう。

この現象でとくに興味深いことは、名誉の文化を確立してきた条件がすでになくなってしまってからもそれが残っていることである。たとえば、ニスベットとその共同研究者(16)は、彼らの最初の発見を徹底的に追究して、一連の実験を実施し、名誉の文化に特有の規範が、ミシガン大学に入学した現代の南部の白人男子学生――家族が何世代も牛の牧畜をしていない若者――の認知や情動や行動や生理的反応に現れることを実証している。これらの実験では、それぞれの研究参加者は、実験者のサクラに「偶然に」ぶつかられ、ひどい悪態をつかれて侮辱された。この出来事に引き続いて、北部の白人男性（その侮辱を軽くあしらう傾向があった）に比べて南部人は、自分の男らしさの面目が脅かされたと思いやすく、動揺し（血流のコルチゾン水準の上昇に示された）、攻撃に向けて生理的にプライミングをされ（血流のテストステロン水準の上昇に示された）、攻撃に向けて認知的にプライミングをされ、そして、最後には、攻撃的で支配的な行動をとりやすかった。続く実験で、コーエンとニスベット(17)は、名誉にかかわる争いで人を殺したことがある人を装って、合衆国中の会社に就職申し込みの手紙を送った。南西部の会社は、北部の会社よりも、はるかに理解を示し受け入れる返事をする傾向があった。

これらの発見を考慮すると、われわれは、人間や他の霊長類の攻撃に本能的な要素があることはほぼ確実だが、攻撃は本能だけで生じるものではないと結論付けるだろう。明確な諸事例が、文化的な影響によって、状況的、社会的な出来事に対するわれわれの反応がどのようにかたちづくられ、そのゆえに、われわれが攻撃的に反応するかどうかが決まることを示している。さらにもっと重要なことに、われわれは、人間では、そのような行動が状況的、社会的要因によって変容し得るということを知っている。要するに、攻撃行動は減らすことができるのである。

攻撃は有益か

適者生存　さて、人間の攻撃を減らすことはできるが、そうすべきだろうか。研究者の中には、ある種の攻撃は有益で、必要不可欠でさえあると示唆する人もいる。たとえば、コンラート・ローレンツ(18)は、攻撃は「本能の生命維持機構に欠かせない重要な部分」と主張している。彼のこの主張は、人間以外の生物にもとづいているのだが、彼は、攻撃が進化上もっとも重要であると見なしている。攻撃があるために、幼い動物はもっとも強く優秀な父母を持つことができ、その集団は可能な限り最高の指導者によって導かれ得るのだと彼は思っているのである。人類学者のシャーウッド・ウォッシュバーンと精神医学者のデイヴィッド・ハンバーグ(19)は、旧世界のサルの研究を通して、このことに同意している。彼らは、同一集団のサルの間では、攻撃が、食餌や生殖や優勢パターンの決定に重要な役割を果たしていることを見出している。あるコロニーの中でもっとも強くもっとも攻撃的なオスは、最初に攻撃行動を誇示することによって優勢な地位を占める。皮肉なことに、スティーヴン・ピンカー(20)が観察しているように、このことは、そのコロニー内で深刻な争いが後から生じるのを減らすのに役立つ。というのは、他のオスたちは誰がボスかわかっていて、すぐに尻込みするからである。さらに、その優位なオスが生殖の大部分にかかわるので、その強力なオスが後の世代にその強さを伝えることになるために、そのコロニーが生存する確率が高くなるのである。

ゾウアザラシの行動パターンも――もう少し血なまぐさいけれども――同様である。心理生物学者バーニー・ルブーフ(21)によれば、オスたちは、毎年、交尾の季節の前には一対一でお互いに対決して、優位を決める。もっとも強くもっとも攻撃的でもっとも狡猾なオスは、その仲間たちの間の優勢順位でナンバー・ワンになるだけでなく、その集団のナンバー・ワンの性愛行為者になるのである。たとえば、ある観察によると、百八十五頭のメスと百二十頭のオスの特定繁殖地のナンバー・ワン、すなわち「アルファー」のオスは、そこで観察された交尾の半分にかかわっていた。メスが四十頭以下の小さな繁殖地では、アルファーのオスは、典型的には、そこの交尾の百％にかかわるのである。

　このようなデータに注目して、観察者の中には、人間の攻撃を統制する試みに警告を発し、一部の下等動物と同じように、攻撃は生存のためには必要だと示唆する人もいる。このような考え方は、ある人に隣人を殺させるのと同じメカニズムが、他の人に外宇宙を「征服し」たり、難しい数学の方程式に「食らい付い」たり、論理問題に「取り組ん《アタック》」だり、森羅万象に「通じ《マスター》」たりさせるという仮定に部分的にはもとづいている。

　しかし、前にも私が議論したように、このような考え方は、攻撃についての拡大した定義にもとづいている。高度な達成や進歩を、敵意や攻撃と同じに扱うことは、問題を混乱させるだけである。問題や技能は、他者を傷つけることなく、あるいは、他者を征服しようとすることすらなく、極める《マスター》ことができるのである。これは、われわれにはとらえどころのない区別である。なぜなら、西洋人の心は――そして、おそらく、アメリカ人の心はとくに――成功を勝利と同一視し、よくやることを誰かを打ち負かすことと同一視するよう訓練を受けてきているからである。アシュリー・モンタギュー(22)は、ダーウィンの理論の過度の単純化と誤った解釈によって、平均的な人は、対立こそが絶対の生命法則だという誤った考えを抱くようになっていると主張した。アシュリー・モンタギューの考えによれば、産業革命の間には、労働者を搾取していた裕福な産業資本家が、人生は闘争であり、最適者が（そして、最適者のみが）生存するのは当然だと語ることによって、その搾取を正当化するのには都合がよかったのである。危険なことに、こういった考え方は、自己成就的予言になり、非攻撃的で非競争的な行動の生存価値をわれわれに無視させたり、軽く見させたりする可能性があるのである。たとえば、百年以上も前に、ロシアの科学者で社会革命家のピーター・クロポトキン(23)は、協力的行動や相互援助が、多くの生命体にとって大きな生存価値を持っていると結論している。この結論を支持する証拠は豊富にある。シロアリやアリやミツバチなどの社会性昆虫の協力的行動はよく知られている。おそらく、それほど有名ではないが、チンパンジーの行動形態の中には、**愛他的**としか呼ぶことができないものがある。それは次のようなことである。二匹のチンパンジーが隣り合った檻にいる。一匹のチンパンジーには食べ物があるが、もう一匹のほうにはそれがない。食べ物のないチンパンジーが乞い始める。「裕福な」チンパンジーは、しぶしぶ、自分の食べ物をいくらか手渡す。ある意味では、そうするときのしぶしぶさが、その贈物をなおさら意味あるものにしている。それは、そのチンパンジーがその食べ物を好きで、それを自分のためにとっておきたいと心の底から思っていることを示しているのである。したがって、それは、共有しようという衝動が、チンパンジーのような攻撃的だということで悪名高い動物でさえも、実に深く根差したものであることを示唆しているのである。(24)しかし、クロポトキンの考えは、ほとんど無視されてきた。それは、おそらく、それがその時代の気質や、産業革命の恩恵を受けていた人々の要求に合わなかったからだろう。

われわれ自身の社会を見てみよう。われわれアメリカ人は、一つの文化として、競争のおかげで栄えているように思える。われわれは、勝者には賞を与え、敗者を軽蔑する。二世紀の間、われわれの教育制度は、競争性と生存法則にもとづいてきた。ほとんど例外なしに、われわれは、子どもたちに学習を愛することを教えたりはしない――われわれは彼らに、高い成績やSAT［訳者注：大学進学適性検査］で高得点を取る努力をするよう教えるのである。スポーツ記者のグランドランド・ライスは、重要なことは、あなたが勝つか負けるかではなくて、いかに試合をするかであると言ったが、彼は、そのとき、アメリカの生活の主要テーマを記述していたのではない。どちらかといえば、彼は、どんな犠牲を払っても勝利することに対するわれわれの病的なまでの思い入れ――この国の生活を支配している思い入れ――からどうにかしてわれわれは抜け出したいという希望を表明していたのである。自分のチームが敗れて涙を流すリトルリーグの野球選手から、フットボール・スタジアムで「ナンバー・ワンだ」と歓声をあげている大学生に至るまで、そして、ベトナム戦争の間に、戦争に負けた最初の大統領になりたくなかったために判断を歪めたに違いないリンドン・ジョンソン前大統領から、算数のテストで良い成績を収めたといって級友を軽蔑する三年生に至るまで、われわれは、驚くほどの勝利に対する文化的脅迫観念を現している。グリーン・ベイ・パッカーズの伝説的コーチ、ヴァンス・ロンバルディは、「勝つことはすべてのことではない。それは唯一のことなのだ」という簡単な表現で、そのことをすべて要約していたのかもしれない。この哲学を受け入れて恐ろしいことは、それが、勝つためにわれわれがどんな手段を用いようと、たとえ単なるフットボールの試合――つまるところ、最初は娯楽活動だと思われていたのだが――でも、勝利という目標がそれを正当化するということを暗に言っているからである。

人間の進化の歴史の初期においては、きわめて競争的で攻撃的な行動が適応的だったというのは本当かもしれない。しかし、私は、見回してみると、国家間、人種間、部族間の憎悪と不信に満ち、無分別な大虐殺に満ち、テロに満ち、兵器として製造された炭疽菌や天然痘に満ち、世界の全人口を何度でも全滅させるのに足る拡散した核弾頭に満ちた世界を目の当たりにするにつけ、この行動が現代において持つその生存価値に疑問を抱くのも当然だろう。人類学者ローレン・アイズリー[25]は、われわれの古代の祖先に感謝の念を払っていたが、祖先を模倣することに対しては警告を発していた。彼はこう書いている。「今必要なのは、われわれのために氷やトラやクマと戦って勝利を収めた人々よりも、もっと優しくて、もっと忍耐力のある人々なのである。」

カタルシス――それは有効か――　攻撃は有益でおそらく必要な機能を果たし得ると論じられてきたのにはもう一つの意味がある。私は、ここで**カタルシス**――エネルギーの放出――という精神分析学的概念に言及しよう。詳しく言うと、前にも言及したように、ジグムント・フロイトは、人々が自らを攻撃的に表出できない限り、その攻撃エネルギーは蓄積していって、圧力が高まり、そのエネルギーは出口を求め、暴力行為として爆発するか、それとも精神病の徴候として現れると信じていた。われわれ自身の国では、著名な精神医学者ウィリアム・メニンジャー[26]は、「競争的な試合は、本能的な攻撃動因のきわめて十分なはけ口となる」と主張している。

この信念は、われわれの文化的神話の一部となっている。たとえば、一九九九年の映画『アナライズ・ミー』で、（ビリー・クリスタルが演じる）精神科医が、ロバート・デ・ニーロが演じるマフィアのボスの殺人犯を治療する羽目になる。デ・ニーロの役は、過剰な怒りと不安からくる過度の緊張に悩まされている。ある治療セッションで、ビリー・クリスタルの役が言う。「怒ったとき僕が何をすると思う？　枕をうつ《ヒット》んだ。試してよ。」ギャングの頭の中では、「うつ《ヒット》」は「殺す《キル》」という意味である。それで、すぐさまデ・ニーロは銃をサッと出し、何発か枕を撃つ。ビリー・クリスタルは息を詰まらせ、作り笑いをして言う。「気持ちいいだろう？」「ああ、いい」とデ・ニーロが言う。

素敵か？　はい。正確か？　いや。ビリー・クリスタルの解決方法にまったく効果がないことを示す多くの証拠がある。一つの実験で、ブラッド・ブッシュマン[27]は、サクラ（参加者と同じ学生）を使って参加者を侮辱し、怒らせた。そのすぐ後に、参加者は三つの実験条件の一つに割り当てられた。一つの条件では、参加者は、自分を怒らせた学生について考えるよう促されながらサンドバッグを数分間殴ることができた。二つめの条件では、サンドバッグを打っていた学生は、この活動を身体運動と考えるように促された。三つめの条件では、何もぶたないで、数分間ただじっと座っていた。この実験の最後に、どの学生がもっとも怒りを感じていなかっただろうか。それは、何もぶたないでじっと座っていた学生であった。

さらにブッシュマンは、参加者に、自分を侮辱した人に大きな不快な雑音を聞かせて、その人を攻撃する機会を与えた。自分の

「敵」について考えながらサンドバッグを打った学生がもっとも攻撃的であった――もっとも長くもっとも大きな雑音を浴びせた。侮辱された後じっと座っていただけの学生がもっとも攻撃的ではなかった。つまり、教訓は明らかである。身体活動――サンドバッグをぶつような――は、怒りをおさめることはないし、われわれを怒らせた人に対するその後の攻撃を減らすこともないようである。それどころか、そのデータは、まったく逆の方向にわれわれを導くのである。ブッシュマンの実験室実験は、高校のフットボール選手に対する現場研究でも支持されている。アーサー・パターソン(28)は、フットボール選手の全般的な敵意を、フットボール・シーズンの前と間と後に評定することで測定した。もし、フットボールをすることに伴う強度の身体的活動や攻撃行動が、鬱積した攻撃による緊張を低減するのに役立つのであれば、われわれは、選手たちがシーズンを通して敵意の低減を示すと予測するだろう。これに反して、フットボール・シーズンが進むにつれて、選手たちには敵意の有意な増加があったのである。

攻撃行為が、われわれを挑発した人に直接向けられるときにはどうだろうか。これはわれわれの攻撃欲求を満足させ、それによって、さらにその人を傷つけようとする傾向は減るだろうか。ここでもまた、組織的な研究は、サンドバッグ実験と同じように、まったく反対のことが起こることを実証している。たとえば、ラッセル・ジーンとその共同研究者(29)による実験では、それぞれの参加者は別の大学生と組にされたが、(今やあなたも想像するように!)その人は実際には実験者のサクラであった。まず、サクラは参加者を怒らせた。実験のこの段階は、さまざまな問題について意見を交換するというものだったが、参加者は、自分の意見に相手が同意してくれないときには電気ショックを与えることができた。次に、「罰が学習に及ぼす効果」の研究で、その参加者は教師の役をし、サクラは学習者の役を演じた。最初の学習課題で、サクラが間違いをするたびに電気ショックを与えるよう要請された参加者と、単に彼の間違いを記録するよう要請された参加者がいた。次の課題では、すべての参加者がサクラに電気ショックを与える機会を与えられた。何が起こっただろうか。カタルシス仮説とは逆に、最初にサクラに電気ショックを与えた人々は、次の機会がやってくると、より強烈なショックをより頻繁に与えたのである。

同じような行動が、現実世界で自然に生じる出来事においても観察され、言葉による攻撃行為がさらなる攻撃を助長する役割を果たすことが組織的に観察されている。この「自然の実験」では、ある会社で働いていた多くの技術者が一時解雇された。それで、当然のことながら、彼らは雇用主に対して怒っていた。そこで、そのうちの何人かは、彼らの前のボスに対する敵意を言葉に表す機会を与えられた。その後で、すべての技術者は、彼らのボスについて記述するように求められた。前もって自分の感情を愚痴る

ことのできた技術者は、そうしなかった技術者よりも、後の記述ではるかに意地悪だったのである。(30)

これらすべてを考え合わせると、怒りを――直接であろうと間接であろうと、言語的であろうと身体的であろうと――発散しても敵意が減らないことは明らかである。それによってそれは増えるのである。

報復、過剰攻撃、段階的増大

どうして攻撃を外に表すと敵意が増すのだろうか。一つには、相手に対していったん否定的な感情を表明すると――前のボスをいったん薄情なやつと呼ぶと――それに沿った言動で振る舞うのがはるかに簡単になるからである。さらに、とくに、われわれが人前で報復したときにはそうである。通常、報復は最初の侮辱や攻撃よりも厳しいものになるからである。つまり、われわれは過剰攻撃する傾向があり、それによって不協和低減がお膳立てされるのである。マイケル・カーン(31)による実験は、どうやって過剰攻撃によって犠牲者を貶すようになるのかを示している。カーンの実験では、ある医療技師が、大学生に対して生理学的測定を行うとき、この学生を見下す発言を行った。一つの条件では、学生は、その技師に対する感情を彼の雇用主に対して表明して、自分の敵意を発散することができた――彼らは、その行為によって、その技師が窮地に陥り、もしかしたら仕事を失いかねないとわかっていた。もう一つの条件では、学生は、彼に対する攻撃を表明する機会を与えられなかった。結果は明白であった。その技師を窮地に陥れる機会を与えられた人々は、その機会を与えられなかった人々よりも、その後で、その技師に対して大きな嫌悪と敵意を感じていたのである。

過剰攻撃が不協和を最大にする。加害者があなたにしたこととあなたの報復との間のずれが大きくなればなるほど、不協和は大きくなる。不協和が大きくなればなるほど、あなたは彼を貶さなければならなくなる。第1章で説明した事件を思い出してほしい。ケント州立大学で反戦抗議があったとき、四人の学生がオハイオ州兵に撃ち殺された。これらの学生が（罵詈雑言を浴びせかけようとも、からかおうとも、嘲ろうとも）たとえどんなことをしていようとも、それで彼らが撃ち殺されるとは割りの合わないことである。それでも彼らが殺されると、彼らはきわめて否定的な言葉で言い表された。いったん私がケント州立大学で、反対意見の学生を撃つと、私は、彼らが本当にそれに値すると自らに言い聞かせようとし、私が撃つ前よりもその反対意見の学生を憎むようになるだろう。同様に、いったん私がアフリカ系アメリカ人に適切な教育を拒んだなら、彼らは頭が悪く、良い教育を受けても初めから無駄だったろうと、なおも強く確信するようになるだろう。九月一一日の無分別な大虐殺の後で、反米テロ集団のメンバーや支持者が、アメリカ人についてどのように感じたと、あなたは思うだろうか。あなたは、彼らが、何千という無実の犠牲者や救助隊員やその家族に対して哀惜と同情を感じたと思うだろうか。あなたは、彼らが、アメリカ人はもう十分に苦しんだと確信したと思うだろうか。ほとんどの状況では、暴力を働いたりそれを許したりしても、暴力への傾向は減りはしない。暴力行為を働くと、われわれはその犠牲者に対して否定的な感情を募らせることになる。究極のところ、これが、暴力がほとんどいつもさらなる暴力を育む理由である。

しかし、もし報復によって攻撃に火をつけた人をむやみに踏みつけにすることができないような状況を、われわれが何とか整えることができれば、どうなるだろうか。すなわち、もし報復の強さが適度に統制されて、その報復を誘発した行為と比べて、それほどひどいものでない場合には、どうなるだろうか。そのような状況では、私なら、不協和はほとんど生じないか、まったく生じないと予測するだろう。「サムは私を侮辱した。そして、私は彼に同じだけ仕返しをした。これでおあいこだ。」実験は、報復が挑発と釣り合うと、人々はその挑発者を貶さないことを確認している。(32)

強調しておかなければならない重要な点がここにある。現実世界のほとんどの状況は、これよりもはるかに厄介である。報復は、ほとんどいつも最初の侮辱を上回るのである。最近の研究はわれわれにその理由を教えてくれる。すなわち、われわれが受けた苦痛は、われわれが与えた苦痛よりも、いつもひどく感じられるのである。古い冗談――他のやつの折れた脚は些細なことだが、自分の割れた爪は深刻なことだ――が、われわれの神経の配線を正確に説明するものだとわかってきた。イギリスの神経学者チーム(33)は、「しっぺ返し」実験で人々を二人組にした。それぞれの組は、自分の人差し指に圧力をかける装置につながれて、そして、それぞれの参加者は、自分が感じたのとちょうど同じ力を相手の指にかけるよう指示された。その研究者たちは、参加者は必死になって正確に同じだけの報復をしようとするけれども、それができないことを見出した。それぞれが圧力を感じるたびに――自分が受けたのと同じ力で反応していると思いながら――それよりもかなり大きな力で「報復した」のである。このようにして、軽い接触の交換で始まったゲームは、すぐに激しく痛い圧力になっていったのである。その研究者たちは、この苦痛の段階的増大は「神経処理の自然の副作用」だと結論している。これは、遊びで腕を突き合い始めた二人の少年が、すぐに激しい殴り合いになってしまうのや、国家間の対立がしばしば段階的に激化するのを説明するのに役立つ。それぞれの側は、自分の行為を同点にするだけのものとして正当化するのである。

攻撃の原因

すでに見てきたように、暴力の主要原因の一つは――集団間の憎悪や復讐や戦争などのあからさまな原因に加えて――暴力そのものである。人が攻撃行為を、とくにその犠牲者がその行為を生じさせるためにしたことを上回る力で行うと、これが、その攻撃の正当化を目指した認知的力や動機的力を生み出し、その力が、激化する攻撃への扉を開くのである。攻撃の他の主要原因のいくつかを見ていこう。

神経的、化学的原因　**扁桃体**と呼ばれる部位が脳の核にあり、これが、下等動物と同様に人間でも攻撃行動に関連している。その部位が電気的に刺激されると、大人しい個体が凶暴になり、逆に、その部位の神経活動が阻害されると、凶暴な個体が大人しくなる。(34) しかし、ここにも柔軟性があるということに注意しておくべきだろう。つまり、神経メカニズムの影響は、類人でさえも、社会的要因によって変容し得るのである。たとえば、もしオスのサルが、優勢順位の低い他のサルのいるところで扁桃体を刺激されると、そのサルは他のサルを実際に襲う。しかし、そのサルが、順位の高い他のサルのいるところで扁桃体を刺激されると、襲わないで、その代わりに逃げ出す。

テストステロン　ある種の化学物質が攻撃に影響することが示されている。たとえば、男性ホルモンの**テストステロン**の投与は、動物の攻撃を増加する。(35) 人間でも、同じような発見がある。ジェームズ・ダッブズとその共同研究者(36) は、暴力犯罪の受刑囚は非暴力犯罪の受刑囚よりも、自然分泌のテストステロン水準が有意に高いことを見出している。さらに、いったん収監されると、テストステロン水準がより高い囚人は、より多くの刑務所規則を――公然の対立にかかわる規則をとくに――破った。ダッブズとその共同研究者(37) は、非行少年は大学生よりもテストステロン水準が高いことも見出している。ある大学内の男子学生社交クラブ間の比較では、よりやんちゃで社会的責任がなく下品だと思われている学生クラブは、平均テストステロン水準がもっとも高いことが見出されている。(38) テストステロンが攻撃性に影響することは明らかである。逆もまた真実のようである。つまり、攻撃的に行動するとテストステロンの分泌が増えるのである。(39)

テストステロン水準が攻撃性に影響するのであれば、男性は女性よりも攻撃的だということになるのだろうか。身体的な攻撃についていえば、その答ははい《イエス》だと思われる。子どもに関する研究を幅広く調査して、エレノア・マコービーとキャロル・ジャクリン(40)は、一貫して男子が女子よりも攻撃的なことを見出している。たとえば、一つの研究で、その研究者たちは、合衆国やスイスやエチオピアを含むさまざまな国で、遊んでいる子どもを詳しく観察した。男子の間では、女子の間でよりも、おふざけでなく突いたり、押したり、叩いたりすることがはるかに多かった。同じように、世界中の大人の間でも、暴力犯罪で逮捕された人の圧倒的大多数は男性である。女性が逮捕されるときには、それは普通、暴力犯罪（殺人や加重暴行など）のためではなく、財産犯罪（万引き、偽造、詐欺、窃盗など）のためである。

しかし、われわれが非身体的な攻撃形態を考慮すると、その絵はもっと複雑になる。研究は男子のほうが身体的に攻撃的な傾向があることを示唆しているけれども、女子のほうは、より社会的な攻撃形態をとりやすい。これを、ニッキ・クリックとその共同研究者(41)は、**関係性攻撃**と呼んでいる。具体的に言うと、女子は、他者の評判や仲間関係を故意に壊すことによって、その他者を傷つけようとする活動をより行いやすい。仲間はずれにしたり、嘘のうわさを広めたり、悪意のある陰口を言うのは、その代表例であり、その効果は深刻な結末をもたらすことになる。インターネットの出現によって、いじめはもはや学校時間の学校環境に限られるものではない。ある人は、二十四時間中、いじめや嫌がらせを受けることがあり得る。さらに、インターネットは、関係性のいじめにメガホンを備えさせてきた。ある人の評判は、マウスのクリックで広範囲にわたって攻撃され得るのであり、そして、これは教師や親には簡単には見つからないのである。一つだけ劇的な例を挙げると、二〇一〇年に、フィービー・プリンスは、魅力的な十五歳の生徒で、人気者の年上の男の子と校内でデートをして、彼女の学校の女友だちの何人かから恨みを買ってしまった。三カ月の間、インターネットで、携帯メールやフェイスブックを通して、彼女は容赦のない嫌がらせや嘲りを受けた。フィービーは悩み苦しみ、自宅で首を括ったのである。

身体的攻撃の性差の起源は、生物的なものだろうか、それとも社会的なものだろうか。われわれは確信できないが、生物学を示唆する証拠がある。具体的に言うと、われわれ自身の国では、とても大きな社会変化が、ここ五十年間にわたって女性に影響を与えてきたが、女性による暴力犯罪の発生は、男性によるものと比べて、増加していない。しかし同時に、非暴力犯罪について男性と女性の比較データを検討すると、女性は男性に比べてはるかに大きな増加を示しているのである。(42)

性差がほぼ普遍的であるということは、デーン・アーチャーとパトリシア・マクダニエル(43)による比較文化研究によっても支持されている。彼らは、十一カ国の十代の若者に、対人葛藤にかかわる物語を読むよう求めた。その物語は、解決の手前で終わっていて、若者は、彼ら自身で物語を完成させるよう指示された。

アーチャーとマクダニエルは、どの国でも、男性が女性よりも、その葛藤を暴力に訴えて解決する傾向を示すことを見出した。

この差がほぼ普遍的であるということは、明らかに、これらの発見に男性と女性の間の生化学的な差が関係していると考えてもよいだろう。しかし同時に、これらの発見が生化学的な差だけによるものでないことも明らかである。アーチャーとマクダニエルは、一つの文化の中では、男性は女性よりも身体的な攻撃への一貫した強い水準の傾向の証拠を示しているが、文化もまた大きな役割を果たすことを見出している。たとえば、オーストラリアとニュージーランドの女性は、スウェーデンと韓国の男性よりも、身体的な攻撃性のより大きな証拠を示したのである。

アルコール　世界中の多くの人々が楽しく摂取する一つの化学物質はアルコールである。ほとんどの社会的に活発な大学生は、アルコールによって、攻撃行為も含めて、時として社会の顰蹙を買う行為に対する抑制が低くなりやすいことを知っている。(44)普段の観察は、殴り合いがバーやナイトクラブでよく始まること、また、家庭内暴力がアルコール乱用としばしば関連していることを示唆している。豊富な確かなデータが、この普段の観察を支持している。たとえば、犯罪統計は、殺人や暴行やその他の暴力犯罪で逮捕された人の七十五％が、逮捕時に合法的に飲酒していたことを明らかにしている。(45)さらに、統制された実験室実験は、十分にアルコールを摂取し合法的に酔った人たちは、ほとんどあるいはまったくアルコールを摂取しなかった人たちよりも、挑発に対して暴力的に反応しやすいことを実証している。(46)

こう言ったからといって、アルコールが自動的に攻撃を増やすといっているわけではない。アルコールを摂取した人々は、必ずしもけんかを売り歩くよう駆り立てられるわけではない。むしろ、実験室実験や現場実験の結果は、アルコールが脱抑制剤として働くことを示している。すなわち、飲酒は社会的抑制を下げ、われわれを、普段ほどには用心深くさせなくするのである。しかし、それ以上である。最近の実験は、アルコールが、われわれの通常の情報処理の仕方を妨害する傾向があることを示している。(47)これが意味しているのは、酩酊した人々は、社会的状況の中のもっとも初期のもっとも顕著な側面にしばしば反応し、微妙なところを見過ごしてしまいやすいということである。たとえば、日常的な問題して、もしあなたがしらふで、誰かがたまたまあなたの爪先を踏んだとしたら、おそらくあなたは、その人がわざとやったとは思わないだろう。しかし、もしあなたが酔っ払っていれば、あなたは、その状況の微妙なところを見落として、まるで彼が完全な意図をもってあなたの足を踏み潰したかのように反応するだろう。したがって（とくにあなたが男性なら）、あなたは身体的な攻撃で報復するだろう。これはちょうど、男性が明瞭に考えていなければ、挑発的と解釈されかねない曖昧な状況なのである。

苦痛と不快　苦痛と不快は、攻撃の主要な先駆条件である。もし生体が苦痛を経験してその場から逃走できなければ、それはほとんど必ずと言っていいほど攻撃する。これは、ラット、ネズミ、ハムスター、キツネ、サル、ザリガニ、ヘビ、アライグマ、アリゲーター、そして多くの他の動物にもあてはまる。(48)こういった動物は、自分と同じ種のメンバーでも、違う種のメンバーでも、ぬいぐるみやテニスボールなど、目に入るものなら何でも攻撃する。あなたは、これが、人間にもあてはまると思うだろうか。ちょっと考えてみれば、当然あてはまると推測できるだろう。われわれのほとんどは、鋭い不意の苦痛（たとえば、爪先をぶつけたとき）を受けると苛立ち、そして、もっとも手近にある標的に難癖をつけたがる。レオナード・バーコウィッツ(49)は、一連の実験で、手をとても冷たい水に浸けて苦痛を経験した学生が、他の学生に対する実際の攻撃行為を激増させることを示した。

さらに、観察者たちは、高温、高湿度、空気汚染、不快臭などの、他の種類の身体的不快が、攻撃行動の敷居を低くするよう作用するかもしれないと考えている。(50)たとえば、一九六〇年代後半から一九七〇年代前半にかけて、ベトナムでの戦争や人種的不公正などに関連して合衆国に大きな緊張が存在していたとき、この国の指導者は、「長く熱い夏」と彼らが呼んだ現象を非常に心配していた。すなわち、暴動やその他のかたちの市民の騒動が、秋や冬や春よりも、暑い夏により頻繁に発生するかもしれない傾向について言っていたのである。これは実際にそうだったのだろうか、それとも、単なる憶測だったのだろうか。それは本当だったと判明する。J・メリル・カールスミスとクレイグ・アンダーソン(51)は、一九六七年から一九七一年の間に七十九都市で発生した騒乱を組織的に分析して、暴動が寒い時期よりも暑い時期にはるかに発生しやすいことを見出している。同様に、もっと最近の研究で、アンダーソンとその共同研究者は、暑い日であればあるほど、人々が暴力犯罪に走る確率が高くなることを示している。さらに彼らは、暑さが、強盗などの財産犯罪の発生を増やさないことも――それゆえ、暑さと（単に犯罪全般ではなく）暴力との関連が強いことを――示している。(52)

しかし、もうご存じのように、われわれは、自然の状況で生じた事象の解釈には慎重であらねばならない。たとえば、あなたの中の科学者は、攻撃の増加は気温それ自体のせいか、それとも、暑い日には、寒い日や雨の日よりも、より多くの人々が外に出たがる（お互いの邪魔になる！）という単純な事実のせいか、尋ねたくなるだろう。それでは、攻撃の原因が暑さ自体であって、単なる接触の機会の増加ではないということを、われわれはどうやって見極めればよいのだろうか。われわれは、その現象を実験室に持ち込むことができる。これは、際立って簡単なことである。たとえば、一つのそのような実験で、ウィリアム・グリフィットとロバータ・ヴィーチ(53)は、単に学生にテストを実施したが、普通の温度の部屋でテストを受けた学生と、華氏九十度〔訳者注：摂氏三十二・二度〕まで温度が上がる部屋で受けた学生がいた。暑い部屋の学生は、より攻撃的な感情を報告するだけでなく、ある見知らぬ人を記述し評定するよう求められると、その人に対してより大きな敵意を示した。自然な世界のさらなる証拠が、この現象の原因に対するわれわれの信念を支持してくれる。たとえば、メジャーリーグの野球の試合では、気温が華氏九十度以上のときは、それ以下のときよりも、バッターが有意に多くのデッドボールを食らっていることが示されている。(54) そして、アリゾナ州の砂漠都市フェニックスでは、エアコンのない運転手は、エアコン車の運転手よりも、交通渋滞でクラクションを鳴らしやすいのである。(55)

フラストレーションと攻撃

すでに見てきたように、攻撃は、怒りや苦痛や高過ぎる気温などの不快で嫌悪的な状況によって刺激され得る。これらの嫌悪的状況のすべてのうち、攻撃の主要な火付け役はフラストレーションである。次のような状況を想像してほしい。あなたは、大切な就職面接のために車で出かけなければならない。駐車場へ行く途中、あなたは、約束の時間に少し遅れそうなことに気付き、一気に走り出す。自分の車を見つけたときに、あなたは、困ったことに、パンクしているのに気付く。「まあいいや、二十分ほど遅れるだろう。でも、たいしたことないや」と言いながら、ジャッキとレンチをトランクから取り出す。四苦八苦して、あなたは、古いタイヤを取り外し、スペアのタイヤを取り付け、ナットを締める――すると何と、スペアのタイヤもパンクしているではないか。フラストレーションで煮えくり返りながら、あなたは、重い足取りで寮に引き返し、部屋に入る。あなたの同室者は、あなたが、履歴書を手にして、汗だくで、汚れて、しわくちゃになって立っているのを目にする。彼は、事態をとっさに悟って、「面接はどうだった」とユーモアたっぷりに尋ねる。彼は、身をかわす態勢をとるべきではないだろうか。

もし人が目標への途中で挫折させられると、その結果、フラストレーションが生じて、それが攻撃反応の確率を高めるだろう。**フラストレーションと攻撃**の関係の明確な事実は、ロジャー・バーカーとタマラ・デンボーとクルト・レヴィン(56)の古典的な実験に姿を現している。この心理学者たちは、子どもに部屋一杯の魅力的な玩具を見せてから、それを手の届かないところに置いて、フラストレーションを起こさせた。子どもは、玩具を見ながら、それで遊びたいと思いながら――それで遊べるだろうとも思いながら――金網越しに立っていた。しかし、それには手が届かなかったのである。辛い思いをしながら長らく待たされてから、子どもは玩具で遊ぶことをやっと許された。この実験では、もう一つ別の子どもの集団が、フラストレーションを起こされることなく、すぐにその玩具で遊ぶことを許された。この二つめの集団の子どもは楽しそうに玩具で遊んだ。しかし、フラストレーションを起こされた集団は、やっと玩具に近づけたときには、きわめて破壊的だった。彼らは、玩具を殴ったり、壁にぶつけたり、踏みつけたりなどの傾向があった。つまり、フラストレーションは攻撃へと導くことになるのである。

いくつかの要因によって、このフラストレーションが高められることになる。あなたがビッグマックに噛みつこうとしているちょうどそのときに、誰かがそれを奪い取ったとしよう。これは、あなたがビッグマックを買いにマクドナルドに行く、まだその途中にあって誰かがあなたを引き止めた場合よりも、あなたにフラストレーションを起こさせるだろう——そして、攻撃的反応に至りやすいだろう。この状況と似たことが、メアリー・ハリス[57]の現場研究で実証されている。彼女は、チケットを求める人々の列やレストランの外の列や食料品店のレジの列に学生を割り込ませた。学生が列の二番目の人の前に割り込む場合と、十二番目の人の前に割り込む場合とがあった。われわれが予想する通り、その侵入者の後ろに立っている人々の反応は、列の二番目に学生が割り込んだときのほうが、はるかに攻撃的なものだった。フラストレーションは、目標が近くにあり、その目標へのあなたの進行が妨害されるときにはより増大するのである。

ジェームズ・クリークとロジャー・ブラウン[58]の実験が指摘しているように、その妨害が予期せざるものだった場合や、それが違法に思える場合には、なお一層フラストレーションが増大する。被験者は、慈善団体への寄付を求める電話をして、その約束を取り付けると、お金をもらえると言われた。これまでの電話の成功率は三分の二程度だと告げられて、高い寄付率を期待させられた被験者と、それよりもはるかに低い成功率を期待させられた被験者とがいた。(被験者は実際には実験者のサクラに電話をかけていたので、)全員が寄付を拒んだのであるが、寄付の可能性のあった人が寄付を拒むと、高い期待をもって電話をかけた被験者のほうが、荒々しく話したり、受話器を強くたたきつけたりして、攻撃を示したのである。この実験者は、サクラが寄付を断わる理由も変えていた。すなわち、合理的な理由に聞こえるようにしたとき(「余裕がなくて寄付できない。」)と、身勝手で不当な理由に聞こえるようにしたとき(「慈善は時間の無駄で、詐欺だ。」)とがあった。正当化できそうにない拒否の言葉を聞いた被験者のほうが、攻撃を示したのである。

要するに、これら実験者が実証しているように、フラストレーションがもっとも顕著になるのは、目標が近づいて手の届くところにあるときと、期待が高いときと、目標が不当にも阻止されるときである。これらの要因は、フラストレーションと剥奪との間の重要な区別を指摘するのに役立つ。単に玩具を持っていないだけの子どもは、必ずしも攻撃するとは限らない。むしろ、前のほうの実験が示しているように、当然玩具で遊べると思っていた子どもが、その期待を裏切られたときにフラストレーションを経験したのである。そして、この裏切りが、子どもに破壊的な行動をさせる原因なのであった。これと同じように、一九六〇年代に、アフリカ系アメリカ人によるもっとも激しい暴動は、もっとも貧困な地域で起こったものではない。むしろ、それらはロサンゼルス（ワッツ）やデトロイトで起こったのであり、そこでは、この国の他の多くの地域と比べて、黒人にとって状況はそれほど悪くはなかったのである。大切な点は、白人の持っているものに比べて、悪かったということである。たいてい革命は、顔を泥沼に埋めている人々によって始められるのではない。もっとも多くの場合、革命は、最近になって泥沼から顔を持ち上げ、辺りを見回し、他の人々が自分よりも良い生活をしていることや、体制が自分を不公平に扱っていることに気付いた人々によって始められるのである。このように、フラストレーションは単なる剥奪の結果ではない。それは、**相対的剥奪**の結果なのである。

高校を卒業した後で、私は高等教育に進学しない選択をし、あなたは教育を受ける選択をしたとしよう。十年後、たとえあなたが私よりも良い仕事に就いていたとしても、私は自分の仕事には満足できないまでも、フラストレーションは経験しないだろう。というのは、私は自由に選択をしたのだし、そして、これが私の選択の妥当な結果だからである。しかし、もしわれわれが二人とも教育を受けたとして、あなたはホワイトカラーの仕事に就き、私が（アフリカ系アメリカ人とかラテン系アメリカ人とかいう理由で）箒を手渡されたとしたら、私はフラストレーションを感じるだろう。同じように、あなたは簡単に教育を受けられるが、私が貧困なスラム街で育ったという理由で、教育が私を拒んだとしたら、私はフラストレーションを感じるだろう。私が、テレビをつけて、白人たちが住んでいるありとあらゆる美しい家や、他の人々に対して売りに出されているありとあらゆる素敵な電気製品や、自分には仲間入りできないありとあらゆる優雅な生活やレジャーなどを見るたびに、このフラストレーションは募っていくだろう。この豊かな社会の中で、社会的に恵まれない集団のメンバーが直面しているありとあらゆる経済的フラストレーションや社会的フラストレーションについて考えれば、あなたは、暴動のあまりの少なさに驚くだろう。アレクシ・ド・トクヴィルが百五十年も前に著しているように、「悪弊は、それが必然と思えるときには、我慢強く耐えられるものであるが、ひとたびそこから抜け出そうという考えが起こると、耐えられないものになるのである。」(59)

充足できない希望がある限り、攻撃を生み出しかねないフラストレーションがあるだろう。その希望をかなえてやることによって攻撃は低減できるか、あるいは、その希望をなくさせることによって攻撃は最小にできるのである。希望を持たない人々は、無気力な人々である。ウガンダ国民は、イディ・アミンの専制的で抑圧的で理不尽な暴力に満ちた絶対支配のもとでは、条件の改善やアミン支配への反抗をあえて夢見ようとはしなかった。南アフリカの黒人は、そして合衆国の黒人もある程度は、少しでもよくなるという希望を持てないでいた間は、反乱を起こさなかった。人々の希望をなくさせることが、攻撃低減のための望ましい手段でないことは明らかだろう。われわれの国の唯一の救いは――少なくとも、理論的には――これが約束の地だということである。われわれは、われわれの子どもに、より良い生活のために希望を持ち、期待をし、働けと、はっきりと、そしてそれとなく教える。しかし、この希望がかなえられる機会が十分にあるのでなければ、混乱は避けられないだろう。

拒絶、排除、嘲笑

一九九九年に、コロラド州リトルトンのコロンバイン高校で、二人の生徒（エリック・ハリスとディラン・クリーボールド）が完全に武装して、怒りに満ちて暴れ回り、先生一人と生徒十四人（彼ら自身を含む）を殺した。それは、合衆国の歴史上もっとも多くの犠牲者を出した高校での銃撃であった。しかし、それは唯一のものではなかった。それは、三年に満たない間に学校で起きた十一の同様の事件の中で、もっとも劇的でもっとも悲惨なものであったというだけである。

これらの子どもに一線を越えさせたものは何だろうか。その状況を徹底的に研究して、私は、その凶悪な殺人が、巨大な氷山の病的な一角にすぎないという結論に至った。(60) すなわち、有害な社会的雰囲気――排除、拒否、嘲笑、屈辱が充満した雰囲気――が、この国のほとんどの高校に蔓延している。高校には、グループの間に鉄で固めたヒエラルキーがあり、スポーツ選手、クラス委員、チアリーダー、「プレッピー」〔訳者注：お坊ちゃま、お嬢さま〕のグループがてっぺんにいる。底辺には、うすのろ、野蛮人、変態、はみ出し、ホモなどと上位のグループが呼ぶ子ども――太っていたり痩せていたり、背が低かったり高かったり、変な服を着ていたり、とにかく何でもよいからそういう子どもがいる。ヒエラルキーの頂上近くの十代の若者は、底辺近くの若者を、絶え間なく拒絶し、嘲り、馬鹿にしているのである。

ジーン・ツウェンギとその共同研究者(61) による最近の実験研究は、拒絶されることが、攻撃性の劇的な増加を初めとして、多くの否定的な効果をもたらすことを実証している。もちろん、ツウェンギが、実験室の中で参加者に対してできたことは、高校で十代の若者が直面している毎日の拒絶からすればはるかに色褪せたものである。たとえば、ツウェンギの実験の一つでは、大学生が一つの集団で出会い、知り合いになった。それから彼らは、自分が将来一緒に協力したいのはどの学生かを示すように求められた。無作為に選ばれた一部の参加者は、誰も一緒に働きたがっていないという情報を受け取った。それに引き続いて、攻撃する機会を与えられると、その「拒絶された人々」は、排除されなかった人々よりも、(自分を拒絶した人に対してだけでなく、中立的な人に対しても)はるかに激しい敵意を露わにしたのである。

高校というでたらめの世界に戻ってみると、私自身の研究が明らかにしたのは、拒絶とそれに伴う屈辱が、あの凶悪な殺人のどの一つでもその根底にある主要な問題であったということである。たとえば、コロンバインでは、ハリスとクリーボールドが映像を使ってこれを明らかにしている。大暴れの直前に彼らが撮影したビデオで、彼らは、自分たちを拒絶して屈辱を与えた仲間集団を具体的に罵っている。このことは、コロンバインの仲間集団の中の一人の生徒によって確認されている。彼は、その悲劇の二、三週間後にインタビューを受けたとき、次のように言って自分の排除的な行動を正当化している。

ほとんどの子が彼らにそこにいてほしくなかったんだ。彼らは魔術にはまってたんだ。ブードゥー教にはまってたんだ。確かにぼくらは彼らをいじめたよ。でも、変な髪形して帽子に角をつけて学校に来るような子に、どうしろと言うんだ。誰かにいてほしくなければ、あなただっていじめるよね。それで、学校中が彼らのことをホモって呼んでたんだ……。(62)

もちろん、拒絶され嘲笑されるすべての生徒が、凶悪な殺人に走るわけではない。銃撃犯の行動はきわめて病的である――しかし、きっと不可解というわけではない。おそらく、何十万もの生徒が、同じようにストレスの多い経験をしているだろう。彼らは沈黙して苦しんでいるのかもしれない――しかし、確かに苦しんでいるのである。コロンバインの大量殺人に続く数週間、インターネットのチャットルームは、不幸な十代の若者からの投稿であふれかえった。銃撃犯の行動を許しているわけではないが、圧倒的大多数は、確かにそれに理解を示していた。彼らは、拒絶され嘲笑され、自分自身も傷つき怒ったと言っていた。これらの生徒のほとんどが、次のようにもっともよく要約できることを発言していた。「もちろん、私は誰も撃ったりはしない。でも、そうしているのを空想したことは確かにある。」こういった発言に、われわれは強い関心を示すべきだろう。われわれの学校の社会的雰囲気を変えるために、われわれに何かできることはないのだろうか。ある。この章の最後の辺りで、そして、次の章でも、いくつかの実証済みの介入について論じよう。

社会的学習と攻撃　社会的学習は、人がある状況で攻撃するかどうかを決めるのに重要な役割を果たしている。われわれはすでに、社会的学習がどのようにして攻撃反応を抑制することになるかを理解してきた。サルの脳の中で攻撃行動を生じさせる特徴を持つ部位を刺激しても、そのサルが恐れるよう学習してきた別のサルがいるところでは攻撃が起こらなかったことを思い出してほしい。

社会的学習にもとづくもう一つの攻撃制約条件は、苦痛やフラストレーションを生じさせた人に帰せられる意図である。人間を他の動物から区別する行動の一つ特徴は、他者の意図を考慮するわれわれの能力である。次のような状況を考えてほしい。(一)思いやりのある人が偶然にあなたの足を踏む。(二)あなたのことを気にしていないとわかっている不注意な人があなたの足を踏む。踏圧と苦痛の大きさはどちらの場合にもまったく同じだと仮定しよう。おそらく、後者の状況は攻撃反応を引き起こすが、前者はほとんど、あるいはまったく攻撃を生じさせないだろう。

この現象は、シャバス・マリックとボイド・マカンドレス(63)の実験で実証されている。その実験では、実験者は、三年生の子どもに、目標を達成すれば現金の賞がもらえるはずなのに、他の子どもの不手際のためにその目標達成が妨げられるようにして、フラストレーションを感じさせた。それに続いて、一部の子どもは、自分を妨害した子どもの行動について悪意がないという納得のいく説明をされた。具体的には、彼らは、彼が「眠くて混乱していた」のだと言われたのである。この条件の子どもは、この説明をされなかった子どもに比べて、邪魔をした子どもに対して攻撃を向けることがずっと少なかったのである。さらに、成人の被験者を使ったその後の研究(64)は、われわれを怒らせた人が、その事実の後というよりはむしろそれが起き・る・前・にその行動の妥当な言いわけをわれわれに聞かせておけば、われわれはそれほど彼に報復しないということを示している。

その反面、フラストレーションの経験が挑発的な刺激への接触と組み合わされると、そのフラストレーションが攻撃を引き起こす傾向は強められることになる。レオナード・バーコウィッツとその共同研究者は、もし個人が怒っていたりフラストレーションを感じていたりすれば、その喚起と関連した言葉や名前を言うだけで、その人の攻撃水準が上がることを示している。一つの実験(65)では、被験者は、もう一人の学生(実験者のサクラ)と組にされたが、その人は「大学のボクシング選手」か、あるいは「スピーチ専攻学生」として紹介された。このサクラは電気ショックで被験者を怒らせた。それから、怒った被験者の半数は、ある映画からとった暴力的なプロボクシングの場面を見、残りの半数は、刺激的だが非暴力的な映画の場面を見た。その後で、被験者はサクラに電気ショックを与える機会を与えられたとき、暴力的な映画の場面を見せられていた被験者のほうが、ショックをより多く、そしてより長く与えたのであるが、このことは、前の議論からわれわれが予想できた通りだった。しかし、興味深いことに、プロボクシングの映画を見た被験者の間では、「ボクシング選手」と組にされた被験者は、「スピーチ専攻学生」と組にされた被験者よりも、その標的にショックをたくさん与えたのである。

同様の実験(66)では、サクラが「カーク・アンダーソン」だと紹介された被験者と、「ボブ・アンダーソン」だと紹介された被験者とがいた。ここでも、被験者は二つの映画場面のうちのいずれかを視聴し、そして、ボクシングの一場面を視聴した被験者のほうが大きな電気ショックを与えたのである。しかし、その試合の場面は当時人気のあった映画『チャンピオン』からとったもので、カーク・ダグラスが主演していたのだが、それを視聴した被験者の間では、「カーク・アンダーソン」だと紹介された被験者のほうが、「ボブ・アンダーソン」だと紹介された被験者よりも、多くのショックを与えたのである。明らかに、ある人物についての説明やその名前が、その人が実際にしたこととはまったく関係ない場合でさえ、その標的に対して向けられる攻撃を増大させる手掛かりとして働くことになるのである。

同じように、攻撃に関連する物が単に存在するだけでも、それは攻撃反応の手掛かりとして作用することになる。実験(67)では、大学生が怒らされた。ライフルが（前の実験のものだと見せかけて）転がっている部屋で怒らされた被験者と、中性的な対象（バドミントンのラケット）がライフルの代わりにある部屋で怒らされた被験者とがいた。それから学生は、彼らと同じ大学生に電気ショックを与える機会を与えられた。**攻撃刺激**があるところで怒らされた人は、バドミントンのラケットがあるところで怒らされた人よりも、多くの電気ショックを与えた。これは、第4章で最初に出てきたプライミングのもう一つの例であり、この事例では、攻撃と関連した何らかの手掛かりが、人の攻撃傾向を増大させるよう作用したのである。これらの研究は、バンパー・ステッカーにしばしば見られる「銃が人を殺すのではなく、人が殺すのだ」というスローガンとは反対の結論を示している。バーコウィッツが言っているように、「怒っている人は、もし暴力を犯したければ、銃の引き金を引くことができる。しかし、もしその人が攻撃する用意があり、そのような行動を強く抑制できなければ、引き金も彼の指を引くことができるし、さもなければ、他の攻撃的な反応を彼に起こさせることができるのである。」(68)

攻撃を抑制するのに役立つ社会的学習の一つの特徴は、ほとんどの人々が自分の行為に対して責任をとろうとする傾向を持っていることである。しかし、もしこの責任感が弱められるとどうだろうか。フィリップ・ジンバルドー(69)は、匿名で正体がばれる可能性のない人は、匿名でない人よりも、より攻撃的に行為する傾向があることを実証している。ジンバルドーの実験では、女子学生が、「共感の研究」の一環として、もう一人の学生（実はサクラ）に電気ショックを与えるよう求められた。匿名にされた学生は、ゆったりとした外衣をまとい、大きな頭巾をかぶり、薄暗い照明の部屋に座らされて、けっして名前で呼ばれることはなかった。その他の学生は容易に正体がわかった。すなわち、部屋は明るく照明され、外衣や頭巾もなく、それぞれの女性は自分の名札をつけていたのである。予想通り、匿名の女性のほうがショックをより長く、より強く与えたのである。ジンバルドーは、匿名性が**没個人化**という、自己意識が低下し、社会的評価に対する関心が薄らぎ、禁止された行動形態に対する抑制が弱まる状態を引き起こすと示唆している。

ジンバルドーの研究の被験者が示したような攻撃は、統制された実験室実験の一部だったので、暴動や集団レイプや自警団の裁きなどに典型的につきものの野蛮で衝動的な暴力行為に比べれば、色褪せてみえる。それにもかかわらず、こういった「没個人化」が実験室の外でも生じると信じるに足る理由がある。ブライアン・マレン(70)は、一八九九年から一九四六年までに起きた六十のリンチの新聞報道を分析して、その暴徒の規模と暴力の間に強い関係があることを発見している。暴徒の規模が大きければ大きいほど、より凶悪な残虐行為が犯されていたのである。マレンの研究が示唆しているのは、人々が群衆の一部になると、「顔がなく」なり、自己意識が低下し、攻撃的で破壊的な行為に対する抑制を気にしなくなるということである。それゆえに、彼らは、攻撃行為に対してあまり責任をとらなくなりやすいのである。

社会的学習、暴力、マスメディア　何年も前に、アルバート・バンデューラとその共同研究者(71)は、一連の古典的な実験を実施した。これらの研究の基本的手続きは、ある大人に、プラスチック製の空気が詰まった「ボーボー」人形(殴り倒されたらすぐにもとに戻るような人形)を殴ってもらうことだった。その大人が、その人形を身体的に攻撃するだけでなく、言葉でも罵ることもあった。その大人を見た子どもは、それからその人形で遊ぶことを許された。これらの実験では、子どもは、その大人の攻撃行動を目撃した後には、その攻撃的なモデルを模倣するだけでなく、その他のかたちの攻撃行動も行ったのである。要するに、子どもは、大人の行動を真似ただけではない。人が攻撃的に行動するのを見ることが刺激となって、彼らは新しい攻撃行動を作り出したのである。われわれはこの過程を**社会的学習**と呼ぶ。どうしてこれらの実験がそれほどまでに重要だと考えられているのだろうか。どうせ、ボーボー人形に何が起ころうが、誰が気にするだろうか。チャンネルはそのままに。

社会的な学習のとくに強力な主体の一つは、マスメディアである——とくにテレビである。テレビが子どもたちの社会化に主要な役割を果たしていることは疑いない。(72)テレビが暴力に深く染まっていることもまた疑いない。最近の研究によれば、全テレビ番組の六十一%に暴力が含まれている——そして、これらのうちの七十八%には、暴力に対する後悔や批判や罰がない。(73)それどころか、テレビで見られる暴力事件の四十%ほどは、子どもにとってのヒーローやその他の魅力的な役割モデルとして描かれる登場人物によって起こされているのである。(74)

子どもは、テレビで暴力を見ることから、いったい何を学ぶのだろうか。多くの長期的な研究は、子どものときにテレビで暴力を多く見れば見るほど、数年後に十代や若い成人になってより多くの暴力を示すようになるということを示している。(75) この種の典型的な研究では、十代の若者が、子どものときにテレビでどの番組をどのくらい頻繁に視聴したかを思い出すよう求められる。それから、それらの番組は、暴力の水準について判定者たちによって独立に評定され、その十代の若者の全般的な攻撃性は、彼らの教師や級友によって独立に評定される。暴力的なテレビを視聴した量と視聴者のその後の攻撃性との間に高い相関があるだけではなく、その影響は時とともに蓄積する。すなわち、相関の強さが年齢とともに増加するのである。これらはかなり強力なデータではあるが、それらは、テレビでたくさんの暴力を視聴することが子どもを暴力的な十代の若者にすることを決定的に証明しているわけではない。結局、攻撃的な子どもは暴力を楽しむ傾向を持って生まれており、この楽しみが、攻撃行動にもテレビで暴力を視聴する好みにも、この両方に姿を現しているということが、最低でもありそうなのである。ここでもまた、われわれは、何が何を生じさせるかを理解するための助けとして、統制された実験が持つ価値がわかるのである。テレビで暴力を視聴することが実際に暴力行動を生じさせることを決定的に実証するためには、その関係が、実験によって明らかにされなければならないのである。

これは、社会にとって非常に重要な問題であるので、十分に研究されてきた。実験による証拠の圧倒的な勢いが、暴力を視聴することが子どもの攻撃行動の頻度を実際に増加させることを実証している。(76) たとえば、この問題に関する初期の実験で、ロバート・リーバートとロバート・バロン(77) は、子どもの集団にきわめて暴力的な刑事ドラマのテレビ番組を見せた。統制条件では、同じような子どもの集団は、同じ長さの刺激的ではあるが暴力的ではないスポーツ競技のテレビ番組を見せられた。それからそれぞれの子どもは、別の部屋で他の子どもの集団と遊ぶことができた。暴力的な刑事ドラマを見ていた子どもは、スポーツ競技を見ていた子どもよりも、彼らの遊び仲間に対してはるかに多くの攻撃を示したのである。

ウェンディ・ジョセフソン(78) によるそれに続く実験は、テレビの暴力の視聴は、最初からいくらか暴力への傾向性がある子どもに最大の影響を与えることを、予測通りに示している。この実験では、子どもは、非常に多くの刑事の暴力を描いた映画か、刺激的ではあるが非暴力的なバイクレースの映画のどちらかを見せられた。それから、子どもは、室内ホッケーの試合を行った。暴力的映画の視聴は、ホッケーの試合中に犯される攻撃行為の数を——主として、その前に教師によってかなり攻撃的だと評定されていた子どもについて——増やす効果を持っていた。これらの子どもは、暴力的映画を視聴したけれども非攻撃的だと評定された子どもや、非暴力的映画を見たけれども攻撃的だと評定された子どもと比べて、敵をスティックで殴ったり、肘鉄を食らわせたり、攻撃的に怒鳴りたてたりすることがはるかに多かった。つまり、メディアの暴力の視聴は、攻撃的な子どもが彼らの攻撃性を表に出すことに許可を与えているのかもしれない。ジョセフソンの実験は、最初から攻撃的な傾向のない子どもは、必ずしも――少なくとも、たった一回、暴力的映画を見るだけでは――攻撃行為を行わないということを示唆している。

この最後の語句は大切である。なぜなら、攻撃への傾向性を持っていない子どもでさえ、長期間にわたって暴力的映画を次々と見せられると、より攻撃的になるかもしれないからである。これは、ロス・パークとその共同研究者(79)によって実施された一連の現場実験がまさに見出したことである。これらの実験では、さまざまな子どもの集団が、長期間にわたってさまざまな量のメディアの暴力を見せられた。これらの実験では、長期間にわたって多量のメディアの暴力を見た子どものほとんどが（強い攻撃的な傾向がなかった子どもでさえ）、より安全な番組を視聴した子どもよりも、より攻撃的だったのである。

ついでに言っておくと、一九九〇年代に、テレビの暴力に関する議会の公聴会で、平均的な十二歳は、テレビで十万以上の暴力行為を目撃しているという推計がなされた。(80) なぜこう言ったかというと、われわれは、以上の諸発見にかかわっている決定的な要因の一つが（社会的学習と模倣に加えて）、プライミングという単純な現象だと信じているからである。すなわち、子どもに家庭や実験室に転がっているライフルなどの武器を見せると、その後で子どもが苦痛やフラストレーションを経験すると、攻撃反応の確率が増える傾向があるのと同じように、映画やテレビで絶え間なく暴力を供給してそれに触れさせても、そうなるかもしれないのである。

ここまで、メディアの暴力の効果について論じる際に、われわれは注意の多くを子どもに集中してきた――そしてそれには妥当な理由がある。子どもは、そもそも、大人よりもずっと影響されやすいものである。すなわち、彼らの態度や行動は、彼らが視聴したものの影響を深く受けることになると、一般的に仮定されている。しかし、メディアの暴力の暴力行動への影響は、子どもに限られているわけではない。メディアの暴力は、青年や若い成人の攻撃行動にも大きな影響を与えるのである。最近、ジェフリー・ジョンソンとその共同研究者(81)は、十七年間にわたって七百以上の家族の行動をモニターした研究を公表した。彼らの発見は印象的なものであった。青年期や初期の成人期にテレビを視聴した時間の量と、他者に対するその後の暴力行為の可能性とに有意な関連があったのである。この関連は、親の教育や世帯収入や近所の暴力にかかわらず有意であった。さらに、当然のことながら随分色褪せた攻撃の測定（犠牲者に電気ショックや大きな雑音を与えるような）を使わざるを得ない実験室での攻撃に関する実験のほとんどとは異なって、この研究は、長期間にわたって現実の世界で行われたので、暴行や凶器を使った強盗などの深刻な攻撃行動を検討することができた。

多くの場合、大人の暴力は、人生は芸術を模倣するというケースに当たるようだ。たとえば、一九九一年に、テキサス州のキリーンで、ある男が混雑したカフェテリアの窓にトラックで突っ込み、でたらめに人々を撃ち始めた。警察の到着までに、彼は二十二人を殺し、アメリカの歴史上二番目の破壊的な銃乱射事件となった（もっと多くの人を殺したのは二〇〇七年のバージニア工科大学銃乱射事件だけである）。それから、銃撃犯は銃口を自分に向けた。彼のポケットに警察が見つけたものは、『フィッシャー・キング』の半券で、その映画には、ある精神錯乱の男が混雑したバーでショットガンをぶっぱなして、数人を殺す場面があった。

映画を見たことがその暴力行為に影響したのだろうか。われわれには確かなことはわからない。しかし、われわれは、メディアの中の暴力が大人の行動に深刻な影響を与えることになるし、実際に与えているということを確かに知っている。数年前、デイヴィット・フィリップス(82)は、合衆国の一日ごとの殺人率を精査して、それがボクシングのヘビー級の試合の翌週に必ず増えることを見出している。さらに、その試合を巡って多くのことが公表されればされるほど、その後に殺人が増加していた。さらに衝撃的なことは、プロボクシングの敗者の人種が、その試合の後の殺人の被害者の人種と関連していたことである。白人のボクサーが試合に敗れると、それに伴って白人への殺人が増えたが、黒人への殺人は増えなかった。しかし、黒人のボクサーが敗れると、それに伴って黒人への殺人が増えたが、白人への殺人は増えなかった。フィリップスの結果は説得力がある。あまりにも一貫しているので、単なる偶然の結果だとして片づけるわけにはいかない。繰り返すことになるが、こうだからといって、メディアの暴力を視聴するとすべての人々、あるいはかなりの割合の人々が暴力を犯すよう動機付けられることを示していると解釈されるべきではない。しかし、影響を受ける人々がいる――そして、その結果は悲劇的なものになり得る――という事実は否定できないのである。

テレビの暴力とビデオゲームの麻痺効果

苦痛な出来事や不快な出来事の生々しい描写に繰返し触れると、それらの出来事に対するわれわれの感受性が麻痺する効果がありがちだというのが実情のようだ。この章の最初の例を思い出してほしい。私は、ベトナムでの残忍な殺人について聞いたりその映像を見たりすることにどれくらい慣れっこになっていたのだろうか。私の幼い息子にそれを説明したとき、それについて私は実際に無頓着になっていたのである。これが一般的な現象であるという妥当な証拠がある。一つの実験で、ビクター・クラインとその共同研究者(83)は、数人の若い男性が、荒々しい血まみれのボクシングの試合を視聴しているときの生理的反応を測定した。毎日たくさんテレビを視聴していた若者は、リングでの乱闘に比較的無関心でいられたようだ。というのは、彼らは、興奮や不安の生理的な証拠をほとんど示さなかったのである。彼らは、その暴力をぼんやりと受け止めたのである。一方、普段ほとんどテレビを視聴しないほうの若者は、大きな生理的喚起を経験した。その暴力が、本当にこたえたのである。

これと関連して、マーガレット・トーマスとその共同研究者(84)は、テレビの暴力を見ると、その後で人々が現実の生活で暴力に直面したときに、彼らの反応が麻痺する可能性があることを実証している。トーマスは、被験者に、暴力的な刑事ドラマか、刺激的ではあるが非暴力的なバレーボールの試合のいずれかを見せた。小休止の後、子どもは、二人の就学前の子どもが言葉や身体で攻撃的にやり合っているのを見ることができた。刑事番組を見ていた子どもは、バレーボールの試合を見ていた子どもよりも、あまり情動的な反応を示さなかった。最初の暴力を見ることが、その後の暴力行為に対する子どもの感受性を低下させるよう働いたようである。彼らは、動揺すべき出来事にも動揺しなかったのである。このような反応は、われわれを動揺から心理的に守ってくれるかもしれないが、それは、われわれを暴力の犠牲者に対して無関心にさせ、そしておそらく、われわれに現代生活の不可欠な一側面として暴力を受け入れさせるという、意図せぬ効果も持っているかもしれない。トーマス(85)は、それに続く実験でこの考え方を一歩先に進めている。彼女は、テレビの暴力をたくさん見せられた大学生は、統制条件の大学生と比べて、暴力の受容の生理的証拠を示すだけでなく、さらに、自分と同じ学生に電気ショックを与える機会をその後に与えられると、より強い電気ショックを与えることも実証している。

明らかな証拠が、暴力的なビデオゲームをする人々でも同様の効果が生じることを示しているし、さらに、ビデオゲームをする人々は暴力のシミュレーションに積極的に参加しているので、その効果がはるかに強力ではるかに広範囲に及ぶことを示している。(86) たとえば、ブラッド・ブッシュマンとクレイグ・アンダーソン(87)による最近の実験は、暴力的なビデオゲームをすることが、苦境にある見知らぬ人に対する援助を抑制することを示している。一つの実験では、暴力的なビデオゲームか、それとも非暴力的なビデオゲームを二十分間した後で、参加者は、長ったらしい質問票に記入するよう求められた。そうしている間に、参加者には、隣の部屋で暴力的な出来事が生じているのが聞こえる。口論は小競り合いに、そして、荒っぽい全面的な乱闘に発展し、その後で、男のうちの一人が出て行き、もう一人は、苦痛で唸り、足首を痛めて立ち上がれないと呻きながら取り残されるのが、参加者には聞こえるのである。もちろん、このすべては、実験者によって演出されたものであった。参加者が反応するまでの時間に大きな違いがあった。暴力的なビデオゲームをした参加者は、隣の部屋の犠牲者に対して反応するまでに五倍の時間がかかった。なぜだろうか。追加のデータが示唆しているのは、彼らが、非暴力的なゲームをした参加者と比べて、その出来事を実質的に「深刻」でないものと解釈していたということである。ビデオ画面上の極度の暴力と比べて、隣の部屋の現実の暴力は、急を要するものには感じられなかったのである。結局、あなたが、ミュータント侵略軍のいくつかの首を切り落としたばかりのところでは、足首の捻挫ごときで奮い立つのは難しいのである。

教育心理学者ダグラス・ジェンティーレとロナルド・ジェンティーレによれば、ビデオゲームは、効果的な教室授業のもっとも有効な要素の多くを取り入れている。つまり、あなたがビデオゲームをしているとき、あなたは典型的には同じ活動か類似した活動を行っていることになるが、あなたが新しい困難度に進んだりまったく違うゲームに変えたりすると文脈が変化する。このことは、どのような概念が教えられていようとも、その概念を強化し固定する。つまり、それは、ある状況での学習を別の状況に最大限に移行させるのである。これが意味しているのは、もしあなたが多様な暴力的なビデオゲームをすれば、あなたは、ゲームとは遠くかけ離れた状況で暴力や攻撃について考えやすくなるということである。何千もの若者に対する研究で、ジェンティーレとジェンティーレ(88)は、多種多様な暴力ゲームをする人々が、日常場面で攻撃的な考えをもっとも持ちやすく、他者の行動を敵対的にもっとも解釈しやすく、数年後でさえも、より多くの現実の攻撃をもっとも行いやすいことを見出しているのである。

メディア、ポルノ、女性に対する暴力　この国の攻撃の重要で厄介な一側面は、レイプというかたちで男性が女性に対して示す暴力にかかわっている。過去三十年間の全国調査(89)によれば、すべてのレイプとレイプ未遂のうちの六十％以上が、見知らぬ人による暴行にかかわるものではなく、むしろ、犠牲者が暴行者と顔見知りの、いわゆるデート・レイプである。われわれはこの現象をどう理解すればよいのだろうか。

多くのデート・レイプは、部分的には、青年が性的に成熟していくうちに学ぶ「性スクリプト」の取り違えのせいで、男性が「だめ《ノー》」という言葉を額面通りに受け取ろうとしないために行われているように見える。**スクリプト**とは、われわれが文化から暗黙のうちに学ぶ社会的な行動様式である。青年がさらされる性スクリプトは、伝統的な女性の役割は男性が言い寄るのに抵抗することであり、男性の役割は押しの一手であると暗に教えている。(90)たとえば、高校生を対象にした一つの調査では、九十五％の男性と九十七％の女性が、女性が「だめ《ノー》」と言ったら男性は言い寄るのを止めるべきだということに賛成していた。しかし、この同じ生徒のほぼ半数が、女性が「だめ」と言うとき、彼女は必ずしもそれを意味しているわけではないとも信じていた。(91) このような取り違えのせいで、いくつかの大学では、デートをする男女はデートのまさに最初に性的行為とその制限について明確な契約を取り決めることを明記した規則がしっかりと制定されている。性スクリプトに関連した問題や、欲求や意図の読み違いによる不快な（そして、時には悲劇的な）結果について考えれば、大学当局がこのような極端な予防措置に訴えるのも理解できることである。しかし同時に、少なからぬ社会批評家がこの方策を非難していることも指摘しておくべきだろう。その根拠は、この方策が、過度の恐怖や疑心暗鬼を助長し、おおらかな恋愛をぶち壊し、デートの興奮を法律事務所への校外学習のようなところにまで醒ましてしまうからである。(92)

ここ二、三十年の間のレイプの増加と軌を一にして、インターネット上の鮮明で露骨な性的行動の描写の入手可能性が増加している。好むと好まざるとにかかわらず、近年、われわれの社会はより自由になり、ポルノに対してより寛大になっている。われわれがこれまで見てきたように、もし映画やテレビで暴力を試聴することが暴力に寄与しているとすれば、ポルノを視聴することもレイプ事件を増加させるということにはならないだろうか。これは、説教台からも講演台からも主張されてきたが、それはあまりにも単純な仮定である。実際、猥褻とポルノに関する大統領諮問委員会は、入手できる証拠を検討した後で、露骨な性的題材は、それ自体では、性的犯罪や女性に対する暴力や、その他の反社会的行為には寄与しないと結論している。

前の文で鍵となる語句は、「それ自体では」である。ネイル・マラムスは、ポルノの効果があるとすれば、その効果を見極めるために入念な一連の研究を行っている。(93) これらの研究が示していることを総合すれば、ポルノに接することは無害である――しかし、暴力的なポルノ――ポルノのセックスと暴力を結合したもの――に接すると、女性に対する性的暴力を受け入れるようになり、それは、女性に対する攻撃行動と関連する一要因になるのである。一つの実験で、エドワード・ドナースタイン(94)は、男性に三つの映画のうちの一つを見せた――レイプを含む暴力的でエロティックな映画と、攻撃のない純粋にエロティックな映画と、攻撃的でもエロティックでもない中性的な映画である。これらの映画の一つを見た後で、男性は、まったく関連がないように思える研究に参加したが、その研究は、無意味綴りを男性か女性のサクラに教えるというものだった。男性は、サクラが誤答するたびに電気ショックを与えるよう教示された。彼らは、どのような水準のショックでも選ぶこともできた（その被験者は知らなかったが、実際には電気ショックは流れていなかった）。レイプ映画を見た男性が、その後でもっとも強い電気ショックを与えたが――しかし、それは女性のサクラに対してだけだった。

同じように、マラムスは、男子大学生が二つのエロティックな映画の一つを見るという実験(95)を行った。一つは、お互いに同意して性愛行為を行う二人の大人も描いていた。もう一つはレイプ事件を描いていた。男性は、映画を見た後で、性的空想をするよう求められた。レイプ版の映画を見ていた男性は、相互同意版の映画を見ていた男性よりも、暴力的な性的空想を作り出した。マラムスとチェック(96)は、もう一つの実験で、大学生が暴力的で性的に露骨な映画か、暴力行為や性的行為のない映画を見るように状況を設定した。数日後、学生は性的態度調査に回答した。男子学生の場合、暴力的で性的に露骨な映画に接すると、女性に対する暴力を受け入れるようになった。さらに、この男性は、レイプにまつわる神話――たとえば、女性がレイプを挑発し、本当はレイプされることを楽しんでいるのだと――を信じるようになった。

私は、レイプの神話を信じているのは男性だけではないとも指摘しておくべきだろう。マラムスとその共同研究者(97)が女子大学生を調査して見出したことは、自分が性的に捻じ伏せられることに喜びを見出すと思っている女性はただの一人もいなかったが、他の女性ならそのような人もいるだろうとかなりの割合の女性が信じていたということである。繰り返しになるが、男性が攻撃的なポルノに接すると、レイプの神話を信じる傾向が高まる。しかし幸運なことに、この神話は、必ずしも深く根差した信念体系の一部ではないことを示す証拠がある。たとえば、ある一つの研究(98)では、男子大学生が攻撃的なポルノ映画を見せられると、予測通りレイプの神話に対する信念が強まった。しかし、映画の後で、この実験の手続きを説明されると、彼らは、映画を見ていなければ説明も受けていない統制群よりも、レイプの神話を受け入れなくなったのである。

この知見は心強いものではあるが、自己満足すべきではない。というのは、そのデータはまた、暴力的ポルノに絶えず接していると、女性に対する暴力について情動的に無感覚になり、冷淡な態度になり得ることを示唆しているのである。さらに、X指定の「切り刻む」映画――きわめて暴力的ではあるが、ポルノ映画ほどには性的に露骨でない映画――に繰り返して接していると、非暴力的なX指定の映画よりも有害な影響があると信じるに足る理由がある。一つの研究で、ダニエル・リンツとその共同研究者(99)は、男子大学生が、たった二本の切り刻み映画を二日間をおいて見るだけで、無感覚になる効果を見出している。すなわち、最初の映画と二番目の映画に対する男性たち反応を比較すると、彼らは、映画の暴力的な内容に対する情動的反応を減らし、映画の中の女性に対する扱いがそれほど下劣ではないと思うようになっていた。さらに、この研究者は、レイプの犠牲者に対する男性たちの態度に、X指定の切り刻み映画とX指定のソフト・ポルノ映画と十代の性を扱った映画が与える影響を比較した。映画を見た二日後に、学生は、それとは関連がないように思われる研究に参加して、そこで、あるレイプ裁判の再現を視聴し、その犠牲者と被告について判断をするよう求められた。ここでも再び、切り刻み映画は、男性視聴者の態度に対して強力な影響を及ぼしていた。非暴力的ポルノや十代の性の映画を見た学生と比べて、切り刻み映画を見た学生は、その裁判のレイプの犠牲者に対してあまり同情を示さず、また、レイプの犠牲者一般に対してもあまり共感を示さなかったのである。これらの知見は、われわれの社会の映画指定制度が的外れで誤っていることを示唆している。すなわち、性的に露骨だが非暴力的な映画は厳しいX指定を受けているのに、生々しい暴力のある切り刻み映画はR指定しか受けておらず、このために、この悪い影響は明らかであるのにもかかわらず、より広範囲に視聴されているのである。

要約すると、セックスと暴力の組合せ――ポルノ映画であれ、R指定の切り刻み映画であれ――は、メディアにおける他の暴力に関連した効果と著しく類似した効果を持っている。つまり、攻撃の水準を高め、多くの場合、暴力に対する寛容な態度を強めるのである。（ポルノであろうとなかろうと）暴力を視聴することは、カタルシスの役目を果たすどころか、むしろ、攻撃行動を刺激する。これらのデータは、検閲と合衆国憲法修正第一条項の権利の問題にかかわる複雑な政策問題を投げかけているが、これはこの本の範囲を越えている。私は個人的には検閲の強制には反対であるが、メディア内部の意思決定者が、公平に研究を読んでいけば、賢明な自己抑制を働かせることになるだろうと私は考えるものである。

暴力で売れるのか

この章の前のほうで指摘したように、すべてのテレビ番組の優に半分以上が暴力行為を含んでいる。この理由は明らかである。テレビ・プロデューサーや広告代理店は、暴力で製品が売れると信じているのである。皮肉なことに、おそらくこれは本当ではないだろう。私のことを誤解しないでほしい。私は、暴力的な番組に人気がないと言っているのではない。平均的なアメリカ人は、テレビの暴力にあれこれ苦情を言いながらも、しかし、それを楽しんで視聴しているようでもある。十分に本当だろう。しかし、そうだからといって、必ずしも暴力で売れるとは限らないのである。結局のところ、広告の目標は製品を売ることである。もしある種の番組が精神的な動揺をもたらして、スポンサーの製品が思い出せないというようなことがあれば、どうだろうか。人々が製品の名前を思い出せなければ、番組を見てもそれを買うことにはならないだろう。そして、研究は、セックスと暴力の両方が気を動転させることになるので、視聴者は広告の製品に注意をあまり払えなくなることを示している。

たとえば、ブラッド・ブッシュマンとアンジェリカ・ボナッチ(100)は、人々に、暴力的なテレビ番組か、性的に露骨なテレビ番組か、それとも中性的なテレビ番組を視聴させた。どの番組にも九つの同じ広告が含まれていた。番組を見た直後に、視聴者はそのブランドを思い出し、スーパーマーケットの棚の写真でそれを指摘するよう求められた。二十四時間後に、彼らは電話を受け、その視聴の間に見たブランドを思い出すよう求められた。中性的な（暴力的でもなく、性的に露骨でもない）番組を視聴しているときに広告を見た人々は、暴力的な番組や性的に露骨な番組を見た人々よりも、広告されたブランドをよく思い出した。これは、視聴の直後でも視聴の二十四時間後ではあてはまり、すべての年齢の男性にも女性にもあてはまった。暴力とセックスは、視聴者の記憶を阻害するようである。販売という点では、広告主は、非暴力的な番組のスポンサーになるように助言されても良いだろう。

大衆の注意を惹き付けるための攻撃

ロサンゼルス中南部の一九九二年の暴動の後で、合衆国大統領は、深い憂慮を示し、連邦政府補助金によって失業者に仕事を作り出すと表明した。もし何も暴動がなかったとしても、彼はその地域の失業者をそれほど優遇したと、あなたは思うだろうか。われわれの社会のように複雑で無関心な社会では、攻撃行動は、抑圧されたマイノリティ集団が強大なマジョリティ集団の注目を引くためのもっとも劇的な手段であるかもしれない。何年にもわたってワッツとデトロイトとロサンゼルス中南部での暴動の影響が、合衆国の人種的マイノリティ集団の窮状を大多数の上品だが無関心な人々に自覚させるのに役立ったことは誰も否定できないだろう。ニューヨーク州アッティカの州立刑務所での流血沙汰が刑務所改革を促進したことは誰も否定できないだろう。そのような成果は、人間の生命という大きな犠牲に値することなのだろうか。私はその質問に答えられない。しかし、社会心理学者としての私に（何度でも繰り返して）言えることは、暴力は、暴力を引き起こした条件の改善だけではめったに収まることはないということである。暴力は暴力を育むが、それは、犠牲者が敵に仕返しするという単純な意味だけではない。攻撃者が敵の中に見出す悪を誇張して自分の暴力を正当化しようとし、そうすることによって、その敵を再び（そしてさらに何度も何度も繰り返して）攻撃する確率を高めるという、はるかに複雑で陰険な意味でそうなのである。

すべての戦争を終結させる戦争や、すべての不公正をなくす暴動はけっしてないだろう――まったくその逆である。すなわち、好戦的な行動は好戦的な態度を強め、それは好戦的な行動の確率を高めるのである。われわれは、他の解決法を探し求めなければならない。それほど攻撃的ではない道具的行動［訳者注：それ自体が目的ではなく、何かの手段となる行動］が、果てしない対立の悪循環を生むことなく社会的悪を是正するのに役立つだろう。一九三〇年代のインドにおける反イギリス運動にガンジーが成功したことを考えてほしい。ストライキやボイコットなどのさまざまなかたちの国民の不服従によって、両国の国民間の急激な憎悪の拡大を伴うことなく、最後にはイギリスの統治が終わったのである。座り込みやボイコットなどの非暴力的戦略は、マーチン・ルーサー・キングやシーザー・シャベスなどによっても、われわれアメリカ国民を真の不平に目覚めさせるために有効に利用されている。したがって、私は、より優しい人間を求めるローレン・アイズリーの呼びかけを繰り返したいが、さらに私は、お互いの間の違いに寛容な人間——しかし、不公正には寛容でない人間——を求めたい。すなわち、人間を相互に愛し信頼しながらも、不正や残忍をなくすためには不満の声をあげ、激しく抗議をし、ストライキをし、ボイコットをし、行進をし、座り込みをする（そしてさらには投票もする！）人間を求めたいのである。さらに、われわれが数え切れないほどの実験で見てきたように、暴力は蛇口のように出したり止めたりできるものではない。研究が何度も繰り返して示しているように、唯一の解決法は、われわれが、しばしば暴力的攻撃のかたちで爆発するフラストレーションを生み出している不正を解消する努力をしながら、暴力を低減する方法を見出すことである。

暴力の低減に向けて

ここまでわれわれは、主に攻撃行動を増大させる働きをする要因の議論に集中してきた。しかし、もし、われわれの攻撃への性向を低減することが価値ある目標だと信じるならば、どのようにしてそれを進めればよいのだろうか。単純な解決法を求めたいという誘惑もある。一九七〇年代の初めに、アメリカ心理学会前会長ほどの専門家が、われわれは、世界的な規模で暴力を低減する手段として、人々（とくに国家の指導者）に服用させる抗残虐薬を開発すべきだと示唆した。(101) そのような解決法を求めるのも理解できないではないし、多少は感動的なことですらある。しかし、服用者の動機系を完全に鎮静化することなく残忍さを低減するような薬を開発できるとは、とても考えられそうにない。心理過程ならできる細かな弁別を化学物質はできないのである。（アルバート・アインシュタインのような）平和を愛する優しい人々で、同時に、活力に満ち、創造的で、勇敢で、機知に富むような人々は、生理的力と心理的力の微妙な組合せ、すなわち、遺伝による能力と学習による価値との微妙な組合せの産物なのである。これほど微妙に作用する化学物質を思い付くのは至難の技である。

その上、人間行動を化学物質で統制することは、オーウェル風の悪夢のようである。われわれはそのような方法を使う誰を信頼できるだろうか。

おそらく、単純で絶対確実な解決法はないだろう。しかし、これまでわれわれが学んできたものにもとづいて、複雑で、それほど確実ではないが、いくつかの可能性について思索してみよう。

純粋な理性

われわれは、攻撃の危険性や、攻撃行為によって（犠牲者のみならず攻撃者に対しても）もたらされる悲惨を描く一連の論理的で合理的な議論を作り上げることも確かにできるだろう。その議論が健全であることをほとんどの人々に納得させられることでさえ、ほぼ確かなことだろう。なぜなら、ほとんどの人々は、戦争が地獄であり、街頭の暴力が望ましくないことに同意するだろうから。しかし、そのような議論は、どんなに健全で、どんなに説得力があっても、おそらく攻撃行動を実質的に減らすことにはならないだろう。たとえ攻撃が一般的に望ましくないことを納得しても、人々は、攻撃が自分にとって望ましくないことを固く信じない限り、攻撃的に行動するだろう。アリストテレスが二千年以上も前に主張したように、多くの人々は合理的な行動によっては説得できないのである。「知識にもとづく議論は教示を意味するが、教示を受け付けない人々がいるのである。」(102) さらに、攻撃の統制の問題は、幼い子ども期——すなわち、幼過ぎて理を説くことができない時期——に最初に生じるものなので、論理的な議論はほとんど価値を持たないのである。これらの理由から、社会心理学者は、それに代わる説得技法を求めてきた。これらの多くは幼い子どもを念頭において発展させられてきたが、大人にも適用できるものである。

罰

平均的な市民にとっては、攻撃を低減するための明らかな方法は、それを罰することである。もし人が盗んだり、殴り倒したり、殺したりすれば、単純な解決法は、彼を投獄するか、それとも極端な場合には、処刑することである。もし幼い少女が彼女の両親や兄弟姉妹や仲間に対して攻撃すれば、われわれは彼女の尻を叩いたり、激しく叱ったり、彼女の特権を取り上げたり、彼女に罪悪感を抱かせたりすることができる。ここで仮定されているのは、この罰が「彼らに教訓を与えるだろう」ということと、彼らは再びそんなことをする前に「よく考える」だろうということと、罰は厳しければ厳しいほど良いということである。しかし、事はそれほど単純ではない。厳しい罰は一時的には効果があることが明らかにされているが、きわめて注意深く利用しなければ、長期的には逆の効果を持つことにもなるのである。現実世界の親子の観察が再三再四実証しているように、厳しい罰を使う親は、極端に攻撃的な子どもや、大人になってから個人的目標や政治的目標を獲得する手段として暴力を好む子どもを作り出しがちなのである。(103) このような攻撃はたいてい家庭外で起こる。なぜなら、そこでは、子どもが罰を与える人から離れているからである。しかし、これらの自然の場面での研究は決定的なものではない。攻撃に対する罰それ自体が攻撃的な子どもを生み出していることを、それらが必ずしも証明しているとは限らないのである。手厳しい罰に訴える親は、おそらく、同時にその他の多くのことをしているだろう——すなわち、もしかしたら、彼らが容赦ない攻撃的な人間であるかもしれないのである。したがって、子どもは単に親の攻撃的な行動を真似ているだけなのかもしれない。実際には、子どもは、かつては自分を暖かく慈しみ深く扱ってくれた大人に身体的な罰を与えられると、その大人がその場からいなくなってもその大人の願いに沿う傾向があることが示されている。しかし、その反対に、非情で冷たい大人に身体的な罰を与えられた子どものほうは、その大人が部屋から去ってしまったときには、その大人の願いに沿う傾向ははるかに少なくなるのである。このように、罰は、もし暖かい関係の中で思慮分別をもって適用されれば、有用であり得ると信ずるに足る理由があるのである。

罰の効き目にとって非常に重要なもう一つ別の要因は、その厳しさ、あるいは、その拘束性である。厳しい罰や拘束的な罰は、きわめてフラストレーションを感じさせるものである。そして、フラストレーションは攻撃の主要な要因の一つであるから、攻撃を抑制しようとするときにはフラストレーションを起こすような方策を利用するのは避けたほうが賢明だろう。この点は、ロバート・ハンブリンとその共同研究者(104) の研究でとても巧みに実証されている。この研究では、活動過多の少年が、先生に特権を取り上げられて、罰された。具体的には、少年は、色々な楽しい物と交換できる引換券を稼いでいたのだが、少年が攻撃するたびにその引換券を取り上げられたのである。この技法を適用している最中と後では、少年の攻撃行為の頻度がほぼ二倍になっていた。ほぼ確実に、これはフラストレーションが増大したことの結果だろう。

われわれの国の刑務所——きわめて厳しく拘束的な懲罰施設——についてはどうだろうか。犯罪者をそのような苛酷な環境に置くと、その人は将来犯罪を行わなくなると考えるのは直感的には正しいことのように思えるかもしれないが、そのような仮定を支持する証拠はほとんどない。(105) それどころか、以上の分析から予想できるように、収監は逆の効果を持つかもしれないのである。しかしながら、それがもたらす個別の結果を見極めることは困難である。というのは、たいていの場合、あまりにも多くの他の要因がそのような状況にいる人には影響するので、投獄されていることの効果だけを分離することは不可能だからである。刑務所の過酷さは本当に将来の犯罪行為を助長するのだろうか、それとも、元受刑者たちが再び監獄に舞い戻ってくるのは、単に彼らが犯罪者タイプだからだろうか。通常、これらの可能性は現実の世界では検証しにくいけれども、自然の場面での実験によって、刑務所は、釈放された受刑者の犯罪を抑えることができないということを示唆する証拠が得られている。最高裁判所の判決によって、この実験が可能になり、(106)入獄が累犯性に及ぼす効果を取り出したのである。一九六三年、弁護士がつけられていなければ重罪の有罪判決はできないという「ギデオン対ウェインライト」判決の後、フロリダ刑務所の多数の受刑者が早めに――全刑期を努め終える前に途中で――釈放された。これらの囚人と刑務所に残された囚人との間の唯一の系統的な違いは、釈放された囚人は以前に弁護士による代弁がなかったという点である。このような次第で、研究者たちは、ほとんど同一の受刑者の二集団を比較できたのである。すなわち、刑期を終えずに釈放された人々と、全刑期にわたって罰を受け「社会復帰させられた」人々とである。この二つの集団の間に驚くべき違いが生じた。すなわち、全刑期を務め上げた囚人は、早期に釈放された囚人の二倍も刑務所に戻る傾向があったのである。

このことは、苛酷な懲罰は犯罪を減少させないということを意味しているのだろうか。必ずしもそうではない。この研究は、長い獄中期間が、釈放された受刑者の将来の犯罪行動を抑止することにはならないということの説得力のある証拠を提供しているけれども、それは、苛酷な罰があることを単に予想するだけでこれまで一度も有罪判決を受けたことのない人々の犯罪傾向が抑制されるという可能性を完全に排除するものではない。罰の脅威によって、多くの犯罪者気取りが、そもそも法律を破るのさえ思いとどまるという可能性がきっとある。

この可能性はあるけれども、私はそれはありそうにないと思う。私が確かに知っていることは、懲罰はしばしば屈従をもたらすけれども、内面化を生み出すことはめったにないということである。長期的な非攻撃行動パターンを確立するためには、人々がまだ子どものうちに、攻撃行動を悪とする一連の価値を内面化させることが重要である。第5章で十分に論じた二つの別々の実験では、メリル・カールスミスも私もジョナサン・フリードマンも、(107)幼い子どもの場合には、厳しい罰で脅すよりも、穏やかな罰で脅すほうがはるかに効果的なことを実証していた。これらの高度に統制された実験は、子どもの玩具の選好だけを扱っていたけれども、これらは、(厳しいよりはむしろ)穏やかな罰の脅威が、攻撃も同じように抑制すると強く示唆しているのである。

さて、それがどう働くかである。幼い息子が妹を攻撃するのを一時的にでも抑えさせるために、ある母親が彼に罰を与えるぞと脅すとしよう。もしその母親が成功すれば、彼女の息子は不協和を経験することになるだろう。「ぼくは妹をぶん殴りたい」という認知は、「ぼくは妹を殴るのを抑えている」という認知と不協和である。もし彼が厳しい脅しを受けたとしたら、彼には、そのように抑制するための良い理由が十分にあることになるだろう。

つまり、彼は、「ぼくが妹を叩かないのは、もしそうしたら、ぼくが叩きのめされるからだ――でも、ぼくはそうしたいことには変わりはないんだ」と言って、不協和を低減できるだろう。しかしながら、彼の母親が、厳しいというよりはむしろ穏やかな罰を使って――その子どもにかろうじて攻撃を止めさせるだけの強さの罰で――脅したとしよう。この場合には、彼が、いくらでも叩ける妹を今叩いていないのはなぜかを自問するときに、彼は、その脅威を不協和低減のための手段として利用できないのである――すなわち、彼は、もし妹を叩けば自分がぶん殴られるからだとはにわかに思いがたいのである。それは、なぜなら事実がそうだからである――それでも、彼は自分が妹を叩いていないという事実を正当化しなければならないのである。言葉を換えて言うなら、（脅しの厳しさという点での）彼の外的正当化は最小なのである。それゆえに、彼は自分の自制を正当化するために彼自身の正当化を付け加えなければならない。たとえば、彼は、もう妹を叩いても面白くないと自らに言い聞かせるかもしれない。このことは、彼の一時的に穏やかな行動を説明し、正当化し、自覚させるだけではなく、もっと重要なことには、将来彼が妹を叩く可能性を低減することになるだろう。要するに、反攻撃的な価値が内面化されることになるだろう。彼は、自分にとっては、人を叩くのは良いことでもなければ楽しいことでもないと自ら自覚することだろう。

この一般的な考えは、校庭という現実の世界でうまく応用されている。ダン・オルウェーズ[108]は、ノルウェーの学校組織に入り込み、教師や管理者を訓練して、いじめの問題に常に用心させ、すばやい、しかし穏やかな処罰行為をとらせることによって、いじめ行動の頻度を五十％も減らすことができた。全体的に見ると、この研究は、まだ自分の価値観を形成していない子どもは、もし攻撃行為に対する罰が時宜を得ており、ひどく厳しいものでなければ、攻撃に対する嫌悪感を身につけやすいということを示している。

攻撃的なモデルへの罰　罰というテーマについては色々あるが、その一つに、誰か他の人を罰するということがある。具体的に言うと、不幸な最後に終わる攻撃的モデルを子どもに見せると、攻撃が低減する可能性があるという主張がある。この理論では、これを見せられた人は、実質的には、自分自身の攻撃に対して代理の罰を与えられることになり、したがって、非攻撃的になるだろうということになる。おそらくこの理論を擁護する人々によって、過去われわれの国で公共の場での絞首刑や笞刑が整えられてきたのだろう。それには効果があるのだろうか。現実世界のデータは全体として、この理論を支持していない。たとえば、法執行に関する大統領諮問委員会によれば、[109]死刑の存在とその利用は殺人率を減少させてはいない。さらに、日常的なデータの水準では、マスメディアは、攻撃的な人物が実際には懲罰を受けていても、彼らのことを非常に魅力的に描いているのである。これによって、人々は、これらの暴力的な人物と同一視しがちになるのである。

統制された実験から得られた証拠は、もっと明確な描写をしてくれる。典型的には、これらの実験では、子どもは攻撃的な人物の映画を見せられるが、その人物は攻撃的に行為したことに対して後で賞を与えられるか、それとも罰を与えられるかする。その後、子どもは、映画で見せられたのに似た状況で攻撃的になる機会を与えられる。一貫して得られた知見は、攻撃的な人物が罰を与えられる映画を見た子どもたちは、賞を与えられる人物の映画を見た子どもたちよりも、攻撃行動を示すことが有意に低いということである。(110) 前に言及したように、攻撃的な映画役者が罰を受けているのを見た子どもが、賞も罰も与えられない攻撃的な映画役者を見た子どもよりも、あまり攻撃行動を示さないことを示す証拠もある。一方――そして、これがわれわれの議論にはもっとも重要なことなのだが――攻撃をしたことに対してモデルが罰を受けるのを見ても、攻撃的なモデルをまったく見せられていない子どもの集団の水準以下には、一般的な攻撃水準は低下しなかったのである。言い換えれば、要するに、この研究は、攻撃者が賞を受けるのを見ることは子どもの攻撃行動を増加させ、攻撃者が罰を受けるのを見ることは子どもの攻撃行動を増加させないことを示しているようだが、罰を受けた攻撃者を見ることが子どもの攻撃行動を減少させるかどうかははっきりしていない。子どもを攻撃的なモデルにまったく接触させないのも同じくらい効果があるかもしれない。この研究が、マスメディアの暴力の描写に対して持っている意味は、すでに論じられた通りである。

別の行動パターンに賞を与えること

研究が進んでいるもう一つの可能性は、子どもが攻撃的に行動したときにその子どもを無視することと、非攻撃行動に対して子どもに賞を与えることである。この方略は、幼い子どもは（そして、おそらく大人も）注目を集めるために攻撃的に行動することが多いという仮定に部分的にはもとづいている。彼らにとっては、罰されることは無視されることよりも好ましいことなのである。それで、逆説的に言えば、攻撃行動を罰することは実際には賞と解釈されるかもしれないのである――「おい、見ろよ、皆。ぼくが弟を殴るたびに、ママがぼくに注目するぞ。もう一回やってやろう。」この考えは、ポール・ブラウンとロジャース・エリオット(111) が幼稚園で実施した実験で検証されている。幼稚園の先生が、子どもの側の攻撃行動をすべて無視するように教示された。同時に、先生は、子どもに非常に注意を払い、とくに子どもが攻撃とは相容れない行為――友好的に遊んだり、玩具を分け合ったり、他の子どもと協力したり等々――をしたときにとくに注意を払うように頼まれたのである。数週間後には、攻撃行動が目立って減少した。もっと洗練された実験で、ジョエル・デイヴィッツ(112)は、フラストレーションは必ずしも攻撃を生じさせず、むしろ、もし前からの訓練によって建設的行動が魅力的で興味を引くものになっていたら、フラストレーションはそのような行動を導くことになるということを実証している。この研究では、子どもは四人集団で遊ばされた。これらの集団の中には、建設的行動に対して賞を与えられる集団と、攻撃行動や競争的行動に対して賞を与えられる集団とがあった。それから、子どもは、故意にフラストレーションを感じさせられた。これは、娯楽映画集を見て楽しめるという期待を作り上げることによって達成された。事実、実験者は、映画を見せ始め、後で食べられるように棒キャンディを取り出し始めるところまでいった。しかし、そのとき、フラストレーションが与えられた。その実験者が、もっとも面白いところで不意に映画を中止し、棒キャンディもしまったのである。それから、子どもは自由に遊ばされた。すでにご存じのように、これは、攻撃行動を生起させるためのお膳立てである。しかし、建設的行動のための訓練を受けていた子どもは、他の集団の子どもと比べて、はるかに多く建設的活動を示し、攻撃的活動を示すことははるかに少なかったのである。

この研究は、実に心強いものである。ここで述べておかなければならないのは、われわれの社会の多くの子どもに、人間関係の対立やフラストレーションを生じさせる状況に対して、攻撃的な解決法ではなくむしろ建設的な解決法を自発的に選ぶよう期待するのは無邪気にすぎないという私の固い信念である。対立やフラストレーションに対する暴力的な解決法は単に主流となっているだけでなく、価値のあることだという趣旨のありとあらゆる証拠が社会の至る所で示されている。アーノルド・シュワルツェネッガーやジェームズ・ボンドのようなヒーローは、文化の象徴となっている。魅惑と娯楽で人々をぶちのめす復讐のカウボーイ、アーバン・コップ、プライズファイター、ターミネーター、シークレット・サービスなど、どの名のもとであれ、あからさまに、そしてそれとなく、これらの映画のヒーローは幼い子どもに、社会が何に価値を置き、何を彼らに期待しているかを示しているのである。

言うまでもなく、暴力的な問題解決法に接するのは、映画やビデオだけではない。これらの出来事は、毎日の夜のニュースでも中心となっている。したがって、子どもが、大人はしばしば暴力に訴えて対立を解決すると学んでも驚くべきではない。さらに、多くの子どもは、他の解決法が可能であったり、適切であったりすることに気付きさえしていない。もしわれわれが、子どもが非暴力的な方略を好むように成長してほしいなら、彼らにこういった技術の具体的な訓練を提供し、さらに、それを利用することを推奨するのが良い考えかもしれない。こういった訓練が家庭と学校の両方で提供できない理由などまったくないのである。

非攻撃的モデルの存在

攻撃行動を食い止めるのに重要になるのは、そのような行動が不適切なことを明確に指示することである。そして、それを指示するのにもっとも効果があるのは社会的な指示である――すなわち、同じ環境にいながら抑制して比較的非攻撃的な他者の存在である。たとえば、ロバート・バロンとリチャード・ケプナー(113)の研究では、被験者がある人に侮辱されるが、その後でその人が第三者の手によって電気ショックを受けているのを観察した。その第三者は、強烈な電気ショックか、それとも、非常に穏やかな電気ショックを与えた。統制群もあり、そこでは被験者は、電気ショックを与えているモデルを観察しなかった。それから、被験者は、自分を苦しめた人に電気ショックを与える機会を与えられたのである。ある人が強烈な電気ショックを与えているのを目撃した被験者は、統制条件の被験者よりも強烈なショックを与えたが、ある人が穏やかなショックを与えているのを目撃した被験者は、統制条件の被験者よりも穏やかなショックを与えたのである。このようなパラダイムはなじみ深く思えないだろうか。攻撃行動の表出は、いかなる行動の表出もそうであるが、同調の行為と見なせることを読者は容易に理解できるだろう。詳しく言うと、曖昧な状況では、人々は、何が適切かを明確にするために他者に注目する。私が第2章で、フリードニアの高官邸の晩餐の席であなたがげっぷをする条件を説明したのを思い出してほしい。ここで私が示唆しているのは、もしあなたやあなたの友人がフラストレーションを経験させられたり、怒らされたりして、そして、あなたの周りではあなたの集団の人々が皆、自分を苦しめた人々に雪玉を投げ付けているとすれば、あなたが雪玉を投げ付ける可能性は高くなるだろうということである。もし、彼らが単に荒々しくしゃべっているとすれば、あなたが荒々しくしゃべる可能性は高くなるだろう。そして、何と、もし、あなたの集団の人々が、自分たちを苦しめた人々の頭上に棍棒を振りかざしているとすれば、あなたが棍棒を拾って振りかざし始める可能性は高くなるのである。

他者への共感を築くこと

次のような情景を思い描いてほしい。混雑した交差点の信号で止まった車の長い列がある。信号は青になる。先頭の車が十五秒間立ち止まっている。どうしたのだろうか。もちろん、クラクションがいっせいに鳴りだす。先頭の車に信号が変わったという情報を与えようとする短い音だけでなく、フラストレーションを感じた人々が不快感を吐き出していることを示す長い執拗な激しい音もある。事実、統制された実験で、このような状況では、二番目の車の運転手のおよそ九十％が、攻撃的にクラクションを鳴らすことを見出している。その同じ実験の一部として、ある歩行者が、まだ信号が赤のときに先頭の車と二番目の車の間を横断し、信号が青になるまでには交差点を渡り切った。なおも、二番目の車の運転手のほぼ九十％が、信号が青になったときに、クラクションを鳴らした。しかし、その歩行者が松葉杖をついていたらどうだろうか。明らかに、松葉杖をついている人を見ることは、共感反応を引き起こす。共感の感情が、攻撃欲求に打ち勝ち、クラクションを鳴らした人の比率は劇的に減少したのである。(114)

共感は重要な現象である。セイモア・フェッシュバック(115)は、ほとんどの人々は、犠牲者を非人間化するための何らかの方法を見出せなければ、他の人間に故意に苦痛を与えることは難しいと指摘している。それで、われわれの国がアジア人（一九四〇年代に日本人、一九五〇年代に韓国人、一九六〇年代にベトナム人）と戦争していたときには、われわれの兵士はしばしば、彼らのことを「グック」〔訳者注：汚い物〕と呼んだのである。このような非人間化を利用して、残虐な行為を正当化する方法にしていたことが、われわれにはわかる。「グック」に対して暴力行為をするのは、自分と同じ人間に対して暴力行為をするのより、はるかに簡単である。この本で私が再三再四指摘してきたように、このような自己正当化によって、われわれは他者を攻撃することが可能になるだけでなく、それによって、われわれがその他者を攻撃し続けることが保証されるのである。オハイオ州ケント在住の高校教師が、オハイオ州兵による四人のケント州立大学生の殺害の後で、ジェームズ・ミッチェナーという作家に対して、(116)街を裸足で歩いているような人は誰でも死んで当然だと語ったことを思い出してほしい。こういった発言は、一見して突飛なものだが、われわれは、それがこの悲劇の犠牲者をうまく非人間化できた人によってなされたものだと気付くことによってのみ、それを理解し始めるのである。

われわれは非人間化の過程を嘆き悲しむことはできるが、しかし同時に、その過程を理解すれば、それを逆手に取るのにも役立つだろう。具体的に言えば、もしほとんどの人々が、極端な攻撃行動を犯すためにはその犠牲者を非人間化しなければならないというのが本当ならば、人々の間に共感を築くことによって、攻撃行為は犯しにくくなるだろう。事実、ノーマ・フェッシュバックとセイモア・フェッシュバック(117)は、子どもの場合に共感と攻撃の間に負の相関があることを実証しているのである。すなわち、人が共感を抱けば抱くほど、その人が攻撃行為に訴えることは少なくなるのである。それに続いて、ノーマ・フェッシュバック(118)は、共感を教える手法を開発し、それが攻撃に及ぼす効果をうまく検証している。手短に言えば、彼女は、初等学校の子どもに他者の視点を取り入れる方法を教えたのである。その子どもは、人々のさまざまな情動を見極める訓練を受け、さまざまな情動的色彩を持つ状況で他者の役割を演じ、そして、自分自身の感情を（集団になって）探ったのである。これらの「共感訓練活動」のおかげで、攻撃行動は有意に減少したのである。同じように、ジョージナ・ハンモックとデボラ・リチャードソン(119)は、共感が、極端な攻撃行為を犯すのを和らげるのに重要なものであることを実証している。この研究者たちが、大学生を、自分と同じ学生に電気ショックを与えるよう指示される状況に置いたとき、他者の感情への共感的関心を経験できるようになっていた学生は、あまり共感的でない学生ほどには、激しいショックを与えなかったのである。ケンイチ・オオブチ〔訳者注：大渕憲一〕とその共同研究者(120)は、日本の大学生で研究して、同様の結果を見出している。オオブチは、学習実験の一環として、学生に他の学生に対して電気ショックを与えるよう指示した。一つの条件では、ショックを受けるのに先立って、その犠牲者が自分自身について個人的なことを最初に打ち明けた――このようにして、共感を形成する扉を開けたのである。統制条件では、その犠牲者は自分を開示する機会を与えられなかった。開示条件の被験者は、非開示条件の被験者よりも、はるかに穏やかなショックを与えたのである。

共感を築くことに関する研究は、前に説明したコロンバインの大量殺人のような悲劇をなくし得ることを心強く示唆している。次の章では、攻撃と偏見に立ち向かうためのこの方略やその他の方略を詳しく見ていこう。

第7章

偏見

白人の警官が怒鳴った。「おい、こら、小僧。こっちに来い。」いささかむっとして、私は言い返した。「小僧なんかじゃないぞ。」すると、警官は私の方に突進してきて、真っ赤な顔で鼻息も荒く、仁王立ちになって言った。「何だと、小僧。」警官はすばやく私の所持品を改め、尋問を始めた。「なんて名だ、小僧。」恐くなった私は答えた。「プーサン。医者です。」彼は、腹立たしげに含み笑いをし、声を抑えた。「おまえのナマエを聞いているんだ、小僧。」私がぐずぐずしていると、彼は脅かすような姿勢を取り、げんこつを固めた。すっかり心臓が震え上がり、私は心底惨めな気持ちで呟いた。「アーヴィンです。」警官は、心理的な残忍さを剥き出しにしたまま、怒鳴った。「アーヴィン、次に俺が呼んだときにはすぐに飛んで来るんだぞ。おい、わかったか。わかったのか。」私はためらっていた。「俺の言うことがわかったのか、小僧。」(1)

もしこれがハリウッドだったら、ヒーローは抑圧者を殴り倒して、勝利を収めていただろう。しかし、一九七一年に、このがっかりするような経験が実際に起きたとき、プーサン博士は、屈辱を感じ、彼自身の言葉では「心理的に去勢されて」、すごすごと立ち去ったのである。無力や非力や怒りの感情は、絶えず偏見の標的にされていることの産物である。

今日では、ほとんどの人々は、プーサン博士のような話は昔の話だと思っている。現在では、どんな白人も、もし人種差別的、あるいは性差別的に振る舞えば、すぐにメディアが彼らにとりつき、抗議や訴訟が続き、そして必ず公の謝罪に終わると人々は信じている。二〇〇六年の秋に、共和党の上院議員候補ジョージ・アレンが、東インド系の若者を「マカク」(「サル」を意味する黒人への蔑称)と呼んだとき、報道で激しい非難が起きたが、おそらく彼が選挙に敗れたのはそのせいだったのだろう。数カ月後、経歴を危うくするような同様のエピソードがあり、コメディアンのマイケル・リチャーズ――人気のテレビ・シリーズ『となりのサインフェルド』の役で、ほとんどの人々にはクレイマーとして知られている――は、あるアフリカ系アメリカ人の男に聴衆の面前でやじられた後で、多くの人に一巻の終わりと言わせた舞台を演じた。ビデオ撮影されインターネットに投稿された怒鳴り合いの中で、リチャーズは、やじり男を何度も「黒んぼ《ニガー》」と呼んだのである。この話は広く報じられ、リチャーズはアレンと同じように、メディアで非難され冷笑された。それから間もなく、打ちひしがれやつれた顔のリチャーズが、全国ネットのテレビに現れ、アメリカに対して謝罪した。その翌日、彼は、「人種治療」を求めて黒人指導者アル・シャープトンとジェス・ジャクソンと合い、続いて、自分の「内なる悪魔」と対決するために心理カウンセリングを求めた。

疑いもなく、アメリカ社会ではここ二、三十年の間に重大な変化が生じている。差別を禁じる立法によって、女性やマイノリティ集団への機会の扉が開かれ、彼らは高等教育を利用できるようになり、さらに、法律や医療のような立派な職業に就けるようになっている——そして、二〇〇八年バラク・オバマの選出で頂点に至る、政治のような職業にも。疑いもなく、われわれの社会では、四十年、五十年前よりも、女性やマイノリティ集団に対する偏見がはるかに少なくなっている。次々と実施される調査によれば、女性、黒人、ゲイ、レズビアンなどのマイノリティ集団に対する偏見を持っていることを自認している人々の割合は、急激に低下してきている。(2) この潮流を示す指標を一つだけ挙げると、一九六三年には、われわれ白人市民の八十％もの人が、自分たちの近所にアフリカ系アメリカ人が移り住み始めたら、そこを出て行くだろうと言っていた。しかし、一九九七年までには、その数字はほぼ二十％にまで低下した。一九八七年には、調査を受けた白人アメリカ人で、黒人と白人が一緒にデートすることを容認できると言った人は半分に満たなかったが、そのたった十五年後には、四分の三を超える白人が同意したのである。(3)

一般の人々の態度は着実に改善していると言っても、それでもなお、偏見は、あまり目立たない多くのかたちをとって未だに残っており、人種間の調和の育成に向けた全般的な潮流から外れようとする厄介なものもある。具体的に言うと、最近になって、より強烈に自分たちの偏見を表す人種差別主義者が出てきたが、これはおそらく、人種的な発展の中での顕著な進歩に対する反動であろう。たとえば、オバマの選出に続いて憎悪集団《ヘイト・グループ》や憎悪犯罪《ヘイト・クライム》が急増したが、これは、アフリカ系アメリカ人の政治的勢力や人種的平等の進展に対する反感があることを示唆している。(4)

さて、この国の偏見について全体を見渡したところで、もっと詳細に見ていこう。偏見とは、いったい何か。どうやって生じるのか。どうやったら減らせるのか。

偏見とは何か

社会心理学者は、偏見をさまざまに定義してきたが、私は**偏見**を、誤った情報や不完全な情報から導かれる一般化にもとづいて、他と区別できる集団に対して形成される敵対的ないしは否定的な態度と定義する。偏見には、認知的成分（ある集団についてのステレオタイプや一連の信念）、情動的成分（その集団に対する嫌悪や積極的な敵意）、行動的成分（その集団を差別しようとする傾向）が含まれる。たとえば、ある人が黒人に対して偏見を持っていると言うとき、われわれが意味しているのは、その人が、二、三の例外を除いてすべての黒人はまったく同じようなものだと信じており、黒人が嫌いであり、黒人に対して敵意や偏りを持って行動するということである。古典的な著書『偏見の心理学』で、ゴードン・オルポートは、偏見に囚われた考え方の陰湿な性質を記述している。

X氏「ユダヤ人が厄介なのは、連中が自分たちの集団のことしか考えないということだ。」

Y氏「でも、共同募金運動の記録では、ユダヤ人は、非ユダヤ人よりも、人数の割には社会全体の慈善に気前よくお金を出しているじゃないか。」

X氏「それは、連中が歓心を買おう、キリスト教徒の問題に首を突っ込もうといつもしていることの現れだ。連中の頭には金のことしかないんだよ。だから、ユダヤ人の銀行家があんなに多いんだ。」

Y氏「だけど、最近の研究では、銀行業でのユダヤ人の占める割合は無視できるくらい小さくて、非ユダヤ人の割合よりも全然小さいというじゃないか。」

X氏「それ見ろ。奴らは立派な仕事に就かず、映画業界にいたりナイトクラブを経営したりしかしないんだ。」(5)

この会話は、定義を山と積むよりも、偏見の性質をはるかによく示している。偏見に囚われたX氏は、実質的には、「事実なんてどうでもいい。俺の心は決まっているんだ」と言っているのである。彼は、Y氏の示したデータを論破しようとしない。彼は、ユダヤ人に対する自分の憎しみを擁護するよう事実を捻じ曲げようとするか、事実を物ともせず弾き飛ばして、新たな攻撃に移るのである。深い偏見を抱いている人間は、自分の大切なステレオタイプと合わない情報にはほとんど影響を受けないのである。高名な法学者オリバー・ウェンデル・ホームズ・ジュニアはかつて、「偏見を持つ人を教育しようとすることは、目の瞳孔に光を照らすようなものだ――それは収縮する」と言った。非常に多くの実験の証拠がオルポートの考えを支持し、人々が自分の偏見と矛盾する事実で攻撃されても、彼らは自分の偏見を修正できないことを実証している。その代わりに、通常、彼らは心の中に新しい下位カテゴリー――「攻撃的な女性」「正直な弁護士」「教養のあるアフリカ系アメリカ人」など――を作り出し、彼らが一般的なステレオタイプとして学んできたものが正しくて、稀な例外である、それもおそらく「法則を証明する例外」であると自らに納得するのである。(6) このような反応によって、偏見はなくなりにくくなる。第4章で指摘したように、認知は保守的である。われわれは、われわれの信念が変わることに抵抗を示すのである。

偏見の性質のために、われわれは、個々人からその集団全体に一般化するようになる。中東紛争のテロリストと自爆者がすべて若い男性イスラム教徒(そして、稀に二、三の女性)だからといって、すべての男性イスラム教徒がテロリストということにならないことは、われわれには論理的にはわかっている。しかし、偏見の中心にあるステレオタイプ的なイメージは、しばしばとても強烈で、その論理的な思考を圧倒してしまうのである。

民族集団、国家集団、人種集団に対する偏見、われわれと性的志向が異なる人々に対する偏見、この国の特定の居住地域に対する偏見、または、ある種の食べ物に対する偏見でさえ、そのいずれであろうと、われわれの誰もがある程度の偏見を持っていると考えても、あながち無理ではない。食べ物を例に考えよう。われわれの文化では、ほとんどの人々は昆虫を食べない。もしY氏があなたに、芋虫やハサミムシは良質のタンパク質で、丁寧に料理すると非常においしいと言ったとしよう。あなたは、急いで家に帰ってそのフライを一皿作るだろうか。たぶんそうはしないだろう。あなたはおそらく、X氏のように、自分の偏見を守るための何か他の理由——ほとんどの昆虫は醜いという事実など——を見つけ出すだろう。結局、われわれの文化では、われわれは審美的に美しい生き物しか食べないのだ——ロブスターのような！

ゴードン・オルポートの本は、一九五四年に書かれた。X氏とY氏の会話は、今の読者には少々時代遅れのように映るかもしれない。人々は本当にこんなふうに考えるのだろうか。ユダヤ人の銀行家についての古くさい不正確なステレオタイプを信じるような、そんなに単純な人間がいるのだろうか。オルポートがその会話を書いてから約二十年後、似たような発言が、一般の民間人ではなく、当時、個人としては合衆国軍人の中でもっとも力のあった人物によって行われた。統合参謀本部議長のジョージ・S・ブラウン大将は、「議会におけるユダヤ人の影響」に関する公開演説の中で、次のように言った。「今や、彼らの影響は信じられないくらい強いのです……皆さん、彼らがこの国の銀行と新聞を所有しているのです。ユダヤ資本がどこに流れていくか考えてみて下さい。」(7) ニクソンのウォーターゲート事件のテープが公開されたとき、われわれは、リチャード・ニクソンと首席補佐官H・R・ホールドマンの間やニクソンとビリー・グラハム牧師の間の会話を聞く、なんとも怪しげな機会に恵まれたが、その中でわれわれの元大統領が、自分に共鳴する聞き手に対して、ユダヤ人に関する誤った意見や否定的な感情を同じように表していたのである。そして、二〇〇六年には、警察が人気俳優メル・ギブソンを飲酒運転で引っ張った。ギブソンは、自分を逮捕した警官がユダヤ人だと言いがかりをつけた後で、ユダヤ人に対する罵詈雑言満載の攻撃演説まで長々とやり、その中で彼は、「ユダヤ人はこの世界のすべての戦争に責任がある」と暴言を吐いたのである。

他の人々の偏見を独りよがりだというのは、とくにそれをわれわれが共有していないときには、簡単である。しかし、自分自身の偏見を理解するのははるかに難しい。科学者は客観的で公平であるように訓練されているが、その科学者でさえ、その時代に浸透している偏見の影響を受けることがある。ルイ・アガシーは、一九世紀の偉大なアメリカ人生物学者の一人であるが、神が黒人と白人を別の種として創造したと主張している。(8)カール・ピアソンはイギリスの著名な科学者で数学者であるが、一九二五年に、民族の違いに関する彼の研究を、「平均的に見て、どちらの性も、この外来のユダヤの人々は、在来の(イギリスの)人々よりも、身体的、精神的にやや劣っている」と述べて締め括っている。(9)そして、科学者たちは何世紀もの間、女性の脳は男性のそれに劣っていると主張してきた。一八七九年に、パリの社会心理学者ギュスターヴ・ル・ボンは書いた。「パリ市民のように、もっとも知的な人種において、脳の大きさがもっとも発達した男性の脳よりもゴリラの脳に近い女性が非常にたくさんいる。この劣等性は非常に明らかであるので、誰も一瞬たりともそれに異議を唱えることはできない。」(10)

これらの主張の中にあるバイアスは、すでに暴き出され誤りであることが証明されて久しいが、(10)(11)あまり目立たないバイアスは未だに残り、われわれ皆を悩ませることがある。性差別にかかわる私の個人的な例を挙げよう。この本の初版で、説得可能性の個人差について論じたとき、私は、女性が男性よりも「説得されやすい」ようだと指摘した。私自身が、アーヴィング・ジャニスとピーター・フィールド(12)によって一九五〇年代後半に実施された実験によって説得されていたということになるのだが、その実験は、男性が女性よりも議論の是非を評価する傾向があり、女性のほうが騙されやすいという私の偏りのある暗黙のステレオタイプを確証していたのだった。私の元学生の一人が、穏やかであるが断固として、ジャニスとフィールドの実験の欠点に私の目を向けさせてくれて初めて、私はその可能性があることに気付いたのである。その学生は、かつて知能テストが、意図せずして地方やスラム街の住民に不利に偏っていたのとまったく同じように、それも女性に不利に偏っていることを指摘してくれたのである。説得的議論の話題は、民間防衛、がん研究、第一次世界大戦のドイツ指導者フォン・ヒンデンブルクなどを含んでいた——これらの話題は、一九五〇年代には男性が関心を持つよう奨励されており、女性には、もっと「女性的な」問題が奨励されていたのである。その実験結果は、人々は自分に興味や知識のない話題では説得されやすいということを意味しているだけだということが私にはわかったのである。それどころか、私のこの推測は、フランク・シストランクとジョン・マクデイヴィッド(13)によるその後の一連の実験によって確証されている。彼らは、その研究で、通常は男性のほうが興味を持つ話題や、女性のほうの興味や専門に合う話題など、さまざまな話題を使用した。彼らの結果は、女性は男性向きの話題で説得されやすく、男性は伝統的に女性に向けられてきた話題で説得されやすいことを示していた。どちらの性も、自分にわからないことや関心のないことについては騙されやすいのである。

要するに、われわれは、偏見に囚われた社会の中で育ち、しばしば何気なくその偏見を受け入れているのである。われわれは、もし科学的データが、ある集団に関するわれわれの偏った信念やステレオタイプを支持すれば、そのデータを批判的に吟味することすらしないのである。

さまざまなかたちの偏見

ほとんどの人々は偏見について考えるとき、外に表れた行動――この章の冒頭の怒った警官の行動のような――を想像する。しかし、偏見には多くのかたちがある。きっと、あからさまで敵意剥き出しでもあり得るが、ほとんど目に見えないものもあり得る。意識的で意図的なものもあり得るが、非意識的で非意図的なものもあり得る。そして、これらの両極端の間のどこに落ちるものもあり得る。たとえば、イアン・エアーズ(14)は、一九九〇年代前半にシカゴ地域で九十の自動車ディーラーに黒人と白人の客を送り込んで、かなりの水準のバイアスを発見した。彼らは、注意深くリハーサルして、まったく同じにした方略を用いて、車（ディーラーにおよそ一万一〇〇〇ドルかかった車）の最低価格の交渉をさせたのだが、アフリカ系アメリカ人に対する――そして女性に対する――バイアスを見出した。白人男性の最終価格は平均して一万一三〇二ドル、白人女性は一万一五〇四ドル、アフリカ系アメリカ人男性は一万一七八三ドル、アフリカ系アメリカ人女性は一万二二三七ドルであった。しかし、このバイアスは、敵意のある、意識的で意図的なものだったのだろうか。われわれには確かなことはわからない。

二〇〇三年に、社会学者デバー・ペイジャー(15)は、ミルウォーキー地域で、身だしなみの良い話し方が上品な二人組の大学卒業者に同じ履歴書を持って、新入社員向けの求人広告を出した三百五十以上の雇用主を訪問させた。半数の応募者は白人で、半数はアフリカ系アメリカ人だった。それぞれの集団で、半数は、コカインの所持で十八カ月服役したことを応募書類に記入していた。質問はこうである。誰が二次面接に呼び戻されるだろうか。明らかに雇用主は白人応募者のほうを好んだ。きれいな履歴の白人は、きれいな履歴の黒人よりも三倍もよく呼び戻された。前科者の間では、雇用主は、白人を黒人よりも二倍よく呼び戻した。実に、雇用主は、前科のない黒人よりも白人前科者に対して、小さくはあるが好みを示すことさえしたのである。車のディーラーの場合と同じように、雇用主が、黒人応募者に対して憎しみを感じていたのかどうかを、あるいは、自分の判断のバイアスに気付いていたのかどうかを知ることは実際に不可能である。しかし、バイアスはそこにあり、黒人応募者には、それがかなり高くついたのである。

もっと最近の一連の実験(16)は、このようなバイアスは、苦境にある人々に対するわれわれの反応の仕方にも広がっていることを見出している。白人被験者は、ある人が転んでけがをするのを目撃したとき、その人が白人であれば黒人であるときよりも、よりよく反応する傾向があった（そして、より早く反応した）。その事故が些細なものであるときには、バイアスはなかった。どうしてこうなのだろうか。深刻な事故はより多くの接触とかかわりが必要になるので、多くの白人はかかわりになるのを嫌だと思い、そしてそれゆえに、長く接触しないですむ方法を見つけようとするのかもしれない。こうして、本当に助けが必要な人に駆け寄るというよりはむしろ、彼らは、その緊急事態が深刻なものではないと自分に言い聞かせる努力に余計な時間を使い、それで黒人の犠牲者を助けに行くのが遅れるように思われる。これと同じ研究では、黒人の被験者はこのバイアスを示さなかった。犠牲者の人種にかかわらず、彼らは同じくらい助け、その事故に同じくらい早く反応したのである。これは重要な人種の差である。少なくともこのような援助場面では、白人は黒人よりも、人種の垣根を超えたやりとりに対して微妙な感情を抱く傾向があるようである。

二〇〇五年八月、ニューオーリンズは、ハリケーン・カトリーナによって壊滅したが、それはアメリカ史上もっとも破壊的な自然災害であった。数日間、洪水に見舞われた都市の住民は、食料や飲料水などの生活必需品を入手できず自力で生きていく羽目になった。しかしながら、放棄された食料品店で生活必需品を何とか見つけた人々もいた。新聞は、ニューオーリンズの住民が、胸まで水に浸かって、これらの生活必需品でいっぱいにしたずっしりと重いヘフティ［訳者注：食糧・日用品のブランド］の買い物袋を引きずっている写真を掲載した。しかし、写真の下の説明文は、多くの場合、彼らの人種に応じてその行動に異なる特徴を与えていた。一つの写真の下には、白人たちが、生きるための生活必需品を「何とか見つけている」と書かれていた。もう一つの写真の下には、これとまったく同じことをしている黒人たちが「略奪している」と書かれてあった。

トーマス・ペティグルーとその共同研究者(17)を始め、多くの研究者は、私がちょうど説明したような間接的な偏見が、多くのアメリカ人が過去に示していた——そして、耐えていた——あからさまな偏見にほとんど取って代わってきていると信じている。今日、おそらく、ほとんどの人々は自分に偏見がないと思っており、多くの人々は、純粋に平等主義的な考えを持っている。それでも、彼らは、あからさまでないやり方で、マイノリティ集団のメンバーを差別し続けているかもしれない。

たとえば、一連の実験で、カール・ワードとその共同研究者(18)は、プリンストン大学の白人学生を訓練して、ある仕事の応募者たちの面接をさせた。面接者と黒人か白人の応募者とのやりとりの仕方に、とても大きな違いが現れた。応募者が黒人のときには、白人のときよりも、面接者は、無意識に少し離れて座り、言い間違えをたくさんし、二十五％も早く面接を終えたのである。

要するに、面接者は居心地が悪かったのである。あなたは、これによって、仕事の応募者の出来栄えに影響があったと思うだろうか。見てみよう。その実験の第二部で、ワードとその共同研究者は、面接者を訓練して、前の実験で面接者が白人応募者を扱ったのと同じ態度か、それとも黒人応募者を扱ったのと同じ態度で、白人学生を扱うようにさせた。実験者は、学生が面接を受けているところをビデオ撮影した。まったく別の判定者の評定によると、黒人応募者のように扱われた学生は、白人応募者のように扱われた学生よりも、より神経質になっており、あまり効果を上げられていなかったのである。この実験の結果は深い意味を持っている。敵意がないときでさえ、偏見は、知らぬ間に進み、重大な結果をもたらすことになるのである。

仮にあなたが仕事に応募しているとして、あなたの雇用主になるかもしれない人が、あなたがゲイ、ないしはレズビアンであるという事前情報を持っていたら、その人によってあなたはどう扱われるだろうか。彼らは、あなたを雇うのを拒むだろうか。彼らは、異性愛者を扱うよりも、あなたを扱うのに、あまり思いやりを持たないだろうか。答は、今のところ、いいえ《ノー》でもあり、はい《イエス》でもある。ミッシェル・ヘブルとその共同研究者[19]は、現場実験で、十六人の大学生（男性八人、女性八人）を訓練して、地元の小売店の仕事に応募させた。学生が、自分はゲイだと記入していた面接と、そうでない面接があった。やりとりを統一するために、「同性愛者」役でも「異性愛者」役でも、応募者は全員、同じようなジーンズとプルオーバーのジャケットを着て、同じように振る舞った。

研究者たちは、あからさまな差別の証拠は見出さなかった。「同性愛」の学生は、「異性愛」の学生と同じ頻度で、応募書類を記入でき、雇用主専用のお手洗いを借りることができ、二次面接に呼び戻されたのである。一方、（おそらく異性愛者の）雇用主が、自分がゲイだと思っている学生に面接しているときには、好意的な言葉が少なく、面接時間が短く、おしゃべりの言葉数が少なく、目を合わせることが少なかった。雇用主になるかもしれない人々の行動から明らかなことは、自分が異性愛者だと思っている人と一緒にいるときよりも、彼らは居心地が悪くよそよそしかったということである。微妙なかたちの偏見は、女性に対しても向けられている。ピーター・グリックとスーザン・フィスケ[20]は、性別の偏見の分析で興味深い区別を行っている。彼らは、十九カ国の一万五〇〇〇人の男女を研究して、二種類の性差別の証拠を見出している。一つは、彼らが**敵意の性差別**と呼ぶものであり、女性に対する積極的な嫌悪を反映している。もう一つは、彼らが**善意の性差別**と呼ぶものであり、女性に対して好意的に見えるが、実は恩着せがましいものである。敵意の性差別主義者は、女性は男性よりも劣っている（たとえば、女性はあまり知的ではない、あまり有能ではない、など）というステレオタイプ的な女性観を持っている。善意の性差別主義者は、ステレオタイプとしては肯定的な女性観（たとえば、女性は男性よりも暖かい、優しい、気配りする）を持っているが、グリックとフィスケによると、そのすべての下に、両方の性差別主義者とも、女性は弱く無能な性だという仮定を持っているのである。善意の性差別主義者は、女性を非現実的に理想化する傾向があり、素晴らしい料理人や母親として女性を崇め、女性が必要としていないのに女性を守りたがる。このように、敵意の性差別も善意の性差別も両方とも――それぞれ異なる理由ではあるが――女性に社会の伝統的な役割を押し付けるのを正当化するのに役立つのである。善意の性差別は、グリックとフィスケによれば、「とくにたちの悪い偏見」である。なぜなら、女性に対する敵意の色合いがなく、男性にとって「偏見」のようには思えない――そして、多くの女性にとってもそう思えない――からである。

偏見の正当化

われわれのほとんどは、通常、偏見は顰蹙を買うことがわかっているので、偏って見える言動をしないよう苦労する。しかし、自分が実際に感じていることを抑える努力は、精神的な負担になり得る。そのため、われわれの認知的資源が消耗しているときには――もし、われわれが疲れていたり、怒っていたり、ストレスを感じていたり、気が散っていたり、酔っ払っていたりすれば――、偏見が漏れ出すのである（メル・ギブソンのユダヤ人に対する酔っ払った攻撃演説は、その完璧な例である）。クリスチャン・クランダルとエイミー・エシェルマン(21)は、ほとんどの人々は、偏見を表したいという衝動と、他者の目だけでなく自分自身の目にも（偏屈な人間ではないという）肯定的な自己概念を維持したいという欲求との間の葛藤に苦しんでいると示唆している。しかしながら、偏見を抑えるにはエネルギーが要るが、われわれは精神的エネルギーを節約しようとするので、われわれの偏見を正当化しそれを表すことを許してくれる情報にはとくに惹き付けられるのかもしれない。いったんある集団を嫌うことを根拠をもって正当化できると、われわれは偏屈者だと感じることなく偏見を表すことができるのである――このようにして、認知的不協和を避けることができるのである。クランダルとエシュルマンが言っているように、「正当化は抑制を緩める、それは隠れ蓑になる、そして、それは平等主義の感覚と偏見のない自己イメージを守ってくれるのである。」

いくつかの例を考えてみよう。デイヴィット・フレイとサミュエル・ガートナー(22)は、黒人に対する白人の援助行動を検討している。彼らの研究が見出したことは、白人被験者は、白人学生と同じように黒人学生を援助しようとするが、それは、援助を必要としている人が十分な努力を示したときだけであるということである。白人大学生は、その学生が十分一生懸命に課題に取り組んでいないと信じさせられると、白人大学生の援助要請よりも黒人大学生の援助要請を拒絶する傾向があった。これらの発見は、人種差別主義は、それが簡単に合理化できるときに現れやすいことを示唆している。つまり、マイノリティ集団の人が自分では統制できない事情によって援助を要請しているのに、それを拒みながら、自分が偏屈者でないと感じたり見なしたりして正当化することは難しいだろう。しかし、援助を控えることがより妥当なときには——援助を求めている人が「怠け者」のときのように——人々は、心の底にある偏見をより自由に表すことができるのである。

あなたは、ゲイやレズビアンを嫌いで、異性愛者が享受するのと同じ権利を彼らに与えたくないと思っているが、公平な人間だという自己イメージを守りたいので、この感情や行為を抑えているとしよう。どうしたらあなたは、あなたの衝動を抑えるのに必要なエネルギーを使い果たさないですむだろうか。反同性愛の考えや感情を外に表すための正当化として、多くの人々は聖書を利用してきた。ある特定のレンズを通して聖書を読めば、反同性愛の立場は、ゲイやレズビアンを攻める戦いというよりはむしろ、「家族の価値」を守る戦いとして擁護できるのである。もしあなたがゲイに対して偏見を持っていれば、あなたは聖書の中に同性愛を非難する正当化を見出し、自分を善良な人間だと見なし続けることができる。しかし、もしあなたがゲイに対して偏見を持っていなければ、あなたには、聖書の中の慈悲と愛の説教は、同性愛を受け入れるための正当化に思えるのである。

われわれのバイアスを正当化する際に鍵となる要因は、ある人物がその状況を統制しているとわれわれが思うかどうかである。たとえば、反対のことを示すきわめて強力な証拠があるのにもかかわらず、多くの人々は、同性愛は、生まれつきの変えられない性向というよりはむしろ「ライフスタイルの選択」だと信じている。[23] どうして人々は、同性愛の生物学的な性質に関する証拠を無視するのだろうか。私の主張は、人々は、同性愛を選択と見なすことによって、自分の偏見が正当だと感じられ、それゆえに、同性婚や軍隊での平等の地位などのゲイの法的権利に自分が反対しても気が咎めない——そして、その間ずっと自分は公平だというイメージを維持できる——ということである。この立場は、太った人々に対する偏見に関する研究で支持されている。肥満はアメリカではありふれている。人口の二十五%以上が医学的に見て肥満だと考えられている。しかし、このように遍在しているのにもかかわらず、太った人々に対する寛大さは増えていないようである。この一つの理由は、体重は食事や運動でコントロールできるものだと人々が見なす傾向である。あなたの嫌な特徴があなた自身の責任ならば、私は、あなたを嫌うほうが良い気分になれる。結局、野菜ではなくポテトチップスを食べるのは、あなたが決めたことであり、ジョギングをしないでビデオゲームをするのは、あなたが決めたことなのである。

イーデン・キングとその共同研究者(24)による最近の実験では、一人の女性が、小売店に送り込まれ、店員とやりとりした。その半分の場合で、彼女は、衣服の下に「贅肉スーツ」を着て、肥満に見えるようにされていた。残りの半分の場合、彼女は平均的で健康な体重であった。これらの訪問で、彼女がダイエット・ソーダを飲んでいた場合と、ミルクセーキを飲んでいた場合とがあった。彼女が、太って見えたけれども体重を減らす意欲がある（ダイエット・ソーダ）と思われたときには、彼女が痩せていたときと同じように、店員は親切に対応した。ミルクセーキによって、彼女の肥満が彼女の選択に見えたときには、そうではなかった。店員は、あからさまな敵意で彼女に対応はしなかったが、あまり微笑まず、あまり目を合わせず、より無愛想で、あまり親切でない話し方をした。

偏見は諸刃の剣である。人々は、マイノリティ集団を不利に差別するだけでなく、ある特定の状況下では、マイノリティ集団に有利に差別することもあるだろう。たとえば、一連の巧みな実験で、ケント・ハーバー(25)は、白人大学生に、ある創作教室に登録した他の学生が書いたと思い込ませて、その下手なエッセイを読んで評価するよう求めた。半分の評価者は、そのエッセイの作者は黒人であると信じ込まされた。残りの評価者は、その作者は白人であると思っていた。黒人は物書きにあまり熟達していないというステレオタイプの性質を考慮すれば、この架空の黒人作者は不当に手厳しい評価を受けるだろうと予想できるが、これは事実ではなかった。その代わり、評価者は、黒人作者のエッセイの（客観的な技巧ではなく）主観的な内容について何か肯定的なことを言おうと無理をして努力していた。それに続く実験では、最初にマイノリティ集団に対する肯定的な態度を表すことのできた白人の教育実習生は、その後で、白人に与えた評価と同じくらい批判的な評価を黒人に与えた。しかし、最初に黒人に対する否定的な態度を表すよう微妙に「後押し」されていた実習生は、肯定的なバイアスを強く示したのである。

この問題を詳しく見ていこう。われわれが偏見を抱いているかもしれないという事実にもかかわらず、もしわれわれが自分自身を公平な平等主義者だと思いたければ、人種の垣根を越えてやりとりするときには、われわれは、偏見を持っていないように——自分自身にも他者にも——見えるよう無理をして努力するだろう。ジェニファー・リチェソンとニコール・シェルトン(26)による研究は、われわれがわれわれの偏見を抑える努力は、非常に負担がかかることを示唆している。リチェソンとシェルトンは、微妙な偏見測定法を利用して、大学生の反黒人主義の偏見の程度を確認し、低い偏見の学生と高い偏見の学生に、黒人か白人のサクラと短いやりとりをさせた。その会話の後で、被験者は、認知機能のテストを受けた。その結果は、偏見の反応を抑えることが、とくに高い偏見の被験者で、大きな負担となったことを示唆していた。

つまり、彼らは、白人のサクラとやりとりした場合と比較して、黒人のサクラとやりとりした場合には、認知能力テストの得点がはるかに悪かったのである。このように、偏見がないように見せたいというわれわれの欲求は、明らかに高くつく。偏見の標的にとっては、それは、異人種間の状況では正確な評価を受け取れないということを意味し得る。偏見を持っている人にとっては、それは、知的な思考を文字通り低下させる認知的な重荷になり得るのである。

ステレオタイプとその効果　偏見の核には、ある集団の人々全体に対する、特徴や動機や行動の一般化がある。こういった一般化は、ブラウン大将やリチャード・ニクソンやメル・ギブソンの例で明らかであるが、ステレオタイプ化と呼ばれる。ジャーナリストで政治評論家のウォルター・リップマンは、この用語を新しく作ったのだが、「そこにある」世界とステレオタイプ――われわれの頭の中にあって、われわれが目にする世界を解釈する手助けとなる小さな絵――とを区別した。**ステレオタイプ化**することは、これらの絵がわれわれの思考を支配することを許すことであり、われわれは、ある集団のメンバー間に実際にはばらつきがあるのにもかかわらず、同一の特徴をその集団のどの人にもあてはめるようになるのである。たとえば、黒人は生まれつきリズム感があるとか、ユダヤ人は物質主義的であるとか、女性は騙されやすいとかと信じることは、すべての黒人がダンスができ、すべてのユダヤ人が蓄財に余念がなく、すべての女性が批判的に考えることができないと想定することである。われわれは、非常に小さい年齢ですでに他の集団に特徴をあてはめるようになる。一つの研究(27)では、五年生と六年生の子どもに、人気や統率力や公平さなどのいくつかの特徴について、同級生を評定するように求めた。上流家庭の子どもは、下層家庭の子どもと比べて、すべての望ましい特徴で、より好意的に評価された。子どもは、同級生を個人ごとに評価できなかったようである。その代わりに、子どもは、同級生の社会階級によって彼らをステレオタイプ化したのである。

第4章でわれわれが見てきたように、ステレオタイプ化は必ずしも意図的な侮辱行為というわけではない。いつも否定的というわけでもない。むしろ、多くの場合、それは、われわれの複雑な社会的世界を組織化し単純化するための、われわれ人間が持っている手段にすぎず、われわれの誰もがそれを行っているのである。ステレオタイプ化が必然のものであるのは、われわれの進化上の祖先が、友人と敵、敵対部族のメンバーと友好部族のメンバーなどをすばやく分類できなければならなかったからである。それで、われわれが生き延びてきた遺産として、われわれの脳は、人種や年齢や性などの次元に沿って人々を自動的に無意識に即座に分類するよう神経が配線されているのである。われわれがこれらのステレオタイプについて考え、それらを表し、それらにもとづいて行動するときに、われわれが意識してそれらを信じているかどうかは、われわれ個々人の特徴や、われわれが置かれた状況によっておおよそ決まるが、本当に基本的な水準では、われわれは皆、ステレオタイプ的に思考するように配線されているのである。われわれは共通の文化を共有しているので、われわれのほとんどは、「フットボール選手」「コンピューターおたく」「大学教授」「高校チアリーダー」という言葉を聞けば、心の中で具体的な絵を描くことができる。ステレオタイプが経験にもとづいていて、とにかく正確である限りは、それは、複雑さを扱うための適応的で簡略な手段となり得るのである。

一方、ステレオタイプが、同じ分類の人々の中で個々人の違いをわれわれに見えなくさせれば、それは、非適応的で、危険を孕んでいる。ステレオタイプ化は、たとえそのステレオタイプが中立的であったり、肯定的ですらあったりしても、その標的にとっては有害であり得る。ユダヤ人に「野心性」、黒人に「生まれつきのリズム感」、ゲイに「芸術気質」という特徴を付けることは、(28) 必ずしも否定的なことではないが、集団のステレオタイプで判断されるのは、しばしば不公平で重荷になる。たとえば、アジア系アメリカ人の中には、「模範的マイノリティ」とステレオタイプ化されることに不平をかこつ人がいる。というのは、そのような非現実的な肯定的ステレオタイプが精神的重圧になるからである。ステレオタイプによる一般化は、その人から、良い特徴でも悪い特徴でも、その人自身の個人的特徴を備えた一人の個人として見られ扱われる権利を奪うようなものでさえあれば、侮辱的なものと言える。さらに、ステレオタイプは、人々の行動に関するわれわれの解釈の仕方を歪める。いったん誰かについて歪んだ見方をすれば、この歪んだ見方にもとづいて行動し、その人を偏ったやり方で扱うことになるのである。

たとえば、われわれの文化では、多くの白人は、黒人から暴力的な犯罪行動のイメージを連想する傾向がある。おそらく、これがまさに、ニューオーリンズのハリケーンの黒人犠牲者についての説明文を書いた人々に起こったことなのである。つまり、黒人についての一般的なステレオタイプが、彼らの見方に影響して、黒人に対する適切な描写として「略奪」を示唆したのである。同じ状況の白人に対しては、そうではなかったのだが。それで、もしわれわれがそのようなステレオタイプを抱いていて、黒人に出会ったとすれば、われわれの考えは、われわれの頭に不意に現れる連想によって汚されることになる。たとえば、バート・ダンカン(29) は、人々に黒人と白人が議論している映画を見せた。その映画の中で、二人のうちの一方が他方を押した。ダンカンは、人々が、どちらが押したかによって、その押しをまったく異なって解釈することを見出した。黒人が白人を押したときには、彼らは、それを攻撃と見なす傾向があった。白人が黒人を押したときには、彼らは、それを冗談と見なす傾向があった。このバイアス――同じ身振りを黒人がすると、それをより暴力的だと見なすこと――は、映画を視聴して解釈した人々が自分自身黒人であっても現れた。われわれは皆同じ文化に属しているので、われわれは皆共通のステレオタイプのイメージにどっぷり浸かっている――こうして、しばしばわれわれは無意識に同じバイアスに陥りやすいのである。それが、自分自身の集団に不利なバイアスでもそうである。

ステレオタイプ化の一つの影響は、われわれが人々について判断をするとき、われわれは、ステレオタイプに合わない情報をしばしば無視したり軽視したりするということである。たとえば、受刑者が仮釈放の審理に現れると、保護観察官は、多くの要因――犯罪の深刻さ、受刑者の生活環境、服役中の品行など――を考慮することになっている。というのは、このような考慮によって、誰が仮釈放後に再び罪を犯すかどうかが予測できるからである。しかし、人種的ステレオタイプや民族的ステレオタイプが、そういった情報を上回ることになるのである。ガレン・ボーデンハウゼンとロバート・ワイヤー(30)は、大学生に、仮釈放の時期を迎えた架空の囚人のファイルを読み、その中の情報を使って、仮釈放すべきかどうかの決定を下すように求めた。犯罪が犯罪者と「合致」していた場合があった――たとえば、「カルロス・ラミレス」というラテン系アメリカ人が暴行と殴打を働いたような場合、あるいは、上層階級のアングロ・サクソン人「アシュリー・チェンバレン」が何千ドルもの横領を働いたような場合であった。犯罪がステレオタイプと一致していなかった場合もあった。囚人の犯罪が、学生が抱いていたステレオタイプと一致したときには、学生は、他の関連情報――刑務所での品行など――を見過ごしやすく、仮釈放を却下する理由をより厳しいものにした。

ボーデンハウゼンとワイヤーの被験者のいったい何人が、実際に、ラテン系アメリカ人に暴行されたり、あるいは、アングロ・サクソン人の横領者のために金銭的損失を被ったりしただろうか。たとえあったとしてもほとんどないだろう――というのは、たいていのステレオタイプは、しっかりした経験にもとづくものではなく、むしろ伝聞や、マスメディアによって広められたイメージや、われわれ自身の偏見や残忍さを正当化しようとしてわれわれの頭の中で作り上げられたイメージにもとづいているのである。黒人やラテン系アメリカ人を愚かで危険であると見なすことは、彼らから教育を奪い去ったり、彼らの仮釈放を却下したりするのを正当化するための有効な手段になり得るし、女性を家事労働に生物学的に向いていると見なすことは、男性支配社会が女性を電気掃除機に縛り付けておきたいとするならば、有効な手段となる。同様に、下層階級出身の人間を怠惰で愚かで犯罪行動に走りやすいと見なすのは、彼らに単純作業を最低賃金でやらせるのを正当化したり、彼らを中流階級の居住地区から閉め出しておいたりするためには、有効なやり方である。ジョン・ヨーストとマーザリン・バナジ(31)が主張しているように、否定的なステレオタイプは、気分を安らげることができる。つまり、否定的なステレオタイプは、われわれが、頂点と底辺にそれぞれ人々がいるという不公平なシステムを正当化するのに役立つのである。さらに——そして少し逆説的ではあるが——そのシステムが不公平な扱いをしている人々もまた、このシステムを正当化するステレオタイプを支持することがあるのである。（第5章の）ジャック・ブレームの実験で、ホウレンソウをしばしば食べなければならないことがわかった不幸な子どもが、ホウレンソウに対する気持ちを合わせていったのと同じように、人々はしばしば不公平なシステムに合わせていくのである。このシステムは公平であり、底辺の人々は——自分自身でさえ——当然の報いを受けているのだと、自らに言い聞かせることによって。

こういったバイアスのある考え方は、毎日の生活で有害な影響をもたらすことになる。一つの顕著な例を挙げると、チャールズ・ボンドとその共同研究者(32)は、白人のスタッフだけで運営されている精神病院で、黒人の患者と白人の患者の取り扱いを比較した。彼らの研究では、彼らは、患者による暴力行動があったときにそれを処理するためにスタッフが利用するもっとも一般的な二つの方法に着目した。それらは、その人を「反省」室に隔離する方法と、その人を拘束衣で縛り、その後で鎮静剤を与える方法である。八十五日間の病院記録を検討したところ、より厳しい方法——身体的拘束と鎮静剤の投与——は、黒人の患者に対して、白人の患者のほぼ四倍用いられていることが明らかになった。黒人と白人が犯す暴力的な事件の数にほとんど差がないのにもかかわらずそうであった。さらに、この差別的な取り扱いは、平均すると、黒人の患者のほうが最初の入院時に白人の患者よりも暴力性が低いと診断されていたのにもかかわらず、行われていたのである。幸運なことに、時が経つにつれて、スタッフは黒人と白人の患者を平等に扱うようになり、病院での最初の一カ月の後には、黒人に対する拘束の使用は急激に低下したのである。(*)

人々がステレオタイプのせいで早まったことをしながら、自分

(*)　明らかに、黒人患者が病院に来て比較的早いうちは、集団としての黒人に対するステレオタイプ化と偏見が働いていた。しかし、その後で、白人のスタッフと特定の黒人患者との親密さが増すにつれて、その人に対する偏見にもとづく行動は低減したのである。したがって、この研究は、人種間での接触が長くなることに伴って生まれる親密さが不公平なステレオタイプ化を低減させ、個人的な特徴を認識させる道を拓くという可能性を示している。しかし、この後で見るように、人種間の接触は、それ自体では、根深いステレオタイプや偏屈さを打ち破るのに、たいがいは不十分である。

が間違えていたことに気付く時間も機会もなければ、その結果は、悲惨なものに——命取りにすら——なることがある。一九九九年に、アマドゥ・ディアーロという名前の二十三歳の黒人が、ニューヨーク市のブロンクス地区の自分のアパートの近くに立っていたとき、覆面パトカーで通りかかった四人の私服警官に目をつけられた。ディアーロは、警察が追っていた連続レイプ犯の特徴に合っていたので、警官は彼に近づいた。ディアーロは、驚きおののいて、止まれ、手を上げろという警官の命令に見向きもしないで、彼のアパートの階段を駆け上った。それから、ディアーロはポケットに手を伸ばし、ある物を出した。警官の一人が「銃だ！」と叫び、彼と彼の仲間の警官が発砲し始め、雨あられの銃弾でディアーロを殺害した。彼らは、ディアーロが彼らの追っていた人物でなかったことを知ったが、すでに遅過ぎた。彼がポケットから出した「銃」は、財布だったことがわかった。彼は身分証明書を見せようとしていたのである。悲しいことに、無実の黒人男性に対する警官の発砲事件が、それ以降もたくさん起きている。(33)

ジョシュア・コレルとその共同研究者(34)は、黒人容疑者や白人容疑者と直面してすばやい決定をしなければならない警察官の体験を再現する実験を計画した。参加者が容疑者を撃つかどうか即座に決定しなければならない、リアルなビデオゲームを利用して、研究者たちは、参加者が、武器を持った白人容疑者よりも武器を持った黒人容疑者をすばやく撃つことを見出した。彼らはまた、携帯電話を持っているだけの男が白人のときよりも黒人のときにすばやく撃った。興味深いことに、この結果は、白人参加者だけでなく黒人参加者でもちょうど同じ強さであった。もし普通の市民が、黒人が暴力的だというステレオタイプを持っていれば、それは不幸なことである。もしその普通の市民が偶然にでも警察官であれば、その結果は悲劇的なものになり得るのである。

ステレオタイプと帰属　ステレオタイプ化は、特殊なかたちの帰属である。第4章で見てきたように、もしある人がある行為をしたら、観察者は、その原因について推論するだろう。たとえば、もしあなたのひいきのフットボール・チームのタイトエンドが簡単なパスを落としたとしたら、多くの説明が可能である。おそらく、太陽の光が彼の目に入ったのかもしれない。子どもの病気のことを心配して、気が散ったのかもしれない。彼は別のチームに賭けていたので、わざとボールを落としたのだろう。あるいは、たまたま才能に恵まれない選手だった可能性もある。このタイトエンドの取り損ないの原因について、上で述べた帰属のそれぞれが、非常に異なる成り行きになることに注目してほしい。彼が別のチームに賭けていたのではなく、子どもの病気を心配していたのだとしたら、あなたは彼について違った感情を抱くことになるだろう。

ご存じのように、他者の行動の原因を見出そうとするわれわれの欲求は、人間に不可欠な傾向であり、それは与えられた情報を越えようとする。これは、しばしば機能を果たす。あなたが、友人の誰もいない見知らぬ町に引っ越してきたばかりで、非常に孤独を感じているとしよう。すると、ドアをノックする人がいる。それは、隣人のジョーで、彼は握手をして隣にあなたが引っ越してきたことを歓迎する。あなたは、彼を招き入れる。彼は二十分ほど居て、その間、あなたと彼は楽しい会話を交わす。あなたは良い友人を見つけたかも知れないと思って、とても気持ちが良い。彼が帰り際に「ああそうだ、ところでもし君が何か保険が必要だったら、僕はたまたまその仕事をしているので、喜んで相談に乗るよ」と言って、名刺を渡す。ジョーは、たまたま保険のセールスをしているあなたの友人なのだろうか、それとも、あなたに保険を売りつけるために友だちの振りをしているのだろうか。これを見分けるのは重要である。というのは、彼との関係を続けるべきかどうか、あなたは決めなければならないからだ。繰り返すが、帰属をするときには、人は与えられた情報を越えなければならないのである。われわれはなぜタイトエンドがパスを落としたのか知らない。ジョーの親切な行動の動機を知らない。われわれは推測しているにすぎないのだ。われわれの原因帰属は正しいかもしれないし、誤っているかもしれない。機能を果たすかもしれないし、果たさないかもしれない。

曖昧な状況では、人々は自分の偏見と一致するような帰属を行う傾向がある。トーマス・ペティグルーは、これを**究極的な帰属のエラー**と呼んだ。(35) もしビゴット氏〔訳者注：偏屈氏〕が、身なりの良いアングロ・サクソンのプロテスタントの男性が水曜日の午後三時、公園のベンチで日なたぼっこをしているのを見たとしても、彼は何とも思わないだろう。しかしもし身なりの良い黒人の男性が同じことをしているのを見たとしたら、その黒人が失業中であるとの結論に飛びつきやすいだろう——そしてビゴット氏は、その怠惰なごくつぶしに高級な洋服を着させるだけの福祉補助金を出すために、彼の汗水流して稼いだお金から税金が取られているのだと思って、激怒しやすいだろう。もしビゴット氏がアングロ氏の家の前を通り過ぎ、ごみ箱がひっくり返りごみが散らばっているのを見たとしたら、野良犬が食べ物を探していたのだと結論しやすいだろう。しかし、もしラティーノ氏の家の前を通り過ぎて同じことを目撃したならば、彼はいらいらして、「この連中はブタのような生活をしている」と考えやすいだろう。偏見は、彼が行う帰属と結論に影響するだけではなく、その誤った結論が彼の否定的な感情を正当化し、強化するのである。このように、帰属の過程の全体が螺旋状になり得るのである。偏見がある種の否定的な帰属やステレオタイプを生み出し、今度はそれらが偏見を強化することになるのである。

たとえば、もし人々が女性に対して偏見を抱いており、たとえば、生まれつき女性は男性よりも無能で非力だと信じているとすれば、ある女性が困難な課題をうまくこなしたとき、彼らはその事実をどう解釈するだろうか。一九九六年に、ジャネット・スイムとローレンカ・サンナ(36)は、五十以上の実験を丹念に分析し、際立って一貫した性の影響を見出している。すなわち、もし男性がある課題に成功すると、観察者は、彼の成功を能力のおかげにする傾向があったが、もし女性がその同じ課題で成功すると、観察者は、彼女の成功を大変な努力のおかげにする傾向があった。もし男性がある課題で失敗すると、観察者は、彼の失敗を不運か、それとも努力不足のせいにする傾向があったが、もし女性が失敗すると、観察者は、その課題が彼女の能力水準からみて難し過ぎただけだ――彼女は「必要な才能を持って」いなかったのだ――と思ったのである。この偏見は、しばしば微妙なかたちで幼い子どもにさえ伝わっていく。一つの研究で、ジャニス・ジェイコブズとジャクリーン・エクルズ(37)は、性ステレオタイプに関する母親の信念が、自分の十一歳と十二歳の息子と娘の能力の自分の見方に、どのような影響を与えているかを検討した。性についてもっとも強いステレオタイプ的信念を持っていた母親は、自分自身の娘も算数の能力が比較的低く、自分自身の息子も算数の能力が比較的高いと信じていたのである。全般的にステレオタイプ的な信念を持っていなかった母親は、自分の娘が自分の息子よりも算数ができないとは思っていなかった。これらの信念は、今度は、子どもの信念に影響を与えていた。強い性ステレオタイプを持った女性の娘は、自分が算数の能力を持っていないと信じていた。強い性ステレオタイプを持っていない女性の娘は、そのような自滅的な信念を示さなかったのである。

ステレオタイプ化と帰属のこの現象は、ある興味深い成り行きを示す。ある男性テニス選手が、三セットマッチの第一セットを六対二のスコアで失ったとしよう。彼はどういう結論を下すだろうか。おそらく、自分はあまり真剣にプレイしなかったのだ、あるいは、不運だったのだ――何と言ったって、相手には、あの信じられない好運なショットの連続があったではないか、と。今度は、ある女性選手が第一セットを失ったとしよう。彼女はなんと結論付けるだろうか。彼女は、自分が相手ほど技術がないと考えるかもしれない――何と言ったって、自分は六対二で負けたのだから。ここからが面白いところである。選手が第一セットでの失敗をどのように帰属するかによって、続くセットでの成功がある程度は決まるかもしれない。すなわち、男性は追い上げるようがんばって、残り二セットを取りゲームに勝つかもしれない。しかし、女性はあきらめてしまい、第二セットを失いゲームに負けるかもしれない。事実、これは実際に起こっていることのようである。この現象の組織的な研究(38)で、一万九三〇〇のテニスの試合の結果が検討された。選手が第一セットを失った試合で、男性は女性よりも盛り返して、第二、第三セットを取る傾向が大きかったのである。一方、女性は、ストレートで試合に負ける傾向があった。この現象は、プロのテニス選手の間でさえ起こっている。彼らは、自分に技術と能力があると思っているはずなのだが。

　マーリーン・ターナーとアンソニー・プラトカニスは、この自滅的な自己帰属の考えをもう一歩進めて、仕事での女性の採用のされ方によって、その女性に否定的な帰属が生じ、それによって、その仕事での実際の業績が低下し得ることを実証した。具体的に言うと、ターナーとプラトカニスは、差別是正措置計画《アファーマティヴ・アクション》の不幸な副産物の可能性について研究することに興味を持ったのである。差別是正措置計画は、それまでは上級職への応募で軽んじられてきた有能な女性のための雇用機会を作り出したので、全般的には有益であった。不幸なことに、不都合な点もあり得るのである。これらの計画の中には、有能な女性が採用されたのは、その才能のおかげでなくむしろ女性だからだという勘違いを生み出すことによって、その有能な女性に無意識のうちに汚名を着せるものがあったのである。これに巻き込まれた女性には、どのような影響があるのだろうか。ターナーとプラトカニス(39)による十分に統制された実験では、自分が採用されたのは、女性をもっと雇わなければならなかったからだと信じ込まされた女性と、難しいテストを受けさせられ、その成績が良かったので採用されたと告げられた女性がいた。（長所ではなく）性のおかげで採用されたと告げられた女性は、その後で、自分自身の能力を過小評価した。さらに、彼らは、言いわけをあらかじめ用意する《セルフ・ハンディキャッピング》行動をしがちであった。すなわち、自分が性のおかげで採用されたと信じていた女性は、能力のおかげで採用されたと信じていた女性ほどには、大きな努力を必要とする仕事で、あまり一生懸命努力をしなかったのである。

自己成就的予言

　われわれは毎日、ありとあらゆる種類の人々――男性、女性、若者、老人、黒人、白人、アジア人、ラテン系アメリカ人、異性愛者、ゲイ、レズビアン、太った人、痩せた人、男性イスラム教徒、カトリック教徒、ユダヤ教徒、等々――とやりとりしている。彼らがどういう人々かについてのわれわれの先入観は、われわれの行動にしばしば影響を与え、われわれが期待した通りの特徴や行動を彼らから引き出してしまう。この現象は、自己成就的予言として知られている。さて、それがどう働くかである。たとえば、あなたと私が以前に会ったことはないが、互いの友人からあなたは冷淡で、よそよそしく、堅苦しい人間だと私が警告を受けているとしよう。実際にあなたに会うと、私は距離を置き、あなたを活発な会話に一生懸命引き込もうとはしないだろう。ここで、実際にはあなたが普段は暖かく外向的な人間だとしよう。私の行動のために、あなたは自分が本来どのくらい素敵かを示す機会がないだろう。私のよそよそしさに対して、あなたはおそらく距離を置き、そして、あなたに対する私の扱いに対するあなたの当然の反応によって、あなたは冷たく無愛想な人間だという私の期待が確証されることになるだろう。

もちろんこれは、「信念が現実を作り出す」という多くの状況のほんの一例にすぎない。(40) われわれが、他の人々について強い信念やステレオタイプを持っているときには、彼らに対するわれわれの行為は、しばしば彼らに、われわれの思い込みを確証するような行動をとらせてしまうのである。社会学者ロバート・マートンが書いているように、この自己成就的予言は「エラー政治」を生み出し、持続させる。(41) もし人々が、女性は数学が苦手で感情的になりやすいというステレオタイプを、黒人は怠惰で愚かだというステレオタイプを持っているならば、人々は彼らをそのように扱い、そして、知らず知らずのうちに、こうしたステレオタイプを連想させる、まさにその行動や特徴を引き出してしまうかもしれない。人々は、「ほら見ろ。この連中は私が思った通りの人間なんだ」と思ってしまうのである。

もちろん、われわれのすべてが他の集団のメンバーに対する堅固なステレオタイプを持っているわけではない。われわれはしばしば、ほんの暫定的に社会的信念を受け入れるのであり、それが正しいかどうかを見極めようと努力している。しばしば、われわれは、社会的なやりとりを通して、他の人々がどういう人間かについてのわれわれの仮説を検証する。しかし、われわれが仮説を検証するための方略には落とし穴が潜んでいるのである。なぜなら、他の人々についてのわれわれの仮説を検証するのに使う方略は、たとえ仮説そのものが誤っている場合でも、仮説を確証する証拠を生み出すことがあるからである。マーク・スナイダーとウィリアム・スワンによる実験を（第4章から）思い出してほしい。これらの実験の一つでは、人々は、ある人物が外向型のプロフィールに合っているという仮説を検証するように求められると、「外向的な」質問（たとえば、「パーティーを盛り上げるためにどうしますか」）を選んだ。彼らが、その人物が内向型のプロフィールに合っているという仮説を検証するよう求められると、「内向的な」質問（たとえば、「どのような要因が、あなたを他の人々に心から打ち解けにくくしていますか」）を選んだのである。ご存じのように、スナイダーとスワン(42) は、その質問の性質が反応を決めさせることを見出した。すなわち、とくに外向的でも内向的でもない人々が、前者のような質問に答えれば外向的に見えるし、後者のような質問に答えれば内向的に見えるだろう。

以上の諸研究の結果をまとめて考えると、なぜステレオタイプが変化しにくいのかが容易に理解できる。われわれは、他の人々について信念を持っているとき、自己成就的予言によって、自らの期待に沿うような社会的現実を作り出すのである。たとえば、もしわれわれが女性は男性よりも「感情的」だと信じていれば、そのステレオタイプを確証する事例には気付きやすく思い出しやすく、男性が怒りでわめき散らしたり、フットボールの試合に大喜びしたりするのを目にする回数を数えない――そして、女性の最高経営責任者や政治家や客室乗務員が感情を胸に秘めておく回数を数えそうにないだろう。そして、たとえわれわれが広い心を持って、自分の信念の正しさを検証しようとしても、われわれはしばしば知らず知らずのうちに、この信念を――たとえその信念が誤ったものでも――確証するための「検証」方略を利用するのである。

ステレオタイプ脅威　われわれの文化の中にステレオタイプが存在するだけで生じる自己成就的予言の一つの結果は、否定的なステレオタイプの標的にされている人々が、このステレオタイプを反証しようとして――皮肉にも――それを確証することになるということである。一つの顕著な例を浮き彫りにしよう。一言で言えば、大学生の場合、黒人と白人の間に学業成績に大きな隔たりがある。この現象は、さまざまな歴史的、社会的説明が可能であるが、クロード・スティールとジョシュア・アロンソン(43)は、それらの説明では、次の事実が理解できないと主張している。それは、黒人と白人の間の学校の成績の隔たりが、準備（以前の成績や試験の得点で測定された）がよくできている人々でも、準備があまりできていない人々と同じくらいの大きさであるという事実である。つまり、何かが働いているために、聡明で、やる気があり、十分に準備ができている黒人学生でさえも、同程度の能力で同程度の準備をした白人学生と同じような成績をとることができないのである。

この問題に取り組んで、スティールとアロンソンは、この原因となる大きな要因は、「知的に劣っている」という既存の否定的なステレオタイプを確証することになるかもしれないという黒人たちの間の不安にかかわっていると考えている。スティールとアロンソンは、この不安を**ステレオタイプ脅威**と名付けた。彼らは、不安という余計な重荷が、標準試験での学生の遂行能力を実際に阻害すると考えている。一つの実験で、彼らは、黒人と白人の大学生に個別に難しい言語試験（大学院進学適正試験）を実施した。学生の半分は、研究者が、彼らの知的能力を測定することに関心を持っていると信じ込まされた。残りの半分は、研究者は単にその試験を検証しているだけだ――つまり、研究者は彼らを評価することには興味がない――と信じ込まされていた。

結果は明確であった。白人学生は、その試験が彼らの知性を測定していると信じ込まされるかどうかにかかわりなく、同じくらいの成績を上げた。しかし、黒人学生は、その試験がどう説明されたかによって大きな影響を受けた。すなわち、その状況が評価的な色彩を帯びると、彼らの心の中にステレオタイプが浮かび上がり、彼らは不安になった――そして、彼らは、その試験が彼らを評価するものではないと信じ込まされていた人よりほぼ半分の成績しか上げられなかったのである。ステレオタイプの力とはこのようなものである。人々が、自分自身や自分の集団についての悪い評判を確証してしまうかもしれないと考えると、その結果として生じる不安によって、彼らの遂行が阻害されることになるのである。

ステレオタイプ脅威の影響は、アフリカ系アメリカ人に対してだけではない。研究者たちは、数学の問題に取り組む女性や言語能力の試験に取り組むラテン系アメリカ人などの他の集団でも同じような結果を見出している――なぜなら、ステレオタイプは、数学で女性を男性よりも劣るものとして、そして、言語能力でラテン系アメリカ人をアングロ・サクソン系アメリカ人よりも劣るものとして描いているからである。実際に、スティールとアロンソンは、他の集団よりも劣っているとステレオタイプ化されている集団であればどんな集団でも、かなりのステレオタイプ脅威を経験することになると主張している。これは、あらゆる客観的な基準から見て、その関連領域で秀でている集団に対してさえも生じ得る。たとえば、ジョシュア・アロンソンとその共同研究者(44)は、工学専攻の白人男性で、大学進学適性試験の数学で全員がほぼ満点を取っていた人々に、難しい数学の試験を実施した。試験の前に、彼らは、その試験が数学能力を測定するものであると告げられた。さらに、彼らの半分は、ステレオタイプ脅威に直面させられた。すなわち、実験者が、自分はなぜアジア人が数学能力に秀でていそうなのかを解明しようとしていると告げたのである。この集団は、その試験で劇的に悪い成績を収めた。つまり、これは、ステレオタイプ脅威が状況によって決まることを浮き彫りにした発見である。この工学専攻の白人に突き付けられた異国にいるような状況――優秀そうな集団との嬉しくない比較――は、黒人やラテン系アメリカ人にとっては日常である。彼らは、人種統合された学校場面では、そのような比較と日々闘っているのである。このように明らかに聡明で才能のある工学専攻の学生がステレオタイプ脅威に直面すると、試験成績が低迷してしまうという事実を考えれば、われわれは、黒人やラテン系アメリカ人の成績の悪さは彼らの能力不足の表れだと何気なく思い込んでいることについて、もう一度よく考えてみるべきだろう。

明敏な読者は知りたいだろう。われわれが、ステレオタイプ化された複数の集団に所属していると――われわれのほとんど全員がそうなのだが――、どうなるだろうか。私は白人男性であるが、たとえば、教授でも、カリフォルニア住民でも、高齢者等々でもある。これらの「社会的アイデンティティ」のどれもが、私が置かれた状況によってどのアイデンティティが際立ち重要になるかによって、私の行動や遂行――あるいは、私自身についてどう感じるか――に異なる意味を持つようになる。洗練された実験で、マーガレット・シーとその共同研究者(45)は、アジア人女性に数学の試験を実施することを通して、この複数の社会的アイデンティティがステレオタイプ脅威と関連していることを実証している。

試験を受ける前に、女性は、性アイデンティティかアジア人アイデンティティのどちらかを遠まわしに思い出させられた。このどちらもが、数学の成績についてまったく異なるステレオタイプ的な意味を持っている（アジア人は、とくに数学ができるという良い評判だが、女性は、それほどできないという悪い評判である）。数学の試験での女性の成績は、これらのステレオタイプの力を実証した。彼女らは、自分自身をアジア人と考えるようプライミングされたときに、成績が良かったのである。

この研究は良い知らせである。もし、否定的なステレオタイプについて考えるだけで、あなたの試験の成績が下がることになるのであれば、そのステレオタイプに対抗するような別の考えは、それを上げることができるはずである。たとえば、マシュー・マクグローンとジョシュア・アロンソン(46)は、最近の実験の一つの条件で、簡単なことをしている。つまり、彼らは、男性と女性の受験者に、空間能力に関する難しい試験を受けさせる前に、彼らが立派な大学の立派な学生だということを思い出させたのである。統制条件では、受験者は、「北東部の住民」だという事実だけを思い出させられて、男性と女性の成績に隔たりがあったのだが、実験条件のほうの注意は、この隔たりを完全になくすのに十分であった。私は立派な学生だという考えは、女性は数学が苦手だというステレオタイプにうまく対抗できたのである。同様の結果は、低所得者層の七年生の中学校卒業試験でも見出されている。研究は、その他の抗ステレオタイプ的な考えによって成績が上がることも示している。たとえば、黒人の受験者は、そのステレオタイプ化された集団の中の成功した役割モデル——偉大な黒人知識人W・E・B・デュボイス、著名な黒人宇宙物理学者ニール・ドグラス・タイソン、あるいは、黒人試験官でも——のイメージや思想に触れると、試験の間に彼らが経験する余計な重荷から解き放たれ得る。(47)同様に、学生に、彼らの能力が固定的なものではなくむしろ向上し得るものだということや、(48)あるいは、標準試験ではステレオタイプ化された集団のメンバーは不安になるのが普通だということですら、(49)それらを思い出させると、試験の不安が下がり、試験の得点が上がるのである。

犠牲者を責める

偏見を経験したことのない人々にとって、偏見の標的となることがどのようなものであるか、十分に理解することは必ずしも容易ではない。優勢なマジョリティ集団の中の比較的不安のないメンバーにとって、共感することはなかなか容易ではない。彼らは、同情し、そうでなかったらよいのにと望むかもしれない。しかし、自分を正しいと見なす気持ちの一端がどうしても彼らの態度の中に忍び込み、それが犠牲者に責任を負わせる傾向を生み出すかもしれないのである。これは、「そうなっても当然の評判」というかたちをとるかもしれない。このような具合である。「もしユダヤ人が彼らの歴史を通じてずっと犠牲者となってきたのだとしたら、彼らは何か悪いことをしてきたに違いない」、あるいは、「もし彼女がレイプされたのだとしたら、彼女は何か挑発するようなことをしていたに違いない」、あるいはまた、「もしあの連中（黒人、ラテン系アメリカ人、アメリカインディアン、同性愛者）がトラブルに巻き込まれたくないのだったら、どうして連中は……（新聞の大見出しに載らないようにする、口を閉ざす、彼らが望まれていないところに出て行かない、等々）しないのだろう。」このように言うことは、マジョリティ集団に設けられている基準よりももっと厳しい基準に外集団は従うべきだ、と言っているのと同じなのである。

皮肉なことに、犠牲者にその犠牲の責任を負わせ、彼らの苦境を彼ら自身の性格や無力のせいにすることは、しばしば、この世界が公平で公正だと思いたいという欲求によって生じている。メルヴィン・ラーナーとその共同研究者(50)が示したように、人々には、どんな不公平な結果についてでも他に説明のしようがない場合、それを個人の責任にする傾向がある。たとえば、二人の人間が同一の課題で同じくらい一生懸命取り組むが、コイン投げの結果、一人が大きな報酬を受け取り、もう一人が何も得られないような場合、ほとんどの観察者は、その不運な人のほうの取り組みが不足していると評価するだろう。同様に、貧しい失業者に対する否定的な態度——自分自身の窮状は自分に責任があるとすることも含めて——は、この世界が公正な場所であるともっとも強く信じている人々の間でとくによく見られる。(51)同一の労働に対する同一の賃金または基本的な生活必需品など、人々が手にできて当然のもの、必要なものを、自分自身の落度は何もないのにもかかわらず奪われるようなことが起こり得る世界に、われわれが住んでいるのだと考えるのは、疑いもなく恐ろしいことである。さらに、もし六百万人のユダヤ人が明らかな理由もないのに死に追いやられるとすると、彼らがそのような扱いを受けるに値するだけの何かをしたのだろうと信じられれば、少しは心が安らぐのである。(*)

この**犠牲者を責める**現象は、第1章と第4章で論じた、バリューチ・フィッシュホフの後知恵バイアスの研究によって一層よく理解できる。(52)あなたも思い出すように、フィッシュホフの実験は、われわれのほとんどが、ものすごく終わったことをとやかく言う《マンデイ・モーニング・クォーターバック》ことを明らかにしている。すなわち、ある出来事の帰結を知って

（*）明敏な読者は、これが、われわれが犠牲にした人を貶す傾向のより穏やかなかたちであることに気付いたかもしれない。第5章と第6章で見たように、ある人が他者を傷つける場合、その攻撃者はその標的を貶し、その犠牲者を人間とは見なさず、再度傷つける傾向がある。今やわれわれにはわかるように、人は、他の人が割に合わない目に合うのを見ると、その犠牲者は何かそれに値するだけのことをしたに違いないと思ってしまうのである。

しまった後では、その出来事を取り巻く複雑な状況が、われわれにとって突然水晶のごとく透明になる。あたかも、そうなることを最初からずっと知っていたかのようであり、もし結果を予測するように求められれば、造作なくできていたかのように思われるのである。しかし、これは幻想である。

ロニー・ヤーノフ・バルマンとその共同研究者(53)は、興味深い一連の実験で、後知恵バイアスの力が働いて、レイプの犠牲になったのはその犠牲者自身に責任があるという被験者の信念が強まることを実証している。この実験の参加者は、大学のクラスで知り合いになった男女のデート場面の記述を読んだ。この記述は、結末の文のみが異なっていた。半数の参加者は、「それから、彼は私をレイプした」と、残りの半数には、「それから、彼は私を家に送った」と書かれていた。参加者は、デートの実際の結末の情報を無視するように教示され、その後で、実際に読んだものも含めて、いくつかの考えられる結末がそれぞれどのくらい起こる確率があったかを評定するよう求められた。結末に至るまでの出来事はどちらの話でもまったく同一であったのにもかかわらず、レイプの結末を読んだ参加者は「家に送る」結末を読んだ参加者よりも、レイプが起こるだろうと予測しがちであった。さらに重要なことに、レイプのシナリオを与えられた参加者は、デートのひどい結果に対して女性の行動――男性にキスを許したなど――に責任があると見なす傾向を示したのである。これらの発見の意味を考えると、落ち着いていられない。犠牲者の窮状を理解し共感するためには、われわれは、犠牲者の観点からその犠牲に至るまでの出来事を再構成できなければならないのである。しかし、すでに見てきたように、犠牲者は――われわれとは違って――、その行動に至る後知恵の助けを借りることができなかったということを、われわれはいとも簡単に忘れてしまうのである。

偏見の原因

何が人々に偏見を持たせるのだろうか。偏見は避けられないのだろうか。進化心理学者は、すべての動物が、遺伝的に類似した他の生体を好み、遺伝的に類似していない生体に、これまで危害を加えられたことがなくても、用心すると示唆している。(54) 彼らの考え方では、偏見は、生まれつきのもので、われわれが自分自身の家族や部族や人種を好むようにさせ、外部者を恐れ嫌うようにさせる生物学的な生存のためのメカニズムである。第4章で紹介した最小集団の研究は、この考え方と一致している。すなわち、われわれは、自分自身とは異なる集団に所属していると見なした人を、その集団間の区別が些細なもので意味のないものであっても、差別するのである。このように、ある程度は偏見は自然ののものように思われる。それでもなお、われわれの文化（われわれの親、コミュニティ、メディア）が重要な役割を果たして、偏見をかたちづくり、われわれがどの集団を尊敬するかを決め、われわれの偏見の強さや、ステレオタイプの内容を決めているのである。われわれ人間は、われわれを偏見のある行動に向かわせる生物学的な傾向を遺伝的に受け継いできたかもしれないが、ほとんどの社会心理学者は、偏見の具体的な詳細は、他者の態度や行動を真似ることを通してか、あるいは、われわれがわれわれ自身の心理的現実を構成する中で、学ばれなければならないものだという点で一致しているだろう。

この節では、偏見の五つの基本原因を見ていく。それらは、（一）経済的、政治的競争や対立、（二）攻撃の転嫁、（三）地位や自己イメージの維持、（四）気質による偏見、（五）既存の社会的規範への同調、である。この五つの原因は相互に背反ではなく、実際には、すべてが同時に作用することもあるかもしれないが、それぞれの重要性を見極めておくことは役に立つだろう。なぜなら、われわれが偏見を低減するためにどのような行動を勧めるかは、われわれが何を偏見の主な原因として考えているかによって決まるからである。たとえば、もし私が、偏屈さが気質であり、それゆえに、人間の性格の中に深く根を下ろしていると信じるならば、私は絶望して、なす術を知らず、深層心理療法がないところでは、偏見を持った人々の大部分は常にその偏見を持ち続けるだろうと結論付けるかもしれない。こう考えると、私は、偏見を減らすために、競争というものを少なくしようとしたり、同調の圧力に対抗したりしようとする試みを嘲笑うことになるだろう。これら五つの原因のそれぞれについて詳細に見ていこう。

経済的、政治的競争　偏見は、政治的、経済的作用の結果として生じ得る。この考え方に従えば、もし資源が限られていれば、支配集団は、物質面で有利に立つために、マイノリティ集団を搾取したり誹謗したりするだろう。偏見を持った態度は、緊張が高まり、互いに相容れない目標を巡って対立しているときに強くなる傾向がある。このことは、目標が経済的、政治的、イデオロギー的ないずれであろうとあてはまる。たとえば、限られた数の仕事を巡ってアングロ・サクソン系アメリカ人とメキシコ系アメリカ人との間に、係争中の領土を巡ってアラブ人とイスラエル人の間に、奴隷制の廃止を巡って北部人と南部人との間に偏見が存在してきた。差別の経済的な利点は、職業的労働組合が、女性や人種的マイノリティ集団のメンバーに会員権を拒否し、その組合が規制している比較的高給の職業から締め出すことで、長年にわたって成功を収めてきたことを見ればあまりに明白である。たとえば、一九五〇年代半ばから一九六〇年代半ばにかけては、公民権運動にとって大きな政治的、法律的進歩があった時代である。しかし、一九六六年には、組合の規制する見習いにおける黒人労働者の割合は、わずかに二・七％にすぎなかった――その前の十年間に一％しか増加しなかった。一九六〇年代半ばに、米国労働省は、鉛管工、蒸気管取付工、板金工、石工、木ずり職人、ペンキ職人、ガラス工、機械操縦技師の組合で見習いとして働いているマイノリティ集団のメンバーを探して、四大都市を調査した。これらの四都市では、労働省はわずか一人の黒人すら雇用されているのを見つけることができなかった。(55) 明らかに、偏見によって利益を得ている人々がいるのである。ここ四十年にわたる賢明な法律制定や社会活動によって、これらの統計に有意な変化が生じているが、依然として事態はマイノリティ集団にとって公平とはとても言い難いものである。

差別、偏見、否定的なステレオタイプ化は、わずかしかない仕事を巡って競争が増えると、急激に大きくなる。ジョン・ダラードは、小さな工業都市での偏見に関する彼の古典的な初期の研究の一つで、その町の中ではドイツ人に対する偏見は最初は見出されなかったが、仕事がわずかになるにつれて偏見が現れてきたという事実を報告している。

主に周辺の農場からやってきた地元の白人は、新参者に対して、直接的攻撃を非常に露わにした。これらのドイツ人に対して、侮辱的で中傷的な意見が表明され、元からいる白人は彼らに対する優越感を満足させた。……ドイツ人に対して攻撃的になることを許した第一の要因は、地元の木製品工場での仕事と地位を求めての競争であった。元からいる白人は、新参のドイツ人の集団のために仕事の口が過当競争になったと強く感じており、不況のときは、ドイツ人がいるせいで、わずかになった仕事を巡ってもっと競争をもたらすことになったので、彼らを非難する機会となった。もともとは、すべての外集団の人々に対する（いつも存在している）わずかな疑いが生じるくらいで、ドイツ人に対する伝統的なかたちの偏見は存在していないようだったのだが。(56)

同じように、合衆国における中国人の移民に対する偏見、暴力、否定的なステレオタイプ化は、一九世紀を通じて大きく変動し、主に経済的競争の変化に伴い拍車がかかった。たとえば、中国人がカリフォルニアで金の採掘をしようとしたとき、彼らは、「邪悪で卑劣な……下品な大飯食らい……血に飢えて非人間的」であると描かれた。(57) しかし、ちょうど十年後、彼らが、大陸横断鉄道を建設するという危険で骨の折れる仕事――白人のアメリカ人がやりたがらない仕事――を進んで引き受けたとき、彼らは一般的に、まじめで、勤勉で、遵法的な人々だと見なされていた。事実、西部の鉄道の大だて者のひとりチャールズ・クロッカーは、「彼らは、最良の白人と同じである。……彼らは、とても信頼でき、とても知性があり、契約を守る」と書いている。(58) しかし、鉄道建設が終了した後、仕事がわずかになった。さらに、南北戦争が終わった後、すでに窮屈な就職市場に元兵士が流れ込んできた。これに続いてすぐに、中国人に対する否定的な態度の劇的な増加が起こった。ステレオタイプは、罪を犯す、狡猾な、悪知恵が働く、愚かなというものに変わったのである。今日では、カリフォルニアでは失業率が十二%にまで高くなっているので、メキシコ人の移民に対する否定的な感情が強くなっている。

これらのデータは、競争と対立が偏見を育むことを示している。この現象は歴史学的な意味を超えている。つまり、それは、持続的な心理的効果も持っているように思われる。一九七〇年代に実施された調査で、最大の反黒人偏見は、黒人より社会経済的にちょうど一段階だけ上の集団で見出されたのである。そして、予想できるように、この傾向は白人と黒人とが仕事を巡って厳しい競争状態にあるときにもっとも顕著であった。(59) しかし同時に、これらのデータの解釈には曖昧さが伴う。というのは、これらの事例の中には、競争という変数が、教育水準や家庭環境といった変数と絡み合っているからである。

競争それ自体が偏見の原因となっているのかどうかを見極めるためには、実験が必要である。しかし、どのようにすればよいのだろうか。もし対立と競争が偏見に通じるならば、実験室の中で偏見を生み出すことが可能なはずである。これは簡単な方法で成し遂げることができる。つまり、（一）さまざまな背景を持つ人々を無作為に二つの集団のうちの一つに割り当て、（二）これらの二つの集団を何でもよいが何かで区別できるようにし、（三）これらの集団をお互いに競争するような状況に置き、そして、（四）偏見が生じたことを示す証拠を探せばよいのである。このような実験は、ムザファー・シェリフとその共同研究者(60)によって、ボーイスカウトのキャンプという自然の環境の中で実施された。被験者は、正常で安定した十二歳の少年で、ワシとガラガラヘビの二つの集団のうちの一つに無作為に割り当てられた。それぞれの集団内で、子どもは協力するよう教えられた。これは、それぞれの集団の中でメンバーがお互いに頼らなければならない活動を中心にして用意することによって成し遂げられた。たとえば、それぞれの集団内で、子どもはお互いに協力して、水泳施設用の飛び込み台を作ったり、食事の準備をしたり、縄の橋を作ったりなどしたのである。

それぞれの集団の中で強い凝集性《まとまり》の感覚ができてくると、次に、対立の舞台が準備された。このために、研究者は、フットボール、野球、綱引きなどの試合のように二つの集団がお互いに対抗し合うような一連の競争的な活動を準備した。緊張を高めるため、勝ったチームには賞品が与えられた。これによって、試合中に敵意と悪意がいくばくか生じた。さらに研究者は、かなり悪魔的な状況を工夫して、集団を対立へと導いていった。その一つの状況として、研究者は、キャンプのパーティーを設定したが、ワシがガラガラヘビよりも随分早く到着できるようにした。軽食として、まったく違った二種類の食べ物が用意された。食べ物の半分は、新鮮で、見た目もよく、食欲をそそるものだったが、残る半分は、ぐちゃぐちゃで、醜く、食欲をそぐものだった。早く到着した子どもは、おそらくすでに存在していた全般的な競争意識のためか、魅力的な食べ物のほとんどをたいらげてしまい、自分たちの敵には、食欲をそぐ、ぐちゃぐちゃの傷んだ食べ物しか残しておかなかった。ガラガラヘビがやっと到着して自分たちがいかに出し抜かれたかを知ったとき、彼らは、当然のことながら、腹を立てた——非常に腹を立てたので、その搾取した集団を相当に侮蔑的な言葉で中傷し始めるくらいだった。ワシのほうは、自分たちは当然のものを得ただけだ（早い者勝ち）と信じていたので、この扱いに腹を立て同じように応答した。悪口の言い合いは食べ物の投げ合いにまで発展し、すぐに本格的な騒動になっていった。

この事件の後、競争的な試合は取り止めになり、多くの社交的な接触が導入された。しかし、いったん敵意が生じてしまうと、ただ競争を取り除くだけでは、敵意を消し去ることはできなかった。それどころか、二つの集団が、一緒に座って映画を見るといった穏やかな活動をしているときでも、敵意は増幅し続けたのである。研究者は、最後には、ワシとガラガラヘビの間の敵意を減らすことができたが、彼らがどのようにしてそうしたかは、この章の後のほうで論じることにしよう。

攻撃の転嫁——スケープゴート説——　前の章で私は、攻撃は、部分的には、フラストレーションや、苦痛や退屈などの不快で嫌なその他の条件よって生じると指摘した。その章でわれわれは、フラストレーションを感じた人が、フラストレーションの原因に対して悪態をつく傾向があることを見てきた。しかしながら、しばしばフラストレーションの原因は大き過ぎたり曖昧過ぎたりして、直接には報復できないのである。たとえば、六歳の少年が先生に恥をかかされたとしたら、どのようにやり返すことができるだろうか。先生の力はあまりに大き過ぎる。しかし、このフラストレーションは、その子どもが自分よりも力の劣る近くにいる人——たとえその人が彼の受けた苦痛とは何の関係がないにしても——に攻撃を行う確率を高めるかもしれない。同じように、大量失業のとき、フラストレーションの溜まった失業者は、誰を相手にストライキをするのだろうか——経済システムに対してだろうか。そのシステムはあまりに大き過ぎ、また、曖昧過ぎる。もしその失業者が、あまり曖昧でないより具体的な何かや誰かを見つけて、非難できれば、もっと都合がよいだろう。

この点について、古代ヘブライ人は、注目すべき風習を持っていた。罪の贖いの日々の間、司祭は人々の罪を唱えながら、ヤギの頭に手を置いた。これによって、罪と悪を人々からヤギへ象徴的に転移させたのである。ヤギはそれから荒野に放たれ《エスケープ》、こうして罪あるコミュニティを清めたのである。この動物は、スケープゴートと呼ばれた［訳者注：贖罪のヤギ］。現代では、**スケープゴート化**という言葉は、比較的力のない無実の人に、その人のせいでないことについて責任を負わせる過程を表すのに使われている。たとえ人々が失業したり、インフレによって彼らの貯蓄が尽きたりしても、彼らは経済システムを簡単に叩きのめすことはできない――しかし、彼らはスケープゴートを見つけることはできる。不幸なことに、その犠牲者は、もはや荒野に逃げることはできず、たいていの場合、残虐行為、あるいは、死にさえその身をさらされるのである。ナチス・ドイツでは、スケープゴートはユダヤ人であった。一九世紀のカリフォルニアでは、それは中国人移民であった。南部の田舎では、それは黒人であった。

［訳者注：この段落は、巻末に示された二つの文献にもとづく記述である。この本が一九七二年の初版以来、ほぼ四年ごとに改訂され、世界十数の異なる言語に翻訳されているという事実を重く受け止め、あえて訳出した。この章の主題である誤ったステレオタイプや偏見や差別が、過去および現在の日本人の中に見出されるだけではなく、この記述が依拠する文献や、この記述自体の中にも見出されるかもしれない。とくに、ここで事実であるかのように記述されていることそれ自体が、単に事実でなかったり、二つの文献のバイアスのあるデータや情報にもとづいていたりするものであり、真実でなかったりする可能性に留意されたい。読者諸賢の判断を仰ぎたい。なお、「訳者あとがき」も参照されたい。］オットー・クラインバーグ(61)は、部落民という、日本中に散在した約二百万人もの外部者《アウトキャスト》の集団のスケープゴート化について記述している。彼らは、封建時代の外部者コミュニティの子孫である。その時代のそのコミュニティでは、死や、宗教儀礼の不純によって「穢れている」と考えられていた職業（死刑執行人、葬儀屋、皮革労働者など）に就いていた人々が、彼ら自身の隔離された地区《ゲットー》で生活していた。彼らは、封建的階層制度《カースト》の廃止に伴って、一八七一年に法律的には解放されたが、彼らに対する差別は終わらなかった。彼らは、他の日本人と身体的な違いはないが、きれいでない《アンクリーン》と見なされ、人の嫌がる職業にだけ向いていると見なされている。部落民は、たいてい貧しいスラム地区で生活し、そして、彼らの知能指数は、他の日本人のそれと比べて、平均して十六ポイントほど低い。部落民の子どもは、他の日本人の子どもと比べて、学校を休む回数が多く、非行の率がかなり高い。部落民のメンバーが自分の集団の外で結婚することはタブーだとも、なおもしばしば考えられている。彼らは、身体的な特徴よりも、社会階級によって規定された外集団《アウトグループ》のままである。彼らがそうであるとわかるのは、独特の話し方――長年にわたって他の日本人から孤立して発達した――と身分証明書《アイデンティティ・ペーパー》によってのみである。彼らの歴史的な起源は明確ではないが、おそらく彼らは、経済的な不況によって日本社会から完全に締め出されるまでは、社会経済的な梯子の下のほうの段を占めて、他の日本人が嫌がる仕事をしていた。今日、日本人は、部落民は生まれつき劣っている《インフェリオア》と見なし、そうして、さらなるスケープゴート化と

差別を正当化しているのである。

黒人へのリンチや部落民への虐待が経済的な競争だけにもとづいていると考えるのは困難である。これらの行為には感情が強く入り込んでおり、このことは、経済に加えて、より深い心理的な要因の存在を示している。同じように、ナチスがすべてのユダヤ人を、その経済的な地位にかかわりなく、根絶やしにしようとした際の情熱は、この動機が経済的、政治的なものだけでなく、(少なくともその一部は)心理的なものであるということを強く示している。(62)心理的な過程があることを示すもっとしっかりした証拠は、ニール・ミラーとリチャード・ブゲルスキー(63)による十分に統制された実験で得られている。そこでは、白人被験者が、さまざまなマイノリティ集団について感情を述べるように求められた。その後、被験者の中には、映画を見る機会を奪われ、その代わりに難しい一連の試験を与えられて、フラストレーションを感じさせられた人たちがいた。それに続いて、彼らが、マイノリティ集団に対する感情を再び述べるように求められると、彼らは、前より大きな偏見を示した。フラストレーションを経験しなかった統制群の被験者は、偏見に何の変化も示さなかった。

後続の研究は、この現象をもっと正確に突き止めるのに役立っている。一つの実験では、(64)白人の学生が、学習実験の一環として、他の学生に一連の電気ショックを与えるよう指示された。この被験者には、ショックの強度を調整する権利が与えられた。実際には、学習者は実験者のサクラであり、(もちろん)本当は装置には接続されていなかった。四つの条件が設けられた。サクラが黒人か白人かと、サクラが、友好的にか、それとも被験者を侮辱するように訓練されていたかである。黒人のサクラが友好的なときには、被験者は、白人のサクラに対してよりも、彼にわずかに弱いショックを与えた。彼が彼らを侮辱したときには、彼らは、白人の学生に対してよりも、はるかに強いショックを彼に与えたのである。もう一つの実験では、(65)大学生が非常に大きなフラストレーションを経験させられた。これらの学生のうちの何人かは非常に反ユダヤ的であり、他はそうでなかった。その後で、被験者は、自分に見せられた絵をもとに物語を書くよう求められた。これらの被験者の何人かには、その絵の登場人物にユダヤ人の名前が与えられていたが、他には、そうされていなかった。二つの主要な発見があった。(一)フラストレーションを経験した後、反ユダヤ的な学生は反ユダヤ的でない学生と比べて、ユダヤ人の登場人物に対してより多くの攻撃を向ける物語を書いた。(二)自分が物語を作っている登場人物がユダヤ系だとは特定できない場合には、反ユダヤ的な学生とそうでない学生との間に何の差も見られなかった。要するに、侮辱されたり、フラストレーションを感じさせられたりすると、ある特定の方向に――外集団のメンバーに――攻撃が向きやすくなるのである。

実験室実験は、現実世界に存在すると思われる要因を明らかにするのに役立つ。スケープゴート化について明らかになった一般的な実態は、人々が、嫌われている集団や目立つ集団や比較的力のない集団に対して攻撃を転嫁しやすいということである。さらに、どのようなかたちの攻撃が行われるかは、内集団が何を許容し何を承認しているかによって決まる。黒人へのリンチやユダヤ人の大虐殺は、支配的な文化や下位文化がそれらを適切と見なしていない限りは、そうたびたび起こることではなかった。

私は前の文で過去形を使ったが、それは、極端なかたちのスケープゴート化が過去のものであると信じられれば、心が安らぐからである。しかし、ここ二十年、われわれの多くを驚愕させるような出来事が起きている。たとえば、一九九一年にソビエト連邦が崩壊したとき、われわれは、東ヨーロッパのすべてが自由を獲得したことで、ほんのしばらくは勇気付けられた。不幸なことに、その地域の多くで、この新しい自由は、愛国主義の感情の高まりを伴い、今度は、外集団に対するさらなる偏見と敵意を生み出したのである。たとえば、バルカン半島では、強烈な愛国主義によって、その地域全体に――ボスニアで、もっとも顕著に――敵意が噴出したのである。同じことが現在、イラクで起きている。シーア派とスンニ派が、かつてはサダム・フセインの抑圧的な専制権力によって禁じられていた宗派間の暴力を行っているのである。さらに、アーウィン・シュタウブが指摘しているように、(66) 最近の大量虐殺の戦闘はすべて、脆弱な指導者が、外の敵を生み出すことによって権力を強固なものにしようとして、始められている。そのようにして、彼らは、国民に命令と団結を押し付け、その国の経済問題のスケープゴートを作り出すのである。

自己イメージと地位の維持

偏見の強力な決定因は、自分の行動や自己感覚を正当化しようとする欲求の中に組み込まれている。前の二つの章で、たとえば、われわれは、ある人や集団に何か残忍なことをしてしまうと、われわれはその残忍さを正当化するために、その人や集団を貶そうとすることを見てきた。もしわれわれが、ある集団を下劣で、人間以下で、愚かで、不道徳だと自らに言い聞かせることができれば、たとえその集団のメンバーを奴隷にし、彼らから適切な教育を奪い、あるいは彼らを攻撃しようとも、自分たち自身の倫理観を疑わずにすむのである。そして、われわれは教会に通い続け、自分が善良なキリスト教徒であると思い続けることができる。なぜなら、われわれが傷つけたのは、われわれと同じような上品な人間ではないのだから。それどころか、もしわれわれが十分に巧妙であれば、われわれは、老人や女性や子どもを残虐に殺害するのはキリスト教徒の徳であると自らに言い聞かせることすらできる――ちょうど、すべて平和の君《イエス・キリスト》の名において、十字軍が聖地への途中でヨーロッパのユダヤ人を虐殺し、そこで何千ものイスラム教徒を虐殺したように。繰返し言うが、このような自己正当化は、その後に続く残虐さを強める働きをする。それによって自己イメージが保たれ、同時に、標的となる人や集団に対する敵意が強くなるのである。

同じように、もし、社会経済的な階層の中で、われわれの地位が低ければ、われわれは誰かよりは優れていると思えるように、虐げられたマイノリティ集団の存在を必要とするかもしれない。いくつかの研究は、社会的地位が低かったり弱まったりしているかどうかによって、偏見をうまく予測できることを示している。たとえば、ジェニファー・クロッカーとその共同研究者(67)は、低い地位の学生社交クラブに属している女子大学生が、高い地位の学生クラブのメンバーよりも、他の学生クラブへの偏見や非難をより多く示すことを見出している。同様に、研究者は、黒人に対する白人の偏見を研究して、(68)あるいは、ユダヤ人に対するキリスト教徒の偏見を研究して、(69)社会的地位が低かったり弱まったりしている人々のほうが、それが高かったり強まったりしている人々よりも、強い偏見を持っていることを見出している。さらに、教育や収入や職業の点で底辺に近い白人たちは、黒人を嫌う傾向がもっとも強く、学校での人種統合を阻止するために暴力に訴える傾向がもっとも強いのである。(70)スティーヴン・フェインとステファン・スペンサー(71)は、自尊心への脅威が、偏見に満ちた反応を増やす傾向があることを見出している。彼らの実験では、反ユダヤ的な学生は、知能テストと称したテストで低い得点を取ると、ユダヤ人とおぼしき女性の評価でとくにバイアスを示した。その学生に自信を持たせると、この偏見に満ちた反応は減ったのである。

気質による偏見　憎悪を持つ全般的な傾向に個人差があるという考え方を支持する証拠がある。言い換えると、外からの直接の影響だけではなく、さらにその人の性質のゆえに、偏見を持ちやすい人々がいるのである。セオドア・アドルノとその共同研究者(72)は、このような人々を、**権威主義的性格**と呼んだ。そのような人々は、自分の信念に頑なで、因習的な価値を持ち、他者だけでなく自分自身についても弱さが許せず、とても懲罰的で、疑い深く、権威を異常なまでに尊敬する。権威主義を測定するために開発された道具（F尺度と呼ばれる）は、それぞれの人が次のような項目にどのくらい賛成か反対かを測定する。

レイプのような性犯罪や子どもへの暴行は、単なる懲役以上に値する。そのような犯罪者には、公衆の面前で鞭打ちや、それ以上のことをするべきである。

ほとんどの人々は、われわれの生活が、秘密の場所で企まれた陰謀によってどれほど支配されているかに気付いていない。

権威への服従と尊敬は、子どもが学ぶべきもっとも重要な美徳である。

このような項目に賛成するほど、権威主義的な人であることを意味する。その主要な発見は、権威主義で高い得点の人々は、単にユダヤ人や黒人を嫌うだけでなく、すべてのマイノリティ集団に対して一貫して強い偏見を示すということである。

F尺度の高得点者と低得点者に対する集中的な臨床面接を通して、アドルノとその共同研究者は、こういった態度や価値の発達が、厳格で脅迫的な親の躾に代表されるような家庭の中での幼児期の経験にまで遡ることを明らかにした。彼らは、F尺度の高得点者は、その親が、子どもを従わせるための主な手段として愛情を与えたり控えたりする傾向があると主張した。一般的に、権威主義的性格は、子ども時代に、不安定で親に強く依存する傾向があり、同時に、親を恐れ、親に対して無意識の敵意を感じている。これらの組合せが土台となって、強い怒りを持ちながら、恐れと不安のために、その怒りを力のない集団への攻撃というかたちで転嫁する一方、権威への表面的な尊敬を持ち続けるような大人が出現するのである。

旧ソビエト連邦での権威主義の研究で、サム・マクファーランドとその共同研究者[73]は、F尺度の高得点者は、新たに獲得した民主主義を転覆して前の共産主義体制を復活することに賛成する傾向があることを見出している。イデオロギー的には、これは、反共産主義の傾向がある、アメリカ人の権威主義とはまったく異なるものである。もちろん、共通点は、具体的なイデオロギー的信念ではなくむしろ、因習主義という性質と権威への尊敬である。アメリカの権威主義者もロシアの権威主義者も、彼らの文化の伝統的な価値に従いたいという欲求と、新しい考えや自分たち自身とは異なる人々を猜疑する傾向の点で結び付いているのである。この研究を確認するとともに発展させた、もっと最近の研究が示していることは、権威主義で高得点の傾向の人々は、支配する人間と支配される人間がいるのは当然だと信じ、[74]人種間の平等は自然でもなければ望ましいものでもないと信じ、[75]政治的保守主義は自由主義よりも優れていると信じている、[76]ということである。

権威主義的性格に関する研究は、偏見の背後にあるダイナミックスについてわれわれの理解を進めてくれるが、一つの問題は、データの大半は相関的であるということである。すなわち、われわれは、二つの変数が関係していることがわかるだけで、何が何の原因となっているか確信できない。ある人のF尺度の得点と、その人が幼児期に経験した社会化の習慣との相関について考えてほしい。権威主義的で偏見の強い大人が、厳格な傾向があり、かつ社会化の手法として条件付きの愛情を使う傾向がある親を持っていたことが事実だとしても、これが本当に、彼らを偏見のある人間に育てた原因だとは、必ずしも言えない。親自身が、マイノリティ集団に対して強い偏見を持っていたのである。そして、おそらく子どもは、第2章で説明した同一視の過程を通して親の偏見を自分のものにするのである。すなわち、子どもは、親に同一視しているので、マイノリティ集団についての信念を親から意識的に学ぶだろう。これは、アドルノとその共同研究者による説明とはまったく異なり、はるかに単純な説明である。アドルノらの説明は、親に対する子どもの無意識の敵意と抑圧された恐れにもとづくものであったのである。それでも、また別の説明が、別々に育てられた一卵性双生児に関する研究でなされている。(77) それは、「権威主義的性格」の要素の中には——変化や、新奇性や、新しい経験への抵抗と、規則や命令への好みでとくに——遺伝的な成分を持っているものがあるというものである。ということは、子どもたちが親に似るのは、遺伝であり、環境ではないということになるだろう。

同調を通しての偏見　一部の人々にとっては、偏見は、幼児期の無意識の葛藤や性格特性に根を下しているかもしれないが、多くの人々は、お母さんやお父さんの膝の上で聞かされた知識に同調することを通して、さまざまな偏見を単に学習しているだけである。その他にも、自分の属する下位文化の規範によって決まる、限定的できわめて特殊な偏見に同調する人々もいるかもしれない。

北部よりも南部で黒人に対する偏見が強いことは、しばしば観察されていることである。この偏見は、人種統合に反対する強い態度の中にその姿を現していた。一九四二年には、南部人のうち交通機関の人種統合に賛成する人は、わずか四%であったが、北部人では五十六%がこれに賛成であった。(78) なぜだろうか。経済的競争のためだろうか。おそらく、そうではない。経済的な競争が激しくない南部で、競争の厳しい北部でよりも、黒人に対する偏見が大きいのである。北部よりも南部で、権威主義的性格が相対的に多いのだろうか。そうではない。トーマス・ペティグルー(79) は、北部と南部で広くF尺度を実施し、北部人と南部人とでほぼ等しい得点を得ている。さらに、彼は、北部よりも南部で黒人に対する偏見は強いものの、ユダヤ人に対する偏見は、国全体よりも南部で弱いことも見出している。偏見を持った性格ならば、誰に対しても偏見を持っているはずである。しかし、ペティグルーの研究の南部人たちはそうではなかった。

それでは、われわれは、南部に存在する黒人への憎悪をどのように説明すればよいのだろうか。歴史的な原因による可能性があるだろう。すなわち、黒人は奴隷であったし、南北戦争は奴隷制を巡って戦われたので、より強い偏見の風潮が生まれたのである。しかし、この風潮を持続させているものは何だろうか。一つの手掛かりの可能性は、やや奇妙なパターンの人種差別が南部で観察されることである。一例として、ウェストバージニアの小さな炭坑町の炭坑夫たちのことを挙げれば十分だろう。(80) 黒人の炭坑夫と白人の炭坑夫は、地下にいる間には完全な統合、地上にいる間には完全な分離という生活パターンを生み出していた。われわれは、この一貫性の欠如をどのように説明できるのだろうか。もしあなたが誰かを心から憎んでいるならば、その相手から遠ざかろうとするであろう。なぜ、地下ではその相手と付き合い、地上では付き合わないのだろうか。

ペティグルーは、その答は同調であると示唆している。この例では、白人の炭鉱夫が単に彼らの社会に（地上に！）存在している規範に同調しているだけなのである。南部における歴史的な出来事が黒人に対する強い偏見へのお膳立てをしたが、それを進行させているのは同調なのである。実際、ペティグルーは、偏見の一部は、経済的競争、フラストレーション、性格による欲求のせいであるが、偏見に満ちた行動の大半は社会的規範への隷属的な同調によって突き動かされていると信じている。

どのようにすれば、同調のせいだと確かめることができるのだろうか。一つの方法は、ある人の持っている偏見と、その人の一般的な同調パターンとの関係を究明することである。たとえば、南アフリカでの人種間の緊張に関する研究(81) は、さまざまな社会的規範にもっとも同調しやすい人々が、同時に黒人に対する強い偏見を示すことを見出している。言い換えると、同調者が偏見に満ちているということは、偏見とは、同調すべきもう一つの対象にすぎないということである。同調の役割を見極めるためのもう一つの方法は、人々が他の地域に移ったときに、彼らの偏見に何が起こるかを観察することである。もし同調が偏見の一因であるならば、われわれは、人々が、強い偏見の規範がある地域に移ったときには、劇的な偏見の増加を示すが、偏見のあまりない規範を特徴とする場所に移ったときには、劇的な減少を示すと予測できるだろう。そして、これが実際に起こっていることなのである。一つの研究で、ジーン・ワトソン(82) は、最近大都市に引っ越してきて反ユダヤ的な人々と直に接触するようになった人々が、その人々自身、反ユダヤ的になることを見出している。もう一つの研究では、ペティグルーは、南部人が軍隊に入り、差別的でない一連の社会的規範に接触すると、黒人に対する偏見が減ることを見出している。

同調への圧力は、アッシュの実験のように、あからさまなことがある。一方、偏見的な規範に同調するのは、単に正確な証拠が手に入らなかったり、あるいは、誤った情報のほうが多かったりするせいかもしれない。このために、人々は、うわさにもとづいて否定的な態度を持つようになる。このようにステレオタイプ化する行動の例は、文学に豊富に見られる。たとえば、クリストファー・マーロウの『マルタ島のユダヤ人』、あるいは、ウィリアム・シェイクスピアの『ヴェニスの商人』について考えてほしい。これらはともに、ユダヤ人を、狡猾で貪欲で血に飢えた卑屈な臆病者として描いている。われわれは、マーロウとシェイクスピアはともに嫌なユダヤ人との不幸な経験が何かあって、そのためにこのように辛辣で遠慮のない描写になったのだと結論したい誘惑にかられるだろう――しかし、ユダヤ人はこれらの作品が書かれる約三百年前にイギリスから追放されていたのである。つまり、マーロウとシェイクスピアが接触した唯一のものは、いつまでも消えないステレオタイプだったようである。残念なことに、彼らの作品はステレオタイプを反映しているだけではなく、疑いもなくそれに貢献もしていたのである。

偏屈な考えに何気なく触れることによってさえ、偏見の犠牲者である集団に対するわれわれの態度や行動は影響を受けることになる。たとえば、誰かがある集団に対して、人種的、民族的な軽蔑語などの侮蔑的な呼び名を使うのを耳にするだけでも、その集団に属する誰か――あるいは、その集団を単に連想させるだけの誰か――を否定的な観点から眺めるようになるという可能性が高まることを、研究は実証している。一つの実験で、シャーリ・カークランドとその共同研究者(83)は、白人の被告が黒人弁護士によって弁護された刑事公判の記録を、被験者に読むよう求めた。記録には、黒人弁護士の写真が添付されていた。被験者は、記録を読んでいるときに、被験者を装っていた二人のサクラが短いやりとりを交わすのを「ふと耳にした」。第一のサクラが黒人弁護士のことを「黒んぼ《ニガー》」と呼ぶのを聞いた被験者と、「悪徳弁護士」と呼ぶのを聞いた被験者がいた。両条件とも、第二のサクラは、黒人弁護士に対する第一のサクラの侮蔑的な意見に同意を示した。こうした同調が目の前で行われて、それに続いて、実験者は、被験者に弁護士と被告を評定するように求めたのである。これらの評定の分析の結果、人種的な軽蔑語を耳にした被験者は、人種に関連のない嘲笑的コメントを耳にした被験者よりも、黒人弁護士をより否定的に評価することが明らかになった。さらに、白人の被告のほうも、黒人弁護士に対する人種的な軽蔑語を聞いた被験者から、とくに厳しい評決と非常に否定的な評価を受けたのである。この後者の知見は、偏見的な規範への同調によって、人種差別のもともとの標的を超えて被害が広がり得ることを示している。

偏屈な態度は、制度的にそのような態度を支持する社会によって意図的に育てられることもあり得る。たとえば、法律や習慣を通して人種分離という考え方を支持する社会は、一つの集団が他の集団よりも劣っているという考え方を支持している。アパルトヘイトの時代、一人の研究者(84)が、白人の南アフリカ人に面接をして、黒人に対する否定的な態度の理由を見出そうとした。彼は、典型的な白人の南アフリカ人が、犯罪の大半は黒人によって行われていると確信していることを見出した――誤った信念である。どのようにしてこのような思い違いが生まれたのだろうか。人々は、多くの黒人受刑者が公共の場で労働［訳者注：刑罰としての公益奉仕労働」しているのは見かけるが、白人受刑者は一人も見たことがないと報告したのである。このことは、黒人が白人よりも多くの犯罪で有罪になっていることの証明ではないだろうか。そうではない。事実は、白人受刑者が公共の場で労働するのは法律で禁じられているのである！　要するに、社会は、その主要な制度を、疑念を差し挟まれることなく実行することによって、偏見に満ちた信念を作り出すことができるのである。われわれ自身の最近の歴史では、法律と慣習によって、黒人はバスの後ろのほうに座ることを強いられ、女性は一流のクラブから締め出され、ユダヤ人は高級ホテルへの滞在を拒否されてきたが、これらすべてが、同調を通して偏見を永らえさせてきたのである。規則が、われわれに「あの人たち」をあのように扱うよう要求すれば、結局、われわれは従うだろう。私の国、クラブ、ホテルには、何か理由があるに違いない……そうするには理由がないはずがない。

偏見を低減する

一九五四年、合衆国最高裁判所は、分離はするが平等にという学校は、定義により、不平等であると宣言した。最高裁長官アール・ウォーレンの言葉では、黒人の子どもが白人の子どもから人種のみにもとづいて分離されると、それは「コミュニティの中の地位について劣等感を生み出し、その結果、彼らの気持ちと考えに取り返しのつかない影響を与えるかもしれない」のである。われわれがそれを十分に明確に理解しないまま、この決定によって、われわれの国は、これまでにないもっとも刺激的な大規模の社会的実験の一つを開始したのである。

この歴史的決定の直後に、多くの人々は「人道主義的」理由から、学校の統合に反対した。彼らは、異なる人種が強制的に学校で一緒にされると、大惨事《ホロコースト》が生じると予測した。彼らは、法律は、人々に互いに仲良くするよう強制することはできないと主張した。このことは、著名な社会学者ウィリアム・グラハム・サムナーの心情を繰り返したものであり、彼は何年か前に、「国のあり方《ステートウェイ》は民のあり方《フォークウェイ》を変えることができない」と述べたのである。サムナーは、道徳や寛容を法制化することはできない、と言いたかったのである。多くの人々が、人種統合は、態度が変わるまで遅らせるべきだと主張した。

当時の社会心理学者は、もし人々がすることを変えたいのなら、まず、彼らの考え方を変えなければならないと信じていた。もし、偏狭な白人の大人が黒人に対して偏見を感じないようにすることができれば、彼らはためらうことなく自分の子どもを人種統合の学校に通わせるだろう。もっと慎重であってもよかったのだが、多くの社会科学者は、情報キャンペーンを始めれば偏狭な態度を変えることができると、かなり確信していた。彼らは、偏見の低減を目指してハリウッド・アプローチを採用した。つまり、もし、偏見のある人々が、黒人はだらしなく怠惰であると信じているのならば、あなたがすべきことは、彼らに、黒人を勤勉できちんとした人々として描いた映画を見せることだけである。その考え方は、誤った情報は、情報で対抗できるということであった。もしシェイクスピアが誤った情報のために、ユダヤ人は狡猾な高利貸しだと信じているなら、ユダヤ人についてもっと正確な情報をたくさん彼に与えれば、彼の偏見は消えていくだろう。もしほとんどの白人南アフリカ人が、黒人がほとんどすべての犯罪を起こすと信じているならば、白人の受刑者を彼らに見せれば、彼らの信念は変化するだろう。不幸にして、事態はこれほど単純ではない。偏見が主に、経済的な対立によるものでも、社会的規範への同調によるものでも、深く根差した性格によるものでも、そのいずれであっても、偏見は、情報キャンペーンではそう簡単に変えられないのである。多年にわたって、ほとんどの人々は、自分の偏見に満ちた行動に深くかかわっている。あなたの友人や仲間が皆また偏見を持っているのに、あなたがマイノリティ集団に対して心を開き公平な態度を身につけることは、簡単なことではない。単に映画だけでは、長年にわたって持ち続けてきた考え方や振る舞い方をなくすことはできないのである。

この本で学んできたように、重要な問題がかかわっているときには、情報キャンペーンは失敗する。というのは、人々は、ただじっと座って自分の信念と不協和な情報を取り入れようとはしないからだ。たとえば、ポール・ラザースフェルドは、(85) 一九四〇年代初めに放送されたラジオ番組が、さまざまな民族集団の情報を暖かく同情的に紹介することを通して、民族的な偏見を低減させるよう設計されていたことを説明している。ポーランド系アメリカ人だけを描いた番組、イタリア系アメリカ人だけを描いた番組、等々である。誰が聞いていたのだろうか。ポーランド系アメリカ人についての番組の聴衆の大半はポーランド系アメリカ人であった。それでは、イタリア系アメリカ人についての番組の聴衆の大半は誰だったか、想像してほしい。その通り。さらに、すでに見てきたように、人々は、深く根差した自分の態度に合わない情報を無理やり聞かされると、それを拒絶し、歪曲し、無視するのである――ちょうど、X氏がY氏の情報キャンペーンにもかかわらずユダヤ人に対して否定的な態度を維持し続けたのと、また、ダートマスとプリンストンの学生が、自分の見たフットボールのゲームを歪めたのと同じように。ほとんどの人々にとって、偏見は、その人自身の信念体系にあまりにも深く根を下しており、毎日の行動とあまりによく一貫したものであり、自分の周りの人々からあまりにも多くの支えや励ましを受けているので、本や、映画や、ラジオ放送などでは低減できないのである。

平等の地位での接触の効果

これまでみてきたように、態度の変化は行動の変化を引き起こすかもしれないが、多くの場合、教育を通して態度を変化させるのは困難である。社会心理学者がずっと以前から知ってはいたが、最近になってようやく理解し始めたのは、行動の変化が態度の変化に影響し得るということである。もっとも単純な水準では、黒人と白人を直接に接触させることができれば、偏見を持った人々は、単なるステレオタイプではなく自分自身が経験した現実と触れることになり、これによって理解がより増すだろう、と主張されてきた。もちろん、この接触は黒人と白人とが平等の地位を持つ状況で行われなければならない。歴史を通じて、多くの白人は黒人と相当の接触を常に持っていたが、それは典型的には、奴隷、ポーター、皿洗い、靴磨きの少年、トイレの係員、メイドなどの召使いの役割を黒人が果たしている状況においてであった。このような接触は、単に、白人によるステレオタイプ化を強める働きをし、そうして、黒人に対する偏見に油を注ぐことになるのである。それはまた、黒人の恨みと怒りを増すことにもなる。最近まで、平等の地位での接触は、われわれの社会における教育的、職業的不平等のために、そして、居住地域の分離のために、稀であった。一九五四年の最高裁判決は、平等な地位での接触の頻度が徐々に変化する始まりとなったのである。

一九五四年以前でさえ、平等な地位での統合の事例が稀には行われた。その結果は、行動の変化が態度の変化を生み出すという考え方を支持する傾向にあった。先駆的な研究として、モートン・ドイッチとメアリー・エレン・コリンズ(86)は、一九五一年に公共住宅事業での白人の黒人に対する態度を調べた。一つの住宅事業では、黒人と白人の家族は、人種ごとに分離して住宅を割り当てられた。すなわち、彼らは、同一事業の中で別々の建物を割り当てられたのである。もう一つの人種統合事業では、黒人と白人の家族は同一の建物に割り当てられた。人種統合事業の住民は、人種分離事業の住民よりも、その事業に引っ越してきた後、黒人に対する自分の態度が肯定的に変化したと報告したのである。これらの知見からは、国のあり方は民のあり方を変えることができる、つまり、道徳の法制化は可能であるように思われる――もちろん、直接的にではなく、平等な地位での接触を通してではあるが。もしさまざまな人種集団が平等な地位の条件のもとで一緒にされるならば、彼らはお互いをもっとよく知る機会に恵まれるのである。ペティグルー(87)が最近見出したように、このことによって、もし他のすべての条件が等しければ、理解が増進し、緊張が低減することになるのである。ドイッチとコリンズの研究が、私的な居住地域ではなく公共住宅事業で行われたことは注意しておくべきだろう。これは、これからすぐに論じることになる決定的な要因である。

人種統合の代理的効果

それから間もなく社会心理学者は、人種統合は、マイノリティ集団と直接的な接触を持ったことすらない人々の価値観にも影響し得るという考え方を持つようになった。これは、第5章で、不可避性の心理と呼んだメカニズムによって起こるのである。具体的には、もし私が、あなたと私との密接な接触が避けられないことをわかっていて、あなたのことを嫌いだとしたら、私は不協和を経験することになるだろう。この不協和を低減しようとして、私は、思っていたほどあなたは悪い人間ではないと自分に言い聞かせようとするだろう。私は、あなたの良い特徴を探し始め、悪い特徴を無視したり、その重要性を最小化したりしようとするだろう。したがって、もし他のすべての条件が等しければ、私が、いつかあなたと密接な接触を持たなければならないとわかっているという単にその事実が、あなたに対して偏見を持った私の態度を変えてしまうだろう。前に見たように、実験室実験がこの予測を確証している。たとえば、嫌いな野菜をどうしても食べなければならないと思った子どもは、思っていたほどそれは悪くはないと自分に言い聞かせ始めたのであった。(88) 大学生を対象にした研究では、この原理が、野菜に対してだけでなく人々に対しても働くことを示している。

その一つの研究では、女子大学生が、良い特徴と悪い特徴を併せ持っている、ある女性と数週間にわたって一緒に密接に働かなければならないとわかっていると、その相手を、実際に会う前ですら、好きになったのである。これは、彼女と将来一緒に働くことになると思わされていなかった場合には、生じなかった。(89) もう一つの研究は、あなたが、あなたを不快にさせる集団の誰かとの関係に身を置いているとき、その接触が偏見を増大するか低減するかを決める鍵は、あなたがその関係から簡単に抜け出せるかどうかだということを示唆している。その実験では、大学一年生が、寮で別の人種の学生と同室にされた。平等な地位での接触で一緒に生活すれば、これらの学生の偏見は低減するだろうか。それは、その学生が、同室者を変更しようとするかどうかによっていた。その関係を何とか抜け出そうとした学生では、偏見が増大した。しかし、最初の不快を耐え忍ぼうと決心した学生では、偏見が時とともに低減した。それは、自分の同室者に対してだけでなく、同室者と同じ人種のメンバーに対してもである。(90)

人々が、自分が避けられないと思っている出来事を受け入れるだけで、自分の不協和が低減して、深く根差した人種的不寛容がなくなると信じるほど単純な社会心理学者はほとんどいない。理想的な条件のもとでは、このような出来事は、ほとんどの人々で、偏見に満ちた態度を解凍し、敵対的な感情を減少させることができる、と私は言っておこう。私が「理想的な条件」という言葉で何を意味しているのかは、すぐに論じるが、まず、これらの理論の骨格にもう少し肉付けをしてみよう。不協和低減の過程はどのように起こるのだろうか。

時計の針を一九五〇年代後半に戻そう。十六歳の娘が人種分離の学校に通っている四十五歳の白人男性を想像してほしい。彼は、黒人は役立たずの怠け者で、黒人男性はすべて性欲が強過ぎ、レイプ犯になるといった信念にもとづいて、黒人に対して否定的な態度を持っていると仮定しよう。突然、司法省から政令が出される。次の秋から、彼のお気に入りの年頃の娘が人種統合の学校に通学しなくてはならない。州と地元の役人は、おそらく彼ら自身その考えは好きではないものの、それはどうやっても阻止できないという事実をはっきりと伝える。それは、この国の法律であり、従わざるを得ないのだ。父親はもちろん、子どもに教育を受けさせることを拒んだり、彼女をお金のかかる私立学校に通わせたりすることもできるだろう。しかし、そのような手段は、ひどく思い切ったものであるか、ひどく費用のかかるものである。そこで、彼は娘を人種統合の学校に通わせることにする。自分のお気に入りの年頃の娘が黒人と同じ学校にどうしても通わなければならないという認知は、黒人は役立たずのレイプ犯であるという彼の認知とは不協和である。彼はどうするだろうか。おそらく、彼は黒人に対する自分の信念を再検討し始めるだろう。黒人は本当に皆役立たずなのだろうか。本当にレイプし回っているのだろうか。彼はもう一度見直すだろう——今度は、黒人の中に、気に入らない悪い性質をでっち上げ誇張するのではなく、良い性質を見出そうという強い気持ちを持って。おそらく、九月が巡って来るまでには、彼の黒人に対する態度は氷解し、肯定的な方向に動いているだろう。もしこの変化が人種統合の後の肯定的な出来事によって強められれば——たとえば、彼の娘が黒人の学校仲間と愉快で平和な交流をすれば——、父親の態度には大きな変化が生じやすいだろう。繰返し言うが、この分析はもちろん過度に単純化されている。しかし、基本的な過程はあてはまる。そして、この過程が情報キャンペーンに優っている点を見てほしい。黒人についての否定的なステレオタイプを変えるように父親を動機付けるメカニズムが始動したのである。

私の分析は、ある種の公共政策が、社会の利益になる大きな可能性を秘めていることを強く示唆している。それは、これまで一般に推奨されてきたこととはまさに正反対の政策である。一九五四年の最高裁判決の後、人種統合はゆっくりと進めなければならない、それは考えと気持ちの認知的変化の後でなければならないという一般的な感覚があった。ほとんどの役人と多くの社会科学者は、調和の取れた人種関係を達成するためには、人種統合は、人々を再教育して彼らの偏見を少なくすることができるまで遅らせるべきだと信じていた。私の分析では、最終的な人種間の調和を生み出す最良の方法は、行動的変化から始めることである。さらに、そしてもっとも重要なことは、人々が人種統合は避けられないと早く認識できればそれが早いほど、人々の偏見的な態度も早く変化し始めるのである。一方、この過程は、人種統合は避けたり遅らせたりできるという信念を大事にしている役人によって妨害されることになる（し、されてきた）。このために、この出来事が避けられないものではないという幻想が作り出される。こうした状況のもとでは、態度変化はまったく起こらないだろう。その結果は、混乱と不調和の助長だろう。前の例に戻ろう。もし、あのお気に入りの娘の父親が（州知事、市長、教育委員長、あるいは、地元の警察署長の発言や策略によって）人種統合を逃れる方法があると信じるようになると、彼は、黒人に対する否定的な態度を見直す必要をまったく感じないだろう。その結果は、人種統合への断固たる反対になりそうである。

このような考え方と一致するように、実際に、人種統合が広がるにつれて、人種統合への好意的な態度が強まっている。一九四二年には、人種統合学校に賛成した人は、この国の白人のわずか三十％であった。一九五六年までには、この数字は四十九％に達した。一九七〇年には、七十五％になった。そして、一九八〇年には、学校の人種統合が避けられないものであることが次第に明らかになるにつれて、この数字は九十％に近づいた。(91) 南部での変化は（それだけで見ると）もっと劇的であった。一九四二年には、南部の白人のうち、統合学校に賛成した人はたった二％にすぎなかった。一九五六年には、ほとんどの人々がこの判決は回避できると依然信じており、人種統合への賛成はわずか十四％だった。しかし、一九七〇年までには、人種統合が続いていく中で、五十％をわずか下回る人々が人種統合に賛成するようになった――そして、この数字は一九八〇年代に上昇を続けている。もちろん、このような統計的データは、人々が学校の人種統合を避けられないものとして受け入れることによって、それに好意的になってきているということの絶対的な証明にはならない――しかし、これらのデータは、非常に示唆に富んでいる。学校統合の過程と効果に関する注意深い分析の中で、トーマス・ペティグルー(92)は、人種統合の初期に、なぜリトル・ロックやアーカンソーのようなコミュニティでは暴力が起こり、ノーフォークやバージニアやウィンストン・セーラムやノースカロライナのようなコミュニティでは起こらなかったのかという疑問を提示した。彼の結論は、私の考え方にさらに支持を与えるものである。つまり、「一般的な結果として暴力が起きた地域では、少なくとも当局者のうちの何人かが、混乱が起これば喜んで人種分離に戻すということをあらかじめほのめかしていた。平和的な人種統合は、確固とした強力なリーダーシップのもとで一般的には行われていた」のである。言い換えれば、人々に不協和を低減する機会が与えられないと、暴力が起こるのである。一九五三年の時点で、ケネス・B・クラーク(93)はすでに、境界州［訳者注：南部の奴隷制度採用諸州のうち、脱退よりは妥協に傾いていた州］のいくつかの人種統合の過程で、同様の現象を観察している。彼は、即座の人種統合のほうが徐々の人種統合よりもはるかに効果的であることを発見したのである。

さらに、暴力が起きたのは、曖昧な政策や一貫しない政策がとられた場所や、コミュニティの指導者が揺れ動きがちな場所であった。同様の事態は、軍隊が第二次世界大戦中、人種統合を始めたときにも起こった。混乱が最大だったのは、方針が曖昧なところであった。(94)

しかし、他のすべての条件が常に等しいとは限らない　前の節で、私は、非常に複雑な現象について過度に単純化した見方を紹介した。私は意図的にそうして、理想的な条件のもとでは、理論的に物事がどのように進むことになるかを示したのである。しかし、条件が理想的であることはほとんどない。ほとんど常に、何か複雑な状況が存在する。そこで、まず、こうした複雑な事情をいくつか検討した上で、それらをどうすればなくしたり減らしたりできるか論じよう。

偏見が人種統合住宅事業で低減されたという事実を論じたとき、私は、それが公共住宅事業であったという事実にとくに注意した。人種統合が、個人所有の住居にかかわるときには、複雑なことになる。第一に、白人の間では、黒人が近隣地域に入ってくると不動産の価値が下がるという強い信念がある。この信念によって、経済的な対立と競争を生じ、これは偏見的な態度の低減を妨害することになる。事実、人種統合を行った私有住宅に関する組織的研究によれば、白人の住居者の間では、偏見を持った態度が強まったのである。(95)

さらに、すでに述べたように、不可避性の心理に関する実験は実験室の中で実施されており、この研究で扱われた嫌悪が、人種的偏見が現実世界にあるほどには、強烈なものでも根の深いものでもないことは、ほぼ間違いないだろう。これらの発見が、現実の人種統合の努力から得られたデータと整合していることは心強いことではあるが、しかし、人々が、不可避性を受け入れる機会を与えられていれば、人種統合への道のりが常に順調に進むと結論付けるのは、単純であり誤解を招くことにもなるだろう。多くの場合、人種統合が始まると、混乱が始まる。これは多くの場合、白人とマイノリティ集団の子どもの間の接触が通常では平等な地位での接触ではないという事実に（とくにそれが高校になって初めて開始される場合には）部分的にはもとづいているのである。次のような光景を思い描いてほしい。貧しい黒人の家庭かラテン系アメリカ人の家庭の十年生の少年が、二流の教育を受けた後に、白人中流階級の教師が教える、ほとんどが白人中流階級の学校で学習をするという状況に突然放り込まれる。そこで、その子どもは、白人中流階級の価値観を持つように育てられてきた白人中流階級の生徒と競争しなければならないことに気付く。それどころか、彼は、自分がまだその準備をしていない非常に競争的な状況に投げ込まれるのであり、その規則は自分のこれまでの規則ではなく、褒美は彼がまだ身につけていない能力に対して与えられる状況に投げ込まれるのである。彼は、自分の本拠地から心理的に遠く離れた状況で競争しているのである。皮肉なことに、これらの要因は、彼の自尊心の低下――そもそも最高裁判決に影響を与えた要因――を引き起こしやすい。(96) ウォルター・ステファン(97) は、人種統合に関する研究を分析して、黒人の子どもの自尊心が有意に上昇したことを示す研究は一つもないが、調査した研究のうちの二十五％は人種統合の後で自尊心の有意な低下を示していることを見出した。これに加えて、偏見は実質的には低減していなかった。つまり、ステファンは、偏見が低減した事例とほぼ同数の事例で、偏見が増大したことを見出したのである。

これらのデータを考慮すると、新たに人種統合した高校は典型的には緊張の場であるということを知っても、さほど驚きではない。マイノリティ集団の生徒が自分の自尊心を高めようとするのは当然のことである。自尊心を高める一つの方法は、団結し、白人を激しく批判し、自分たちの個性を主張し、白人の価値や白人のリーダーシップ等々を拒むことである。(98)

ここまでの議論を要約してみよう。（一）経済的な対立のない理想的な条件のもとでの平等な地位での接触は、理解を増進し、偏見を低減することができ、また、実際にそうしている。（二）不可避性の心理は、偏見的な態度を低減する圧力をかけることができるし、また実際にそうしている。そして、理想的な条件のもとでは、円滑で非暴力的な学校の人種統合の土台となり得る。（三）私有住宅地区での人種統合のように、経済的対立が存在するところでは、偏見的な態度の増大がしばしば起こる。（四）学校の人種統合が競争的な状況をもたらすところでは、とくにマイノリティ集団にとって深刻な不公平があれば、少なくとも、失われた自尊心をいくらかでも取り戻そうという試みがあって、黒人やラテン系アメリカ人の白人に対する敵意が増大することが多い。

相互依存――一つの解決の可能性――

学校の人種統合は、生徒同士の理解増進への扉を開くが、それだけでは究極の解決にはならない。問題は、単に、さまざまな人種的、民族的背景を持つ子どもを同じ学校に入れることではない。きわめて重要なのは、彼らが学校に入ってから何が起こるかである。すでに見てきたように、もしそこでの雰囲気が非常に競争的であれば、最初に存在した緊張が何であっても、それは、接触の結果として、実際に高まることになるかもしれない。緊張は、しばしば学校統合の結果として最初に生じるが、それは、ムザファー・シェリフとその共同研究者によるサマーキャンプ実験での少年たちの行動を私に思い起こさせる。(99) 二つの集団が対立と競争の状況に置かれると、それらの間で敵意が作り出されたことを思い出してほしい。いったん作り上げられた敵意は、単に対立と競争を取り除くだけでは低減できなかった。実際のところ、いったん不信感が確立してしまうと、それらの集団を平等の地位で、非競争的な状況の中で一緒にしても、かえって敵意と不信感を増大させるだけである。たとえば、これらの集団の子どもは、映画を見ながら一緒に座っているときでさえ、お互いに問題を起こしたのである。

シェリフは最終的にどのようにして敵意を低減するのに成功したのだろうか。二つの集団の少年を相互に依存的な状況――目標を達成するためには互いに協力し合わなければならない状況――に置いたのである。たとえば、研究者は、給水設備を壊すことで、緊急の状況を作り出した。その設備を修理する唯一の方法は、すべての子どもがすぐに協力し合うことであった。また、少年がキャンプをするための小旅行をしているときに、キャンプ用のトラックが故障することもあった。トラックを再び動かすためには、かなり険しい丘の上までそれを引き上げなければならなかった。これは、ワシであろうとガラガラへビであろうと、すべての子どもが一緒になって引っ張らなければできないことだった。最終的には、敵対的な感情と否定的なステレオタイプ化が減った。子どもは、集団をまたがって友だちになり、前よりもうまくやって行けるようになり、自発的に協力し合うようになった。

鍵となる要因は、相互依存――人々が目標を達成するためにお互いを必要とする状況――のようである。十分に統制された実験室実験を通して、協力の利点を明らかにした研究者がいる。たとえば、モートン・ドイッチ(100)は、協力的な雰囲気が導入されると、競争的な雰囲気が優勢なときと比べて、問題解決集団がより友好的となり、相手の話を聞くようになることを示している。同様に、パトリシア・キーナンとピーター・カーナヴェイル(101)の研究は、集団内での協力が、集団間での協力をも促進する可能性があることを示している。つまり、ある集団内で確立された協力的な関係は、その集団が後に別の集団とやりとりするように求められたときにも、しばしば引き継がれる。彼らの研究では、協力的な課題をこなした集団は、初めに競争的に作業をした集団と比べて、後に別の集団と交渉する際に、より協力的だったのである。

不幸なことに、アメリカでは、協力と相互依存は、小学校の段階でさえ、ほとんどの教室で進行している過程の特徴とはなっていない。これとは反対に、強烈な競争が、この国のほとんどの教室を支配しているのである。私は、テキサス州オースティンの公立学校が大きな危機に陥っていたときに介入を求められ、これを間近に観察する機会を与えられた。それは一九七一年のことであった。人種統合が行われたばかりで、物騒な出来事がいくつか引き起こされていた。オースティンは居住地域が人種分離されていたので、さまざまな民族的、人種的集団の子どもは、初めてお互いに出合うことになった。この接触に先立って、猜疑心とステレオタイプ化がたくさんあった。その接触は、この問題に拍車をかけたようであった。とにかく、嘲りは、しばしば殴り合いに発展した。その状況は物騒で危険なものであり、人種統合が自動的に偏見を低減するというわれわれの幻想を粉々に砕くものであった。

教育長に助けを求められ、私は共同研究者と学校組織に入っていった。それは、不快なことを丸く収めるためではなく、むしろ、人種統合が当初目的としていた建設的な目標のいくつかを達成するために、われわれに何かできることはないか確かめるためであった。われわれが最初にしたことは、さまざまな学級で働いている力学を組織的に観察することであった。われわれが観察したもっとも一般的な過程は、典型的には、六年生の学級の次のような状況であった。教師が教室の前に立ち、質問を出し、答のわかる生徒たちの合図を待つ。もっとも多くの場合、六人から十人の子どもが、席についたまま背筋を伸ばして手を挙げる——教師の注意を引こうと元気に手を振る子もいる。他の生徒の中には、目をそらして黙って座っている子もいる。まるで自分を見えないようにしているかのように。

教師が生徒の一人をあてると、熱心に手を挙げたがあてられなかった生徒たちの顔に、失望、落胆、不幸の表情が浮かぶ。あてた生徒が正答すると、教師は微笑み、満足げに頷き、次の質問に進む。これは、その生徒にとっては大きな褒美である。しかし、そのとき、かすかな不満のうめき声が、あてられようと頑張りながら無視された子どもの間から聞こえる。自分がいかに頭が良いかを教師に見せる機会を逃して、腹を立てているのが明らかである。

この過程を通して、生徒は、教材の内容だけでなく、いくつかのことを学ぶ。第一に、彼らは、教室にはただ一人の専門家しかいないことを学ぶ。教師である。生徒はまた、自分がいかに頭が良いかを積極的に示して教師を喜ばせれば、褒美がもらえることを学ぶ。級友と相談しても褒美はない。それどころか、多くの子は、級友が敵——負かすべきもの——だと学んでいる。さらに、協力し合うと、ほとんどの教師は眉をひそめる。もし、授業中に協力し合うと授業の邪魔と見なされ、それが試験中だとカンニングと呼ばれることになる。

この非常に競争的な力学の中で、もしあなたが正答を知っている生徒で、教師があなたの級友の一人をあてたとすると、おそらく、あなたはその級友が誤答して、あなたが自分がいかに頭が良いかを教師に示す機会が生まれるのを望むだろう。あてられたけれど間違えた生徒や、手を挙げて競争すらしなかった生徒は、うまくやった級友に腹を立てやすいだろう。うまくやった生徒のほうはと言えば、しばしば、しくじった生徒を軽蔑し、頭の悪いつまらない人間だと考える。この過程によって、友好と理解がそがれる。そして、同じ人種集団の生徒の間でさえ、敵意が生まれやすいのである。このような競争的な教室力学が、すでに人種間の不信によって張り詰めている状況に加わると、これをきっかけとして、オースティンでわれわれが出くわしたような混乱が生じるのである。

その当時、教室での競争はほとんどどこにでもあったことだが、われわれは、社会心理学者として、そうあらねばならないものではないと認識していた。前述したムザファー・シェリフの実験に部分的にもとづいて、われわれは、まさに協力的な過程こそ、このような状況に必要だと考えた。しかし、どうしたらよいのだろうか。実際には、それほど難しいことではなかった。二、三日で、私と共同研究者は、教室用に特別に設計した簡単な協力手法を開発するのに成功したのである。後で判明するように、われわれの手法はほとんど絶対確実なものであった。われわれは、生徒が、教材を学習して次の試験で良い点をとるために、お互いに一緒に勉強し協力しなければならないように設計した。勝とうとすれば、逆にうまくいかなくなったのである。われわれの手法は、ジグソーパズルと同じように働くので、それをジグソー教室と名付けた(102)。

例を挙げれば明確になるだろう。ある五年生の教室で、子どもは、有名なアメリカ人の伝記を勉強していた。たまたま次の授業は、有名なジャーナリスト、ジョセフ・ピュリッツァーの伝記であった。まず、われわれは、生徒を六つの集団に分けた――それぞれの集団で（人種や性が）できるだけばらばらになるよう注意した。次に、われわれは、ピュリッツァーの伝記を六つの段落で組み立てた。第一段落は、ピュリッツァーの祖先と、この国にどうやって来たのかについてであった。第二段落は、少年時代のピュリッツァーと、どのように成長したかについてであった。第三段落は、青年時代のピュリッツァーと、教育、初期の仕事についてであった。第四段落は、彼の中年期といかに彼が最初の新聞を創設したかについてであった。等々。それぞれの段落には、ジョセフ・ピュリッツァーの人生の主要な特徴がそれぞれ含まれていた。われわれは、ジョセフ・ピュリッツァーの伝記のコピーをとり、それぞれのコピーを六つの段落ごとに切り分け、六人から成る学習集団それぞれの子ども一人ひとりに、ピュリッツァーの人生の段落を一つずつ与えた。すなわち、それぞれの学習集団はジョセフ・ピュリッツァーの伝記全体を集団として持つことになったが、それぞれの生徒はその物語の六分の一しか持っていなかったのである。それぞれの生徒は、全体像を把握するためには、自分の集団の他の生徒が話すことを注意深く聞かなければならなかったのである。

先生は、生徒に、自分の知識をお互いに伝え合う時間を取ると伝えた。彼女はさらに、その時間が終わったら、彼らの知識を試験するだろうと伝えた。

二、三日のうちに、生徒は、自分の集団のそれぞれの人の助けがなければ、誰も良い点を取れないということを学んだ。彼らは、自分自身の理解とそれに続く試験の成績に対して、それぞれのメンバーが（人種や性や民族にかかわりなく）必要不可欠な独自の貢献をするという事実を大切にするようになったのである。今や、ただ一人の専門家（教師）の代わりに、それぞれの生徒がその人自身の部分の専門家であった。お互いに嘲り合う代わりに、お互いに励まし合い始めたのである――なぜなら、それぞれの生徒自身の最大の関心事は、話をしている子どもが自分の教材を最善の方法で伝えられるように確実にすることだからである。

すでに述べたように、二、三日はかかった。協力的な行動は、すぐさま生じるわけではない。われわれの実験に参加した生徒は、学校にいる間中ずっと、競争することに慣れてきた。最初の二、三日は、彼らのほとんどは、お互いに競争しようとした――競争が逆にうまくいかないものであったのに。典型的な実際の例を挙げて、子どもが試行錯誤しながら協力的な過程に進んでいく様子を説明しよう。われわれの集団の一つに、メキシコ系アメリカ人の少年がいた。ここではカルロスと呼ぶことにする。カルロスの課題は、ジョセフ・ピュリッツァーの青年時代について報告することであった。彼は、教材はわかっていたが、とても神経質になり、とてもつらい時間を過ごしていた。彼は、ここ二、三週間にわたって、アングロ・サクソン系アメリカ人の生徒の何人かから、自分のアクセントをからかわれ、これがまた起こるのではないかと心配していたのである。

彼は、口ごもり、躊躇し、もじもじしていた。案の定、集団の中の他の子どもはあまり助けにならなかった。彼らは、競争的な教室の頑強な戦術に十分に長けていた。彼らは、ある子――とくに自分たちが頭が悪いと思っている子――がしくじったときにどうすればよいか知っていた。彼らは、カルロスを嘲ったのである。われわれの実験では、メアリーが次のように言うのが観察された。「あーあ、あんたわかんないのね。あんたって、のろまね。馬鹿ね。あんた、何してるのかわかってないのね。」最初の実験では、われわれの研究助手が集団から集団へと歩き回りながら、集団をゆるやかに監視していた。この出来事が起こったとき、われわれの助手は短い介入を行った。「いいだろう、もし君がしたいんだったら、そうしてもいい。君にとっては面白いかもしれないね。でも、それじゃあ、ジョセフ・ピュリッツァーの青年時代は学習できないね。まあいいけど、試験まで一時間もないけどね。」ここでの強化の随伴性［訳者注：どういう反応が起きたときにどういう賞や罰が与えられるかの関係］がどのように移ったかに注目してほしい。メアリーはカルロスにガタガタ言っても、もはや得るものはあまりなかった。それどころか、彼女は今や多くを失うことになったのである。

二、三度の似た経験の後で、カルロスの集団の生徒は、カルロスが教えようとしている部分を学習できる唯一の方法は、カルロスが言おうとしていることに注意を払うことであるという事実をわかり始めた。徐々に、彼らは良い聞き手になり始めた。かなり良い面接者になった子さえいた。カルロスが自分の知っていることを伝えるのに少し困難を感じているとき、無視したりからかったりするのではなく、優しく深く探る質問——カルロスがその頭の中にあることを伝えやすくするような質問——をし始めたのだった。カルロスはこの扱い対して、よりリラックスし始めた。そして、リラックスできるようになると、彼の伝える能力も向上したのである。二、三週間後には、他の子どもは、思っていたよりカルロスはずっと頭が良いことに気付いた。彼らは注意を払っていたので、カルロスの中に、これまでは見えなかったものを見出し始めた。彼らは、彼を好きになり始めた。カルロスはと言うと、彼は学校を以前よりも楽しいと思うようになり、自分の集団のアングロ・サクソン系アメリカ人の生徒を、いじめっ子ではなく、面倒見のよい信頼できる子と見なし始めた。さらに、彼は、学級の中で居心地が良くなり始めるのにつれ、そして、自信をつけ始めるのにつれて、学業成績も向上し始めた。悪循環が逆になった。下向きの螺旋への原因となっていた要素が変化した——螺旋は今や上向きに回り始めたのである。二、三週間で、その教室の雰囲気全体が劇的に変わったのである。

その次に、われわれは、オースティンのいくつかの教室を無作為にジグソー条件に割り当て、それらを、伝統的な競争的手法を使う教室と比較した。その結果は明白で一貫していた。ジグソー教室の子どもは、伝統的教室の子どもと比べて、客観式の試験の成績が良く、お互いに相手を好きになり、学校が好きになり、自尊心が向上したのである。ジグソー教室の子どもの間では、民族や人種の垣根を越えて、好意が広がり、その結果、偏見やステレオタイプ化が急減した。われわれは、この同じ実験を、いくつかの都市の何十もの教室で繰り返してきた——そして、いつも同様の結果を得てきた。(103)

長年にわたって、研究は、ジグソー手法の効果が、アメリカ人にだけ、あるいは子どもにだけ限られたものではないことを示している。ジグソー手法は、ヨーロッパ、アフリカ、中東、オーストラリアで、小学校から大学までのあらゆる水準の生徒、学生で利用され、大きな成果を収めている。(104) 研究者は、ジグソー手法をさまざまな偏見に応用している。その中には、身体的な障がい者や情緒的な障がい者に対して多くの人々が抱いている偏見も含まれている。そのような実験の一つ(105)では、大学生が、元精神病患者と人物紹介された大学生とやりとりした。そのやりとりは、計画的な学習状況の一環であり、ジグソー集団で「元精神病患者」とやりとりした学生と、もっと伝統的な学習雰囲気の中で彼とやりとりした学生がいた。その結果は印象的なものだった。ジグソー集団の学生は、彼らのステレオタイプ的な期待をすぐに頭から取り払った。彼らは、より伝統的な学習状況で彼と出会った学生と比べて、彼をより好きになり、彼とのやりとりをより楽しんだのである。さらに、「元精神病患者」とのジグソー・セッションを経験した大学生は、精神病患者全般をより好意的に描いたのである。

基底にあるメカニズム　ジグソー手法はなぜ、このような建設的な結果を生み出すのだろうか。その効果の一つの理由は、この協力的な方略が、人々を親切を施す状況に置くということである。すなわち、ある集団の中のそれぞれの個人は、自分の知識を他のメンバーと共有することによって、彼らに親切を示していることになる。あなたは、われわれが第5章でマイク・リーペとドンナ・アイゼンスタットの実験について論じたのを思い出すだろう。(106) その実験は、人々が他者に親切にする行為をすると、その後で、自分が助けたその他者に好意を感じるようになることを実証したのである。

これとは異なり、敬意を表するメカニズムが、サミュエル・ガートナーとその共同研究者(107) の実験で説明されている。その実験が実証しているのは、そこでおそらく起こっていることは、協力の過程によって、人々が使用する認知的カテゴリーが変化して集団間の垣根が低くなることであるということである。言い換えれば、協力によって、外集団を「あの人たち」に分類する傾向が、それを「われわれ」に分類する傾向に変わるのである。しかし、いったいどのようにして「あの人たち」から「われわれ」へのこの変化が実際に生じるのだろうか。私は、それを媒介する過程は共感――あなたの集団のメンバーが経験していることを経験する能力――であると信じている。競争的な教室では、第一の目標は、あなたがいかに頭が良いかを教師に見せることだけである。あなたは、他の生徒に注意を払う必要はない。しかし、ジグソー状況は異なる。ジグソー教室に効果的に参加するためには、それぞれの生徒は、その集団のどのメンバーであろうとその人が話していることに細心の注意を払わなければならない。その過程で、参加者は、自分の級友のそれぞれが、その人に特有の要求にぴったり合うように働きかけられると、素晴らしい結果が得られることを学び始めるのである。たとえば、アリスは、カルロスはちょっと内気で優しく尋ねられたいと思っているが、フィリスはおしゃべりなので時には抑えてあげることが必要かもしれないと学ぶのである。ピーターは、ふざけることがあるけれども、セレートは、真剣な忠告にしか応えない、等々と学ぶのである。

われわれの分析が確かなものであれば、ジグソー集団で勉強すると、子どもの一般的な共感能力は研ぎ澄まされることになるだろう。この考えを検証するために、ダイアン・ブリッジマンは、(108) 十歳の子どもを対象にして巧みな実験を行った。彼女の実験に先立って、半分の子どもはジグソー学級に二カ月間参加した。残りの半分は、その期間、伝統的な教室で過ごした。ブリッジマンは、実験で、子どもに漫画を見せて、共感能力――漫画の登場人物の立場に身を置く能力——を試した。たとえば、一つの漫画で、最初の一コマでは、小さな少年が空港で父親にさよならを言い、悲しそうな様子である。次のコマでは、郵便配達人がこの少年に小包を届けている。三つめのコマでは、その少年がそれを開けると、中からおもちゃの飛行機が出てきて、その少年はわっと泣き出す。ブリッジマンは、子どもに、なぜその小さな少年が飛行機を見て泣いたと思うか尋ねた。ほとんどすべて子どもが正しく答えることができた——その玩具の飛行機が、父親がいなくて自分がどんなに寂しいかを思い出させたからである。その後で、ブリッジマンは決定的な質問をした。「その郵便配達人は、その少年が小包を開けて泣き出したのを見てどう思っただろうか？」

この年齢のほとんどの子どもは、一貫した誤りを犯す。彼らは、自分が知っていることは皆も知っていると思い込んでいるのだ。こうして、伝統的な教室の子どもは、その郵便配達人が、その贈物が少年に父親との別れを思い出させたので悲しくなったのだということを知っているだろうと考えたのである。しかし、ジグソー学級に参加していた子どもは、違う反応を示した。ジグソー手法を経験することによって、彼らは、その郵便配達人の視点に立つ——彼の立場に身を置く——能力を身につけていたのである。それゆえ、彼らは、その郵便配達人は、空港の別れのシーンを見ていないので、その少年が素敵な贈物を受け取りながら泣いているのを見て混乱するだろうと理解したのである。

一見したところ、これはそれほど重要には思えないかもしれない。結局のところ、子どもが、漫画の登場人物の心の中に何があるのかを理解する能力を持っていようがいまいが、誰が気にするだろうか。いやむしろ、われわれは皆気にすべきである——とっても。前の章のコロンバインの悲劇について論じたのを思い出してほしい。その章で、われわれは、攻撃を抑えるのに共感がどれほど重要になるかを示した。子どもが、世界を他の人間の視点から見る能力を身につけるかどうかは、人間関係一般に対して深い意味を持っている。われわれが、他の人が経験していることを理解する能力を身につければ、そのことによって、われわれの心はその人に対して開かれる確率が高くなるだろう。いったんわれわれの心が他の人に開かれれば、その人に対して偏見を感じたり、その人をいじめたり、その人を嘲ったり、その人を辱めたりするのはほとんど不可能になるだろう。おそらく、ジグソー方略がコロンバイン高校で（あるいは、コロンバインに入る小学校や中学校で）使われていたら、その悲劇は避けられていただろうし、あの子どもたちは今でも生きているだろう。

私は学生と一緒に、一九七一年に**ジグソー技法**を発案した。その後、類似の協力技法が他の人々によって開発されている。[119] ジグソー手法などの協力方略を用いて、この章で説明してきた印象的な結果が、この国のあらゆる地域の何千という教室で繰返し得られてきた。(110) ジョン・マコナヘイ(111)は、人種間関係の指導的な専門家であるが、協力的な学習が、人種統合の学校で人種間関係を改善するための唯一のもっとも効果的な実践であると述べている。一つの学校組織での簡単な実験で始まったものが、ゆっくりと公教育の分野で大きな勢力となってきている。残念ながら、前の文の重要な単語は、「ゆっくりと」である。教育制度は、すべての官僚制度と同じように、変化に抵抗するものである。コロンバインの大量殺人が例証しているように、この遅さは、悲劇的な結果をもたらし得るのである。(112)

多様性の挑戦　国の中、街の中、居住地区の中、学校の中の多様性は刺激的なものであり得る——あるいは、混乱の源泉であり得る。人種統合によって、われわれは多様性からの恩恵の機会に恵まれてきた。しかし、これらの恩恵を最大にするためには、われわれが、できるだけ調和の取れたやり方で人種や民族の境界を越えてお互いに結び付くことが肝要である。この国で仮にも人種や民族の調和と言ってよい何かを達成するまでには、まだ長い道のりを行かなければならないことは言うまでもない。われわれの教室に協力的な学習を導入することは、この目標に向けてわれわれの歩みを後押ししている。民族的に多様な国家に突き付けられた挑戦は、ピュリッツァー賞受賞の記者、デイヴィット・シプラー(113)によって生き生きと描かれている。つい最近、シプラー(113)は、この国をくまなく旅して、幅広くさまざまな人々に彼らの人種的な感情や態度について取材面接をしている。かなり殺伐とした彼の結論は、『見知らぬ者たちの国』という彼の本の表題に要約されている。シプラーは、ほとんどのアメリカ人は他の人種の人々と密接な関係を断じて持っておらず、それゆえ、大きな疑心と誤解が行き渡っていると述べている。シプラーの本を読むと、私は、一九七一年にテキサスのある学校長が、人種統合が彼の学校で問題を引き起こしていたときに、私に言ったことを思い出す。「ご覧下さい、教授。政府は、黒人の子どもと白人の子どもを同じ学校に通うよう強制できます」と彼は言う。「しかし、誰も彼らを、楽しくお互いにつき合うよう強制することはできないのです。」(明敏な読者は、これが、この章の前のほうで説明したウィリアム・グラハム・サムナーが打ち出した主題の変形だと気付くだろう。)

彼の指摘を強調するかのように、その同じ日の昼休み、私が校庭を散歩していて私が見たものは、人種統合の学校ではなかった——そう呼ぶには程遠かった。私が見たものは、自分たちで人種分離した集団が群れ散らばっている様子である。黒人の子どもは、一つの集団に群れ固まり、ラテン系アメリカ人の子どもは、別の集団に群れ固まり、白人の子どもは、さらに別の集団に群れ固まっていた。言うまでもなく、同じ人種や民族の人々が、お互いに一緒にいるのを好むのを見ても驚くには当たらない。そして、それ自体には、確かに何も悪いことはない――ただし、そのような好みが硬直化して、排他的行動につながらない限りであるが。この同じ学校にジグソー技法を始めてから二、三カ月後、たまたま私が校庭を通り抜けたとき、私は、突然のことに（そして、まったく思いがけず）感動した。というのは、生徒のこれらの群れのほとんどすべてが、完全に人種統合されているのに気付いたのである。誰も、子どもにお互いに好きになるよう「強制」はしなかった。彼らは、人種や民族の境界を越えてお互いに結び付く選択を実際にしていたのである。明らかに、ジグソー経験が、初めにあった不信や猜疑をいくらか和らげていたのである。私は、「こうなってほしかったんだ」と考えていたことを思い出す。

　事実上の人種分離から二世紀が経ち、われわれの国の大人のほとんどは「見知らぬ者たちの国」になってしまったかもしれないが、協力的に一緒に学習することを経験した何万もの子どもは、われわれに将来への希望を与えてくれる――彼らがゆくゆくは大人になって、多様性を享受し、その恩恵に預かるようになり、お互いに好意と尊敬を抱くようになり、そしてお互いから学び続けるだろうという希望である。

第8章

好意、愛、対人感受性

社会的動物《ソーシャル・アニマル》として、われわれは、お互いにありとあらゆる扱いをすることができる――われわれは、親切にも、残忍にも、面倒見よくも、利己的にも、心をこめても、愛情をこめても、無愛想にも、とにかくどんなものにでもなることができる。これまでの章で、私は、服従や攻撃や偏見など、われわれの行動の殺伐たる光景のいくつかについて主に書いてきた。この章では、私は、われわれの社会的行動の柔らかく刺激的で幸福な側面を論じよう。対人魅力である。どうしてわれわれはお互いに好きになるのだろうか。もっと神秘的には、どうしてわれわれはお互いに恋に落ちるのだろうか。

「魅力」という言葉で意味するものは広範囲に及ぶ。一緒に仕事をしたいと思う人々から、単に一緒に楽しくぶらつく人々、友人や親友になる人々、深く真剣な愛情の結び付きまでである。われわれは、なぜ好きな人とそうでない人がいるのだろうか。われわれは、われわれが好きなすべての人の中から、なぜ誰か「特別な人」と恋に落ちるのだろうか。愛は、年月を重ねるにつれてどのように変わるのだろうか。そして、つまるところ、相手に対する愛は、どうして高まったり、なくなったりするのだろうか。

魅力の問題が古くからのものであることは、ほぼ確実である。洞穴に住んでいた最初のアマチュアの社会心理学者は、どうしたら近所の洞穴に住んでいる男に好かれたり、そんなに嫌われないようにしたりできるか――あるいは、少なくとも棍棒で自分の頭を殴るのを思いとどまらせたりできるか――などと、間違いなく考えただろう。おそらく、彼は彼に、贈物として剣歯虎の肉を持って行き、うまくいくよう願っただろう。たぶん彼は、新しい歯の見せ方を試みただろう――それは、唸り声で威嚇する険しい表情ではなく、穏やかで柔順な見せ方であり、最終的には現代のわれわれが微笑みと呼ぶ仕草に進化していった歯の見せ方である。(1)

数千年経った今も、人々は依然として魅力の先行要因について考えを巡らしているだろう――隣の机、隣の家、隣の国の人々に自分のことをもっと好きにさせたり、少なくとも、自分たちを侮辱したり滅ぼそうとするのを思いとどまらせたりするにはどう振る舞ったらよいのだろうか。魅力の原因について、われわれにはどのようなことがわかっているのだろうか。私が友人に、なぜ好きな知人とそうでない知人がいるのか尋ねると、非常に多様な答が返ってくる。もっとも典型的な答は、人々がもっとも好むのは、(一)自分とよく似た信念や興味を持つ人々、(二)何らかの技術、能力、才能を持つ人々、(三)気高さや合理性や誠実さや親切心など、何らかの気持ちの良い資質か、賞賛すべき資質を持っている人々、(四)お返しに自分のことを好いてくれる人々、であるというものである。

これらの理由は納得のいくものである。またそれは、デール・カーネギーの『人を動かす』〔訳者注：直訳は『友人を勝ち取り、人々を動かす方法』」という、冷然と巧みに人を操るような表題を持つ本での助言とも一致している。(2) 表題が巧みに操っているだけでなく、この対人関係に関する料理本は、まさに人々が探し求めていたものだったように思われる。これはあらゆる時代を通じてベストセラーの一つとなった。このことは驚くに値しない。アメリカ人は人に好かれ、良い印象を与えることに強い関心を抱いているように思われる。高校生に対して実施された調査は、彼らにとっての最大の関心が、自分に対する他者の反応の仕方である——彼らの圧倒的な願いは人にもっと好かれることである——ということを示している。(3) こうした関心は、仲間集団が非常に大きな重要性を持っている青年期において最大となるかもしれないが、好かれたいという願望が合衆国の青年に限られるものでないことは確かである。他者を惹き付けるための単純な公式を求めるのは、普遍的なことであるように思われる。結局のところ、デール・カーネギーの本は三十五の異なる言語に翻訳され、世界中で熱心に読まれているのである。

カーネギーの助言は、びっくりするほど単純である。すなわち、もしあなたが人々に好かれたいなら、快活にせよ、相手が好きな振りをしろ、相手が興味を持っていることに自分も興味があるよう装え、「賞賛を惜しみなく分かち与えよ」、そして相手に同意せよ、というものである。これは本当だろうか。これらの戦略は有効だろうか。少なくとも親密になる過程の初期の段階では、ある程度は、それらは実際に有効である。十分に統制された実験室実験によるデータは、われわれは、不快な特徴を持つ人々よりも愉快な特徴を持つ人々を好むということを示している。(4) われわれは、自分に反対する人々よりも賛成する人々を、自分を嫌う人々よりも好いてくれる人々を、競争する人々よりも協力する人々を、自分を批判する人々よりも褒めてくれる人々を好む、等々である。対人魅力に関するこれらの側面は、次のように一つに概括することができる。われわれは、最小のコストで最大の報賞を自分に与えるよう振る舞う人々を好むのである。(5)

魅力の一般的な報賞理論は広範囲に及ぶ。この理論によって、なぜわれわれが不器量な人々より身体的に魅力のある人々を好むのかが説明できる——なぜならば、器量の良い人々はわれわれに「美的な」報賞をもたらすからである。(6) 同時に、この理論によって、われわれが、自分と類似した意見の持ち主を好むと予測できる。(7) というのは、そのような人々と出会うと、彼らはわれわれの信念に合意して、それを妥当化することによって報賞をもたらすからである。つまり、われわれが、自分の意見を正しいと信じるのに役立つのである。さらに、前の章で学んだように、偏見と敵意を低減する一つの方法は、人々がお互いに競争し合うのではなく、むしろ協力し合うように環境を変えることである。この関係について別の言い方をすれば、協力は魅力に通じるということである。したがって、問題となる環境が、ムザファー・シェリフの実験のようにサマーキャンプであろうと、(8) 私が共同研究者と実施した実験のように学級状況であろうと、(9) 人々がお互いに協力し合う時間を過ごせば、相互の魅力が増すのである。協力的な行動は、その定義からして、明らかに報賞的である。われわれと協力する人は、われわれに援助を与え、われわれの考えに耳を傾け、示唆を与え、われわれの重荷を分かち持つのである。

一般的な報賞―コストの理論は、人間の魅力の多くを説明できるが、そのすべてではない。世界はそんなに単純なものではない。たとえば、報賞―コストの理論は、他のすべての条件が等しければ、われわれは、自分たちの近くに住んでいる人々を好むという予測に至るだろう。なぜならば、近い距離を移動することは、遠い距離を移動するよりも少ないコストで、われわれは同一の報賞を得ることができるからである。実際、人々は、遠くに住む友人よりも近くに住む友人をたくさん持っているというのが真実である。しかし、こうだからと言って、人々を魅力的にするのが物理的な近さであるということには必ずしもならない。物理的な近さは、人々と知り合いになるのを単に容易にするだけかもしれず、いったん知り合いになれば、われわれはその人々を好きなりがちなのである。さらに、この本の前のほうで指摘したように、人々は、自分がそのために苦労した物事や人々も好きになるのである。たとえば、私がジャドソン・ミルズと協力して行った実験を思い出してほしい。(10) われわれは、この実験で、ある集団のメンバーになるために不快な入会儀式を経験した人々は、時間や努力の点であまり代価を払わずにメンバーになった人々と比べて、その集団をより好きになることを見出した。ここでの報賞はいったいどこにあるのだろうか。苦労の低減だろうか。不協和の低減だろうか。どのようにして、その報賞がその集団に結び付くのだろうか。それは明らかではない。

さらに、あるものが報賞になるということを単に知るだけでは、われわれが、ある人の行動を理解し予測するのに必ずしも助けにならない。たとえば、第2章、第3章、第5章で、私は、人々がなぜ同調するのか、なぜ態度を変化させるのかについて分析し、そして、いくつかの理由を論じた。これらの理由は、褒められたい、好かれたい、嘲笑を避けたいという願望から、自分が尊敬し称賛している誰かと同一視したいという願望から、正しくありたいという願望から、あるいは、自分自身の行動を正当化したいという願望から、等々であった。ある意味では、これらの行動はすべて、納得できるものであるか、気持ちの良いものであるか、あるいはその両方であり、ゆえに報賞と考えることができる。しかし、これらを単に報賞と分類することは、それらの間の重要な違いを曖昧にしてしまいがちである。正しくありたいという願望と嘲笑を避けたいという願望は、それらが満たされるといずれも満足の状態を生じるが、ある人が、これらの欲求を満たすためにしなければならない行動は実際にはまったく反対のものになることが多い。たとえば、線分の長さを判断するときに、ある人は、嘲笑を避けようとする願望から集団圧力に同調するかもしれないが、その同じ人が、正しくありたいという願望から他の集団メンバーの全員一致の意見から逸脱するかもしれない。両方の行動を報賞という言葉で一緒におおってみても、理解が増すことにはほとんどならないのである。社会心理学者にとって、それよりもはるかに重要な課題は、どのような条件のもとでどちらの行動方針がとられるのかを究明することである。対人魅力に関する研究をこれから検討していくにつれて、この点はもっと明らかになるだろう。

賞賛と親切の効果

デール・カーネギーが「賞賛を惜しみなく分かち与えよ」と勧めたことを思い出してほしい。これは、古き良き常識のように思われる。確かにわれわれは、われわれの教師の考えや従業員の努力を褒め称えることで、「友人を勝ち取る」ことができる。実際、われわれは一般に、われわれを否定的に評価する人々よりも肯定的に評価する人々を好むという知見がいくつかの実験で得られている。(11) しかし、賞賛はいつも効果があるのだろうか。もっと詳しく見てみよう。常識がまた示唆するところでは、賞賛よりも批判のほうがもっと役に立つような状況もある。たとえば、あなたが新任の大学講師であって、大学院生の授業で講義をしており、現在考案中の理論を説明しているとしよう。教室の最後部には、二人の学生が座っている。一人のほうは、相鎚を打ち、微笑み、まるで夢中になっているかのように見える。説明が終わると、彼はあなたのところにやってきて、あなたは天才だ、あなたの理論は自分が今まで聞いた中でもっとも素晴らしいものだと言う。もちろん、この言葉を聞くのは心地良いことである。反対に、もう一人のほうは、説明の間、時々首を振ったり、顔をしかめたりしている。説明終了後、彼女はあなたのところにやってきて、あなたの理論には意味をなさない点がいくつかあると言う。さらに彼女は、これらの点を少し詳しく、軽蔑を含んだ話しぶりで指摘する。その晩、言われたことについて思案していると、あなたは、二番目の学生の意見は、多少極端で完全には正確でないものの、妥当な点をいくつか含んでおり、あなたの仮定のいくつかを再考させるものであることに気付く。結果的に、このことはあなたの理論の重要な改善につながる。これらの学生のうちのどちらを、あなたはより好むだろうか。私にはわからない。賞賛は明らかに報賞であるが、改善につながる反対意見であれば、それ独自の報賞をもたらすかもしれない。この時点では、私は、どちらの行動がより大きな報賞か予測できないので、二人の学生のどちらをあなたが好きになるかについて確信を持てないのである。

賞賛と批判の相対的な効果は、もっと複雑であり、もっと興味深い。いくつかの研究の示すところでは、他の条件がすべて等しければ、否定的な評価はその評価者に対するわれわれの感嘆の念を一般に高める。ただし、その人が、われわれを評価していなければであるが！　一つの実験で、テレサ・アマビル(12)は、大学生に、『ニューヨーク・タイムズ書評』に掲載された二つの小説書評の抜粋を読むよう求めた。二つの書評とも、文体、文章の質の点では類似していたが、一方は極端に好意的であり、他方は極端に非好意的であった。学生は、肯定的な評価者よりも否定的な評価者のほうを、かなり知的で、有能で、専門的である――しかし、好意が持てない！――と考えたのである。

別の例を見てみよう。それは、賞賛する側に何か隠された動機があるのではないかと思うような例である。ナンシーが技術者で、素晴らしい設計図を製作するとしよう。彼女のボスは言う。「いい仕事だ。ナンシー。」この言葉は、ほとんど確実に報賞として働き、ナンシーのボスに対する好意はおそらく増すだろう。しかし、ナンシーが休日をとっており、ずさんな設計図を製作するとする――しかも、そのずさんさを彼女自身認識していたとしよう。そこにボスがやって来て、まったく同じ声の調子で同じ褒め言葉を発する。この言葉は、この状況で報賞として作用するだろうか。私には、はっきりわからない。ナンシーはこの言葉を、ボスがお粗末な出来栄えにもかかわらず彼女を勇気付け、親切にしようとしているのだと解釈するか・も・し・れ・な・い。ボスが思いやりを示したので、ナンシーは、実際に良い仕事をした場合以上に、ボスのことを好きになるかもしれない。一方、ナンシーは、ボスのありとあらゆる特徴や隠された動機のせいにするかもしれない。彼女は、ボスのことを皮肉屋で、巧妙で、不正直で、目の肥えていない、恩着せがましく、誘惑的で、馬鹿だなどと結論付けるかもしれない――これらのどれもが、ナンシーの彼に対する好意を減らすことになる。一般的な報賞―コストの理論は、何が報賞になるかについてわれわれの定義が明確でないときには、その価値の大部分を失うのである。状況が複雑になるにつれて、そのような一般的な概念はその価値が下がることがわかる。なぜならば、報賞が与えられる社会的な文脈が少し変化するだけで、報賞が罰に変わることがあり得るからである。

この分野の研究が示すところでは、人々は褒められることを好み、賞賛を与える人間を好きになる傾向を持つが、(13) 人に操られることを嫌いもする。もし賞賛があまりにも大げさなものであれば、それは不当に見えるし、あるいは、(もっとも重要なことだが) 賞賛を与える人が媚びへつらうことで利益を得るような立場にあるならば、その人はあまり好かれないのである。エドワード・E・ジョーンズ(14) の実験では、若い女性の面接場面をサクラが観察した後、彼女の評価を行った。このサクラの評価が、肯定的な内容であるのを聞いた女性と、否定的な内容であるのを聞いた女性と、中立的な内容であるのを聞いた女性がいた。一つの実験条件では、その評価者が隠された動機を持っていたかもしれなかった。この条件では、参加者は、その評価者が自分の実験のための参加者を必要としている大学院生であり、学生に自発的に参加するよう要請しているとあらかじめ告げられていた。結果は、学生は自分に否定的な評価を与えた評価者よりも、褒めてくれた評価者を好むというものだった。しかし、その評価者に隠された動機がありそうなときには、好意が急激に低下したのである。このように、「お世辞はどこでも無駄」という古い格言は明らかに間違っている。ジョーンズが述べたように、「お世辞もどこかで効く」――しかし、どこでもではないのである。

同じように、われわれは、われわれに親切を施す人々を好きになる。親切は報賞と考えることができるが、われわれはこういった報賞を与えてくれる人々を好く傾向があるのである。たとえば、女性矯正施設の入所者に対する古典的な研究で、ヘレン・ホール・ジェニングス(15)は、新しく面白い活動を開始し、他の人がその活動に参加するのを手助けした女性が、もっとも人気が高いことを見出した。われわれが親切を施してくれる人々を好きになることは、その親切が意図的でないときでさえあてはまる。このことは、バーニス・ロットとアルバート・ロット(16)によって、子どもを対象にした実験で実証されている。この研究者たちは、色々な通路を盤上で選択するゲームで遊ばせるために、子どもを三人集団に組織した。このゲームでは、幸運にも安全な通路を選択した人が勝ち、誤った選択は大惨事につながることになっていた。実際には、子どもは、想像上の地雷原を一列になって歩くが、地雷は一度爆発した後でもまだ生きていた。もし、先頭の子どもが間違った道を選択すると、その子どもは（ゲームから）「吹き飛ばされ」、その列の次の子どもはもちろん別の道を選択することになる。たまたま正しい通路を選択したリーダーが、他の子どもをゲームの成功へと導くことになった。結果が示したところでは、（無事にゴールに到着することで）報賞を得た子どもは、最終ゴールに到着しなかった子どもと比べて、自分の仲間（もちろん、その子どもが報賞を獲得するのを手助けするのに貢献があった仲間）に大きな好意を寄せたのである。要するに、たとえ、われわれに親切を与えるつもりがなかったとしても、われわれは、自分の勝利に貢献する人々を、貢献しない人々よりも好むのである。

しかし、賞賛を与える人々のときと同じように、われわれは、親切を施してくれる人々をいつも好くわけではない。具体的には、われわれは、その親切が紐付きに見える人々を好きにはならない。そのような紐付きは、受け手の自由に対する脅威になる。人々は、お返しを期待している贈物を受け取りたがらない。さらに、人々は、親切を与えることで利益を得るような立場にいる人々からの親切を受け取りたがらない。前の章で述べた例を思い出してほしい。仮にあなたが教師であれば、学生からの贈物を受け取ることを嬉しく思うかもしれない。一方、ボーダーラインの学生が、学期末レポートをあなたが採点する直前に高価な贈物を贈ってよこしたら、あなたは非常に不愉快な気持ちになるかもしれない。この考えに対する強い支持は、ジャック・ブレームとアン・コール(17)の実験で得られている。この実験では、大学生が、相手に対する第一印象を答えることになる研究（実験者はその重要性を強調した）に参加するように求められた。それぞれの学生が実験が始まるのを待っているとき、相手（実はサクラ）が少しの間、部屋を離れる許可を求めた。一つの条件では、彼は単にしばらくして戻り、元の席についた。もう一つの条件では、彼はソフトドリンクを持って戻り、それをすぐに参加者に与えた。その後で、それぞれの参加者は、そのサクラが退屈な作業をするのを手助けするように求められた。非常に面白いことに、サクラから飲み物をもらわなかった学生のほうが、飲み物をもらった学生よりも、サクラを手助けする傾向があったのである。

　この研究の結論は、親切や賞賛は、万能の報賞ではないということである。飢えているネズミや人間にとって、一椀の乾燥シリアルは報賞である。昼夜を問わず、夏冬を問わず、男性から与えられるのであれ女性から与えられるのであれ、なんであれ、それは報賞である。同様に、溺れかかっている人間にとって、救助艇はあらゆる状況のもとで報賞となる。すなわち、そのような報賞は、状況を超えている。

　しかし、賞賛や親切などは、状況を超えるものではない。これらが報賞として働くかどうかは、わずかな状況的変化によって決まるのであり、これらの中には非常に微妙な変化もある。事実、われわれがすでに見てきたように、人々が、口を閉じていたり懐手をしていたりする場合よりも、賞賛や親切を与えると、かえって魅力が低下することがあるのである。したがって、デール・カーネギーの助言は常に正しいとは限らない。もしあなたが誰かに好きになってほしいならば、ご機嫌取りの技法として親切を施すことはかえって危険なのである。

　もしあなたが誰かに好きになってほしいならば、その人に親切を施さないで、その人があなたに親切を施すように仕向けなさい。誰かにあなたへの親切を施させることは、あなたの魅力を増すために親切を利用する、より確実なやり方である。第5章で、残忍さの正当化と呼ばれる現象について説明したことを思い出してほしい。簡潔に言うと、もし人々がある人間を傷つけてしまうと、彼らは、その犠牲者を貶すことよって自分の行動を正当化しようとするだろうと、私は指摘したのである。私はまた、この正当化の過程が反対方向にどのように働くかについても分析した。もし私が、誰かに親切を施したとすると、私は、この親切の受け手は魅力的で、好感が持て、それにふさわしい人間だと自らに言い聞かせて自分の行為を正当化するだろう。実際、私は独り言を言う。

「いったいなぜ、自分はサムのためにこんなに努力したんだろうか（あるいは、なぜこんなにたくさんのお金を使ったんだろうか、等々なんでも）。なぜなら、それはサムが素晴らしい人間だからだ、そうに違いない！」

この考えは新しいものではない。事実、これは世間の知恵の一つであるように思われる。世界でもっとも偉大な小説家の一人であるレオ・トルストイ(18)は、一八六九年にこう書いている。「われわれが人々を愛するのは、その人々がわれわれにしてくれたことのゆえではない。むしろ、われわれが彼らにしたことのゆえに、愛するのである。」トルストイの見解の一世紀前に、ベンジャミン・フランクリン(19)は、政治的計略にこの戦略を利用して、明らかな成功を収めている。フランクリンは、ペンシルバニア州議会のあるメンバーの示した政治的反対と敵意に悩まされて、彼を取り込みにかかった。

私は、卑屈な尊敬を払うことで彼の親切を勝ち獲ろうとはせず、しばらくしてから、以下の別の方法をとった。彼の書斎に非常な稀こう本があると耳にした私は、彼に手紙を書き、その本を熟読したい願いを述べ、数日間貸していただくご親切に甘えたいという依頼をした。彼はその本を即座に送ってくれ、私は、約一週間の後に、その親切への感謝を強く表明した別の手紙を添えてそれを返却した。われわれが次に議会で会ったとき、（今までそんなことはしたことがなかったのに）彼は私に話しかけてきたのである。それも非常に丁寧に。さらに彼は、それ以降どんな場合にも私に尽くす用意があることを表明した。その結果、われわれは親友となり、われわれの友情は彼が死ぬまで続いた。これは、私が学んだ古い格言が真実であることを示すもう一つの例である。「ひとたびあなたに親切をした人は、あなた自身が親切をした人よりも、さらに進んであなたに親切をするだろう。」

ベンジャミン・フランクリンは明らかに自分の作戦の成功を喜んでいるが、私は科学者として完全には納得していない。フランクリンの成功がこの方略によるのか、それとも、彼の性格の多くの魅力的な特徴のどれかによるのか、必ずしも明らかではない。確信を持つためには、十分に統制された実験が必要である。フランクリンが本を借りてから二百三十有余年、ちょうどそのような実験が、ジョン・ジェッカーとデイヴィッド・ランディ(20)によって行われた。この実験では、学生が、相当の額のお金を得られる可能性のある概念形成の課題に参加した。実験の終了後、三分の一の参加者には実験者が近づいていき、彼はこの実験のために自分自身の資金を使っており、資金が足りなくなってきたと説明した。それは、彼が実験を中止せざるを得ないかもしれないということを意味するものだった。彼は、「私に対する特別の親切として、あなたの得たお金を返していただけませんか」と頼んだ。別の三分の一の参加者には、実験者ではなく学科の秘書が近づいていき、心理学科の研究資金が乏しくなってきたので、特別の親切として、お金を返してもらえないかと依頼した。残りの参加者は、彼らの得たお金を返すことを求められなかった。最後に、参加者全員が質問紙に記入するように求められたが、それには実験者について彼らの感情を述べる機会が含められていた。実験者に対して特別な親切を施すよう丸め込まれた参加者は、実験者をもっとも好いた。すなわち、彼らは、彼に親切を施したので、彼が上品な、それにふさわしい仲間だと自らにうまく言い聞かせたのである。

同様の結果は、メルヴィン・ラーナーとキャロライン・シモンズ(21)の実験でも見出されている。この実験では、参加者は、学習実験の一環で一連の電気ショックを受けているかに見える学生を観察することができた。しばらく観察した後、一部の参加者は、その「犠牲者」が電気ショックを引き続き受けるべきかどうかについて、無記名による投票をすることができた。別の参加者は、この手続きによる投票ができなかった。実際には、投票が許された参加者のすべてが、ショックの中止に投票した。しかし、投票した参加者のうち、ショックを中止できた人々と、それができなかった人々いた。ショックを中断できた人々がもっともその犠牲者を好きになった。ショックを中断しようとしたができなかった人々は、投票すらしなかった人々と同じくらいの好意であった。

個人的属性

すでに述べたように、いくつかの個人的特徴が、その人がどのくらい好かれるかを決定するのに重要な役割を果たしている。(22) 人々は、世論調査で自分の好きな人々の属性を記述するよう求められると、彼らは、誠実、有能、知的、活動的、等々の特質をリストする。しかし、こういった研究では、因果関係の方向性を明確にすることは困難である。われわれは、感じの良い属性を持っている人々を好きになるのだろうか、それとも、自分たちの友人がこのような感じの良い属性を持っていると自分に言い聞かせるのだろうか。おそらく、この因果関係は両方向に流れている。しかしながら、良い個人的な属性を持っている人々が、他の人々よりも好かれるということを確証するためには、この関係を、世論調査よりももっと統制された条件のもとで検討することが必要である。この節では、もっとも重要な個人的属性のうちの二つ、すなわち、有能さと身体的な魅力について詳しく検討しよう。

有能さ　他のすべての条件が等しければ、ある人が有能であればあるほど、われわれはその人を好きになるということは自明のように思われるかもしれない。これはおそらく、人間が正しくありたいという欲求を持っているからである。すなわち、われわれが能力のある優秀な人間に囲まれていれば、自分が正しい可能性も高くなる。しかし、この章で学び続けているように、対人魅力を規定する要因はしばしば複雑である。これらの要因は、単純な言葉では必ずしも説明しきれない。有能さに関して言えば、問題解決集団において、もっとも有能で最良のアイディアを持っていると見なされている参加者が、もっとも好かれる参加者ではないことが多いという、一見して逆説的な証拠が、研究文献の中に数多く見出されるのである。(23) この逆説をわれわれはどのように説明できるだろうか。一つの可能性は、われわれは有能な人間に囲まれていたいと思うものだが、能力のあり過ぎる人はわれわれの居心地を悪くするかもしれない、ということである。そうした人は、近づき難く、疎遠で、超人的に――そして、それとの比較でわれわれが悪く――見えるかもしれない。もしもこれが真実だとしたら、その人が誤ることもあるという何らかの証拠が見られれば、われわれはその人のことをなおさら好きになるだろう。たとえば、もしサムが優秀な数学者であると同時に素晴らしいバスケットボール選手であり、服装にもやかましい人だったとしたら、さらにもし、彼が、時々、数字列を足すのを間違えたり、簡単なレイアップ・シュートを失敗したり、ネクタイにソースの染みをつけて人前に現れたりすると、私は彼のことを一層好きになるかもしれない。

五十年ほど前、私がこの現象について考えていたとき、たまたまギャラップの世論調査の驚くべきデータに出くわした。ジョン・F・ケネディが大統領だったとき、彼の個人的な人気は、一九六一年、ピッグズ湾でキューバ侵攻の試みが失敗に終った直後に実際に上昇したのである。この侵攻の試みが、すぐに「ピッグズ湾の大失敗」と命名された（そして今もなお広くそのように知られている）ほどの著しい大失策であったという事実を考えると、これは驚くべきことである。われわれはこれをどう解釈できるだろうか。これは、大統領がわれわれの国で最大級の大失策（その時点まで、ということだが）の一つを犯し、そして、奇跡的にもそのことのために人々に一層好かれるようになったという状況である。なぜだろうか。一つの可能性は、ケネディはそれまで「あまりにも完全過ぎた」のかもしれないということである。どういう意味だろうか。どうしたら、人は完全過ぎることになるのだろうか。

一九六一年には、ジョン・F・ケネディの個人的人気はきわめて高かった。彼はほとんど童話の本に出てくるような均整の取れた人柄であった。事実、彼の政権はキャメロット〔訳者注：アーサー王と円卓の騎士の居城〕と呼ばれた。ケネディは若く、ハンサムで、明敏で、機知に富み、魅力的で、スポーツにも秀でていた。彼は飽くことを知らない読書家であり、ベストセラーの著者であり、政治戦略の達人であり、戦争の英雄であり、肉体的な苦痛に泣き言をいわずに耐える人であった。彼は、数カ国語を話す才色兼備の女性と結婚し、二人の可愛らしい子ども（男の子と女の子）に恵まれ、とても素晴らしい、結束の固い家族の一員であった。大失策の張本人となるような、誤ることもあるという何らかの証拠は、大衆の目に彼をより人間らしいと映らせ、それゆえ好感を高めるのに役立ったのかもしれない。

悲しいかな、これはいくつかの説明の可能性のうちの一つにすぎず、今ではご存じのように、現実世界はこのような仮説を検証する場所ではないのである。現実世界では、あまりにも多くの事柄が同時に起こっており、そのうちのどの一つをとってもケネディの人気を高めた可能性がある。たとえば、あの大失策をした後、ケネディ大統領は弁解をしようとも、責任転嫁をしようともしなかった。むしろ彼は、この大失敗の責任をすべて引き受けたのだった。この行為が、大衆の目に彼を一層魅力的に映らせるのに大きな役割を果たしたのかもしれない。

非常に有能な人間が、誤り得ることの証拠があると一層好かれるようになるだろうという命題を検証するためには、実験が必要であった。実験の持つ主要な長所の一つは、全責任の引き受けというような、外生変数を取り除いたり統制したりして、それゆえに、一つの変数のもう一つの変数に対する効果をより正確に評価できるという点である。私はそのような実験を、ベン・ウィラーマンとジョアン・フロイドと共同で行った。(24) 参加者は、ミネソタ大学の男子大学生だった。それぞれの学生は、四人の刺激人物のうちの一人が登場している簡単な録音テープを聴いた。それらは、（一）ほぼ完全な人、（二）へまをするほぼ完全な人、（三）平凡な人、（四）へまをする平凡な人であった。テープを聴く前に、それぞれの学生は、当時人気のあった『カレッジ・ボウル』というクイズショーの出演候補者についてテープを聴くことになり、それから、その人物がどんな印象を与えたか、どのくらい好感が持てたか、などの点で彼を評価するよう求められることになるとあらかじめ告げられていた。それぞれのテープは、ある青年（刺激人物）と面接出題者との対面のやりとりでできており、出題者が尋ねる一連のきわめて難しい問題を含んでいた。これらの問題は『カレッジ・ボウル』で普通に問われているようなものであった。一つのテープでは、刺激人物は高い能力を示し――実際に彼は九十二％の問題に正解し、ほとんど完璧に見え――、面接の中では高校時代の活動を尋ねられると、自分が優等生で、卒業アルバムの編集者で、陸上競技チームのメンバーであったことを、控え目ながらも認めた。もう一つのテープでは、刺激人物（実際には同一の人物が同じ声の調子を使っていた）が、平均的な能力の持ち主として描かれた。彼は問題の三十％に正解しただけで、面接の間に、自分が高校で平均的な成績を得ていたこと、卒業アルバムの校正担当者だったこと、陸上競技チームのメンバーになろうと思ったけれども果たせなかったことなどを認めた。他の二つの録音では、「優秀」な青年の出てくるものと、「平凡」な青年の出てくるもののそれぞれで、その刺激人物が恥ずかしい失敗を犯した。面接の終わり近く、彼は、不器用にもコーヒーをこぼして自分で浴びてしまった。この「へま」は、動揺してガチャガチャいわす音、椅子を引きずる音、刺激人物の「ああ、何てことだ、新しいスーツなのに、コーヒーをぶちまけちゃった」という惨めったらしい声、などを録音して作り上げた。最大の統制を実現するために、われわれはこの事件のテープを複製し、一つのコピーは優秀な人物のテープに継ぎ、もう一つのコピーを平凡な人物のテープに継いだ。

結果は印象的であった。へまをした優秀な人物がもっとも魅力的であると評定された。一方、へまをした平凡な人物はもっとも魅力的でないと評定された。完全な人物（へまをしなかった）は魅力で第二位であり、平凡な人物（へまをしなかった）は第三位だった。明らかに、コーヒーをこぼすという単純な行為それ自体には、何も魅力はなかった。この行為は、完全な人物には愛らしさの特質を付け加えるが、この同一の行為は平凡な人物をもっと平凡に見せ、それゆえ、その魅力を落とす働きをしたのである。この実験は、高い能力は人をより魅力的に見せるが、誤りを犯すことがあるという何らかの証拠があるとその魅力はさらに高まる、というわれわれの主張をより強力に裏付けるものである。この現象は、**へまの効果**と名付けられている。

身体的魅力

自分がブラインドデートをしていると想像してほしい。その晩も終わりに近づき、相手ともう一度デートに出かけるかどうか決めようとしているとしよう。相手のどの特徴がもっとも重要だろうか。暖かさ？　感受性？　知性？　思いやり？　それでは、見た目の良さはどうだろうか。そう、それが正解である。

ほとんどの人々は、これが本当であってほしくないと思っている。われわれは、美とはごくうわべだけのもので、好意を規定する要因としてはほんの些細なものにすぎないと信じたい。また、これは不公正にも思われる。個人がほとんどどうすることもできない身体的魅力のようなものが、どうして重要な役割を果たすなんてことがあるのだろうか。実際、ほとんどの大学生は、デートの可能性のある相手に何を求めるかを尋ねられると、「身体的魅力」をリストの一番下に置くのである。(25)しかし、実際の行動について次々と実施される研究では、大学生だけでなく、人々一般も同じように、相手の容貌によって圧倒的な影響を受けている。(26)たとえば、エレイン・ウォルスター（ハートフィールド）とその共同研究者(27)は、ミネソタ大学の新入生を無作為にブラインドデートの組にした。学生は、あらかじめ一連の性格検査を受けていた。彼らの数多くの特徴のうちのいったいどれが、お互いに好きになるかどうかを決めただろうか。それは、知性、男らしさ、女らしさ、支配、服従、依存、独立、感受性、誠実さ、等々ではなかった。カップルがお互いを好きになったかどうか、そしてデートを繰り返したかどうかを決めた唯一の要因は、彼らの身体的魅力だった。ハンサムな男性が美しい女性と組にされると、お互いにもう一度会いたいと望む傾向がもっとも強かったのである。

この一般的な現象はブラインドデートに限らない。グレゴリー・ホワイト(28)は、カリフォルニア大学ロサンゼルス校で、若いカップル同士の比較的長期的な関係について研究を行った。ホワイトは身体的魅力が重要な要因であることを見出したが、この状況では、関係が持続するかどうかを決めるのに重要な役割を果たしたのは、カップル同士の魅力の類似性だったのである。具体的には、カップルが交際を始めて約九カ月後に、身体的魅力の点で釣り合っていると評定されたカップルは、身体的魅力度の点でお互いに異なっていたカップルよりも、お互いにより深い関係だったのである。

交際中のカップルに対するこれらの研究から明らかになったのは、多かれ少なかれ、身体的魅力は、短期的に見ても長期的に見ても、誰が誰を好きになるかを決定するのに重要な役割を果たしているということである。さらに、これらの研究は、それらのほとんどが実施された合衆国では少なくとも、身体的魅力に関する明確な文化的基準があることを示している。評定者は、人々を身体的魅力の点で評定するのに何の困難も訴えなかった。しかも、評定者はお互いに一致していた。すなわち、評定はきわめて信頼できるものだった。身体的魅力は男性にも女性にも重要である。しかしながら、地位や富や権力もまた――とくに女性が男性を評価するときには――重要であることは明らかである。進化心理学者デイヴィッド・バス(29)によれば、女性と男性は、われわれの太古の過去から、異なる配偶指針を持っていた。男性は広く《ワイドリー》生殖することを望み、女性は賢く《ワイズリー》生殖することを求めた。すなわち、女性は、資力のある男性と配偶することによって子どもを無事に育てる確率を高めたのである。このことは、進化的な視点に立てば理にかなっている。すなわち、女性は、自分を妊娠させるだけでなく、自分の子に食糧や住居や保護を与えてくれる配偶者を必要としたのである。男性は、その女性が健康な子を産むことができるかどうかに狭く焦点を合わせる傾向があったのであり、そして、身体的な美はその生殖適応度を示すものなのである。このように、われわれの遠い祖先は、われわれに、現代の社会心理学実験で観察することのできる好みを授けたのである。一つの研究(30)では、男性と女性が、デートをする可能性のある相手の写真と略歴を与えられた。これら可能性のある相手は、身体的魅力の点でさまざまであり、社会経済的地位が高いか、それとも低いことをほのめかすように紹介され、そのような服装をあてがわれていた。つまり、半数は、事業経営者の服装であり、半数は、ファーストフードのレストランの従業員の服装であった。参加者は、これらデートの候補の望ましさを評定するよう求められた。男性参加者の場合、身体的魅力は、社会経済的地位に勝った。男性は、女性が魅力的でありさえすれば、彼女の明らかな地位や経歴を気にしなかったのである。女性参加者の場合、話はもっと複雑であった。女性は、もっとも魅力的な男性に一般的に興味を示したが、それにもかかわらず、もし男性の地位が高いように見えれば、その男性があまり魅力的でなくても好んだのである。絶対的にいい男も、もしバーガーキングの制服を着ていれば、女性からは魅力的だとは思われないのである。

これらの結果にあなたは驚くだろうか。おそらく、大学のあなたの周囲の人々について思い巡らすと、誰しもが——男性も女性も——、自分が惹き付けることのできる中でもっとも身体的に美しい人とデートをすることに関心を寄せているように思われる。あなたの観察はおそらく正しいだろう。イーライ・フィンケル(31)は、大学生が恋愛関係の可能性を求めてやってくるお見合いパーティー《スピード・デート》・パラダイムを利用して、いくつかの実験を実施している。この行事では、男性と女性が一連の短い（数分の）出会いに参加する。その晩の終わりには、参加者は、デートした相手の誰ともう一度会いたいかを示すことになる。フィンケルとイーストウィック(32)は、これら現実の対面のやりとりでは、上述した性による違いがないことを見出している。これは、女性も男性も同じくらい身体的魅力にいつも価値を置いているということ、そして、進化的な視点は間違っているということを意味しているのだろうか。必ずしもそうではない。「バーガーキング」研究とお見合いパーティー研究では重要な違いがあり、それが結果の違いを説明する。バーガーキング研究では、仮想上のデートの相手は、高い地位か低い地位のいずれかとして紹介された。お見合いパーティー研究では、地位は、実験者によって操作されていなかった。そして、参加者の全員が、えり抜きの大学の学生であった。つまり、バーガーキングの夜勤をする運命にある地位の低い人が多いということはありそうにないのである。もし、デートの相手の候補要員が皆、中くらいから高い地位であれば、身体的魅力は、あなたがもう一度誰とデートしたいかを選ぶ際の大きな要因になるだろう。そして、女性は、男性と同じくらい、身体的魅力に関心を寄せているということになるのだろう。しかし、経済的な地位に大きな差がある状況では、進化的な視点は正しい。連れ合いになる可能性がある人の社会的、経済的地位は、男性にとってよりも女性にとって、より重要なのである。

われわれが見てきたように、身体的魅力が、富や地位のような他の要因の二番手に甘んじる状況はあるけれども、身体的魅力は、われわれが他者をどのように評価するかに主要な役割を果たしている。人々の身体的魅力は、われわれが、他者が彼らと交際したいと思うかどうかを予測するのに役立つだけでなく、さまざまな帰属にも影響する。たとえば、一つの研究で、カレン・ダイオンとその共同研究者(33)は、大学生に、三人の大学生くらいの年齢の人々の写真を見せた。これらの写真は魅力の程度が異なるようとくに選ばれたものだった。一人は魅力的で、もう一人は平均的、残る一人は非魅力的であった。参加者は、写真の人物のそれぞれを、二十七の性格特性について評定し、彼らが将来幸福かどうかを予測するよう求められた。身体的に魅力的な人々はもっとも望ましい特性を帰されることが断然多く、幸福になるともっとも予想された。このことは、男性が男性を評定しようが、男性が女性を評定しようが、女性が男性を評定しようが、女性が女性を評定しようが、本当であった。

　ほとんどの人々が、いわゆる美しい人々の持つ身体的特徴と、それに伴う性格特性について一致した見方をしているようだということを知って、あなたは驚くだろうか。おそらくそうすべきではない。可愛い顔を好むことは、神経回路に組み込まれているのかもしれない。赤ん坊でさえも、対称的な顔を、そうでない顔よりも好むようである。(34)しかし、文化的なイメージが、この好みを強化し増長していることは確かである。われわれは、幼児期の経験から、美に固有の特徴が善に結び付いていることを学んでいる。ウォルト・ディズニーの映画や子どもの本の挿絵画家は、白雪姫やシンデレラ、眠れる森の美女などの優しく魅力的なヒロインは——彼女らを魅了し勝ち獲ることになる王子も同じように——皆同じような容貌をしていることを、われわれに教えてきた。彼らは、皆整った顔立ちをしており、小さく尖った鼻、大きな目、形のよい口唇、しみ一つない肌、ほっそりして敏捷そうな身体の持ち主である。彼らは皆バービー人形や、ケン人形に似ている。そして、意地悪な継母や、継姉妹、巨人、怪物、邪悪な女王はどのように描かれているだろうか。

　明らかに、テレビは、このような文化的基準を維持させている。ほとんど例外なく、アメリカの美のステレオタイプに一致する役者が、人気の昼メロやプライム・タイムの連続ホームコメディのヒーローやヒロインを演じるように注意深く選び出されている。そしてコマーシャルがある。かなりテレビを見る人は誰でも、瓶詰にされた美の概念を売ろうとして絶え間なく流される宣伝にさらされる。シャンプー、スキンローション、デオドラント、歯磨き粉、エクササイズ・マシーン、これらの製品はすべて、われわれを美しくし、望ましくし、最後には成功に導くという信念を宣伝しながら販売されている。そして、このようなことにさらされると、実際に影響が生じるのである。たとえば、一つの実験では、十六歳から十八歳までの少女に、化粧品の効き目を褒めたてる十五前後のテレビ・コマーシャルを系統立てて見せた。(35)統制群では、十代の少女に、美容製品とは関係ない十五のコマーシャルを見せた。しばらくしてから、少女全員が、性的魅力、知性、可愛い顔、勤勉さを含む十個の属性の相対的な重要性を順序付けるように求められた。美容広告を見せられた少女は、統制群と比べて、他の属性よりも美を志向した属性を重要と考える傾向が強かったのである。

保育園のような幼少の頃でさえ、子どもは彼らの仲間の魅力に敏感である。一つの研究で、カレン・ダイオンとエレン・バーシャイド(36)は、独立した何人かの判定者に、保育園児の魅力を評定させた。それから、彼らは、子ども同士、誰が誰を好いているのかを決めていった。彼らは、魅力が、とくに男児では、非常に重要であることを見出した。顔立ちのよい男児は、魅力的でない男児よりも好かれていた。さらに、魅力的でない男児は、魅力的な男児と比べて、より攻撃的だと見なされており、子どもに「自分にとって恐い」級友の名前を挙げるよう求めると、魅力的でない子どもの名前を挙げる傾向があった。もちろん、あまり魅力的でない子どもが、実際に攻撃的に振る舞っていたのかもしれない。この研究では、研究者は、保育園での子どもの実際の行動を観察していなかったので、この可能性を検証することはできなかった。

しかし、人々は、子どもが実際に悪さをしたときでも、美しい子どもに対してはあまり責任を帰さない傾向があることを示す、別の独立した証拠がある。この知見は、カレン・ダイオン(37)が次に行った研究で得られたものである。ダイオンは、何人かの女性に、教室内のかなり激しい混乱について、ある教師が書いたように見える報告書を検討するよう求めた。それぞれの報告書には、その混乱を始めたとされる子どもの写真が添付されていた。その写真が、魅力的な男子か、女子のものである場合と、あまり魅力的でない男子か、女子のものである場合があった。女性は、あまり魅力的でない子どもをより強く咎め、また、このような事件が彼らの普通の日常行動だと推測する傾向があった。しかしながら、女性は、その子どもの写真の顔立ちが良かったときには、その混乱を招いた行為を許す傾向があった。女性の一人は次のように述べたのである。「彼女は皆とよく遊ぶけれども、誰だって同じように、気分の悪い日があります。彼女はひどいことをしたけれど、……、深刻に考えなくて良いと思います。」魅力的でない女の子の写真が、まったく同じように描かれた同一の状況でその張本人とされたときには、典型的な回答者は次のように述べた。「この子は、本当に手に負えない子で、先生たちにとって悩みの種だろうと思います。彼女はおそらく、同い年の他の子との喧嘩を好んでしようとするでしょう。……結局のところ、彼女は本当の問題児です。」このように、われわれは、魅力的な子どもには、疑わしきは罰せずとして大目に見るように思われる。彼らの不品行は、状況や、他の人々や、不運な事故などの特別な事情によって引き起こされた、許すことのできる脱線と見なされるのである。一方、あまり魅力的でない子どもは、そう簡単には見逃してもらえない。彼らの悪行は、内的に、すなわち安定した悪い性格気質のせいにされるのである。

子どもや大人と同じように、早期の青年でも、良い顔立ちが重要な役割を果たしていることを知っても、おそらく誰も驚かないだろう。たとえば、リチャード・ラーナーとその共同研究者(38)は、学年が始まってから時間が経つにつれて、六年生は、魅力的な級友を、あまり魅力的でない級友よりも、より有能だと評定するようになる傾向があることを見出している。さらに、その研究では、先生も同じような帰属を行っていた。ブルース・ハンズバーガーとブレンダ・カバナー(39)は、生徒が、教師の魅力によって同じような影響を受けることを見出している。つまり、彼らは、顔立ちの良い教師を、あまり魅力的でない教師よりも、素敵で、幸福で、懲罰的でなく、効果的だと評定していたのである。

美は、実業界でも重要な影響を持っている。イレーネ・フリーズとその共同研究者(40)は、七百人以上の若い成人の魅力を評定し、雇用の履歴を追跡していった。それは、彼らが経営管理学の修士号を修得した直後から十年間続いた。結果は明確であった。ハンサムな男性は、初任給が高く、この良い顔立ちの恩恵は、時間が経ち雇用主が彼らをよく知るようになってもなくなることはなかった。むしろ、彼らは、あまりハンサムでない男性よりも、十年間の期間全体で収入がずっと上回っていた。女性の場合は、魅力的であることは、初任給には影響していなかったが、仕事に就いてしばらくしてから給料に影響し始め、その研究が終わるまでその影響は続いた。研究者は、「魅力」を五段階尺度で評定しており、彼らは、その尺度の一段階が約二一五〇ドルに値するとはじき出した。つまり、理論的には、もしあなたが一九九一年に美容整形手術を受け、それによって、あなたの顔立ちが第二段階から第四段階に上がったとすると、それはちょうど四三〇〇ドルの価値があることになる。毎年である！

美は、双方向的なものである。私がハロルド・シゴール(41)と行った一つの実験では、ある女性が身体的に魅力的か、あるいは非魅力的に見えるようにされた。その非魅力的な女性の場合には、われわれは、自然のままでは美しい女性を採用して、ぶかぶかの似合わない洋服を着せ、肌の色とまるで合わない縮れ毛のブロンドのかつらをかぶらせ、肌の色つやを油っぽく不健康そうにさせたのである。この後、彼女は、臨床心理学の大学院生の振りをして、男子学生に面接を行った。面接の終わりに、彼女は、それぞれの学生に、自分が彼のことを臨床的にどう評価しているかを知らせた。学生たちの半数は非常に好意的な評価を受け、残りの半数は非好意的な評価を受けた。われわれは、その評価者が非魅力的に見える場合には、男性は、彼女から良い評価を受けようと悪い評価を受けようと、あまり気にしていないようであることを見出した。どちらの状況でも、彼らは評価者のことをある程度好んでいたのだった。しかしながら、彼女が美人の場合、彼らは好意的な評価を受けたときには大きな好意を寄せたが、非好意的な評価を受けたときには、他のどの条件よりも彼女のことを嫌ったのである。非常に興味深いことに、魅力的な女性から否定的な評価を受けた男性は、その女性のことを好きではないと口では言ったものの、これから先の実験で彼女とやりとりするためにもう一度来たいと強く望んでいたのである。おそらく、美しい女性からの否定的な評価は、男性にとって非常に重要なので、自分に対する彼女の考えを変えさせるためにもう一度来る機会が欲しかったのだろう。

それに続く実験で、ハロルド・シゴールとナンシー・オストローヴ(42)は、人々は美人を好む傾向があるが、それは、彼らが、彼女がその美を悪用していると思っていないときであるということを示している。男女の大学生が、被告が明らかに有罪である刑事事件の報告を読むように求められた。それから、それぞれの参加者は、自分が適切だと考える刑期を被告に「量刑宣告した」。その結果は、その犯罪が魅力に関係ない場合（窃盗）には、被告が身体的に魅力的なときに判決がより寛容になることを示していた。一方、犯罪が魅力に関係ある場合（被告が中年の独身男性に、実際には存在していない企業に投資させた詐欺）には、判決は身体的に魅力的な被告に対してはるかに厳しいものであった。

少し立ち止まって深呼吸しよう。シゴールとオストローヴの実験は、それ自体、重要なものである。なぜなら、それは身体的な魅力がわれわれの判決に影響する力を持っていることを実証しているからである。しかし、われわれの法律制度について思いを巡らすとき、これらのデータをわれわれはどのくらい深刻に受け止めるべきだろうか。結局のところ、シゴールとオストローヴは、訓練を受けた法律専門家を扱っていたわけではない。彼らの実験の参加者は、単なる大学生だったのである。われわれは、この実験から、われわれの法律制度が歪んでいて、身体的魅力が現実の犯罪の量刑手続きに影響すると結論できるだろうか。裁判官は、大学生と同じように身体的な美の影響を受けやすいのであろうか。

クリス・ダウンズとフィリップ・ライアンズ(43)は、調べる決心をした。彼らは、本物の訴訟で本物の裁判官によって言い渡された罰金と保釈金について精査した。それらには、軽犯罪か、もっと深刻な重犯罪で起訴された九一五人の女性被告と一三二〇人の男性被告が含まれていた。彼らが発見したことは、興味深く、少しは安心できるものだった。軽犯罪にかかわるときには、裁判官は、顔立ちの良い男女の被告に対して、相対的にあまり魅力的でない被告に対するのと比べて、はるかに寛大であった。つまり、罰金や保釈金が安かったのである。しかし、ことが本物の重犯罪に及ぶと、被告の身体的魅力による違いはなかった。このように、答は、訓練を積んだ裁判官でさえ、影響を受ける危険があるというものである。しかし、犯罪が深刻なときには、彼らの健全な判断力は、この無関連な変数の影響力を凌駕するのである。

ある人の身体的魅力の効果は、われわれがその人をどう評価するか、その人からどのくらい影響を受けるかということだけにとどまらない。その人のつき合っている人々に対する、われわれの見方をも変えることができるのである。ハロルド・シゴールとデイヴィッド・ランディ(44)による実験は、ある男性が美しい女性と一緒にいると、魅力的でない女性と一緒にいるのを見られるときとは異なった見方をされることを実証した。彼らの研究では、きわめて魅力的な女性の隣に座っている男性と会った参加者は、非魅力的な女性の隣に座っているその同じ男性と会った参加者と比べて、その男性により好意を抱き、より友好的で、自信に満ちた人物だと評価する傾向があった。

これらの研究をすべて考慮すると、われわれは、美とはうわべ以上のものであるという事実に直面しなければならない。われわれは身体的に魅力的な人々から影響を受け、また、われわれは、彼らにつけこまれるのでない限り、彼らのことをより好きになる傾向があり、また、われわれは、あまり魅力的でない人々よりも彼らに報賞を与えるのである。われわれは、いったんある人を、顔立ちが良いとか、器量が悪いとかに分類すると、われわれはその人に他の特質も帰してしまう傾向がある。たとえば、顔立ちの良い人々は、器量の悪い人々よりも、より暖かく、より性的魅力があり、より刺激的で、より楽しいという印象をわれわれに与える傾向がある。さらには、もめごとや混乱などの曖昧な状況では、美しい人々は、疑わしきは罰せずという恩恵を受ける傾向がある。彼らは、あまり魅力的でない人々と比べて、より好意的な待遇を受け、そして、このような「美の偏重」は、とても幼い年齢で生じるのである。

これらのデータの中でもとくに困った点は、このような偏好した待遇が自己成就的予言の種を含んでいる可能性が強いということである。すでにご存じのように、人々は自分がどう扱われるかによって、自分自身のことをどう考えるかが影響されるのである。この現象に関する証拠は、マーク・スナイダーとエリザベス・デッカー・タンクとエレン・バーシャイド(45)による古典的な実験で得られている。あなた自身を彼らの実験の典型的な男子学生の立場に置いてほしい。あなたは、「人々がどのようにしてお互いに知り合うようになるのか」という研究に自発的に参加し、この実験の「非言語的コミュニケーションのない」条件に割り当てられたという理由で、別室にいる女子大学生と組にされた。あなたは、その相手と実際に会ったことはないが、彼女の写真を含む書類の束が渡されている。あなたが、インターホンを通してこの女性と会話に入るとき、その写真の女性の身体的魅力は彼女に対するあなたの印象に影響を与えると思うだろうか。

あなたも疑っているかもしれないが、男性参加者が見た写真は、彼の実際の相手のものではなかった。参加者の半数には、その写真はとても魅力的な女性のものであり、残りの半数には、それは比較的魅力のない女性のものだった。しかしこの写真は、実際に効果を持っていた。美しい女性と話していると思っていた男性は、あまり魅力的でない女性と話していると考えていた男性よりも、相手のことを、より落ち着き、ユーモアがあり、社交上手だと評定した。これは驚くに値しない。しかし、驚くべきことは次の事実であった。独立した観察者が、会話の中の女性の側だけのテープ録音を（写真を見ずに）聞く機会を与えられると、相手の男性が身体的に魅力的だと思っていた女性に対して、はるかに良い印象を持ったのである。要するに、相手の男性は自分が魅力的な女性と話していると思っていたので、彼女から最良の特質を引き出すようなやり方で彼女に話しかけたのである。これらの独立した観察者は、彼女の会話を聞いたとき、相手の男性があまり美しくないと思っていた女性と比べて、彼女のほうを、より魅力的で、自信があり、活発で、暖かいと評定したのである。このように、魅力的な人々は、絶えずそのように扱われるので、自分自身のことを素敵だとか、人から愛されるとか考えるようになるのかもしれない。逆に、器量の悪い人々は、絶えずそのように扱われるので、自分自身のことをだめだとか、人から愛されていないなどとか考え始めるのかもしれない。最後には、人々は、この自己概念と一致するように、すなわち、自分がまずどのように扱われたかということと一致するように行動するようになるのかもしれない。

われわれの美に関する議論は、大部分、視覚的な美に焦点を当ててきたことに注意してほしい。われわれの視知覚のメカニズムは、われわれの感情や行動——そして、われわれの全般的な魅力の決め方——にひどく保守的な影響を及ぼす。しかし、他の種類の美も存在する。一九六〇年代と一九七〇年代に、感受性訓練集団がその人気の絶頂にあったとき、非常に多くの人々が、非視覚的な感覚を自ら進んで体験した。たとえば、私が指導した一つの集団では、五十人の人々が目隠しをして、部屋の中をさまよい歩き、触覚だけを通して、そしてお互いに話すだけで、お互いに知り合いになるよう勧められた。このような訓練の一つに参加すると、その集団のメンバーは、典型的には、自分のこれまでのステレオタイプが劇的に減ったと報告した。基本的には、あなたは、他の人々を見ることができないので、彼らが「不器量だ」と思うこともできないのである。さらに、それに続いて参加者が目を開けたとき、たとえば、五分前には（目を閉じていたときには）信じられないくらいに暖かく、優しく、感受性に富み、魅力的であった、まさにその同じ人間が、大きな鼻のにきび面の変な格好をして自分の目の前に立っている男であることを知って驚くことがよくある。参加者の多くがけっして忘れられない体験になるのである。

類似性と魅力

リンはパーティーに行って、スザンヌに紹介される。しばらく雑談していると、彼女たちには、ジョージ・ブッシュやジョージ・クルーニーやジョージ・エリオットやイギリス王ジョージ三世についての感情が完全に一致していることがわかる。リンは寮に戻って彼女の同室者に、素晴らしい知的な女性に会ったばかりだと言う。文字通り何十というしっかり統制された実験が、ドン・バーンとその共同研究者(46)によって実施され、もしあなたがある人について知っていることが、いくつかの問題についてのその人の意見だけであれば、これらの意見があなたのものに似ていればいるほど、あなたはその人を好きになるということを示している。

なぜ意見の一致は魅力的なのだろうか。少なくとも二つの理由がある。第一に、われわれのほとんどにとって明らかなことは、重要な問題についてわれわれと態度や意見を共有している人々は、とても知的で思慮深い人々であるということである。知的で思慮深い人々と一緒にいることは、いつも報賞になるし、面白いのである。第二に、彼らは、われわれの信念を社会的に妥当化してくれる。つまり、彼らは、われわれに、われわれが正しいという気持ちをもたらしてくれるのである。これは報賞になり、それゆえ、われわれは自分と一致する人々を好きになるのである。

さらに、われわれ人間は、態度の類似性と好意との関係を確信しているので、もしわれわれが、たまたま誰かを、何か関連のない理由——たとえば、バードウォッチングに対する興味をわれわれ二人が共有している——で好きになったら、われわれは、その人の重要な態度はわれわれ自身のものに似ているに違いないと思い込むのである。このように、因果は両方向に作用している。他のすべての条件が同じならば、われわれは自分と態度の似ている人々を好きであり、そして、われわれが誰かを好きであれば、その人に対して自分と類似した態度を帰するのである。(47)

好くこと、好かれること、そして自尊心

われわれが自分と似た意見の持ち主を好きになりやすいということには、もう一つ別の理由がある。われわれは、誰かが自分と意見を共有していることがわかると、もしその人が自分のことを知ればそのときは、きっと自分を本当に好きになってくれるだろうと信じる傾向がある。(48) 結局のところ、われわれが他の人を

好きになるかどうかを決定するもっとも強力な要因の一つは、その人が自分のことを好きだということを示してくれているかどうかである。(49)

さらに、あなたが誰かに好かれていると単に信じるだけで、あなたとその相手との間の良い感情がますます高まっていく一連の出来事の循環が生じることになる。これはどのように進行するのだろうか。たとえば、あなたと私が、お互いの共通の友人にパーティーで紹介され、短い、平凡な会話をしたとしよう。数日後、あなたがわれわれの共通の友人に大学構内で出くわしたとき、彼は、パーティーの後で私があなたについて非常に好意的なことを言っていたと教える。さてあなたは、次に私と偶然に出くわしたとき、自分がどのような行動をすると思うだろうか。私の予測では、あなたは、私に好かれているということを知っているがゆえに、おそらく私のことを好きになり、あなたのほうも私のことを好いているのだということを私にわからせるように振る舞うだろう。たぶんあなたは、私に好かれているということを知らなかった場合と比べて、よりにこやかになり、自分自身のことについてもっと打ち明けるようになり、全般的により暖かく、より興味を持って、より感じ良く振る舞うだろう。さて、あなたは、あなたの行為が今度は私の行動にどのような効果をもたらすと思うだろうか。あなたの暖かく感じの良い行動を見て、私のあなたに対する好意は疑いもなく強くなる。そして、今度は私が、あなたがさらに私に好感を持てるように、私はあなたへの好意を伝えるだろう。

しかし、考えてほしい。もし、われわれの共通の友人が真実を正確に伝えていなかったとしたらどうだろうか。もし、その友人が、私とあなたが知り合いになればお互いに大いに気に入るだろうと考えて、実際には私はそういった感情を表明したことがなかったのにもかかわらず、はずみをつけるために、あなたのことを好きだと言っていたと告げたとしたらどうだろうか。友人の善意の計画がうまくいく可能性はどのくらいだろうか。さて、もしあなたと私が、レベッカ・カーティスとキム・ミラー(50)による実験の参加者であれば、友人の計画は魔法のようにうまくいっただろう！　この研究者たちは、一部の参加者には、相手から好かれていると信じさせ、残りの参加者には、その同じ相手から嫌われていると信じ込ませた。その後のやりとりでは、自分が好かれていると思っていた人々は、より感じ良く振る舞った。彼らは、自分が嫌われていると思っていた人々と比べて、自分自身のことについてもっと打ち明けるようになり、反対意見をあまり言わず、全般的に、相手に対してより暖かく、感じ良く振る舞ったのである。さらに、自分が好かれていると信じていた人々は、相手からも実際にも好かれていた。一方、自分が嫌われていると信じていた人々は、実際に相手から嫌われていた。言い換えれば、誤った情報が、自己成就的予言を引き起こしたのである。自分が好かれている、あるいは、嫌われていると思っていた人々の行動が、実際には一度も好意や嫌悪を表明していない――思い出してほしい――彼らの相手からのお返しの行動につながったのである。われわれの信念は、正しかろうと誤っていようとも、現実を作り出すのに重要な役割を果たすのである。

ということで、人に好かれることによって、好意は大きくなるのである。さらに、われわれは、不安や自信喪失が大きければ大きいほど、自分を好いてくれる人に対する好意は大きくなる。エレイン・ウォルスター（ハートフィールド）(51) による魅力的な実験では、女子大学生が、以前に受けた性格検査の結果を受け取るのを待っているときに、実は、実験者のサクラなのだが、人あたりが良くハンサムで身なりの良い若い男性に近寄ってこられた。彼は、それぞれの学生と会話を始め、彼女のことが好きだと言い、デートの約束を取り付け始めた。この時点で、実験者が入ってきて、検査の結果を知らせるために、それぞれの学生を研究室に引き入れた。学生の半数は、一時的に自尊心を高めるように設計された、非常に肯定的な性格の説明を受け取った。残りの半数は、一時的に自尊心を低めるように設計された、やや否定的な説明を受け取った。最後に、学生は、リストに並べられた人々に対する好意の程度を評定するように求められた――リストには、先生、友人、そして、「……それから、まだ一つ空いているので、あなたが一緒に待っていた男の子のことを評定してくれませんか。」性格検査で自分自身について好ましくない情報を受け取った学生は、自分自身について好ましい情報を受け取った学生よりも、自分を好きだと慕ってくれた例の男性に対して大きな好意を示した。要するに、われわれは好かれることを好むのである――そして、われわれは不安を感じれば感じるほど、自分を好いてくれる誰かを一層好きになるのである。

この実験から予想されることの一つは、自分自身について不安のない人々はそれほど「窮して」いないということである。すなわち、このような人々は、どんな人からの好意の申し出でもすぐに受け入れたりなどあまりしないのである。ちょうど、飢えた人がほとんどどんな食べ物でも受け取り、太った人がぐちょぐちょのチーズ・サンドイッチの申し出を余裕で断ることができるように、不安な人は自分に興味を示す人ならほとんど誰でも受け入れるが、不安のない人はより選り好みをするだろう。さらに、不安を感じる人は、自分が拒否される可能性を減らすために、あまり魅力的でない人を求めさえするかもしれない。このような予想は、サラ・キースラーとロバータ・バラル(52) による興味深い実験で検証された。この実験では、男子大学生が、知的達成に関する試験の成績がとても良かったか、それとも、とても悪かったと信じ込まされた。その後で、学生は休憩をとり、実験者は彼らと一緒にコーヒーを飲んだ。コーヒーショップに入ったとき、実験者はテーブルに一人で座っている女子学生に「気付いて」、彼女のテーブルに加わり、男性参加者を彼女に紹介した。もちろん、女子学生はサクラで、わざとそこに座っていたのだった。半分の回数で、そのサクラは、魅力的に見えるように化粧をしており、残りの半分の回数では、彼女は、まったく質素に見えるように作っていた。この研究者は、男性参加者がどのくらい恋愛の関心を示すか――もう一度会うことを求めたかどうか、彼女のコーヒー代を払うことを申し出たかどうか、電話番号を尋ねたかどうか、彼女を長くいさせようとしたかどうか、等々――を観察した。自分自身について不安のない（すなわち、試験の成績が良かったと信じ込まされた）学生は、「魅力的な」女性に対して、より恋愛の関心を示した。しかし、不安を感じるようにさせられた学生は、「非魅力的な」女性に対して、より恋愛の関心を示したのである。

拒絶と社会的排除の効果

キースラーとバラルの実験は、ほとんどの人々が拒絶されることを恐れていることを示唆している。そして、実際にそうであり、それには妥当な理由がある。われわれが第6章で見てきたように、拒絶は、攻撃を増大させるのであり、コロンバイン高校の銃撃の根本原因の一つであったことはほぼ間違いないだろう。拒絶を研究している心理学者は、われわれ社会的動物《ソーシャル・アニマル》が、他の人々に結び付き、受け入れられ、包摂されたいという欲求に対する脅威を、どんなに深く経験するかを見せてくれる多くの影響を明らかにしてきた。われわれが社会的に拒絶されると、何が起こるのだろうか。人々は、拒絶を比喩的に表現して、「寒いところにほってお かれる」とか「れんがで殴られる」とかいうような嫌な身体的経験のように説明することがある。実験は、そのような表現が純粋に比喩とは言えないことを明らかにしている。すなわち、われわれは、拒絶を身体《からだ》で感じているのである。たとえば、一つの研究で[53]は、被験者は、社会的に包摂された個人的な経験か、あるいは、社会的に排除された個人的な経験を思い出すよう求められた。その後で、彼らは、部屋の温度を推測するよう求められた。包摂されたことを思い出した被験者と比べて、排除されたことを思い出した被験者は、部屋が有意に寒いと感じていた。第二実験で、被験者は、隣の部屋にいるらしい他の被験者と、コンピューターのボール投げゲームで遊んだ（実際には彼らは、コンピューターと遊んでいた）。一部の被験者は、他の人々が自分をゲームに加えてくれた――他の人々と同じくらい自分にもボールが回ってきた。残りの被験者は、最初の数回は自分にボールが回ってきたが、その後は、ゲームからのけ者にされ、二度とボールが回ってくることはなかった。このように包摂か、排除をされた後で、被験者は全員、さまざまな飲食物の望ましさを評定するよう求められた。それらは、温かいスープ、ホットコーヒー、りんご、クラッカー、コークであった。被験者は全員、りんごとクラッカーとコークを同じくらい望ましいと評定した。しかし、ボール投げゲームで排除された被験者は、統制条件の参加者と比べて、温かいスープとホットコーヒーを有意に望ましいと評定したのである。明らかに、社会的排除の一つの症状は、寒いという身体的感覚なのである。

　他の実験は、拒絶の生理的症状として心拍数の低下――身体的脅威の警戒に生理的に関連している――や、(54)身体的苦痛に関連する脳の部位の活性化などを明らかにしている。一つの実験(55)では、被験者がボール投げゲームを行っているときに、機能的磁気共鳴画像法（ｆＭＲＩ）で脳を走査された。ゲームで排除された被験者は、痛みの経験にかかわる脳の領域である背側前帯状皮質と右前島の活動の増大を示した。しかし、彼らがゲームで遊ぶ前にタイレノール錠［訳者注：頭痛薬の商品名］を与えられると、これらの部位は活動の昂進を示さなかった。もし社会的拒絶が身体的症状の原因ならば、社会的接触は、それらの症状を抑えることができるのだろうか。明らかにそうである。最近の研究で、ジェームズ・コアンとその共同研究者(56)は、幸せな結婚生活を送っている女性にｆＭＲＩの走査を受けてもらった。その研究では、彼女らは、片方の足首に穏やかではあるが、それでも怖い電気ショックを受けることになると思っていた。彼女らはとても恐れていて、そのことはｆＭＲＩの走査が示していた。負の情動を制御している身体的喚起と痛みの予期に関連する脳の部位に大きな活動があったのである。一部の女性は夫を連れて来ていて、夫は、妻がショックを待っている間、走査装置の中に手を伸ばして彼女の手を握ることができた。この女性は、痛みを予期する神経活動が急落した。見知らぬ人の手を握っていた女性も、神経活動が低下したが、夫の手を握っていた女性ほどではなかった。身体的接触と伴侶であることは、心理的にも生理的にも良いのである。良い社会的接触が生理的健康を強力に予測できるということは、さらに、次の事実にも示されている。良い社会的接触がある人々ほど、より幸せで、より長生きしているのである。(57)

　社会的排除と受容に関する研究は、われわれ人間がいかに社会的であるかを強調している。われわれの脳は、社会的な脅威を、生理的な脅威とまったく同じくらい真剣に扱っているのである。これは、われわれが種として進化する間に、集団への依存が生存問題であったという事実にもっとも由《よ》っているのであろう。もしあなたが集団から拒絶されれば、あなたの生存と生殖能力は深刻な危機に陥るであろう。包摂と排除を真剣に受け止める傾向のある人々だけが、その遺伝子を次の世代に受け継いでいったのである。このように、われわれは、ほんの些細な拒絶の事実でさえ鋭く感知するよう神経が配線されているのである。

　ロイ・バウマイスターとその共同研究者(58)は、社会的排除の経験がわれわれの感情だけでなく、われわれの思考や行動にさまざまなかたちで影響し得ることを実証している。一つの実験では、大学生が性格検査を受け、その得点について偽のフィードバックを受け取った。無作為に割り当てられ、一部の大学生は、自分の性格によって将来自分が人から好かれるようになるという、良い知らせを受け取った。別の大学生は、将来人から拒絶されそうな性格のために、おそらく孤独に人生を終えるだろうという、悪い知らせを受け取った。第三の集団は、同じように悪い知らせを受け取ったが、内容が違った。つまり、彼らは、事故の起こしやすさに関連する性格を持っており、それゆえ、将来の骨折や通院が見込まれると告げられたのである。それからすべての学生は、標準的な知能検査を受けた。結果は、学生たちに戒めの教訓を与えるものである――恋愛生活と学業生活にけじめをつけなさい！　将来の社会的拒絶を予期させられた若い男性も女性も、他の二つの条件の学生に比べて、知能検査の得点が有意に低かったのである。この実験は、社会的動物《ソーシャル・アニマル》にとっては、拒絶の予期でさえ知的成績に大きな影響を与え得ることを実証しているのである。同様の実験で、バウマイスターとその共同研究者(59)は、人々が社会的拒絶を予期すると、健康な食べ物よりも不健康な食べ物を選び（オレオのやけ食い！）、物事を先延ばしにし、衝動的で軽率な決定をしやすいことを見出している。

尊敬の獲得と損失

われわれがこれまで見てきたように、ある人から好かれると自分もその人を好きになる確率が高くなるし、また、社会的排除は痛いものである。この関係についてもっと詳しく見てみよう。あなたがパーティーである女性と初めて出会い、生き生きとした会話を交わすと想像してほしい。しばらくして、あなたは自分のグラスを満たすために失礼する。帰ってきてみると、彼女はあなたに背を向けて、別の人との会話に夢中になっている。しかも、彼女はあなたのことを話している。そこで、当然のことながら、あなたは立ち止まって耳を澄ます。彼女があなたについて話している内容が、彼女に対するあなたの感情に影響するのは明らかである。彼女に裏の動機がないことも自明である。事実、彼女はあなたが聞き耳を立てていることさえ知らないのである。したがって、もし彼女が、あなたに感銘を受け、あなたのことを好きであり、頭がよく、機知に富み、魅力的で、愛想がよく、正直で、面白い人だと思ったと相手に話すとすれば、この心情の吐露は、彼女に対するあなたの好意を増やすだろう。一方、もし彼女が、あなたに良い印象を持たず、あなたのことを嫌いであり、鈍くて、退屈で、不正直で、馬鹿で、下品な人だと思ったと言うようであれば、おそらく、この真情の暴露は、彼女に対するあなたの好意を減らすだろう。

ここまでは問題ない。しかし、こんなことはあなたにとってそれほど面白くないはずである。すでにご存じのように、われわれは、自分について良いことを聞けば聞くほど、（その話し手が自分を騙そうとしているのでなければ）、その人のことを好きになり、自分について悪いことを聞けば聞くほど、そういうことを言う相手のことを嫌いになる。こんなことは誰でも知っていることである――しかし、これが本当ではないこともあるのである。次の例を想像してほしい。あなたは連続して七つのパーティーに出席したのだが、本当に不思議なことに、同じような出来事が毎回起こったのである。あなたは、ある女性と数分間話をして、その場を離れ、また帰ってきたところ、彼女があなたについて話しているのを小耳に挟む。毎回、同じ人があなたについて話している。彼女の反応は、あなたとの七回の出会いを通してずっと同じであるかもしれないし、また、変化するかもしれない。私にとってとくに興味深い四つの可能性がある。（一）七回すべてを通して、相手があなたについて良いことだけを話しているのを小耳に挟む。（二）七回すべてを通して、彼女があなたについて悪いことだけを話しているのを小耳に挟む。（三）最初の数回の評価は悪いが、だんだん良くなっていき、ついには、良い評価だけの状況と同じ高さの評価になり、そこで安定する。（四）最初の数回の評価は良いが、だんだん悪くなっていき、ついには、悪い評価だけの状況と同じ低さの評価になり、そこで安定する。さて、どの状況で、相手はあなたにとってもっとも魅力的になるのだろうか。

好意に関する単純な報賞―コストの考え方に従えば、相手が良いことだけを述べた第一の状況で、あなたは彼女をもっとも好きになるはずである。また、彼女が悪いことだけを述べた第二の状況で、彼女をもっとも好きにならない（あるいはもっとも嫌いになる）はずである。これは自明のように思われる。なぜなら、肯定的な発言は報賞になり、それは多ければ多いほどよい。否定的な発言は懲罰になり、それは多ければ多いほど悪いのである。

数年前、私は**獲得―損失理論**と呼ばれる対人魅力の理論を考案したが、この理論はかなり異なった予測をもたらす。(60) 私の理論は単純なものである。これによれば、相手からの好意的な報賞的行動の増加が、その人からの一定した報賞的行動よりも、大きな影響を人に及ぼすのである。したがって、われわれが、人に好かれることを報賞と見なすならば、自分に常に好意を抱いてくれる相手よりも、時間が経つにつれ次第に好意を増していく相手のほうを、われわれはより好きになるのである。これは、報賞の数という点では前者のほうが多くても成り立つであろう。同じように、相手からの好意的な行動の減少は、一定した非好意的な行動よりも、大きな影響を与えるだろう。したがって、われわれは、自分に対する評価を時間とともに減らしていく相手を、常にわれわれのことを嫌っている相手以上に、嫌いになるだろう。非好意的な行為の数という点では、後者のほうが多くてもである。さて、例のパーティーに戻って考えると、私の予測では、あなたは獲得状況（彼女が、あなたのことを最初は嫌いだったが、次第に好意を増していった状況）で相手をもっとも好きになり、損失状況（彼女が、あなたのことを最初は好きだったが、次第に好意を減らしていった状況）でもっとも嫌いになるだろう。

私の理論を検証するためには、パーティーの状況と同じような実験状況が必要だった。しかし、私は、実験統制を行うためには、いくつかの出来事を一つの長いセッションにまとめることが重要だろうと考えた。このような実験では、評価者が自分（評価者）が立ち聞きされていることにまったく気付いていないと、被験者が絶対に確信していることが重要である。こうすることによって、評価者が意図的にお世辞を言っていると被験者が疑う可能性を排除できる。このような状況は、実験家にとってなかなか困難な挑戦である。この実験を遂行する方法を工夫する際の中心的な問題は、信憑性の問題であった。つまり、どうすれば、私は、比較的短い時間の間に、被験者が、（一）あらかじめ行動を決められたサクラとやりとりし、（二）そのサクラが第三者に対して被験者のことを評価するのを立ち聞きし、（三）もう一度サクラと会話をし、（四）再び評価を立ち聞きし、（五）再び会話をし、（六）再び立ち聞きし、等々と、数回、この組合せを繰り返しながら、それでいてもっともらしい状況を実現できるのだろうか。どんなカバーストーリー［訳者注：実験の信憑性を増すための作り話］でも、それを用意するのは実際には困難であろう。つまり、被験者に疑いを持たれないような、もっともらしいカバーストーリーを作り出すことは不可能に思えるだろう。しかし、私は、ダーウィン・リンダーと協力して、そのような状況を作り出したのである。(61) この問題を解決するためにわれわれが用いた工夫は込み入ったものであり、この工夫は、非常に興味をそそる実験手続きの舞台裏を垣間見る絶好の機会を与えてくれる。そこで、私は、この実験をある程度詳しく記述したい。そして、あなたに、社会心理学実験を実施することに伴う困難と興奮の一部を理解してもらえるよう願っている。

被験者（女子大学生）が到着すると、実験者は彼女を迎え、マジックミラーの窓と音声増幅装置で主実験室とつながっている観察室に連れて行った。実験者は被験者に、その時間に二人の女性が来る予定で、一人が被験者になり、もう一人が実験の手伝いをすることになっていると——そして、彼女が最初に到着したので、手伝いをしてもらうと告げた。実験者は彼女に、もう一人の女性の到着を確認するために部屋を留守にする間、しばらく待機するよう求めた。数分後、被験者は、マジックミラーの窓を通して、実験者がもう一人の女子学生（アルバイトのサクラ）と一緒に実験室に入ってくるのを見ることができた。実験者は、サクラに、しばらく腰掛けているよう告げ、実験の説明をするためにすぐに戻ってくると言った。実験者は再び観察室に入ってきて、本当の被験者（自分のほうがサクラだと信じていた）に説明を開始した。実験者は、彼女に、もう一人の学生に対する言語的条件付けの実験を実施するのを手伝ってもらうと告げた。すなわち、彼は、会話の中で相手の学生がある言葉を使ったら報賞を与えるつもりであると告げたのである。彼は、被験者に、これらの報賞によって、相手の女性がそれらの言葉を使う頻度が高くなるだろうと告げた。彼はさらに続けて、自分の特別な関心は「私が報賞を与えた言葉の使用頻度が増すということだけではありません。これはすでに行われています。この実験では、報賞を与えた言葉の使用が、これらの特定の言葉に報賞を与えた人から、報賞を与えていない他の人と話をする新しい状況に般化するかどうかを見たいのです」と話した。具体的には、実験者は、相手の女性が複数形名詞を使うたびに、「うん、うん」と言って微妙に報賞を与えることで、彼女が複数形名詞を使う頻度を増すように条件付けを試みると説明した。「重要な問題は、彼女があなたと話をするとき、あなたが報賞を与えていなくても、彼女が多くの複数形名詞を使い続けるかどうか、という点なのです。」本当の被験者はさらに、自分の仕事が、（一）相手の女性が実験者と話をしているときに使った複数形名詞をよく聞き、その数を記録すること、（二）般化が生じたかどうかを実験者が聞いて確かめられるように、相手の女性と一連の会話（ここでは複数形名詞の使用に報賞が与えられない）をすることであると告げられた。実験者は続けて被験者に、自分たちが相手の女性とそれぞれ七回ずつ交替で会話をすることになる（最初に被験者、次に実験者、そして被験者というように）と告げた。

　実験者は、結果に不純物が混入してはいけないので、相手の女性に実験の目的を知られてはならないと被験者に強調した。実験者は、この目的を達成するためには、あるディセプション《ごまかし》を使わなければならないと説明した。実験者は、ディセプションを使うことは残念ではあるが、「被験者」には、その実験が対人魅力に関するものだと告げる必要がある（「笑ってはいけません。心理学者の中にはこの手のことに実際に関心を持っている人がいるのです」）と言った。彼は、相手の女性が、被験者と七回短い会話を交わすことになり、それぞれの会話の間に、お互いがどのような印象を持ったか調べるために、相手の女性は実験者から、被験者は別室にいる助手から面接を受けることになると告げられていると言った。実験者は続いて被験者に、そのカバーストーリーがこれから実施する手続きのもっともらしい説明になるので、自分たちが言語行動に関するこの実験を行うことが可能になると告げた。

主な変数は、実験者がサクラに行った七回の面接のときに導入された。彼らが会っているとき、被験者は観察室にいて会話を聞き、サクラが使った複数形名詞の数をきちんと数えていた。被験者は、サクラがその実験が人々の印象にかかわるものだと思っていると信じ込まされていたので、実験者がサクラに対して、被験者についてどう思うかを話すように求めるのは、きわめて自然なことだった。このようにして、被験者は、自分と同じような学生から自分が評価されるのを七回にわたって聞くことになったのである。

「対人魅力」にかかわるカバーストーリーを含むカバーストーリーを利用することで、いかにしてわれわれが、あまり疑念を生じさせることなく、目的を達成することができたかに注意してほしい。八十四人の被験者のうち、この手続きに疑念をもったのはわずかに四人だった。

主要な実験条件は、以下の四つであった。（一）肯定条件――サクラの一連の評価はすべて非常に肯定的なものだった。（二）否定条件――一連の評価はすべて非常に否定的なものだった。（三）獲得条件――最初の数回の評価は否定的だったが、次第に肯定的になり、肯定条件の肯定的評価と同じ高さに達した。（四）損失条件――最初の数回の評価は肯定的だったが、次第に否定的になり、否定条件の否定的評価と同じ低さまで落ちた。

結果はわれわれの予測を確証するものであった。実験後の面接で、獲得条件の被験者は、肯定条件の被験者よりもサクラに対して有意に高い好意を示した。同様に、損失条件の被験者は、否定条件の被験者よりも、サクラのことを嫌った。一般的な報賞―コストの理論では、われわれは、報賞と罰を単純に計算して総和を出すことになるので、したがって、いくらか異なる予測になることを思い出してほしい。実験結果は、われわれの一般的な理論的立場と合致するものである。すなわち、獲得は、すべてが肯定的な一連の出来事よりも好意に大きな影響を及ぼし、損失は、すべてが否定的な一連の出来事よりも強い影響を持つのである。およそ三百年も前に哲学者バルーフ・デ・スピノザ(62)が次のような観察をしたときにはこれに似たことを考えていたのかもしれない。

愛によって完全に打ち負かされる憎しみは、愛へと移り変わる。そしてその結果、愛は、憎しみが愛に先立っていなかった場合よりも大きくなる。なぜならば、常に憎んだり苦痛をもって見たりしていた物事を愛し始める人は、この愛の事実ゆえに、喜びを感じるからである。愛に含まれているこの喜びに、さらに、救済が与えられたことからの喜びが付け加わるのである。それは、前からの憎しみの対象を原因だと考えることに伴う憎しみに含まれている苦痛を取り除こうとする努力に対する救済である。

獲得―損失の効果が働くためには、二つの重要な条件が必要になる。第一に、獲得、損失を構成するのは、一連の肯定的、否定的な叙述であればどのような叙述でもよい、というわけではない。心の変化を意味するような、統合的な系列がなくてはならないのである。言い換えると、もしあなたが私のことを愚かで不誠実だと考えていると言い、さらにその後で、私が寛容で運動能力に優れていると思うと言ったとしても、私の定義――あるいはスピノザの定義――からは、これは獲得にはならない。一方、もしあなたが私のことを愚かで不誠実だと思うと言い、その後になって、あなたの考えが変わった――今は、私のことを賢く誠実だと思う――と言うなら、これは本当の獲得である。なぜならば、それは、逆転、すなわち、否定的な態度をその反対の態度で置き換えたことを示しているからである。デイヴィッド・メッティーとその共同研究者(63)は、この区別を実証する実験を行った。獲得効果が生じたのは、心の変化が明らかになったときだけであった。第二に、心の変化は徐々に生じなければならない。その理由は明らかなはずである。急激な百八十度の転換は、それを起こさせた人を混乱させ、疑念の目で見られる。この変化がほんのわずかな証拠にもとづいて起こったときにはとくにそうである。もしメアリーが、三度会った後で、サムのことを頭が悪いと考え、四回目以降には聡明だと考えるならば、このような劇的な変化は、サムの側に疑念を引き起こすはずである。一方、徐々の変化には意味がある。それは疑念を生じさせず、それゆえに、自分を評価する人に対する好意を強めるのである。(64)

共同関係を求めて　あなたが気さくな友人とアパートに同居しているとしよう。サムと呼ぼう。サムは、ほとんど皿を洗わないし、ごみ箱を空にもしないし、居間の片付けもしない。あなたがこぎれいな家がよければ、あなたはいつもこれらを自分でやるしかない。おそらく、あなたはしばらくすると、損をしている気分になり腹を立てるようになるだろう。ああ、でも、サムは非常に特別な友人だとしよう。あなたはまだ損をしている気分だろうか。たぶんそうだし、たぶんそうでもないだろう。それは、「非常に特別な」という言葉で、われわれが何を意味しているのかによるだろう。

マーガレット・クラークとジャドソン・ミルズ(65)は、交換関係と共同関係について重要な区別をしている。**交換関係**では、それにかかわる人々は、ある種の公平が必ず実現されるように、すなわち、仲間それぞれに対する報賞とコストが必ず公平に分配されるようになることに関心を持っている。こういった関係では、もし大きな不均衡があると、双方とも幸せではない。損をしている人はたいてい、怒ったり落ち込んだりするし、得をしている人はたいてい、後ろめたく感じるものである。(66) これとは反対に、**共同関係**は、仲間の誰もが得点をつけない関係である。むしろ、人は、相手の要求に応えて自分を捧げようとし、自分が窮しているときには同じような世話をすぐに受けることになるだろう。

共同関係の仲間は、大雑把な公平を実現することにまったく関心がないわけではないが、彼らは、それについて楽観しており、長い目で見れば、見た目の公平にうまく落ち着くと信じている。関係が密接で親密であればあるほど、共同的になる。クラークとミルズは、婚前契約を結んで、いざ結婚しようという人々が相手に何を期待するかをきっちりと決めておくと、お互いに対する感情が強くなるどころか、むしろ弱くなりやすいと示唆している。

これらの問題を科学的に研究することは困難である。それにもかかわらず、クラークとミルズは、デイヴィット・コーコラン(67) と一緒に、巧妙な実験をいくつか行って、この重要な区別の真髄をとらえるのに成功している。たとえば、一つの実験では、それぞれの参加者は、非常に親密な友人か、見知らぬ人のどちらかと組にされた。それから、その相手は、複雑な作業に取り掛かるために別の部屋に連れていかれた。参加者の半数は、もし相手が手助けを必要としていれば、その相手は、参加者がいる部屋のライトの点灯パターンを変えるスイッチを入れて合図すると告げられた。残りの半数は、その合図は相手が順調にこなしていて、手助けは必要なく、すぐに作業を完了させ、二人で分けるための報賞を手に入れるだろうと告げられた。それから、実験者は、参加者がどのくらい頻繁にライトを見て、相手が合図をしているかどうかを確認するか観察した。相手が見知らぬ人だった場合には(交換関係)、彼らは、その合図が報賞を得ていることを示していると告げられたときに、ライトを見る時間がはるかに長かった。相手が親密な友人の場合には(共同関係)、彼らは、その合図が相手が助けを必要としていることを示していると思っていたときに、ライトを見る時間がはるかに長かったのである。要するに、随分不毛な科学的な場面の中でさえ、研究者は、共同関係の人々が相手の要求に敏感に反応したがっていることを示すことができたのである。

愛と親密さ

これまで、私の議論は、知合いになる過程の初期に、好きになったり嫌いになったりというわれわれの最初の感情に影響を及ぼす要因に主に焦点を当ててきた。こう言ったからといって、それらの要因が重要でないと言いたいのではない。第一印象はしばしば長持ちする印象なので、実際に非常に重要なものであり得るのである。

共同関係に関する研究を論じた際、われわれは、もっと複雑な領域に踏み込み始めている。ここでは、親密な関係に話題を転じ、われわれが愛と呼ぶ複雑で甘美な経験に特別な注意を払おう。

愛についてわれわれには何がわかっているのか

私が十代の頃、友人も私も、われわれには、ただ一人だけ真に愛する人がいて、その人と情熱的な恋愛の至福のうちに人生を送るよう運命付けられているという情熱的な考えに囚われていた。この信念は、当時の流行歌によって育てられていた。それで私にはそうなることがわかっていたのである。「ある魅惑の宵」に、私が「賑わう部屋の向こう側で、見知らぬ誰かに出会い」、そして、「ひとたび彼女を見つけたら、（私は）けっして彼女を離さない。」私は、それから彼女と踊り、彼女を引き寄せ、彼女の耳に囁く。「私は君の運命の人、君は私の運命の人。私は満ち足り、天使が君を送ってくれたに違いない、それも、君を私にだけ運命付けて。」

私の友人も私も変わっていたわけではない。多くの若者がその当時、その信念を持っていたし、多くの若者が今、それを持っている。そういう信念をあなたが持っていれば、目の前のあなたの大きな仕事は、あなたに運命付けられた人を見つけることである。しかし、ちょっと考えてほしい。地球上には六十億を超える人々がいる。あなたが「ただ一人だけ愛する人」、つまり、「運命があなたをあてがった配偶者」を見つけられない見込みは途方もなく大きい。あなたがノースダコタ州のファーゴに住んでいて、あなたの真に愛する人がミシシッピー州のヤズー市（あるいは、もっと難しくして、ブルガリアのソフィア）に住んでいるとしよう。あなたたちがお互いに鉢合わせをする確率はなきに等しい。そして、あらゆる予想に反して、仮にある魅惑の宵に賑わう部屋を超えて、あなたたちの目と目がたまたま合うことがあっても、これが真の愛であり、単なる束の間の熱中でないと、どうしたらわかるだろうか。

どのようにして、誰と、人々は恋に落ちるのだろうか。ええと、結局のところ、人々は、お互いに好きになるのと同じ理由でも、お互いに愛するようになることになる。かなりの量の研究は、その大きな要因が**近接性**《ちかいこと》であることを示している。これらの発見は、ただ一人だけの人がそこで（たぶん、ヤズー市で）理想の人がやって来るのを待っているという恋愛神話を台無しにする。論争の余地のない事実は、お互いに遠く離れて生活し仕事をしている人々は、お互いに恋に落ちにくいということである。むしろ、あなたにもっとも地理的に近い人々が、あなたにもっとも親しくもなるという傾向がもっとも強いだろう。太古の時代から今日まで、人々がもっとも愛し、もっとも生活を共にしやすい相手は、近くの洞窟の、近くの家の、あるいは、近くで勉強している、あるいは、同じ店や会社や工場で働いている人々であったし、今もそうである。二番目に重要な要因は**類似性**《にていること》である。われわれのほとんどは、多くの点でわれわれに似ている人と恋に落ちる。われわれは、われわれに外見が似ている人々や、価値や態度や信念や性格が似ている人々と恋に落ちる。(68) この基本的な知見は、match.com（マッチ・ドットコム）やJDate（ジェイ・デート）やeHarmony（イーハーモニー）など〔訳者注：恋愛や結婚の情報サイト〕の運営の基本的な根拠となっている。

愛を定義する

好きになることと愛することとが、同じ主要な先行要因をいくつか共有しているとすれば、これは、愛が単に好意のより強いかたちにすぎないことを意味しているのであろうか。愛には何か特別なものがないのだろうか。愛にはいろんな種類があるのだろうか、それとも、すべての愛は基本的には同じものだろうか。

詩人や哲学者たちは、何世紀にもわたってこれらの質問に取り組んできたが、万人の納得が得られるような解答はいまだに見つかっていない。愛を定義することの難しさは、少なくとも部分的には、愛とは単一の一次元的な状態ではなく、非常に多様な関係において経験される複雑で多面的な現象だという点にあるだろう。事実、われわれは愛という言葉を、情熱的な十代（ロメオとジュリエットのような）から、胸の高鳴る発見にもがき苦しむ大人の恋人、何十年も連れ添い親しい友人となった夫婦に至るまでのさまざまな関係を説明するのに用いているのである。

エレイン・ウォルスター（ハートフィールド）とリチャード・ラプソン(69)は、熱愛と友愛という、基本的な二つの愛の種類について重要な区別をしている。**熱愛**は、愛する人に対する強い情動、性的欲求、熱中という特徴を持つ。たいていそれが始まるのは、徐々にというよりも急激であり、そして、ああ悲しいかな、ほとんど必ずと言ってよいほど、炎のような情熱は時とともに冷めるのである。その関係によっては、熱愛は、最終的には**友愛**へと——お互いの信頼、信用、熱心などの感情を特徴に持つ、より穏やかで安定した経験へと——発展していくための前奏曲になるかもしれない。恋愛の情熱の激しさが普通短期間しか続かないのに比べて、友愛は一般に長続きし、時とともに深まっていくのである。

ロバート・スターンバーグとその共同研究者(70)は、**愛の三角形**と呼ぶ理論で、三つめの要素を追加している。スターンバーグは、愛の三つの成分が、情熱（陶酔と性的興奮）と親密さ（何でも話せるという気持ち、愛する人の近くにいて理解されているという気持ち）と関与（その人と一緒にいたいという欲求、忠誠心）であると示唆している。愛は、これら三つの部分の一つの要素だけでも、また、そのどの組合せによっても成り立つ。たとえば、ある人は、相手に対して大きな情熱や身体的魅力を感じる

（単なる熱中）かもしれないが、本当の親密さに近づくものは何も経験していないかもしれない。恋愛映画は、愛情関係を、主に情熱的なものとして描く傾向があり、その映画はたいてい、若い恋人同士が、情熱的な魅力に深くもがき苦しみながら、結婚を決意するところで終わる。しかし、これは、決心のための最善の瞬間ではないかもしれない。ロイ・バウマイスター(71)が言っているように、熱愛は、マリファナやアルコールによって生じるような変性意識状態と多くの点で同じである。この状態は、きっと胸躍るものだろうが、それは、遠い将来まで長期にわたって影響を及ぼすような決心をするときにふさわしい最善の状態ではないのである。

スターンバーグによれば、関係が進展すると、多くの場合、それは、純粋に情熱的なものから、スターンバーグが**恋愛**と呼ぶ、情熱と親密さが組み合わさったものへと開花していく。その関係がさらに成熟すると、友愛になる。スターンバーグは、この言葉を、親密さと関与の組合せ――あまり情熱はない――の特徴を持つ愛を説明するのに使っている。スターンバーグの体系では、究極的な目標は、**完全な愛**――三つの要素すべての融合――である。しかし、これは、稀にしか実現しない。この三角形の意味は、愛する恋人同士が、お互いに徐々に慣れてくると、情熱が日常の犠牲になる可能性がきわめて高く、彼らは、友愛の状態で動きが取れなくなるということである。これは、立ち往生するには、それほどひどいところではないが、しかし、理想――完全な愛――には及ばないのである。

獲得―損失理論――親密な関係への意義―― 山あり谷ありの熱愛に比べて、友愛関係でのより安定した予測通りのリズムは、それ自体で特殊な報賞をもたらす。豊かな長期的な関係がもたらす恩恵には、情緒的な安心と、自分の長所だけでなく短所をもわかっている相手に受け入れられているという値千金の快適さが含まれている。

しかしながら、これらの非常に大きな恩恵に加えて、長期の親密な共同関係にいることには、暗い側面もあり得る。(72) その基本的な皮肉が、「あなたはいつも愛する人を傷つける」という古典的なバラードの歌詞に適切に表現されている。それはいったいどうしてなのだろうか。獲得―損失理論に関する前の議論のかなり驚くべき事実を思い出してほしい。われわれに対する誰かの感情がずっと一貫して肯定的な場合よりも、われわれに対するその人の最初の否定的な感情が次第に肯定的になる場合のほうが、われわれはそれを報賞だと思うのである。反対に、その人がわれわれに対して一様に否定的な感情を表明する場合よりも、その人がいったんわれわれを肯定的に評価した後にゆっくりとわれわれを否定的な見方をするようになる場合のほうが、われわれはそれを不快に思う傾向があるのである。獲得―損失理論を検証する研究は、短期間の好意関係に限定されてきたが、これらの知見が、長期的な関係に対してどのような意味を持つのか検討することは興味深いことだろう。

一つの可能性は、われわれは、いったんわれわれの長期的な相手の報賞的な行動を確信にするようになると、その相手は見知らぬ人よりも報賞の源として強力ではなくなるかもしれないということである。われわれには獲得が重要であることがわかっている。しかし、長期的な恋人や配偶者はおそらく、すでに上限近くの高さの行動をしているために、われわれに大きな獲得を提供することができないのである。別の言い方をすれば、いったんわれわれが連れ合いから愛情や支持や賞賛を期待するようになってしまうと、そのような行動は、われわれに対するその人の尊敬の点で獲得にはなりそうもないのである。同じように、愛する人は、われわれを傷つける可能性が大きいのである。親密であればあるほど、そして、過去の変わらぬ尊敬と報賞の歴史が長ければ長いほど、その人が尊敬を払わなくなったときの打撃は大きいのである。それで、実際に、長期の恋人は、自分の愛する人を傷つける力を持つことになるのである――しかし、重要な報賞を与える力はほとんど持っていないのである。

この点を明らかにするのに、一つの例が助けとなるかもしれない。結婚して二十年、愛妻家の夫とその妻が、公式のディナー・パーティーに出席するために着替えている。夫は妻の容姿を褒める。「ああ、ハニー、君は素敵だ。」妻は夫の言葉を聞き、その言葉は嬉しいが、そんな言葉では彼女の心は幸せで満たされないかもしれない。妻は、夫が自分を魅力的だと思っていることはすでにわかっている。おそらく、それを千回目に聞いても側転したりしないだろう。一方、もし（これまでいつも褒め言葉を口にしていた）愛妻家の夫が、君の容色は衰えているとか、まるで魅力を感じないとかと妻に話したならば、妻は非常な苦痛を感じることになるだろう。なぜなら、それは彼女に対する彼の肯定的な感情の喪失を意味しているからである。

彼女は、退屈か、それとも苦痛のどちらかを味わうように運命付けられているのだろうか。そうではない。なぜなら、この世には他の人々がいるからである。愛妻家夫婦がパーティーに到着し、まったく見ず知らずの人が愛妻家夫人と活発な会話を交わすとしよう。しばらくすると、彼は、彼女に情熱的な暖かさと興味の眼差しを向け始め、彼女のことを知的で才気があり魅力的だと思うと真剣に言う。おそらく、彼女はこの言葉を退屈などとはけっして思わないだろう。この言葉は、彼女にとっては際立った獲得であり――彼女を良い気分にさせ――そして、これゆえに、その見知らぬ人に対する彼女の肯定的な感情も高まるのである。

このような考え方は、従来の研究と一致する。たとえば、O・J・ハーヴェイ(73)は、人々は、自分のことを肯定的に評価してくれた人が友人だと言われた場合よりも、見知らぬ人だと言われた場合のほうが、その人に対して肯定的に振る舞うことを見出している。さらに、彼らは、自分のことを否定的に評価した人が友人だと言われた場合よりも、見知らぬ人だと言われた場合のほうが、その人に対して否定的に振る舞う傾向があった。同様に、いくつかの実験では、両親や他の親しい大人よりも、見知らぬ人のほうが、子どもの行動に大きな影響力を持つことが示されている。(74)ほとんどの子どもは、両親や親しい大人から認められることに慣れている。したがって、彼らからさらに認められても、たいした獲得にはならない。しかし、見知らぬ人から認められることはまさに獲得であり、獲得─損失理論によれば、より肯定的な行動に帰結することになるのである。これらの結果と推論から示唆されるのは、人間の境遇についてのかなり寒々しい姿である。われわれは見知らぬ人々の目から見た好意を絶えず捜し求めているが、同時に、われわれのもっとも親密な友人や恋人から傷つけられているようである。このような結論に飛びつく前に、数歩後戻りして、獲得と損失が、親密な友人か見知らぬ人に対する人々の反応にどのように影響するかを見てみよう。この点にとくに関連する研究がある。ジョアン・フロイド(75)は、幼い子どもの集団を二人ずつの組にして、それぞれの子どもが親友か、それとも見知らぬ子どもと一緒になるようにした。それぞれの組の一人の子どもは、数個のトリンケット［訳者注：小さなアクセサリー］をもらえるゲームで遊ぶ機会を与えられた。それから、その子どもは自分の相手とトリンケットを分けるように指示を受けた。実験者は、分配をする側の子どもがどのくらいけちに見えるかを操作した。その友人（または、その見知らぬ子ども）から気前よく扱われていると信じ込まされた子どもと、その友人（または、その見知らぬ子ども）からけちなやり方で扱われていると信じ込まされた子どもがいた。その後で、それぞれの「受け取る側の」子どもは、数個のトリンケットを得る機会を与えられ、自分の相手にそれを分けるよう指示された。予測通り、子どもは、獲得条件と損失条件で、もっとも気前よさを見せた──すなわち、気前のよい見知らぬ相手と、けちな友人に、より多くのトリンケットをあげたのである。要するに、彼らは、けちな見知らぬ相手に対してけちになり（いいじゃないか。知らない子どもは、やっぱりそうしたんだから）、気前のよい友人に対してもけちになったのである（へえ、友だちは僕のことをやっぱり好きなんだ。いつものことじゃないか）。しかし、彼らが、友人を獲得しているかのように見える（見知らぬ相手が気前がよい）ときには、彼らは気前よく反応したのである。同様に、友人を喪失しているかのように見える（友人がけちな）時にも、彼らは気前よく反応したのである。「あなたはいつも愛する人を傷つける」のは真実のようだが、傷つけられた人は、その関係を元の強さの肯定的なものにしようとして──仕返し《イン・カインド》というよりはむしろ──親切《カインド》に反応する気になるようである。このことが示唆しているのは、人々は、自分の関係が安定し続けるように振る舞う傾向があるという、明るい可能性である。

この線に沿って、紀元前四六年まで遡り、そして一九九〇年まで戻ってくると、キケロ[76]やジョン・ハーヴェイ[77]のような明敏な観察者たちが、共同関係では、傷ついた感情や対立が、健全で刺激的な新たな理解をもたらすことになると示唆している。このような理解はどのようにして生じるのだろうか。愛妻家夫妻をもう一度見てみると、この手掛かりが得られるだろう。愛妻家氏は、自分の妻を批判して傷つける大きな力を持っているが、愛妻家夫人は、その関係が重要なので、こうした批判に耳をそばだて敏感になりやすく、夫の関心を再び得ようと何らかの変身を遂げようという気になるだろう。その反対もまた真である。もし愛妻家夫人が、愛妻家氏に対する高い評価を突然変えるようなことがあれば、彼は細心の気を配り、ひいては、再び彼女に認められようとして行動を起こすだろう。両方が対立を——覆い隠すことによってではなく、創造的に成長し変化しようと努力することによって——解決するときに、関係は本当に創造的なものになり、成長し続けるのである。この過程では、信頼が非常に重要になってくるのである。

この考えを一歩進めると、おそらく、関係が正直で信頼できるものであればあるほど、愛妻家夫妻がはまり込んだような、あのような退屈で鈍重な停滞状態によどむ可能性はずっと少なくなるだろう。私が言いたいのは、親密な関係で、お互いがお互いに尊敬の獲得をもたらすことがない関係は、ほぼ確実に、お互いがお互いに隠しだてをしている、不正直な関係であるということである。親密な関係において、人々は自分の苛立ちを抑えたり、否定的な感情を内に秘めたりする傾向がある。この結果、安定し肯定的であるように見えるが、実は突然の心情の変化によって破壊され得るような、もろい停滞状態がもたらされるのである。

隠しだてがなく、正直で、信頼し合った関係では、人々は自分たちの本当の感情や印象（否定的なものでさえも）を共有することができ、こうした停滞状態に至ることはない。むしろ、お互いの尊敬が比較的高いあたりで、心情は絶えず揺れ動いているのである。こういった考え方の支持は、親密で穏やかではあるが、しかし直接的に対立を解決しようとする夫婦は、結婚に対する満足度が高いことを示す研究によって得られている。[77] こういった関係では、夫婦は獲得—損失実験の獲得条件にかなり近いのである。同じように、自分自身の私的で重要な見方を——肯定的なものも否定的なものも含めて——交換することは、密接な関係の発展にとって有益である。すなわち、他の条件がすべて同じならば、われわれは、自分自身について何か重要なこと——たとえそれが不快なことであっても——を打ち明けると、相手を一層好きになるのである。さらに、親密な関係にある人々に対する研究が示唆しているように、われわれは、他の人がわれわれを信頼して、そ

の人自身の私的で否定的なことを打ち明けてくれると、相手のことを一層好きになる傾向があるのである。(77)

つまり、関係というものは、正直な自己開示によって強まるのである。そして、必要なとき、また、ストレスのあるときに、お互いを支え合う人々は、そうしない人々よりも、健全な関係を築きやすい。しかし、物事がうまくいっているときはどうだろうか。親密な関係の中で幸福かどうかは、相手にストレスがあるときに、お互いにそれに敏感になり支えることができるかどうかによってよりよく予測できることがわかっている。シェリー・ゲイブルとその共同研究者(78)は、自分が重要な成功の話をしているときに恋愛相手から肯定的な反応を受け取っていた人々は、熱心な反応をあまり受け取らなかった人々と比べて、数カ月後に彼らの関係により満足していることを見出している。そして、これは納得できることである。多くの関係では、相手の大成功は、入り混じった感情をもたらすことになる――喜びには妬みが帯びるのである。ゲイブルの研究は、恋人同士は、どんな妬みがあっても、喜びによってその影が薄れるときに、より幸福になることを示唆している。

この節を要約すると、データは、関係がより親密な方向に進むにつれて次第に重要になって来るのは、**信頼**であるということを示している。すなわち、良い印象を与えようという努力を捨て、たとえ不快なことであっても、自分に正直なことを打ち明けることができるかどうかである。さらに、信頼とは、われわれが、友人や愛する人に対して、適切な状況で相手への配慮を込めて、さまざまな感情を伝えようとするかどうかである。このように、愛妻家夫婦の窮地にもう一度戻ってみると、研究データが示しているように、もし二人がお互いに心から好き合っていれば、お互いについても、自分自身についてと同じように、肯定的な感情も否定的な感情もともに表明できれば、二人の関係は長期間にわたってもっと満足でき、刺激に満ちたものになるだろう。

親密さ、信頼、コミュニケーション

愛する人との正直なコミュニケーションは、良い効果をもたらすが、その過程は、言うほど容易なことではない。正直なコミュニケーションでは、否定的な感情や、自分自身についてのまずいことを共有しなければならない。これらによって、われわれの弱みは大きくなる――そして、われわれのほとんどはたいてい、われわれがもっとも愛する人に対してすら自分の弱みを見せるのを避けようとする。われわれは現実の関係の中で、どのようにしてこれを実現するのだろうか。もしよければ、次のような場面を想像してほしい。

フィルとアリスのヘンショー夫妻は皿を洗っている。夕食に招いた友人たちが帰ったので、フィルとアリスは後片付けをしているのである。その晩、アリスはいつも通り、魅力的で、機知に富み、生き生きとしていた。しかし、フィルは、いつもであれば彼女の魅力を嬉しく思うのだが、今は傷つき、少し怒っている。政治の議論の間に、アリスが彼の立場に反対し、トムの肩を持ったように見えたのである。さらに、その晩の間中、アリスがトムにとても熱心であったようにも見えた。事実、彼女の行動は少し浮ついているとも見なせるものだった。

フィルは考えている。「僕は彼女をとても愛している。彼女にはあんなことしないでほしいのに。たぶん、彼女は僕への興味をなくしているのだろう。ああ、もし彼女が行ってしまったら、どうしたらいいだろう。彼女は本当にトムに惹かれているのだろうか。」しかし、フィルは自分の弱みを見せたくないので、実際には言う。「君は、今晩、トムの気を引こうとしていただろう、絶対に。皆が気付いていたよ。本当に物笑いの種だよ。」

アリスはフィルのことを非常に愛している。彼女は、その晩——とくに、政治の議論で、自分が何か非常に気の効いたことを言ったと感じていたし、そして、フィルが自分の知的な貢献を認めていないとも感じていた。「彼は私のことをただのつまらない主婦だと思っているのだわ。たぶん、私に飽きているのね。」

アリス 「あなたが言ってること、わからないわ。大統領の課税案で、たまたまあなたに反対したから、それであなたは怒っているのよ。トムは私と同じ考えだったわ。私は正しかったと思うわ。」

フィル 「彼が君と同じ考えだって！ 冗談だろ。彼が他に何ができたって言うんだ。君はほとんど彼のひざの上にのってたんだ。他のお客は困惑していたぞ。」

アリス（からかって）「何ですって、フィル、あなた妬いてるのね！」

フィル 「妬いてなんかない！ そんなのどうでもいい。尻軽女をやりたいんなら、知ったことじゃない。」

アリス（怒って）「ああ、なんて古風なの。ヴィクトリア朝時代のように言うのね、まったく。あなたはいつもそうだわ！」

フィル（冷たく）「それが、君が僕のことをぜんぜんわかっていない証拠だよ。他の人は僕が今風だと思っているよ。それどころか最先端だってね。」

アリス（皮肉に）「ええ、あなたはきっと事務所の可愛い秘書たちの間ですごく評判なんでしょうねぇ。」

フィル 「おい、それはいったいどういう意味だ。」

アリスは石のように黙りこくる。フィルは彼女から反応を得ようと何回か試みるが、うまくいかず、そこでドアをバタンと閉めて部屋を飛び出す。何が起こっているのだろうか。ここに、お互いのことを愛している二人がいる。それなのに、どうして彼らは、このように悪意に満ち、互いを傷つけるような、意地の悪い口論に引き込まれてしまったのだろうか。

われわれを他の生物と区別する、人間の主要な特徴の一つは、高度に洗練された言語を用いて複雑な情報を伝達することのできる能力である。人間の間で可能なコミュニケーションの微妙さは、本当に見事である。それでも、人々の間で誤解はしばしば生じる。さらに、誤解は、親密で愛情のある関係でも典型的に見られるものである。ヘンショー夫妻の口論は、架空のものではあるが、まったく非現実的なものではない。むしろそれは、私が相談役として、要領を得ず、回りくどい、誤解を招くような二者間のコミュニケーションを真っすぐなものにしていく手助けをしていたときに耳にしてきた何百という会話の中でも典型的なものである。

フィルとアリスの口論を分析することは比較的簡単だろう。それぞれに、大きな関心があったのである。どちらも、その関心がいったい何であるかを、明確に率直に述べられなかったのであり、述べたがらなかったのである。アリスにとって大きな関心は、彼女の知的能力であったようだ。彼女はフィルに自分が馬鹿で退屈だと思われることを恐れていた。この口論での彼女の暗黙の大きな不満は、フィルが政治の議論の間に彼女が述べたことの説得力を認めなかったことであり、それで、トムが彼女に関心を払ったり彼女の意見に興味を示したように見えたりした唯一の理由は情欲か浮気であると、フィルが言わんばかりだと彼女は思ったのである。このことが、彼女を傷つけ、彼女の自尊心を脅かし、彼女を怒らせたのである。彼女は自分が傷ついたことについては言わなかった。彼女は怒りを表したが、ただ単にそれを露わにするだけではすまなかった。むしろ、彼女は攻撃姿勢をとり、フィルのことを、古めかしい、つまらないと暗に言って、非難したのである。

フィルの大きな関心は、不安からきているように思われた。アリスの生き生きした様子を嬉しく思うけれども、彼は、年をとるにつれて、自分の男性としての魅力が失われているのではないかと恐れているように見える。それで、彼は、アリスがトムに賛成したのは、トムと組んで自分に反対するのと同じだと思い込んだのである――そして、自分自身の不安のゆえに、それに性的な意味を付け加えたのである。アリスに「古風だ《オールド・ファッション》」と言われた、彼の耳に入ったのはたぶん「老いた《オールド》」という言葉だったのだろう――それで、彼は自分の男らしさと性的魅力を急いで主張したのである。アリスはそれを、自分自身の怒りに駆られて、すぐさま嘲ったのである。

このような口論は、親密な関係にある人々の間ではおなじみのものである。そこには、重要な感情と関心がある。しかし、率直に議論する代わりに、その感情は敵意へと発展するに任され、この議論のそもそものきっかけとなった傷と不安を深めるだけである。合衆国では離婚率が高止まりしているので、どうしてこうなるのかを真剣に問うのも当然だろう。お互いに愛しているはずの人々の間の怒りや不一致や傷や敵意はすべて、下手で不十分なコミュニケーションの結果であると論じることは馬鹿げているだろう。しばしば、親密な関係にある人々の間では、欲求や価値や願望や目標の対立がある。これらの対立はストレスと緊張を生み出すことになるが、それらは、我慢するか、それとも、妥協や屈服や関係解消によって解決しなければならない。しかし、しばしば問題となるのは、主に誤ったコミュニケーションの問題である。フィルはどのように違ったコミュニケーションができただろうか。あなたがフィルだとしばらく考えてほしい。そして、あなたが愛する人アリスがそばにやって来て、非難がましくなく、決めつけるのでもない声の調子で、次のように言うのである。

> 私は自分の知性について不安に思っているの——少なくとも、この点について人が私をどう見ているのか不安なの。あなたは私にとって世界でもっとも大切な人だから、もしあなたが私の意見を知的で価値があると思ってくれて認めてくれると、とても嬉しいのよ。重要な問題についてわれわれの意見が一致しないで、あなたがひどいことを言ったり、私に我慢できなくなったりすると、私の不安は一層ひどくなるの。今晩、政治の議論のときに、もしあなたが私の意見や洞察のうちのいくつかでも褒めてくれたら、私は嬉しかったわ。

今度は、あなたがアリスで、フィルが夕食後の議論の口火を次のように切ったと仮定しよう。

> 話しにくいことなんだが、やってみよう。最近いったいどうしてなんだかわからないんだが、僕は今晩ちょっと嫉妬を感じていた。言いにくいことなんだが、つまりこういうことなんだ。君とトムは——知的にも肉体的にも——何か親しいように見えて、僕は傷つき、寂しさを感じていたんだ。最近、僕は中年ということを気に病んでいる。こんなことは馬鹿げているように見えるかもしれないけれど、僕は動きが鈍くなり、疲れを感じるし、腹も出てきた。何か安心がほしいんだ。君はまだ僕のことを魅力的だと思っているかい。もし君が今晩トムを見ていたみたいに僕のことを見てくれたとしたら、嬉しいんだが。

おそらく、ほとんどの人々は、愛する人からのこのような**率直な話**を受け入れ、敏感に反応するだろう。率直に話すということで私が言いたいことは、人が自分の感情や関心を、他の人を非難したり、責めたり、判断したり、嘲ったりすることなく、はっきりと述べることである。率直に話すと、まさに受け手が防衛的にならずに聞くことができるので、有効なのである。

率直に話すことはとても簡単そうであり、明らかに効果的である。なぜ人々はそれをもっと使わないのだろうか。競争的な社会の中で育ち、われわれのほとんどは、比較的弱みのない自分を見せて身を守る方法を学んできた。したがって、われわれは、自分が傷ついたときには、それを人に見せないように学んできている。むしろ、われわれは自分を傷つける相手を避けたり、さもなければ、怒るか睨むか嘲るかして相手を厳しく非難したりするよう学んできている。そして、このために、今度は、相手を防衛的にしたり、相手から反撃を買ったりして、口論が激しくなるのである。

要するに、われわれの社会の一般的な教訓は、あなたの弱みをけっして見せてはならないということなのである。こうした方略は役に立つし、状況によっては必須でさえあるかもしれないが、多くの状況では、不適切で、機能不全に陥り、逆効果を招くものである。不倶戴天の敵に自分の弱みを見せることはおそらく賢明ではないだろう。しかし、あなたの愛する友人で、あなたのことを気遣ってくれる相手に自分の弱みを包み隠すのは、ほとんど間違いなく賢明ではない。このように、もしアリスとフィルがお互いの不安を知っていたならば、それぞれがお互いを安心させるように振る舞うことができただろう。彼らのそれぞれが「打ち明けるよりは攻撃せよ」という社会の教訓を過剰学習していたために、気付かぬうちに、自ら衝突コースに乗ってしまったのである。

しばしば、問題は、この例で描かれているよりももっと複雑なものである。アリスとフィルは自分の関心や感情について少しはわかっていたようである。彼らが深刻な対立に陥ったのは、主に、自分の不安や傷ついた感情をお互いに伝え合うことが難しかったからである。しかし、多くの状況では、人々は自分の欲求や希望や感情に十分気付いていない。むしろ、彼らは、自分では簡単に正確に示すことのできない、漠然とした不快感や不幸感を持っているかもしれない。しばしば彼らは、その漠然とした感情を誤って帰属する。たとえば、フィルは、不快を感じていて、その不快を、中年が進んでいることについて自分自身が持っている不安ではなくむしろ、アリスの浮ついたように見える振る舞いに対する困惑のせいにすることができたのである。このように、もしわれわれが自分自身の感情に触れることができず、その感情を自分自身で明確に言葉にできないとすれば、他の人にそれらを伝えることはできない。鍵となる問題は、感受性である。われわれは自分自身の感情にもっと敏感になることができるのだろうか。われわれは、他の人に対して敏感になって、その人が弱みを見せたとき、その弱みを愛情と尊敬をもって受け止めるようになれるのだろうか。

効果的なコミュニケーションの特徴

即時性の重要さ　親密な関係でコミュニケーションが効果的であるためには、感情を直接的に率直に表現しなければならない。われわれは、この方略に従えば、われわれの言葉や行動がどのように解釈されたかについて、即時のフィードバックを受けることができる。即時のフィードバックを受けることで、われわれは自分の行為や発言がどのような影響を与えたかをよりよく理解できるし、相手の欲求だけでなく自分自身の欲求を満たすために何ができるかについて考慮できる。例を挙げると、私が、最良の友人にして、たまたま私の妻でもある人を怒らせるようなことをしたとしよう。もし、彼女がこの怒りを表明しなければ、私は、自分が彼女を怒らせたことにまったく気付かないかもしれない。一方、彼女が私に即座のフィードバックをするとしよう。つまり、彼女が、私の行為で彼女がどう感じたかを私に話すとしよう。そうすると、私には、少なくとも二つの選択肢がある。私はそのように行動し続けることもできれば、そのように行動することを止めることもできる――私の選択次第である。その行動はとても重要なので、私はそれを止めたくないかもしれない。逆に、私の妻の感情がとても重要なので、その行動を止める選択をするかもしれない。私の行動によって彼女がどう感じたかをまったく知らなければ、私には選択の余地はない。さらに、ある特定の行為で彼女がどう感じるかを正確に知っていれば、私は、彼女の欲求だけでなく私の欲求も満たすような他の行為を探すことができるかもしれない。

即時のフィードバックの価値は、その受け手に限定されるものではない。人々は、フィードバックを与えることで、自分自身と自分自身の欲求について何かを発見することも多い。たとえば、もしシャロンが、怒りを表に出すと必ず壊れると思っているならば、彼女はこの感情を意識から閉め出すかもしれない。この感情を表出することが正当な場合には、彼女は、その感情を表に出し、それを見て、自分の感情の表出が世界を終わらせていないことに気付く機会を持つことになるのである。さらに、感情の直接的な表出は、出会いを良い方向にもっていき、そうして、否定的な感情が高まるのを防ぐのに役立つ。たとえば、私の妻が怒りを、大声や非難ではなく、彼女の感情と苦情の種を明確に述べることによって直接的に表出するようになったとすれば、その問題についてわれわれはすぐに話し合うことができる。もし彼女が怒りを抑圧し、それが別のところから――別のときに別の状況で――漏れ出したり、あるいは、彼女が閉じこもって不機嫌に見えたりすると、私には彼女の敵意がどこからきているのかわからず、混乱し、傷つき、怒ることになるのである。

感情 対 判断　人々は、生産的なフィードバックの仕方を知らないことが多い。われわれは受け手を怒らせたり動揺させたりするようにそれをしてしまい、それによって、問題がより激しくなったり、解決するどころかむしろ多くの問題が生まれたりすることが多い。私の主張を説明するために、機能不全に陥るフィードバックの例と、人々がコミュニケーションと理解を最大にするためにフィードバックの与え方を（内容を薄めることなく）どのように修正するようになり得るかについての例を挙げよう。この例は、会社の重役たちのために私が実施したコミュニケーション研修会で実際に起こった出来事である。

研修会の経過の中で、メンバーの一人（サム）が、もう一人のメンバー（ハリー）をまっすぐに見て言った。「ハリー、僕は一日半もの間、君の言うことを聞き、君のことを見てきた。それで、君に一つフィードバックをしたい。僕は、君のことをペテン師だと思う。」さて、これは大変な非難である。ハリーは、どのように応えればよいのだろうか。彼には、いくつかの選択肢がある。彼にできるのは、(一)サムに同意する、(二)その非難を否定し、自分はペテン師ではないと言う、(三)仕返しをして——君、どこか悪いのとサムに言って——怒りを表す、(四)がっかりして不機嫌になる、である。これらの反応のどれも、とくに生産的とは言えない。しかし、サムは、この判断を表明してはいけないのだろうか。結局のところ、彼は率直なだけである。われわれは率直さと信頼を尊重してはいけないのだろうか。

これは、ジレンマのように思われる。効果的なコミュニケーションには率直さが要るが、反面、率直さは人を傷つけることがある。この明らかなジレンマに対する解決は、随分単純である。率直であり、同時に、苦痛を最小にして理解を最大にするような自己表現は可能である。効果的なコミュニケーションの鍵は、判断ではなくむしろ、感情を表明しようとすることである。この事例では、サムは感情を表明しているのではなく、彼は、ハリーの行動を解釈しそれを判断していたのである。感情という言葉には、いくつかの意味がある。この文脈では、私は、「直観」や「仮説」を意味しているのではない。感情ということで、私がとくに言おうとしているのは、怒りや喜び、悲しみや幸せ、苛立ち、恐れ、不快、暖かさ、苦痛、嫉妬、興奮、等々である。

研修会での私の介入は、基本的なものであった。私は、サムに、ハリーに対して何らかの感情を持っているかどうかを尋ねただけである。サムはしばらく考えて、「えーと、私はハリーがペテン師だと感じています」と言った。言うまでもなく、これは、上で定義されたような意味での感情ではない。これは感情の名を借りて表明された意見、ないしは判断である。判断とは、感情の不適切な理解や表明に他ならない。そこで、私は、サムに彼の感情は何なのかを尋ねて、さらに探りを入れたのである。サムは、なおも、ハリーのことをペテン師だと感じると言い張った。「それで、それは君にとってどうなの。」サムは、「それは、私をひどく苛立たせるんです」と答えた。「サム、ハリーが何をして、君を苛立たせたの。」

最後には、サムは、ハリーがそのグループの他のメンバーに情熱や理解を表明すると、自分が決まって苛立つことを認めた。もう一つ探りを入れると、サムが、ハリーを魅力的な存在──とくに女性にとって──と見ていることが明らかになった。最終的にはっきりと、サムは嫉妬の感情を白状したのである。すなわち、サムは自分にハリーのような気楽な魅力と人気があればよいと思っていたのである。

最初はサムがこの嫉妬の感情を隠していたことに注意してほしい。それどころか、彼は、ハリーはペテン師だと言って、軽蔑の感情を表明することによって、この感情を放出したのである。このような表明は自我防衛である。われわれは競争的な社会に生きているので、サムは、もし嫉妬を感じていることを認めれば、自分を「一段下げ」、ハリーを「一段上げる」かもしれないことを長年にわたって学んでいたのである。もしこうすれば、サムは弱みを見せることになっただろう。つまり、ハリーとの関係でサムに弱さを感じさせただろう。しかし、サムは、軽蔑を表明することで、自分を「一段上げる」のに成功したのである。

彼の行動は、自我防衛の手段としては成功したが、自分の感情や、そうした感情を引き起こすような出来事を理解するのに役立たなかった。さらに、それは、ハリーに対するサムの理解やサムに対するハリーの理解にもまったく役立たなかっただろう。要するに、サムは効果的でないコミュニケーションを行っていたのである。自我防衛の手段としては、彼の行動は適応的だった。しかし、コミュニケーションの手順としては、それはきわめて不適応的なものだった。このように、サムは、ハリーに嫉妬していることを認めることによって、弱みを見せたけれども、そうすることによって、コミュニケーションへの扉が開かれたのである。それは、最終的には、お互いを理解し合うのに役立ったのである。

感情の観点から表明されるフィードバック──「私、落ち着かないの」──は、判断や非難として表明されるフィードバック──「君はあほで間抜けだ！」──よりも、われわれ誰にとっても受け入れやすいものである。ある人の他の人についての判断は、ほとんどいつも気質的な帰属（ある人の行動の原因を、その人の性格や気質などの欠点に帰すること）のかたちで行われる。この事例では、サムはハリーに、彼（ハリー）がどんな人間かについて話している。一般的には、人々は、自分がどんな人間かについて話されると不快になるものである──そして、それも当然である。なぜなら、そのような帰属は、純粋に憶測の問題であるからだ。ハリーの行動についてのサムの気質的帰属は、真実を反映しているのかもしれないが、それとまったく同じくらい、そうでないかもしれない。それは、ハリーについてのサムの単なる意見にすぎない。ハリーだけが、自分が不誠実なペテン師かどうかを確実に知っている。サムは単に推測をしているにすぎない。しかし、嫉妬や怒りを感じているというサムの発言は、推測や意見ではない。それは、絶対的な事実なのである。サムは、自分自身の感情について推測しているのではない——彼は、それを知っているのである。ハリーは、サムの聡明な意見や判断を気にするかもしれないし、しないかもしれないが、彼が、サムの友人でありたければ、サムの感情と、自分（ハリー）がした何がそのきっかけになったのかを知りたいと思うだろう(79)。

コミュニケーションと完全な愛

サムとハリーは、恋人同士ではなかった。彼らは、コミュニケーション・スキルに磨きをかけようとして研修会に参加した二人の男にすぎない。効果的なコミュニケーションは誰にとっても有益であるが、親密な関係では、とくに価値がある。愛する人々が、自分の不快な感情（苦痛、怒り、嫉妬、落胆）を直接に述べるのではなく、それを隠してその代わりに、判断や気質的帰属に訴えると、小さな不一致が、ほとんど必ずと言ってよいほど大きな言い争いへと発展するのである——フィルとアリスの口論でのように。愛する人々が、相手を、間違っているとか無神経だとか思いやりがないとかといって判断することなく、自分の感情を表明すれば、深刻になることはめったにないのである。こういった考え方を、いくつかの研究が確証している。一つ例を挙げると、フランク・フィンチャムとトーマス・ブラッドベリー(80)は、百三十組の新婚夫婦を長期間にわたって研究し、結婚の最初の頃に気質的帰属を行った夫婦が、徐々に自分の配偶者に不満を募らせていくことを見出している。反対に、これらの研究者は、率直な話し合いをし、状況的帰属をする夫婦が、ますます結婚への満足感を高めていくことを見出している。私は、スターンバーグが、すべての親密な関係の究極の目標は完全な愛であると主張する点で、彼と同感である。この研究は、私が長い間うすうす感じていたことを確証している。率直な話が、完全な愛への王道かもしれない。

第9章

科学としての社会心理学

私が大学在学中、社会心理学に最初に興味を持ったのは、それが人間のもっとも刺激的な側面、つまり、愛情、憎悪、偏見、攻撃、愛他心、社会的影響、同調、等々を扱っていたからである。その当時、私は、この素晴らしい知識体系がどのようにして誕生したのかには気をとめなかった。私は、わかっていることを知りたかっただけであった。大学院に進学して初めて、私は、この知識の単なる消費者以上のものになれる――生産者にもなれる――と突然、気付いた。そして、まったく新しい世界が私の前に開けたのである――科学的社会心理学の世界である。私は、重要な質問の仕方を学び、それらの質問の答を見つけるための実験方法を学んだ――そして、私が学生のときに読んだ知識体系に、私自身わずかではあるが貢献してきた。そしてそれ以来、私は、その活動に情熱を持ってかかわり続けているのである。

この章を読んでも、あなたは科学者になれるわけではない。あなたに対する私の目論見は、それほど大きなものではないが、しかし、けっして重要でないものでもない。この章は、あなた自身の社会的世界の中で生じている物事について、あなたが科学的に考える能力を向上させるのに役立つことを目指している。私は、これが私にできる有益なことだといつも思ってきた。しかし、それは時々、幻滅をもたらし得るのである。このように言うことで私が何を言いたいのか、一つの例を挙げよう。数年前、私は、『ニューヨーカー』誌を一部手に取って、ジェームズ・クーネン(1)による、刑務所での大学水準の教育計画に関するきわめて有益な優れた小論を読んだ。クーネンは、その有効性について熱意を込めて書いていた。それに続けて彼は、全般的に懲罰的な議会多数派が、無駄遣いとか犯罪者を甘やかすことになるとかと述べてこの計画を廃止しようとしている事実を非難した。

クーネンの小論には、刑務所内で学士課程を修了し、釈放後に生産的な人生を送ることになった受刑者の光り輝く二、三の事例が含まれていた。その事例は、心温まるものである。しかし、私は、科学者として、その計画の全般的な有効性を評価するために利用できる組織的なデータがあるのかどうか知りたいと思った。なるほど、載っていた。クーネンは、一九九一年に発表された、ニューヨーク州政府矯正施設局による一つの研究を報告していた。その研究は、刑務所から釈放後四年で、刑務所で一年以上の高等教育を終了した男性囚人の再犯率は、全男性囚人の平均よりも二十%低いことを見出していたのである。

かなり印象的に思われるが、それで良いだろうか。もっと詳細に見てみよう。科学者として、われわれは、一つの基本的で決定的な質問をしなければならない。この計画に参加するのに先立って、その計画を履修する申し込みをした囚人は、その申し込みをしなかった囚人と似ていただろうか。その計画に申し込みをしてその一年を修了した囚人は、申し込みをしなかった囚人とは、初めから異なっていた（たとえば、動機付け、能力、前の教育、精神的健康、等々）というのが実情ではないだろうか。急いで付け加えるが、これは単なる粗探しではない。もし彼らが、一般の普通の囚人と最初から異なっていれば、彼らは、学士課程を履修しなかったとしても再犯率が低くなる傾向（あるいは、少なくとも可能性）があるだろう。もしこれが実情ならば、再犯率を下げたのは、その計画ではなかったということになるのである。

私は、クーネンの記事を読みながら、私の中の進歩主義者や人間主義者は、この研究の結果に胸を躍らせたい気持ちである。説得力のあるデータが、囚人を教育することに効果があることを証明しているのは、素晴らしいことだろう。しかし、悲しいことに、私の中の科学者がとって代わって、懐疑的になったのである。このように、科学者の目を通して社会的世界を眺めることは幻滅をもたらすことがある。しかし、それはまた、われわれに、価値のあるものとそうでないものを見分ける能力を与えてくれるのであり、その結果、われわれは、関心の高い市民として、革新的な計画が適切に評価されるよう要求できるのである。そのようにして、われわれは、何千という計画の可能性の中から、われわれの時間と努力とお金に値するものを、ある程度はっきりと見極めることができるのである。そして実際のところ、ほとんどの場合、実験を適切に行うことは難しいことではないのである——これからあなたが見ていくように。

科学的方法とは何か

科学的方法は——物理学、化学、生物学、社会心理学のどれで利用されようが——われわれ人間が、知識と理解に対する飢えを満たすための最善の方法である。もっと具体的に言うと、われわれは、物事——その物事が化学物質でも植物でも人間の偏見や愛情でも——の間の法則的関係を発見しようとして科学的方法を利用する。科学的過程の最初の段階は、観察である。物理学では、単純な観察は次のように進むだろう。私の孫娘のワゴンの中にゴムボールがあり、彼女がワゴンを前方に引けば、ボールはワゴンの後ろのほうに転がっていくように見える（それは実際には後方に転がってはいない。そう見えるだけである）。彼女がワゴンを急に止めると、ボールはワゴンの前のほうに突進する。社会心理学では、単純な観察は次のように進むだろう。私が給仕をしているとき、もし私がたまたま気分が良く、お客にたくさん微笑んでいれば、私が不機嫌であまり微笑まないときよりも、私のチップは少し多いようである。

次の段階は、なぜそれが生じるのかについて推測することである。この推測は、われわれが上で述べた「法則的関係」の発見に挑戦してみることである。第三段階は、その推測を検証可能な仮説に組み立てることである。最後の段階は、その仮説を確証するか反証することになる一つの実験（あるいは、一連の実験）を計画することである。もし適切に計画され適切に実行された一連の実験が、その仮説を確証できなければ、われわれはそれを放棄する。私のお気に入りの物理学者リチャード・ファインマン(2)が、かつて言ったように、「推測がどんなに美しいか、推測者がどんなに利口か、推測者がどんなに有名か、それは関係ない。もし実験が推測と一致しなければ、その推測は間違っていることになる。ただそれだけのことである。」私自身の意見では、これは科学の真髄とその美しさの両方である。科学には、神聖な真実などないのである。

科学と芸術　私の意見では、われわれの科学には芸術が入り込む余地がたくさんある。私は、二つの過程——芸術と科学——は異なるけれども、関連していると信じている。傑出したソビエトの心理学者パヴェル・セモノフはかなり良い仕事をして、その違いを定義した。セモノフ(3)によれば、われわれは、科学者として、われわれの環境を綿密に観察し、未知のものを、理にかなう意味がわかるように構造化する。われわれは、芸術家として、既知の環境を再構造化して、まったく新しい何かを創造する。この考えに対して、私は、良い実験の要件として、しばしばこれら両方の領域の技能を組み合わせる必要があると付け加えよう。まさに本当の意味で、われわれは、実験者として、われわれの科学を豊かにするために芸術的手腕をふるうのである。私は、このことは、社会心理学の実験でとくにあてはまると信じている。

なぜ、この芸術と科学の融合が、とくに社会心理学にあてはまるのだろうか。この質問への完全な答は、この章をひもとくにつれて明らかになってくるだろう。今のところは、簡単に言っておくことにしよう。つまり、社会心理学では、われわれは、ビーカーの中の化学物質やワゴンの中のゴムボールの運動を研究しているのではなく、社会的世界の中でその全人生を送っている知的で好奇心豊かな洗練された大人の行動を研究しているのである。言うまでもなく、彼らを研究している実験者と同じように、われわれの実験の参加者の役割を担う人々は、彼らの周りの人々の感情や行動だけでなく彼ら自身の感情や行動の原因について彼ら自身の考えや意見を展開しているのである。こういったことは、あなたが化学物質や実験動物や、非社会的な状況の人間でも、それらを相手に実験しているときにはあてはまらないだろう。

われわれが社会的に洗練された人間を扱っているという事実は、社会心理学を実験的研究の、それほどまでに魅力的な話題にするのに欠かせないことである。同時に、この状況ではまた、実験者が妥当で信頼できる知見を生み出す機会に恵まれるためには、大いに芸術が必要になるのである。この章では、これがどのように行われているか正確に伝えようと思う。

思索から実験へ

われわれは、第8章で、数年前にわれわれが遭遇したややこしい現象について説明した。つまり、ジョン・F・ケネディが大統領のとき、彼の個人的な人気が、途方もなく高くついた失敗を犯した直後に上昇したのである。具体的には、ピッグズ湾の大失敗として知られているケネディの悲惨な誤算の後で、ギャラップの世論調査は、人々が彼のことを、その事件の前よりも一層好きになったことを明らかにしたのだった。ほとんどの人々と同じように、私もこの出来事に唖然とした。そんなにもひどい大失敗をしたのに、どうしたらわれわれはその男を一層好きになれるのだろうか。科学者として、私は、何がその変化を引き起こしたかについて思索した。私の推測では、それ以前、ケネディはほとんど完全な人間のように思われていたので、大失敗を犯すことによって、彼がより人間らしく思われ、その結果、普通の人々が彼をもっと身近に感じることができたのだろう。興味深い思索ではあるが、真実だろうか。

ピッグズ湾の大失敗の際には、多くのことが起きていたので、この思索が正しいかどうか確信することは不可能であった。われわれはどのようにして解明しようとすればよかったのだろうか。ええと、われわれは、人々に、なぜ一週間前よりも今、ケネディが好きなのかを単に尋ねればよかったかもしれない。これは、十分に簡単に聞こえる。残念ながら、これはそれほど容易なことではない。長年にわたって、われわれは、人々は、自分がなぜそう行動したのか、自分の信念をなぜあっちやそっちに変えたのかを意識できないことが多いということを学んできた。それで、複雑な状況では、人々に自分の行動を説明するように求めるだけでは、信頼性の高い結果を生み出すことは普通できないだろう。(4) これがまさに、社会心理学者が実験を行う理由である。しかし、われわれはどうやってジョン・F・ケネディの人気について実験を実施できるだろうか。われわれにはできない。このような場合に、われわれは、その現象の特定の具体例についてではなく、その元となる現象について実験を実施しようとするだろう。そして実際、われわれが本当に興味を抱いているのは、特定の出来事ではなく、その元にある現象なのである。つまり、大失敗を犯すと、ほぼ完全な人の人気は高まるのだろうか。

この一般的な質問に答えるためには、われわれの思索をもたらした出来事を越えなければならない。共同研究者と私(5)は、外生変数を統制し、それほど複雑でない状況——われわれが、大失敗を犯す人物の種類だけでなく、大失敗の正確な性質を統制できる状況――で大失敗が魅力に及ぼす効果を検証できる実験を計画しなければならなかったのである。そして、その単純な状況で、われわれは、予測通り、「ほぼ完全な」人々が大失敗を犯すと魅力が上がるが、「割と普通の」人々がその同じ大失敗を犯すと魅力が下がることを見出したのである。

実験を計画する

上で示唆したように、実験者は、統制を実現しようとして、自分の着想を現実世界の大混乱の中から取り出し、実験室の随分不毛な枠内に閉じ込めなければならない。このためには、典型的には、その着想を得た元の現実世界とはほとんど似ても似つかない状況を作り上げる羽目になる。実際、よくある批判は、実験室実験は現実世界をまったく反映していない、人間のやりとりの非現実的で不自然な模倣だというものである。この批判はどのくらい正しいのだろうか。

おそらく、この質問に答える最善の方法は、一つの実験室実験を詳細に分析して、その長所と短所を検討することに加えて、その同じ問題を研究するために利用できたかもしれない別のもっと現実的なアプローチについても検討することだろう。私がジャドソン・ミルズ(6)と共同して行った入会儀式の実験は、われわれの目的に見事にかなうものである――なぜならば、それには実験室の長所と短所が多く含まれているからである。読者は思い出すだろうが、ミルズと私は、人々は、苦しんで求めたものを好きになるだろうと考えたのである。われわれはそれから、実験室実験を計画し実施して、ある集団のメンバーになるために（厳しい入会儀式を経験して）大きな努力を払った人々は、ほとんど、あるいは、まったく努力しないでメンバーになった人々と比べて、その集団のことをより好きになることを示したのである。この実験は、以下のように行われた。

この実験の参加者は、性の心理に関する討論に参加することに最初に自発的に申し出た六十三人の女子大学生であった。それぞれの学生は、個別に実験を受けた。研究を始めるに当たって、私は、「集団討議過程の力学」について研究していると説明した。私は、討論の実際の話題は自分にとって重要ではないが、ほとんど人々は性に関心を持っているので、多くの参加者が確実に得られるようにこの話題に選んだと言った。私はまた、話題に性を選んだことで、現在大きな障害に直面していると説明した。具体的には、恥ずかしさのため、多くの人は、集団場面で性について論じるのに困難を感じていた。討論の流れに妨害があると、それがどんなものでも結果を台無しにしてしまう可能性があるので、参加者が性について討論に入るのにためらいを覚えるかどうかを知る必要があった。参加者はこのことを聞くと、全員が、自分は別に困難を感じないと答えた。こうした手の込んだ指示は、その後に続いて起こる重要な出来事へのお膳立てをするために使われたのである。実験者の述べてきたことが、いかにして以下の実験材料をもっともらしいものにするかに、読者は注目してほしい。

この時点までは、指示はどの参加者に対しても同じであった。さて、これからが、さまざまな実験条件の人々それぞれに、異なる経験――違いが生まれるはずだと実験者が考えていた経験――をさせる段階である。

参加者は、前もって、次の三つの条件のうちの一つに無作為に割り当てられていた。(一) 三分の一は厳しい入会儀式を経験し、(二) 三分の一は穏やかな入会儀式を経験し、(三) 三分の一は入会儀式をまったく経験しなかった。入会儀式なしの条件では、参加者は、これから討議集団に参加することになると告げられただけである。しかし、厳しい、あるいは、穏やかな入会儀式の条件では、私はそれぞれの参加者に、性について率直に議論できることを確認しなければならないので、選別道具――困惑検査――を考案したと告げ、そして、このテストを受けるよう求めた。この検査が入会儀式になっていたのである。厳しい入会儀式の条件では、この検査は非常に恥ずかしいものだった。私の目の前で、参加者は、十二の猥褻語のリストと、現代小説からとってきた性行為の詳細な描写の二節を、大きな声で読むことが求められた。穏やかな入会儀式の条件では、参加者は、性に関連しているが、猥褻でない言葉のリストを大きな声で読まなければならなかっただけある。

参加者が割り当てられた三つの条件が、この研究の**独立変数**であった。簡単に言えば、実験を計画し実施するときの研究者の目標は、参加者の身に起きたことが、参加者の反応の仕方に効果を持つかどうかを究明することである。われわれの目標は、入会儀式の厳しさ――独立変数――が、参加者の行動の系統的な違いの原因となったかどうかを究明することであった。厳しい入会儀式を経験した参加者は、穏やかな入会儀式を経験した参加者、あるいは、入会儀式なしの参加者と比べて、異なる行為をするだろうか。

しかし、どういう点で異なる行為なのだろうか。入会儀式の後で、それぞれの参加者は、自分が参加したばかりの集団のメンバーが集団討議をしているのを立ち聞きする機会を与えられた。この実験材料の内容を統制するために、テープ録音が使われた。しかし、参加者は、生の討論だと信じさせられていた。したがって、すべての参加者が――入会儀式が厳しい、穏やか、なしのいずれを経験したかにかかわらず――同一の集団討議を聞いたのである。集団討議は、できる限りつまらなく退屈なものであった。それには、下等動物の第二次性徴に関する途切れがちな歯切れの悪い分析――鳥の羽毛の変化、クモ目の求婚ダンスの複雑さなど――が含まれていた。テープはまた、長い沈黙や、口ごもり、中断、あるいは、完結しない文章など、テープを退屈なものにするように意図された、あらゆるものを含んでいた。

その討議が終わると、私は一組の評定尺度を手に戻り、参加者に、この討議がどの程度興味深く、価値あるものだったかを評定するよう求めた。これは、**従属変数**と呼ばれる。というのは、まったく文字通り、その反応が、参加者が割り当てられた特定の条件に「従属している」と想定されているからである。従属変数は、実験者が独立変数の効果を査定するために測定するものである。要するに、独立変数が原因であるならば、従属変数は結果である。

その実験結果は仮説を支持していた。穏やかな入会儀式を経験した女性、あるいは、まったく経験しなかった女性は、集団討議を相対的につまらないものと見なした。しかし、集団への参加を認められるために苦しんだ人々は、集団討議を本当に面白いと考えた。すべての学生が、まったく同一の討議を評定したことを思い出してほしい。

この実験を計画し実施するのは、骨の折れる過程であった。ミルズと私は、数百時間を費やして、それを計画し、もっともらしい状況を作り出し、集団討議のテープ録音の脚本を書き、集団メンバーの役割を演じる役者に稽古をつけ、入会儀式の手続きと測定道具を組み立て、自発的に参加者になる人々を募り、実験手続きを予備試験し、参加者に対して実験を実施し、それぞれの参加者に実験の真の目的（ディセプションの理由、その意味するところ、など）を説明したのである。われわれが見出したのは、集団に参加するために厳しい入会儀式を経験した人々は、穏やかな入会儀式を経験した、あるいは入会儀式のまったく無かった人々よりも、その集団をはるかに好むということであった。

きっと簡単な方法があるに違いない！　あるのである。読者は、ミルズと私が用いた手続きと、未開部族や男子学生社交クラブなどの排他的なクラブや組織などで用いられている入会儀式との間に、漠然とした類似性があることに気付いたかもしれない。それでは、なぜわれわれは、現実生活の状況を利用しなかったのだろうか。その状況は、簡単に研究できるだけでなく、はるかに劇的で現実的なものであるのに。その長所を吟味してみよう。現実生活の入会儀式はもっと厳しいであろう（つまり、メンバーに与える影響がもっと大きいだろう）。参加者が納得できるような集団場面を、わざわざ苦労して設計しなくてもよかっただろう。社会的なやりとりが、テープ録音の単なる声だけでなく、現実の人々を含むだろう。科学の名のもとにディセプションを使ったり、困難で不快な経験を用いたりすることから生じる倫理的な問題を回避できただろう。そして、最後に、以上のことすべてが、この実験にかかった時間のごく一部だけで達成できただろう。

　このように、われわれが自然の状況の長所を表面的に見ていけば、もしミルズと私が現存の男子学生社交クラブを研究していたら、ずっと簡単な仕事だったろうと思われる。さて、もしわれわれが仮にそうしていたらどうなったかである。われわれは、それぞれの集団の入会儀式の厳しさを評定し、その後、メンバーが自分の集団をどのくらい好きかを測定することができただろう。もし、厳しい入会儀式を経験したメンバーが、穏やかな入会儀式の、あるいは、それなしの社交クラブのメンバーよりも、自分たちの社交クラブを好んでいれば、仮説が支持されたことになるだろう。だが、本当にそうだろうか。なぜ、人々がわざわざ実験するのかを、もっと詳しく見てみよう。

　もし人々が実験室実験のもっとも重要な特徴を尋ねられたら、大多数は、「統制」と言うだろう。そして、確かにこれが、主要な長所なのである。実験には、環境や変数を統制することによって、それぞれの変数の効果を的確に研究できるという長所がある。われわれの仮説を実験室に持ち込むことで、ミルズと私は、現実世界に存在する多くの外生的な変動を排除したのである。厳しい入会儀式は、その厳しさの強さの点ですべて同じであった。もしわれわれが、厳しい入会儀式を持ついくつかの社交クラブを使っていたら、この条件を同じにすることは困難であっただろう。さらに、集団討議はすべての参加者にとって同じものであった。しかし、現実世界では、社交クラブのメンバーは、実際にはお互いに異なりのある社交クラブを評定していたことになるだろう。もし、われわれが厳しい入会儀式の社交クラブと、穏やかな入会儀式の社交クラブの間に違いを見出したとしても、この違いが、社交クラブのメンバー自身の間にすでに存在していた好意度の違いによる結果ではなく、入会儀式が働いた結果であると、われわれはどのようにしたらわかっただろうか。実験では、唯一の違いは入会儀式の強さであったので、それで、われわれは、どんな違いも、この手続きによるものだったとわかるのである。

無作為割り当ての重要性

統制は確かに実験室実験の重要な特徴ではあるが、主要な長所というわけではない。さらに重要な長所は、参加者を異なる実験条件に無作為に割り当てることができるという点である。このことは、それぞれの参加者が、その研究のどの条件にも同じ確率で配置されていることを意味する。事実、参加者の条件への**無作為割り当て**は、実験的方法と非実験的アプローチとの決定的な違いである。人々を条件に無作為に割り当てることの大きな長所は、次の点にある。完全には統制されていない、いかなる変数も、理論的には、条件間で無作為に分配されることになる。つまり、こうした変数が、実験結果に組織的な影響を与える可能性がきわめて低くなるのである。

この点を明らかにするのに、一つの例が役に立つだろう。あなたが科学者だとして、知的な女性と結婚すると、男性は幸福になるという仮説を持っているとしよう。あなたは、この仮説をどのように検証するだろうか。ここで、あなたが、知的な女性と結婚した千人の男性と、あまり知的でない女性と結婚した千人の男性とを探し出し、彼ら全員に「幸福」質問紙を配布するとしよう。そしてなんと、あなたは、知的な女性と結婚した男性は、あまり知的でない女性と結婚した男性と比べて、実際に幸福であることを見出す。これは、知的な女性と結婚すると、男性が幸福になるということを意味するのだろうか。そうではない。たぶん、幸福な男性というのは、優しく陽気で付き合いやすいので、結果的に知的な女性がこうした男性を探し求め、結婚するのかもしれない。したがって、幸福であることが、知的な女性と結婚することの原因となっているのかもしれない。問題はここでは終わらない。何らかの第三の要因が、幸福と、知的な女性と結婚することとの両方の原因となっている可能性もあるのである。そのような要因の一つは、お金であろう。お金があることが男性を幸福にすると考えられるし、同時に、お金があることが知的な女性を惹き付けるとも考えられるのである。それで、どちらの因果の順序も真実ではないことになる。つまり、幸福であることが男性を知的な女性と結婚させるのでもなく、また、知的な女性が男性を幸福にするのでもない、という可能性があるのである。

この問題は、さらにもっと複雑である。なぜなら、こうした第三の要因が何なのか、われわれは、普通、まったくわからないからである。幸福の研究では、それは富であるかもしれない。成熟した性格が男性を幸福にし、知的な女性をも同時に惹き付けるという可能性もある。あるいは、社会的品位、運動能力、権力、人気、適切な歯磨きを使うこと、こざっぱりした洋服を着ていること、または、哀れな研究者の知らない、そして説明のしようがない数千もの資質のうちのどれか一つであるかもしれない。しかし、もしこの研究者が実験を行えば、参加者をさまざまな実験条件に無作為に割り当てることができる。この手続きは、これらの変数（お金、社会的品位、運動能力、等々）のうちのどの変数についても、それによる違いをなくすことはできないけれども、さまざまな実験条件間で、これらの特徴を無作為に分配することによってそれらを相殺するのである。つまり、もし参加者が実験条件に無作為に割り当てられれば、ある条件の金持ちの数は他の条件の金持ちの数とほぼ同じになり、ある条件の社会的に熟達した人の数は他の条件のその数とほぼ同じになり、ある条件の運動選手の数は他の条件のその数とほぼ同じになるだろう。このようにして、もし条件間で違いが見出されれば、こうした違いが、どの一つの特徴についてもその特徴の個人差から生じているという可能性はありそうにない。なぜならば、こうした特徴のすべてが、あらゆる条件間で等しく（あるいは、ほぼ等しく）分配されているからである。

もちろん、知的な女性と幸福な夫というこの特殊な例は、実験室実験の枠内に容易には納まらない。しかし、もしそれが可能だとしたら、はたしてどうするか空想してみよう。理想的には、五十人の男性を連れてきて、二十五人を知的な妻に、別の二十五人をあまり知的でない妻に無作為に割り当てる。数カ月後、われわれは戻ってきて、幸福質問紙を実施する。もし、知的な妻に割り当てられた男性が、あまり知的でない妻に割り当てられた男性よりも幸福であれば、何がその幸福の原因となったのかがわかるだろう――やったぞ！　要するに、彼らの幸福を単に、社会的品位や、ハンサムなこと、お金、権力などに帰することはできないだろう。これらの要因は、実験条件間で無作為に分配されているからである。幸福は、ほぼ確実に、彼らの妻の特徴がその原因となっていたのである。

繰り返すが、この例は純粋に空想である。社会心理学者といえども、科学的目的のために結婚のお膳立てまでしてはいけない。しかし、これは、われわれが、重要で、意味があり、関連性の高い出来事を、統制のとれた実験室状況で検証できないということを意味するものではない。この本には、こうした例が数多く盛り込まれている。これらの中から一つの例を取り上げ、実験的方法の長所を明らかにしてみよう。第６章で、私は、子どもがテレビで暴力を見る時間と、子どもが自分の問題の解決に攻撃的な方法を選ぶ傾向との間に相関があることを報告した。

これは、テレビで攻撃を見ることが、子どもが攻撃的になる原因であることを意味するのだろうか。必ずしもそうとは言えない。そういう可能性もあるが、しかし、これは単に、攻撃的な子どもは攻撃を見るのが好きであり、彼らは、たとえ一日中『セサミ・ストリート』を見ていたとしても、同じように攻撃的である、ということを意味する可能性もある。とは言うものの、すでに見てきたように、実験者が現れて、暴力を見ることが暴力を増やすことを証明したのである。(7) どのようにしてだろうか。子どもを、暴力的な連続テレビ番組の一話――二十五分間、人々がお互いに、叩き、殺し、レイプし、噛み付き、殴り合う一話――のビデオを見る状況に無作為に割り当てることによってである。実験者は、統制として、別の子どもを、同じ時間、運動競技を見る状況に無作為に割り当てた。重要な点は、どの子どもも、暴力的なビデオも非暴力的なビデオもそれを見るように選ばれる確率は等しかったということである。したがって、この実験に参加した子どもの性格構造のいかなる違いも、二つの実験条件を通して相殺されていた。ゆえに、暴力的なビデオを見た子どもが、運動競技を見た子どもよりも、その後に攻撃性をより多く示したという発見は、暴力を見ることが暴力を引き起こし得るということを、非常に強く示唆することになるのである。

あなたも思い出すように、このことはまさに、この章の初めにわれわれが説明した刑務所の大学計画の評価にかかわる問題であった。おそらく、その計画に自発的に登録した囚人は、そうしなかった囚人と、多くの点で異なっていただろう。それで、彼らの再犯率を、非登録者のそれと比較すると、誤解を招く恐れがあった。そのような比較は、いんちきであり、その計画を実際以上に有効なものに思わせたのである。どうやってあなたはこの問題を解決するだろうか。一つの方法は、その計画への自発的登録者を、可能な定員の二倍集めることである。それからあなたは、その計画のために登録者の半分を無作為に選択し、残りの半分を統制条件に配置する。その選択が無作為であれば、二つの集団間で犯罪率を比較すれば、あなたは意味のあるデータを手に入れることになるのである。

入会儀式の実験に戻ってみよう。もし調査を行い、厳しい入会儀式をする社交クラブのメンバーのほうが、穏やかな入会儀式をする社交クラブのメンバーよりもお互い同士で魅力を感じ合う、ということがわかったとしたら、われわれは、入会儀式の厳しさと社交クラブの他のメンバーに対する好意とに、正の相関関係があるという証拠を得たことになる。これは、入会儀式が厳しいほど、メンバーは社交クラブの兄弟を一層好いているということを意味している。しかし、二つの変数間の相関がどれだけ高くても、われわれの調査データだけでは、厳しい入会儀式が集団に対する好意の原因となるという結論は出せない。こうした調査から出せる結論は、せいぜい、二つの要因がお互いに関連しているということなのである。

厳しい入会儀式と社交クラブの他のメンバーに対する好意との間に正の相関が存在する理由は、厳しい入会儀式が原因となってメンバーが自分の集団を好きになるからではなく、ちょうどその反対の理由のためであるという可能性がある。集団に対する魅力の高さが、厳しい入会儀式の原因となることもあり得るだろう。もし、集団メンバーが自分たち自身を非常に望ましいと思っているなら、彼らはエリート集団を維持して、その状況を保っていこうとするかもしれない。したがって、人々が集団に参加したいという強い望みを持っていない限り、参加を思いとどまるように、厳しい入会儀式を課すのかもしれない。われわれの調査データだけでは、この説明が間違っているとか、厳しい入会儀式が実際に好意をもたらすのだとか、結論付けることはできない。そのデータは、原因と結果については何も語っていないので、それにもとづいてどちらかの説明を選択することはできないのである。さらに、以前の例で見てきたように、厳しい入会儀式と好意の両方の原因となる第三の変数が存在し得るだろう。いったい誰が、厳しい入会儀式を課したり受けたりしたがるだろうか。それは、もちろん、サドマゾヒズムの傾向を強く持った人々である。こうした人々がお互いを好きになるのは、入会儀式のためではなく、「類は友を呼ぶ」せいかもしれない。これは風変わりな説明に思えるかもしれないが、確かにあり得ることなのである。研究者にとってさらに憂鬱なのは、自分が考えも及ばない、無数の可能性が他に存在することである。実験条件への無作為割り当てという技法にもとづく実験的方法は、これらすべてを一網打尽に取り除くのである。この実験では、サドマゾヒストが、厳しい入会儀式の条件と入会儀式なし条件とに、まったく同じ確率で割り当てられる。残念なことに、現実世界を用いた研究では、彼らのほとんど全員が、厳しい入会儀式の条件に自らを割り当てているだろうし、そのために、その結果は解釈が難しくなるのである。

社会心理学における実験的方法の挑戦

統制 対 インパクト　実験の世界では、すべてのことがそれほど明るいわけではない。実験を行うことに関連して、非常に現実的な問題がいくつかある。私は、統制が実験の主要な長所の一つであると述べたが、しかし、人間の参加者の環境を完全に統制することは不可能である。多くの心理学者が、人々よりもむしろラットで研究をする理由の一つは、誕生のときから実験の終了までに参加者［訳者注：ここでは被験体］に起こるほとんどすべてのこと――気候、食餌、運動、遊び仲間との接触度、外傷体験の欠如、等々――を、実験者が統制可能であるということである。社会心理学者は、人間の参加者を檻に閉じ込めて、彼らの経験を統制するわけにはいかない。これは参加者にとってはより幸せな世界を生み出すが、それは、少しいい加減な科学をも生み出すことになるのである。

統制は、個々人が無数の微妙な点でお互い異なっているという事実によってさらに制約を受けることになる。社会心理学者は、人々が何をするのかについて述べようとする。もちろん、このことで言おうとしているのは、一定の条件のもとで、ほとんどの人々が、ほとんどの場合にどう行動するか、ということである。測定されていない個人差が結果の中にどれくらい存在するかに応じて、われわれの結論は、万人に正確にあてはまるものではないかもしれない。態度や価値や能力や性格特性や最近の経験などの違いが、人々が実験でどう反応するかに影響を与え得る。したがって、われわれが実験状況それ自体を統制できたとしても、同一の状況が、それぞれの人にまったく同じように影響するのではないかもしれないのである。

さらに、われわれが、すべての人にまったく同一であるように実験場面を統制することが実際にできるにしても、そのときには、われわれは、その状況を不毛にしてしまい、その結果、参加者がそれを真剣に受け取らなくなるという本質的な危険を冒すことになる。不毛などという言葉には、少なくとも、(一)無菌の、(二)効果的ではない、または、興味のない、という二つの意味がある。実験者は、実験状況を、参加者にとって興味のないもの、あるいは、生きていないものにすることなく、できる限りそれを、「無菌」なものにするように努力すべきである。もし、参加者が、実験事態を面白くなく夢中になれないと思うと、おそらく、彼らの反応は自発的ではなくなり、それゆえに、われわれの得る結果はほとんど意味を持たなくなるだろう。したがって、統制に加えて、実験は参加者にインパクトを与えなければならないのである。参加者の行動に意味のあるかたちで影響を及ぼすためには、参加者が実験を真剣に受け取り、実験に夢中にならなければならない。社会心理学者にとって困難なのは、インパクトと統制という、これらの二つの重要な要因がしばしば逆の方向に働くという点である。一方が増大するほど、他方が減少する傾向がある。実験者が直面するジレンマは、状況に対する統制を犠牲にすることなしに、参加者へのインパクトをいかに最大にするかということである。このジレンマを解決するためには、実験状況の計画と構築に、相当の創造力や創意工夫が必要である。このことが、リアリズムの問題に通じるのである。

リアリズム　この章の前のほうで私が述べたことだが、実験室実験に対してよく加えられる批判が、実験は世界の人工的で不自然な模倣である——「現実的《リアル》」でない——というものである。現実的とは何を意味するのだろうか。数年前、実験的方法について論文を書いたとき、メリル・カールスミスと私(8)は、現実的という言葉について正確に定義をしようとした。われわれは、ある実験は、二つの別の意味で現実的であり得ると推論した。もし、ある実験が参加者にインパクトを持ち、その問題を真剣に受け取らせ、その手続きに巻き込むならば、その実験は、**実験的リアリズム**を達成していると言える。このこととはまったく別に、その実験室実験が、外的世界でしばしば人々に起こっている出来事にどのくらい似ているかという問題がある。カールスミスと私は、これを**現世的リアリズム**と呼んだ。実験的リアリズムと現世的リアリズムとの混同が、実験は現実世界を反映していないから、人工的で価値がないという批判の原因になっていることが多い。

二つのリアリズムの違いは、実験的リアリズムは高いが現世的リアリズムは低いという研究の例を挙げることで、もっともよく説明できるだろう、第2章で論じたスタンレー・ミルグラム(9)による実験を思い出してほしい。この実験では、それぞれの参加者は、隣の部屋で電気装置につながれているはずの相手に対して、徐々に強度を上げながら、一連の電気ショックを与えるよう求められた。さて、正直なところ、われわれの日常生活で、人々に電気ショックを与えるよう求められることがどのくらいあるだろうか。これは非現実的である——しかし、現世的な意味においてだけである。この手続きは、実験的リアリズムを持っていただろうか——すなわち、参加者は、この手続きに包み込まれていただろうか、それを真剣に受け取っていただろうか、また、この手続きは被験者にインパクトを持っていただろうか、その時点で、それは、彼らにとっての現実世界の一部となっていただろうか。それとも、彼らはただ芝居をし、それを真剣には受け取らず、形だけ振りをして、鼻歌まじりにやっていただけなのだろうか。ミルグラムは、参加者が非常な緊張と不快を経験したと報告している。しかし、ミルグラムに、彼自身の言葉で、典型的な参加者がどのような様子だったかを記述させることにしよう。

> 私は、熟年の、初めは落ち着いたビジネスマンが、実験室に微笑みながら自信をもって入ってくるのを観察した。二十分のうちに、彼は頬をぴくぴくさせ、どもりがちの身へと変り果て、神経が衰弱するところまで急速に近づいて行った。彼は絶えず耳たぶを引っ張り、手をこねくり回していた。ある時点で、彼はこぶしを額にあて、呟いた。「ああ神様、止めさせて下さい。」しかし、彼はなおも実験者の一語一語に反応し続け、最後までそれに従ったのである。(9)

これは、非現実的な状況における人の行動とはほとんど思われない。ミルグラムの参加者たちに起こったことは、現実的なものだった——たとえ、それらが日常の経験では起こらないにしても、である。したがって、この実験の結果は、もし同じような一連の出来事が現実の世界で実際に起こった場合に、人々がどのように反応するかを、かなり正確に示していると結論しても差し支えないだろう。

ディセプション　実験的リアリズムの重要性はどんなに強調してもし過ぎることはない。この不可欠な特質を実現する最善の方法は、参加者を夢中にさせるような、興味深い場面を計画することである。同時に、研究の真の目的を隠すことも、しばしば必要である。どうして、隠すことが必要になるのだろうか。

この章の前のほうで私が述べたことだが、われわれは皆、社会的世界の中で生活し、社会的世界の中でわれわれに起きる物事について絶えず仮説を形成しているという意味で、ほとんどすべての人はアマチュアの社会心理学者である。これには、われわれの実験の参加者となる人々も含まれている。彼らは、いつも物事を理解しようとしているので、もし彼らが、われわれが得ようとしているものを知ってしまうと、彼らは——彼らにとって普段の自然な行動をするのではなく、その代わりに——彼ら自身の仮説に一致するように振る舞うことが多い。こういったわけで、われわれは、参加者に対して実験の本当の性質を隠そうとする。われわれはほとんどいつも、非常に知的な大人を扱っているので、これは簡単なことではない。しかし、もしわれわれが、妥当で信頼できるデータを得る機会に恵まれたいなら、ほとんどの実験でそれは絶対に必要なことなのである。

この必要性は、社会心理学者を、演技のための舞台を設定しながら、役者にその劇がどのようなものかを話さないような映画監督の立場に置くことになる。このような舞台設定は、**カバーストーリー**と呼ばれ、実験的リアリズムを高めるように計画されるが、これは、参加者が自分の行動のどの側面が研究されているかを知って抑制的になることがなく、自然に振る舞えるような状況を作り出すことになる。たとえば、アロンソンとミルズの入会儀式の研究では、参加者は、性の心理について討論する集団のメンバーになる適性を試すための困惑検査を受けることになると告げられた。これはカバーストーリーであった。それは正真正銘のディセプションであった。実際には、参加者は入会儀式を受けさせられたのであり、それに効果があるとすれば、集団に対する好意にどのような効果があるのかが調べられていたのである。もし参加者が、研究に参加する前に、その真の目的に気付いていたら、結果はまったく意味のないものになっただろう。この問題について研究を実施した研究者たちは、実験の真の目的を知った参加者は、自然には行動せず、むしろ、自分をよく見せるように振る舞おうとするか、あるいは、参加者が実験結果はそうなるはずだと思っている結果を生じさせるように行動して、実験者を「助け」ようとするか、このいずれかであることを示している。これらの結果のいずれであっても、実験者にとっては災厄である。実験者は、手助けをしたいという参加者の願望をたいていはうまく抑えることができるが、よく見せようという願望を抑えることは難しい。ほとんどの人々は、自分が、弱く、異常で、同調者で、魅力がなく、頭が悪く、まともでないと思われたくないものである。したがって、もし実験者が何を求めているのかがわかるような機会があると、ほとんどの人々は、自分をよく見せたり正常に見せたりしようとするだろう。たとえば、この現象をとくに解明しようとした実験(10)で、われわれが参加者に、ある結果が得られると彼らが良い性格特性を持っていることがわかると告げた場合には、悪い特性を反映すると告げた場合よりも、参加者は、その結果を出すために必要な行動をはるかに多く示したのである。この行動は無理からぬことではあるが、意味のある結果を妨げることでもある。こういったわけで、実験の真の性質について、実験者が参加者を騙すことが必要になるのである。

例証のために、同調に関するソロモン・アッシュ(11)の古典的実験を、もう一度見てみよう。この研究では、一人の学生が、数本の線分の相対的な長さを判定する課題を与えられたことを思い出してほしい。それは単純な課題であった。しかし、他の数人の学生（実は、実験者のサクラだった）は、わざと正しくない判断を述べた。この状況に直面したとき、かなりの数の参加者は、暗黙の集団圧力に屈し、正しくない判断を述べたのである。もちろん、これはかなりのディセプションを含んだ実験だった。参加者は、自分が知覚に関する実験に参加していると考えていたが、実際には、彼らの同調が研究されていたのである。このディセプションは必要だったのだろうか。私はそう考える。ディセプションなしで、この実験を再現してみよう。あなたが実験の参加者だとして、実験者が「私は、集団圧力に直面したとき、あなたが同調するかどうかを研究することに関心があります」と述べたと想像してほしい。そして、実験者は何がこれから起きるかを説明する。おそらく、あなたは同調しないだろう。おそらく同調するものはほとんど一人もいないだろう――なぜなら、同調とは、弱い、魅力のない行動と考えられているからである。この結果から、実験者はどういう結論を出せただろうか。人々に同調しない傾向があるという結論だろうか。こうした結論は、不正解であり、誤解を招くものであろう。また、こうした実験は無意味であろう。

ミルグラムの服従に関する実験を思い出してほしい。彼は、実験に参加した平均的市民のおよそ六十五％が、実験者の命令に服従して相手に強烈なショックを与えることを見出した。しかし、私が毎年、授業で、この実験の状況を学生に説明し、彼らがそんな命令に服従するだろうかと尋ねると、服従するだろうと答える人はわずかに一％にすぎない。このことは、私の学生がミルグラムの参加者よりも善良な人間であるということを意味するのだろうか。私はそうは思わない。むしろ、わずかでも機会があれば、人々は自分をよく見せようとするのだということを意味しているのだ、と私は思う。したがって、もしミルグラムがディセプションを使っていなかったら、彼は、人々が現実の状況にいると信じ込まされていた場合に示すような行動をまったく反映していない結果を得ていただろう。仮に人々に、ゆったりと座り、リラックスして、ある状況で自分がどう行動するかを推測させるような機会を与えれば、われわれにわかることは、彼らが実際にどうかということではなく、彼らがどうありたいと思っているかということである。

倫理的問題

ディセプションを使うことは、もっとも複雑で重要な状況の中で人々がどう行動するかについての有用な情報を得るための、最良の（そして、おそらくは唯一の）方法かもしれないが、実験者に深刻な倫理的問題を突き付けることになる。基本的には、次の三つの問題がある。

(一)　人々に嘘を言うことは、そもそも非倫理的である。このことは、ウォーターゲート後の時代にとくに重要になっている。というのは、そのとき、政府の機関が市民を不法に盗聴し、大統領が自分を選出した人々に対してまったくの嘘を言い、あらゆる不正工作、偽手紙、偽造文書等が、大統領が直接に雇った人々の手で使われたのである。社会科学者は、すでに広く虚偽《ディセプション》によって汚染されているところで、それをさらにひどくすることを正当化できるだろうか。

(二)　こうしたディセプションは、プライバシーの侵害につながることが多い。参加者が、実験者が何を本当に研究しているのかを知らなければ、彼らは、完全な説明を受けた上での同意《インフォームド・コンセント》を与える立場にはない。たとえば、アッシュの実験では、学生が、もしアッシュの関心が彼らの知覚判断ではなく彼らの同調傾向を調べることにあるとあらかじめ知っていれば、実験への参加に同意しない学生がいたとも考えられるだろう。

(三)　実験の手続きは、しばしば、苦痛や、退屈、不安などの不快な経験を伴う。

急いで付け加えるが、倫理的な問題は、ディセプションが用いられないときにも、また、実験手続きが極端でないときにも、生じる。時には、一見してもっとも穏やかな手続きでさえ、参加者の中の何人かに対しては、そう簡単には――もっとも敏感で注意深い実験者でさえも――予想できないような深い影響を与えることがあり得るのである。ロビン・ドーズとジーン・マクタヴィッシュとハリエット・シャクリー(12)による一連の実験について考えてほしい。「社会的ジレンマ」に関する彼らの研究では、典型的には、参加者は、協力するか、それとも「裏切る」かの決定を迫られることになる。もし全員が協力すれば、全員が金銭的な利益を受ける。しかし、もし一人以上の参加者が裏切ることを選ぶと、彼らは高い利得を受け取るが、協力することを選んだ参加者は金銭的な不利益を被る。反応は匿名で行われ、全研究経過を通して匿名性が保証される。実験の開始に当たって、ゲームの規則はすべての参加者たちに十分に説明される。そして、ディセプションはまったく含まれていない。この状況は、まったく危険がないように思われる。

しかし、一つの実験セッションが終わってから二十四時間後に、年配の男性が実験者に電話をかけてきた。彼は、彼の集団でただ一人の裏切り者であり、百九十ドルを勝ち得た。彼は、自分の勝ち分を返し、それを他の参加者（協力をしたために、一人一ドルしか得られなかった）の間で分配してほしいと望んだのである。会話の中で、彼は自分の貪欲さを惨めに感じたこと、一晩中眠れなかったこと、などを明らかにした。同様の実験の後に、自分は協力したのに他の人に裏切られた女性が、自らをお人よしだと感じたこと、人々は自分が思っていたほど信頼できるものではないことがわかったことを報告した。

研究者の注意深い計画にもかかわらず、これらの実験は、参加者に、簡単には予想できなかった強力な影響を与えた。私がわざわざドーズとマクタヴィッシュとシャクリーの実験を選んだのは、それがディセプションを含んでおらず、倫理規定の範囲内に十分に収まっていたからである。私の指摘は、単純であるが重要である。いかなる倫理規定といえども、すべての問題を、とくに参加者が参加していく中で、自らや他の人について何か不快なことを発見するときに生じる問題を、予想することはできないのである。

実験を実施する社会心理学者は、倫理的な問題に深い関心を抱いている――それは、まさに、彼らの研究が倫理的なジレンマの上に築かれているからに他ならない。説明しよう。このジレンマは、ほとんどの社会心理学者が受け入れている二つの対立する価値にもとづくものである。社会心理学者は、一方で、自由な科学的探究の価値を信じている。しかし他方では、彼らは、人間の尊厳とプライバシーの権利を信じている。このジレンマは本質的なものであり、人間の尊厳を堅持することの重要性を敬虔に擁護しても、あるいは、科学の大義のために忠誠を雄弁に誓っても、解消できないものである。そして、社会心理学者は、ただ一度だけではなく、実験を計画し実行するたびに、この問題に正面から向き合わなければならない――というのは、すべての実験にあてはまる具体的で普遍的な一連の規則や指針というものは存在しないからである。

明らかに、実験技法の中には、より多くの問題を生じさせるものとそうでないものとがある。一般的には、ディセプションを採用する実験は、嘘をつくことそれ自体が好ましくないので、心配の種である――たとえそのディセプションが真実を明らかにすることに役立つとしてでもである。そして、苦痛や困惑や罪の意識などの強烈な感情を生じさせるような手続きも、明らかな倫理的問題を提起する。

もっと微妙ではあるが重要さの点ではまったく劣らない倫理的問題が生じるのは、参加者が、自分自身について、心地良くない側面や肯定的でない側面に直面するときである。ドーズとマクタヴィッシュとシャクリーによる比較的穏やかな実験での参加者の経験を思い出してほしい。そして、ソロモン・アッシュ(13)の参加者の多くは、自分が集団圧力に直面すると同調することを知ったのである。われわれ自身の実験（アロンソンとメッティー）(14)の多くの参加者は、自分がトランプ遊びでずるができる人間だとわかったのである。ミルグラムの参加者のほとんど(15)は、自分の服従が（明らかに）他の人を傷つけることにかかわるときにも、自分が権威に服従することを知ったのである。

こうした自己発見は、参加者にとって、治療的、あるいは教育的に有益であると論じることもできるだろう。事実、多くの参加者が、自らそのように言っている。しかし、このこと自体が、こうした手続きを正当化するわけではない。つまるところ、どうして実験者が、前もって、それが治療的であると知り得るだろうか。さらに、どのような科学者であろうと、人々の事前の許可なしに、治療的な経験を与える権利や技術が自分にあると断ずることは、傲慢である。

こうした問題があることを考えると、社会心理学的研究の目的は、はたしてその手段を正当化するのだろうか。これは議論の余地のある問題である。この科学の目的が何であれ、また、その成果が何であれ、人々が騙されたり不快な経験を強いられたりする限り、それには価値がないと主張する人々がいる。これとはまさに正反対の立場には、社会心理学者たちは人類にとって深遠な利益をもたらすかもしれないことを発見しており、したがって、そうした結果を得るためにはいかなる犠牲も払うに値する、と主張する人々もいる。

私自身の立場は、両者の間のどこかにある。私は、社会心理学という科学は重要だと信じているし、同時に、実験の参加者の健康と福祉は何時いかなるときも保護されるべきだとも信じている。ある特定の実験手続きが倫理的かどうかを決定するときには、私は、コスト―利益分析が適切であると信じている。すなわち、われわれは、実験をすることからどのくらいの利益が得られ、実験の参加者にどのくらいの害が及ぶかを考慮すべきである。言い方を換えれば、科学と社会にとっての利益を参加者にとってのコストと比較し、この比率を決定の計算に入れるのである。残念なことに、こうした比較は困難なことが多い。というのは、われわれは、実験に先立って、何が利益で何が害かを完全に確信できないからである。

服従実験について考えてほしい。一見したところ、それは困難な手続きであった。よいだろう――その点について疑いはない。しかし、ミルグラムは、その実験に深く入り込んで初めて、それがどんなに困難なものかを正確に知ることになったのである。私の意見では、それはきわめて重要な実験でもあった。それは、われわれに人間の行動について多くのことを教えてくれた。天秤にかけると、私は、ミルグラムがそれを推し進めてくれて嬉しく思う。しかし、すべての人が私と同じ意見ではない。その公表の直後に、その実験は、大衆誌からも真剣な科学者からもその両方から、倫理的理由で激しく批判された。スタンレー・ミルグラムは、彼の結果を公表して数年後に、批判の多くに油を注いだのは、彼が採用した実際の手続きではなく、彼が得た結果だと思うと、私に打ち明けた――悲しげに、そしてちょっとだけ恨みっぽく。それは、それ自体それだけで、興味深い質問である。つまり、もし参加者たちが誰も中程度の強度以上のショックを与えなければ、ミルグラムの手続きの倫理性に関する批判は、それほど激しいものにはならなかったのだろうか。十年以上も経ってから、レオナード・ビックマンとマシュー・ザラントネロ(16)は、ミルグラムの繰り言が的を射ていたことを発見した。彼らは、簡単な小さな実験で、百人の人々にミルグラムの実験の手続きを記述した節を読むよう求めた。ミルグラムの参加者の大半が完全に服従したという情報を与えられた参加者は、ほとんど誰も完全には服従しなかったという情報を与えられた参加者よりも、その手続きをより有害だ（そして、それゆえ、あまり倫理的でない）と評定したのである。より一般的な話になるが、どんな実験の倫理性も、その結果が人間性について何か心地良く嬉しいことをわれわれに教えてくれるときには、それが何かわれわれが知りたくないことを教えてくれるときよりも、それほど問題ではないように思われると、私は示唆しておきたい。こう言ったからといって、われわれが、われわれの研究を嬉しいことの発見に限るべきだと言いたいわけではけっしてない。ミルグラムの服従実験は、優れた代表例である。もし科学者が、人が権威に盲従して他者に危害を加える程度を研究することに関心を持つのであれば、ある程度の不快を生じさせることなくそれを行う方法はない、と私は信じている。

要約すると、社会心理学者がある実験を行うかどうかの決断は、その特定の実験のコストと利益の見込みをどう評価するかによって左右されるのである。私の学生が、実験を推し進めようかどうかじっくり検討しているとき、私は、以下の五つの指針を利用するよう助言している。

（一）　強度の苦痛や強度の不快をもたらす手続きは、可能な限り避けるべきである。検証する仮説によっては、何らかの不快は避けられないかもしれない。

（二）　実験者は、参加者に、彼らの不快が強くなり過ぎたら、実験を中止する現実的な選択肢を与えるべきである。

（三）　実験者は、ディセプション以外の別の手続きに常に意を用いるべきである。もし他に何らかの実行可能な手続きが見つかれば、それを用いるべきである。

（四）　実験者は、実験セッションの終了時にかなりの時間を費やして、それぞれの参加者に、実験の詳細とその真の目的、ディセプションや不快を伴った理由などを注意深く説明すべきである。この「デブリーフィング」のセッションでは、実験者は、参加者の尊厳を守り、彼らがディセプションに「引っかかった」ことで自分のことを愚かなお人よしと感じないですむように、格別の努力をすべきである。参加者が確実に良い気分で――自分自身と自分の実験での役割について良い感じを持って――その場を離れるようにすべきである。これは、それぞれの参加者に対して、その人が科学的試みの中で果たした非常に重要な役割について（情報と配慮を与えることで）返礼をするべく、自ら進んで時間を割き努力を払うもっとも熱心な実験者にして初めて成し遂げられることである。

（五）　最後に、実験者は、「実験のためだけに」ディセプションや不快を伴う実験をするべきではない。実験室に入る前に、実験者は、自分の実験が健全で価値があることに――自分が、興味深い質問に対する答を求めていて、慎重で十分に組織立ててそれをしていると――確信が持てなければならない。

社会心理学の実験者は、参加者の要求に対してできるだけ敏感であるように一生懸命努力している。多くの実験にはある程度の不快を生じさせる手続きが含まれているけれども、これらの手続きの大多数には、参加者を守るための多くの安全装置が含まれている。もう一度、服従実験に戻ってみよう。というのは、参加者の視点から見て、これは、この本の中で報告されているもっともストレスが大きいものの一つであるからである。ミルグラムが、実験の後に、参加者にとってその経験全体を有益で興味深いものにするために非常に努力したことは明白である。彼の努力がかなりの成功を収めたこともまた明らかである。実験の数週間後、参加者の八十四％がこの研究に参加して良かったと報告し、十五％は、中立的な感情を報告した。わずか一％が、参加して後悔したと述べたのである（しかし、われわれはこうした知見を注意して見るべきである。第5章での認知的不協和の議論は、人々は、自分たちが以前に持っていた態度を変えることで、自分たちの行動の正当化を行うことがあることを教えている）。より説得的な証拠が後続の研究で得られている。実験日程が完了してから一年後に、大学の精神科医が参加者の無作為な標本に対して面接を行ったが、有害な影響の証拠もまったく見出さなかった。むしろ、典型的な反応は、自分が参加したことはためになったし、心を豊かにしたというものだった。(17)

参加者たちへのわれわれの恩義　この章では、実験的方法の長所を論じるとともに、社会心理学の実験室実験を計画することが、どんなに複雑で、またやり甲斐のあることかを示してきた。さらに、私は、自分が困難を克服した際に感じた興奮の一部を共有し、また、われわれの実験の参加者が確実に知識を得るだけでなく、確実に幸福になるような方法について論じてきた。この本の最初の八章で説明してきた、人間の社会的行動についての知識や情報や洞察は、この章で論じた技法と手続きにもとづいている。それらはまた、世界中の実験室でわれわれに彼らの行動を研究する機会を与えてくれた何万という人々の協力にもとづいている。われわれは、彼らに多くを負っているのである。究極的には、われわれが、人間を、そのあらゆる複雑さの中で理解することができるかどうかは、実験の参加者としてわれわれの理解に貢献してくれる人々の根本的な尊厳を侵すことなく行動を研究するために、十分に統制され影響力を持つ技法を、われわれが創意によって開発できるかどうかにかかっているのである。

もしわれわれの発見が悪用されたらどうなるか

倫理的に考慮すべきことを、もう一つ追加しておきたい。それは、科学者が自らの発見したことに対して有する道徳的な責任である。この本を通して、説得の強力な先行要因のいくつかについて論じてきた。これがとくにあてはまるのは、第5章で、自己説得を引き起こす技法について論じたとき、それに続く数章で、この技法の応用について論じたときである。自己説得が非常に強力なのは、実は、説得された当人には、何が自分の心を動かしたのかがまったくわからないからである。彼らがあることを真実だと思うようになるのは、J・ロバート・オッペンハイマーやT・S・エリオットや「ザ・ショルダー」ことジョーが、それが真実だと納得させたからではなく、彼らが彼ら自身に納得させてしまうからである。さらに、彼らには、自分がなぜ、どのように、それを信じるようになったのかがわからないことが多いのである。このために、この現象は、単に強力であるだけではなく、恐ろしい現象にもなるのである。私が、なぜXを信じるようになったのかをわかっていれば、私は、自分の心を比較的自由に変えることができる。しかし、自分にわかっていることがXが真実であるということだけだとしたら――そして、それがすべてだとしたら――、たとえそれを否定するような多くの証拠に直面しても、私は、その信念にはるかに執着しがちだろう。

私が説明してきたメカニズムは、人々にデンタル・フロスをさせたり、自分より小さな子どもをいじめるのを止めさせたり、苦痛を軽減させたり、隣人を愛させたりするのに使うことができる。多くの人々は、これらを、良い結果と見なすかもしれないが、これらは、とにかく、人を巧みに操作することなのである。さらに、これと同じメカニズムが、人々に特定のブランドの歯磨き粉を買わせたり、そして、たぶん、特定の政治家候補に投票させたりすることにも使えるのである。政治活動顧問や宣伝屋や詐欺師が跋扈するこの時代に、社会的影響の強力な技法を使うのは不道徳なことではないだろうか。

この本の読者はこれまでに気付いているはずだが、私は、現実の世界に生活している現実の人間として、さまざまな価値を持っている――そして、私は、こうした価値を隠そうとしなかったので、このような価値は、あらゆるところで目立っている。たとえば、私は、偏屈さと残忍さとを取り除きたいと思う。もし私に力があれば、こうした目的を達成するために、私は、もっとも人道的で効果的な方法を意のままに使うだろう。私はまた、いったんこうした方法が開発されると、他の人間が、私の賛成しかねる目的を達成するために、それを使うかもしれないということにも気付いている。このことは、私をとても心配させる。私はまた、あなたが私と価値を共有していないかもしれないことにも気付いている。したがって、もしあなたがこの方法を強力だと思うならば、あなたは心配すべきである。

同時に、私がこれらのページで説明してきた現象は、まったく新しいものではないことを、急いで指摘しておきたい。結局のところ、ランドリー氏をマールボロ中毒にさせたり、誘い球《ローボール》を発明したりしたのは、社会心理学者ではなかった。また、カリー中尉にベトナム市民の理不尽な殺戮を正当化させたのも、社会心理学者ではなかった。彼らは、自力でそうしたのである。社会心理学者は、これらの現象や、毎日世界で起こっている他の多数の現象――そのいくつかは、地上の最初の二人がやりとりを始めて以来ずっと起こっている現象――を理解しようとしている。社会心理学者は、これらの現象を理解することによって、人々がそれにかかわる過程や結果を理解するのを手助けし、そしてできることなら、人々が特定の行動を機能不全と自ら確信するときには、彼らがその行動を自制するのを手助けできるかもしれないのである。

しかし、われわれは、実際に研究をしている社会心理学者として、自分が扱う現象が自分が作り出したものではないという事実がわかっているだけでは、道徳的な責任から逃れられない。われわれの研究は、これらの現象を、高度に構造化され容易に応用可能な技法へと具体化させることが多い。ある人々がこれらの技法を開発し、彼ら自身の目的のために利用する可能性も常に存在する。これらの技法は、扇動家の手に入れば、われわれの社会をオーウェル風の悪夢［訳者注：市民を常時監視する全体主義的な管理社会］へと変えてしまうかもしれない。社会心理学者の責任について説教することが私の意図するところではない。私がもっともよく認識しているのは、私が私自身の責任であると信じていることである。手短にいえば、その責任とは、われわれ社会的動物《ソーシャル・アニマル》に関する理解――われわれがいかに思考し、いかに行動するか、何がわれわれを攻撃的にし、何が愛情深くするのか――を進めるための研究を続けながら、これらの技法がどのように使われ得るのか、また、その悪用に対してどのように警戒すべきかを大衆に教育することである。率直に言って、私は、これ以上に興味深い、あるいは、これ以上に重要な試みを、他に考えることはできないのである。

訳者あとがき

エリオット・アロンソン（Elliot Aronson）の『ザ・ソーシャル・アニマル（*"The Social Animal"*）』は、一九七二年の初版以来、ほぼ四年ごとに改訂増補され、その最新版は、二〇一二年に刊行されたこの第一一版である。これまでに世界十数の異なる言語に翻訳されているが、日本語へは、一九八四年にその第三版が、恩師、東京大学名誉教授・古畑和孝先生によって翻訳され、その十年後の一九九四年には、第六版で章立てを含む大きな改訂があったのを受けて、古畑先生に御監修いただきながら、北海道大学教授・亀田達也博士と私によって翻訳され、いずれもサイエンス社から刊行されている。それから二十年、社会心理学は活発な科学として、これまでにない新しい理論や発見を生み出してきており、その社会心理学が責任ある科学として向き合わなければならない現実の世界は大きな変化を経験してきている。この本が、研究の進展と社会の変化を見据えながら、この間、五回の改訂を経て、大幅に内容が更新されたのを受けて、その最新版を新たに翻訳した次第である。

この本の特徴を、古畑先生は第六版の監訳者はしがきで、「一方では急速な勢いで進展を遂げてきた科学としての社会心理学の特徴・特色を的確にとらえ、他方さまざまな社会心理学的現象を広くまた深く見通してとらえ、またそれらの現象の醸し出す、複雑な、またときには深刻な問題への解決の方策を探る清新な試み」としている。これほどに簡にして要を得、かつ含蓄のある評はなく、これに尽きるであろう。

この本で扱われている現実の諸問題は、主にアメリカ合衆国の国内と、合衆国がかかわって世界で生じているものである。しかしながら、この本で扱われている社会心理学の理論と発見は、日本をはじめとして多くの国と地域に応用できる普遍性をもったものであろう。そのことは、この本が世界の十数の異なる言語に翻訳されている事実からもうかがい知ることができよう。この本で取り扱われてきたそれぞれの具体的事例が、日本人や日本の国内、および日本がかかわる世界では、どのような共通点と差異点をもって、どのようなかたちで立ち現れているかに、読者諸賢がその思いを巡らせてもらえれば幸いである。

この本の中には、日本が抱えてきた偏見や差別の問題についての記述がある（三二七頁）。日本の社会においてスケープゴートにされてきたし、今もなおされている部落民に関する記述である。これがきわめて繊細な問題であることは承知しているが、ここでは正確に訳出するよう心掛けた。その理由を説明しよう。まず、卓越した科学者であっても誤りうるということである。この本の中では、多くの著名な科学者が、女性が男性に劣るという考えに科学的証拠があると誤って信じていたことが指摘されているだけでなく、かつてはアロンソン自身が、女性は男性よりも説得されやすいという女性に対する偏見を持っており、そのことを示す科学的証拠を無批判に信じてしまっていたことを認めている（二九一―二九三頁）。日本の部落民に関するここでの記述や、その記述が依拠している研究が、そのような偏見にもとづいた、単に誤ったものである可能性だけでなく、この本で繰返し取り上げられている自己成就的予言やステレオタイプ脅威などの結果である可能性も否定できないのである（三〇六―三一〇頁）。次に、この本は、世界の多くの言語に翻訳され、世界中の大学の社会心理学のテキストとして学生や一般の読者の目に触れている。それら世界の人々が、日本に関してどのような（バイアスがあるかもしれない）知識を持っているかを知っておくことは重要であろう。そのことを知っていなければ、それが本当にバイアスのある知識だとしても、それを正そうとすることすらできないからである。最後に、この本に貫かれているコミュニケーションの基本方針は、自分たちにとって不都合なことに蓋をして覆い隠すことではなく、それを率直に白日の下にさらし、人々の信頼関係のもとで、その健全な良心と合理性に訴えかけるということである。少し突拍子もない例になるかもしれないが、日本がドイツと同盟を結んで太平洋戦争に突入しようとしていたころ、アドルフ・ヒトラーの『わが闘争（*"Mein Kampf"*）』がいろいろな立場の人々の手によって翻訳されている。ご存じのように、ドイツ語の原文には、ヒトラーのアーリア人種至上主義にもとづいて、ユダヤ人に対しては言うまでもなく、日本人に対しても偏見に満ちた侮蔑的な表現がなされていたが、当時のほとんどの翻訳本ではそれらの記述が割愛されていた（三宅正樹『日独政治外交史研究』一九九六年、河出書房新社）。仮にその部分が正確に訳出され、ヒトラーの日本人に対する侮蔑的な偏見が、多くの日本人の知るところとなっていたとしたら、もしかしたら状況が変わっていたかもしれないと想像することは、とんでもない妄想であろうか。ここでは、本の著者にも偏見があるかもしれないということを強調したいわけではない。そのような記述があるという事実を覆い隠すことが、人々の目を曇らせ、人々の批判的で合理的な判断の妨げになるかもしれないということを強調したいのである。私は読者諸賢の良心と合理性を信じるものである。

著者を簡単に紹介しよう。エリオット・アロンソンは、一九三二年生まれで、ブランダイス大学で学士号、ウエスレイヤン大学で修士号、スタンフォード大学で博士号を取得し、長年にわたってカリフォルニア大学サンタクルズ校で心理学教授をつとめてきた。アロンソンが卓越した研究者であり、教育者であることは、原著の裏表紙の次の記述からも明らかであろう。

「エリオット・アロンソンは、現代のもっとも著名で多才な心理学者である。彼は、アメリカ心理学会の百二十年の歴史の中で、三つの賞――優秀研究賞（一九九九年）、優秀教授賞（一九七三年）、優秀著作賞（一九七五年）――のすべてを受賞した唯一の人物である。さらに、彼が受けた多くの表彰の中には、集団間関係の改善への貢献によるゴードン・オルポート賞や、社会心理学の優秀研究者としてのドナルド・キャンベル賞がある。一九八一年には、教育の向上・支援のためのアメリカ芸術科学アカデミーから年間最優秀教授の称号を与えられている。一九九二年に任じられ、アメリカ芸術科学アカデミーの会員である。二〇〇七年には、科学的心理学への生涯にわたる創造的貢献を記念してウィリアム・ジェームズ・フェローに名を連ねた。」

編著書は枚挙に暇がないが、主要な専門学術書としては、G・リンゼイとの共編である『社会心理学ハンドブック』（第二版、一九六八年―六九年、第三版、一九八五年）、P・C・エルスワースらとの共著『社会心理学研究法』（一九九〇年）、『ジグソー学級』（一九七八年）などがある。『ザ・ソーシャル・アニマル』同様に、学生や一般の読者を想定した書籍も多いが、それらのうち邦訳されているものとして、A・R・プラトカニスとの共著『プロパガンダ――広告・政治宣伝のからくりを見抜く――』（社会行動研究会訳、一九九八年、誠信書房）と、C・タヴリスとの共著『なぜあの人はあやまちを認めないのか――言い訳と自己正当化の心理学――』（戸根由紀恵訳、二〇〇九年、河出書房新社）がある。

冒頭で記したように、これは三度目の翻訳である。この本は、初版以来十回の改訂を重ね、その内容は大幅に更新されているものの、この本の基本的な精神と社会心理学の古典的研究に関する叙述はそれほど大きくは変わっていない。この第一一版では、私が一人で翻訳したように標記されているが、第三版と第六版の翻訳が基になっていることは言うまでもない。古畑先生に、その深い学恩、公私、永きにわたる温かい御指導・御鞭撻に感謝を申し上げたい。亀田博士の御厚意にも感謝を申し上げたい。とはいっても、この翻訳に何か不適切な点があれば、それはすべて私一人の問題であり、その一字一句の責任を私が負っていることも付け加えておきたい。最後に、サイエンス社の清水匡太氏と出井舞夢氏に感謝を申し上げたい。清水氏は、第六版の翻訳に貢献下さっただけなく、この第一一版の翻訳に道筋をおつけ下さった。出井氏は、その丁寧で緻密な校正の過程で、私の過ちや至らぬ点を御指摘下さり、この翻訳をできるだけ誤りの少ないものに仕上げるのに貢献下さった。

二〇一四年三月

訳　者

● マ　行

無作為割り当て：すべての参加者が，実験のいずれの条件にも等しい確率で入るようにする過程。無作為割り当てを通して，完全に統制できないどんな変数も，理論的には，条件間で無作為に分配されることになる。

● ヤ　行

友愛：お互いの信頼，信用，熱心などの感情を特徴に持つ，より穏やかで安定した愛。

● ラ　行

利用可能性のヒューリスティクス：どのくらい容易に特定の例がわれわれの心に浮かぶかにもとづいて行う判断を指す精神上の経験則。

類似性：類似した意見や態度，価値，信念，性格を持つ他者を人々が好きになり愛する傾向を生み出す要因。

恋愛：スターンバーグによれば，情熱と親密さの融合。

誘い球《ローボール》を投げる：客が，ある製品をとても安い費用で買うことに同意すると，その後で，販売員が価格が間違っていたと主張し，それから，価格を上げる無節操な方略。販売員は，客が高くなった価格で買うことに同意するのに賭けているが，しばしば客はそうする。

採用することによってそうする。

熱愛：愛する人に対する強い情動，性的欲求，熱中という特徴を持つ愛。

● ハ　行

ハロー効果：ある人についての好意的，あるいは，非好意的な一般的印象が，その人についての推論や将来の期待に影響を及ぼすバイアス。

反態度的主張：認知的不協和を生じさせる立場。人が自分の信念や態度に反する意見や態度を公に述べるときに認知的不協和が生じる。

判断のヒューリスティック：精神上の簡便法。問題を解決したり，予測を行ったりするための，単純ではあるが，多くの場合おおよそでしかない規則ないしは方略。

非人間化：犠牲者を人間以外のものと見なす過程で，これによって攻撃行為の抑制が弱くなり，攻撃の継続を容易にしたり，その確率を高めたりする。

フォールス・コンセンサス効果：どんな問題についても，われわれと同じ意見の人々の割合を過大に推測する傾向。

片足を扉に踏み入れる技法《フット・イン・ザ・ドア・テクニック》：人々がもっと大きな要請に応じやすくなるように，小さな親切を利用する過程。

プライミング：直近に接触させられたり頻繁に活性化されたりする概念は，容易に心に浮かびやすく，その結果，社会的事象を解釈する際に利用されやすいという考えにもとづく手続き。

フラストレーションと攻撃：人が目標への途中で挫折させられるとき，フラストレーションが攻撃的反応の確率を高めるだろう。

フレーミング：意思決定において，ある命題が，損の可能性か，それとも得の可能性のどちらを表現しているように見えるよう提示される（すわなち，フレーミングされる）かということ。

へまの効果：たとえ，ある人が，高い能力を持っているにしても，何らかの証拠が，その人が誤りを犯すことがあるということを示すと，その人の魅力がさらに増すという現象。

偏見：誤った情報や不完全な情報から導かれる一般化にもとづいて，他と区別できる集団に対して形成される敵対的ないしは否定的な態度。認知的成分，情動的成分，行動的成分を含む。

扁桃体：攻撃行動に関連する脳の核にある部位。

傍観者効果：1人または複数の他の傍観者によって援助行為が抑制される傾向があるときに生じること。

没個人化：自己意識が低下し，社会的評価に対する関心が薄らぎ，禁止された行動形態に対する抑制が弱まった状態。

敵意的攻撃：怒りの感情から発し，苦痛や負傷を与えようとする攻撃行為。

敵意の性差別：女性に対する積極的な嫌悪の反映。女性は男性に劣るというステレオタイプ的な女性観を持つ。

テストステロン：攻撃に影響することが示されている男性ホルモン。

デブリーフィング：実験の最後に，その研究の目的や，そこで起きていたまさにそのことを，参加者に対して説明する手続き。

同一視：影響を与える人のようになりたいという個人の願望から生じる，社会的影響に対する反応。

道具的攻撃：害を及ぼす意図はあるが，その加害は，苦痛を与えること以外の他の目標を達成するための手段である。

同質性効果：外集団のメンバーを，われわれ自身の集団，つまり内集団のメンバーに対してよりも，お互いに対して類似していると見なす傾向。

同調：人や集団からの現実や想像上の圧力の結果としての，人の行動や意見の変化。

独立変数：実験者が変化させたり変動させたりする変数で，その変数が他の何らかの変数に対して効果を持っているかどうかを確認する。

努力の正当化：人が，何らかの目標や対象に到達するために困難で苦痛な経験をして，その結果，その目標や対象がより魅力的になるとき。

● ナ　行

内集団：われわれの集団。われわれが同一視し，所属感を持っている集団。

内集団びいき：自分自身の集団を，どんなに多くの次元でも，より良いものと見なし，自分自身の集団に報賞を割り当て，他の人々が外集団にいるというだけで，彼らに対して負の感情を抱き不公平な扱いをする傾向。

内的正当化：自分の発言の方向に自分自身についての何か（たとえば，自分の態度や行動）を変えることによる不協和の低減。

内面化：社会的な影響に対するもっとも深く根差した反応。特定の信念を内面化しようとする動機付けは，正しくありたいという願望に根差している。

二次的利得：屈従の最初の理由がもはや見当たらなくなってからも，ある行動を続けることを価値あるものにする効果。

認知的不協和：個人が，心理的に一貫しない2つの認知（考え，態度，信念，意見）を同時に持っていると必ず生じる緊張状態。

認知の節約家：人々が認知的エネルギー節約する方法を探しているという考え。彼らは，複雑な問題を単純化する方略を象を形成する，われわれの頭の中の小さな絵。

ステレオタイプ脅威：自分が既存の（否定的な）文化的ステレオタイプを確証することになるかもしれないという，マイノリティ集団のメンバーによって経験される不安。この不安は，知的な遂行を阻害することが示されている。

接種効果：前もって人々に，彼らの立場に反対する議論に少しだけ触れさせることによって，彼らの態度を変えようとする試みに対して免疫ができるようにする過程。

説得への周辺ルート：人が，ある議論についてあまり考えず，その正しさや誤りをそれとなく示している，簡単で，しばしば関連のない手掛かりに反応するときのルート。

説得への中心ルート：議論を較量し，関連する事実や数字を検討し，体系的に問題を考え，そして，結論に至ることを内容とするルート。

善意の性差別：好意的に見えるが，実は恩着せがましい，女性に対する態度。女性に対して肯定的なステレオタイプ的見方をするが，心の底では，女性が弱く無能な性であると仮定している。

相対的剥奪：人々が，他の人々が自分よりも多くを持っていたり良い生活をしていたりすることに気付き，そして，体制が，自分の周りの人々が持っているものに比べて，自分を不公平に扱っていることに気付くときに生じる感情。

率直な話：相手を非難したり責めたり嘲ったりすることなく，自分の感情や関心をはっきりと述べること。

● タ　行

対応推測：ある人の行動の原因を，その人のそれに対応する特徴や特性に帰属する傾向。

態度：情動的成分と評価的成分を含む特殊な信念であり，ある意味では，対象に関して記憶された良い，ないしは，悪い評価。

態度のアクセス可能性：対象と，その対象に対する人の評価との関連の強さ。

態度のヒューリスティクス：対象に好意的なカテゴリーか，非好意的なカテゴリーを割り当てることによる決定や問題解決のための精神上の簡便法。

対比効果：ある対象は，それと比較される対象の性質によって，実際以上に良く，あるいは，悪く見える。

代表性のヒューリスティクス：精神上の簡便法。ある対象の他の対象への類似性に焦点を当て，最初の対象が2番目の対象と同じような振る舞いをすると推論すること。

タナトス：フロイトによれば，死への本能的な動因で，攻撃行為に至る。

実験的リアリズム：実験手続きが参加者にインパクトを持っているとき，参加者はその実験を真剣に受け止め，その手続きに巻き込まれる。

社会心理学：人々の思考や感情や行動が，他の人々が現実に存在することによって，あるいは，その存在が暗示されることによって，どのような影響を受けるかを研究する科学。

社会的影響：人々が，他の人々の信念や感情や行動に及ぼす影響。

社会的学習：われわれが，他者を観察し彼らを模倣することによって，社会的行動（たとえば，攻撃）を学習するという理論。

社会的認知：人々が社会的世界についてどのように考え，社会的に関連のある事象についてどのように決定するのかに関する研究。

従属変数：特定の実験条件に「従属する」と想定されている反応。

集団思考：集団の一致を維持することを，事実を現実的に注意深く考慮することよりも優先する性質の思考。

情動感染：群衆の間での情動や行動の急速な伝染。

情報的社会的影響：われわれが，他の人々を，われわれの行動を導く情報源と見なすがゆえに，われわれを同調させるその人々の影響。われわれは，曖昧な状況に関する他の人々の解釈が自分自身の解釈よりも正しいと信じるので同調する。

初頭性効果：最初に接触する情報が，それに続く情報よりも，われわれの印象や信念に大きな影響を与えるときに生じる効果。

新近性効果：ある並びの中で，最後に，あるいは後のほうで接触する情報が，前のほうで接触する情報よりも，印象や信念に対する大きな影響を持つとき。

信憑性：もしコミュニケーションの源泉が専門的であり，信頼できるものでもあれば，その源泉は聴衆の信念に影響を与えやすい。

信頼：自分自身について良い印象を与えるのをあきらめ，正直なことを打ち明け始めるわれわれの能力。

水力学説：攻撃エネルギーはどうにかして外に出なければ，高まり続けて病気を起こすという，フロイトにもとづく理論。攻撃は，徐々に排出されなければ，爆発を起こすだろう。

スクリプト：われわれが文化から暗黙のうちに学ぶ社会的な行動様式。

スケープゴート化：比較的力のない無実の人に，その人のせいでないことについて責任を負わせる過程。

ステレオタイプ化：特徴や動機や行動を，ある集団の人々全体に対して一般化すること。人々や集団に関するわれわれの印人々の行動は彼らの安定した性格気質を原因としていると見なす傾向。

交換関係：関係する人々が，ある種の公平が必ず実現されるように，すなわち，仲間それぞれに対する報賞とコストが必ず公平に分配されるようにしたいと思っている関係。

攻撃行為：身体的苦痛や心理的苦痛を与えようとする行動。

攻撃刺激：攻撃を連想させる対象（たとえば，銃）の存在は，それが単に存在するだけで攻撃反応の手掛かりとして作用し得る。

●サ　行

再構成の過程（再構成的記憶）：どうであったか，どうであるべきだったか，どうあってほしかったかというわれわれの考えによってろ過され，変容された，実際の出来事のばらばらの断片から記憶を再現する過程。

最小集団パラダイム：人々を，最小の，ないしは些細な基準にもとづいて集団に割り当てて，集団間行動を研究するために利用する実験パラダイム。このようにして形成された集団は，典型的には，お互いに対してバイアスを示す。

自我防衛的行動：正確な世界の見方を犠牲にして，自分自身に対する肯定的な見方を維持しようとする行動。

ジグソー技法：民族や人種，性による偏見を低減し，子どもの自尊心と自信を高揚するよう設計された協力的な学級構造。彼らを，人種の入り混じった協力的な小集団で勉強させることによっている。

自己概念：自己の内容。われわれ自身の思考や信念や性格特性についてのわれわれの知覚。

自己成就的予言：人々が，(1) 相手がどのような人かについて期待を持ち，それから，その期待が，(2) 彼らがその人にどのように行為するかに影響し，そして，(3) これらの人々の最初の期待を確証するようにその人を行動させるときに生じる過程。

自己スキーマ：まとまった統一的な全体を成す，整合的な記憶や感情や信念であり，それゆえ，われわれが自分自身に対して抱いている全般的なイメージに合致している。

自己正当化：自分の自尊心を維持するために，自分の行為を正当化する傾向。

自己中心的思考：自分が実際以上に出来事の中心にいると見なす傾向。

自己奉仕的バイアス：人々が，自分の成功を気質的に帰属し，自分の失敗を状況的に帰属する傾向。

自尊心：自分自身の価値に関する人々の評価――すなわち，彼らが自分自身のことを善良で能力があり上品であると思っている程度。

関係性攻撃：評判や仲間関係を故意に壊すことによって他者を傷つけようとする，より社会的で，非身体的な攻撃形態。具体的には，嘘のうわさを広めたり，悪意のある陰口を言ったりする。

完全な愛：スターンバーグによれば，親密さと情熱と関与の融合。

気質的観点：人の行動は，その状況に存在する圧力の結果というよりはむしろ，その人の性格（気質）の結果であるとする仮定。

希釈効果：中立的で無関連な情報が，ある問題についてのわれわれの判断や印象を弱めてしまう傾向。

犠牲者を責める：犠牲者の苦境を犠牲者自身の性格や無能や行動のせいにすることで，犠牲になっていることについて犠牲者を責める傾向。

偽善：人々が，否認によって不協和から自分を守るときに行われることであり，彼らが実行していることと彼らが説教していることとの間にずれを生じさせること。

帰属理論：人々が自分自身や他の人々の行動の原因を説明する方法を記述する理論。

基本的な帰属のエラー：社会的行動の原因を記述し説明する際に，状況や環境の影響に比べて，性格や気質の要因の全般的な重要性を過大に推測する傾向。

究極的な帰属のエラー：外集団のメンバーについて否定的な気質的帰属を行う傾向。

共感：相手の感情を理解したり共有したりする能力。

共同関係：どの仲間も得点をつけない関係。長い目で見れば，見た目の公平にうまく落ち着くと思っている。

虚偽記憶症候群：過去の心的外傷体験の記憶が客観的には誤っているのに，人々がそれが起きたと信じている症候群。

近接性：われわれが誰かを好きになったり愛したりするかどうかを決定する主要な要因の一つは物理的近接性である。われわれは遠く離れて生活している誰かよりも，自分と同じ町や近くの町で生活したり，自分と同じ大学に通ったりしている誰かと恋に落ちる傾向がある。

屈従：賞を得たり罰を避けたりしたいという願望に動機付けられた人の行動を説明する。

権威主義的性格：自分の信念と因習的な価値に頑なで，自分自身や他者の弱さに我慢できず，疑い深く，非常に懲罰的で，通常では権威を崇拝する傾向のある個人。

現世的リアリズム：ある実験が，外の世界で人々にしばしば生じている出来事にどのくらい似ているか。

行為者―観察者バイアス：行為者が自分自身の行動は状況的要因に帰属し，他の

用 語 集

● ア　　行

愛他心：他の人には恩恵をもたらすが，援助者には恩恵をもたらさず，しばしば援助者に個人的なコストを伴う行為。

愛の三角形：スターンバーグによる，愛の3つの成分。情熱と親密さと関与。愛は，これら3つの部分の1つの要素だけでも，また，そのどの組合せによっても成り立つ。

後知恵バイアス：われわれが，いったんある事象の結果を知ると，その結果を予測する自分の力を過大視する（たいていは誤った）傾向。

誤った関連付け：われわれが関連があるはずだと考えているものの間に，実際にはないのにもかかわらず，関係や相関を知覚する傾向。

意見：人が事実として真実だと信じていること。

エロス：生への本能。フロイトが仮定した。

● カ　　行

外集団：われわれが同一視していない集団。そのメンバーを，われわれは，皆同じであるように見なす傾向がある。

外的正当化：状況の中に見出される，自分の不協和な行動に対する正当化。

回復記憶現象：人々が，性的虐待など，以前は思い出したこともなかった，子ども時代のおぞましい出来事を思い出したかに見える現象。そのような記憶の正確さについて，非常に多くの論争が巻き起こっている。

確証バイアス：最初の印象や信念の確証を求める傾向。

獲得—損失理論：相手からの好意的な報賞的行動の増加は，その人からの一定した報賞的行動よりも，大きな影響を持ち，好意的な行動の損失は，相手からの一定した非好意的な行動よりも，大きな影響を持つという理論。

カタルシス：厳密に言うと，エネルギーの放出。フロイトは，人々が攻撃的行動を表出できない限り，攻撃のエネルギーは蓄積していって，圧力が高まり，このようにして生み出されたエネルギーは出口を求め，結果的に暴力や精神病が生じると信じていた。

カバーストーリー：参加者が，自分の行動のどの側面が研究されているかを知って抑制的になることなく，自然に振る舞えるように状況を作り出すことによって，実験的リアリズムを高めるために計画される実験の舞台設定や台本。

8. Aronson, E., & Carlsmith, J. M. (1969). Experimentation in social psychology. In G. Lindzey & E. Aronson (Eds.), *Handbook of social psychology* (2nd ed., Vol. 2, pp. 1–79). Reading, MA: Addison-Wesley.
   See also: Aronson, E., Brewer, M., & Carlsmith, J. M. (1985). Experimentation in social psychology. In G. Lindzey & E. Aronson (Eds.), *Handbook of social psychology* (3rd ed., Vol. 1, pp. 441–486). New York: Random House.

9. Milgram, S. (1963). Behavioral study of obedience. *Journal of Abnormal and Social Psychology, 67,* 371–378.

10. Aronson, E., Sigall, H., & Van Hoose, T. (1970). The cooperative subject: Myth or reality? *Journal of Experimental and Social Psychology, 6,* 1–10.

11. Asch, S. (1951). Effects of group pressure upon the modification and distortion of judgment. In M. H. Guetzkow (Ed.), *Groups, leadership, and men* (pp. 177–190). Pittsburgh: Carnegie.
    Asch, S. (1951). Studies of independence and conformity: A minority of one against a unanimous majority. *Psychological Monographs, 70* (9, Whole No. 416).

12. Dawes, R., McTavish, J., & Shaklee, H. (1977). Behavior, communication, and assumptions about other people's behavior in a common dilemma situation. *Journal of Personality and Social Psychology, 35,* 1–11.

13. Asch, S. (1951). Effects of group pressure upon the modification and distortion of judgment. In M. H. Guetzkow (Ed.), *Groups, leadership, and men* (pp. 177–190). Pittsburgh: Carnegie.

14. Aronson, E., & Mettee, D. (1968). Dishonest behavior as a function of differential levels of induced self-esteem. *Journal of Personality and Social Psychology, 9,* 121–127.

15. Milgram, S. (1963). Behavioral study of obedience. *Journal of Abnormal and Social Psychology, 67,* 371–378.

16. Bickman, L., & Zarantonello, M. (1978). The effects of deception and level of obedience on subjects' ratings of the Milgram study. *Personality and Social Psychology Bulletin, 4,* 81–85.

17. Milgram, S. (1964). Issues in the study of obedience: A reply to Baumrind. *American Psychologist, 19,* 848–852.

70. Sternberg, R. J. (1988). *The triangle of love.* New York: Basic Books.

71. Baumeister, R. (1991). *Meanings of life.* New York: Guilford Press.
See also: Buss, D., & Kenrick, D. (1998). Evolutionary social psychology. In D. Gilbert, S. Fiske, & G. Lindzey (Eds.), *Handbook of social psychology* (4th. ed., Vol. 1, pp. 982–1026). New York: McGraw Hill.

72. Duck, S. (1995). Stratagems, spoils and a serpent's tooth: On the delights and dilemmas of personal relationships. In W. R. Cupach, & B. H. Spitzberg (Eds.), *The dark side of interpersonal communication.* Hillsdale, NJ: LEA.

73. Harvey, O. J. (1962). Personality factors in resolution of conceptual incongruities. *Sociometry, 25,* 336–352.

74. Stevenson, H., Keen, R., & Knights, J. (1963). Parents and strangers as reinforcing agents for children's performance. *Journal of Abnormal and Social Psychology, 67,* 183–185.

75. Floyd, J. (1964). Effects of amount of reward and friendship status of the other on the frequency of sharing in children. Unpublished Ph.D. dissertation, University of Minnesota.

76. Cicero (46 B.C.). *De amicitia.* Libri Sapientis: Horti Novabaculae, Rome.

77. Harvey, J. H., Weber, A. L., & Orbuch, T. L. (1990). *Interpersonal accounts: A social psychological perspective.* Oxford: Blackwell.

78. Gable, S. L., Gonzaga, G. C., & Strachman, A. (2006). Will you be there for me when things go right? Supportive responses to positive event disclosures. *Journal of Personality and Social Psychology, 91,* 904–917.

79. Kahn, M. (1995). *The tao of conversation.* Oakland, CA: New Harbinger.

80. Fincham, F. D., & Bradbury, T. N. (1993). Marital satisfaction, depression, and attributions: A longitudinal analysis. *Journal of Personality and Social Psychology, 64,* 442–452.
Karney, B., & Bradbury, T. N. (2000). Attributions in marriage: State or trait? A growth curve analysis. *Journal of Personality and Social Psychology, 78,* 295–309.

第９章　科学としての社会心理学

1. Kunen, J. S. (1995, July 10). Teaching prisoners a lesson. *The New Yorker,* pp. 34–39.

2. *Nova,* KQED (1993, December 21). Richard Feynman: The best mind since Einstein.

3. P. Semonov (1997). Personal communication.

4. Nisbett, R., & Wilson, T. (1977). Telling more than we know: Verbal reports on mental processes. *Psychological Review, 84,* 231–259.

5. Aronson, E., Willerman, B., & Floyd, J. (1966). The effect of a pratfall on increasing interpersonal attractiveness. *Psychonomic Science, 4,* 227–228.

6. Aronson, E., & Mills, J. (1959). The effect of severity of initiation on liking for a group. *Journal of Abnormal and Social Psychology, 59,* 177–181.

7. Liebert, R., & Baron, R. (1972). Some immediate effects of televised violence on children's behavior. *Developmental Psychology, 6,* 469–475.

60. Aronson, E., & Linder, D. (1965). Gain and loss of esteem as determinants of interpersonal attractiveness. *Journal of Experimental and Social Psychology, 1,* 156–171.
See also: Gerard, H., & Greenbaum, C. W. (1962). Attitudes toward an agent of uncertainty reduction. *Journal of Personality, 30,* 485–495.
Mettee, D., Taylor, S. E., & Friedman, H. (1973). Affect conversion and the gain-loss like effect. *Sociometry, 36,* 505–519.
Aronson, E., & Mettee, D. (1974). Affective reactions to appraisal from others. In *Foundations of interpersonal attraction.* New York: Academic Press.
Clore, G. L., Wiggins, N. H., & Itkin, S. (1975). Gain and loss in attraction: Attributions from nonverbal behavior. *Journal of Personality and Social Psychology, 31,* 706–712.
Marshall, L. L., & Kidd, R. F. (1981). Good news or bad news first? *Social Behavior and Personality, 9(2),* 223–226.
Tzeng, O. C. S., & Gomez, M. (1992). Behavioral reinforcement paradigm of love. In O. C. S. Tzeng (Ed.), *Theories of love development, maintenance, and dissolution: Octagonal cycle and differential perspectives* (pp. 17–132). New York: Praeger/Greenwood.
Turcotte, S. J., & Leventhal, L. (1984). Gain-loss versus reinforcement-affect ordering of student ratings of teaching: Effect of rating instructions. *Journal of Educational Psychology, 76,* 782–791.

61. Aronson, E., & Linder, D. (1965). Gain and loss of esteem as determinants of interpersonal attractiveness. *Journal of Experimental and Social Psychology, 1,* 156–171.

62. Spinoza, B. de (1910). The ethics. In A. Boyle (Trans.), *Spinoza's ethics and "De Intellectus Emendatione."* New York: Dutton.

63. Mettee, D. R., Taylor, S. E., & Friedman, H. (1973). Affect conversion and the gain-loss like effect. *Sociometry, 36,* 505–519.

64. Mettee, D. R., & Aronson, E. (1974). Affective reactions to appraisal from others. *Foundations of interpersonal attraction.* New York: Academic Press.

65. Clark, M. S., & Mills, J. (1979). Interpersonal attraction in exchange and communal relationships. *Journal of Personality and Social Psychology, 37,* 12–24.
Mills, J., & Clark, M. S. (1982). Exchange and communal relationships. In L. Wheeler (Ed.), *Review of personality and social psychology* (Vol. III). Beverly Hills, CA: Sage.
Clark, M. S. (1986). Evidence for the effectiveness of manipulations of desire for communal versus exchange relationships. *Personality and Social Psychology Bulletin, 12,* 425.

66. Walster, E., Walster, G. W., & Traupmann, J. (1979). Equity and premarital sex. In M. Cook & G. Wilson (Eds.), *Love and attraction.* New York: Pergamon Press.
Schafer, R. B., & Keith, P. M. (1980). Equity and depression among married couples. *Social Psychology Quarterly, 43,* 430–435.

67. Clark, M. S., Mills, J. R., & Corcoran, D. M. (1989). Keeping track of needs and inputs of friends and strangers. *Personality and Social Psychology Bulletin, 15,* 533–542.

68. Berscheid, E., & Reis, H. (1998). Attraction and close relationships. Gilbert, T., Fiske, S., & Lindzey, G. (Eds.), *The handbook of social psychology,* (4th ed., Vol. 2, pp. 193–281). New York, NY: McGraw-Hill

69. Hatfield, E., & Rapson, R. L. (2002). Passionate love and sexual desire: Cultural and historical perspectives. In A. L. Vangelisti, & H. T. Reis (Eds.), *Stability and change in relationships across the life span* (pp. 306–324). New York: Cambridge University Press.

44. Sigall, H., & Landy, D. (1973). Radiating beauty: Effects of having a physically attractive partner on person perception. *Journal of Personality and Social Psychology, 28,* 218–224.

45. Snyder, M., Tanke, E. D., & Berscheid, E. (1977). Social perception and interpersonal behavior: On the self-fulfilling nature of social stereotypes. *Journal of Personality and Social Psychology, 35,* 656–666.

46. Byrne, D. (1969). Attitudes and attraction. In L. Berkowitz (Ed.), *Advances in experimental social psychology* (Vol. 4). New York: Academic Press.

47. Marks, G., Miller, N., & Maruyama, M. (1981). Effect of targets' physical attractiveness on assumptions of similarity. *Journal of Personality and Social Psychology, 41,* 198–206.
Granberg, D., & King, M. (1980). Cross-lagged panel analysis of the relation between attraction and perceived similarity. *Journal of Experimental Social Psychology, 16,* 573–581.

48. Aronson, E., & Worchel, S. (1966). Similarity versus liking as determinants of interpersonal attractiveness. *Psychometric Science, 5,* 157–158.
Condon, J. W., & Crano, W. D. (1988). Inferred evaluation and the relationship between attitude similarity and interpersonal attraction. *Journal of Personality and Social Psychology, 54,* 789–797.

49. Secord, P., & Backman, C. (1964). Interpersonal congruency, perceived similarity, and friendship. *Sociometry, 27,* 115–127.

50. Curtis, R. C., & Miller, K. (1986). Believing another likes or dislikes you: Behaviors making the beliefs come true. *Journal of Personality and Social Psychology, 51,* 284–290.

51. Walster (Hatfield), E. (1965). The effect of self-esteem on romantic liking. *Journal of Experimental and Social Psychology, 1,* 184–197.

52. Kiesler, S. B., & Baral, R. L. (1970). The search for a romantic partner: The effects of self-esteem and physical attractiveness on romantic behavior. In K. J. Gergen & D. Marlowe (Eds.), *Personality and social behavior.* Reading, MA: Addison-Wesley.

53. Zhong, C.-B. & Leonardelli, G. J. (2008). Cold and lonely: Does social exclusion literally feel cold? *Psychological Science, 19,* 838–842.

54. Moor, B. G., Crone, E. A., & van der Molen, M. W. (2010). The heartbrake of social rejection: Heart rate deceleration in response to unexpected peer rejection. *Psychological Science, 21,* 1326–1333.

55. DeWall, C. N., MacDonald, G., Webster, G. D., Masten, C. L., Baumeister, R. F., & Powell, C., et al. (2010). Acetaminophen reduces social pain: Behavioral and neural evidence. *Psychological Science, 21,* 931–937.

56. Coan, J. A., Schaefer, H. S., & Davidson, R. J. (2006). Lending a hand: Social regulation to the neural response to threat. *Psychological Science, 17,* 1032–1039.

57. Cacioppo, J. T. & Patrick, W. (2008). *Loneliness: Human nature and the need for social connection.* New York, NY: W. W. Norton & Company.

58. Baumeister, R. F., Twenge, J. M., & Nuss, C. K. (2002). Effects of social exclusion on cognitive processes: Anticipated aloneness reduces intelligent thought. *Journal of Personality and Social Psychology, 83,* 817–827.

59. Twenge, J. M., Catanese, K. R., & Baumeister, R. F. (2002). Social exclusion causes self-defeating behavior. *Journal of Personality and Social Psychology, 83,* 606–615.

29. Buss, D. M., (1988). The evolution of human intrasexual competition: Tactics of mate attraction. *Journal of Personality and Social Psychology, 54,* 616–628.
Buss, D. M., & Schmitt, D. P. (1993). Sexual strategies theory: An evolutionary perspective on human mating. *Psychological Review, 100,* 204–232.

30. Townsend, J. M., & Roberts, L. W. (1993). Gender differences in mate preference among law students: Divergence and convergence of criteria. *Journal of Psychology, 127,* 507–528.

31. Finkel, E. J., & Eastwick, P. W. (2009). Arbitrary social norms influence sex differences in romantic selectivity. *Psychological Science, 20,* 1290–1295.
Finkel, E. J., & Eastwick, P. W. (2008). Speed-dating. *Current Directions in Psychological Science, 17,* 193–197.

32. Eastwick, P. W., & Finkel, E. J. (2008). Sex differences in mate preferences revisited: Do people know what they initially desire in a romantic partner? *Journal of Personality and Social Psychology, 94,* 245–264.

33. Dion, K., Berscheid, E., & Walster (Hatfield), E. (1972). What is beautiful is good. *Journal of Personality and Social Psychology, 24,* 285–290.

34. Ramsey-Rennels, J. L., & Langlois, J. H. (2006). Infants' differential processing of female and male faces. *Current Directions in Psychological Science, 15,* 59–62.

35. Tan, A. S. (1979). TV beauty ads and role expectations of adolescent female viewers. *Journalism Quarterly, 56,* 283–288.

36. Dion, K., & Berscheid, E. (1971). Physical attractiveness and sociometric choice in nursery school children. Mimeographed research report.

37. Dion, K. (1972). Physical attractiveness and evaluations of children's transgressions. *Journal of Personality and Social Psychology, 24,* 207–213.
Similar findings reported in Berkowitz, L., & Frodi, A. (1979). Reactions to a child's mistakes as affected by her/his looks and speech. *Social Psychology Quarterly, 42,* 420–425.

38. Lerner, R. M., Lerner, J. V., Hess, L. E., & Schwab, J. (1991). Physical attractiveness and psychosocial functioning among early adolescents. *Journal of Early Adolescence, 11,* 300–320.

39. Hunsberger, B., & Cavanagh, B. (1988). Physical attractiveness and children's expectations of potential teachers. *Psychology in the Schools, 25(1),* 70–74.

40. Frieze, I. H., Olson, J. E., & Russell, J. (1991). Attractiveness and income for men and women in management. *Journal of Applied Social Psychology, 21,* 1037–1039.

41. Sigall, H., & Aronson, E. (1969). Liking for an evaluator as a function of her physical attractiveness and nature of the evaluations. *Journal of Experimental and Social Psychology, 5,* 93–100.

42. Sigall, H., & Ostrove, N. (1975). Beautiful but dangerous: Effects of offender attractiveness and nature of the crime on juridic judgment. *Journal of Personality and Social Psychology, 31,* 410–414.

43. Downs, C. A., & Lyons, P. M. (1991). Natural observations of the links between attractiveness and initial legal judgments. *Personality and Social Psychology Bulletin, 17,* 541–547.

Aronson, E., & Worchel, P. (1966). Similarity versus liking as determinants of interpersonal attractiveness. *Psychonomic Science, 5,* 157–158.

Sigall, H., & Aronson, E. (1969). Liking for an evaluator as a function of her physical attractiveness and nature of the evaluations. *Journal of Experimental Social Psychology, 5,* 93–100.

12. Amabile, T. (1983). Brilliant but cruel: Perceptions of negative evaluators. *Journal of Experimental Social Psychology, 19,* 146–156.
13. Deutsch, M., & Solomon, L. (1959). Reactions to evaluations by others as influenced by self-evaluations. *Sociometry, 22,* 93–112.
14. Jones, E. E. (1964). *Ingratiation.* New York: Appleton-Century-Crofts.
15. Jennings, H. H. (1959). *Leadership and isolation* (2nd ed). New York: Longman, Green.
16. Lott, B., & Lott, A. (1960). The formation of positive attitudes toward group members. *Journal of Abnormal and Social Psychology, 61,* 297–300.
17. Brehm, J., & Cole, A. (1966). Effect of a favor which reduces freedom. *Journal of Personality and Social Psychology, 3,* 420–426.
18. Tolstoy, L. (1942). *War and peace.* New York: Simon & Schuster.
19. Bigelow, J. (Ed.). (1916). *The autobiography of Benjamin Franklin* (pp. 216–217). New York: G. P. Putnam's Sons.
20. Jecker, J., & Landy, D. (1969). Liking a person as a function of doing him a favor. *Human Relations, 22,* 371–378.
21. Lerner, M., & Simmons, C. (1966). Observer's reaction to the "innocent victim": Compassion or rejection? *Journal of Personality and Social Psychology, 4,* 203–210.
22. Lott, A. J., Lott, B. E., Reed, T., & Crow, T. (1960). Personality-trait descriptions of differentially liked persons. *Journal of Personality and Social Psychology, 16,* 284–290.
23. Bales, R. (1958). Task roles and social roles in problem solving groups. In E. E. Maccoby, T. M. Newcomb, & E. L. Hartley (Eds.), *Readings in social psychology* (3rd ed., pp. 437–447). New York: Holt.

    Bales, R., & Slater, P. (1955). Role differentiation in small decision-making groups. In T. Parsons & R. F. Bales (Eds.), *The family, socialization, and interaction process.* Glencoe, IL: Free Press.
24. Aronson, E., Willerman, B., & Floyd, J. (1966). The effect of a pratfall on increasing interpersonal attractiveness. *Psychonomic Science, 4,* 227–228.
25. Tesser, A., & Brodie, M. (1971). A note on the evaluation of a "computer date." *Psychonomic Science, 23,* 300.
26. Feingold, A. (1990). Gender differences in effects of physical attractiveness on romantic attraction: A comparison across five research paradigms. *Journal of Personality and Social Psychology, 59,* 981–993.
27. Walster, E., Aronson, V., Abrahams, D., & Rottman, L. (1966). Importance of physical attractiveness in dating behavior. *Journal of Personality and Social Psychology, 5,* 508–516.
28. White, G. (1980). Physical attractiveness and courtship progress. *Journal of Personality and Social Psychology, 39,* 660–668.

112. Aronson, E. (2000). *Nobody left to hate: Teaching compassion after Columbine.* New York: Henry Holt.

113. Shipler, D. K. (1997). *A country of strangers: Blacks and whites in America.* New York: Alfred A. Knopf.

第8章 好意、愛、対人感受性

1. Darwin, C. (1910). *The expression of emotions in man and animals.* New York: Appleton.

2. Carnegie, D. (1937). *How to win friends and influence people.* New York: Simon & Schuster.

3. Remmers, H. H., & Radler, D. H. (1958). Teenage attitudes. *Scientific American, 198(6),* 25–29.
   Adler, P. A., & Adler, P. (1995). Dynamics of inclusion and exclusion in preadolesent cliques. *Social Psychology Quarterly, 58,* 145–162.
   Cohen, E., Reinherz, H., & Frost, A. (1994). Self-perceptions of unpopularity in adolescence: Links to past and current adjustment. *Child and Adolescent Social Work Journal, 11,* 37–52.
   Kennedy, E. (1995). Correlates of perceived popularity among peers: A study of race and gender differences among middle school students. *Journal of Negro Education, 64,* 186–195.

4. Lemann, T., & Solomon, R. (1952). Group characteristics as revealed in sociometric patterns and personality ratings. *Sociometry, 15,* 7–90.

5. Homans, G. (1961). *Social behavior: Its elementary forms.* New York: Harcourt, Brace and World.

6. Walster, E., Aronson, V., Abrahams, D., & Rottman, L. (1966). Importance of physical attractiveness in dating behavior. *Journal of Personality and Social Psychology, 5,* 508–516.

7. Byrne, D. (1969). Attitudes and attraction. In L. Berkowitz (Ed.), *Advances in experimental social psychology* (Vol. 4). New York: Academic Press.
   Sprecher, S., & Duck, S. (1994). Sweet talk: The importance of perceived communication for romantic and friendship attraction experienced during a get-acquainted date. *Personality and Social Psychology Bulletin, 20,* 391–400.
   Pilkington, N. W., & Lydon, J. E. (1997). The relative effect of attitude similarity and attitude dissimilarity on interpersonal attraction: Investigating the moderating roles of prejudice and group membership. *Personality and Social Psychology Bulletin, 23(2),* 107–122.

8. Sherif, M. (1956). Experiments in group conflict. *Scientific American, 195,* 53–58.

9. Aronson, E., Stephan, C., Sikes, J., Blaney, N., & Snapp, M. (1978). *The jigsaw classroom.* Beverly Hills, CA: Sage.
   Aronson, E., & Osherow, N. (1980). Cooperation, prosocial behavior, and academic performance: Experiments in the desegregated classroom. In L. Bickman (Ed.), *Applied social psychology annual* (Vol. 1, pp. 163–196). Beverly Hills, CA: Sage.

10. Aronson, E., & Mills, J. (1959). The effect of severity of initiation on liking for a group. *Journal of Abnormal and Social Psychology, 59,* 177–181.

11. Aronson, E., & Darwyn, L. (1965). Gain and loss of esteem as determinants of interpersonal attractiveness. *Journal of Experimental Social Psychology, 1,* 156–171.

102. Aronson, E., Stephan, C., Sikes, J., Blaney, N., & Snapp, M. (1978). *The jigsaw classroom.* Beverly Hills, CA: Sage.

Aronson, E., & Osherow, N. (1980). Cooperation, prosocial behavior, and academic performance: Experiments in the desegregated classroom. In L. Bickman (Ed.), *Applied social psychology annual* (Vol. 1, pp. 163–196). Beverly Hills, CA: Sage.

Aronson, E. (1992). Stateways can change folkways. In R. Baird & S. Rosenbaum (Eds.), *Bigotry, prejudice and hatred: Definitions, causes and solutions* (pp. 111–124). Buffalo, NY: Prometheus Books.

Aronson, E., & Patnoe, S. (1997). *Cooperation in the classroom: The jigsaw method.* New York: Longman.

103. Aronson, E., & Osherow, N. (1980). Cooperation, prosocial behavior, and academic performance: Experiments in the desegregated classroom. In L. Bickman (Ed.), *Applied social psychology annual* (Vol. 1, pp. 163–196). Beverly Hills, CA: Sage.

Aronson, E. (2002). Building empathy, compassion, and achievement in the jigsaw classroom. In J. Aronson (Ed.), *Improving academic achievement: Impact of psychological factors on education* (pp. 209–225). San Diego, CA: Academic Press.

104. Juergen-Lohmann, J., Borsch, F., & Giesen, H. (2001). Cooperative learning at the university: An evaluation of jigsaw in classes of educational psychology/Kooperatives Lernen an der Hochschule. *Evaluation des Gruppenpuzzles in Seminaren der Paedagogischen Psychologie Zeitschrift fuer Paedagogische Psychologie, 15,* 74–84.

Perkins, D., & Saris, R. (2001). A "jigsaw classroom" technique for undergraduate statistics courses. *Teaching of Psychology, 28,* 111–113.

Walker, I., & Crogan, M. (1998). Academic performance, prejudice, and the jigsaw classroom: New pieces to the puzzle. *Journal of Community & Applied Social Psychology, 8,* 381–393.

105. Desforges D. M., Lord, C. G., Ramsey, S. L., Mason, J. A., Van Leeuwen, M. D., West, S. C., & Lepper, M. R. (1991). Effects of structured cooperative contact on changing negative attitudes towards stigmatized social groups. *Journal of Personality and Social Psychology, 60,* 531–544.

106. Leippe, M. R., & Eisenstadt, D. (1994). Generalization of dissonance reduction: Decreasing prejudice through induced compliance. *Journal of Personality and Social Psychology, 67,* 395–413.

107. Gaertner, S. L., Mann, J. A., Dovidio, J. F., Murrell, A. J., & Pomare, M. (1990). How does cooperation reduce intergroup bias? *Journal of Personality and Social Psychology, 59,* 692–704.

108. Bridgeman, D. (1981). Enhanced role-taking through cooperative interdependence: A field study. *Child Development, 52,* 1231–1238.

109. Slavin, R. (1996). Research on cooperative learning and achievement: What we know, what we need to know. *Contemporary Educational Psychology, 21,* 43–69.

Qin, Z., Johnson, D. W., & Johnson, R. T. (1995). Cooperative versus competitive efforts and problem solving. *Review of Educational Research, 65,* 29–143.

110. Aronson, E., & Patnoe, S. (1997). *Cooperation in the classroom: The jigsaw method.* New York: Longman.

111. McConahay, J. B. (1981). Reducing racial prejudice in desegregated schools. In W. D. Hawley (Ed.), *Elective school desegregation.* Beverly Hills, CA: Sage.

See also: Wilner, D., Wallcley, R., & Cook, S. (1955). *Human relations in interracial housing.* Minneapolis: University of Minnesota Press.

87. Pettigrew, T. (1997). Generalized intergroup contact effects on prejudice. *Personality and Social Psychology Bulletin, 23,* 173–185.

88. Brehm, J. (1959). Increasing cognitive dissonance by a fait accompli. *Journal of Abnormal and Social Psychology, 58,* 379–382.

89. Darley, J., & Berscheid, E. (1967). Increased liking as a result of the anticipation of personal contact. *Human Relations, 20,* 29–40.

90. Van Laar, C., Levin, S., Sinclair, S., & Sidanius, J. (2005). The effect of university roommate contact on ethnic attitudes and behavior. *Journal of Experimental Social Psychology, 41,* 329–345

91. National Opinion Research Center (1980). *General social surveys, 1972–1980: Cumulative code book.* Storrs, CT: Roper Public Opinion Research Center, University of Connecticut.

92. Pettigrew, T. F. (1961). Social psychology and desegregation research. *American Psychologist, 16,* 105–112.

93. Clark, K. B. (1953). Desegregation: An appraisal of the evidence. *Journal of Social Issues, 9(4),* 2–76.

94. Stouffer, S., Suchman, E., DeVinney, L., Star, S., & Williams, R. (1949). *The American soldier: Adjustment during army life.* (Studies in Social Psychology in World War II). Princeton, NJ: Princeton University Press.

95. Kramer, B. (1951). Residential contact as a determinant of attitudes toward Negroes. Unpublished Ph.D. dissertation, Harvard University.

96. Asher, S., & Allen, V. (1969). Racial preference and social comparison processes. *Journal of Social Issues, 25,* 157–166.
See also: Stephan, W., & Kennedy, J. (1975). An experimental study of inter-ethnic competition in segregated schools. *Journal of School Psychology, 13,* 234–247.
Gerard, H., & Miller, N. (1976). *School desegregation.* New York: Plenum Press.

97. Stephan, W. G. (1978). School desegregation: An evaluation of predictions made in Brown v. The Board of Education. *Psychological Bulletin, 85,* 217–238.

98. Lester, J. (1971). Beep! Beep! Bang! Umgawa! Black power! In R. Kytle (Ed.), *Confrontation: Issues of the 70s* (pp. 162–181). New York: Random House.

99. Sherif, M., & Sherif, C. (1956). *An outline of social psychology.* New York: Harper & Bros.
Sherif, M., Harvey, O. J., White, B. J., Hood, W., & Sherif, C. *Intergroup conflict and cooperation: The Robbers Cave experiment.* Norman: University of Oklahoma Institute of Intergroup Relations.

100. Deutsch, M. (1949). A theory of cooperation and competition. *Human Relations 2,* 129–152.
Deutsch, M. (1949). An experimental study of the effects of cooperation and competition upon group process. *Human Relations, 2,* 199–232.

101. Keenan, P., & Carnevale, P. (1989). Positive effects of within-group competition on between-group negotiation. *Journal of Applied Social Psychology, 19,* 977–992.

68. Dollard, J. (1987). *Class and caste in a southern town.* New Haven, CT: Yale University Press.

69. Bettelheim, B., & Janowitz, M. (1964). *Social change and prejudice, including dynamics of prejudice.* New York: Free Press.

70. Tumin, M., Barton, P., & Burrus, B. (1958). Education, prejudice, and discrimination: A study in readiness for desegregation. *American Sociological Review, 23,* 41–49.

71. Fein, S., & Spencer, S. J. (1997). Prejudice as self-image maintenance: Affirming the self through derogating others. *Journal of Personality and Social Psychology, 73,* 31–44.

72. Adorno, T., Frenkel-Brunswick, E., Levinson, D., & Sanford, R. N. (1950). *The authoritarian personality.* New York: Harper.

73. McFarland, S. M., Ageyev, V. S., & Abalakina-Paap, M. A. (1992). Authoritarianism in the former Soviet Union. *Journal of Personality and Social Psychology, 63,* 1004–1010.

74. Sidanius, J., & Pratto, F. (1999). *Social dominance: An intergroup theory of social hierarchy and oppression.* New York: Cambridge University Press.

75. Jost, J. T., & Thompson, E. P. (2000). Group-based dominance and opposition to equality as independent predictors of self-esteem, ethnocentrism, and social policy attitudes among African Americans and European Americans. *Journal of Experimental Social Psychology, 36,* 209–232.

76. Jost, J. T., Glaser, J., Kruglanski, A. W., & Sulloway, F. (2003). Political conservatism as motivated social cognition. *Psychological Bulletin, 129,* 339–375.

77. Bouchard T. J., Segal N., Tellegen A, McGue M., Keyes, M., & Krueger, R. (2003). Evidence for the construct validity and heritability of the Wilson-Patterson conservatism scale: A reared-apart twins study of social attitudes. *Personality and Individual Differences, 34,* 6, 959–969.

78. Taylor, D., Sheatsley, P., & Greeley, A. (1978) Attitudes toward racial integration. *Scientific American, 238,* 42–49.

79. Pettigrew, T. F. (1958). Personality and sociocultural factors and intergroup attitudes: A cross-national comparison. *Journal of Conflict Resolution, 2,* 29–42.

80. Minard, R. D. (1952). Race relations in the Pocahontas coal field. *Journal of Social Issues, 8,* 29–44.

81. Pettigrew, T. F. (1958). Personality and sociocultural factors and intergroup attitudes: A cross-national comparison. *Journal of Conflict Resolution, 2,* 29–42.

82. Watson, J. (1950). Some social and psychological situations related to change in attitude. *Human Relations, 3,* 15–56.

83. Kirkland, S. L., Greenberg, J., & Pyszczynski, T. (1987). Further evidence of the deleterious effects of overheard derogatory ethnic labels: Derogation beyond the target. *Personality and Social Psychology Bulletin, 13,* 216–227.

84. MacCrone, I. (1937). *Race attitudes in South Africa.* London: Oxford University Press.

85. Lazarsfeld, P. (1940). *Radio and the printed page.* New York: Duell, Sloan & Pearce.

86. Deutsch, M., & Collins, M. E. (1951). *Interracial housing: A psychological evaluation of a social experiment.* Minneapolis: University of Minnesota Press.

52. Fischhoff, B., & Beyth, R. (1975). "I knew it would happen": Remembered probabilities on once-future things. *Organizational Behavior and Human Performance, 13,* 1–16.

53. Janoff-Bulman, R., Timko, C., & Carli, L. L. (1985). Cognitive bias in blaming the victim. *Journal of Experimental Social Psychology, 21,* 161–177.
See also: LaBine, S., & LaBine, G. (1996). Determinations of negligence and the hindsight bias. *Law and Human Behavior, 20,* 501–516.

54. Gould, S. (1977). *Ever since Darwin: Reflections on natural history* (p. 243). New York: Norton.

55. Dollard, J. (1987). *Class and caste in a southern town.* New Haven, CT: Yale University Press.

56. Dollard, J. (1938). Hostility and fear in social life. *Social Forces, 17,* 15–26.

57. Roberts, E., quoted by Jacobs, P., & Landau, S. (1971). *To serve the devil* (Vol. 2, p. 71). New York: Vintage Books.

58. Crocker, C., quoted by Jacobs, P., & Landau S. (1971). *To serve the devil* (Vol. 2, p. 81). New York: Vintage Books.

59. Greeley, A., & Sheatsley, P. (1971). The acceptance of desegregation continues to advance. *Scientific American, 225,* 13–19.
See also: Vanneman, R. D., & Pettigrew, T. F. (1972). Race and relative deprivation in the urban United States. *Race, 13,* 461–486.

60. Sherif, M., Harvey, O. J., White, B. J., Hood, W., & Sherif, C. (1961). *Intergroup conflict and cooperation: The Robbers Cave experiment.* Norman: University of Oklahoma Institute of Intergroup Relations.

61. Klineberg, O. (1971). Black and white in international perspective. *American Psychologist, 26,* 119–128.
See also: Lamont-Brown, R. (1993). The burakumin: Japan's underclass. *Contemporary Review, 263,* 136–139.

62. Speer, A. (1970). *Inside the Third Reich: Memoirs* (R. Winston & C. Winston, Trans.). New York: Macmillan.

63. Miller, N., & Bugelski, R. (1948). Minor studies in aggression: The influence of frustrations imposed by the in-group on attitudes expressed by the out-group. *Journal of Psychology, 25,* 437–442.

64. Rogers, R., & Prentice-Dunn, S. (1981). Deindividuation and anger-mediated interracial aggression: Unmasking regressive racism. *Journal of Personality and Social Psychology, 41,* 63–73.

65. Weatherly, D. (1961). Anti-semitism and the expression of fantasy aggression. *Journal of Abnormal and Social Psychology, 62,* 454–457.

66. Staub, E. (1996). Cultural-societal roots of violence: The examples of genocidal violence, and of contemporary youth violence in the United States. *American Psychologist, 51,* 117–132.

67. Crocker, J., Thompson, L. L., McGraw, K. M., & Ingerman, C. (1987). Downward comparison, prejudice, and evaluations of others: Effects of self-esteem and threat. *Journal of Personality and Social Psychology, 52,* 907–916.

39. Turner, M., & Pratkanis, A. (1993). Effects of preferential and meritorious selection on performance: An examination of intuitive and self-handicapping perspectives. *Personality and Social Psychology Bulletin, 19,* 47–58.

40. Snyder, M. (1984). When belief creates reality. In L. Berkowitz (Ed.), *Advances in experimental social psychology* (Vol. 18, pp. 247–305). Orlando, FL: Academic Press.

41. Merton, R. F. (1968). The self-fulfilling prophecy. *Antioch Review, 8,* 193–210.

42. Snyder, M., & Swann, W. B., Jr. (1978). Hypothesis-testing processes in social interactions. *Journal of Personality and Social Psychology, 36,* 1202–1212.

43. Steele, C. M., & Aronson, J. (1995). Stereotype threat and the intellectual test performance of African-Americans. *Journal of Personality and Social Psychology 69, 797*–811.
Steele, C. M., & Aronson, J. (1998). How stereotypes influence the standardized test performance of talented African American students. In C. Jencks & M. Phillips (Eds.), *The Black-White Test Score Gap.* Washington, D. C.: Brookings Institution, 401–427.
See also: Steele, C. (1992, April). Race and the schooling of black Americans. *The Atlantic Monthly,* pp. 16–23.
Steele, C. (1997). A threat in the air: How stereotypes shape intellectual identity and performance. *American Psychologist,* 52, 613–629.

44. Aronson, J., Lustina, M. J., Good, C., Keough, K., Steele, C. M., & Brown, J. (1999). When white men can't do math: Necessary and sufficient factors in stereotype threat. *Journal of Experimental Social Psychology, 35,* 29–46.

45. Shih, M., Pittinsky, T., & Ambady, N. (1999). Stereotype susceptibility: Identity salience and shifts in quantitative performance. *Psychological Science, 10,* 80–83.

46. McGlone, M., & Aronson, J. (2006). Social identity salience and stereotype threat. *Journal of Applied Developmental Psychology, 27,* 486–493.

47. Marx, D. M., & Goff, P. A. (2005). Clearing the air: The effect of experimenter race on targets' test performance and subjective experience. *British Journal of Social Psychology, 44,* 645–657.

48. Aronson, J., Fried, C, & Good, C. (2002). Reducing the effects of stereotype threat on African American college students by shaping theories of intelligence. *Journal of Experimental Social Psychology. 38,* 113–125.
Good, C., Aronson, J., & Inzlicht, M. (2003). Improving adolescents' standardized test performance: An intervention to reduce the effects of stereotype threat. *Journal of Applied Developmental Psychology, 24,* 645–662.

49. Aronson, J., & Williams, J. (2004). Stereotype threat: Forewarned is forearmed. *Manuscript in preparation,* New York University.
Johns, M. Schmader, T., & Martens, A. (2005). Knowing is half the battle. *Psychological Science 16,* 175–179.
McGlone, M.S., & Aronson, J. (2007). Forewarning and forearming stereotype-threatened students. *Communication Education, 56,* 119–133.

50. Lerner, M. (1980). The justice motive. New York: Plenum Press.
Montada, L., & Lerner, M. (1996). Current societal concerns about justice. New York: Plenum Press.

51. Furnham, A., & Gunter, B. (1984). Just world beliefs and attitudes toward the poor. *British Journal of Social Psychology, 23,* 265–269.

24. King, E. B., Shapiro, J. R., Hebl, M. R., Singletary, S. L., & Turner, S. (2006). The stigma of obesity in customer service: A mechanism for remediation and bottom-line consequences of interpersonal discrimination. *Journal of Applied Psychology, 91,* 579–593.

25. Harber, K. D. (2010). The positive feedback bias as a response to self-image threat. *British Journal of Social Psychology, 49,* 207–218.
Harber, K. D. (1998). Feedback to minorities: Evidence of a positive bias. *Journal of Personality and Social Psychology, 74,* 622–628.

26. Richeson, J. A., & Shelton, J. N. (2003). When prejudice does not pay: Effects of interracial contact on executive function. *Psychological Science, 14(3),* 287–290.

27. Neugarten, B. (1946). Social class and friendship among schoolchildren. *American Journal of Sociology, 51,* 305–313.

28. Shaffer, D. R., & Wallace, A. (1990). Belief congruence and evaluator homophobia as determinants of the attractiveness of competent homosexual and heterosexual males. *Journal of Psychology and Human Sexuality, 3,* 67–87.

29. Duncan, B. (1976). Differential social perception and attribution of intergroup violence: Testing the lower limits of stereotyping of blacks. *Journal of Personality and Social Psychology, 34,* 590–598.

30. Bodenhausen, G., & Wyer, R. (1985). Effects of stereotypes on decision making and information-processing strategies. *Journal of Personality and Social Psychology, 48,* 267–282.

31. Jost, J. T. & Banaji, M. R. (1994). The role of stereotyping in system-justification and the production of false consciousness. *British Journal of Social Psychology, 33,* 1–27.

32. Bond, C. F., Jr., DiCandia, C. G., & MacKinnon, J. R. (1988). Response to violence in a psychiatric setting: The role of the patient's race. *Personality and Social Psychology Bulletin, 14,* 448–458.

33. Herbert, B. Presumed guilty. *New York Times,* December 4, 2006.
Hartocollis, A. Fatal shootings by police: Hard to investigate, even harder to prosecute. *New York Times,* December 4, 2006.

34. Correll, J., Park, B., Judd, C. M., & Wittenbrink, B. The police officer's dilemma: Using ethnicity to disambiguate potentially threatening individuals. *Journal of Personality and Social Psychology, 83,* 1314–1329.

35. Pettigrew, T. F. (1979). The ultimate attribution error: Extending Allport's cognitive analysis of prejudice. *Personality and Social Psychology Bulletin, 5,* 461–476.

36. Swim, J., & Sanna, L. (1996). He's skilled, she's lucky: A meta-analysis of observers' attributions for women's and men's successes and failures. *Personality and Social Psychology Bulletin, 22,* 507–519.

37. Jacobs, J., & Eccles, J. (1992). The impact of mothers' gender-role stereotypic beliefs on mothers' and children's ability perceptions. *Journal of Personality and Social Psychology, 63,* 932–944.

38. Weinberg, R. S., Richardson, P. A., & Jackson, A. E. (1983). Effect of situation criticality on tennis performance of males and females. *Newsletter of the Society for the Advancement of Social Psychology, 9,* 8–9.

5. Allport, G. (1954, 1980). *The nature of prejudice* (p. 13). Reading, MA: Addison-Wesley.

6. Kunda, Z. & Oleson, K. (1997). When exceptions prove the rule: How extremity of deviance determines the impact of deviant examples on stereotypes. *Journal of Personality and Social Psychology , 72,* 965–979.

7. *Newsweek,* November 25, 1974, p. 39.

8. Gould, S. (1977). *Ever since Darwin: Reflections on natural history* (p. 243). New York: Norton.

9. Pearson, K., & Moul, M. (1925). The problem of alien immigration into Great Britain, illustrated by an example of Russian and Polish Jewish children. *Annals of Eugenics, 1,* 5–127.

10. Gould, S. (1996). *The mismeasure of man.* New York: Norton.

11. Shields, S. (1975). Functionalism, Darwinism, and the psychology of women. *American Psychologist, 30,* 739–754.

12. Janis, I., & Field, P. (1959). Sex difference and personality factors related to persuasibility. In C. I. Hovland & I. L. Janis (Eds.), *Personality and persuasibility* (pp. 55–68). New Haven, CT: Yale University Press.

13. Sistrunk, F., & McDavid, J. (1971). Sex variable in conforming behavior. *Journal of Personality and Social Psychology, 17,* 202–207.

14. Ayers, I. (1991). Fair driving: Gender and race discrimination in retail car negotiations. *Harvard Law Review, 104,* 817–872.

15. Pager, D. (2003). The mark of a criminal record. *American Journal of Sociology, 108,* 937–975.

16. Kunstman, J. W., & Plant, E. A. (2008). Racing to help: Racial bias in high emergency helping situations. *Journal of Personality and Social Psychology, 95,* 1499–1510.

17. Pettigrew, T. F., & Meertens, R. W. (1995). Subtle and blatant prejudice in Western Europe. *European Journal of Social Psychology, 25,* 57–75.

18. Word, C., Zanna, M., & Cooper, J. (1974). The nonverbal mediation of self-fulfilling prophecies in interracial interaction. *Journal of Experimental Social Psychology, 10,* 109–120.

19. Hebl, M. Foster, J. Bigazzi, J., Mannix, L., & Dovidio, J. (2002). Formal and interpersonal discrimination: A field study of bias toward homosexual applicants. *Personality and Social Psychology Bulletin, 28,* 815–825.

20. Glick, P., & Fiske, S. (2002). Ambivalent responses. *American Psychologist, 57,* 444–446.

21. Crandall, C. S., & Eshleman, A. (2003). A justification-suppression model of the expression and experience of prejudice. *Psychological Bulletin, 129(3)*, 414–446.

22. Frey, D. L., & Gaertner, S. I. (1986). Helping and the avoidance of inappropriate interracial behavior: A strategy that perpetuates a nonprejudiced self-image. *Journal of Personality and Social Psychology, 50,* 1035–1090.

23. Pew Research Center for the People & the Press. (2006). *Pragmatic Americans liberal and conservative on social issues.* Retrieved from Pew Research Center for the People & the Press Web site: http://people-press.org/report/?pageid=1072

111. Brown, P., & Elliot, R. (1965). Control of aggression in a nursery school class. *Journal of Experimental Child Psychology, 2,* 103–107.

112. Davitz, J. (1952). The effects of previous training on postfrustration behavior. *Journal of Abnormal and Social Psychology, 47,* 309–315.

113. Baron, R. A., & Kepner, C. R. (1970). Model's behavior and attraction toward the model as determinants of adult aggressive behavior. *Journal of Personality and Social Psychology, 14,* 335–344.

114. Baron, R. A. (1976). The reduction of human aggression: A field study of the influence of incompatible reactions. *Journal of Applied Social Psychology, 6,* 260–274.

115. Feshbach, S. (1971). Dynamics and morality of violence and aggression: Some psychological considerations. *American Psychologist, 26,* 281–292.

116. Michener, J. (1971). *Kent State: What happened and why.* New York: Random House.

117. Feshbach, N., & Feshbach, S. (1969). The relationship between empathy and aggression in two age groups. *Developmental Psychology, 1,* 102–107.

118. Feshbach, N. (1978, March). Empathy training: A field study in affective education. Paper presented at the American Educational Research Association, Toronto, Ontario, Canada.
Feshbach, N., & Feshbach, S. (1981, April). Empathy training and the regulation of aggression: Potentialities and limitations. Paper presented at the convention of the Western Psychological Association.

119. Hammock, G. S., & Richardson, D. R. (1992). Aggression as one response to conflict. *Journal of Applied Social Psychology, 22,* 298–311.
See also: Richardson, D., Hammock, G., Smith, S., & Gardner, W. (1994). Empathy as a cognitive inhibitor of interpersonal aggression. *Aggressive Behavior, 20,* 275–289.
See also: Ickes, W. (1997) *Empathic accuracy.* New York: Guilford Press.

120. Obuchi, K., Ohno, T., & Mukai, H. (1993) Empathy and aggression: Effects of self-disclosure and fearful appeal. *Journal of Social Psychology, 133,* 243–253.

第7章　偏　　見

1. Poussaint, A. (1971). A Negro psychiatrist explains the Negro psyche. In *Confrontation* (pp. 183–184). New York: Random House.

2. Gaertner, S. & Dovidio, J. (2005). Understanding and addressing contemporary racism: From aversive racism to the common ingroup identity model. *Journal of Social Issues. 61(3),* 615–639.
Plant, E., & Devine, P. (1998). Internal and external motivation to respond without prejudice. *Journal of Personality and Social Psychology, 75,* 811–832.

3. Pew Research Center for the People & the Press. (2007). *Political landscape more favorable to Democrats. Trends in political values and core attitudes: 1987–2007.* Retrieved from Pew Research Center for the People & the Press Web site: http://people-press.org/report/312/trends-in-political-values-and-core-attitudes-1987–2007\

4. Southern Poverty Law Center. (2009). *The second wave: Return of the militias.* Retrieved from Southern Poverty Law Center Web site: http://www.splcenter.org/get-informed/publications/splc-report-return-of-the-militias

100. Bushman, B. J., & Bonacci, A. M. (2002). Violence and sex impair memory for television ads. *Journal of Applied Psychology, 87,* 557–564.

101. Clark, K. (1971). The pathos of power: A psychological perspective. *American Psychologist, 26,* 1047–1057.

102. Aristotle. Rhetoric. In W. R. Roberts (Trans.) (1954), *Aristotle, rhetoric and poetics* (p. 22). New York: Modern Library.

103. Sears, R., Maccoby, E., & Levin, H. (1957). *Patterns of child rearing.* Evanston, IL: Row, Peterson.
Baumrind, D. (1966). Effects of authoritative parental control on child behavior. *Child Development, 37,* 887–907.
Becker, W. (1964). Consequences of different kinds of parental discipline. In M. L. Hoffman & L. W. Hoffman (Eds.), *Review of child development research* (Vol. 1). New York: Russell Sage.
Owens, D., & Straus, M. (1975). The social structure of violence in childhood and approval of violence as an adult. *Aggressive Behavior, 1,* 193–211.

104. Hamblin, R., Buckholt, D., Bushell, D., Ellis, D., & Ferritor, D. (1969, January). Changing the game from "get the teacher" to "learn." *Trans-Action,* pp. 20–31.

105. Haney, C. (1979). A psychologist looks at the criminal justice system. In A. Calvin (Ed.), *Challenges and alternatives to the American criminal justice system* (pp. 77–85). Ann Arbor, MI: University International Press.

106. Eichmann, C. (1966). *The impact of the Gideon decision on crime and sentencing in Florida.* Tallahassee, FL: Division of Corrections Publications.

107. Aronson, E., & Carlsmith, J. M. (1963). The effect of severity of threat on the devaluation of forbidden behavior. *Journal of Abnormal and Social Psychology, 66,* 584–588.
Freedman, J. (1965). Long-term behavioral effects of cognitive dissonance. *Journal of Experimental and Social Psychology, 1,* 145–155.

108. Olweus, D. (1991). Bully/victim problems among school children: Basic facts and effects of a school-based intervention program. In D. Pepler & K. Rubin (Eds.), *The development and treatment of childhood aggression* (pp. 411–448). Hillsdale, NJ: Erlbaum.
Olweus, D. (1997) Tackling peer victimization with a school-based intervention program. In D. Fry & K. Bjorkqvist (Eds.), *Cultural variation in conflict resolution: Alternatives to violence* (pp. 215–231). Mahwah, NJ: Erlbaum.
Olweus, D. (1996). Bullying at school: Knowledge base and an effective intervention program. In C. Ferris & T. Grisso (Eds.), *Understanding aggressive behavior in children* (Annals of the New York Academy of Sciences, Vol. 794, pp. 265–276). New York: New York Academy of Sciences.

109. U.S. President's Commission on Law Enforcement and Administration of Justice. (1967). *The challenge of crime in a free society: A report.* Washington, D.C.: U.S. Government Printing Office.

110. Bandura, A., Ross, D., & Ross, S. (1963). Imitation of film-mediated aggressive models. *Journal of Abnormal and Social Psychology, 66,* 3–11.
Bandura, A., Ross, D., & Ross, S. (1963). Vicarious reinforcement and imitative learning. *Journal of Abnormal and Social Psychology, 67,* 601–607.

83. Cline, V. B., Croft, R. G., & Courrier, S. (1973). Desensitization of children to television violence. *Journal of Personality and Social Psychology, 27,* 360–365.

84. Thomas, M. H., Horton, R., Lippincott, E., & Drabman, R. (1977). Desensitization to portrayals of real-life aggression as a function of exposure to television violence. *Journal of Personality and Social Psychology, 35,* 450–458.

85. Thomas, M. (1982) Physiological arousal, exposure to a relatively lengthy aggressive film, and aggressive behavior. *Journal of Research in Personality, 16,* 72–81.

86. Anderson, C. A., & Bushman, B. J. (2001) Effects of violent games on aggressive behavior, aggressive cognition, aggressive affect, physiological arousal, and prosocial behavior: A meta-analytic review of the scientific literature. *Psychological Science, 12,* 353–358.

87. Bushman, B. J., & Anderson, C. A. (2009). Comfortably numb: Desensitizing effects of violent media on helping others. *Psychological Science, 20,* 273–277.

88. Gentile, D. A. & Gentile, J. R. (2008). Violent video games as exemplary teachers: A conceptual analysis. *Journal of Youth and Adolescence, 37,* 127–141.

89. United States Department of Justice, Office of Justice Program, Bureau of Justice Statistics. (2009). *Female victims of violence.* Retrieved from http://bjs.ojp.usdoj.gov/content/pub/pdf/fvv.pdf

90. Check, J., & Malamuth, N. (1983). Can there be positive effects of participation in pornography experiments? *Journal of Sex Research, 20,* 14–31

91. Cox News Service.

92. Roiphe, K. (1994) *The morning after: Sex, fear, and feminism.* New York: Little, Brown.
Paglia, C. (1994). *Vamps and tramps: New essays.* New York: Vintage Books.

93. Malamuth, N. M. (1983). Factors associated with rape as predictors of laboratory aggression against women. *Journal of Personality and Social Psychology, 45,* 432–442.
Malamuth, N. M. (1986). Predictors of naturalistic sexual aggression. *Journal of Personality and Social Psychology, 50,* 953–962.

94. Donnerstein, E. (1980). Aggressive erotica and violence against women. *Journal of Personality and Social Psychology, 39,* 269–277.

95. Malamuth, N. (1981). Rape fantasies as a function of exposure to violent sexual stimuli. *Archives of Sexual Behavior, 10,* 33–47.

96. Malamuth, N., & Check, J. (1981). The effects of mass media exposure on acceptance of violence against women: A field experiment. *Journal of Research in Personality, 15,* 436–446.

97. Malamuth, N., Haber, S., & Feshbach, S. (1980). Testing hypotheses regarding rape: Exposure to sexual violence, sex differences, and the "normality" of rapists. *Journal of Research in Personality, 14,* 121–137.

98. Check, J., & Malamuth, N. (1983). Can there be positive effects of participation in pornography experiments? *Journal of Sex Research, 20,* 14–31.

99. Linz, D., Donnerstein, E., & Penrod, S. (1988). Effects of long-term exposure to violent and sexually degrading depictions of women. *Journal of Personality and Social Psychology, 55,* 758–768.

Kunkel, D., Wilson, B., Donnerstein, E., Blumenthal, E., & others. (1995). Measuring television violence: The importance of context. *Journal of Broadcasting and Electronic Media, 39,* 284–291.

75. Eron, L. D. (1982). Parent–child interaction, television violence, and aggression of children. *American Psychologist, 37,* 197–211.
Eron, L. D. (1987). The development of aggressive behavior from the perspective of a developing behaviorism. *American Psychologist, 42,* 425–442.
Eron, L. Huesmann, L., Lefkowitz, M., & Walder, L. (1996). Does television violence cause aggression? In D. Greenberg (Ed.), *Criminal careers: Vol. 2. The international library of criminology, criminal justice and penology* (pp. 311–321). Dartmouth.
Huesmann, L. R. (1982). Television violence and aggressive behavior. In D. Pearly, L. Bouthilet, & J. Lazar (Eds.), *Television and behavior: Vol. 2. Technical reviews* (pp. 220–256). Washington, D.C.: National Institute of Mental Health.
Turner, C. W., Hesse, B. W., & Peterson-Lewis, S. (1986). Naturalistic studies of the long-term effects of television violence. *Journal of Social Issues, 42(3),* 51–74.

76. Eron, L., Huesmann, L., Lefkowitz, M., & Walder, L. (1996). Does television violence cause aggression? In D. Greenberg (Ed.), *Criminal careers: Vol. 2. The international library of criminology, criminal justice and penology* (pp. 311–321). Dartmouth.
Geen, R. (1994) Television and aggression: Recent developments in research and theory. In D. Zillmann, J. Bryant, & A. C. Huston (Eds.), *Media, children, and the family: Social scientific, psychodynamic, and clinical perspectives* (LEA's communication series, pp. 151–162). Hillsdale, NJ: Erlbaum.
Geen, R. (1998). Aggression and anti-social behavior. In D. Gilbert, S. Fiske, & G. Lindzey (Eds.), *Handbook of social psychology* (4th. ed., pp. 317–356). New York: McGraw-Hill.
Huesmann, L. R., & Miller, L. (1994). Long-term effects of repeated exposure to media violence in childhood. In L. R. Huesmann (Ed.) *Aggressive behavior: Current perspectives.* New York: Plenum Press, pp. 153–186.

77. Liebert, R., & Baron, R. (1972). Some immediate effects of televised violence on children's behavior. *Developmental Psychology, 6,* 469–475.

78. Josephson, W. D. (1987) Television violence and children's aggression: Testing the priming, social script, and disinhibition prediction. *Journal of Personality and Social Psychology, 53,* 882–890.

79. Parke, R., Berkowitz, L., Leyens, J., West, S., & Sebastian, R. (1977). Some effects of violent and nonviolent movies on the behavior of juvenile delinquents. In L. Berkowitz (Ed.), *Advances in experimental social psychology* (pp. 135–172). New York: Academic Press.

80. Signorelli, N., Gerber, G., & Morgan, M. (1995). Violence on television: The Cultural Indicators Project. *Journal of Broadcasting and Electronic Media, 39(2),* 278–283.

81. Johnson, J. G., Cohen, P., Smailes, E. M., Karen, S., & Brook, J. (2002). Television viewing and aggressive behavior during adolescence and adulthood. *Science, 295,* 2468–2471.

82. Phillips, D. P. (1986). Natural experiments on the effects of mass media violence on fatal aggression: Strengths and weaknesses of a new approach. In L. Berkowitz (Ed.), *Advances in experimental social psychology* (Vol. 19, pp. 207–250). Orlando, FL: Academic Press.

58. Kulik, J., & Brown, R. (1979). Frustration, attribution of blame, and aggression. *Journal of Experimental and Social Psychology, 15,* 183–194.

59. Tocqueville, A. de. (1981). *Democracy in America.* Westminster, MD: Random House.

60. Aronson, E. (2000). *Nobody left to hate: Teaching compassion after Columbine.* New York: Worth/Freeman.

61. Twenge, J. M., Baumeister, R. F., Tice, D. M., Stucke, T. S. If you can't join them, beat them: Effects of social exclusion on aggressive behavior. *Journal of Personality and Social Psychology, 81,* 1058–1069.

62. *Time,* December 20, 1999.

63. Mallick, S., & McCandless, B. (1966). A study of catharsis of aggression. *Journal of Personality and Social Psychology, 4,* 591–596.

64. Johnson, T. E., & Rule, B. G. (1986). Mitigating circumstances information, censure, and aggression. *Journal of Personality and Social Psychology, 50,* 537–542.

65. Berkowitz, L. (1965). Some aspects of observed aggression. *Journal of Personality and Social Psychology, 2,* 359–369.

66. Berkowitz, L., & Geen, R. (1966). Film violence and the cue properties of available targets. *Journal of Personality and Social Psychology, 3,* 525–530.

67. Berkowitz, L., & LePage, A. (1967). Weapons as aggression-eliciting stimuli. *Journal of Personality and Social Psychology, 7,* 202–207.

68. Berkowitz, L. (1971). *Control of aggression* (p. 68). Unpublished manuscript.

69. Zimbardo, P. (1969). The human choice: Individuation, reason, and order versus deindividuation, impulse, and chaos. In W. Arnold & D. Levine (Eds.), *Nebraska Symposium on Motivation, 17,* 237–307.

70. Mullen, B. (1986). Atrocity as a function of lynch mob composition: A self-attention perspective. *Personality and Social Psychology Bulletin, 12,* 187–197.

71. Bandura, A., Ross, D., & Ross, S. (1961). Transmission of aggression through imitation of aggressive models. *Journal of Abnormal and Social Psychology, 63,* 575–582.
Bandura, A., Ross, D., & Ross, S. (1963). A comparative test of the status envy, social power, and secondary reinforcement theories of identificatory learning. *Journal of Abnormal and Social Psychology, 67,* 527–534.
Bandura, A., Ross, D., & Ross, S. (1963). Vicarious reinforcement and initiative learning. *Journal of Abnormal and Social Psychology, 67,* 601–607.

72. Huston, A., & Wright, J. (1996). Television and socialization of young children. In T. M. MacBeth (Ed.), *Tuning in to young viewers: Social science perspectives on television* (pp. 37–60). Thousand Oaks, CA: Sage.

73. Seppa, N. (1997). Children's TV remains steeped in violence. *APA Monitor, 28,* 36.

74. Cantor, J. (1994). Confronting children's fright responses to mass media. In D. Zillmann, J. Bryant, & A. C. Huston (Eds.), *Media, children, and the family: Social scientific, psychodynamic, and clinical perspectives* (LEA's communication series, pp. 139–150). Hillsdale, NJ: Erlbaum.

46. Taylor, S. P., & Leonard, K. E. (1983). Alcohol and human physical aggression. In R. Geen & E. Donnerstein (Eds.), *Aggression: Theoretical and empirical reviews.* New York: Academic Press.

White, H. (1997). Longitudinal perspective on alcohol use and aggression during adolescence. In M. Galanter (Ed.), *Recent developments in alcoholism*: Vol. 13. *Alcohol and violence: Epidmiology, neurobiology, psychology, family issues* (pp. 81–103). New York: Plenum Press.

Yudko, E., Blanchard, D., Henrie, J., & Blanchard, R. (1997) Emerging themes in preclinical research on alcohol and aggression. In M. Galanter (Ed.), *Recent developments in alcoholism:* Vol. 13. *Alcohol and violence: Epidemiology, neurobiology, psychology, family issues* (pp. 123–138). New York: Plenum Press.

47. Bushman, B. J. (1997). Effects of alcohol on human aggression: Validity of proposed explanations. In M. Galanter (Ed.), *Recent developments in alcoholism*: Vol. 13. *Alcohol and violence: Epidemiology, neurobiology, psychology, family issues* (pp. 227–243). New York: Plenum.

48. Azrin, N. H. (1967, May). Pain and aggression. *Psychology Today,* pp. 27–33.

Hutchinson, R. R. (1983). The pain–aggression relationship and its expression in naturalistic settings. *Aggressive Behavior, 9,* 229–242.

49. Berkowitz, L. (1988). Frustrations, appraisals, and aversively stimulated aggression. *Aggressive Behavior, 14,* 3–11.

50. Stoff, D., & Cairns, R., (1996). *Aggression and violence: Genetic, neurobiological, and biosocial perspectives.* Mahwah, NJ: Erlbaum.

51. Carlsmith, J. M., & Anderson, C. A. (1979). Ambient temperature and the occurrence of collective violence: A new analysis. *Journal of Personality and Social Psychology, 37,* 337–344.

52. Anderson, C. A., Bushman, B. J., & Groom, R. W. (1997). Hot years and serious and deadly assault: Empirical tests of the heat hypothesis. *Journal of Personality and Social Psychology, 73,* 1213–1223.

53. Griffitt, W., & Veitch, R. (1971). Hot and crowded: Influences of population density and temperature on interpersonal affective behavior. *Journal of Personality and Social Psychology, 17,* 92–98.

See also: Anderson, C., Anderson, B., & Deuser, W. (1996) Examining an affective aggression framework: Weapon and temperature effects on aggressive thoughts, affect, and attitudes. *Personality and Social Psychology Bulletin, 22,* 366–376.

Bell, P. A. (1980). Effects of heat, noise, and provocation on retaliatory evaluative behavior. *Journal of Social Psychology, 110,* 97–100.

54. Reifman, A. S., Larrick, R., & Fein, S. (1988). The heat–aggression relationship in major-league baseball. Paper presented at the meeting of the American Psychological Association, San Francisco.

55. Kenrick, D. T., & MacFarlane, S. W. (1986). Ambient temperature and horn honking: A field study of the heat/aggression relationship. *Environment and Behavior, 18,* 179–191.

56. Barker, R., Dembo, T., & Lewin, K. (1941). Frustration and aggression: An experiment with young children. *University of Iowa Studies in Child Welfare, 18,* 1–314.

57. Harris, M. (1974). Mediators between frustration and aggression in a field experiment. *Journal of Experimental and Social Psychology, 10,* 561–571.

See also: Berkowitz, L., Green, J., & Macauley, J. (1962). Hostility catharsis as the reduction of emotional tension. *Psychiatry, 25,* 23–31.

32. Doob, A. N., & Wood, L. (1972). Catharsis and aggression: The effects of annoyance and retaliation on aggressive behavior. *Journal of Personality and Social Psychology, 22,* 156–162.

33. Shergill S. S., Bays P. M., Frith, C. D., & Wolpert, D. M. (2003, July 11), "Two eyes for an eye: The neuroscience of force escalation," *Science, 301,* 187.

34. Stoff, D. M., & Cairns, R. B. (1996). *Aggression and violence: Genetic, neurobiological, and biosocial perspectives.* Mahwah, NJ: Erlbaum.
Moyer, K. E. (1983). The physiology of motivation: Aggression as a model. In C. J. Scheier & A. M. Rogers (Eds.), *G. Stanley Hall Lecture Series* (Vol. 3). Washington, D.C.: American Psychological Association.

35. Dabbs, J. M., Jr., Ruback, R. B., Frady, R. L., Hopper, C. H., & Sgoutas, D. S. (1988). Saliva testosterone and criminal violence among women. *Personality and Individual Differences, 18,* 627–633.

36. Dabbs, J. M., Carr, T. S., Frady, R. L., & Riad, J. K. (1995). Testosterone, crime, and misbehavior among 692 male prison inmates. *Personality and Individual Differences, 7,* 269–275.

37. Banks, T., & Dabbs, J. M., Jr. (1996). Salivary testosterone and cortisol in delinquent and violent urban subculture. *Journal of Social Psychology, 136,* 49–56.

38. Dabbs, J. M., Jr., Hargrove, M. F., & Heusel, C. (1996). Testosterone differences among college fraternities: Well-behaved vs. rambunctious. *Personality and Individual Differences, 20(2),* 157–161.

39. Human Capital Initiative Committee (1997, October). Reducing violence. *APS Observer,* pp. 5–21.

40. Maccoby, E. E., & Jacklin, C. N. (1974). *The psychology of sex differences.* Stanford, CA: Stanford University Press.

41. Crick, N. R., Casas, J. F., & Mosher, M. (1997). Relational and overt aggression in preschool. *Developmental Psychology, 33,* 579–587.
Crick, N. R., Ostrov, J. M., Appleyard, K., Jansen, E. A., & Casas, J. F. (2004). Relational aggression in early childhood: "You can't come to my birthday party unless . . .". In M. Putallaz & K. L. Bierman (Eds.), *Aggression, antisocial behavior, and violence among girls: A developmental perspective* (pp. 71–89). New York, NY: Guilford Press.

42. Wilson, J. Q., & Hernstein, R. J. (1985). *Crime and human nature.* New York: Simon & Schuster.

43. Archer, D., & McDaniel, P. (1995). Violence and gender: Differences and similarities across societies. In R. B. Ruback & N. A. Weiner (Eds.), *Interpersonal violent behaviors: Social and cultural aspects* (pp. 63–88). New York: Springer.

44. Desmond, E. W. (1987, November 30). Out in the open. *Time,* pp. 80–90.

45. Shupe, L. M. (1954). Alcohol and crimes: A study of the urine alcohol concentration found in 882 persons arrested during or immediately after the commission of a felony. *Journal of Criminal Law and Criminology, 33,* 661–665.

13. Baron, R. A., & Richardson, D. R. (1994). *Human aggression* (2nd ed.). New York: Plenum.

14. Hunt, G. T. (1940). *The wars of the Iroquois.* Madison: The University of Wisconsin Press.

15. Nisbett, R. E. (1993). Violence and U.S. regional culture. *American Psychologist, 48,* 441–449.

16. Cohen, D., & Nisbett, R. E. (1994). Self-protection and the culture of honor: Explaining southern violence. *Personality and Social Psychology Bulletin, 20,* 551–567.
Cohen, D., Nisbett, R., Bowdle, B. F., & Schwarz, N. (1996) Insult, aggression, and the southern culture of honor: An "experimental ethnography." *Journal of Personality and Social Psychology, 70,* 945–960.

17. Cohen, D., & Nisbett, R. E. (1997). Field experiments examining the culture of honor: The role of institutions in perpetuating norms about violence. *Personality and Social Psychology Bulletin, 23,* 1188–1199.

18. Lorenz, K. (1966). *On aggression* (M. Wilson, Trans.). New York: Harcourt, Brace & World.

19. Washburn, S., & Hamburg, D. (1965). The implications of primate research In I. DeVore (Ed.), *Primate behavior: Field studies of monkeys and apes,* (pp. 607–622). New York: Holt, Rinehart and Winston.

20. Pinker, S. (1997). *How the mind works.* New York: Norton.

21. LeBoeuf, B. (1974). Male-male competition and reproductive success in elephant seals. *American Zoologist, 14,* 163–176.

22. Montagu, A. (1950). *On being human.* New York: Hawthorne Books.

23. Kropotkin, P. (1902). *Mutual aid.* New York: Doubleday.

24. Nissen, H., & Crawford, M. P. (1936). Preliminary study of food-sharing behavior in young chimpanzees. *Journal of Comparative Psychology, 22,* 383–419.
Leakey, R., & Lewin, R. (1978). *People of the lake.* New York: Anchor Press/Doubleday.

25. Eiseley, L. (1946). *The immense journey* (p. 140). New York: Random House.

26. Menninger, W. (1948). Recreation and mental health. *Recreation, 42,* 340–346.

27. Bushman, B. (2002). Does venting anger feed or extinguish the flame? Catharsis, rumination, distraction, anger and aggressive responding. *Personality and Social Psychology Bulletin, 28,* 724–731.

28. Patterson, A. (1974, September). Hostility catharsis: A naturalistic quasi-experiment. Paper presented at the annual convention of the American Psychological Association, New Orleans.

29. Geen, R. (1981). Spectator moods at an aggressive sports event. *Journal of Social Psychology, 3,* 217–227.

30. Glass, D. (1964). Changes in liking as a means of reducing cognitive discrepancies between self-esteem and aggression. *Journal of Personality, 32,* 531–549.
Davis, K. E., & Jones, E. E. (1960). Changes in interpersonal perception as a means of reducing cognitive dissonance. *Journal of Abnormal and Social Psychology, 61,* 402–410.

31. Kahn, M. (1966). The physiology of catharsis. *Journal of Personality and Social Psychology, 3,* 278–298.

83. Dickerson, C. A., Thibodeau, R., Aronson, E., & Miller, D. (1992). Using cognitive dissonance to encourage water conservation. *Journal of Applied Social Psychology, 22,* 841–854.

84. Friedman, Thomas (2002). *Longitudes and attitudes: exploring the world after September 11.* New York: Farrar, Strauss, and Giroux, pp. 334–335.

85. Sakai, H. (1999). A multipliative power-function model of cognitive dissonance: Toward an integrated theory of cognition, emotion, and behavior after Leon Festinger. In E. Harmon-Jones & J. S. Mills (Eds.), *Cognitive dissonance: Progress on a pivotal theory in social psychology.* Washington, D.C.: American Psychological Association.

86. Johnson, L. B. (1971). *The vantage point: Perspectives of the presidency 1963–69.* New York: Holt, Rinehart and Winston.

第6章　人間の攻撃

1. *Newsweek,* April 28, 1986, p. 22.

2. Berkowitz, L. (1993). *Aggression.* New York: McGraw-Hill.

3. Green, R. (1998). *Aggression and anti-social behavior.* In D. Gilbert, S. Fiske, & G. Lindzey (Eds.), *Handbook of social psychology* (4th. ed.), pp. 317–356). New York: McGraw-Hill.

4. Rousseau, J.J. (1930). *The social contract and discourses.* New York: Dutton.

5. Freud, S. (1948). *Beyond the pleasure principle.* London: Hogarth Press and Institute of Psycho-Analysis.

6. Freud, S. (1959). Why war? (letter to Albert Einstein, 1932). In E. Jones (Ed.), *Collected papers* (Vol. 5., p. 282). New York: Basic Books.

7. Kuo, Z. Y. (1961). Genesis of the cat's response to the rat. In E. Aronson (Ed.), *Instinct* (p. 24). Princeton, NJ: Van Nostrand.

8. Eibl-Eibesfeldt, I. (1963). Aggressive behavior and ritualized fighting in animals. In J. H. Masserman (Ed.), *Science and psychoanalysis, Vol. VI. Violence and war.* New York: Grune & Stratton.

9. Watts, D., Muller, M., Amsler, S., Mbabazi, G., & Mitani, J. C. (2006). Lethal intergroup aggression by chimpanzees in the Kibale National Park, Uganda. *American Journal of Primatology, 68,* 161–180.
   Watts, D. & Mitani, J. C. (2001) Boundary patrols and intergroup encounters in wild chimpanzees. *Behaviour, 138,* 299–327.

10. De Waal, F. B. M. (1996). *Good natured: The origins of right and wrong in humans and other animals.* Cambridge, MA: Harvard University Press.
   Parish, A. R., & de Waal, F. B. M. (2000). The other "closest living relative": How bonobos (Pan paniscus) challenge traditional assumptions about females, dominance, intra- and intersexual interactions, and hominid evolution. *Annals of the New York Academy of Sciences, 907,* 97–113.

11. Lore R. K., Schultz L. A. (1993), Control of human aggression: A comparative perspective. *American Psychologist, 48,* 16–25.
   Buss, D. (2004). *Evolutionary psychology.* Boston: Allyn & Bacon.

12. Berkowitz, L. (1993). *Aggression.* New York: McGraw-Hill.

71. Bem, D. J. (1967). Self-perception: An alternative interpretation of cognitive dissonance phenomena. *Psychological Review, 74,* 183–200.

72. Fazio, R., Zanna, M., & Cooper, J. (1977). Dissonance and self-perception: An integrative view of each theory's proper domain of application. *Journal of Experimental Social Psychology, 13,* 464–479.

73. Elliot, A. J., & Devine, P. G. (1994). On the motivational nature of cognitive dissonance: Dissonance as psychological discomfort. *Journal of Personality and Social Psychology,* 67, 382–394.

74. Pallak, M. S., & Pittman, T. S. (1972). General motivational effects of dissonance arousal. *Journal of Personality and Social Psychology, 21,* 349–358.

75. Zanna, M. P., & Cooper J. (1974). Dissonance and the pill: An attribution approach to studying the arousal properties of dissonance. *Journal of Personality and Social Psychology, 29,* 703–709.

See also: Fried, C. B. & Aronson, E. (1995). Hypocrisy, misattribution, and dissonance reduction. *Personality and Social Psychology Bulletin, 21,* 925–934.

76. Harmon-Jones, E. (2000). Cognitive dissonance and experienced negative affect: Evidence that dissonance increases experienced negative affect even in the absence of aversive consequences. *Personality and Social Psychology Bulletin, 26(12),* 1490–1501.

77. Westen, D., Kilts, C., Blagov, P., Harenski, K., & Hamann, S. (2006). The neural basis of motivated reasoning: An fMRI study of emotional constraints on political judgment during the U.S. presidential election of 2004. *Journal of Cognitive Neuroscience, 18,* 1947–1958.

78. Zimbardo, P. (1969). *The cognitive control of motivation.* Glencoe, IL: Scott, Foresman.

79. Brehm, J. (1962). Motivational effects of cognitive dissonance. In *Nebraska Symposium on Motivation,* 1962 (pp. 51–77). Lincoln: University of Nebraska Press.

80. Axsom, D., & Cooper, J. (1981). Reducing weight by reducing dissonance: The role of effort justification in inducing weight loss. In E. Aronson (Ed.), *Readings about the social animal* (pp. 181–196). San Francisco: W. H. Freeman.

Axsom, D., & Cooper, J. (1985). Cognitive dissonance and psychotherapy: The role of effort justification in inducing weight loss. *Journal of Experimental Social Psychology, 21,* 149–160.

81. Biek, M., Wood, W., & Chaiken, S. (1996) Working knowledge, cognitive processing, and attitudes: On the determinants of bias. *Personality and Social Psychology Bulletin, 22,* 547–556.

82. Stone, J., Aronson, E., Crain, A. L., Winslow, M. P., & Fried, C. B. (1994). Inducing hypocrisy as a means of encouraging young adults to use condoms. *Personality and Social Psychology Bulletin, 20,* 116–128.

Aronson, E. (1997) The giving away of psychology—and condoms. *APS Observer, 10,* 17–35.

Aronson, E. (1997) The theory of cognitive dissonance: The evolution and vicissitudes of an idea. In S. Craig McGarty, & A. Haslam (Eds.), *The message of social psychology: Perspectives on mind in society* (pp. 20–35). Oxford: Blackwell.

Aronson, E. (1998). Dissonance, hypocrisy, and the self concept. In E. Harmon-Jones & J. S. Mills (Eds.), *Cognitive dissonance theory: Revival with revisions and controversies.* Washington, D.C.: American Psychological Association Books.

55. Davis, K., & Jones, E. E. (1960). Changes in interpersonal perception as a means of reducing cognitive dissonance. *Journal of Abnormal and Social Psychology, 61,* 402–410.
See also: Gibbons, F. X., & McCoy, S. B. (1991). Self-esteem, similarity, and reactions to active versus passive downward comparison. *Journal of Personality and Social Psychology, 60(3),* 414–424.

56. Glass, D. (1964). Changes in liking as a means of reducing cognitive discrepancies between self-esteem and aggression. *Journal of Personality, 32,* 531–549.
See also: Sorrentino, R., & Boutilier, R. (1974). Evaluation of a victim as a function of fate similarity/dissimilarity. *Journal of Experimental Social Psychology, 10,* 84–93.
Sorrentino, R., & Hardy, J. (1974). Religiousness and derogation of an innocent victim. *Journal of Personality, 42,* 372–382.

57. Berscheid, E., Boyce, D., & Walster (Hatfield), E. (1968). Retaliation as a means of restoring equity. *Journal of Personality and Social Psychology, 10,* 370–376.

58. Jones, E., & Nisbett, R. (1971). *The actor and the observer: Divergent perceptions of the causes of behavior.* New York: General Learning Press.

59. Shaw, G. B. (1952). In D. Russel (Ed.), *Selected prose.* New York: Dodd, Mead.

60. Brehm, J. (1959). Increasing cognitive dissonance by a *fait-accompli. Journal of Abnormal and Social Psychology, 58,* 379–382.

61. Darley, J., & Berscheid, E. (1967). Increased liking as a result of the anticipation of personal contact. *Human Relations, 20,* 29–40.

62. Kay, A., Jimenez, M., & Jost, J. (2002). Sour grapes, sweet lemons, and the anticipatory rationalization of the status. *Personality and Social Psychology Bulletin, 28,* 1300–1312.

63. Lehman, D., & Taylor, S. E. (1987). Date with an earthquake: Coping with a probable, unpredictable disaster. *Personality and Social Psychology Bulletin, 13,* 546–555.

64. Gilbert, D. T. (2006). *Stumbling on happiness.* New York: Knopf.
Tavris, C. & Aronson, E. (2007). *Mistakes were made (but not by me).* New York: Harcourt.

65. Peterson, A. A., Haynes, G. A., & Olson, J. M. (2008). Self-esteem differences in the effects of hypocrisy induction on behavioral intentions in the health domain. *Journal of Personality, 76,* 305–322.

66. Aronson, E., & Mettee, D., (1968). Dishonest behavior as a function of different levels of self-esteem. *Journal of Personality and Social Psychology, 9,* 121–127.

67. Cohen, G. L., Garcia, J., Apfel, N., & Master, A. (2006). Reducing the racial achievement gap: A social-psychological intervention. *Science, 313,* 1307–1310.

68. Kernis, M. H. (2001). Following the trail from narcissism to fragile self-esteem. *Psychological Inquiry, 12,* 223–225.

69. Baumeister, R. F., Bushman, B.J., & Campbell, W. K. (2000). Self-esteem, narcissism, and aggression: Does violence result from low self-esteem or from threatened egotism? *Current Directions in Psychological Science, 9,* 26–29.

70. Salmivalli, C., Kaukiainen, A., Kaistaniemi, L., & Lagerspetz, K. M. Self-evaluated self-esteem, peer-evaluated self-esteem, and defensive egotism as predictors of adolescents' participation in bullying situations. *Personality and Social Psychology Bulletin 25,* 1268–1278.

39. Cialdini, R., & Schroeder, D. (1976). Increasing compliance by legitimizing paltry contributions: When even a penny helps. *Journal of Personality and Social Psychology, 34,* 599–604.

40. Freedman, J. (1963). Attitudinal effects of inadequate justification. *Journal of Personality, 31,* 371–385.

41. Deci, E. (1975). *Intrinsic motivation.* New York: Plenum.
Deci, E. (1971). Effects of externally mediated rewards on intrinsic motivation. *Journal of Personality and Social Psychology, 18,* 105–115.
Deci, E., Nezlek, J., & Sheinman, L. (1981). Characteristics of the rewarder and intrinsic motivation of the rewardee. *Journal of Personality and Social Psychology, 40,* 1–10.
Ryan, R. M., & Deci, E. L. (1996). When paradigms clash: Comments on Cameron and Pierce's claim that rewards do not undermine intrinsic motivation. *Review of Educational Research, 66,* 33–38.

42. Lepper, M. R., & Greene, D. (1975). Turning play into work: Effects of adult surveillance and extrinsic rewards on children's intrinsic motivation. *Journal of Personality and Social Psychology, 31,* 479–486.
Lepper, M. R., Keavney, M., & Drake, M. (1996). Intrinsic motivation and extrinsic rewards: A commentary on Cameron and Pierce's meta-analysis. *Review of Educational Research, 66,* 5–32.

43. Henderlong, J., & Lepper, M. R. (2002). The effects of praise on children's intrinsic motivation: A review and synthesis. *Psychological Bulletin, 128,* 774–795.

44. Dweck, C. (1999). *Self-theories: Their role in motivation, personality, and development.* Philadelphia, PA: Psychology Press.

45. Aronson, E., & Carlsmith, J. M. (1963). Effect of the severity of threat on the devaluation of forbidden behavior. *Journal of Abnormal and Social Psychology, 66,* 584–588.

46. Freedman, J. (1965). Long-term behavioral effects of cognitive dissonance. *Journal of Experimental Social Psychology, 1,* 145–155.

47. Sears, R., Whiting, J., Nowlis, V., & Sears, P. (1953). Some child-rearing antecedents of aggression and dependency in young children. *Genetic Psychology Monographs, 47,* 135–234.
Strassberg, Z., Dodge, K., Pettit, G., & Bates, J. (1994). Spanking in the home and children's subsequent aggression toward kindergarten peers. *Development and Psychopathology, 6,* 445–461.

48. Aronson, E., & Mills, J. (1959). The effect of severity of initiation on liking for a group. *Journal of Abnormal and Social Psychology, 59,* 177–181.

49. Gerard, H., & Mathewson, G. (1966). The effects of severity on initiation on liking for a group: A replication. *Journal of Experimental Social Psychology, 2,* 278–287.

50. Cooper, J. (1980). Reducing fears and increasing assertiveness: The role of dissonance reduction. *Journal of Experimental Social Psychology, 16,* 199–213.

51. Sapolsky R. (1993). *Why zebras don't get ulcers.* New York: Freeman.

52. Conway, M., & Ross, M. (1984). Getting what you want by revising what you had. *Journal of Personality and Social Psychology, 47,* 738–748.

53. Michener, J. (1971). *Kent State: What happened and why.* New York: Random House.

54. Khrushchev, N. (1970). In S. Talbot (Ed. and Trans.), *Khrushchev remembers.* Boston: Little, Brown.

25. Freedman, J., & Fraser, S. (1966). Compliance without pressure: The foot-in-the-door technique. *Journal of Personality and Social Psychology, 4,* 195–202.

26. Pliner, P., Hart, H., Kohl, J., & Saari, D. (1974). Compliance without pressure: Some further data on the foot-in-the-door technique. *Journal of Experimental Social Psychology, 10,* 17–22.

27. Knox, R., & Inkster, J. (1968). Postdecision dissonance at post time. *Journal of Personality and Social Psychology, 8,* 319–323.

28. Gilbert, D. T. (2006). *Stumbling on happiness.* New York: Knopf.

29. Cialdini, R., Cacioppo, J., Bassett, R., & Miller, J. (1978). Low-ball procedure for producing compliance: Commitment then cost. *Journal of Personality and Social Psychology, 36,* 463–476.

30. Mills, J. (1958). Changes in moral attitudes following temptation. *Journal of Personality, 26,* 517–531.

31. Adams, H., Wright, L., & Lohr, B. (1996). Is homophobia associated with homosexual arousal? *Journal of Abnormal Psychology, 105,* 440–445.

32. Festinger, L., & Carlsmith, J. M. (1959). Cognitive consequences of forced compliance. *Journal of Abnormal and Social Psychology, 58,* 203–210.

33. Cohen, A. R. (1962). An experiment on small rewards for discrepant compliance and attitude change. In J. W. Brehm & A. R. Cohen, *Explorations in cognitive dissonance* (pp. 73–78). New York: Wiley.

34. Leippe, M. R., & Eisenstadt, D. (1994). Generalization of dissonance reduction: Decreasing prejudice through induced compliance. *Journal of Personality and Social Psychology, 67,* 395–413.

35. Zimbardo, P., Weisenberg, M., Firestone, I., & Levy, B. (1965). Communicator effectiveness in producing public conformity and private attitude change. *Journal of Personality, 33,* 233–255.

36. Aronson, E. (1968). Dissonance theory: Progress and problems. In R. P. Abelson, E. Aronson, W. J. McGuire, T. M. Newcomb, M. J. Rosenberg, & P. H. Tannenbaum (Eds.), *Theories of cognitive consistency: A sourcebook* (pp. 5–27). Chicago: Rand McNally.
Aronson, E. (1969). The theory of cognitive dissonance: A current perspective. In L. Berkowitz (Ed.), *Advances in experimental social psychology* (Vol. 4, pp. 1–34). New York: Academic Press.

37. Nel, E., Helmreich, R., & Aronson, E. (1969). Opinion change in the advocate as a function of the persuasibility of his audience: A clarification of the meaning of dissonance. *Journal of Personality and Social Psychology, 12,* 117–124.

38. Hoyt, M., Henley, M., & Collins, B. (1972). Studies in forced compliance: Confluence of choice and consequence on attitude change. *Journal of Personality and Social Psychology, 23,* 204–210.
Schlenker, B., & Schlenker, P. (1975). Reactions following counterattitudinal behavior which produces positive consequences. *Journal of Personality and Social Psychology, 31,* 962–971.
Riess, M., & Schlenker, B. (1977). Attitude change and responsibility avoidance as modes of dilemma resolution in forced-compliance situations. *Journal of Personality and Social Psychology, 35,* 21–30.

6. Gibbons, F. X., Eggleston, T. J., & Benthin, A. C. (1997). Cognitive reactions to smoking relapse: The reciprocal relation between dissonance and self-esteem. *Journal of Personality and Social Psychology, 72,* 184–195.

7. Goleman, D. (1982, January). Make-or-break resolutions. *Psychology Today,* p. 19.

8. Levin, M. (1997, July 18) Jury views CEO's "gummy bear" deposition. *Los Angeles Times,* p. D3.

9. *Austin American Statesman,* November 18, 1971, p. 69.

10. Tavris, C. & Aronson, E. (2007). *Mistakes were made (but not by me).* New York: Harcourt.

11. Hastorf, A., & Cantril, H. (1954). They saw a game: A case study. *Journal of Abnormal and Social Psychology, 49,* 129–134.

12. Bruce, L. (1966). *How to talk dirty and influence people* (pp. 232–233). Chicago: Playboy Press, and New York: Pocket Books.

13. *Time,* November 24, 1980, p. 11.

14. Jones, E., & Kohler, R. (1959). The effects of plausibility on the learning of controversial statements. *Journal of Abnormal and Social Psychology, 57,* 315–320.

15. Lord, C., Ross, L., & Lepper, M. (1979). Biased assimilation and attitude polarization: The effects of prior theories on subsequently considered evidence. *Journal of Personality and Social Psychology, 37,* 2098–2109.
    See also: Edwards, K., & Smith, E. (1996). A disconfirmation bias in the evaluation of arguments. *Journal of Personality and Social Psychology, 71,* 5–24.

16. Ehrlich, D., Guttman, I., Schonbach, P., & Mills, J. (1957). Postdecision exposure to relevant information. *Journal of Abnormal and Social Psychology, 57,* 98–102.

17. Brehm, J. (1956). Postdecision changes in the desirability of alternatives. *Journal of Abnormal and Social Psychology, 52,* 384–389.
    See also: Gilovich, T., Medvec, V. H., & Chen S. (1995). Commission, omission, and dissonance reduction: Coping with regret in the "Monty Hall" problem. *Personality and Social Psychology Bulletin, 21,* 182–190.

18. Johnson, D. J., & Rusbult, C. E. (1989). Resisting temptation: Devaluation of alternative partners as a means of maintaining commitment in close relationships. *Journal of Personality and Social Psychology, 57,* 967–980.

19. Simpson, J. A., Gangestad, S. W., & Lerma, M. (1990). Perception of physical attractiveness: Mechanisms involved in the maintenance of romantic relationships. *Journal of Personality and Social Psychology, 59,* 1192–1201.

20. Wiesel, E. (1969). *Night.* New York: Avon.

21. White, R. (1971, November). Selective inattention. *Psychology Today,* pp. 47–50, 78–84.

22. Risen, J. (2006). *State of war: the secret history of the C.I.A. and the Bush administration.* New York: Free Press.

23. Goodwin, D. K. (2005) *Team of rivals: The political genius of Abraham Lincoln.* New York: Simon & Schuster.
    See also: Janis, I. (1972). *Victims of groupthink.* Boston: Houghton Mifflin.

24. Pentagon papers: The secret war. (1971, June 28). *Time,* p. 12.

Arkin, R. M., & Maruyama, G. M. (1979). Attribution, affect, and college exam performance. *Journal of Educational Psychology, 71,* 85–93.

Gilovich, T. (1983). Biased evaluation and persistence in gambling. *Journal of Personality and Social Psychology, 44,* 1110–1126.

Ross, M., & Sicoly, F. (1979). Egocentric biases in availability and attribution. *Journal of Personality and Social Psychology, 37,* 322–336.

Breckler, S. J., Pratkanis, A. R., & McCann, D. (1991). The representation of self in multidimensional cognitive space. *British Journal of Social Psychology, 30,* 97–112.

Johnston, W. A. (1967). Individual performance and self-evaluation in a simulated team. *Organization Behavior and Human Performance, 2,* 309–328.

Cunningham, J. D., Starr, P. A., & Kanouse, D. E. (1979). Self as actor, active observer, and passive observer: Implications for causal attribution. *Journal of Personality and Social Psychology, 37,* 1146–1152.

105. Greenwald, A. G., & Breckler, S. J. (1985). To whom is the self presented? In B. R. Schlenker (Ed.), *The self and social life* (pp. 126–145). New York: McGraw-Hill.

106. Miller, D. T., & Ross, M. (1975). Self-serving biases in the attribution of causality: Fact or fiction? *Psychological Bulletin, 82,* 213–225.

107. Weary (Bradley), G. (1978). Self-serving biases in the attribution process: A reexamination of the fact or fiction question. *Journal of Personality and Social Psychology, 36,* 56–71.

Weary, G. (1980). Examination of affect and egotism as mediators of bias in causal attributions. *Journal of Personality and Social Psychology, 38,* 348–357.

Weary, G., Harvey, J. H., Schwieger, P., Olson, C. T., Perloff, R., & Pritchard, S. (1982). Self-presentation and the moderation of self-serving attributional biases. *Social Cognition, 1,* 140–159.

108. Grove, J. R., Hanrahan, S. J., & McInman, A. (1991). Success/failure bias in attributions across involvement categories in sports. *Personality and Social Psychology Bulletin, 17,* 93–97.

109. Taylor, S. E. (1989). *Positive illusions: Creative self-deception and the healthy mind.* New York: Basic Books.

110. Seligman, M. E. P. (1991). *Learned optimism.* New York: Alfred A. Knopf.

第5章　自己正当化

1. Prasad, J. (1950). A comparative study of rumors and reports in earthquakes. *British Journal of Psychology, 41,* 129–144.

2. Sinha, D. (1952). Behavior in a catastrophic situation: A psychological study of reports and rumours. *British Journal of Psychology, 43,* 200–209.

3. Festinger, L. (1957). *A theory of cognitive dissonance.* Stanford, CA: Stanford University Press.

4. Kassarjian, H., & Cohen, J. (1965). Cognitive dissonance and consumer behavior. *California Management Review, 8,* 55–64.

5. Tagliacozzo, R. (1979). Smokers' self-categorization and the reduction of cognitive dissonance. *Addictive Behaviors, 4,* 393–399.

91. Storms, M. D. (1973). Videotape and the attribution process: Reversing the perspective of actors and observers. *Journal of Personality and Social Psychology, 27,* 165–175.

92. Roberts, W., & Strayer, J. (1996). Empathy, emotional expressiveness, and prosocial behavior. *Child Development, 67(2),* 449–470.

93. James, W. (1890/1950). *The principles of psychology* (pp. 314–315). New York: Dover.

94. Greenwald, A. G. (1980). The totalitarian ego: Fabrication and revision of personal history. *American Psychologist, 35,* 603–618.
   Greenwald, A. G., & Pratkanis, A. R. (1984). The self. In R. S. Wyer & T. K. Srull (Eds.), *Handbook of social cognition* (Vol. 3, pp. 129–178). Hillsdale, NJ: Erlbaum.

95. Greenwald, A. G. (1980). The totalitarian ego: Fabrication and revision of personal history. *American Psychologist, 35,* 603–618.

96. Jervis, R. (1976). *Perception and misperception in international politics.* Princeton, NJ: Princeton University Press.

97. Maura Reynolds. *The Los Angeles Times,* Jan. 3, 2003.

98. Langer, E. J. (1975). The illusion of control. *Journal of Personality and Social Psychology, 32,* 311–329.
   See also: Langer, E. J. (1977). The psychology of chance. *Journal for the Theory of Social Behavior, 7,* 185–208.

99. Gilovich, T., Medvec, V. H., & Savitsky, K. (2000). The spotlight effect in social judgment: An egocentric bias in estimates of the salience of one's own actions and appearance. *Journal of Personality and Social Psychology, 78,* 211–222.

100. Glick, P., Gottesman, D., & Jolton, J. (1989). The fault is not in the stars: Susceptibility of skeptics and believers in astrology to the Barnum effect. *Personality and Social Psychology Bulletin, 15(4),* 572–583.

101. Petty, R. E., & Brock, T. C. (1979). Effects of "Barnum" personality assessments on cognitive behavior. *Journal of Consulting and Clinical Psychology, 47,* 201–203.

102. Markus, H. (1977). Self-schemata and processing information about the self. *Journal of Personality and Social Psychology, 35,* 63–78.
   Breckler, S. J., Pratkanis, A. R., & McCann, D. (1991). The representation of self in multidimensional cognitive space. *British Journal of Social Psychology, 30,* 97–112.
   Brenner, M. (1973). The next-in-line effect. *Journal of Verbal Learning and Verbal Behavior, 12,* 320–323.
   Slamecka, N. J., & Graf, P. (1992). The generation effect: Delineation of a phenomenon. *Journal of Experimental Psychology: Human Learning and Memory, 4,* 592–604.
   Rogers, T. B., Kuiper, N. A., & Kirker, W. S. (1977). Self-reference and the encoding of personal information. *Journal of Personality and Social Psychology, 35,* 677–688.
   Klein, S. B., & Loftus, J. (1988). The nature of self-referent encoding: The contributions of elaborative and organizational processes. *Journal of Personality and Social Psychology, 55,* 5–11.

103. *San Francisco Sunday Examiner and Chronicle,* April 22, 1979, p. 35.

104. Greenberg, J., Pyszczynski, T., & Solomon, S. (1982). The self-serving attributional bias: Beyond self-presentation. *Journal of Experimental Social Psychology, 18,* 56–67.

81. Fazio, R. H., Chen, J., McDonel, E. C., & Sherman, S. J. (1982). Attitude accessibility, attitude–behavior consistency, and the strength of the object–evaluation association. *Journal of Experimental Social Psychology, 50,* 339–357.

Fazio, R. H., Powell, M. C., & Herr, P. M. (1983). Toward a process model of attitude–behavior relation: Accessing one's attitude upon mere observation of the attitude object. *Journal of Personality and Social Psychology, 44,* 723–735.

Fazio, R. H., & Zanna, M. P. (1981). Direct experience and attitude–behavior consistency. In L. Berkowitz (Ed.), *Advances in experimental social psychology* (Vol. 14, pp. 162–202). New York: Academic Press.

Regan, D. T., & Fazio, R. H. (1977). On the consistency between attitudes and behavior: Look to the method of attitude formation. *Journal of Experimental Social Psychology, 13,* 38–45.

82. Herr, P. M. (1986). Consequences of priming: Judgment and behavior. *Journal of Personality and Social Psychology, 51,* 1106–1115.

83. Dweck, C. S. (1999). *Self-theories: Their role in motivation, personality, and development.* Philadelphia, PA: Taylor & Francis.

84. Aronson, J., Fried, C., & Good, C. (2002). Reducing the effects of stereotype threat on African American college students by shaping theories of intelligence. *Journal of Experimental Social Psychology, 38,* 113–125.

Good, C., Aronson, J., & Inzlicht, M. (2003). Improving adolescents' standardized test performance: An intervention to reduce the effects of stereotype threat. *Journal of Applied Developmental Psychology, 24,* 645–662.

Blackwell, L. S., Trzesniewski, K. H., & Dweck, C. S. (2007). Implicit theories of intelligence predict achievement across an adolescent transition: A longitudinal study and an intervention. *Child Development, 78(1)*, 246–263.

85. Ross, L. (1977). The intuitive psychologist and his shortcomings: Distortions in the attribution process. In L. Berkowitz (Ed.), *Advances in experimental social psychology* (Vol. 10, pp. 173–220). New York: Academic Press.

86. Bierbrauer, G. (1973). *Effect of set, perspective, and temporal factors in attribution.* Unpublished Ph.D. dissertation, Stanford University as described in Ross (1977).

87. Ross, L., Amabile, T. M., & Steinmetz, J. L. (1977). Social roles, social control, and biases in social-perception processes. *Journal of Personality and Social Psychology, 35,* 485–494.

88. Answers: Forbes field in Pittsburgh, Vilnius, and July 4, 1826.

89. Jones, E. E., & Nisbett, R. E. (1971). The actor and the observer: Divergent perceptions of the causes of behavior. In E. E. Jones, D. E. Kanouse, H. H. Kelley, R. E. Nisbett, S. Valins, & B. Weiner (Eds.), *Attribution: Perceiving the causes of behavior* (pp. 79–94). Morristown, NJ: General Learning Press.

90. See Jones, E. E., Rock, L., Shaver, K. G., Goethals, G. R., & Ward, L. M. (1968). Pattern of performance and ability attribution: An unexpected primacy effect. *Journal of Personality and Social Psychology, 10,* 317–349.

McArthur, L. (1972). The how and what of why: Some determinants and consequences of causal attribution. *Journal of Personality and Social Psychology, 22,* 171–193.

Nisbett, R. E., Caputo, C., Legant, P., & Marecek, J. (1973). Behavior as seen by the actor and as seen by the observer. *Journal of Personality and Social Psychology, 27,* 154–164.

66. Davis, L. (1990). *The courage to heal workbook.* New York: Perennial.

67. Kihlstrom, J. F. (1997). Memory, abuse, and science. *American Psychologist, 52,* 994–995.

68. De Rivera, J. (1994). Impact of child abuse memories on the families of victims. *Issues in Child Abuse Accusations, 6,* 149–155.

69. Nelson, E. L., & Simpson, P. (1994). First glimpse: An invited examination of subjects who have rejected their recovered visualizations as false memories. *Issues in Child Abuse Accusations, 6,* 123–133.

70. Ofshe, R., & Watters, E. (1994). *Making monsters: False memories, psychotherapy, and sexual hysteria.* New York: Scribner's.
Wright, L. (1994). *Remembering Satan.* New York: Knopf.

71. Wyatt, D. F., & Campbell, D. T. (1951). On the liability of stereotype or hypothesis. *Journal of Abnormal and Social Psychology, 46,* 496–500.
Bruner, J. S., & Potter, M. C. (1964). Interference in visual recognition. *Science, 144,* 424–425.

72. Snyder, M., & Swann, W. B. (1978). Hypothesis-testing processes in social interaction. *Journal of Personality and Social Psychology, 36,* 1202–1212.

73. Fischhoff, B. (1975). Hindsight is not equal to foresight: The effect of outcome knowledge on judgment under uncertainty. *Journal of Experimental Psychology: Human Perception and Performance, 1,* 288–299.
Fischhoff, B. (1977). Perceived informativeness of facts. *Journal of Experimental Psychology: Human Perception and Performance, 3,* 349–358.

74. Greenwald, A. G. (1980). The totalitarian ego: Fabrication and revision of personal history. *American Psychologist, 35,* 603–618.

75. LaPiere, R. (1934). Attitudes versus actions. *Social Forces, 13,* 230–237.

76. Wicker, A. W. (1969). Attitudes versus actions: The relationship of verbal and overt behavioral responses to attitude objects. *Journal of Social Issues, 25,* 41–78.

77. Jones, E. E. (1990). *Interpersonal perception.* New York: W. H. Freeman.
Jones, E. E., & Davis, K. E. (1965). From acts to dispositions: The attribution process in person perception. In L. Berkowitz (Ed.), *Advances in experimental social psychology* (Vol. 2, pp. 219–266). New York: Academic Press.

78. Jones, E. E., & Harris, V. A. (1967). The attribution of attitudes. *Journal of Experimental Social Psychology, 3,* 1–24.

79. Fazio, R. H. (1986). How do attitudes guide behavior? In R. M. Sorrentino & E. T. Higgins (Eds.), *Handbook of motivation and cognition* (pp. 204–242). New York: Guilford Press.
Fazio, R. H. (1989). On the power and functionality of attitudes: The role of attitude accessibility. In A.R. Pratkanis, S. J. Breckler, & A. G. Greenwald (Eds.), *Attitude structure and function* (pp. 153–179). Hillsdale, NJ: Erlbaum.

80. Fazio, R. H., & Williams, C. J. (1986). Attitude accessibility as a moderator of the attitude–perception and attitude–behavior relations: An investigation of the 1984 presidential election. *Journal of Personality and Social Psychology, 51,* 505–514.
See also: Bassili, J. N. (1995). On the psychological reality of party identification: Evidence from the accessibility of voting intentions and of partisan feelings. *Political Behavior, 17,* 339–358.

Turner, J. C. (1987). *Rediscovering the social group.* New York: Basil Blackwell.

53. Gilbert, D. T. (2006). *Stumbling on happiness.* New York: Knopf.

54. Gilbert, D. T., Pinel, E. C., Wilson, T. D., Blumberg, S. J., & Wheatley, T. (1998). Immune neglect: A source of durability bias in affective forecasting. *Journal of Personality and Social Psychology, 75,* 617–638.

55. Greenwald, A. G. (1980). The totalitarian ego: Fabrication and revision of personal history. *American Psychologist, 35,* 603–618.
Greenwald, A. G., & Banaji, M. R. (1989). The self as a memory system: Powerful, but ordinary. *Journal of Personality and Social Psychology, 57,* 41–54.

56. Loftus, E. F., & Loftus, G. R. (1980). On the permanence of stored information in the human brain. *American Psychologist, 35,* 409–420.

57. Loftus, E. F., & Palmer, J. C. (1974). Reconstruction of automobile destruction: An example of the interaction between language and memory. *Journal of Verbal Learning and Verbal Behavior, 13,* 585–589.

58. Loftus, E. F. (1977). Shifting human color memory. *Memory and Cognition, 5,* 696–699.

59. Markus, H. (1977). Self-schemata and processing information about the self. *Journal of Personality and Social Psychology, 35,* 63–78.
Markus, H., & Nurius, P. (1986). Possible selves. *American Psychologist, 41,* 954–969.

60. Ross, M., McFarland, C., & Fletcher, G. O. J. (1981). The effect of attitude on the recall of personal history. *Journal of Personality and Social Psychology, 40,* 627–634.

61. Loftus, E. F. (1993). The reality of repressed memories. *American Psychologist, 48,* 518–537.

62. Loftus, E. F., & Ketcham, K. (1994). *The myth of repressed memory: False memories and allegations of sexual abuse.* New York: St. Martin's Press.
Loftus, E. F. (1993). The reality of repressed memories. *American Psychologist, 48,* 518–537.
Schacter, D. L., Norman, K. A., & Koutstaal, W. (1997). The recovered memories debate: A cognitive neuroscience perspective. In M. A. Conway (Ed.), *Recovered memories and false memories. Debates in psychology* (pp. 63–99). Oxford: Oxford University Press.
Schooler, J. W., Bendiksen, M., & Ambadar, Z. (1997). Taking the middle line: Can we accommodate both fabricated and recovered memories of sexual abuse? In M. A. Conway (Ed.), *Recovered memories and false memories. Debates in psychology* (pp. 251–292). Oxford: Oxford University Press.
Kihlstrom, J. F. (1997). Suffering from reminiscences: Exhumed memory, implicit memory, and the return of the repressed. In M. A. Conway (Ed.), *Recovered memories and false memories. Debates in psychology* (pp. 100–117). Oxford: Oxford University Press.

63. Wright, L. (1994). *Remembering Satan.* New York: Knopf.

64. Ofshe, R., & Watters, E. (1994). *Making monsters: False memories, psychotherapy, and sexual hysteria.* New York: Scribner's.
Loftus, E. F., & Ketcham, K. (1994). *The myth of repressed memory: False memories and allegations of sexual abuse.* New York: St. Martin's Press.

65. Blume, S. E. (1990). *Secret survivors.* New York: Ballantine.

S. J. Breckler, & A. G. Greenwald (Eds.) *Attitude structure and function* (pp. 71–98). Hillsdale, NJ: Erlbaum.

Pratkanis, A. R., & Greenwald, A. G. (1989). A socio-cognitive model of attitude structure and function. In L. Berkowitz (Ed.), *Advances in experimental social psychology* (Vol. 22, pp. 245–285). New York: Academic Press.

40. Pratkanis, A. R. (1988). The attitude heuristic and selective fact identification. *British Journal of Social Psychology, 27,* 257–263.

41. Thistlewaite, D. (1950). Attitude and structure as factors in the distortion of reasoning. *Journal of Abnormal and Social Psychology, 45,* 442–458.

42. Stein, R. I., & Nemeroff, C. J. (1995). Moral overtones of food: Judgments of others based on what they eat. *Personality and Social Psychology Bulletin, 21(5),* 480–490.

43. Ross, L., Greene, D., & House, P. (1977). The "false-consensus effect": An egocentric bias in social perception and attribution process. *Journal of Experimental Social Psychology, 13,* 279–301.

44. Pratkanis, A. R. (1989). The cognitive representation of attitudes. In A. R. Pratkanis, S. J. Breckler, & A. G. Greenwald (Eds.), *Attitude structure and function* (pp. 71–98). Hillsdale, NJ: Erlbaum.

45. For a laboratory demonstration, see Gilovich, T. (1981). Seeing the past in the present: The effect of associations to familiar judgments and decisions. *Journal of Personality and Social Psychology, 40,* 797–808.

46. Darley, J. M., & Gross, P. H. (1983). A hypothesis-confirming bias in labeling effects. *Journal of Personality and Social Psychology, 44,* 20–33.

47. Rosenthal, R., & Jacobson, L. (1968). *Pygmalion in the classroom.* New York: Holt, Rinehart & Winston.

Rosenthal, R. (2002). The Pygmalion effect and its mediating mechanisms. In J. Aronson (Ed.), *Improving academic achievement: Impact of psychological factors on education.* San Diego: Academic Press.

48. Hamilton, D. L., & Rose, T. L. (1980). Illusory correlation and the maintenance of stereotypic beliefs. *Journal of Personality and Social Psychology, 39,* 832–845.

Hamilton, D., Dugan, P., & Trolier, T. (1985). The formation of stereotypic beliefs: Further evidence for distinctiveness-based illusory correlations. *Journal of Personality and Social Psychology, 48,* 5–17.

49. A. R. Pratkanis (1992) Personal communication.

50. Chapman, L. J. (1967). Illusory correlation in observational report. *Journal of Verbal Learning and Verbal Behavior, 6,* 151–155.

Chapman, L. J., & Chapman, J. P. (1967). Genesis of popular but erroneous psychodiagnostic observations. *Journal of Abnormal Psychology, 72,* 193–204.

Chapman, L. J., & Chapman, J. P. (1969). Illusory correlation as an obstacle to the use of valid psychodiagnostic signs. *Journal of Abnormal Psychology, 74,* 271–280.

51. Park, B., & Rothbart, M. (1982). Perception of out-group homogeneity and levels of social categorization: Memory for the subordinate attributes of ingroup and outgroup members. *Journal of Personality and Social Psychology, 42,* 1051–1068.

52. For reviews and discussion, see Tajfel, H. (1981). *Human groups and social categories.* Cambridge: Cambridge University Press.

29. Jones, E. E., Rock, L., Shaver, K. G., Goethals, G. R., & Ward, L. M. (1968). Pattern of performance and ability attribution: An unexpected primacy effect. *Journal of Personality and Social Psychology, 10,* 317–340.

30. Aronson, J. M., & Jones, E. E. (1992). Inferring abilities after influencing performances. *Journal of Experimental Social Psychology, 28,* 277–299.

31. Zukier, H. (1982). The dilution effect: The role of the correlation and the dispersion of predictor variables in the use of nondiagnostic information. *Journal of Personality and Social Psychology, 43,* 1163–1174.
See also: Denhaerinck, P., Leyens, J., & Yzerbyt, V. (1989). The dilution effect and group membership: An instance of the pervasive impact of outgroup homogeniety. *European Journal of Social Psychology, 19,* 243–250.

32. Nisbett, R., & Ross, L. (1980). *Human inference: Strategies and shortcomings of social judgment.* Englewood Cliffs, NJ: Prentice-Hall.
Sherman, S. J., & Corty, E. (1984). Cognitive heuristics. In R. S. Wyer & T. K. Srull (Eds.), *Handbook of social cognition* (Vol. 1, pp. 189–286). Hillsdale, NJ: Erlbaum.
Tversky, A., & Kahneman, D. (1974). Judgment under uncertainty: Heuristics and biases. *Science, 185,* 1124–1131.

33. Kahneman, D., & Tversky, A. (1973). On the psychology of prediction. *Psychological Review, 80,* 237–251.

34. Comparison based on U.S. Department of Health and Human Services. (1987). *Eating to lower your high blood cholesterol.* (NIH Pub. No. 87–2920). 飽和脂肪（動物性脂肪など）といくつかの植物性脂肪（ココナッツ油，ココア・バター，パーム油，水素化合油など）は，コレステロール値を高めることが証明されている。シリアルの製造者は，とくにココナッツ油やパーム油，水素化合油のような脂肪をその製品に使うことがある。多くの製造者は，シリアルからそのような油を取り除く加工処理をしているところであるので，ラベルを調べて最終決定をしてほしい。

35. "Which cereal for breakfast?" (1981, February). *Consumer Reports,* pp. 68–75.

36. Nisbett, R., & Ross, L. (1980). *Human inference: Strategies and shortcomings of social judgment.* Englewood Cliffs, NJ: Prentice-Hall.
Shweder, R. (1977). Likeness and likelihood in everyday thought: Magical thinking in judgments about personality. *Current Anthropology, 18,* 637–658.

37. Plous, S. (1993). *The psychology of judgment and decision making.* New York: McGraw-Hill.
Manis, M., Shedler, J., Jonides, J., & Nelson, T. E. (1993). Availability heuristic in judgments of set size and frequency of occurrence. *Journal of Personality and Social Psychology, 65,* 448–457.
Schwarz, N., Bless, H., Strack, F., Klumpp, G., Rittenauer-Schatka, H., & Simmons, A. (1991). Ease of retrieval as information: Another look at the availability heuristic. *Journal of Personality and Social Psychology, 61,* 195–202.
Tversky, A., & Kahneman, D. (1973). Availability: A heuristic for judging frequency and probability. *Cognitive Psychology, 5,* 207–232.

38. Signorielli, N., Gerbner, G., & Morgan, M. (1995). Violence on television: The Cultural Indicators Project. *Journal of Broadcasting and Electronic Media, 39,* 278–283.

39. Pratkanis, A. R. (1989). The cognitive representation of attitudes. In A. R. Pratkanis,

17. Bargh, J. A., Chen, M., & Burrows, L. (1996). Automaticity of social behavior: Direct effects of trait construct and stereotype priming on action. *Journal of Personality and Social Psychology, 71,* 230–244.

18. Bargh, J. A., Chen, M., & Burrows, L. (1996). Automaticity of social behavior: Direct effects of trait construct and stereotype priming on action. *Journal of Personality and Social Psychology, 71,* 230–244.

19. Heath, L., Acklin, M., & Wiley, K. (1991). Cognitive heuristics and AIDS risk assessment among physicians. *Personality and Social Psychology Bulletin, 21,* 1859–1867.

20. Rogers, E. M., & Dearing, J. W. (1988). Agenda-setting research: Where has it been, where is it going? In J. A. Anderson (Ed.), *Communication yearbook 11* (pp. 555–594). Beverly Hills, CA: Sage.

21. McCombs, M. E., & Shaw, D. L. (1972). The agenda-setting function of mass media. *Public Opinion Quarterly, 36,* 176–187.
McCombs, M. (1994). News influence on our pictures of the world. In J. Bryant & D. Zillmann (Eds.), *Media effects: Advances in theory and research* (pp. 1–16). Hillsdale, NJ: Erlbaum.

22. Penner, L. A., & Fritzsche, B. A. (1993). Magic Johnson and reactions to people with AIDS: A natural experiment. *Journal of Applied Social Psychology, 23(13),* 1035–1050.
Basil, M. D. (1996). Identification as a mediator of celebrity effects. *Journal of Broadcasting and Electronic Media, 40(4),* 478–495.
Herek, G. M., & Capitanio, J. P. (1997). AIDS stigma and contact with persons with AIDS: Effects of direct and vicarious contact. *Journal of Applied Social Psychology, 27(1),* 1–36.
Brown, B. R., Jr., Baranowski, M. D., Kulig, J. W., & Stephenson, J. N. (1996). Searching for the Magic Johnson effect: AIDS, adolescents, and celebrity disclosure. *Adolescence, 31(122),* 253–264.

23. Iyengar, S., & Kinder, D. R. (1987). *News that matters.* Chicago: University of Chicago Press.
Iyengar, S., Peters, M., & Kinder, D. (1991). Experimental demonstrations of the "not-so-minimal" consequences of television news programs. In D. Protess & M. McCombs (Eds.), *Agenda setting: Readings on media, public opinion, and policy-making* (pp. 89–95). Hillsdale, NJ: Erlbaum.

24. Cited in Rogers, E. M., & Dearing, J. W. (1988). Agenda-setting research: Where has it been, where is it going? In J. A. Anderson (Ed.), *Communication Yearbook 11* (pp. 555–594). Beverly Hills, CA: Sage.

25. Kahneman, D., & Tversky, A. (1984). Choices, values, and frames. *American Psychologist, 39,* 341–350.

26. Gonzales, M. H., Aronson, E., & Costanzo, M. (1988). Increasing the effectiveness of energy auditors: A field experiment. *Journal of Applied Social Psychology, 18,* 1046–1066.

27. Meyerowitz, B. E., & Chaiken, S. (1987). The effect of message framing on breast self-examination attitudes, intentions, and behavior. *Journal of Personality and Social Psychology, 52,* 500–510.

28. Asch, S. (1946). Forming impressions of personality. *Journal of Abnormal and Social Psychology, 41,* 258–290.

3. Guttmacher, S., Ward, D., & Freudenberg, N. (1997). Condom availability in New York City public high schools: Relationships to condom use and sexual behavior. *American Journal of Public Health, 87,* 1427–1433.

4. Gilovich, T. (1991). *How we know what isn't so.* New York: Free Press.

5. Bentham, J. (1876/1948). *A fragment on government and an introduction to the principles of morals and legislation.* Oxford: Blackwell.
For a modern version of the felicific calculation, see Fishbein, M., & Ajzen, I. (1975). *Belief, attitude, intention, and behavior: An introduction to theory and research.* Reading, MA: Addison-Wesley.

6. Kelley, H. H. (1967). Attribution theory in social psychology. In D. Levine (Ed.), *Nebraska symposium on motivation* (Vol. 15, pp. 192–241). Lincoln: University of Nebraska Press.
Kelley, H. H. (1973). The process of causal attribution. *American Psychologist, 28,* 107–128.

7. 興味深いことに，科学者たちでさえ，いつも科学者のように思考するとは限らず，この章で説明されたバイアスのいくつかに陥っていると主張されている。 See Greenwald, A. G., Pratkanis, A. R., Leippe, M. R., & Baumgardner, M. H. (1986). Under what conditions does theory obstruct research progress? *Psychological Review, 93,* 216–229.

8. Fiske, S. T., & Taylor, S. E. (1991). *Social cognition.* New York: McGraw-Hill.

9. Oakes, P., & Reynolds, K. (1997). Asking the accuracy question: Is measurement the answer? In R. Spears, P. J. Oakes, N. Ellemers, & S. A. Haslam (Eds.), *The social psychology of stereotyping and group life* (pp. 51–71). Oxford: Blackwell.

10. Pronin, E., Lin, D. Y., & Ross, L. (2002). The bias blind spot: Perceptions of bias in self versus others. *Personality and Social Psychology Bulletin, 28,* 369–381.

11. Bronowski, J. (1973). *The ascent of man.* Boston: Little, Brown.
Pratkanis, A. R., & Aronson, E. (1991). *The age of propaganda: The everyday use and abuse of persuasion.* New York: W. H. Freeman.

12. Kenrick, D. T., & Gutierres, S. E. (1980). Contrast effects in judgments of attractiveness: When beauty becomes a social problem. *Journal of Personality and Social Psychology, 38,* 131–140.

13. Kenrick, D. T., Gutierres, S. E., & Goldberg, L. L. (1989). Influence of popular erotica on judgments of strangers and mates. *Journal of Experimental Social Psychology, 25(2),* 159–167.

14. Marsh, H. W., Kong, C-K., & Hau, K-T. (2000). Longitudinal multilevel models of the big-fish-little-pond effect on academic self-concept: Counterbalancing contrast and reflected glory effects in Hong Kong schools. *Journal of Personality and Social Psychology, 78,* 337–349.

15. Thornton, B., & Maurice, J. (1997). Physique contrast effect: Adverse impact of idealized body images for women. *Sex Roles, 37,* 433–439.

16. Higgins, E. T., Rholes, W. S., & Jones, C. R. (1977). Category accessibility and impression formation. *Journal of Experimental Social Psychology, 13,* 141–154.

65. McGuire, W., & Papageorgis, D. (1961). The relative efficacy of various types of prior belief-defense in producing immunity against persuasion. *Journal of Abnormal and Social Psychology, 62,* 327–337.

66. McAlister, A., Perry, C., Killen, J., Slinkard, L. A., & Maccoby, N. (1980). Pilot study of smoking, alcohol and drug abuse prevention. *American Journal of Public Health, 70,* 719–721.

67. Pryor, B., & Steinfatt, W. (1978). The effects of initial belief level on inoculation theory and its proposed mechanisms. *Human Communications Research, 4,* 217–230.

68. Aronson, E. (1972) *The social animal.* New York: W. H. Freeman.

69. Robinson, J. P. (1990). I love my TV (TV viewing). *American Demographics, 12,* 24–28.
Walling, A. D. (1990). Teenagers and television. *American Family Physician, 42,* 638–641.
Huston, A. C., Wright, J. C., Rice, M. L., & Kerkman, D. (1990). Development of television viewing patterns in early childhood: A longitudinal investigation. *Developmental Psychology, 26,* 409–421.

70. TV violence for a new generation (1987). *TV Monitor* (p. 2). San Francisco: The Children's Television Resource and Education Center.

71. Liebert, R. (1975, July 16). Testimony before the Subcommittee on Communications of the House Committee on Interstate and Foreign Commerce.

72. Gerbner, G., Gross, L., Morgan, M., & Signorielli, N. (1986). Living with television: The dynamics of the cultivation process. In J. Bryant & D. Zillman (Eds.), *Perspectives on media effects* (pp. 17–40). Hillsdale, NJ: Erlbaum.
Gerbner, G., Gross, L., Morgan, M., & Signorielli, N. (1993). Growing up with television: The cultivation perspective. In J. Bryant & D. Zillman (Eds.), *Media effects: Advances in theory and research.* Hillsdale, NJ: Erlbaum.
Gerbner, G. (1996). TV violence and what to do about it. *Nieman Reports, 50,* 3, 10–13.

73. Quoted in *Newsweek,* December 6, 1982, p. 140.

74. Robinson, J. P., & Martin, S. (2008). What do happy people do? *Social Indicators Research, 89(3),* 565–571.

75. Haney, C., & Manzolati, J. (1981). Television criminology: Network illusions of criminal justice realities. In E. Granson (Ed.), *Readings about the social animal* (6th ed., pp. 120–131). San Francisco: W. H. Freeman.
Oliver, M. B. (1994) Portrayals of crime, race, and aggression in "reality-based" police shows: A content analysis. *Journal of Broadcasting and Electronic Media, 38(2),* 179–192.

76. Hennigan, K., Heath, L., Wharton, J. D., DelRosario, M., Cook, T., & Calder, B. (1982). Impact of the introduction of television on crime in the United States: Empirical findings and theoretical implications. *Journal of Personality and Social Psychology, 42,* 461–477.

第４章　社会的認知

1. Lippmann, W. (1922). *Public opinion.* New York: Harcourt, Brace.

2. Panati, C. (1987). *Extraordinary origins of everyday things.* New York: Harper & Row.

50. Whittaker, J. O. (1963). Opinion change as a function of communication-attitude discrepancy. *Psychological Reports, 13,* 763–772.

51. Hovland, C., Harvey, O. J., & Sherif, M. (1957). Assimilation and contrast effects in reaction to communication and attitude change. *Journal of Abnormal and Social Psychology, 55,* 244–252.

52. Aronson, E., Turner, J., & Carlsmith, J. M. (1963). Communication credibility and communication discrepancy as determinants of opinion change. *Journal of Abnormal and Social Psychology, 67,* 31–36.

53. Zellner, M. (1970). Self-esteem, reception, and influenceability. *Journal of Personality and Social Psychology, 15,* 87–93.
Wood, W., & Stagner, B. (1994). Why are some people easier to influence than others? In S. Shavitt & T. Brock (Eds.), *Persuasion: Psychological insights and perspectives* (pp. 149–174). Boston: Allyn & Bacon.

54. Jost, J. T., Glaser, J., Kruglanski, A. W., & Sulloway, F. (2003). Political conservatism as motivated social cognition. *Psychological Bulletin, 129,* 339–375.

55. Janis, I. J., Kaye, D., & Kirschner, P. (1965). Facilitating effects of "eating-while-reading" on responsiveness to persuasive communication. *Journal of Personality and Social Psychology, 1,* 181–186.

56. Petty, R. E., Schumann, D. W., Richman, S. A., & Strathman, A. (1993). Positive mood and persuasion: Different roles for affect under high- and low-elaboration conditions. *Journal of Personality and Social Psychology, 64,* 5–20.

57. Cohen, G. T., Aronson, J., & Steele, C. (2000). When beliefs yield to evidence: Reducing biased evaluation by affirming the self. *Personality and Social Psychology Bulletin, 26,* 1151–1164.

58. Hass, R. G., & Grady, K. (1975). Temporal delay, type of forewarning, and resistance to influence. *Journal of Experimental Social Psychology, 11,* 459–469.

59. Freedman, J., & Sears, D. (1965). Warning, distraction, and resistance to influence. *Journal of Personality and Social Psychology, 1,* 262–266.
Petty, R. E., & Cacioppo, J. T. (1979). Effects of forewarning of persuasive intent and involvement on cognitive responses and persuasion. *Personality and Social Psychology Bulletin, 5,* 173–176.
Chen, H. C., Reardon, R., Rea, C., & Moore, D. J. (1992). Forewarning of content and involvement: Consequences for persuasion and resistance to persuasion. *Journal of Experimental Social Psychology, 28,* 523–541.

60. Brehm, J. (1966). *A theory of psychological reactance.* New York: Academic Press.

61. Bensley, L. S., & Wu, R. (1991). The role of psychological reactance in drinking following alcohol prevention messages. *Journal of Applied Social Psychology, 21,* 1111–1124.

62. Heilman, M. (1976). Oppositional behavior as a function of influence attempt intensity and retaliation threat. *Journal of Personality and Social Psychology, 33,* 574–578.

63. Petty, R., & Cacioppo, J. (1977). Forewarning, cognitive responding, and resistance to persuasion. *Journal of Personality and Social Psychology, 35,* 645–655.

64. Festinger, L., & Maccoby, J. (1964). On resistance to persuasive communications. *Journal of Abnormal and Social Psychology, 68,* 359–366.

Leventhal, H., Meyer, D., & Nerenz, D. (1980). The common sense representation of illness danger. In S. Rachman (Ed.), *Contributions to medical psychology* (Vol. 2), New York: Pergamon Press.

See also: Cameron, L. D., & Leventhal, H. (1995). Vulnerability beliefs, symptom experiences, and the processing of health threat information: A self-regulatory perspective. *Journal of Applied Social Psychology, 25,* 1859–1883.

41. Gallup Poll. (2001, March 19). Snakes top list of Americans' fears. Retrieved from Gallup Poll Web site: http://www.gallup.com/poll/1891/snakes-top-list-americans-fears.aspx

Gallup Poll. (2010, March 11). Americans' global warming concerns continue to drop. Retrieved from Gallup Poll Web site: http://www.gallup.com/poll/126560/americans-global-warming-concerns-continue-drop.aspx

42. Gilbert, D. (2006, July 2). If only gay sex caused global warming. *The Los Angeles Times.* Retrieved from http://www.latimes.com/

43. McGlone, M.S., Bell, R.A., Zaitchik, S., & McGlynn, J. (In Press). Don't let the flu catch you: Agency assignment in printed educational materials about the H1N1 influenza virus. *Journal of Health Communication.*

44. Zimbardo, P., & Kluger, B. (2003). Phantom menace: Is Washington terrorizing us more than Al Qaeda? *Psychology Today.* May-June.

45. Nisbett, R., Borgida, E., Crandall, R., & Reed, H. (1976). Popular induction: Information is not always informative. In J. S. Carroll & J. W. Payne (Eds.), *Cognition and social behavior* (pp. 227–236). Hillsdale, NJ: Erlbaum.

Nisbett, R., & Ross, L. (1980). *Human inference: Strategies and shortcomings of social judgment.* Englewood Cliffs, NJ: Prentice-Hall.

Hamill, R., DeCamp Wilson, T., & Nisbett, R. (1980). Insensitivity to sample bias: Generalizing from atypical cases. *Journal of Personality and Social Psychology, 39,* 578–589.

認知社会心理学者シェリー・テイラーは，「鮮明さ」効果は大多数の実験によって支持されていないと主張している。 For a discussion of this issue, see Taylor, S., & Thompson, S. (1982). Stalking the elusive "vividness" effect. *Psychological Review, 89,* 155–181.

46. Gonzales, M. H., Aronson, E., & Costanzo, M. (1988). Increasing the effectiveness of energy auditors: A field experiment. *Journal of Applied Social Psychology, 18,* 1049–1066.

47. Hovland, C., Lumsdain, A., & Sheffield, F. (1949). *Experiments on mass communications.* Princeton, NJ: Princeton University Press.

48. Miller, N., & Campbell, D. (1959). Recency and primacy in persuasion as a function of the timing of speeches and measurements. *Journal of Abnormal and Social Psychology, 59,* 1–9.

See also: Neath, I. (1993). Distinctiveness and serial position effects in recognition. *Memory and Cognition, 21,* 689–698.

Korsnes, M. (1995). Retention intervals and serial list memory. *Perceptual and Motor Skills, 80,* 723–731.

49. Zimbardo, P. (1960). Involvement and communication discrepancy as determinants of opinion conformity. *Journal of Abnormal and Social Psychology, 60,* 86–94.

27. Petty, R. E., & Cacciopo, J. T. (1986). The elaboration likelihood model of persuasion. In L. Berkowitz (Ed.) *Advances in experimental social psychology* (pp. 123–205). Hillsdale, NJ: Erlbaum.
See also: Petty, R. E., Heesacker, M., & Hughes, J. N. (1997). The elaboration likelihood model: Implications for the practice of school psychology. *Journal of School Psychology, 35(2),* 107–136.
See also: Chaiken, S., Wood, W., & Eagly, A. H. (1996). Principles of persuasion. In E. T. Higgins, & A. W. Kruglanski (Eds.), *Social psychology: Handbook of basic principles* (pp. 702–742). New York: Guilford Press.

28. McGlone, M.S., & Tofighbakhsh, J. (2000). Birds of a feather flock conjointly (?): Rhyme as reason in aphorisms. *Psychological Science, 11,* 424–428.

29. Luntz, F. (2007). *Words that work.* New York: Hyperion.

30. Aristotle. (1954). Rhetoric. In W. Roberts (Trans.), *Aristotle, rhetoric and poetics* (p. 25). New York: Modern Library.

31. Hovland, C., & Weiss, W. (1951). The influence of source credibility on communication effectiveness. *Public Opinion Quarterly, 15,* 635–650.

32. Aronson, E., & Golden, B. (1962). The effect of relevant and irrelevant aspects of communicator credibility on opinion change. *Journal of Personality, 30,* 135–146.

33. Walster (Hatfield), E., Aronson, E., & Abrahams, D. (1966). On increasing the persuasiveness of a low-prestige communicator. *Journal of Experimental Social Psychology, 2,* 325–342.

34. Eagly, A., Wood, W., & Chaiken, S. (1978). Causal inferences about communicators and their effect on opinion change. *Journal of Personality and Social Psychology, 36,* 424–435.

35. *Santa Cruz Sentinel,* January 13, 1987, p. A8.

36. Walster (Hatfield), E., & Festinger, L. (1962). The effectiveness of "overheard" persuasive communications. *Journal of Abnormal and Social Psychology, 65,* 395–402.

37. Mills, J., & Aronson, E. (1965). Opinion change as a function of communicator's attractiveness and desire to influence. *Journal of Personality and Social Psychology, 1,* 173–177.

38. Eagly, A., & Chaiken, S. (1975). An attribution analysis of the effect of communicator characteristics on opinion change: The case of communicator attractiveness. *Journal of Personality and Social Psychology, 32,* 136–144.
Eagly, A. H., Ashmore, R. D., Makhijani, M. G., & Longo, L. C. (1991). What is beautiful is good, but. . .: A meta-analytic review of research on the physical attractiveness stereotype. *Psychological Bulletin, 110,* 109–128.

39. Hartmann, G. (1936). A field experience on the comparative effectiveness of "emotional" and "rational" political leaflets in determining election results. *Journal of Abnormal and Social Psychology, 31,* 336–352.

40. Leventhal, H. (1970). Findings and theory in the study of fear communications. In L. Berkowitz (Ed.), *Advances in experimental social psychology* (Vol. 5, pp. 119–186). New York: Academic Press.

Television and social behavior (Vol. 4, pp. 257–344). Rockville, MD: National Institutes of Health.

13. Lyle, J., & Hoffman, H. (1971). Children's use of television and other media. In J. P. Murray, E. A. Robinson, & G. A. Comstock (Eds.), *Television and social behavior* (Vol. 4, pp. 129–256). Rockville, MD: National Institutes of Health.
    See also: Unnikrishnan, N., & Bajpai, S. (1996). *The impact of television advertising on children.* New Delhi: Sage.
    Kunkel, D., & Roberts, D. (1991). Young minds and marketplace values: Issues in children's television advertising. *Journal of Social Issues, 47,* 57–72.

14. Bem, D. (1970). *Beliefs, attitudes, and human affairs.* Belmont, CA: Brooks/Cole.

15. Zajonc, R. (1968). The attitudinal effects of mere exposure. *Journal of Personality and Social Psychology, Monograph Supplement, 9,* 1–27.

16. Bornstein, R.F. (1989) Exposure and affect: overview and meta-analysis of research, 1968–1987. *Psychological Bulletin, 106,* 265–289.

17. Nuttin, J. (1985). Narcissism beyond Gestalt and awareness: the name letter effect. *European Journal of Social Psychology, 15,* 353–361.

18. Brady, N., Campbell, M., & Flaherty, M. (2004). My left brain and me: A dissociation in the perception of self and others. *Neuropsychologia, 42,* 1156–1161.

19. Grush, J., McKeough, K., & Ahlering, R. (1978). Extrapolating laboratory exposure research to actual political elections. *Journal of Personality and Social Psychology, 36,* 257–270.
    Grush, J. E. (1980). Impact of candidate expenditures, regionality, and prior outcomes on the 1976 presidential primaries. *Journal of Personality and Social Psychology, 38,* 337–347.

20. Pfau, M., Diedrich, T., Larson, K. M., & Van Winkle, K. M. (1995). Influence of communication modalities on voters' perceptions of candidates during presidential primary campaigns. *Journal of Communication, 45,* 122–133.
    Soley, L. C., Craig, R. L., & Cherif, S. (1988). Promotional expenditures in congressional elections: Turnout, political action committees and asymmetry effects. *Journal of Advertising, 17,* 36–44.

21. White, J. E. (1988, November 14). Bush's most valuable player. *Time,* pp. 20–21.

22. Rosenthal, A. (1988, October 24). Foes accuse Bush campaign of inflaming racial tension. *The New York Times,* pp. A1, B5.
    Pandora's box (1988, October). *The New Republic,* pp. 4, 45.

23. Tolchin, M. (1988, October 12). Study says 53,000 get prison furloughs in '87, and few did harm. *The New York Times,* p. A23.

24. Pratkanis, A. R., & Aronson, E. (1992). *The age of propaganda: The everyday use and abuse of persuasion.* New York: W. H. Freeman.

25. Pratkanis, A. R. (1993). Propaganda and persuasion in the 1992 U.S. presidential election: What are the implications for a democracy. *Current World Leaders, 36,* 341–361.

26. Zimbardo, P., Ebbesen, E., & Maslach, C. (1977). *Influencing attitudes and changing behavior* (2nd ed.). Reading, MA: Addison-Wesley.

59. Baron, R. A. (1970). Magnitude of model's apparent pain and ability to aid the model as determinants of observer reaction time. *Psychonomic Science, 21,* 196–197.

60. Suedfeld, P., Bochner, S., & Wnek, D. (1972). Helper-sufferer similarity and a specific request for help: Bystander intervention during a peace demonstration. *Journal of Applied Social Psychology, 2,* 17–23.

第3章　マスコミ、宣伝、説得

1. ABC to air major nuclear war film (1983, September). *Report from Ground Zero, 3,* 1–2.

2. Schofield, J. W., & Pavelchak, M. A. (1989). Fallout from "The Day After": The impact of a TV film on attitudes related to nuclear war. *Journal of Applied Social Psychology, 19,* 433–448.

3. *Newsweek,* June 2, 1974, p. 79.
   O'Connor, J. J. (1974, March 10). They sell all kinds of drugs on television. *The New York Times,* p. D15.

4. McCartney, J. (1997). News lite. The tendency of network newscasts to favor entertainment and tabloid stories. *American Journalism Review, 19,* 18–26.

5. Johnson, R. N. (1996). Bad news revisited: The portrayal of violence, conflict, and suffering on television news. *Peace and Conflict: Journal of Peace Psychology, 2,* 201–216.

6. Piccalo, G. (2001, September 26). *Los Angeles Times.*
   Kirtz, W. (1997). Dancy laments TV news today; former NBC reporter sees too much entertainment. *Quill, 85,* 11–16.

7. Gilbert, G. M. (1947) *Nuremberg diary* (pp. 278–279). New York: Farrar, Straus and Company.

8. *St. Petersburg* (Florida) *Times,* October 21, 1982. *The* (Nashville) *Tennesseean,* October 31, 1982.

9. *Newsbank,* October 1982, Vol. 19, p. 1.

10. Phillips, D. P., & Carstensen, L. L. (1986). Clustering of teenage suicides after television news stories about suicide. *New England Journal of Medicine, 315,* 685–689.
    Phillips, D. P., Lesyna, K., & Paight, D. J. (1992). Suicide and the media. In R. W. Maris, A. L. Berman, J. T. Maltsberger, & R. I. Yufit (Eds.), *Assessment and prediction of suicide* (pp. 499–519). New York: Guilford Press.
    Phillips, D. P., & Carstensen, L. L. (1990). The effect of suicide stories on various demographic groups 1968–1985. In R. Surette (Ed.), *The media and criminal justice policy: Recent research and social effects* (pp. 63–72). Springfield, IL: Charles C. Thomas.
    Phillips, D. P. (1989). Recent advances in suicidology: The study of imitative suicide. In R. F. W. Diekstra, R. Maris, S. Platt, A. Schmidtke, & G. Sonneck (Eds.), *Suicide and its prevention: The role of attitude and imitation. Advances in suicidology* (Vol. 1, pp. 299–312). Leiden, the Netherlands: E. J. Brill.

11. Phillips, D. P. (1979). Suicide, motor vehicle fatalities, and the mass media: Evidence toward a theory of suggestion. *American Journal of Sociology, 84,* 1150–1174.

12. Lyle, J., & Hoffman, H. (1971). Explorations in patterns of television viewing by preschool-age children. In J. P. Murray, E. A. Robinson, & G. A. Comstock (Eds.),

44. Milgram, S. (1965). Liberating effects of group pressure. *Journal of Personality and Social Psychology, 1,* 127–134.

45. Milgram, S. (1965). Some conditions of obedience and disobedience to authority. *Human Relations, 18,* 57–76.

46. Meeus, W. H. J., & Raaijmakers, Q. A. W. (1995). Obedience in modern society: The Utrecht studies. *Journal of Social Issues, 51,* 155–176.

47. Milgram, S. (1965). Liberating effects of group pressure. *Journal of Personality and Social Psychology, 1,* 127–134.

48. Rosenthal, A. M. (1964). *Thirty-eight witnesses.* New York: McGraw-Hill.

49. Korte, C., & Kerr, N. (1975). Response to altruistic opportunities in urban and nonurban settings. *Journal of Social Psychology, 95,* 183–184.
Rushton, J. P. (1978). Urban density and altruism: Helping strangers in a Canadian city, suburb, and small town. *Psychological Reports, 43,* 987–990.

50. Darley, J., & Latané, B. (1968). Bystander intervention in emergencies: Diffusion of responsibility. *Journal of Personality and Social Psychology, 8,* 377–383.
Latané, B., & Darley, J. (1968). Group inhibition of bystander intervention in emergencies. *Journal of Personality and Social Psychology, 10,* 215–221.
Latané, B., & Rodin, J. (1969). A lady in distress: Inhibiting effects of friends and strangers on bystander intervention. *Journal of Experimental Social Psychology, 5,* 189–202.

51. Latané, B., & Nida, S. (1981). Ten years of research on group size and helping. *Psychological Bulletin, 89,* 308–324.

52. Latané, B., & Rodin, J. (1969). A lady in distress: Inhibiting effects of friends and strangers on bystander intervention. *Journal of Experimental Social Psychology, 5,* 189–202.

53. Darley, J., & Latané, B. (1968). Bystander intervention in emergencies: Diffusion of responsibility. *Journal of Personality and Social Psychology, 8,* 377–383.

54. Piliavin, I., Rodin, J., & Piliavin, J. (1969). Good samaritanism: An underground phenomenon? *Journal of Personality and Social Psychology, 13,* 289–299.

55. Bickman, L. (1971). The effect of another bystander's ability to help on bystander intervention in an emergency. *Journal of Experimental Social Psychology, 7,* 367–379.
Bickman, L. (1972). Social influence and diffusion of responsibility in an emergency. *Journal of Experimental Social Psychology, 8,* 438–445.

56. Piliavin, J., & Piliavin, I. (1972). The effect of blood on reactions to a victim. *Journal of Personality and Social Psychology, 23,* 353–361.

57. Darley, J., & Batson, D. (1973). "From Jerusalem to Jericho": A study of situational and dispositional variables in helping behavior. *Journal of Personality and Social Psychology, 27,* 100–108.

58. Clark, R., III, & Word, L. (1972). Why don't bystanders help? Because of ambiguity? *Journal of Personality and Social Psychology, 24,* 392–400.
Solomon, L., Solomon, H., & Stone, R. (1978). Helping as a function of number of bystanders and ambiguity of emergency. *Personality and Social Psychology Bulletin, 4,* 318–321.

31. Schachter, S., & Singer, J. (1962). Cognitive, social, and physiological determinants of emotional state. *Psychological Review, 69,* 379–399.

32. James, W. (1890). *Principles of psychology.* New York: Smith.

33. Haney, C. (1984). Examining death qualification: Further analysis of the process effect. *Law and Human Behavior, 8,* 133–151.

34. Kelman, H. (1961). Processes of opinion change. *Public Opinion Quarterly, 25,* 57–78.

35. Cohen, G. L., & Prinstein, M. J. (2006). Peer contagion of aggression and health-risk behavior among adolescent males: An experimental investigation of effects on public conduct and private attitudes. *Child Development, 77,* 967–983.

36. Kiesler, C., Zanna, M., & De Salvo, J. (1966). Deviation and conformity: Opinion change as a function of commitment, attraction, and presence of a deviate. *Journal of Personality and Social Psychology, 3,* 458–467.

37. Kuetner, C., Lichtenstein, E., & Mees, H. (1968). Modification of smoking behavior: A review. *Psychological Bulletin, 70,* 520–533.

38. Milgram, S. (1963). Behavioral study of obedience. *Journal of Abnormal and Social Psychology, 67,* 371–378.
Milgram, S. (1965). Some conditions of obedience and disobedience to authority. *Human Relations, 18,* 57–76.
Milgram, S. (1974). *Obedience to authority.* New York: Harper & Row.

39. Elms, A. C., & Milgram, S. (1966). Personality characteristics associated with obedience and defiance toward authoritative command. *Journal of Experimental Research in Personality, 1,* 282–289.

40. Kilham, W., & Mann, L. (1974). Level of destructive obedience as a function of transmitter and executant roles in the Milgram obedience paradigm. *Journal of Personality and Social Psychology, 29,* 696–702.
Shanab, M., & Yahya, K. (1977). A behavioral study of obedience in children. *Journal of Personality and Social Psychology, 35,* 530–536.
Miranda, F. B., Caballero, R. B., Gomez, M. G., & Zamorano, M. M. (1981). Obedience to authority. *Psiquis: Revista de Psiquiatria, Psicologia y Psicosomatica, 2,* 212–221.
Mantell, D. (1971). The potential for violence in Germany. *Journal of Social Issues, 27,* 101–112.
Meeus, W. H. J., & Raaijmakers, Q. A. W. (1995). Obedience in modern society: The Utrecht studies. *Journal of Social Issues, 51,* 155–176.

41. Milgram, S. (1974). *Obedience to authority.* New York: Harper & Row.
Sheridan, C., & King, R. (1972, August). Obedience to authority with an authentic victim. Paper presented at the convention of the American Psychological Association.
Blass, T. (1999) The Milgram Paradigm after 35 years: Some things we now know about obedience to authority. *Journal of Applied Social Psychology, 29,* 955–978.

42. Burger, J. (2007). Milgram replication. ABC "20/20." January 3.

43. Democracy Now (2005) Abu Ghraib: Getting away with torture? Human rights watch calls for accountability into U.S. abuse of detainees. Retrieved January 2, 2010, from http://www.democracynow.org/2005/4/25/getting_away_with_torture_human_ rights
See also: Zimbardo (2007). *The Lucifer effect.* New York: Random House.

18. Dittes, J., & Kelley, H. (1956). Effects of different conditions of acceptance upon conformity to group norms. *Journal of Abnormal and Social Psychology, 53,* 100–107.

19. Bond, R., & Smith, P. (1996). Culture and conformity: A meta-analysis of studies using Asch's (1952, 1956) line judgment task. *Psychological Bulletin, 119,* 111–137.
Frager, R. (1970). Conformity and anticonformity in Japan. *Journal of Personality and Social Psychology, 15,* 203–210.
See also: Triandis, H. C. (1990). Cross-cultural studies of individualism and collectivism. In J. J. Berman (Ed.), *Nebraska Symposium on Motivation, 37,* 41–133.

20. Maccoby, E., & Jacklin, C. (1974). *The psychology of sex differences* (pp. 268–272). Stanford, CA: Stanford University Press.
Cooper, H. (1979). Statistically combining independent studies: A meta-analysis of sex differences in conformity research. *Journal of Personality and Social Psychology, 37,* 131–146.

21. Eagly, A., & Carli, L. (1981). Sex of researchers and sex-typed communications as determinants of sex differences in influenceability: A meta-analysis of social influence studies. *Psychological Bulletin, 90,* 1–20.
Javornisky, G. (1979). Task content and sex differences in conformity. *Journal of Social Psychology, 108,* 213–220.
Feldman-Summers, S., Montano, D., Kasprzyk, D., & Wagner, B. (1980). Influence attempts when competing views are gender-related: Sex as credibility. *Psychology of Women Quarterly, 5,* 311–320.

22. Bushman, B. J. (1988). The effects of apparel on compliance: A field experiment with a female authority figure. *Personality and Social Psychology Bulletin, 14,* 459–467.

23. Gladwell, M. (2000) *The tipping point.* New York: Little, Brown.

24. Baumeister, R. F., & Leary, M. R. (1995). The need to belong: Desire for interpersonal attachments as a fundamental human motivation. *Psychological Bulletin, 117,* 497–529.
Buckley, K. E., Winkel, R. E., & Leary M. R. (2004). Reactions to acceptance and rejection: Effects of level and sequence of relational evaluation. *Journal of Experimental Social Psychology, 40,* 14–28.

25. Festinger, L. (1954). A theory of social comparison processes. *Human Relations, 7,* 117–140.

26. Mullen, B., Cooper, C., & Driskell, J. E. (1990). Jaywalking as a function of model behavior. *Personality and Social Psychology Bulletin, 16(2),* 320–330.

27. Aronson, E., & O'Leary, M. (1982–1983). The relative effectiveness of models and prompts on energy conservation: A field experiment in a shower room. *Journal of Environmental Systems, 12,* 219–224.

28. Cialdini, R. B., Reno, R. R., & Kallgren, C. A. (1990). A focus theory of normative conduct: Recycling the concept of norms to reduce littering in public places. *Journal of Personality and Social Psychology, 58,* 1015–1029.

29. Reno, R., Cialdini, R., & Kallgren, C. A. (1993). The trans-situational influence of social norms. *Journal of Personality and Social Psychology, 64,* 104–112.

30. Keizer, K., Lindenberg, S., & Steg, L. (2008). The spreading of disorder. *Science, 322*(5908), 1681–1685.

7. Janis, I. L. (1971, November). Groupthink. *Psychology Today,* pp. 43–46.
Janis, I. L. (1984). Counteracting the adverse effects of concurrence-seeking in policy-planning groups. In H. Brandstatter, J. H. Davis, & G. Stocker-Kreichgauer (Eds.), *Group decision making.* New York: Academic Press.
Kameda, T., & Sugimori, S. (1993). Psychological entrapment in group decision making: An assigned decision rule and a groupthink phenomenon. *Journal of Personality and Social Psychology, 65,* 282–292.

8. Asch, S. (1951). Effects of group pressure upon the modification and distortion of judgment. In M. H. Guetzkow (Ed.), *Groups, leadership and men* (pp. 117–190). Pittsburgh: Carnegie.
Asch, S. (1956). Studies of independence and conformity: A minority of one against a unanimous majority. *Psychological Monographs, 70* (9, Whole No. 416).

9. Gitow, Andi & Rothenberg, Fred (Producers). Dateline NBC: Follow the leader. Distributed by NBC News. (August 10, 1997)

10. Berns, G. S., Chappelow, J., Zink, C. F., Pagnoni, G., Martin-Skurski, M. E., & Richards, J. (2005). Neurobiological correlates of social conformity and independence during mental rotation. *Biological Psychiatry, 58,* 245–253.

11. Wolosin, R., Sherman, S., & Cann, A. (1975). Predictions of own and others' conformity. *Journal of Personality, 43,* 357–378.

12. Asch, S. (1955). Opinions and social pressure. *Scientific American, 193,* 31–35.
Morris, W., & Miller, R. (1975). The effects of consensus-breaking and consensus-preempting partners on reduction of conformity. *Journal of Experimental Social Psychology, 11,* 215–223.
Boyanowsky, E., Allen, V., Bragg, B., & Lepinski, J. (1981). Generalization of independence created by social support. *Psychological Record, 31,* 475–488.

13. Allen, V., & Levine, J. (1971). Social support and conformity: The role of independent assessment of reality. *Journal of Experimental Social Psychology, 7,* 48–58.

14. Deutsch, M., & Gerard, H. (1955). A study of normative and informational social influence upon individual judgment. *Journal of Abnormal and Social Psychology, 51,* 629–636.

15. Pennington, J., & Schlenker, B. R. (1999). Accountability for consequential decisions: Justifying ethical judgments to audiences. *Personality and Social Psychology Bulletin, 25,* 1067–1981.

16. Quinn, A., & Schlenker, B. R. (2002). Can accountability produce independence? Goals as determinants of the impact of accountability on conformity. *Personality and Social Psychology Bulletin, 28,* 472–483.

17. Mausner, B. (1954). The effects of prior reinforcement of the interaction of observed pairs. *Journal of Abnormal and Social Psychology, 49,* 65–68.
Mausner, B. (1954). The effect on one's partner's success in a relevant task on the interaction of observed pairs. *Journal of Abnormal and Social Psychology, 49,* 557–560.
Goldberg, S., & Lubin, A. (1958). Influence as a function of perceived judgment error. *Human Relations, 11,* 275–281.
Wiesenthal, D., Endler, N., Coward, T., & Edwards, J. (1976). Reversibility of relative competence as a determinant of conformity across different perceptual tasks. *Representative Research in Social Psychology, 7,* 35–43.

注

第１章　社会心理学とは何か

1. Michener, J. (1971). *Kent State: What happened and why.* New York: Random House.
2. Clark, K., & Clark, M. (1947). Racial identification and preference in Negro children. In T. M. Newcomb & E. L. Hartley (Eds.), *Readings in social psychology* (pp. 169–178). New York: Holt.
3. Harris, J. (1970). *Hiroshima: A study in science, politics, and the ethics of war.* Menlo Park, CA: Addison-Wesley.
4. Powell, J. L. (1988). A test of the knew-it-all-along effect in the 1984 presidential and statewide elections. *Journal of Applied Social Psychology, 18,* 760–773.
5. Michener, J. (1971). *Kent State: What happened and why.* New York: Random House.
6. Berscheid, E. (1974) Personal communication.
7. Zimbardo, P. (1971, October 25). The psychological power and pathology of imprisonment (p. 3). Statement prepared for the U.S. House of Representatives Committee on the Judiciary; Subcommittee No. 3: Hearings on Prison Reform, San Francisco.

第２章　同　　調

1. Copyright © 1933, 1961 by James Thurber. From "The day the dam broke" in *My life and hard times* (New York: Harper, 1933), pp. 41, 47. (Originally printed in *The New Yorker.*)
2. Schachter, S. (1951). Deviation, rejection, and communication. *Journal of Abnormal and Social Psychology, 46,* 190–207.
3. Kruglanski, A. W., & Webster, D. W. (1991). Group members' reaction to opinion deviates and conformists at varying degrees of proximity to decision deadline and of environmental noise. *Journal of Personality and Social Psychology, 61,* 212–225.
4. Speer, A. (1970). *Inside the Third Reich: Memoirs.* (R. Winston & C. Winston, Trans.). New York: Macmillan.
5. *Playboy,* January 1975, p. 78.
6. Kruglanski, A. W. (1986, August). Freeze-think and the *Challenger. Psychology Today,* pp. 48–49.

誘導尋問，記憶と——　142
有能さ
——に関する実験　354, 355
誤り得ることと——　353, 354
好意と——　353〜355
美と——　360
ユダヤ人
——に関するステレオタイプ　290, 291, 299, 323, 324
——に対する偏見　322, 326
——のスケープゴート化　317
犠牲者を責めることと——　310, 311

養子，——に関する信念　112
浴室　28, 29
抑制，初頭性効果と——　93
ヨセミテ　49
予測：後知恵効果，自己成就的予言も参照
——力　8
同調に関する——　23
美と——　357
『世論』（リップマン）　110
弱み　386

● ラ　行

裸体　110
楽観主義
自己バイアスと——　169
集団思考にかかわる——　19
ラッキー・チャームズ　129
ラット　245
ラテン系アメリカ人
自己正当化と——　220, 221
ステレオタイプと——　309
ラベル，認知的保守主義と——　150

リアクタンス理論　101
リアリズム：物理的現実，社会的現実も参照
実験での——　404, 405
『リヴァイアサン』（ホッブズ）　244
利用可能性のヒューリスティクス　131, 132
リンチ　266

類似性
愛と——　377
意見の——　364
好意と——　364
信念と——　364
態度の——　364
正しさと——　364
知性と——　364
美の——　356
『ルーツ』　58
ルワンダ　242

冷戦　103, 104
レイプ　59
後知恵バイアスと——　312
インターネットと——　272
犠牲者を責めることと——　312
レズビアン，HIV／エイズと——　138, 139
レプチャ族　246
恋愛／恋人　378
——に対する性差　356, 357
意思決定と——　186, 187
スクリプトと——　271, 272
レントゲン　84

労働組合
アフリカ系アメリカ人と——　313, 314
女性と——　313, 314
マイノリティと——　313, 314
誘い球《ローボール》を投げる　193
ロサンゼルス暴動　60, 261, 275
倫理，実験の——　54, 55, 407〜412
論理的アピール
攻撃／暴力と——　277
自由派と——　99
説得での——　82〜88
マスコミの中での——　82〜88

● ワ　行

猥褻とポルノに関する大統領諮問委員会　272
ワイン　128
「私には最初からわかっていた」効果，後知恵バイアスを参照
「私はジェニー・クレイグで 40 パウンド減量！」　90
ワッツ暴動　60, 261, 275
割れ窓理論　31

● 数字・欧字

100％ナチュラル・グラノーラ　129, 130
A＆W ルートビアー　67
E・F・ハットン　80
fMRI：機能的磁気共鳴画像法を参照
F 尺度　321, 322
HIV／エイズ　110
——にかかわる誤った関連付け　138, 139
——の予防　233〜235
認知的不協和と——　233〜235
プライミングと——　121
レズビアンと——　138, 139
MSNBC　65
NASA：アメリカ航空宇宙局を参照
R・J・レイノルズ・タバコ会社　80
WMD：大量破壊兵器を参照

保護：エネルギー保護，節水を参照
保持，新近性効果と——　93
星占い　165
保守主義：認知的保守主義，社会的保守主義を参照
保守主義者
——としての権威主義的性格　321, 322
恐怖と——　99
自由放任の養育と——　130
不確実性と——　99
ボスニア　319
没個人化　266
ボノボ，攻撃／暴力と——　245
ポルノ
——に関する実験　272, 273
攻撃／暴力と——　271～274
ボルボ　88～90
ホロコースト　242
——に対する不服従　46
本能，攻撃／暴力と——　241～248

● マ　行

マイノリティ
——に対する反態度的主張　201
——に対する偏見　150, 298
テレビの中の——　105, 106
労働組合と——　313, 314
マインドガード　19
マスコミ：広告，ニュース，テレビも参照
——による情報　61, 62
——の源泉　74～82
——の性質　82～98
——の中での一面的議論対両面的議論　90, 91
——の中での恐怖　83～88
——の中での合意にもとづく統計的証拠対鮮明な個人的実例　89, 90
——の中での情動的アピール　82～88
——の中での信憑性　74～78
——の中でのプライミング　122
——の中での論理的アピール　82～88
——の有効性　65～69, 74～104
聴衆の特徴と——　98～104
コミュニケーションの源泉と——　74～82
コミュニケーションの内容と——　82～98
アフリカ系アメリカ人と——　4, 5
意見と——　104, 105
攻撃／暴力と——　266～275
自己概念と——　7
社会的学習と——　266～269
情動感染と——　62～65
信頼性と——　78～80
ずれの大きさと——　94～98
説得と——　57～107
宣伝と——　57～107
態度と——　104, 105
聴衆と——　98～104
提示順序と——　91～93
テレビと——　105～107
魅力と——　81
マッチ・ドットコム　377
マドリードへの爆撃　5
マラリア　86
マリファナ　216
高校生と——　36
薬物乱用と——　70
『マルタ島のユダヤ人』　325
マンモグラム　27

『見知らぬ者たちの国』（シプラー）　340
南アフリカ　262
——での同調　323
——での偏見　323
——のアフリカ系アメリカ人　324, 325
ミライ殺戮　43, 219
魅力：好意，愛も参照
意見と——　81, 82
意思決定と——　185～187
影響と——　81
好意と——　344～347
広告と——　67
集団の——　35
説得と——　71
相互依存と——　345, 346
『チャーリーズ・エンジェル』と——　118
同一視と——　39
認知的不協和と——　210, 211
罰と——　209～211
美の——　345, 346
報賞と——　345～347
マスコミと——　81, 82
民間療法　130
民主主義，——での意思決定　62
民主党員　99
民族浄化　242
民族ステレオタイプ，代表性のヒューリスティクスと——　130, 131

無意識，不協和低減行動と——　224, 225
無作為割り当て，実験での——　399～403
無党派　58

名誉の文化，——に関する実験　247, 248
メキシコ系アメリカ人　313

モートン・チオコール　18, 19
模擬刑務所，——を用いた実験　10, 11
模倣自殺　63, 64
模倣毒物混入　63

● ヤ　行

野球の審判員　24
薬物乱用，マリファナと——　70
役割　159, 160

友愛　377, 378
『勇気ある人々』（ケネディ）　15

文化的な自明の理，接種効果と
　　──　103

ベイルート人質危機　64
ヘヴンズ・ゲート　180, 235
ヘール・ボップ自殺，認知的不
　　協和と──　180
ベトナム戦争　3, 164, 242
　──のデモ　54
　イラク侵攻と──　134
　　～136
　自己正当化と──　188
　認知的不協和と──　188
　変更不能性と──　192
偏屈：偏見を参照
偏見　287～341
　──に関する実験　293,
　　294, 314, 315
　──の原因　312～325
　──の定義　289
　──の低減　325～332
　　共感と──　338～340
　　人種統合と──　328
　　　～330
　　平等な地位での接触と──
　　　327
　　不可避性と──　328
　　　～332
　──の抑制　298, 299
　曖昧さと──　304
　アフリカ系アメリカ人に対す
　　る──　3, 322
　イスラム教徒に対する──
　　59
　環境と──　345
　気質的──　320～322
　犠牲者を責めることと──
　　310～312
　共感と──　338, 340
　競争と──　313～316
　経済的競争と──　331,
　　332
　権威主義的性格と──
　　320～322
　子どもと──　305
　雇用での──　293
　さまざまなかたちの──
　　293～296
　自己概念と──　296, 319,
　　320
　自動車の購入と──　293
　社会的地位と──　319,
　　320
　就職面接での──　294,
　　295
　女性に対する──　292,
　　295, 296, 304, 305
　人種と──　201
　人種統合と──　328～331
　信念と──　297
　スケープゴート化と──
　　316～319
　ステレオタイプと──
　　299～312
　政治と──　313～316
　相互依存と──　332～341
　態度と行動の関係と──
　　151
　多様性と──　340, 341
　敵意と──　293
　同性愛と──　297
　同調と──　322～325
　内集団と──　312, 313
　認知的不協和と──　296,
　　328, 329
　──の自己正当化　296
　　～299
　ハリケーン・カトリーナと
　　──　294
　肥満と──　297, 298
　平等な地位での接触と──
　　327
　不可避性と──　331, 332
　文化と──　312
　偏屈と──　296
　傍観者と──　294
　マイノリティに対する──
　　150, 298
　南アフリカでの──　323
　ユダヤ人に対する──
　　322, 326
『偏見の心理学』（オルポート）
　　290
変更不能性
　──に関する実験　192,
　　193
　意思決定の──　192～212
　自動車の購入と──　193
扁桃体
　攻撃／暴力と──　255
　同調と──　22
弁別性　113

ポイ捨て，同調と──　29
　　～32
傍観者
　──からの利益　53
　──に対する攻撃の転嫁
　　316, 317
　──による個人的責任　52,
　　54
　──の行動　46～54
　アフリカ系アメリカ人と──
　　293
　感情と──　50
　犠牲者と──　46～54
　共感と──　53, 54
　緊急事態と──　51, 52
　苦痛と──　53
　殺人と──　46, 161
　スケープゴート化と──
　　316, 317
　責任の分散と──　49, 52
　態度と──　53, 54
　血と──　52
　同調と──　46～54
　不確実性と──　52
　偏見と──　293
　暴力と──　46
傍観者効果　49
傍観者の冷淡さ　161
法執行に関する大統領諮問委員
　　会　280
報賞：不十分な報賞の現象も参
　　照
　──としての受容　28
　屈従と──　35～37
　攻撃／暴力と──　281,
　　282
　親切と──　348, 349
　相互依存の──　346
　同一視と──　37
　美と──　345
　魅力と──　345, 346
暴徒　266
報復，攻撃／暴力と──
　　253, 254
暴力：攻撃／暴力を参照
『吠える』（ギンズバーグ）
　　74
ボーイスカウトのキャンプでの
　　実験　315
ボーボー人形　266
ポーランド系アメリカ人
　　326
ボクシング　269

雇用と――　360
自己概念と――　119, 363
自己成就的予言と――　362
女性の――　81
青年と――　360
宣伝と――　358, 359
代表性のヒューリスティクスと――　131
ディズニー映画と――　358
テレビと――　358, 359
犯罪と――　361
文化と――　356
報賞と――　345
魅力と――　357
有能さと――　360
予測と――　358
非介入，同調と――　47
ピグミー族　246
非攻撃的モデル　283
ピッグズ湾の大失敗　353
ビデオゲーム，攻撃／暴力と――　269～271
非同調者
――に対する賞賛　14
――に対する制裁　22
『人を動かす』（カーネギー）　344
非人間化　220
批判
好意と――　348
自尊心と――　227～230
肥満
――に関する実験　297, 298
ブドウ糖果糖液糖と――　73
偏見と――　297, 298
ヒューロン族　247
病気の霊説　110
美容室　27
「標準的な結果ではありません」　90
平等な地位での接触
公共住宅と――　327
子どもによる――　332
偏見と――　327
広島への爆撃　5, 242
美を重視するバイアス　362
貧困
フラストレーションと――　261
基本的な帰属のエラーと――　160, 161

フィードバック，生産的――　387, 388
『フィッシャー・キング』　269
不一致：対立の解決も参照
――に関する実験　94, 95
意見と――　94, 95
フェミニズム，主婦と――　4
フォールス・コンセンサス効果　134
不快
攻撃／暴力と――　258, 259
自己正当化と――　228～230
認知的不協和と――　228～230
不確実性：曖昧さも参照
実験と――　51
物理的現実の――　28, 32
傍観者と――　52
保守主義者と――　99
不可避性
自己正当化と――　221～225
選挙と――　222
認知的不協和と――　221～225
偏見と――　328～332
不関与の傍観者：傍観者を参照
不協和：認知的不協和を参照
服従：不服従も参照
――に関する実験　45
屈従と――　41～46
権威主義的性格と――　320, 321
不十分な正当化　197～212
不十分な報賞の現象
――に関する実験　207, 208
教育と――　206～208
部族　140
攻撃／暴力と――　246, 247
豚インフルエンザ　87
『不都合な真実』　86
フッ素添加　83
片足を扉に踏み入れる技法《フット・イン・ザ・ドア・テクニック》　191
物理的現実
――にかかわる確実性　34
――の不確実性　28, 32
ブドウ糖果糖液糖　73
不道徳的行動
意思決定と――　194, 196
自尊心と――　225～228
不服従　45, 46
プライミング
――に関する実験　120～122
HIV／エイズと――　121
社会的判断と――　119～122
政治と――　122
選挙と――　122
マスコミの中での――　122
『プラウダ』　75
部落民　317, 318
フラストレーション
アフリカ系アメリカ人と――　261
攻撃／暴力と――　259～262, 264, 265
子どもと――　259, 260
慈善募金と――　260
貧困と――　261
フリードニア　31, 39
プリンストンとダートマスのフットボール試合　180, 181
古き良きチャーリーおじさん現象　35, 36
『プレイボーイ』　70
フレーミング：決定のフレーミングを参照
文化
攻撃／暴力と――　246, 247
自己正当化と――　238
ステレオタイプと――　313
同調と――　25, 26
認知的不協和と――　237, 238
美と――　356
偏見と――　313
文脈，社会的判断と――　117～128

ニュース
——による煽り立て 63, 64
——による影響 63, 64
——のための意思決定 60
説得と—— 60～62
24 時間—— 65
ニューヨーク市 104
入浴 110
認知：社会的認知を参照
認知的内容，情動の—— 32
認知的不協和 174～239
——低減行動 182～184, 224, 225
——の実際的応用 234～237
——の生理的効果 231, 232
——の動機付け効果 231, 232
——の必要性 238, 239
fMRI と—— 230
HIV／エイズと—— 233～235
意思決定と—— 184～196
イラク侵攻と—— 189
快と—— 230
カルトと—— 235, 236
喫煙と—— 175～179
減量と—— 232
攻撃／暴力と—— 330
広告と—— 186
自己概念と—— 204～206, 228～230
自尊心と—— 219, 225～228
信念と—— 181, 182
節水と—— 235
選挙と—— 181, 182, 236
地球温暖化と—— 224
同性愛と—— 196
努力と—— 212～214
罰と—— 208～211
不快と—— 228～230
不可避性と—— 221～225
不協和低減行動と—— 182～184, 224, 225
プリンストンとダートマスのフットボール試合と—— 180, 181
文化と—— 237, 238
ヘール・ボップ自殺と—— 180
ベトナム戦争と—— 188
偏見と—— 291, 328～330
魅力と—— 210, 211
無意識と—— 224, 225
認知的保守主義
意思決定と—— 149
個別化と—— 149, 150
社会的認知と—— 148～151
信念と—— 149
ステレオタイプと—— 149
態度と—— 149
ラベルと—— 149
認知の節約家 115

盗み，同調と—— 29～33

熱愛 377

ノースウェスト生命保険相互会社 67

● ハ 行

バーナム表現 165
バイアス，判断のヒューリスティクス，偏見，ステレオタイプも参照 114～117
——の盲点 116
基本的な帰属のエラー 158～161
自己中心的—— 163～167
自己奉仕的—— 167～169
社会的認知の—— 157～170
美を重視する—— 362, 363
ハイウェイ・パトロール 38
排除：社会的排除を参照
排水設備 110
白人至上主義者 105
破傷風の予防注射 85
罰
——としての拒絶 28
——に関する科学的研究 8
——の不十分さ 208～211
屈従と—— 35～37
攻撃／暴力に対する—— 277～281
行動と—— 8
少年非行に対する—— 15
全員一致と—— 39
同一視と—— 37
認知的不協和と—— 208～211
魅力と—— 210, 211
バッタのフライ 202
ハリケーン 86
ハリケーン・カトリーナ，偏見と—— 294
ハロー効果 134
犯罪
基本的な帰属のエラーと—— 161
黒人のステレオタイプと—— 300, 301
ステレオタイプと—— 301
テレビの中での—— 106, 107
美と—— 360, 361
反対議論，信念と—— 101, 102
反態度的主張 201
判断：社会的判断も参照
意思決定と—— 134, 135
コミュニケーションと—— 387, 388
態度のヒューリスティクス 132～134
代表性のヒューリスティクス 128～135
判断のヒューリスティクス 128～135
利用可能性のヒューリスティクス 131～132
反ユダヤ主義：ユダヤ人を参照

美
——に関する実験 356, 357, 362, 363
——に関するステレオタイプ 363
——の類似性 356
——へのカテゴリー化 361, 362
曖昧さと—— 362
好意と—— 355～363
広告と—— 358, 359
幸福と—— 358
子どもと—— 359

ベイルート人質危機　64
マスコミと――　105～107
テロリズム
――の恐怖　59, 87～89
怒りと――　59
コーランを焚くことと――　65
てんかん，――の民間療法　130
てんかん発作，――を用いた実験　49
電気皮膚反応　231
伝令者を殺すこと　181

同一視
意見と――　35
社会的影響と――　35, 36
信頼性と――　37
専門性と――　37
速度制限にかかわる――　38
態度と――　35
正しさと――　37
罰と――　37
報賞と――　37
魅力と――　39
道具的攻撃　243
同質性効果　139
統制
――対インパクト　403, 404
――の幻想　164, 165
同性愛　74
HIV／エイズと――　138, 139
自己概念と――　297
就職面接と――　295
聖書と――　297
選択としての――　297
認知的不協和と――　196
偏見と――　297
統制の幻想　164
盗聴　17
同調：屈従，非同調者も参照　13～55
――に関する実験　15, 16, 25
――に関する悲劇　16
――の性差　26
――の定義　19～23
――の適応性　16
――の不十分さ　15
――の良い点／悪い点　14, 15
――の予測　23
――への動機付け　22, 23
――を増減する要因　24～34
曖昧さと――　30～32
アドルフ・ヒトラーにかかわる――　16
逸脱と――　15
ウォーターゲート事件の隠蔽　17
観察と――　30
関与と――　24
恐怖と――　31
げっぷをする行為の同調　31, 32, 39
個人主義的社会の中での――　26
個別性と――　14, 15
自己欺瞞と――　16
社会的影響と――　32～34
社会的地位と――　26
社会的トレンドと――　27
集団圧力と――　20, 24～27
集団主義的社会の中での――　26
集団の中での――　16
情動と――　32～34, 45, 46
情報と――　27～34
所属と――　27～34
制服と――　27
節水と――　29～34
説明責任と――　24, 25
全員一致と――　23, 24
専門性と――　26
相互性と――　50
チーム・プレイヤーと――　15
盗みと――　29～34
非介入と――　47
人と――　25, 26
文化と――　25, 26
偏見と――　322～325
扁桃体と――　22
ポイ捨てと――　27～34
傍観者と――　46～54
南アフリカでの――　323
糖尿病　73
トウモロコシ精製協会　73
匿名性
核爆弾と――　45
攻撃／暴力と――　265, 266
独立変数，実験での――　397
『どっきりカメラ』　48
トップレスのナイトクラブ　48
『となりのサインフェルド』　288
富，好意と――　356
努力
――の正当化　212～215
自己正当化と――　212～215
認知的不協和と――　212～215
奴隷制　312, 322, 333

● ナ　行

ナイキ　80
内向性　148, 149
ステレオタイプと――　307
内集団
――の中でのひいき　139
カテゴリー化と――　139, 140
偏見と――　312, 313
内的正当化　198
内面化
――の持続性　37
社会的影響と――　36～40
信憑性と――　39
速度制限にかかわる――　38
長崎への爆撃　5, 242
「なぜ十代には自動車の運転が許可されるべきでないのか」　100
ナチス　44
――に対する不服従　46

ニコロデオン　65
二次的利得，行動――　40
二重の意味　119～120
24時間ニュース　65
日本
――でのスケープゴート化　317
――への爆撃　5

――対意見　104, 105
――の類似性　364
教育に対する――　327
恐怖と――　85, 86
行動と――　151～155
――に関する実験　151, 152
偏見と――　151
われわれの頭の中の――　151
信念と――　132
説得と――　104～109
テレビと――　106
同一視と――　35
認知的保守主義と――　149
傍観者と――　54
マスコミと――　104, 105
大統領選挙：選挙を参照
態度のアクセス可能性　153～155
選挙と――　154
態度のヒューリスティクス　132～135
対比効果
――に関する実験　116
社会的判断と――　117～119
選挙での――　119
代表性のヒューリスティクス　128～131
対立の解決，愛と――　381
大量破壊兵器（WMD）　188
タイレノール毒物混入　63
宝くじ券　164
多幸感，エピネフリン実験での――　33
他殺：殺人を参照
正しさ
残忍さと――　116
同一視と――　37
類似性と――　364
タナトス　244
食べ物，説得と――　100
多様性
人種統合と――　340
相互依存と――　340
偏見と――　340, 341
段階的増大，報復と――　253, 254

血，傍観者と――　52
地位：平等な地位での接触，社会的接触を参照
チーム・プレイヤー，同調と――　15
知覚，行動と――　151～157
「血が流れれば人が流れる」　61
力
親の――　38
教師の――　38
屈従と――　38
好意と――　357
政府の――　38
予測――　8
地球温暖化　85, 86
――の恐怖　224
認知的不協和と――　224
知性
――の固定性　157
類似性と――　364
知能検査
拒絶と――　367
性差と――　292
『チャーリーズ・エンジェル』　118
チャレンジャー号　17, 18
『チャンピオン』　264
注意
――の低減　126, 127
――を惹き付けるための攻撃／暴力　275, 276
選択的――　112
「注意して運転せよ」の標識　190
中国人
――に関するステレオタイプ　314, 315
――のスケープゴート化　317
聴衆
――の先行経験　99～104
政治的志向と――　99
説得と――　98～104
マスコミと――　98～104
嘲笑，攻撃／暴力と――　262, 263
朝鮮戦争　103, 242
チンパンジー
――の愛他心　249, 250
――の攻撃／暴力　245

「ディア・ジェイン」レター　3
ディズニー映画，美と――　358
ディズニー・チャンネル　65
ディセプション，実験での――　405, 406
ティッピング・ポイント　27
デート：好意，恋愛／恋人を参照
敵意　155, 156
環境と――　345
競争と――　315, 316, 332
偏見と――　293
敵意的攻撃　243
敵意の性差別　295
適者生存
競争と――　250
攻撃／暴力と――　248～250
自己成就的予言と――　249
テストステロン　214
攻撃／暴力と――　255, 256
デトロイトの暴動　261
デブリーフィング，実験後の――　54
「出る杭は打たれる」　26
テレビ　58, 59
――からの情報　106, 107
――での9月11日　59, 60～62
――での広告　358, 359
――での殺人裁判　59
――の中の攻撃／暴力　60, 61, 106, 266～271
――の中のステレオタイプ　69
――の中の犯罪　106, 107
――の中のマイノリティ　104～106
イラク侵攻と――　62
高齢者と――　106
子どもと――　267
娯楽としての――　61
殺人と――　269
自殺と――　63, 64
信念と――　106
説得と――　104～107
選挙と――　66～69
態度と――　106
美と――　358, 359

——の中での攻撃／暴力　302, 303
性的虐待，回復記憶現象の中の——　144〜148
性的暴力：レイプを参照
正当化：外的正当化，自己正当化も参照
残忍さの——　215〜221, 350
努力の——　212〜215
内的——　198
不十分な——　197〜212
青年：十代も参照
美と——　360
政府
——による救済策　69
——の力　38
制服，同調と——　27
世界貿易センター：9月11日を参照
責任：個人的責任を参照
責任の分散，傍観者による——　49, 52
接種効果　102, 103
——に関する実験　102, 103
喫煙と——　102, 103
文化的自明の理と——　103
節水
同調と——　29〜34
認知的不協和と——　235
説得：宣伝も参照
——での一面的議論対両面的議論　90, 91
——での合意にもとづく統計的証拠対鮮明な個人的事例　89, 90
——での情動的アピール　82〜88
——での論理的アピール　82〜88
——への周辺的ルール　71〜73
——への中心ルート　71〜73
怒りと——　71
意見と——　104, 105
意思決定と——　71
格言を用いる——　72
関連性と——　71
気分と——　100
広告の中の——　59, 60
殺人裁判での——　72
時間と——　92, 93
自尊心と——　99
自由と——　100〜102
女性と——　292
信念と——　103
ずれの大きさと——　94〜98
性差と——　292
政治的志向と——　99
政治の中での——　72, 73
態度と——　104, 105
食べ物と——　100
聴衆と——　98〜104
提示順序と——　91〜93
テレビと——　105〜107
ニュースと——　60〜62
マスコミと——　57〜107
魅力と——　71
説得への周辺ルート　71〜73
説得への中心ルート　71〜73
説明責任，同調と——　24, 25
善意の性差別　295
全員一致
屈従と——　38
同調と——　24
罰と——　39
選挙
——での身長　130
——での誠実さ　2
——での対比効果　119
怒りと——　69
広告と——　67, 68
自己正当化と——　237
態度のアクセス可能性と——　154, 155
テレビと——　68
認知的不協和と——　237
不可避性と——　222
プライミングと——　122
洗剤　67
潜水艦　75
占星術　165
選択的記憶　112
選択的注意　112
宣伝
——の定義　69
教育と——　69〜71
共産主義者による——　103, 104
美に関する——　359
マスコミと——　57〜107
洗脳　103
専門性
コネクターと——　27
同一視と——　36
同調と——　27

ゾウアザラシ　248, 249
憎悪
愛と——　373
囚人の——　10, 11
相互依存
——に関する実験　333
学校の人種統合と——　340
教育での——　330〜340
共感性と——　338〜340
集団の——　333
多様性と——　340
偏見と——　333〜341
報賞と——　346
魅力と——　345, 346
相互性，同調と——　50
相対的剥奪　261
即時性，コミュニケーションの——　387
速度制限　38
——に関するアピール　83, 84
卒業生総代，自尊心と——　119
率直な話　385
完全な愛と——　390
ソビエト連邦　164
——の権威主義的性格　321

● タ　行

ダイエット，認知的不協和と——　233
対応推測　152
基本的な帰属のエラーと——　158
大虐殺　319
大衆の注意，——を惹き付けるための攻撃／暴力　275, 276
対処様式　223
対人感受性　343〜390
態度

状況と――　350
報賞と――　348
身体的魅力：美を参照
身長，選挙での――　130
信念：偏見も参照
――の頑なさ　320
――の同一視　36～40
確証バイアスと――　148
好意と――　365
行動と――　151～170
情報と――　326
説得と――　103
態度と――　132
テレビと――　106
認知的不協和と――　181, 182
認知的保守主義と――　149
反対議論と――　101, 102
偏見と――　297
養子に関する――　112
類似性と――　364
心拍数，拒絶と――　367
信憑性：専門性，信頼性も参照
――に関する実験　78, 79
アフリカ系アメリカ人の――　76, 77
科学者の――　44
広告と――　77
少年非行と――　76
ずれの大きさと――　98
内面化と――　39
マスコミの中での――　74～78
親密さ
愛と――　375～382
コミュニケーションと――　382～386
信頼と――　382～386
人民寺院　4
信頼，親密さと――　382～386
信頼性
――に関する実験　78, 79
意見と――　80, 81
喫煙と――　77, 78
同一視と――　37
マスコミと――　78～80
心理療法，回復記憶現象と――　144～149

催眠　172
水力学説　244
スージーのままごとセット　4, 6
スーダン　242
隙間充填工事　90
スクリプト　271, 272
スケープゴート化
攻撃／暴力と――　317～319
中国人の――　317
日本での――　317
部落民の――　317
偏見と――　316, 317
傍観者に対する――　317
ユダヤ人の――　317
頭痛薬産業　66
ステレオタイプ
――に関する実験　136～138, 307, 308
――の快　301, 302
――の効果　299～303
――のための人間性　299, 300
アジア人と――　300
アフリカ系アメリカ人と――　4, 5, 299～303
誤った関連付けと――　138, 139
イスラム教徒と――　291
外向性と――　307
学業成績と――　308
カテゴリー化と――　299～300
仮釈放の審理と――　301
帰属と――　303～306
期待と――　136～138
行動と――　300
高齢者に関する――　121
自己成就的予言と――　306～308
社会的アイデンティティと――　309, 310
社会的地位と――　299
社会的認知と――　135～140
状況的観点と――　309
情報と――　301
女性に関する――　295, 299
知識と――　136～138
中国人と――　314, 315
テレビの中の――　69
内向性と――　307
認知的保守主義と――　149
バイアスの盲点と――　116
犯罪と――　301
美の――　363
文化と――　313
偏見と――　299～312
ユダヤ人と――　290～292, 323, 324
ラテン系アメリカ人と――　309
ステレオタイプ脅威　308～310
スペイン動乱　5
ずれの大きさ
実験と――　94～98
信憑性と――　98
説得と――　94～98
マスコミと――　94～98
スンニ派　319

性格検査
性差：女性も参照
恋人に対する――　356, 357
攻撃／暴力にかかわる――　255～257
説得と――　292
代表性のヒューリスティクスと――　130
知能検査と――　292
同調にかかわる――　26
性差別：女性を参照
生産的フィードバック　387, 388
生死，社会的影響と――　34
政治：保守主義，民主党員，選挙，政府，自由派，共和党員も参照
――に対する志向　99
――の中での説得　72, 73
競争と――　313～316
プライミングと――　122
偏見と――　313～316
誠実さ，選挙での――　2
聖書，同性愛と――　297
精神病　10
精神病院
――に入院したアフリカ系アメリカ人　302, 303

同性愛と―― 295
囚人 11
――に関する実験 10, 11
――の一時出所 68
――の憎悪 10, 11
――のための仮釈放の審理 301
従属変数，実験の―― 398
十代
――による喫煙 16
――による自殺 63, 64
「なぜ十代には自動車の運転が許可されるべきでないのか」 100
集団：内集団，外集団も参照
――からの拒絶 368
――に関する実験 25, 26
――の相互依存 333
――の中での共感 338～340
――の中での同調 15, 16
――の魅力 35
最小集団パラダイム 140
少年非行と―― 26
集団圧力
――に対する抵抗 22
自尊心と―― 25
集団の構成と―― 26, 27
同調と―― 20, 25～27
集団思考 19
集団主義的社会，同調と―― 26
自由派，論理的アピールと―― 99
自由博物館 46
自由放任の養育態度，保守主義と―― 130
主婦 6
フェミニズムと―― 4
受容
――の範囲 95
攻撃／暴力の―― 243
報賞としての―― 27
受容の範囲 95
準拠点，社会的判断と―― 117, 119
状況的圧力 10
状況的観点
愛と―― 390
外的正当化と―― 197
行為者―観察者バイアスと―― 163
自己奉仕的バイアスと―― 167
賞賛と―― 350
親切と―― 350
ステレオタイプと―― 308, 309
状況的変数 10
賞賛
隠された動機と―― 348
過度の―― 348, 349
好意と―― 347～352
状況と―― 350
少女：子ども，性差を参照
情動
――の感情成分 32
――の認知的内容 32
――へのアピール 82～88
アドレナリンと―― 33
エピネフリンと―― 33
女性と―― 307
同調と―― 32～34
マスコミと―― 82～88
情動感染，マスコミと―― 62～65
少年：子ども，性差を参照
少年非行
――に関する実験 34
――に対する罰 15
集団と―― 26
信憑性と―― 76
情報
行動のための―― 114
社会的判断と―― 125～128
信念と―― 326
ステレオタイプと―― 301
テレビからの―― 106, 107
同調と―― 27～34
マスコミによる―― 61, 62
ジョーンズタウン，ガイアナ 4, 236
女性：主婦も参照
――が行う帰属 306
――に関するステレオタイプ 295, 299
――に対する偏見 292, 295, 296, 304, 305
――の美 81
アジア人―― 320
差別是正措置《アファーマティヴ・アクション》と―― 306
攻撃／暴力と―― 271～274
雇用と―― 306
社会的地位と―― 319, 320
情動と―― 307, 308
説得と―― 292, 293
フェニミズムと―― 4
労働組合と―― 313, 314
所属，同調と―― 27～34
ショック発生装置 41～43
初頭性効果 92, 93
――に関する実験 93, 125, 126
印象形成と―― 125～127
社会的判断と―― 125～127
抑制と―― 93
素人の科学者 113
新近性効果 92, 93
――に関する実験 93
保持と―― 97
信号無視 29
真実性
記憶の―― 142
広告の―― 65, 66
寝室用便器 110
人種：アフリカ系アメリカ人，アジア人，人種統合も参照
人種的軽蔑語と―― 324
人種分離と―― 182, 322, 323
偏見と―― 201
人種統合：学校の人種統合も参照
――の代理的効果 328～331
ジグソー手法と―― 341
社会的排除と―― 340, 341
多様性と―― 340
偏見と―― 328～331
人種分離：人種統合も参照
人種と―― 183, 322, 333
親切
――に関する実験 348～352
好意と―― 347～352
子どもと―― 349
自己正当化と―― 350, 351

対比効果に関する――　118, 119
てんかん発作を用いた――　49
同調に関する――　15, 16, 25
発見の悪用　413, 414
美に関する――　355～357, 362, 363
肥満に関する――　297, 298
不一致に関する――　94, 95
不確実性と――　51
不協和低減行動に関する――　182～184
服従に関する――　41～43, 45
不十分な報賞の現象に関する――　207, 208
プライミングに関する――　120～122
ベトナム戦争のデモを用いた――　54
偏見に関する――　292～294, 314～316
変更不能性に関する――　192, 193
ポイ捨てに関する――　29, 30
報復に関する――　253, 254
ボーイスカウトのキャンプでの――　315
ポルノに関する――　272, 273
名誉の文化に関する――　247, 248
模擬刑務所を用いた――　10, 11
有能さに関する――　354, 355
実験方法　9
実存主義　175
「しっぺ返し」　254
自伝的記憶　143, 148
――に関する実験　143, 144
回復記憶現象と――　144～148
自動車の購入
アフリカ系アメリカ人と――　293
偏見と――　293
変更不能性と――　193
死の判定団　73
死亡税　73
資本主義　70
社会心理学
――の定義　5～9
科学としての――　391～414
社会通念，科学的研究と――　7
社会的アイデンティティ，ステレオタイプと――　308, 309
社会的影響　7
――に対する反応　34～40
屈従と――　34, 35
生死と――　34
同一視と――　35, 36
同調と――　31～33
内面化と――　36～40
社会的学習
苦痛と――　264
攻撃／暴力と――　263～269
マスコミと――　266～269
社会的現実　28
社会的接触，幸福と――　368
社会的地位：平等な地位での接触も参照
好意と――　356, 357
子どもと――　299
女性と――　319～330
ステレオタイプと――　299
代表性のヒューリスティクスと――　131
同調と――　26
偏見と――　319, 320
社会的トレンド，同調と――　27
社会的認知　109～170
――のバイアス　151～170
意思決定と――　112～117
カテゴリー化と――　135～150
構成的予測と――　140～142
再構成的記憶と――　140～142
自伝的記憶　143～148
社会的判断と――　117～128
ステレオタイプと――　135～140
態度と信念と行動　151～170
認知的保守主義と――　148～150
判断のヒューリスティクスと――　128～135
文脈と――　117～128
社会的排除：外集団も参照　28
――に関する実験　369
――の予期　369
好意と――　366～369
攻撃／暴力と――　262, 263
寒さと――　367
人種統合と――　340, 341
社会的判断
誤った関連付けと――　138, 139
概念のアクセス可能性と――　119～122
決定のフレーミングと――　122～128
行為者―観察者バイアスと――　161
準拠点と――　117～119
情報と――　125～128
初頭性効果と――　125～128
対比効果と――　117～119
プライミングと――　119～122
文脈と――　117～128
社会的保守主義，カテゴリー化と――　150
社会的役割，行動と――　158, 159
自由
――の保護　101, 102
意見と――　101, 102
説得と――　101, 102
「銃が人を殺すのではなく，人が殺すのだ」　265
就職面接
――での偏見　294～296
アフリカ系アメリカ人――　294, 295

～181
不快と――　228～250
不可避性と――　221～225
文化と――　238
ベトナム戦争と――　188
偏見の――　296～299
変更不能性と――　192～212
ラテン系アメリカ人と――　219～221
自己中心的思考：自己正当化も参照　163, 167
記憶と――　166, 167
国家元首の――　164
自己の正しさ，犠牲者を責めることと――　310, 311
自己バイアス　163～170
自己中心的思考　163～167
自己奉仕的バイアス　167～169
楽観主義と――　170
自己奉仕的バイアス　167～169
気質的観点と――　166
自己概念と――　168
自尊心と――　168
状況的観点と――　168
自殺：ヘヴンズ・ゲートも参照
十代による――　63, 64
テレビと――　63, 64
地震　223
慈善募金　191, 205
フラストレーションと――　260
持続性
屈従と――　40
個人的特性と――　156, 157
内面化の――　37
自尊心
――に関する実験　365～367
――の獲得―損失理論　369, 375
アフリカ系アメリカ人と――　227, 331
いじめと――　227, 228
学校の人種統合と――　331, 332
関与と――　225
恐怖と――　84, 85
好意と――　364～367, 369
～375
残忍さと――　218, 219
自己愛と――　227, 228
自己正当化と――　225～228
自己奉仕的バイアスと――　169
集団圧力と――　25
説得と――　99, 100
卒業生総代の――　119
認知的不協和と――　219, 225～228
批判と――　227～230
不道徳的行動と――　225～228
実験
――後のデブリーフィング　54
――でのディセプション　404～406
――での統制対インパクト　403, 404
――での無作為割り当て　399～405
――でのリアリズム　404, 405
――のカバーストーリー　371～373
――の従属変数　398
――の独立変数　397
――の倫理　54, 55, 407～412
――を計画する　396, 399
アルコールに関する――　101
エピネフリンを用いた――　33, 34
演説を用いた――　52～55
お見合いパーティーに関する――　355, 356
確証バイアスに関する――　148, 149
獲得―損失理論に関する――　370～373
過剰攻撃に関する――　253
カタルシスに関する――　251, 252
喫煙に関する――　40, 102, 103
基本的な帰属のエラーに関する――　158
競争に関する――　315, 316
共同関係に関する――　375
拒絶に関する――　367, 368
苦境にある婦人を用いた――　48, 49
刑務所の看守に関する――　10, 11
決定のフレーミングに関する――　123, 124
行為者―観察者バイアスに関する――　162, 163
雇用と美に関する――　359～361
参加者たちへの恩義　412
死刑資格手続きに関する――　34
思索と――　395～399
自尊心に関する――　365～367
自伝的記憶に関する――　143, 144
社会的排除に関する――　368, 369
囚人に関する――　10, 11
集団に関する――　25, 26
少年非行に関する――　94
ショック発生装置を用いた――　41～43
初頭性効果に関する――　93, 125, 126
新近性効果に関する――　93
親切に関する――　348～352
信憑性に関する――　76, 77
信頼性に関する――　78～80
ステレオタイプに関する――　136～138, 308
ずれの大きさと――　94～98
接種効果に関する――　102, 103
説明責任に関する――　25
相互依存に関する――　333, 334
態度と行動の関係に関する――　151, 152

社会的接触と——　368
美と——　358
幸福計算　113
公民権運動　313
合理性／非合理性，行動の——　182～184
高齢者
——に関するステレオタイプ　121
テレビと——　105
コーランを焚くこと，9月11日と——　65
コーン・シュガー　73
黒人：アフリカ系アメリカ人を参照
心が狭いこと　165, 166
心が広いこと　165
個人主義的な社会，——の中での同調　26
個人的責任性　265, 266
攻撃／暴力と——　52, 54
傍観者と——　156, 157
個人的特性，——の持続性　166
国家元首
——の自己正当化　187～190
——の自己中心的思考　164
子ども
——による平等の地位での接触　349
——への広告　65, 66
社会的地位と——　299
親切と——　349
テレビと——　266～270
美と——　359
フラストレーションと——　259, 260
偏見と——　305
コネクター　27
子ネコ　245
個別化，認知的保守主義と——　149, 150
個別性，同調と——　14, 15
コミュニケーション：マスコミも参照
——の即時性　387
感情と——　388～390
完全な愛と——　390
親密さと——　382～386
判断と——　388～390
雇用
——での偏見　293
アフリカ系アメリカ人と——　293
女性と——　306
美と——　360
娯楽，——としてのテレビ　60, 61
コロンバイン高校銃撃　4, 6
拒絶と——　263, 367
『コンシューマー・レポート』　89, 130, 185
コンドーム　111, 233～235
コンピューター，——のための広告　71, 72

● サ　行

再構成的記憶　140～142
財産税　72
最小集団パラダイム　140
「最大多数の最大幸福」　113
最頻的な人　15
殺人　246
傍観者と——　46, 161
テレビと——　268, 269
殺人裁判
——での説得　72
テレビでの——　59
『ザ・デイ・アフター』　58
サプロキシン　33
差別：偏見を参照
寒さ，社会的排除と——　367
サル　246, 263, 264
産業革命　249
三段論法　133
残忍さ
——の正当化　215～221, 350
刑務所の看守の——　10, 11
自己成就的予言と——　221
自己正当化と——　215～221
自尊心と——　219
正しさと——　116, 117

シーア派　319
ジェイ・デート　377
自我防衛的行動　168
時間，説得と——　92, 93
ジグソー手法　335～340
人種統合と——　341
死刑資格手続き　34
刺激
恐怖——　32
攻撃／暴力への——　265
自己愛，自尊心と——　227
自己イメージ：自己概念を参照
自己開示　382
自己概念
自己正当化と——　228～230
自己奉仕的バイアスと——　168
同性愛と——　297
認知的不協和と——　204～206, 228～230
美と——　119, 363
不服従と——　46
偏見と——　296, 319, 320
マスコミと——　7
自己欺瞞，同調と——　16
自己啓発本，回復記憶現象と——　144
自己成就的予言　138
好意と——　365
残忍さと——　221
ステレオタイプと——　306～308
適者生存と——　249
美にかかわる——　362
自己スキーマ　143
自己バイアスと——　163
自己正当化　171～239
——と残忍さ　215～221
アフリカ系アメリカ人と——　219～221
意思決定と——　184～187
イラク侵攻と——　189
関与と——　177, 178
恐怖と——　173, 174
攻撃／暴力と——　219～221
国家元首にかかわる——　187～190
自己概念と——　228～230
自尊心と——　225～228
親切と——　350
選挙と——　237
努力と——　213～215
認知的不協和と——　174

類似性と――　363, 364
行為者―観察者バイアス　161～163
――に関する実験　161～163
気質的観点と――　162～163
共感と――　163
社会的判断と――　161
状況的観点と――　162
合意性：全員一致も参照　114
――の追求　19
フォールス・コンセンサス効果　134
合意にもとづく統計的証拠対鮮明な個人的実例
説得での――　89, 90
マスコミの中の――　89, 90
交換関係　374
公共住宅，平等な地位での接触と――　327
攻撃行為　243
攻撃刺激　265
攻撃的モデル　280, 281
攻撃の転嫁　316～319
傍観者に対する――　316, 317
攻撃／暴力：犯罪，残忍さも参照　241～285
――の原因　255～276
――の受容　242, 243
――の神経的，化学的原因　255～259
――の性差　255～257
――の定義　243, 244
――の転嫁　316～319
――の有用性　248～254
――の低減　276～285
共感と――　281, 282
罰と――　262, 263
報賞と――　281, 282
理性と――　253, 254
――への罰　277～281
曖昧さと――　330, 331
アルコールと――　256, 257
温度と――　258, 259
カタルシスと――　251～253
学校の人種統合と――　330
下等動物の――　244～248
希望と――　261, 262
共感と――　241～285
拒絶と――　262, 263
苦痛と――　258, 259
広告と――　274, 275
黒人ステレオタイプと――　300～302
個人的責任と――　265, 266
自己正当化と――　219～221
社会的学習と――　263～269
社会的排除と――　262, 263
女性に対する――　271～274
スケープゴート化と――　316～319
精神病院の中での――　302
大衆の注意を惹き付けるための――　275, 276
嘲笑と――　262, 263
チンパンジーの――　245
適者生存と――　248～251
テレビの中の――　60～62, 106, 266～271
匿名性と――　266
認知的不協和と――　330
ビデオゲームと――　269～271
部族と――　246
フラストレーションと――　259～262, 264, 265
文化と――　246
扁桃体と――　255
傍観者と――　46, 47
報賞と――　281, 282
報復と――　253, 254
ボノボと――　245, 246
ポルノと――　271～274
本能と――　244～248
マスコミと――　266～275
論理的アピールと――　277
高潔な野人　244
広告
――の真実性　66
――の中の運動選手　77, 78
――の中の説得　59, 60
意思決定と――　185, 186
希釈効果と――　127, 128
攻撃／暴力と――　274, 275
子どもへの――　66, 65
コンピューターのための――　71, 72
信憑性と――　80
選挙と――　67, 68
テレビでの――　358
認知的不協和と――　185, 186
美と――　358, 359
魅力と――　67
交渉ゲーム　156
構成的予測　140～142
後天性免疫不全症：HIV／エイズを参照
行動
――の外的正当化　198
――の合理性／非合理性　182
――のための情報　114
異常性と――　9, 10
環境と――　30, 31
喫煙に伴う――　86
恐怖と――　85, 86
屈従に伴う――　35
自我防衛的――　168
自尊心と――　225～228
社会的役割と――　159, 160
信念と――　151～170
ステレオタイプと――　300
態度と――　151～170
――に関する実験　151, 152
偏見と――　151
われわれの頭の中の――　151
知覚と――　155～157
二次的利得と――　40
罰と――　8
不道徳的――　194～196, 225～228
傍観者の――　46～54
幸福
「最大多数の最大幸福」　113

行為者―観察者バイアスと
　―― 284, 285
攻撃／暴力と―― 53, 54
集団の中での―― 338
　～340
相互依存と―― 338～340
偏見と―― 338～340
傍観者による―― 338
　～340
共産主義者，――による宣伝
　103, 104
教師，――の力 38
競争
――に関する実験 315,
　316
学校の人種統合と――
　332, 333
教育と―― 315, 334～337
敵意と―― 316, 332, 333
適者生存と―― 250
偏見と―― 313～316
共同関係 389
恐怖
――への刺激 32
喫煙と―― 84～86
攻撃の―― 88
行動と―― 85, 86
自己正当化と―― 173,
　174
自尊心と―― 84～86
態度と―― 85, 86
地球温暖化と―― 224
テロリズムの―― 59, 86
　～89
同調と―― 31
保守主義者と―― 99
マスコミの中の―― 83
　～88
胸部自己診断，決定のフレーミ
　ングと―― 124
協力：相互依存を参照
共和党員 99
虚偽記憶症候群 144
拒絶
fMRI と―― 368
――に関する実験 367,
　368
好意と―― 367～369
攻撃／暴力と―― 262,
　263
コロンバイン高校銃撃と――
　263, 367
集団からの―― 368
心拍数と―― 367
知能検査と―― 369
罰としての―― 28
極刑 34
不協和低減行動と――
　183, 184
切り刻み映画 273, 274
キリスト教徒 319
キリスト教右派 70
議論：一面的議論対両面的議論
　も参照
反対―― 101, 102
緊急事態，傍観者と―― 51,
　52
近接性，愛と―― 376

クイズ番組 159
空腹 231, 232
9月11日 242
コーランを焚くことと――
　65
過剰攻撃と―― 253
テレビでの―― 59, 61, 62
苦境にある婦人，――を用いた
　実験 48, 49
苦痛
攻撃／暴力と―― 257
　～259
社会的学習と―― 264
傍観者と―― 53
屈従：同調も参照
――の有効性 36, 37
喫煙と―― 40
持続性と―― 40
社会的影響と―― 35
全員一致と―― 39
速度制限への―― 38
力と―― 38
罰と―― 35～37
服従と―― 41～46
報賞と―― 35～37
『クライ・レイプ』 59

ゲイ：同性愛を参照
経済的競争，偏見と――
　313～315, 331, 332
警察
――による殴打 60
黒人ステレオタイプと――
　302, 303
芸術，科学と―― 394
刑務所の看守
――に関する実験 10, 11
――の残忍さ 10, 11
決定のフレーミング
――に関する実験 123,
　124
エネルギー保護と――
　124
胸部自己診断と―― 124
社会的判断と―― 123,
　124
げっぷ，――をする行為の同調
　31, 32, 39
権威主義的性格：国家元首も参
　照
――の不在 44, 45
ソビエト連邦の―― 321
偏見と―― 320～322
保守主義者としての――
　321
原子爆弾：核爆弾を参照
原子力潜水艦 75
現世的リアリズム 404
ケント州立大学銃撃 3, 216,
　217
うわさと―― 9, 10
過剰攻撃と―― 253
減量，認知的不協和と――
　232

好意：恋愛／恋人も参照
　343～390
獲得―損失理論と――
　369～375
拒絶と―― 367～369
自己成就的予言と――
　365
自尊心と―― 364～367,
　369～375
社会的地位と―― 356
社会的排除と―― 367
　～369
賞賛と―― 347～352
親切と―― 347～352
信念と―― 365
属性と―― 352～363
力と―― 356
富と―― 356
美と―― 355～363
批判と―― 347
魅力と―― 344～347
有能さと―― 352～355

過食症　3
課題に特定的な自尊心　25
カタルシス
　――に関する実験　251, 252
　攻撃／暴力と――　251～253
価値
　――の内面化　36～40
　不服従と――　46
学校の人種統合　325, 329～331
　競争と――　332
　攻撃／暴力と――　330, 331
　自尊心と――　332
　相互依存と――　340
カテゴリー化
　誤った関連付け　138, 139
　外集団と――　139
　社会的認知と――　135～140
　社会的保守主義と――　150
　ステレオタイプと――　299, 300
　内集団と――　139
　美への――　361, 362
カバーストーリー　41
　実験の――　371～373
仮釈放の審理，ステレオタイプと――　301
『ガリバー旅行記』（スウィフト）　118
カルト：ヘヴンズ・ゲートも参照
　認知的不協和と――　235, 236
カレッジ・ボウル　354
乾き　232
『カサブランカ』　225
環境
　行動と――　30, 31
　敵意と――　345, 346
　偏見と――　345
　傍観者と――　50
関係性攻撃　256
観察，同調と――　31
感情
　コミュニケーションと――　388～390
　情動と――　32
完全な愛　378
　コミュニケーションと――　390
　率直な話と――　390
関与
　自己正当化と――　177
　自尊心と――　225, 226
　同調と――　25
関連性，説得と――　71

記憶
　――の真実性　142
　――の整合性　143
　――の歪曲　143
　虚偽記憶症候群　144
　再構成的――　140～142
　自己中心的思考と――　166
　自伝的――　143～148
　自伝的記憶と――　144～148
　選択的――　112
　誘導尋問と――　142
気質的観点　10
　行為者―観察者バイアスと――　162, 163
　自己奉仕的バイアスと――　167
気質的偏見　320～322
「ぎしむ車輪は油を差される」　26
希釈効果　127, 128
犠牲者：犠牲者を責めることも参照
　――としてのNASA　18
　回復記憶現象と――　147, 148
　残忍さの正当化と――　350
　傍観者と――　46～54
犠牲者を責めること
　後知恵バイアスと――　311, 312
　外集団と――　311
　自己の正しさと――　310
　偏見と――　319～321
　ユダヤ人と――　310
　レイプと――　312
偽善　234
帰属：基本的な帰属のエラーも参照　113
　愛と――　390
　曖昧さと――　304
　好意と――　352～363
　女性が行う――　306
　ステレオタイプと――　303～306
北朝鮮　164
喫煙
　――に関する実験　102, 103
　――に伴う行動　86
　科学者と――　113
　恐怖と――　84～86
　屈従と――　40
　十代による――　16
　信頼性と――　79, 80
　接種効果と――　102, 103
　認知的不協和と――　175～179
「ギデオン対ウェインライト」判決　279
機能的磁気共鳴画像法（fMRI）　22
　拒絶と――　368
　認知的不協和と――　230
気分，説得と――　100
希望，攻撃／暴力と――　261, 262
基本的な帰属のエラー　158～161
　――に関する実験　158
　対応推測と――　158
　犯罪と――　161
　貧困と――　160
偽薬　33
　努力の正当化と――　214
『キャッチ＝22』（ヘラー）　45
キャンプ　49～51, 315, 316
ギャンブラー，変更不能性と――　192
究極的な帰属のエラー　304
教育：学校の人種統合も参照
　――での相互依存　334～340
　――に対する態度　327
　――の定義　69
　競争と――　315, 333～337
　資本主義と――　70
　宣伝と――　69～71
　不十分な報賞の現象と――　206～208
共感　162, 163

魅力と――　185, 186
民主主義での――　62
いじめ
インターネットと――　256
自尊心と――　227, 228
異常性　9～11
イスラム教徒
――に関するステレオタイプ　291
――に対する偏見　59
コーランを焚くことと――　65
イタリア系アメリカ人　326
一面的議論対両面的議論，マスコミの中での――　90, 91
一貫性　113, 114
逸脱　15
同調と――　15
一定化，科学的研究での――　9
「いつでもカモはいるものだ」　165
イラク侵攻　58
自己正当化と――　189
テレビと――　62
認知的不協和と――　189
ベトナム戦争と――　135, 136
医療保険制度改革法案　73
イロクォイ族　247
印象形成，初頭性効果と――　125～127
インターネット　58
いじめと――　256
レイプと――　272
インフォマーシャル　119

ウィーティーズ，――の製品推奨　2, 77
ウェーコ，テキサス　235
『ヴェニスの商人』　323
「ウォウズはフォウズを結び付ける」(「苦難は敵同士を結び付つける」)　72
ウォーターゲート事件の隠蔽　291
同調と――　17
ウガンダ　261
うわさ，ケント州立大学銃撃と――　9, 10
運動選手，広告の中の――　77, 78

影響：社会的影響も参照
ニュースによる――　63, 64
魅力と――　81
エイズ（AIDS）：HIV／エイズを参照
『エイモスとアンディ』　4
エネルギー保護　90
決定のフレーミングと――　124
認知の節約家と――　115
エピネフリン　173
情動と――　33
「エラー政治」　307
エロス　252
演説，――を用いた実験　53

黄熱病　130
「落ちこぼれゼロ」　73
おとり　116
オハイオ州兵　3, 216
お見合いパーティー，――を用いた実験　359～370
親
――の力　38
権威主義的性格と――　320, 321
温度
攻撃／暴力と――　258, 259
社会的排除と――　367

●カ　行

カ（蚊）　130
カートーン・ネットワーク　65
快：不快も参照
ステレオタイプの――　301, 302
認知的不協和と――　230
外向性　148, 149
ステレオタイプと――　307
外集団
――としての部落民　317
カテゴリー化と――　139, 140
犠牲者を責めることと――　310, 311
外的正当化
――の性質　201～203
行動の――　198, 199
状況的観点と――　197
概念のアクセス可能性，社会的判断と――　119～122
回復記憶現象　144～148
犠牲者と――　147, 148
自己啓発本と――　144～148
自伝的記憶と――　144, 145
心理療法と――　144
性的虐待と――　147, 148
快楽計算（幸福計算）　113
科学：実験も参照
――としての社会心理学　391～414
芸術と――　394
科学者
――の信憑性　44
喫煙と――　113
素人の――　113
科学的研究：実験も参照
――での一定化　9
社会通念と――　7
罰に関する――　8
科学的方法　393, 394
学業成績　2, 3
ステレオタイプと――　308, 309
格言，――を用いる説得　72
隠された動機，賞賛と――　348
確実性：不確実性も参照　33, 34
確証バイアス　148, 149
獲得―損失理論
愛と――　377, 378
好意と――　369, 375
核爆弾　5, 242
――に関する意見　5
『ザ・デイ・アフター』　58
匿名性と――　45
家事　167, 168
過剰攻撃
――に関する実験　253
9月11日と――　253, 254
ケント州立大学銃撃と――　253
報復と――　253, 254

事項索引

● ア　行

愛：恋愛／恋人も参照
　——と憎悪　373
　——の定義　377, 378
　獲得—損失理論と——　378, 382
　帰属過程と——　389, 390
　近接性と——　376
　状況と——　390
　親密さと——　375～382
　対立の解決と——　381
　類似性と——　377
愛国主義　319
愛国心　59
愛他心　249, 250
愛の三角形　378
曖昧さ
　帰属と——　304
　攻撃／暴力と——　330, 331
　同調と——　30～32
　美と——　362
　偏見と——　304
煽り立て，ニュースによる——　63, 64
アジア人：中国人，日本も参照
　——女性　320
　——に関するステレオタイプ　300
アスピリン　66
アセトアミノフェン　66
後知恵バイアス　8, 149
　犠牲者を責めることと——　310, 311
　レイプと——　312
アドレナリン，情動と——　33
アナグラム　121
『アナライズ・ミー』　251
差別是正措置《アファーマティヴ・アクション》　306
アブグレイブ刑務所　43
アフリカ系アメリカ人
　——に関するステレオタイプ　299, 303
　——に対する反態度的主張　201
　——に対する偏見　3, 322
　——の信憑性　76, 77
　学業成績と——　308, 309
　雇用と——　293
　殺人裁判と——　59
　自己正当化と——　220, 221
　自尊心と——　227, 331, 332
　自動車購入と——　293
　就職面接と——　294, 295
　精神病院に入院した——　302
　フラストレーションと——　261
　傍観者と——　294
　マスコミと——　4, 5
　南アフリカの——　324, 325
　『ルーツ』と——　58
　労働組合と——　313, 314
アメリカがん協会　191
アメリカ航空宇宙局，——による意思決定　18
アメリカ心理学会　276
誤った関連付け
　HIV／エイズにかかわる——　138, 139
　カテゴリー化と——　138, 139
　社会的判断と——　138, 139
　ステレオタイプと——　138, 139
誤り得ること，有能さと——　353～355
アラペシュ族　246
アリストテレス　2, 75
アルコール　5
　——に関する実験　101
　攻撃／暴力と——　257
アルジェリア　242
アロンソンの第1法則　9
暗示的尋問　142
安心　186
イーハーモニー　377
「言うことは信じること」パラダイム　199～201
怒り
　エピネフリン実験の中での——　33
　権威主義的性格と——　321, 322
　説得と——　71
　選挙と——　69
　テロリズムと——　59
イギリス放送協会　60
意見
　——対態度　104, 105
　——の類似性　364
　核爆弾に関する——　5
　広告の真実性に関する——　65, 66
　自由と——　101, 102
　信頼性と——　80
　説得と——　104, 105
　同一視と——　35
　不一致と——　4
　マスコミと——　104, 105
　魅力と——　81, 82
移行者　16
意思決定
　NASAによる——　17, 18
　恋人と——　186, 187
　広告と——　186
　自己正当化と——　184～187
　社会的認知と——　111～117
　集団思考と——　19
　説得と——　71
　説明責任と——　24, 25
　ニュースのための——　60
　認知的保守主義と——　149
　認知的不協和と——　184～196
　判断のヒューリスティクスと——　134, 135
　不道徳的行動と——　194～196

371
リンツ（Linz, Daniel）　273
リンテルズ（Rintels, David）　106

ルソー（Rousseau, Jean-Jacques）　244
ルブーフ（LeBoeuf, Burney）　248
ル・ボン（Le Bon, Gustave）　292

レイノルズ（Reynolds, Patrick）　80
レヴィン（Lewin, Kurt）　259
レーヴェンサール（Leventhal, Howard）　84〜86, 88
レーガン（Reagan, Ronald）　154, 164, 182
レーマン（Lehman, Darrin）　223
レターマン（Letterman, David）　89
レットン（Retton, Mary Lou）　77
レッパー（Lepper, Mark）　183, 207

ローゼンサール（Rosenthal, Robert）　137
ロード（Lord, Charles）　183
ロールズ（Rholes, William）　120
ローレンツ（Lorenz, Konrad）　248
ロス（Ross, Lee）　134, 159, 183
ロス（Ross, Michael）　143, 214
ロスバート（Rothbart, Myron）　139
ロダン（Rodin, Judith）　48
ロット（Lott, Albert）　349
ロット（Lott, Bernice）　349
ロドリゲス（Rodriguez, Alex）　77
ロフタス（Loftus, Elizabeth）　142, 144
ロング（Long, Justin）　72
ロンバルディ（Lombardi, Vince）　250

● ワ　行

ワード（Word, Carl）　294
ワイス（Weiss, Walter）　75, 76
ワイヤー（Wyer, Robert）　301
ワトソン（Watson, Jeanne）　323

Wendell, Jr.） 290
ホールドマン（Haldeman, H.R.） 291
ホッジマン（Hodgman, John） 72
ホッブズ（Hobbes, Thomas） 244
ボナッチ（Bonacci, Angelica） 274
ホワイト（White, Gregory） 356
ホワイト（White, Ralph） 188
ボンド（Bond, Charles） 302
ボンド（Bond, Rod） 26

● マ　行

マーカス（Markus, Hazel） 143
マートン（Merton, Robert） 307
マーロウ（Marlowe, Christopher） 323, 324
マカリスター（McAlister, Alfred） 102
マカンドレス（McCandless, Boyd） 264
マクームズ（McCombs, Maxwell） 122
マクグローン（McGlone, Matthew） 72, 87, 310
マクタヴィッシュ（McTavish, Jeanne） 408, 409
マクダニエル（McDaniel, Patricia） 256
マクデイヴィッド（McDavid, John） 292
マクファーランド（McFarland, Cathy） 143
マクファーランド（McFarland, Sam） 321
マグルーダー（Magruder, Jeb Stuart） 17
マグワイヤー（McGuire, William） 102
マケイン（McCain, John） 58
マコービー（Maccoby, Eleanor） 256
マコービー（Maccoby, Nathan） 101
マコーリフ（McAuliffe, Christa） 18
マコナヘイ（McConahay, John） 340
マシューソン（Mathewson, Grover） 213
マスラック（Maslach, C.） 70
マラムス（Malamuth, Neil） 272
マリック（Mallick, Shabaz） 264
マレン（Mullen, Brian） 266

ミッチェナー（Michener, James） 10, 217, 284
ミュイス（Meeus, Wim） 45
ミラー（Miller, Kim） 365
ミラー（Miller, Neal） 318
ミラー（Miller, Norman） 93
ミル（Mill, John Stuart） 113
ミルグラム（Milgram, Stanley） 41, 42, 43, 45, 46, 158, 191, 405, 407, 409, 410
ミルズ（Mills, Judson） 81, 195, 203, 213, 346, 374, 396, 398, 399, 406

メイロウィッツ（Meyerowitz, Beth） 124
メッティー（Mettee, David） 226, 374, 409
メニンジャー（Menninger, William） 251

モーガン（Morgan, James J.） 178〜180
モンタギュー（Montagu, Ashley） 249
モンデール（Mondale, Walter） 154

● ヤ　行

ヤーノフ・バルマン（Janoff-Bulman, Ronnie） 312

ヨースト（Jost, John） 99, 302

● ラ　行

ラーイメイカーズ（Raaijmakers, Quinten） 45
ラーナー（Lerner, Melvin） 311, 352
ラーナー（Lerner, Richard） 360
ライアンズ（Lyons, Phillip） 361
ライス（Rice, Grantland） 250
ラザースフェルド（Lazarsfeld, Paul） 326
ラスバルト（Rusbult, Caryl） 186
ラタネ（Latané, Bibb） 47〜51
ラピエール（LaPiere, Richard） 151, 152, 155
ラプソン（Rapson, Richard） 377
ラムズフェルド（Rumsfeld, Donald） 58
ランガー（Langer, Ellen） 164
ランツ（Luntz, Frank） 72
ランディ（Landy, David） 351, 362
ランド（Lund, Robert） 18
ランドリー（Landry, Jack） 179, 180, 414

リード（Reed, Walter） 130
リーバート（Liebert, Robert） 267
リーペ（Leippe, Mike） 201, 338
リチェソン（Richeson, Jennifer） 298
リチャーズ（Richards, Bob） 77
リチャーズ（Richards, Michael） 288
リチャードソン（Richardson, Deborah） 284
リップマン（Lippmann, Walter） 110, 299
リンカーン（Lincoln, Abraham） 190
リンダー（Linder, Darwyn）

ビアブラアー（Bierbrauer, Gunter）　158
ヒース（Heath, Linda）　121
ピーターズ（Peters, Mark）　122
ヒギンズ（Higgins, Tory）　120, 156
ビックマン（Bickman, Leonard）　52, 410
ピットマン（Pittman, Thane）　229
ヒトラー（Hitler, Adolf）　16, 135, 164
ピュリッツァー（Pulitzer, Joseph）　335
ピリアヴィン（Piliavin, Irving）　51, 52
ピンカー（Pinker, Steven）　248
ビン・ラディン（bin Laden, Osama）　237

ファインマン（Feynman, Richard）　394
ファウ（Pfau, Michael）　68
ファツィオ（Fazio, Russell）　153, 154
フィールド（Field, Peter）　292
フィスケ（Fiske, Susan）　115, 295
フィッシュホフ（Fischhoff, Baruch）　149, 311
フィリップス（Phillips, David）　63, 269
フィンケル（Finkel, Eli）　357
フィンチャム（Fincham, Frank）　390
プーサン（Poussaint, Alvin）　288
ブーン（Boone, Daniel）　15
フェイン（Fein, Steven）　320
フェスティンガー（Festinger, Leon）　28, 80, 101, 174, 200, 203, 204, 238
フェッシュバック（Feshbach, Norma）　284
フェッシュバック（Feshbach, Seymour）　284
フェルプス（Phelps, Michael）　77
ブゲルスキー（Bugelski, Richard）　318
フセイン（Hussein, Saddam）　62, 135, 189, 319
ブッシュ（Bush, George H. W.）　68
ブッシュ（Bush, George W.）　62, 164, 189, 222
ブッシュマン（Bushman, Brad）　227, 251, 270, 274
プライナー（Pliner, Patricia）　191
ブラウン（Brown, George S.）　291
ブラウン（Brown, Paul）　281
ブラウン（Brown, Roger）　260
プラサド（Prasad, Jamuna）　174, 216
ブラッドフォード（Bradford, John）　161
ブラッドベリー（Bradbury, Thomas）　390
ブラッドレー（Bradley, Eleanor）　47
プラトカニス（Pratkanis, Anthony）　22, 69, 132, 306
フランクリン（Franklin, Benjamin）　114, 351
フリーズ（Frieze, Irene）　360
フリードマン（Freedman, Jonathan）　100, 190, 211, 279
フリードマン（Friedman, Thomas）　237
ブリッジマン（Bridgeman, Diane）　338
プリンス（Prince, Phoebe）　256
プリンスタイン（Prinstein, Michael）　36
ブルース（Bruce, Lenny）　181
フルシチョフ（Khrushchev, Nikita）　217, 218
フレイ（Frey, David）　296
フレイザー（Fraser, Scott）　190
ブレーム（Brehm, Jack）　100, 186, 194, 221, 232, 302, 350
ブレックラー（Breckler, Steven）　168
フレッチャー（Fletcher, Garth）　143
フロイト（Freud, Sigmund）　244, 251
フロイド（Floyd, Joanne）　354, 380
プローニン（Pronin, Emily）　116
ブロック（Brock, Timothy）　166

ペイジャー（Pager, Devah）　293
ヘイストーフ（Hastorf, Albert）　181
ヘイニー（Haney, Craig）　34
ヘイリー（Haley, Alex）　58
ヘール（Herr, Paul）　155
ペティ（Petty, Richard）　71, 100, 166
ペティグルー（Pettigrew, Thomas）　294, 304, 322, 323, 327, 330
ヘブル（Hebl, Michelle）　295
ベム（Bem, Daryl）　66, 228
ヘラー（Heller, Joseph）　45
ベリア（Beria, Lavrentiy）　217, 218
ヘルムライヒ（Helmreich, Robert）　205
ベンサム（Bentham, Jeremy）　113, 114
ベンズレー（Bensley, Lillian）　101
ヘンダーロング（Henderlong, Jennifer）　208

ホヴランド（Hovland, Carl）　75, 76, 95, 97
ボーデンハウゼン（Bodenhausen, Galen）　301
ホートン（Horton, Willie）　68, 71
ホームズ（Holmes, Oliver

ダーリー（Darley, John） 47, 49～52, 137, 222
ダイオン（Dion, Karen） 358, 359
タイソン（Tyson, Neil deGrasse） 310
タイフェル（Tajfel, Henri） 140
ダウンズ（Downs, Chris） 361
ダグラス（Douglas, Kirk） 265
ダッブズ（Dabbs, James） 255
ダラード（Dollard, John） 314
ダンカン（Duncan, Birt） 300
タンク（Tanke, Elizabeth Decker） 362

チェック（Check, J.） 273
チャルディーニ（Cialdini, Robert） 30, 193, 206

ツヴァースキー（Tversky, Amos） 123, 128
ツウェンギ（Twenge, Jean） 262

ディアーロ（Diallo, Amadou） 303
ディーン（Dean, John） 17
ディヴァイン（Devine, Patricia） 229
デイヴィス（Davis, Keith） 218
デイヴィッツ（Davitz, Joel） 282
ディシ（Deci, Edward） 207
ティスルウェイト（Thistlewaite, Donald） 133
ディッテス（Dittes, James） 25
テイラー（Taylor, Shelley） 115, 169, 223
デュカキス（Dukakis, Michael） 68
デュボイス（Dubois, W.E.B.） 310
デンボー（Dembo, Tamara） 259

ドイッチ（Deutsch, Morton） 24, 327, 333
ドゥエック（Dweck, Carol） 156, 208
ドーズ（Dawes, Robyn） 408, 409
トーマス（Thomas, Margaret） 270
ド・トクヴィル（de Tocqueville, Alexis） 261
ドナースタイン（Donnerstein, Edward） 272
トルストイ（Tolstoy, Leo） 351

● ナ　行

ニクソン（Nixon, Richard） 17, 54, 164, 181, 291
ニスベット（Nisbett, Richard） 89, 221, 247, 248

ネーダー（Nader, Ralph） 104, 105
ネメロフ（Nemeroff, Carol） 134
ネル（Nel, Elizabeth） 205

ノックス（Knox, Robert） 192

● ハ　行

ハーヴェイ（Harvey, John） 381
ハーヴェイ（Harvey, O. J.） 95, 97, 379
バーカー（Barker, Roger） 259
バーガー（Burger, Jerry） 43
パーク（Park, Bernadette） 139
パーク（Parke, Ross） 268
バーコウィッツ（Berkowitz, Leonard） 258, 264, 265
バージ（Bargh, John） 121
バーシャイド（Berscheid, Ellen） 10, 219, 222, 359, 362
ハートフィールド（Hatfield, Elaine Walster）：ウォルスター（Walster, Elaine）も参照
ハートマン（Hartmann, George） 83
バーナム（Barnum, P. T.） 165
ハーバー（Harber, Kent） 298
バーン（Byrne, Donn） 364
バーンズ（Berns, Gregory） 22
ハイルマン（Heilman, Madeline） 101
バウマイスター（Baumeister, Roy） 227, 368, 378
バス（Buss, David） 356
パターソン（Patterson, Arthur） 252
バットソン（Batson, Daniel） 52
バナジ（Banaji, Mahzarin） 302
パパジョージス（Papageorgis, Dimitri） 102
ハミルトン（Hamilton, David） 138
パラック（Pallak, Michael） 229
バラル（Baral, Roberta） 366
ハリス（Harris, Eric） 262, 263
ハリス（Harris, Mary） 260
ハリス（Harris, Victor） 153
バロン（Baron, Robert） 53, 267, 283
ハンズバーガー（Hunsberger, Bruce） 360
バンデューラ（Bandura, Albert） 266
ハンバーグ（Hamburg, David） 248
ハンブリン（Hamblin, Robert） 278
ハンモック（Hammock, Georgina） 284

ピアソン（Pearson, Karl） 292

サポルスキー（Sapolsky, Robert）　214
サムナー（Sumner, William Graham）　325, 340
ザラントネロ（Zarantonello, Matthew）　410
サルミヴァリ（Salmivalli, Christina）　228
サンナ（Sanna, Lawrence）　305
ザンナ（Zanna, Mark）　230

シアーズ（Sears, David）　100
シー（Shih, Margaret）　309
ジーン（Geen, Russell）　252
シェイクスピア（Shakespeare, William）　323
シェイケン（Chaiken, Shelley）　81, 124
ジェイコブズ（Jacobs, Janis）　305
ジェイコブソン（Jacobson, Lenore）　137
ジェームズ（James, LeBron）　77
ジェームズ（James, William）　32, 163
ジェッカー（Jecker, Jon）　351
ジェニングス（Jennings, Helen Hall）　349
ジェノヴィーズ（Genovese, Kitty）　46, 47, 49～51, 54, 161
ジェラード（Gerard, Harold）　24, 213
シェリフ（Sherif, Muzafer）　95, 97, 315, 332, 335, 345
シェルトン（Shelton, Nicole）　298
ジェンティーレ（Gentile, Douglas）　271
ジェンティーレ（Gentile, Ronald）　271
ジェンナー（Jenner, Bruce）　77
シゴール（Sigall, Harold）　360, 361
シストランク（Sistrunk, Frank）　292
シプラー（Shipler, David）　340
シモンズ（Simmons, Carolyn）　352
ジャーヴィス（Jervis, Robert）　164
シャープトン（Sharpton, Al）　288
ジャクソン（Jackson, Jesse）　288
シャクター（Schachter, Stanley）　15, 33, 173
シャクリー（Shaklee, Harriet）　408, 409
ジャクリン（Jacklin, Carol）　256
ジャニス（Janis, Irving）　19, 100, 292
シャベス（Chavez, Cesar）　276
シュタウブ（Staub, Erwin）　319
シュペール（Speer, Albert）　16
シュルツ（Schultz, Ed）　65
シュレンカー（Schlenker, Barry）　25
シュローダー（Schroeder, David）　206
ショー（Shaw, Donald）　122
ショー（Shaw, George Bernard）　221
ジョーンズ（Jones, Carl）　120
ジョーンズ（Jones, Edward）　126, 152, 153, 182, 184, 218, 221, 348
ジョーンズ（Jones, Jim）　4, 236
ジョセフソン（Josephson, Wendy）　267
ジョンソン（Johnson, Dennis）　186
ジョンソン（Johnson, Earvin "Magic," Jr.）　122
ジョンソン（Johnson, Jeffrey）　268
ジョンソン（Johnson, Lyndon）　238, 250
ジョンソン（Johnson, Roger）　61
シンガー（Singer, Jerome）　32, 173
シンハ（Sinha, Durganand）　174, 216
ジンバルドー（Zimbardo, Philip）　11, 70, 94, 202, 231, 232, 265, 266
シンプソン（Simpson, Jeffry）　187
シンプソン（Simpson, O. J.）　59, 72

スイム（Swim, Janet）　305
スウィフト（Swift, Jonathan）　118
スードフェルド（Suedfeld, Peter）　54
ズカイアー（Zukier, Henry）　127
スターンバーグ（Sternberg, Robert）　377, 378, 390
スタイン（Stein, Richard）　134
スタインメッツ（Steinmetz, Julia）　159
スチュアート（Stewart, Jon）　89
スティール（Steele, Claude）　308, 309
ステファン（Stephan, Walter）　332
ストームズ（Storms, Michael）　162
スナイダー（Snyder, Mark）　148, 307, 362
スピノザ（Spinoza, Baruch de）　373
スペンサー（Spencer, Stephen）　320
スミス（Smith, Peter）　26
スワン（Swann, William）　148, 307

セモノフ（Semonov, Pavel）　394
セリグマン（Seligman, Martin）　170

● タ　行

ターナー（Turner, Judith）　96
ターナー（Turner, Marlene）　306

カズメイヤー（Kazmaier, Dick） 180
カバナー（Cavanagh, Brenda） 360
カミュ（Camus, Albert） 175
カリー（Calley, William） 43, 219, 414
ガンジー（Gandhi, Mohandas K.） 275

キースラー（Kiesler, Charles） 39
キースラー（Kiesler, Sara） 366
キーナン（Keenan, Patricia） 333
キールストロム（Kihlstrom, John） 146
キケロ（Cicero） 381
ギブソン（Gibson, Mel） 291, 296
ギボンズ（Gibbons, Fredeick） 177
キャントリル（Cantril, Hadley） 181
キャンベル（Campbell, Donald） 93
キャンベル（Campbell, Keith） 227
ギルバート（Gilbert, Daniel） 87, 192
ギロヴィッチ（Gilovich, Thomas） 112, 165
キング（King, Eden） 298
キング（King, Martin Luther, Jr.） 276
キング（King, Rodney） 60
ギンズバーグ（Ginsberg, Allen） 74
キンダー（Kinder, Donald） 122

クイン（Quinn, Andrew） 25
クーネン（Kunen, James） 392
クーパー（Cooper, Joel） 230, 233
クオ（Kuo, Zing Yang） 245
グッドウィン（Goodwin, Doris Kearns） 190
グティアレス（Gutierres, Sara） 118
クラーク（Clark, Kenneth B.） 330
クラーク（Clark, Margaret） 374, 375
クライン（Cline, Victor） 269
クラインディーンスト（Kleindienst, Richard） 17
クラインバーグ（Klineberg, Otto） 317
グラス（Glass, David） 218
グラッシュ（Grush, Joseph） 67
グラッドウェル（Gladwell, Malcolm） 27
グラハム（Graham, Billy） 291
クランダル（Crandall, Christian） 296
クリーク（Kulik, James） 260
クリーボールド（Klebold, Dylan） 262, 263
グリーンワルド（Greenwald, Anthony） 132, 142, 149, 168
クリック（Crick, Nikki） 256
グリック（Glick, Peter） 295
グリフィット（Griffitt, William） 258
クリントン（Clinton, Bill） 69
クルグランスキー（Kruglanski, Arie） 16, 18
グレイ（Gray, Patrick） 17
グローヴ（Grove, Robert） 169
グロス（Gross, Paget） 137
クロッカー（Crocker, Charles） 314
クロッカー（Crocker, Jennifer） 320
クロポトキン（Kropotkin, Peter） 249, 250
クロンカイト（Cronkite, Walter） 242

ケイ（Kay, Aaron） 222
ゲイブル（Gable, Shelley） 382
ゲーリング（Goering, Hermann） 62
ケネディ（Kennedy, John F.） 15, 181, 353, 354, 395
ケプナー（Kepner, Richard） 283
ケリー（Kelley, Harold） 25, 113
ケンリック（Kenrick, Douglas） 118

ゴア（Gore, Al） 222
コアン（Coan, James） 368
コーエン（Cohen, Arthur R.） 201
コーエン（Cohen, Bernard） 122
コーエン（Cohen, D.） 248
コーエン（Cohen, Geoffrey） 36, 100, 227, 229
コーコラン（Corcoran, David） 375
コーラー（Kohler, Rika） 182, 184
コール（Cole, Ann） 350
ゴールデン（Golden, Burton） 76, 78
コクラン（Cochran, Johnnie） 72
コスタンゾ（Costanzo, Mark） 124
コリンズ（Collins, Mary Ellen） 327
コレシュ（Koresh, David） 235
コレル（Correll, Joshua） 303
コンウェイ（Conway, Michael） 214
ゴンザレス（Gonzales, Marti） 124

● サ　行

サーバー（Thurber, James） 14, 28
ザイアンス（Zajonc, Robert） 67
酒井春樹（Sakai, Haruki） 238

人名索引

●ア　行

アーチャー（Archer, Dane）　256
アイズリー（Eiseley, Loren）　251, 276
アイゼンスタット（Eisenstadt, Donna）　201, 338
アイヒマン（Eichmann, Adolf）　43
アインシュタイン（Einstein, Albert）　276
アガシー（Agassiz, Louis）　292
アクスゾム（Axsom, Danny）　233
アダムズ（Adams, Henry）　196
アッシュ（Asch, Solomon）　20〜24, 26, 28, 36, 39, 101, 125, 406, 408, 409
アップルホワイト（Applewhite, Marshall Herff）　235
アドルノ（Adorno, Theodor）　320, 322
アマビル（Amabile, Teresa）　159, 348
アミン（Amin, Idi）　261
アリストテレス（Aristotle）　2, 75, 76, 79, 277
アレン（Allen, George）　288
アロンソン（Aronson, Elliot）　29, 69, 76, 78, 81, 90, 124, 210, 213, 234, 235, 262, 279, 360, 370, 371, 396, 398, 399, 406, 409
アロンソン（Aronson, Joshua）　126, 308〜310
アンダーソン（Anderson, Craig）　258, 270

イーグリー（Eagly, Alice）　79, 81
イーストウィック（Eastwick, P. W.）　357
イェンガー（Iyengar, Shanto）　122
インクスター（Inkster, James）　192

ヴィーチ（Veitch, Roberta）　258
ウィッカー（Wicker, Alan）　151
ウィットカー（Whittaker, James）　95
ウィラーマン（Willerman, Ben）　354
ウィリアムズ（Williams, Carol）　154
ウー（Wu, Rui）　101
ウェアリー（Weary, Gifford）　168
ウェステン（Westen, Drew）　230
ウェブスター（Webster, Donna）　16
ウォーレン（Warren, Earl）　325
ウォッシュバーン（Washburn, Sherwood）　248
ウォルスター（Walster, Elaine）　78, 80, 355, 366, 377
ウッズ（Woods, George）　4, 7

エアーズ（Ayers, Ian）　293
エイブラハムズ（Abrahams, Darcy）　78
エーリック（Ehrlich, Danuta）　186
エクルズ（Eccles, Jacquelynne）　305
エシェルマン（Eshleman, Amy）　296
エベッセン（Ebbesen, E.）　70
エリオット（Eliot, T. S.）　76, 98
エリオット（Elliot, Rogers）　281
エリオット（Elliott, Andrew）　229
エルムズ（Elms, Alan）　42

大渕憲一（Obuchi, Kenichi）　285
オストローヴ（Ostrove, Nancy）　361
オッペンハイマー（Oppenheimer, J. Robert）　75, 76
オバマ（Obama, Barack）　5, 289
オリアリ（O'Leary, Michael）　29
オルウェーズ（Olweus, Dan）　280
オルポート（Allport, Gordon）　290, 291

●カ　行

カークランド（Kirkland, Shari）　324
カーティス（Curtis, Rebecca）　365
ガートナー（Gaertner, Samuel）　296, 338
カーナヴェイル（Carnevale, Peter）　333
カーネギー（Carnegie, Dale）　344, 347, 350
カーネマン（Kahneman, Daniel）　123, 128
ガーブナー（Gerbner, George）　105
カールスミス（Carlsmith, J. Merrill）　96, 200, 203, 204, 210, 238, 258, 279, 404
カーン（Kahn, Michael）　253
カイザー（Keizer, Kees）　30
カシオッポ（Cacioppo, John）　71
カストロ（Castro, Fidel）　197

訳者略歴

岡　　隆（おか　たかし）

1983 年　東京大学文学部卒業
1988 年　東京大学大学院社会学研究科博士課程単位取得満期退学
現　在　日本大学文理学部心理学科教授
　　　　博士（社会学）（東京大学）

主要編著書

『ポテンシャル社会心理学』（2018 年，サイエンス社）（共編）
『21 世紀の学問方法論』（2013 年，冨山房インターナショナル）（分担執筆）
『投映法研究の基礎講座』（2012 年，遠見書房）（分担執筆）
『心理学研究法 5　社会』（2012 年，誠信書房）（編）
“Psychology of stereotypes”（2011 年，Nova Science Publishers）（分担執筆）
『講座社会言語科学 6　方法』（2006 年，ひつじ書房）（分担執筆）
『社会的認知研究のパースペクティブ——心と社会のインターフェース——』（2004 年，培風館）（編）
『心理学研究法——心を見つめる科学のまなざし——』（2004 年，有斐閣）（共編）
『社会心理学小辞典　増補版』（2002 年，有斐閣）（共編）
『偏見とステレオタイプの心理学』（現代のエスプリ）（1999 年，至文堂）（共編）

ザ・ソーシャル・アニマル［第 11 版］
——人と世界を読み解く社会心理学への招待——

2014 年 4 月 25 日©　　初　版　発　行
2021 年 11 月 10 日　　初版第 2 刷発行

著　者　E. アロンソン　　発行者　森 平 敏 孝
訳　者　岡　　隆　　　　印刷者　中 澤　眞
　　　　　　　　　　　　製本者　松 島 克 幸

発行所　**株式会社　サイエンス社**
〒151-0051　東京都渋谷区千駄ヶ谷 1 丁目 3 番 25 号
営業 TEL（03）5474-8500（代）　振替 00170-7-2387
編集 TEL（03）5474-8700（代）
FAX　（03）5474-8900

印刷　㈱シナノ　　　製本　松島製本
《検印省略》

ISBN978-4-7819-1336-0

PRINTED IN JAPAN

サイエンス社のホームページのご案内
http://www.saiensu.co.jp
ご意見・ご要望は
jinbun@saiensu.co.jp　まで.